U0630048

REVIEW

RE-THINK

RE-START

国家金融与发展实验室
National Institution for Finance & Development

再回首
再思考
再出发

中国金融改革开放 **40** 年
CHINA FINANCE REFORM AND OPENING-UP **40** YEARS

郭田勇 ● 主编

社会科学文献出版社
SOCIAL SCIENCES ACADEMIC PRESS (CHINA)

序　言

改革开放是中国经济开始腾飞的标志性事件，更是中华民族伟大复兴的重要动力。 40 年来，我国经济发展日新月异，金融改革开放循序渐进，稳步实施。 金融业的创新发展对宏观经济的支持和引领作用愈发明显，发挥了促进经济增长、调节经济结构的关键作用。 作为金融改革开放 40 年的见证者，能够编写一本记录这一光辉历程的书是一件十分有意义的事情，更是一种荣幸。

站在具有划时代意义的中国金融改革开放 40 年的历史节点上，我们再回首，梳理我国金融改革开放的伟大进程；我们再思考，总结我国金融改革开放的宝贵经验；我们再出发，展望我国金融改革开放的未来发展。

纵观金融改革开放 40 年的历程，一幅波澜壮阔的画卷徐徐展开，值得我们认真梳理。 自 1979 年设立国家专业银行起，我国金融机构市场化程度不断提高，银行业、保险业、信托业、证券业等金融机构种类日益健全，不断创新，成为我国方兴未艾的金融市场中最活跃的市场主体，发挥了为我国经济发展战略配置各类资源的功能，助推我国经济高速发展。进入 21 世纪以后，尤其是 2008 年金融危机以来，我国金融市场创新进一步加快，互联网金融、大数据、人工智能等信息技术与金融市场加快融合、创新，各类金融机构加速转型，经历了一次次新的革命。 伴随着金融机构百花齐放，我国金融市场形态也不断丰富，股票市场、货币市场、债券市场、信托市场稳步发展，金融市场结构不断演进，以资产管理和财富管理为代表的跨市场创新不断涌现，金融服务效率得到进一步提升。

在促进国内金融市场化改革的同时，我国金融对外开放也稳步前行，实现了从"引进来"到"走出去"的伟大转变。 改革初期，为激发金融市场的活力、配合国内经济发展的现实需要，我国将海外金融机构"请进来"，引进、学习国外先进的经营理念，为我国经济的对外开放提供了金融支持，也带动了亟待发展的中国金融业快速成长。 随着经济特区不断设立、金融对外开放政策不断实施，我国金融对外开放的步伐进一步加快，外资金融机构的进入为我国金融市场发展注入了新的动力。 同时，银行业、证券业、保险业等中国金融行业开始融入全球金融市场格局，而人民币作为中国金融业的"名片"也开始在全球外汇市场中崭露头角。在全球金融市场中，中国逐渐从观察者转变为参与者，尤其是在 1998 年亚洲金融危机中人民币保持坚挺，金融业稳定运行。 2001 年中国加入WTO 后，中国金融业"走出去"的意愿和现实需求愈加强烈，海外分支机构不断设立，参股、控股海外金融公司与赴海外上市的金融机构不断增多，中国金融业在国际市场中的地位也随着中国经济的高速发展而不断提升，人民币在全球金融市场中也进一步受到认可。 2008 年金融危机后，中国金融业继续逆势快速发展，各项金融对外开放政策有条不紊地推进，中国金融业在动荡的国际金融市场中稳步前进，成为我国经济稳定发展的重要基石。 随着中国经济规模跃升至全球第二，金融业综合实力不断提升，中国金融在全球金融市场格局中的角色也从参与者逐渐转变为主导者。 人民币于 2016 年加入 SDR，标志着人民币国际化进程迈出了关键一步；2018 年 A 股被正式纳入 MSCI 新兴市场指数，标志着中国资本市场得到了国际金融市场的认可；《银行家》杂志评选的 2018 年全球银行1000 强中，135 家中资银行榜上有名，中国工商银行、中国建设银行、中国银行、中国农业银行分列前四名，其中中国工商银行更是连续六年占据榜首，中国银行业在全球银行业的地位可见一斑……这一系列可喜的成绩表明，中国金融业已经走到了全球金融舞台的中央。

中国金融改革开放的稳步前行也离不开金融宏观调控政策和金融监管体制的改革创新。 1983 年，国务院颁发了《关于中国人民银行专门行使中央银行职能的决定》，明确规定中国人民银行专门行使中央银行职能，标志着我国金融宏观调控和金融监管开启了专业化、规范化的历程。 改革初期，骤然开启的市场化改革使参与这场改革的各个主体都有些措手不及，宏观经济一度陷入了"一放就乱、一管就死"的循环状态，经济增速和物价水平时常出现巨大波动。 中国人民银行顺应我国经济发展实际，运用货币政策工具，不断调整、演进、创新，实现了从直接调控向间接调控、从数量型为主向价格型为主的转变，有效地平抑了宏观经济的异常波动，维护了宏观经济的稳定发展。 特别是随着我国经济进入"新常态"，宏观调控的现实压力增大，对宏观调控的精准性和及时性提出了更高的要求。 中国人民银行审时度势，先后创新了 SLO、SLF、MLF 等一系列货币政策工具，配合法定存款准备金率、公开市场操作、再贷款等传统货币政策工具，对宏观经济进行调控，维护了我国经济的持续稳定。目前，我国已经形成政策目标明确、政策工具丰富多样、传导机制日趋完善的货币政策框架，宏观调控的有效性不断提升。 我国金融监管体制也经历了一系列改革。 改革初期，中国人民银行承担着对金融各行业进行统一监管，引导处于市场化改革初期的中国金融业为我国经济改革开放服务的重要职责。 随着金融业分业经营的快速发展，1992 年起，集中监管开始走向分业监管，中国人民银行、中国银监会、中国证监会、中国保监会的"一行三会"监管格局逐渐形成，并发挥了完善金融各行业管理、规范金融市场秩序的重要作用。 在金融行业快速发展的阶段，"一行三会"监管格局有效地促进了各行业的发展，维护了金融市场的稳定。2008 年金融危机爆发后，金融市场竞争愈加激烈，金融混业经营跨行业、跨市场的特点越发突出，分业金融监管难以适应金融业创新发展与金融监管的现实需要。 而且，金融危机后，我国加强了对宏观审慎政策的研究与实践，也促使我国金融监管理念从机构监管向功能监管转变。 2017 年11 月，国务院金融稳定发展委员会成立，全面协调金融业发展的总体战略；2018 年初，中国银行保险监督管理委员会正式挂牌。 "一行三会"的金融监管格局转变为"一委一行两会"的金融监管格局，协调层次更加分明、职责分工更加明确、监督管理更加高效，减少了重叠和不明确的监管范围，我国金融监管格局再次实现了与时俱进。

40 年来，中国金融改革开放取得了举世瞩目的成绩。 必须看到的是，成就来之不易，其中的宝贵经验值得我们认真总结。

首先，金融服务实体经济的本质职能是我国金融稳健发展的根本。我国金融业的改革开放是在中国经济改革开放的大背景下展开的，从经济改革开放开始，我国金融业就明确了服务实体经济的本质职能。改革初期，我国金融业的首要职能就是为国家经济建设服务，支持国家重点产业的发展。随着市场化改革的深入，民营经济的市场活力开始增强，成为我国经济发展的重要动力，这同样离不开业态日渐丰富、功能不断健全的中国金融业的支持。40年的实践经验表明，一旦金融业的运行严重偏离服务实体经济的本质职能，就会对金融稳定乃至经济稳定产生巨大影响。尽管当前我国金融创新层出不穷、金融产品丰富多样、金融机构迭代演进，但金融业的本质职能依然是服务实体经济。而且，在我国经济发展进入新时代的背景下，金融服务实体经济的内涵也进一步丰富，金融不仅仅要支持实体经济发展，更要起到引导实体经济转型的关键作用，促进我国实体经济的稳步转型。

其次，坚持对外开放政策，主动融入全球金融市场竞争是我国金融发展提质增效的关键路径。我国金融业的快速、健康发展是金融体制改革和金融对外开放共同作用的结果。金融体制改革打开了中国金融业市场化的枷锁，但长期处于计划经济体制下的中国金融业在市场化改革方面存在"先天不足"，只有引入先进的经营理念和管理模式才能改变我国金融业发展落后的局面。外资金融机构的进入不仅带来了先进的管理经验，还起到了培育金融消费环境、激发金融市场活力的重要作用，推动了我国金融业的发展。而积极吸取先进经验的中国金融机构并不甘心只做"学生"，不断发展壮大的中资金融机构纷纷踏出国门，在国际金融市场中劈波斩浪，开启了全球化布局，从国内金融市场的主导者逐渐走到了全球金融舞台的中央。虽然历史不能假设，但如果中国金融业市场化改革选择闭门造车，那么现在的中国金融业将是完全不同的局面。结合当前及今后一段时间的国际、国内经济发展趋势，我国金融业还需继续坚持对外开放，进一步拓展发展视角，勇于迎接各种挑战，在不断竞争中提升自身的综合实力。

再次，鼓励金融创新、提升金融效率的市场导向是我国金融业实现"弯道超车"的重要基础。中国改革开放本身就是一种创新，40 年来，创新精神一直贯穿我国金融改革开放的进程中。由于国情和经济基础的特殊性，我国金融改革开放没有现成的模式可以直接照搬，因此，如何发展适合中国经济发展实际的金融业需要自主摸索。在改革开放初期，金融业创新主要体现在体制创新方面，在制度上为金融机构打开了市场化的大门，激发了金融市场快速发展的活力，使我国长期受到压抑的金融需求得到满足，金融行业门类不断完善、金融业的基本功能日趋健全，金融效率实现了量的飞跃。在传统金融机构规模不断做大的基础上，技术创新开始主导金融业发展的方向，我国金融业走上了做强之路。信息技术与金融功能的结合开启了新一轮的金融机构创新、金融业务创新、金融市场创新，金融业市场模式也从被动满足市场需求转变为主动挖掘市场需求，专业化、定制化、精准化提供解决方案，金融效率实现了质的飞跃，我国逐渐迈入金融强国的行列。目前，我国已经形成了具有中国特色的金融创新模式，并在一些领域实现了创新输出，但也必须认识到，我国的金融创新并不平衡，在某些行业的创新处于世界领先地位，而在某些行业，金融创新仍处于起步阶段，甚至依然是传统模式，效率难以得到有效提升。此外，金融创新对传统金融体系的冲击也对金融监管提出了新的要求，金融创新与金融监管的平衡也是需要关注的重要问题。

最后，采取渐进式的改革路径，循序渐进地推进金融改革是实现我国金融稳定创新发展的核心智慧。基于改革初期的特殊国情和国际环境，我国的改革开放一直处于自主探索阶段。而作为国民经济的核心行业，金融改革开放的节奏关系到宏观经济的稳定和发展。因此，对于金融改革开放，我国采取了渐进式的改革路径，这赋予了金融改革进程更多弹性，有利于在保持宏观经济整体稳定的条件下及时解决金融改革中出现的问题，为全面金融改革开放积累了经验。40 年来，股票市场、债券市场、利率市场、外汇市场等领域的金融改革不断推进，改革的范围也持续拓展，渐进式的改革路径保证了这些改革的基本方向不会偏离目标。当前，我国金融改革方兴未艾，内、外部环境日趋复杂，利率市场化改革、人民币国际化改革等金融改革任重道远，继续采取审慎的渐进式改革路径仍然是可取的。

40 年的改革开放成果斐然，但我国金融在新时期也面临新的内、外部环境的挑战，进一步改革开放的现实条件和国际背景有了很大转变。我国金融改革开放已经进入了"逆水行舟，不进则退"的历史关键机遇期。就国内情况而言，经济增速换挡期的产业结构调整对我国金融业转型提出了稳定与效率方面的要求，既要实现金融业自身的稳定发展，守住不发生系统性金融风险的底线，又要不断创新，积极支持、引领新时期我国经济战略转型，实现经济增长提质增效。而且，不断涌现的金融创新改变着我国金融业态，在金融业改革创新的过程中，传统型金融机构与创新型金融机构并存的"二元结构"特征也愈加明显，随着创新步伐的进一步加快，维护金融体系稳定的现实要求也越来越高。从国际环境来看，我国金融业发展也面临前所未有的新局面。经过 40 年的快速成长，中国金融业早已经不是全球金融体系中可有可无的"边缘人"，而已经成为全球金融业的重要参与者，甚至是领导者。在全球博弈中，中国金融业改革开放步伐具有了重要的系统影响，对全球金融格局的调整与变革具备了相当大的话语权。同时也要注意到，随着改革开放的深入，金融体系也将受到更多方面的冲击，尤其是在我国金融各行业的发展并不同步的情况下，对金融业的改革开放更需要采取审慎的态度，不仅仅要"引进来""走出去"，还要"引得稳""走得稳"，这也考验着新时期我国金融改革开放的智慧。

改革开放是我国经济发展的里程碑事件，作为见证者，笔者对改革开放对我国方方面面的巨大影响有亲身感受。笔者 20 世纪 80 年代进入大学，毕业后在基层岗位从事金融实务工作数年，后继续深造攻读硕士、博士学位，学成恰逢世纪之交。现在回忆起来，人生最重要的成长阶段恰与祖国改革开放同步，能够作为见证者亲身感受改革开放浪潮的洗礼，的确是难得的幸事。20 年前，在中国人民银行研究生部（现清华大学五道口金融学院）攻读博士学位期间，我与导师——中国人民银行金融研究所原所长赵海宽研究员对我国金融改革开放历程进行了梳理与研究，形成

《中国金融体制改革 20 年》并付梓出版；于中央财经大学任教后，继续从事金融教学与科研工作，10 年前，与时任中央财经大学校长的王广谦教授共同编撰《中国经济改革 30 年——金融改革卷》，书中对我国金融改革工作进行了分析研究。 时光飞逝，弹指间又一个 10 年过去，我国金融改革也迈入 40 周年。 基于这些年从未间断对金融的热爱与思考，笔者积极组织业界、学界团队，精心构思、反复思量，以认真、严谨的态度，采取尽可能客观的视角，编写《再回首　再思考　再出发——中国金融改革开放四十年》，既是对我国金融改革开放 40 周年的献礼，也谨为想要了解、研究我国金融改革历程的读者提供一个参考，更是作为金融工作者给自己的一份答卷。

　　本书的编纂经过多次研究、讨论及校对，但有关金融改革开放的资料浩瀚，尽管我们尽全力争取本书内容的完整性和准确性，仍难免有疏漏之处，还请读者见谅，并不吝赐教。

2018 年 10 月 5 日于北京

目　　录

导　言

改革开放前，与当时的计划经济体制相适应，我国实行"大一统"的金融机构体系。随着经济不断发展，社会需求日益增多，以往单一、高度集中的金融模式明显滞后于现实需求，改革势在必行。1978 年十一届三中全会确立了改革开放的战略方针后，我国进入新的发展阶段。40 年来，中国金融业取得了一系列令人瞩目的成就。总结与回顾 40 年改革开放的进程，有助于了解其历史沿革并总结经验，对于我们从总体上把握未来发展趋势具有指导意义。

第一节　改革开放前的中国金融业

一　改革开放前的计划经济体制

自新中国成立至 1978 年改革开放，我国逐步建立和实行的是以高度集中为特征、以行政管理为主要机制、以公有制占绝对优势的计划经济体制。在这一体制下，从生产过程中生产要素的提供、产品的品种与数量到产品的销售等，各个环节中各类资源分配的权力都集中于政府计划部门和相关行政主管机构。国家通过行政指令统一进行管理和调配，企业不能自主经营，也不必自负盈亏。

计划经济体制的选择是由当时特定的历史条件决定的。新中国成立之初，虽然战事已经平息，但经济基础薄弱，生产力低下，各行各业百废待兴，需要集中力量进行经济恢复和重建。在计划经济体制下，中央高度集权，而下级机关只需依照上级指令行事。 这一运作模式，可以把有限的资金用于国民经济最需要的地方，解决经济发展中最重要的问题，在恢复国民经济、支持重点建设项目和保障人民生活等方面发挥了重要作用，使得新中国在物资极其匮乏的情况下，有效调动了人力、物力和财力进行经济建设，体现出社会主义"集中力量办大事"的优势。

金融以服务实体经济作为出发点和落脚点，金融业的发展必然要与经济体制相适应。 在计划经济体制下，构建一个怎样的金融体系便十分明确。 一方面出于建设社会主义计划经济体制的需要，另一方面考虑到金融业发展的现实需求，从 1953 年起，我国以苏联的发展模式为参考，建立起了高度集中的国家银行体系，即"大一统"的金融机构体系，金融业自此走上了国营化的道路。 尽管进行过一些微小调整，但这一体系的基本框架一直到改革开放后才有所改变。

二 "大一统"体系下的金融业

1948 年 12 月 1 日，中国人民银行在合并华北银行、北海银行、西北农民银行的基础上成立，成为全国金融的领导中心，并发行人民币作为统一流通的货币。 它的成立是我国社会主义金融事业的开端，标志着全国统一的金融体系基本形成。

中国人民银行成立后，各解放区原有银行逐步被改组，成为中国人民银行领导下的区行和分行。 新中国成立后，中国人民银行又没收了国民党官僚资本金融机构，取消了外国在华银行特权，并参与领导了对私营银行、钱庄的社会主义改造。 为使人民币被广泛接受和使用，停止市场上对银圆的投机炒卖，上海证券大楼和全国各地的证券交易场所相继被取缔，"资本市场"随之从中国消失。 通过一系列整顿措施，新中国建立起一套符合当时发展状况的金融制度和秩序——"大一统"的金融机构体系。

在"大一统"的金融机构体系下，金融就等于银行。 中国人民银行是当时中国唯一的金融机构，既是发钞银行，又是商业银行。 其分支机构遍设全国各地，所从事的业务既包括国家信贷政策的制订与全国金融管理，又包括贷款投放、现金出纳和资金结算等具体业务，集全部信用于一身。

"大一统"的金融机构体系与计划经济体制相协调。在计划经济体制下，经济发展水平有限，需要有公有制银行与之搭配。银行从属于财政，银行贷款全部纳入管理范围，只需有一家功能单一的银行按照国家计划完成存款吸纳、贷款发放、现金出纳和结算等业务，不需要其他金融机构。贷款只限于企业用来临时周转的少部分流动资金，无论是固定资产投资，还是企业主要的流动资金，都以财政拨款为主。全国各地的银行分支机构由中国人民银行总行集中统一管理，各分支机构按照总行的指令运作，所有资金调配和融通由总行统一完成，不需要各级分支机构之间直接进行资金往来，也不需要过于复杂的金融工具和资产类型，股权性质的金融资产基本消失，只剩下债权资产，非银行信贷性质的金融债券资产也逐渐退出市场。各分支机构根据信贷指标吸收存款，由总行统一进行管理和分配，再按照总行的指令发放贷款，最大限度地保证将资金集中用于重点项目的建设，提高计划经济下的资金使用效率，因而市场化的调节机制也基本不存在。

虽然这一时期中国人民银行只具有很小的自主性，但是发挥了十分重要的作用。中国人民银行在根据经济发展的需要确定现金和信贷计划后，会将各项指标进行分解，再分配至各分行和支行来执行存款和贷款额度。尽管分支行是否放贷、贷款金额和贷款对象都只能根据上级的指令来完成，但是中国人民银行的存在可以很好地以储蓄的形式运用百姓手中的余钱，将吸纳到的所有存款交由总行一起规划管理，对当时国家的经济建设起到十分重要的支持作用。

从中国人民银行成立到改革开放这段时间内存在的其他金融机构都仅仅只是名义上的或形式上的，而不是独立的经济实体。中国人民银行在"大一统"的金融机构体系下保持了绝对地位。

中国银行的前身是中国第一家国家银行——户部银行，历史最为悠久。自成立起，中国银行有近 17 年的时间履行着国家中央银行的职能，后于 1928 年改组为"政府特许之国际汇兑银行"。1935 年再次改组后，中行的实力被削弱。 到新中国成立后，从外在形式来看中行一直独立存在，但其经营范围仅限于中国人民银行指定的外汇业务，更像是中国人民银行办理对外业务的窗口，而不是真正意义上的银行。

农业是国民经济的基础，国家对农村经济的发展十分重视。 1951 年，中国农业银行的前身——农业合作银行建立，接受中国人民银行领导，为农业合作化提供信贷支持和统一管理国家支农资金，承担着金融服务新中国农村经济社会恢复与发展的职责。 中国农业银行在 1955 年和 1963 年曾两度单独设立，但由于与中国人民银行职能划分不清、业务开展矛盾较多等问题，每次存在的时间都很短，更多的时间里只是中国人民银行办理农村金融业务的二级机构。1965 年 11 月，中国农业银行第三次并入中国人民银行。

中国建设银行成立于 1954 年，最初名为中国人民建设银行，负责国家用于基本建设的预算拨款和自筹资金拨付。 4 年之后，对内改为财政部基本建设财务司。 虽然 1962 年再次分离出来成为单设机构，但就其职能来看，主要从事国家基本建设投资拨款的拨付、监督与结算业务，不开展信贷业务，只是财政的一个职能部门，也不算是真正的银行。

我国邮政储蓄事业可追溯至 1898 年，当时创办的中国邮政局主要从事邮政汇兑业务，后在其汇兑储金业务的基础上成立了邮政储金汇业总局。 到 1935 年，二者合并，改称"邮政储金汇业局"，于 1942 年 7 月被纳入当时的"四行两局"金融体系。 新中国成立后，邮政储金汇业局先是被邮政系统接收，在中国人民银行的统一指导下开展工作，后于 1950 年被撤销，邮政储金业务也自 1953 年开始停办。 因此，改革开放前并没有专门从事邮政储蓄业务的金融机构。

除银行类金融机构，其他种类的金融机构也是名存实亡。 中国人民保险公司在没收官僚资本保险公司和改造私营保险公司的基础上于 1949 年 10 月成立，最初隶属于中国人民银行，1952 年归财政部领导。 1955 年，我国完全废除保险经纪人制度。 1958 年实行人民公社之后，根据"公有制内部不存在商品货币关系"的理论，国内保险业务经全国财政会议讨论决定全面停办，涉外保险业务得以保留并继续经营，中国人民保险公司转由中国人民银行国外业务管理局领导，仅经办少量的国际业务。

考虑到我国农村地广人多，国家银行不可能在所有的地方都设立机构，为了帮助困难农民解决生产和生活上的问题，严厉打击和制止高利贷活动，更好地支持农业的发展，中国人民银行在全国开办了农村信用合作社。 到1953年底，全国试办的信用合作组织已经超过25000个，但各地的信用社名称并不统一，直到1954年中国人民银行才发布《农村信用合作社组织名称按共同纲领规定称为"信用合作社"的通知》规范此类机构的组织名称。 在改革开放以前，农村信用合作社一直是中国人民银行领导之下的机构，而且许多地方信用合作社与国家银行在当地的营业所合二为一，实际上可以认为是国家银行在农村的基层组织。

此外，改革开放前，我国金融业的对外开放程度十分有限，除极少数国家和地区外，我国银行机构基本与国外银行和其他金融机构没有业务往来，仅中国银行从事一些特定的外汇业务，满足国家创汇换汇需求。 汇率制度方面，新中国成立至改革开放前，我国汇率安排大致经历了三个发展阶段。 第一阶段为1950～1952年，人民币没有规定含金量，汇率制定的方法是"物价对比法"，汇率制度为管理浮动汇率制，相对市场化。第二阶段为1953～1972年，计划经济制度下要求汇率保持一定的稳定性，由国家实行管控，汇率制度为单一的以美元为中心的固定汇率制。第三阶段为1973～1978年，布雷顿森林体系瓦解之后，西方国家普遍开始实行浮动汇率制。 为避免汇率波动频繁对我国经济带来冲击，保持对外贸易关系稳定，我国采取的汇率制度为钉住一篮子货币的浮动汇率制。总之，在改革开放以前，中国金融对外开放窗口几乎没有打开，人民币汇率也只是计划经济制度下的一种调节工具，没有反映市场真实情况。

三　改革开放前中国金融业的特点

与当时实施的社会主义计划经济体制相适应，改革开放前我国金融业主要有以下特点。

（一）"大一统"的银行经营模式

中国人民银行集中央银行和商业银行的作用于一身，既负责货币发行和金融管理，又具体从事各种业务经营。 在当时特定的经济环境下，这种银行模式有利于政策的上传下达、指挥的协调一致和对经济全局的控制。

(二)"大财政、小银行"的宏观管理体系

在高度集中的计划经济体制下,企业的生产、销售都是由国家负责统一安排的,基本建设投资规模也由国家统一确定,银行主要负责组织和安排资金,处于从属的地位,实际上起着会计出纳的作用。

(三)银行内部的计划管理

全国银行各分支机构的人财物由总行集中统一管理、统一核算,吸收的存款交由总行统一调配,贷款按照总行信贷计划和指令发放。

(四)信用的单一化

由于企业生产资料的供应和产品的销售都由国家统一安排,因此,商业信用被取消,企业之间不能发生信用关系,整个社会的信用方式集中于银行信用,非银行金融机构和金融市场等也就无从存在。

总之,在改革开放以前,我国金融业在国民经济中所处地位不高,作用单一,未能充分发挥其在经济和社会发展中应有的功能。

第二节　中国金融改革开放的现实逻辑

一　改革的背景

40 年前的中国金融环境,是由当时的中国国情决定的。综观改革开放前夕我国的经济状况,便可以发现改革的必要性。彼时的中国经济基础薄弱,1978 年,中国的经济总量占全球的 1.8%,人均 GDP 只有 384 美元;没有一家私营企业,全部都是国营企业,却没有一家能够位列世界五百强。资金分配和流通在高度集权和彻底计划经济模式下充满计划色彩,资金运行采用自上而下的统一管理和集中分配,这种模式与社会生产力发展的要求不相适应,不能充分发挥社会主义制度的优越性。统筹过多,就会忽视商品和市场的作用,不利于基层金融机构发挥主动性、积极性。

1978 年底，党中央召开十一届三中全会，决定把工作重心转向经济建设，这一伟大的历史转折，彻底改变了中国人民的命运。 1979 年 10 月 4 日，邓小平作为中国经济体制改革和金融体制改革的总设计师，指出银行不应该仅仅当会计，而应当发挥发展经济、革新技术的杠杆作用，把银行办成真正的银行，继而拉开了中国银行业改革的序幕，吹响了打破"大一统"银行体系的号角。

邓小平提出现代经济的核心是金融，金融体系的完善及正常运行对国民经济发展发挥引导和推进作用。 金融是服务业，要服务于工商企业，百业兴则金融兴，百业枯则金融亡。 中国采用渐进式方式取得了经济体制改革公认的成功，中国金融在这一过程中，发挥着特殊的支持作用，甚至是关键性的作用，也体现了有中国特色的渐进式金融改革。

二　改革开放的路径

以改革开放的元年 1978 年为起点，我国法制、财政、金融、教育各领域都发生了急剧变化。 金融作为现代经济改革的重心，其改革自然是重中之重。 过去 40 年我国金融改革开放的路径可以分成以下四个阶段。

(一)准备与起步阶段

1978~1984 年，一场以制度调整为主的框架"革命"展开了。 这一阶段，金融改革从放权让利入手，为实现"以计划为主，市场为辅"的目标，对金融体系和结构进行了诸多调整，主要表现为金融机构开始多元化，二级银行体制逐步建立，资金配置制度相应调整等。

金融机构由一元化转向多元化，按产业设置专业银行，出现了以产业分工为主要特征的专业银行机构。 中国农业银行、中国银行、中国人民建设银行相继于 1979 年恢复成立或独立运营，并各自依照指定的业务领域倾向，分别对农村、外贸、基建承担主要信贷责任，成为国有专业银行。 此时，还成立了国家外汇管理局，与中国银行对外两块牌子，对内一个机构。 直到 1982 年 8 月，各行相继开展外汇业务，为统一管理，国务院将国家外汇管理局并入中国人民银行。 1983 年 9 月 17 日，国务院做出了《关于中国人民银行专门行使中央银行职能的决定》，决定成立中国工商银行，承办原来由中国人民银行办理的工商信贷和储蓄业务。 中国工商银行于 1984 年 1 月 1 日正式成立，这也意味着中国人民银行摆脱了过去既是裁判又是运动员的矛盾处境，成为真正的中央银行，行使中央银行职能。 1980 年，第一家城市信用社在河北省挂牌营业，并很快在全国引发了组建城市信用社的高潮。 随着城市非国有经济的发展，城市信用社在中国的城市中迅速普及，在最热的年份中，其总数曾高达 5000 余家。 其他金融机构，如中国国际信托投资公司、中国投资银行分别于 1979 年、1981 年设立，中国人民保险公司于 1984 年从中国人民银行分出。 1981 ~ 1984 年，全国共建立了 13 个地方性非银行金融机构，形成了由中央银行领导的利益相对独立的四大金融主体以及其他多元的金融机构组成的金融体系。

银行体制由单一制转向二级制。 由于金融机构多元化，在中国工商银行成立之后，中国人民银行不再直接经营商业银行业务，而是独立行使信贷管理和货币发行权，在制度安排上实行了信贷与发行分开。 中央银行地位的确立，使中国人民银行在货币政策的制定和贯彻执行上拥有了更大的自主权与发挥空间，这不仅是我国金融机构体系变革的一个重要标志，同时也保障了经济秩序和金融秩序的稳定，促进了经济改革和经济建设顺利发展。

资金配置制度由统存统贷过渡到存贷差额包干。 "统一计划、分级管理、存贷挂钩、差额包干"的体制使各级银行不再处于指令性计划下单纯执行者的被动地位，拥有了在完成存贷差额计划的前提下发放贷款的自主权。 虽然这一信贷资金管理体制也不能将中国人民银行和各专业银行之间的资金完全分开，但有助于调动基层银行组织存款用好贷款的积极性，使派生存款过程在存贷挂钩的基础上得以展开，也增强了派生存款机制的作用，基层银行开始具备一定的货币创造能力。 这一阶段金融资源配置制度的改革与调整主要为经济改革服务。

制度变革的起步阶段，虽然设立了新的机构，但运行过程仍遵循旧有机制。 随着经济改革的继续及金融的发展，旧有机制不再能满足改革的需求，要彻底扭转这种格局，就需要进一步深入探索。

（二）转变与探索阶段

1985～1996 年，经济领域提出"有计划商品经济"和"国家调节市场，市场调节企业"的改革目标，金融体系的各个方面也开始纳入改革行列，完善基本制度，丰富金融层次，货币市场、资本市场、保险市场初具规模，调控趋于间接化，金融改革步入市场化轨道。

多元的金融组织机构得到发展。　第一，多层次银行体系逐步形成，银行的经营水平和服务能力大幅提高，表现在涌现了一批新兴的股份制商业银行，包括交通银行、招商银行、中信实业银行等，银行间竞争势头不断增强；第一批非银行金融机构也开始发展，如农村信用社、城市信用社、城市商业银行等，对我国银行体系进行了必要补充；1994 年成立了国家开发银行、中国进出口银行、中国农业发展银行三家政策性银行，通过将政策业务与商业金融分离，为商业银行减压减负。　多层次银行体系的形成，既方便了基层人民的生活，为农民提供了更便捷的服务，也更广泛地吸收了社会剩余资金。　第二，多元化保险市场发展步伐加快，如中国人民保险公司于 1980 年恢复国内保险业务，但一直"营养不良"，发育迟缓；1988 年，陆续设立了中国太平洋保险公司、中国平安保险公司两家全国性保险公司以及新疆建设兵团农牧业保险公司、天安保险股份有限公司、上海大众保险有限责任公司等区域性保险公司；1996 年，中国人民保险公司改组为中国人民保险（集团）公司，下设中保财产保险有限公司、中保人寿保险有限公司、中保再保险有限公司 3 个专业子公司，保险的范围逐渐扩大，内容也更加具体。　此外，信托投资公司、财务公司及各种外资银行也纷纷设立并逐步得到规范，丰富了我国的金融组织体系。　伴随着一、二级金融市场的初步形成，证券经营机构的雏形开始出现，1988 年，中国人民银行下拨资金，在各省组建了 33 家证券公司，极大地丰富了我国的资本市场。

金融市场从无到有，资本市场、货币市场、保险市场全面启动。　我国资本市场一直都有其存在的潜在市场。　债券市场方面，1981 年，为了弥补财政赤字，国家恢复发行国库券；1983 年，为了补充资金来源，一些国有银行发行了金融债券，政策性银行也相继发行了自己的债券，部分金融机构为偿还不规范证券回购形成的债务，经中国人民银行批准还发行过特种金融债券；1993 年中国人民银行为调控市场资金余缺发行了融资债券。 股票市场方面，由于没有公开的交易柜台，股票私下交易曾一度猖獗，投机、欺诈行为更是泛滥。 为解决股票亟待流通的问题，上海、深圳分别于 1986、1988 年开始试办股票公开柜台交易，成功解决了股票交易的一时之需，但随着市场需求逐步扩大、复杂，这种柜台制度设计的缺陷开始暴露，尽快建立集中的股票交易场所的要求变得极为迫切。 以 1990、1991 年分别成立上海、深圳证券交易所为标志，中国股票交易市场开始步入规范发展阶段。 此外，国有企业、财政体制和投融资制度的改革，在当时客观上促进了货币市场的形成和发展。 我国票据市场出现较早，但发展很慢，直到 1986 年中国人民银行对专业银行以贴现形式买进未到期票据，正式开办商业票据再贴现业务，票据承兑贴现市场才初步形成。 之后，1987 年底，全国主要城市和地区都开放和建立了无形或有形的同业拆借市场；1990 年 3 月，《同业拆借试行管理办法》规范了拆借市场；1996 年，放开同业拆借资金利率上限限制，并形成了全国银行间同业拆借利率（CHIBOR）。 同业拆借市场、国债回购业务和大额可转让定期存单的出现，再次发展、壮大了我国货币市场。 1996 年正式实施的《中华人民共和国票据法》，对票据行为及法律责任进行了原则性规定，使商业汇票成为企业重要的融资渠道、中国人民银行进行经济结构调整的重要信贷政策工具，票据的再贴现日益成为央行重要的货币政策操作工具。

外汇市场随着对外开放的不断扩大而发展。 1985 年 12 月，我国第一个外汇调剂中心在深圳特区设立，标志着我国外汇市场的起步。 从各省、自治区、直辖市、经济特区各自为营的外汇调剂中心到外汇调剂公开市场，再到 1994 年 4 月 18 日中国外汇交易中心暨全国银行间同业拆借中心在上海成立，我国外汇管理体制也经历了由官方汇率与调剂汇率并存的双轨制向汇率单一化、市场化演进，由外汇留成与上缴向银行结售汇转变，由"宽进严出"向均衡匹配的管理思想转化的过程。 1996 年底，人民币经常项目实现可兑换，同时资本项目可兑换程度也在不断提高，外汇管理体制改革的不断深化取得了一系列突破性进展。

金融宏观调控由直接调控向间接调控过渡，由单一的行政调控向运用市场化运作机制过渡。资金配置制度由统存统贷过渡到存贷差额包干，再过渡到差额控制和实存实贷，不再单一地盯住指标管理，而是过渡到资金管理。随着金融市场的简单粗放的"贷款规模"管理开始淡出市场，三大政策工具登上舞台，金融调控逐步走向间接化与市场化，央行调控更得心应手。

这一阶段，我国在向市场金融体系的转变过程中进行了卓有成效的探索，为迈向市场金融体系奠定了基础。

(三)调整与充实阶段

经过前 20 年的发展，中国金融体系从无到有建立起来并飞速发展，但发展的过程中难免"鱼龙混杂"出现问题，为长远发展计，在 1997~2012 年这十五年里，中国金融改革在前期小幅量变的基础上，发生了质的飞跃，金融市场以及各金融机构经过自身的不断调整与充实，逐渐变得成熟，尤其在 2001 年底加入 WTO 后，在逐步对外开放的过程中，我国金融业的国际竞争力更是显著提升。

建立资产管理公司，进行金融不良资产剥离。1999 年末，工行、农行、中行、建行四大国有银行不良贷款总额约 3.2 万亿元，为剥离、降低四大国有银行的不良资产，1999 年相继成立了信达、东方、长城、华融四家资产管理公司，利用其专业优势和特殊的法律地位，通过债务重组、上市、拍卖等市场化手段，最大化四大国有商业银行不良资产的价值回收，改善国有商业银行的资产负债情况，经过 1999 年、2004 年、2005 年三次大的剥离，共剥离不良资产金额约 2.2 万亿元。

国有银行商业化股份制改革被提上议程，并逐步实施。1997 年爆发的亚洲金融危机给我国脆弱的金融体系敲响了警钟，但 1998 年特别国债的发行、1999 年资产管理公司的成立等行政手段并未取得理想效果。2003 年十六届三中全会明确国有商业银行要进行股份制改造，国有商业银行股份制改革全面提速。中央汇金投资有限责任公司成立之后，分别对四大行进行政府注资，通过财务重组的方式消化国有银行历史包袱，改善财务状况。注资后于 2004 年，通过四大资产管理公司再次剥离中行、建行不良资产。立足于四大行各自股份制改造的不同特色，并在国家外汇注资等系列政策支持下，通过财务结构重组，交行、建行、中行、工行、农行于 2010 年 7 月底前，完成成立股份制有限公司、引进战略投资者、公开发行上市等股份制改造计划，至此，国有银行股改上市圆满完成。

资本市场开始新的改革——股权分置改革和证券机构重整。 我国资本市场发育较晚，经验不足，长期以来处于混乱、低迷的状态，无法发挥应有的"融资""定价"功能，1999 年"国有股配售"和 2001 年"国有股市场价减持"的改革均因设计漏洞而未能顺利推出。 2005 年，"股权分置"改革方案出台，由于前期进行了较为充分的准备估计工作，此次改革收效明显，不仅有效改善了资本市场"同股不同权，同股不同价"的制度缺陷问题，而且为股市发展注入一剂"强心针"，终结了漫漫"熊"途，在某种程度上成就了"中国股市盛宴"。 资本市场的发展拓宽了企业融资渠道，直接融资比例的上升加速了"金融脱媒"进程，也起到了提高银行中间业务收入的溢出效应。 在股权分置改革的同时，我国的证券经营机构经历了再一次的注资、重组、上市等，整体实力大大加强，资本市场的投资者结构也得到较大改善。 随着保险资金、社会保障基金、证券投资基金、私募基金渐次进入，以及合格境外机构投资者（QFII）的引入，机构投资者逐渐成为中国资本市场中最活跃的中坚力量。

金融业对外开放步伐进一步加快，人民币汇率制度不断完善，内地与香港的金融合作不断深化。 加入 WTO 后，中国承诺允许更多的外资金融机构进入中国经营，2003 年，国内成立了首家合资基金管理公司——招商基金管理有限公司。 国内外投资者境内外投资的限制逐步放松，如2002 年合格境外机构投资者（QFII）获批，开创了外国投资者直接投资中国证券的路径，而 2007 年，合格境内机构投资者（QDII）启动，开创了我国投资者直接投资境外证券市场的新渠道。 汇率制度和外汇市场的改革持续推进。 根据"自主性、可控性和稳定性"三原则，从 2005 年 7 月开始，恢复实行以市场供求为基础、参考一篮子货币计算人民币多边汇率指数的变化、有管理的浮动人民币汇率制度，进行汇率制度的进一步改革；同时，外汇市场改革启动，在外汇市场的产品、市场参与者、交易机制等方面进行了一揽子调整。中国对外开放的重要渠道是香港，无论是 2003 年 CEPA① 的签署，还是 2006 年开放内地企业赴香港发行人民币债券的通道，香港在建设人民币金融中心的发展路程上发挥了重要作用，功能从引进外资和对外贸易的通道转向成为中国企业和金融业"走出去"的重要通道，巩固了香港的国际金融中心地位。

货币政策操作日臻成熟。改革开放以来，我国经济在经历了 1985 年、1988 年、1994 年、2003 年通货膨胀以及 1997 年通货紧缩的考验之后，货币政策体系日渐完善，操作手段更加灵活。伴随着票据市场、债券市场、外汇市场的发展，从最初指令性的贷款规模管理到多管齐下、综合运用存款准备金率、再贴现率、公开市场操作以及存贷款利率等市场化工具，央行货币政策调控方式变得更加多样化、间接化。当前我国经济形势较为复杂，由通胀与经济偏热并存开始向通胀与经济回落并存的矛盾状态转化，宏观调控由"双防"过渡为"一保一控"，央行在货币政策操作过程中从 2007 年"从紧"态势逐步审时度势向"适度从紧""总量从紧，定向松动"演变，并配合稳健的财政政策，共同对宏观经济予以灵活调控，利率市场化进程加快以及汇率机制的改革为政策顺畅传导提供了良好环境，保证了执行力度。

分业监管体制形成。前一阶段分业经营的主流格局迫切要求对银行、证券、保险分而治之，以提高监管效率，降低经营风险。继 1992 年、1998 年分别成立中国证券监督管理委员会、中国保险监督管理委员会之后，为更加适应防范金融风险的需要，2003 年中国银行业监督管理委员会成立，至此，形成了"一行三会"的金融调控监管格局，银监会、证监会、保监会"三驾马车"分别对银行业、证券业、保险业实施外部监管。

（四）丰富与规范阶段

2012 年至今，中国经济改革在稳定增长的诉求下缓慢推进。十八大后开始强调全面深化改革开放，体现为金融领域的市场化、国际化、多元

---

① 中央人民政府与香港特区政府签署的《内地与香港关于建立更紧密经贸关系的安排》。

化进程的推进，金融市场不断丰富、多元和开放，货币政策框架开启由量到价的转型。

利率市场化改革取得重大进展，银行利率市场化浮动基本实现，金融市场基准利率得到培育，中央银行利率调控体系不断完善。 存贷款利率方面，2012 年 6 月，央行首次允许人民币存款利率上浮，意味着我国利率市场化进入了实质性的攻坚阶段；2013 年 7 月，央行全面放开金融机构贷款利率管制，由金融机构根据商业原则自主确定贷款利率水平，人民币贷款利率开始市场化浮动；2015 年 10 月完全放开人民币存款利率浮动上限，标志着利率管制全面放开。 金融市场利率体系建设方面，打造利率走廊，重视由上海银行间同业拆放利率（SHIBOR）、国债收益率曲线和贷款基础利率（LPR）等基准利率构成的利率体系。 央行综合采用公开市场操作、中期借贷便利（MLF）等新型结构性工具、存款准备金率、存贷款基准利率、宏观审慎评估体系（MPA）等考核工具，完善利率调控体系。

汇率市场化改革深入推进，按照主动性、可控性和渐进性原则，人民币汇率形成机制不断完善。 延续 2005 年汇改"实行以市场供求为基础、参考一篮子货币进行调节、有管理的浮动汇率制度"的方向，人民币汇率浮动幅度稳步扩大，体现在从 2012 年 4 月到 2014 年 3 月，银行间即期外汇市场人民币兑美元交易价浮动幅度由 1% 扩大到 2%。 中间价报价日益反映市场供求变化，2015 年 8 月 11 日起，完善人民币兑美元汇率中间价报价机制，提出中间价报价要参考上日收盘汇率；2015 年 12 月，CFETS人民币汇率指数发布，为市场观察人民币汇率提供了量化指标，逐步形成了"参考上日收盘汇率 + 一篮子货币汇率变化"的双参考定价模式。2017 年 5 月，中间价报价模型引入"逆周期因子"，形成"收盘汇率 + 一篮子货币汇率变化 + 逆周期因子"的人民币兑美元汇率中间价形成机制。此外，外汇市场基础设施不断完善，参与主体不断丰富，外汇市场自律机制建设稳步推进。

金融市场体系建设持续完善，多层次资本市场逐步建立。 民营资本进入银行业，多层次的银行体系逐渐构建，截至 2017 年 6 月，已有 17 家民营银行获准开业。 新三板的推出和完善为中小企业投融资提供了更多渠道，2013 年起，做市转让、市场分层等制度变革不断推出，迅速将新三板带入"万家时代"。　金融市场产品不断创新，如创新推出绿色金融债券、SDR 债券、扶贫社会效应债券、国债期货、标准债券远期等金融产品，开展高环境风险行业环境污染强制责任保险、"两权"抵押贷款、投贷联动试点。　在制度建设方面，国务院出台保险"新国十条"，实施商业健康保险税收优惠政策、企业年金和职业年金个人所得税递延纳税优惠政策、地震巨灾保险制度；国务院印发资本市场"新国九条"，出台上市公司退市制度，开展优先股试点，全国中小企业股份转让系统在全国推广，多层次资本市场建设有效推进。　金融市场不断丰富，基本实现了健康化、规范化和专业化，更好地发挥了对实体经济的支撑作用。

金融开放不断取得新进展，获得国际市场认可。　一方面，人民币国际化的程度稳步快速提高，基础设施不断完善。　交易结算货币方面，2015 年 10 月，人民币跨境支付系统一期（CIPS）正式上线运营。　截至 2018 年 3 月底，CIPS 境内外参与者包括 31 家直接参与者和 695 家间接参与者，实际业务范围延伸到 148 个国家和地区，已与 30 多个国家签订双边本币互换协议，人民币国际合作成效显著。　2018 年 1 月，人民币成为全球第五大支付货币，在国际支付市场占比保持在 2% 左右。　储备货币方面，2016 年 10 月，人民币正式加入 SDR 货币篮子，是人民币国际化的重要成果。　至 2018 年一季度，超过 60 个境外央行或货币当局将人民币纳入其外汇储备。　人民币在"一带一路"沿线国家的使用度和接受度不断提高。　人民币国际化逐步从"经常项、负债型（即境外居民和机构持有人民币资产）"为主向"经常与资本项并重、负债与资产型并重"转变。　另一方面，金融市场对外开放的步伐也不断提速。　QFII（合格境外机构投资者）和 RQFII（人民币合格境外机构投资者）扩容并进一步放开，沪港通、深港通、债券通相继开通实施，我国货币、股票、债券市场与国际市场联系更加紧密。　2017 年 6 月，摩根士丹利资本国际公司（MSCI）宣布，从 2018 年 6 月开始将中国 A 股纳入 MSCI 新兴市场指数和全球基准指数。

货币政策调控更加灵活精准。　在国内经历 2013 年同业流动性紧张之后，货币政策工具逐步取代外汇占款成为基础货币供给的主渠道，央行分别先后推出了短期流动性调节工具（SLO）、临时流动性便利（TLF）、常备借贷便利（SLF）、中期借贷便利（MLF）、抵押补充贷款（PSL）等流动性调节工具。此外，定向降准凭借降准提供的资金期限长且成本低的特点逐渐成为传统准备金率调整的重要补充，2014 年 4 月至 2018 年 7 月，央行共实施近 10 次定向降准，机构范围不断拓展，为促进银行业金融机构支持"三农"和小微企业发展增添了持续的动力。

金融监管思路从机构监管向功能监管转变，风险防范能力和监管要求进一步提升。2017 年 7 月召开第五次全国金融工作会议，将强化监管提升到金融工作开展的重要原则高度，制度上建立国务院金融稳定发展委员会，强调对监管者的问责。2016 年起，央行推出了覆盖资本和杠杆、资产负债、流动性、信贷政策执行情况等七个方面的宏观审慎评估体系（MPA）。MPA 侧重综合性地评估金融机构，指标更加系统化，同时由"量"评估到"量价兼顾"。第二代偿付能力监管制度体系整体框架的发布、《证券公司分类监管规定》的出台、互联网金融行业自律组织的成立，以及互联网发展顶层制度设计等金融监管措施的不断出台，突出了对金融消费者、金融投资者合法权益的保护。

第三节　中国金融改革开放取得的成就

十九大报告首次提出"现代金融"，建设现代金融体系也是现代化经济体系建设的重要组成部分。自 1978 年金融体制改革启航，中国金融业在改革开放方面取得了辉煌的成就，重点领域和关键环节均取得重大进展。我国金融业实现了从"计划金融"向"市场金融"的转型，与社会主义市场经济发展相适应的金融组织体系、金融市场体系、金融治理体系、金融监管体系基本建立，金融业务不断创新发展，金融业服务实体经济的能力进一步增强，改革发展的成效逐步得到国际社会的广泛认可。现阶段，我国金融业已经形成了以银行业、证券业、保险业三大行业为主，以商业性金融机构、政策性金融机构、互联网金融等为补充的金融体系，金融业呈现金融机构多元化、金融市场高效化、金融体系法制化、产品创新加速、金融国际化、金融监管趋严化的特征。

一　金融组织体系日趋完善

改革开放后，金融机构在国民经济中的地位和作用逐步强化，大批金融机构恢复或建立。 1978 年以前由仅有的一家银行——中国人民银行同时承担中央银行和商业银行的角色，后来，中国人民银行专门行使中央银行职能，中、农、工、建四大国有商业银行相继恢复和设立，交通银行恢复并重组。 自此，中央银行体制逐步形成，金融组织体系由单一银行体制向复合银行体制转变，再加上丰富的非银行金融机构相继设立，形成了以中央银行为核心，国有独资商业银行和股份制商业银行为主体，政策性银行、农村信用社、证券公司、保险公司、财务公司和外资银行为主要构成的金融组织体系。 近一年的一个明显趋势是银行业占主导，但非银行金融快速发展。 为提高金融服务的可获得性，民营银行获得一定的发展，优化了金融结构，对普惠金融发展也起到了积极推动作用。 我国各类金融机构数量变化情况见表 0 -1。

金融业增加值占 GDP 比重增加。 从 1978 年的 2.1%，增加到 2015 年的 8.4%，一方面得益于经济的快速增长，另一方面受益于金融改革和开放。 在强化金融对实体经济服务力度的要求下，近年略有下降，到 2017 年末下降至 7.95%，脱虚向实稍有成效。

表 0 -1　我国部分金融机构数量变化情况

单位：家

金融机构类型	2017 年	2015 年	2010 年	2006 年
政策性银行	3	3	3	3
大型商业银行	5	5	5	5
邮政储蓄银行	1	1	1	1
股份制商业银行	12	12	12	12
金融资产管理公司	4	4	4	4
城市商业银行	134	133	147	113
住房储蓄银行	1	1	0	0
民营银行	17	5	0	0

续表

金融机构类型	2017 年	2015 年	2010 年	2006 年
农村商业银行	1262	859	85	13
农村合作银行	33	71	223	80
农村信用社	965	1373	2646	19348
村镇银行	1562	1311	349	0
农村资金互助社	48	48	37	0
外资法人金融机构	39	40	40	14
信托公司	68	68	63	54
金融租赁公司	69	47	17	6
贷款公司	13	14	9	0
企业集团财务公司	247	224	107	70
货币经纪公司	5	5	4	1
汽车金融公司	25	25	13	7
消费金融公司	22	12	4	0
保险集团控股公司	12	11	8	7
人身险保险公司	89	76	37	48
财产险保险公司	84	73	60	38
再保险公司	12	9	9	5
保险资产管理公司	23	21	11	—
证券公司	129	125	106	104
公募基金管理公司	113	100	63	58
期货公司	129	150	163	183
基金子公司	79	80	—	—

资料来源：原银监会监管金融机构数据来自历年《中国银行业监督管理委员会年报》；原保监会监管金融机构数据来自历年《中国保险业发展报告》、历年《中国保险业发展蓝皮书》；证监会监管的金融机构数据来自历年《中国证券业发展报告》、历年《中国证券投资基金业年报》、历年《中国期货市场发展报告》。

二　金融市场体系内涵日益丰富

经过 40 年的发展，尤其是十八大后的发展，我国逐步建立健全多层次多功能的金融市场体系和多层次的资本市场体系。

完备、发达、具有影响力的金融市场对一个国家的金融体系至关重要。至今，我国金融市场基础设施等"四梁八柱"已搭建完成，债券、货币、外汇、黄金和金融衍生品等市场的建设全面推进，金融市场体系配置资源和服务实体经济的能力持续增强，形成了覆盖本币与外币，短期与长期产品，现货与衍生品，分层有序、互为补充的多层次金融市场体系。

金融市场资金能够按照市场化原则在各部门、各行业、各企业之间高效流动，市场容量位列世界前茅。

金融市场的效率不断提高。财政性存款占比不断下降，从 1978 年的 16.22% 下降至 2016 年的 2.34%，上市公司中国有企业数量占比逐年下降，民营企业占比不断上升，自 1993 年的最低值 24% 上升到 2017 年的 61%，民营企业资金的高流动性促进了股票市场有效性的提高。

直接融资的地位逐渐提升。从融资结构的角度看，2003 年之前中国间接融资居绝对主导地位，银行贷款占比高达 89.5%。为满足不同类型企业的融资需求，减少金融风险隐患，十九大后中央多次强调多层次资本市场的重要性，随着市场广度不断扩大，我国初步建成覆盖多方面经济社会需求的多层次的资本市场，大体由场内市场和场外市场两部分构成，场内市场包含主板、中小板（一板）和创业板（二板），场外市场包括全国中小企业股份转让系统（新三板）、区域性股权交易市场（新四板）、券商柜台交易市场（包括天使投资、风险投资、股权众筹等股权投资市场）（新五板）。经过一系列改革，主板、中小板、创业板融资功能不断强化，新三板改革逐步深化，区域性股权交易市场规范发展，为各种类型的企业股权融资提供了支持。同时，债券市场、产权市场、并购市场等获得极大发展。

三　金融业务和技术创新层出不穷

金融创新的过程就是金融改革的过程，这一过程促进了金融的发展。表现为 40 年里对金融产品、服务、交易方式等的改造、创新，形成新机构、新市场、新业态、新产品、新服务、新技术、新方法等，并最终带来金融机构盈利能力的增强、金融结构的改善和金融规模的扩大。产品创新方面，扶贫社会效应债券、SDR 债券、绿色金融债券、国债期货、标准债券远期等金融产品被推出，高环境风险行业推出环境污染强制责任保险，"两权"抵押贷款、投贷联动试点相继开展。业务模式方面，以互联网金融为代表的创新型市场化金融业务异军突起，目前国内互联网金融以第三方支付、网络贷款和众筹等业务模式为主，且发展迅速，影响了相应的金融业务、金融子行业、金融市场以及整个金融体系的发展，更实质性地影响了支付体系市场化、利率市场化和服务市场化等。从规模和增速来看，中国算得上全球互联网金融大国。技术手段方面，金融科技手段逐步带动金融行业转型升级。传统金融行业受到互联网的冲击，逐渐意识到金融科技手段可以带来巨大动能和潜力，诸多银行成立了金融科技子公司，而蚂蚁金服、腾讯金融以及京东金融等金融科技公司发展势头迅猛，在移动支付领域占得先机，用户规模的增长速度很快。结合金融行业长期积累的行业经验与金融科技更强的计算能力、运营能力，以及机器学习、大数据和区块链的帮助，传统的金融信息采集来源、风险定价模型、投资决策过程、信用中介角色被改变，大幅提升了传统金融的效率，解决了传统金融的痛点，代表技术有大数据征信、智能投顾、供应链金融等。金融创新在服务现代经济体系建设、建立普惠金融体系、降低成本提高效率以及支持小微企业、"三农"与扶贫等方面发挥了积极作用。

金融工作开展坚持改革创新，且历次全国金融工作会议都将坚持市场化改革方向作为我国金融业改革创新的基本原则。目前，我国利率市场化改革、人民币汇率形成机制改革、银行业市场化改革等已初见成效，人民币国际化和金融业双向开放取得积极进展，多层次资本市场体系建设稳步推进，资本项目可兑换、民营银行试点等改革工作也在扎实开展。这些成绩充分表明，坚持金融业改革创新的市场化方向符合金融业发展一般规律，是推动金融业发展适应社会主义市场经济的重要实践经验，也是做好下一阶段金融工作的必然选择。

四　金融治理体系和手段日益完善

在深化金融组织体系改革的同时，一方面，金融机构公司治理机制不断完善，另一方面，监管层在保护消费者权益、加强机构监管、维护金融市场稳定方面也不断加码。金融公司治理是金融监管部门防范化解风险的切入点，通过着手规范股权管理、"三会一层"①运作等方面，引导金融企业加快现代企业制度建设，董事会建设加强，监事会法定地位逐步确

---

① 公司内部"三会一层"一般指股东大会、董事会、监事会和高级管理层。

立、高级管理层履职得到规范，业绩考核机制、市场退出机制也相继建立，"先天不足"的中小银行和保险公司也逐步以强化风险内控机制建设为首要任务进行内部自律管理。　金融体系法制化逐渐增强，建立了既符合国情又与国际接轨的现代金融法律体系，形成了以《中国人民银行法》《商业银行法》《银行业监督管理法》《证券法》《保险法》等基础金融法律为核心，相关行政法规、部门规章及规范性文件为重要内容的金融法律制度框架，为金融业改革发展奠定了较为扎实的制度基础。　金融司法和金融法治宣传教育也取得较大成效。　通过严厉打击金融犯罪和非法集资、电信诈骗等涉及金融领域的犯罪，有效发挥了化解矛盾纠纷、保护合法权益、维护社会稳定的重要作用；同时对新型、疑难案件的法律适用标准进行不懈探索，创建了一系列金融法院、金融法庭。　金融制度保障方面，随着存款保险制度正式建立和实施，至 2016 年，全国 3000 多家吸收存款的银行业金融机构全部办理投保手续，在一定程度上完善了我国的金融安全网。

社会信用体系建设取得积极成效。　社会信用体系是社会主义市场经济体制和社会治理体制的重要组成部分，从 1999 年提出这一概念，到 2003 年实质性启动信用建设工作，到 2014 年步入有序建设阶段，出台了《社会信用体系建设规划纲要（2014～2020 年）》，初步推动建立起联合惩戒制度，推动了 2016 年发布《国务院关于建立完善守信联合激励和失信联合惩戒制度加快推进社会诚信建设的指导意见》。　我国对政务诚信体系、个人诚信体系、电子商务领域诚信体系的建设得以加强，已初步建立起宽领域、各层级的守信激励、失信惩戒的联合奖惩制度机制，规范了"红黑名单"制度，初步建立起公共信用信息共享机制。

五　金融开放合作程度加深

金融对内开放通过民营资本进入金融领域得以实现，而从 1979 年日本输出入银行在北京设立首家代表处以来，尤其是中国加入 WTO 后，金融对外开放的步伐也逐步加快。　银行、保险、证券、养老等市场准入逐步扩大，外资金融机构的数量和种类迅速增加，资本市场双向开放获得推进，境内外投资额度限制逐步取消。　股票、债券市场对外开放程度逐渐加大，境外机构参与银行间债券市场的主体范围和规模得到有序拓展，境内机构境外发行债券的主体类型和地域范围也不断扩大，境外机构境内发行人民币债券限制也被放宽。　外汇交易市场建设加强，与国际金融市场相适应的会计准则、监管规则和法律规章建立起来，金融市场国际化水平也不断提升。　中欧国际交易所成立，沪港通、深港通、债券通试点以及人民币合格境外机构投资者（RQFII）试点推出，人民币纳入 SDR 货币篮子，亚洲基础设施投资银行和丝路基金的设立等一系列成果，既打开了金融全面对外开放的新格局，也为亚洲地区和"一带一路"沿线国家的基础设施建设等提供了资金支持，促进了国内外金融机构的合作。　2018 年 4 月 11 日，中国人民银行行长易纲在博鳌亚洲论坛上宣布超十项金融开放重磅措施，意味着在改革开放 40 周年之际，中国金融业的发展登上了新的台阶。

六　金融监管体系不断调整

我国金融监管体制经历了从"大一统"到"一行三会"①分业监管，再到"一委一行两会"②新格局的改革，央行确立了双支柱调控框架，"一委一行两会"也更加重视监管的协调与统筹。

货币政策和宏观审慎政策的双支柱调控框架逐步探索建立。　传统的金融调控框架以货币政策为核心，关心整体经济和总量问题，侧重于经济增长和物价水平的稳定；宏观审慎政策抑制杠杆过度扩张和顺周期行为，侧重于防范金融风险、维护金融稳定。　探索建立双支柱调控框架，重在防范金融体系顺周期导致的系统性风险，通过加强对系统重要性金融机构监管、提高流动性和资本要求的方式，有效维护金融体系稳定。

金融监管框架由"一行三会"转为"一委一行两会"，统筹规划和协

---

①　"一行三会"是指中国人民银行、中国银行业监督管理委员会（简称"银监会"）、中国证券监督管理委员会（简称"证监会"）、中国保险监督管理委员会（简称"保监会"）。

②　"一委一行两会"是指国务院金融稳定发展委员会（简称"金稳委"）、中国人民银行、证监会、中国银行保险监督管理委员会（简称"银保监会"）。

调监管的理念得以确立并获得政策支持。　基于我国国情推进的一系列金融监管体制改革，增强了金融监管协调的权威性、有效性，强化了金融监管的专业性、统一性、穿透性。　当前的金融工作以强化金融监管为重点，以防范系统性金融风险为底线，加速完善相关法律法规、金融机构法人治理结构和宏观审慎管理制度建设，由"一行三会"分业监管框架下重视机构监管转为功能监管，更加重视行为监管。

　　银行业监管对资本充足率的要求更加严格并重新选择流动性检测指标；保险业监管发布第二代偿付能力监管制度体系整体框架并推动保险业费率市场化改革；外汇市场监管规范银行间外汇市场询价交易净额清算业务发展；互联网金融监管形成了互联网金融发展顶层设计，成立了行业自律组织；资产管理行业监管也注重监管措施的统一性。　除了对独立开展的银行、证券、保险、信托、互联网金融、科技金融、资产管理等行业或领域的业务进行监管外，为防止行业间和领域交叉地带的监管真空、灰色地带引发金融风险，防止监管套利，加强统筹规划和协调监管的理念，还对现代金融市场发展的金融监管框架进行了一系列有效改革。

第一篇

金融机构改革篇

改革开放40年，我国金融机构的变化可谓翻天覆地。历经40年，我国金融业综合竞争力显著增强，金融机构创新增多，金融体系呈现百花齐放的局面。本篇分别从银行机构、非银行金融机构、金融科技机构等三个方面，系统地梳理我国金融改革开放40年来金融机构发展的成果。

首先，占据我国金融体系主导地位的银行业长期以来都是我国金融改革开放的重点对象，40年来，我国银行业改革坚持市场化导向，形成了包括政策性银行、国有控股商业银行、全国股份制商业银行、城商行、民营银行、农村信用社等多种类的银行体系，促进了银行业的发展。

其次，随着我国经济市场化程度的提高，对直接融资的需求也快速增加，证券、信托等直接融资类的金融机构迅速增加，而且随着金融资源需求的不断变化，金融机构的创新也不断涌现，形成了种类繁多、功能多样的非银行类金融机构，满足了不断发展、变化的金融需求。

最后，金融科技的出现开启了我国金融机构改革、创新的新纪元，从冲击到改造，再到融合，金融科技推动了传统金融机构在改革创新的道路上快速突进，金融机构间的竞争日趋激烈，促进了我国金融机构的更新迭代。

第一章　银行业的改革与发展

改革开放 40 年来，中国银行业发生了翻天覆地的变化，成功实现了由"大一统"银行体系向现代银行体系的历史性转变。 1979 年 10 月，邓小平同志提出"要把银行作为发展经济、革新技术的杠杆，要把银行办成真正的银行"，继而正式拉开了恢复金融、重构金融组织体系工作的帷幕。 在这一思想的指导下，中国银行业坚定不移地开展了一系列市场化改革，基本实现了从专业银行到现代商业银行的转变、从外部体制到内部经营机制的转变、从传统经营方式到现代经营模式的转变，银行业组织体系更加健全，机构种类更加丰富，市场竞争更加充分，服务功能更加完善，初步形成功能完备的现代服务型银行体系。

第一节　大型商业银行

一　恢复成立专业银行并向商业化转型

1979 年 2 月，国务院发布《关于恢复中国农业银行的通知》，中国农业银行正式恢复建立，由此拉开了我国金融改革的序幕。 1979 年 3 月，中国银行从中国人民银行分离出来，作为外汇专业银行，承办外贸信贷业务。 1979 年 8 月，国务院批准中国人民建设银行①（1996 年 3 月 26 日更名为中国建设银行）从财政部独立出来，承担固定资产投资的职能。1984 年 1 月，以中国工商银行的成立为标志，中国银行业在组织体系上发

---

① 1972 年 4 月，国务院决定恢复中国人民建设银行。

生了基本性变化，"大一统"局面被打破，中国人民银行开始专门行使国家的中央银行职能，形成以中央银行为领导、国家专业银行各有分工的格局，信贷资金管理体制也由"统一计划、分级管理、存贷挂钩、差额包干"过渡到"统一计划，划分资金，实贷实存，相互融通"。

这一时期的改革，恢复并发展了专业银行，专业银行相互之间展开了一定的交叉经营与适度竞争。同时，这些银行还承担着各自领域的一些政策性业务，企业资金供应基本由银行承包，而银行对作为消费单位的家庭则一般不贷款。这使得国有银行历史负担十分沉重，体制机制僵化，严重缺乏自我发展能力，与经济的发展需要存在重大矛盾和冲突。

1993 年 11 月，十四届三中全会提出要加快金融体制改革。同年 12 月，国务院颁布《关于金融体制改革的决定》，明确提出要把国有专业银行办成真正的商业银行，从而确立了国有专业银行商业化改革的方向。据此，长期被包含在国有专业银行之中的政策性贷款业务被分离出来，交给了新成立的国家开发银行、中国进出口银行和中国农业发展银行三家政策性银行；同时，要求专业银行逐步改革转变为国有独资商业银行，只承担商业性业务，不再按专业领域划分业务，相互之间可以交叉、竞争，以便改进服务。1995 年，《商业银行法》出台，从法律上将工、农、中、建四家专业银行正式定位为"自主经营、自担风险、自负盈亏、自我约束"的国有独资商业银行。

二　多措并举提升经营稳健性

经过多年发展，国有商业银行改革取得不少重要进展，但由于金融标准制度不规范、公司治理不健全、资本金不足[①]等原因，还普遍存在不良贷款率高、贷款的隐性损失严重、坏账准备金严重不足、银行资产风险上升、市场恶性竞争等一系列问题。当时国内外一些学者和媒体认为，中国大型国有商业银行已经到了"技术性破产"的边缘。1997 年亚洲金融风暴的冲击进一步加快了这些问题的暴露，也从另一个侧面提高了中国社会各界对银行体系稳

---

① 1996 年底，除中国银行资本充足率为 12.47% 外，工、农、建三家国有商业银行的资本充足率均在 8% 以下。

健经营重要性的认识，坚定了决策层推进大型商业银行改革的决心。

改善国有商业银行资本充足率，提高银行特别是四大国有商业银行的风险承受能力，成为当时的首要任务。 为此，一方面，八届全国人大常委会第三十次会议于1997年3月1日审议通过了财政部《关于发行特别国债补充国有独资商业银行资本金》的议案，决定由财政部定向为中、农、工、建四家国有独资商业银行发行总额为2700亿元的特别国债。 央行首先将存款准备金总水平由13%降至10%，为银行创造宽裕的资金环境，再由国有独资商业银行用其吸收的存款和存放在中央银行的资金来认购特别国债，财政部获得资金后再作为国家拨补资本金注入国有独资商业银行。 另一方面，1999年，东方、信达、华融、长城四大资产管理公司相继成立，分别负责收购、管理、处置相对应的中国银行、中国建设银行和国家开发银行、中国工商银行、中国农业银行所剥离的不良资产。 1999~2000年，四家资产管理公司先后按账面价值收购四家国有商业银行不良资产1.4万亿元，使四家国有商业银行的不良贷款率一次性下降近10个百分点。 此外，从2001年起逐步推行贷款五级分类制度，实行审慎的金融会计准则，逐步降低商业银行营业税。

这一阶段的改革取得了一定的成效，市场在资金配置中的作用明显增强，因此也使我国成功抵御了亚洲金融风暴的冲击，但各项举措主要集中在处置不良资产、补充资本金等技术层面上，尚未触及体制机制等深层次问题，治标而不治本。 国有商业银行的历史包袱仍然很重，经过一段时间的运行后，不良率反弹严重[1]，资本充足率依然很低，甚至为负[2]，加之根据我国加入世界贸易组织（WTO）协议，2006年我国金融业需全面对外开放，意味着我国金融机构将面临与资本实力雄厚、公司治理健全、金融创新能力强、具有国际竞争经验的外资金融机构的激烈竞争。因此，迫切需要采取强有力措施，下大决心，对银行业进行全面而深刻的改革，形成良好的内生发展机制。

---

[1] 2003年底，按照五级分类口径统计，四家国有商业银行的不良贷款余额高达1.9万亿元，不良率高达20.36%。

[2] 2002年底，工行、中行和建行的资本充足率分别为5.74%、8.35%和5.99%，如果按国际标准测算，资本缺口将更大。

三　持续深入开展综合改革

（一）大型国有商业银行股改上市

对国有独资商业银行进行综合改革始终是中国金融改革最重要的内容。 但是，由于受到各方面因素的掣肘，这个领域的改革虽然一直在进行，但长期没有重大的根本性变化。 2002 年 2 月，第二次全国金融工作会议上指出要对国有独资商业银行进行股份制改造，条件成熟的可以上市，由此拉开了国有银行股改上市的大幕。

2003 年 5 月，时任中国人民银行行长的周小川向国务院做了关于《改革试点——国有商业银行的财务重组》的汇报，其中详细设计了核销已实际损失掉的资本金、剥离处置不良资产、外汇储备注资、境内外公开发行上市的"四步曲"方案。 2003 年 10 月，十六届三中全会通过《中共中央关于完善社会主义市场经济体制若干问题的决定》，明确"选择有条件的国有商业银行实行股份制改造，加快处置不良资产，充实资本金，创造条件上市"。 2003 年 12 月，国务院设立中央汇金投资有限公司①，以出资人角色通过运用央行的外汇储备等资金对国有银行进行注资。 国有商业银行股份制改革正式启动。

国有商业银行股份制改革"四步曲"

一是核销已实际损失掉的资本金。 一家公司如果已经有了大量亏损，就必须用资本核销掉，否则就要把这个负担转嫁到别的地方。 2003 年改革前，我国银行业没有实行规范的资产五级分类制度，银行没有计提相应拨备，没有及时核销不良资产。 实际上，商业银行的自身积累本来就应该拿出一部分用于核销坏账和计提坏账准备金。 改革过程中，中国银行、中国建设银行动用准备金、拨备前利润和资本金等现有资源核销了部分资产损失。

---

① 2007 年 9 月成立中国投资有限责任公司，财政部通过发行特别国债，从中国人民银行购买中央汇金公司的全部股权，并将上述股权作为对中国投资有限责任公司出资的一部分，注入中投公司，中央汇金公司成为中投公司的子公司。

　　二是按照市场化原则剥离处置不良资产。与 1999 年按照账面价值向四家资产管理公司剥离不良资产不同，2003 年以来的不良资产处置主要以市场化方式进行处置，四大资产管理公司除了接受划转的一部分损失类不良资产外，其余不良资产按原值 50% 的对价通过市场公开竞标购买进行。最大限度地引入了市场竞争机制，强化了激励与约束机制，体现了公平、公正、公开原则，有利于待处置不良资产的价值回收最大化。股份制改革过程中，四家大型商业银行共核销、剥离处置不良资产约 2 万亿元。

　　三是外汇储备注资。进行财务重组时，当然首先考虑利用银行自身资源，但耗时长，且存在一定的不确定性；也可以考虑通过财政直接注资，但当时财政能力有限，客观上无力拿出大笔资源。在这种情况下，我们创造性地考虑动用国家外汇储备。我国持有外汇储备的目的之一，就是要维护金融体系的稳定。自 2003 年 12 月起，国家运用外汇储备先后向中国银行、中国建设银行、中国工商银行和中国农业银行注资近 800 亿美元。这一改革举措充分表明了中国政府实施金融改革的坚强决心，获得了国内外舆论的正面评价。

　　四是境内外公开发行上市。上市是彻底改造大型商业银行公司治理机制的重要环节。通过发挥资本市场的外部约束、监督和促进作用，将建立一整套新的市场激励和约束机制，从而促使大型商业银行进一步转换经营机制，成为真正的市场化经营的主体。从 2005 年 10 月起，几家大型商业银行相继启动首次公开发行工作，均取得了巨大成功，先后全部完成 A 股＋H 股两地上市，其中中国建设银行首先在 2005 年 10 月在香港成功上市，中国银行和中国工商银行于 2006 年先后分别在香港和内地市场成功上市，中国农业银行于 2010 年 7 月分别在内地和香港成功上市。

　　（摘自周小川《大型商业银行改革的回顾与展望》，《中国金融》2012 年第 6 期）

值得关注的是，这次改革比较注重改进各项标准和准则。在会计准则方面，做了数次修改，使得我国的会计准则更加规范，也更为接近国际准则。在贷款分类方面，要求严格执行五级分类，要求执行《巴塞尔协议》对商业银行的资本充足率要求，并提出了明确的时间表来加以落实。另外，在披露标准和公司治理准则方面也都做了改进。同时，进一步强化了监管。2003年成立中国银行业监督管理委员会，强化监管组织体系，同时也进一步明确了监管原则。2007年底，工行、建行和中行跻身全球前十大银行之列。

(二) 全方位深化改革发展

2008年国际金融危机的爆发以及我国经济金融形势的重大调整，推动大型商业银行在治理机制再造、调整业务结构和转变发展方式方面进一步深化改革。

一是大型商业银行继续完善公司治理结构、建立现代金融企业制度。注重加强商业银行公司治理：形成有效的决策、执行和制衡机制，如进一步厘清股东大会、董事会、监事会和高管层的职责边界，完善重大事项的决策机制和程序，加强信息披露，提高透明度，防止内部人控制等；健全资本约束机制，推进股权多元化；建立健全有效的选人用人机制；健全科学合理的激励约束机制，加强薪酬监管。

交通银行实施混合所有制改革

交通银行始建于1908年，是中国历史最悠久的银行之一，也是近代中国的发钞行之一。1986年7月24日交通银行作为金融改革的试点，经国务院批准重新组建，1987年4月1日，重新组建后的交通银行正式对外营业，成为中国第一家全国性的国有股份制商业银行。1994年，交通银行由重新组建时的总、分支行两级法人体制统一为单一法人体制。2004年6月，国务院批准了交通银行深化股份制改革的整体方案。根据方案要求，交通银行顺利完成了以增资扩股和集中处置不良贷款为核心内容的财务重组，成功引进汇丰银行、全国社保基金理事会、中央汇金公司等境内外战略投资者。财务重组完成后，交通银行不良贷款率 3.43%，拨备覆盖率 72.77%，资本充足率 8.82%。2005 年 6 月交通银行在香港联合交易所挂牌上市，2007 年 5 月在上海证券交易所挂牌上市。

2015 年，国务院批准《交通银行深化改革方案》，交通银行成为五大国有商业银行最先实现混合所有制的银行。改革重点包括三个方面。一是探索中国特色的大型商业银行治理机制，主要是探索党的领导核心与现代公司治理有效结合的新途径和新方式。二是推进经营模式转型与创新，大力实施事业部制改革、子公司改革和国际化战略。三是深化商业银行内部经营机制改革，重点是用人薪酬考核机制改革，建立职业经理人制度，推进全员全产品计价考核。

交通银行稳步推动深化改革项目落地实施，改革红利逐步释放，转型动力有效激发，核心发展指标不断提升。2017 年，交通银行已连续九年跻身《财富》（*FORTUNE*）世界 500 强，营业收入排名第 171 位；位列《银行家》（*The Banker*）杂志全球 1000 家大银行一级资本排名第 11 位，较 2016 年排名上升 2 位。2018 年，交通银行创立 110 周年。

二是工行、农行、中行、建行入选全球系统重要性银行。2008 年国际金融危机之后，20 国集团设立了金融稳定理事会（FSB），对全球金融机构进行监管。为避免国际大银行倒闭引发的系统性风险，FSB 根据全球活跃程度、规模、关联度、可替代性、复杂性等 5 个方面 12 项细项指标，评估得出全球系统重要性银行（G-SIBs）。我国中行、工行、农行、建行分别于 2011 年、2013 年、2014 年、2015 年全部入选 G-SIBs。根据 2010 年发布的巴塞尔协议Ⅲ，除最低资本要求外，全球系统重要性银行还应额外满足 1% ~ 3.5% 的附加资本金要求，且附加资本必须完全由普通股权益构成。

SIBs 国际监管改革三大支柱

金融稳定理事会和巴塞尔委员会关于加强系统重要性银行监管的一揽子政策，既适用于全球系统重要性银行，也适用于国内系统重要性银行（D-SIBs），但对全球系统重要性银行有明确的时间表要求，相关标准也更为严格。总体而言，系统重要性银行监管改革政策框架包括三大支柱。

一是提高损失吸收能力（HLAC）。全球系统重要性银行根据其系统重要性评分，分别适用 1%～3.5% 的资本附加要求，由核心一级资本满足；国内系统重要性银行也需执行系统重要性资本附加要求，但标准由各国确定。同时，金融稳定理事会又进一步提出总损失吸收能力（TLAC）的概念，损失吸收能力还要覆盖不可持续经营情况下的非预期损失。

二是提升监管强度和有效性。通过梳理监管目标、策略和文化，完善监管组织架构、改进监管方法和工具、加强监管合作、提升监管独立性和资源配置，即通过完善系统重要性银行监管框架、提高监管强度，来更主动地影响银行经营管理行为，实现监管有效性的提高。

三是推动处置机制建设。各国应根据金融稳定理事会《有效处置机制关键要素》推动本国处置法律框架改革和跨境处置合作，对单家系统重要性银行至少是全球系统重要性银行应制定恢复处置计划（RRP）。

其中，前两大支柱提高损失吸收能力、提升监管强度和有效性，旨在减少系统重要性银行经营失败的可能性，以期实现"好而不会倒"；而完善处置机制和制定恢复处置计划，则旨在降低系统重要性银行一旦经营失败导致的负外部性，减少纳税人支付的处置成本，以期实现"大而能够倒"。

（摘自肖远企《系统重要性银行监管框架国际比较与启示》，《中国银行业》2015 年第 6 期）

三是"普惠金融事业部"改革取得成效。中国人民银行于 2010 年 5 月向中国农业银行下发《关于深化中国农业银行"三农金融事业部"改革试点有关事项的通知》，正式启动农行深化"三农金融事业部"改革。
在对改革试点持续监测跟踪并阶段性评估总结后，中国人民银行报经国务
院批准后于 2011 年 9 月、2013 年 11 月和 2015 年 4 月先后三次扩大试点
范围，最终推广至农行全部县域支行。

2015 年，国务院印发《推进普惠金融发展规划（2016 ~ 2020 年）》，明
确了银行业金融机构开展普惠金融业务的原则、目标和要求等。 2017 年
《政府工作报告》提出，鼓励大中型商业银行设立普惠金融事业部，国有大
型银行要率先做到。 2017 年 5 月，银监会发布《大中型商业银行设立普惠
金融事业部实施方案》，推动大中型商业银行设立聚焦小微企业、"三
农"、创业创新群体和脱贫攻坚等领域的普惠金融事业部。 到 2017 年底，
工、农、中、建、交五家大型商业银行的普惠金融事业部相继挂牌成立，并
已经有 185 家一级分行设立了普惠金融事业部分部。

四是积极与金融科技公司开展跨业合作。 主动适应互联网金融创
新趋势，积极拥抱互联网，将互联网思维引入银行改革中。 2017 年 3
月 28 日，中国建设银行与阿里巴巴集团、蚂蚁金服集团签署三方战略
合作协议；2017 年 6 月 19 日，中国工商银行与京东金融签署合作框架
协议；2017 年 6 月 20 日，中国农业银行与百度金融签署合作协议，同
时宣布金融科技联合实验室成立；2017 年 6 月 22 日，"中国银行—腾
讯金融科技联合实验室"挂牌成立，双方将在云计算、大数据、区块链
和人工智能等方面开展深度合作，共建普惠金融、云上金融、智能金
融和科技金融；2017 年 8 月，交通银行与苏宁达成战略合作伙伴关
系，共同成立"交行—苏宁智慧金融研究院"，全面开展智慧金融积极
探索。

第二节　开发性、政策性银行与中国邮政储蓄银行

一　开发性、政策性银行

20 世纪 90 年代以前，我国政策性金融服务主要由大型商业银行等金

融机构承担。 1993 年 11 月，党在十四届三中全会的《关于建立社会主义市场经济体制若干问题的决定》中明确指出："建立政策性银行，实行政策性业务与商业性业务分离。 组建国家开发银行和进出口信贷银行，改组中国农业银行，承担严格界定的政策性业务。"1993 年 12 月，《国务院关于金融体制改革的决定》再次指出："建立政策性银行的目的是，实现政策性金融和商业性金融分离，以解决国有专业银行身兼二任的问题；割断政策性贷款与基础货币的直接联系，确保中国人民银行调控基础货币的主动权。"

1994 年，根据经济金融体制改革的需要，我国成立了国家开发银行、中国进出口银行和中国农业发展银行三家政策性银行，将支持"两基一支"（基础设施、基础产业、支柱产业）、机电产品和成套设备出口、粮棉油收购等政策性业务从当时的中国工商银行、中国农业银行、中国银行、中国人民建设银行四大专业银行中分离出来，构建了专门的政策性银行体系，实现了政策性金融与商业性金融的分离。

（一）国家开发银行

国家开发银行（以下简称国开行）的发展大致可划分为三个阶段。

1. 政策性银行阶段(1994 ~ 2008 年)

国开行在成立之初主要运用国家信用筹资，将资金用于支持"两基一支"相关项目。 由于市场意识不足，国开行累积的经营风险不断增大，1997 年底，不良贷款率达 42.7%。 之后，通过对所有新增贷款项目实行严格的风险审查机制，杜绝"政令贷款、人情贷款"等措施着手处理不良贷款问题，并逐步建立市场化筹资机制，通过发行债券以低成本筹集资金。

1998 年 8 月，国开行试行市场化发债 50 亿元，标志其开始突破中国人民银行摊派发债的单一模式；至 2000 年，国开行已全部实行市场化发债。 经过近十年的努力，到 2008 年底国开行的资产总量达到 3.8 万亿元，比 1997 年底增加了 10 倍以上，不良贷款率也从 1997 年底的 42.7% 下降到了 0.96%。

中国投资银行并入国家开发银行

1998 年 12 月 11 日，经中国人民银行批准，中国投资银行并入国家开发银行。这是我国银行界机构重组的首例。

中国投资银行成立于 1981 年，到 1998 年已拥有 29 个分支机构和一批素质较高的专业人员。中国投资银行并入国家开发银行，为国家开发银行提供了加强信贷管理的手段和有利条件，国家开发银行能够充分运用其网络，显著增强信贷管理力量，有效改善资产质量，也为开拓投资银行业务创造了条件。

发行"开元"信贷资产支持证券

2005 年，国开行第一期 41.7727 亿元开元信贷资产支持证券成功发行，标志着信贷资产证券化业务在我国正式开展，也为投资者提供了参与国家"两基一支"重大项目建设的新渠道。

国家开发银行作为发起人，从其优良贷款中选取一、二类资产（即正常和关注类资产）进入证券化资产池，并参照国际资产证券化的模式，运用计量模型对资产池的现金流进行分析和压力测试，根据实际测算结果对现金流进行结构性安排，根据商业银行、证券公司、保险公司等不同投资人的不同需求，设计出符合中国证券市场需求的证券产品结构。

第一期"开元"证券化产品设计为三档。其中优先 A 档为 29.2409 亿元，加权平均期限为 0.67 年，固定利率，招标确定的票面利率为 2.29%；优先 B 档为 10.0254 亿元，加权平均期限为 1.15 年，浮动利率，招标确定的利差为 45BP（以一年期定期存款利率为基准，票面利率为 2.7%）；次级档为 2.5064 亿元，加权平均期限为 1.53 年。

2. 商业化改革阶段(2008~2015 年)

2006~2007 年是政策性金融商业化转型思潮的高峰期。2007 年第三次全国金融工作会议提出："按照分类指导、'一行一策'的原则，推进政策性银行改革。首先推进国家开发银行改革，全面推行商业化运作，

主要从事中长期业务。"2007 年 12 月，中央汇金公司向国开行注资 200
亿美元，国开行改制转型迈出重要步伐。 2008 年 12 月，国家开发银行股
份有限公司正式挂牌成立，国开行开始由政策性银行向商业银行转变。

国家开发银行股份有限公司成立后，建立了"三会一层"公司治理架
构，组建了董事会、监事会及专门委员会等；制定了公司章程，股东大会、
董事会、监事会及专门委员会议事规则和行长工作规则等公司治理基本制
度，决策机制不断完善；优化全面风险管理架构，风险管理水平不断提高，
不良贷款率一直保持在较低水平；同时，国开行逐步改变依赖国家信用发债
的现状，改为依靠市场信用向公众发债。 2009 年，国开行在香港成功发售总
值为人民币 10 亿元的人民币债券，迈出了寻求多途径融资的重要一步。

3. 开发性银行阶段(2015 年至今)

党的十八届三中全会、2014 年《政府工作报告》明确要求"推进政策性金
融机构改革"。 习近平总书记、李克强总理多次强调要发挥开发性金融、政
策性金融服务国家战略的功能和作用。 2015 年 3 月，国家开发银行深化改革
方案经国务院批复同意；2015 年 4 月，中国政府网公布了国务院关于国家开
发银行改革方案的批复；2015 年 7 月，国家外汇储备通过其投资平台公司——梧
桐树投资平台有限责任公司向国家开发银行补充资本金 480 亿美元，其资本充
足率由此增加 2.63 个百分点至 11.41%；2016 年 11 月，国务院批准同意国开
行公司章程。 通过改革，国家开发银行明确定位于开发性金融机构，更好地
发挥了其在重点领域、薄弱环节、关键时期的金融支持作用。

理解开发性金融

　　首先，开发性金融与政策性金融存在区别。 政策性金融强调政策
需要，不太强调盈亏，亏损会由国家补贴。 因此，政策性金融也容易
引发争议。 比如，既然是国家政策需要，为什么不用预算资金？ 这中
间会不会有一些灰色地带？ 应该怎样做更好？ 而开发性金融则有所
不同，开展的是符合国家发展战略但不亏损的业务。 例如 90 年代后
期国开行支持的"两基一支"（即基础设施、基础产业、支柱产业）

和后来的支持"走出去"。尽管业务随着国家战略的导向会发生动态变化，但经营方针是总体上不能亏损——有人将这种模式归纳为"保本微利"，要实现自我可持续发展。其次，传统的商业金融体系中缺少中长期融资的支柱。中短期的业务可能商业性金融能做好，长期的业务却往往有空缺，市场配置资源的有效性在长期融资领域存在缺陷，需加以补充。因此，国开行提出需要有开发性金融去发挥补充市场和培育市场的功能。

国家对开发性金融的支持表现为一种增信。从融资的角度看，开发性金融不吸收储蓄存款，主要依靠特定增信后在银行间市场发债融资。融资成本不是太高，但是也不便宜，比存款基准利率要高。虽然商业银行依据存款基准利率定价并吸收存款，但考虑到商业银行吸收存款有经营成本，还有机构人员开支，所以两者相比，开发性金融在融资方面略具一点成本优势，体现出增信的作用。增信不同于担保或兜底，方法也有若干种，目前，中国人民银行和监管部门将政策性银行的债券定义为"政策性金融债"，就是给予一定的增信支持。国家对开发性金融并没有明确的财政担保，财政也没有出具安慰函。此外，国开行做的业务中有一部分是地方政府统借统还的，今后还需要更多地探讨不依赖地方政府的路子。

从这些方面看，中国最初创立开发性金融时并没有形成关于业务模式的完整体系，但是摸索了一些基于国家战略、自主经营、自主决策的路子；同时强调保本微利，也就意味着讲求效益，不能赔钱。

（摘自周小川《政策性金融再定位》（专访），《财经》2015年第16期）

（二）中国进出口银行与中国农业发展银行

中国进出口银行（以下简称口行）与中国农业发展银行（以下简称农发行）自1994年成立以来，一直作为政策性银行，虽也有不少自主决策、自担风险、自负盈亏的"自营业务"，但仍与商业性业务有所不同，都是围绕国家战略或政策方向的，可以说也属于开发性金融，即口行和农发行是同时在做政策性和开发性两类业务，但是与国开行相比，其政策性业务仍占显著的比重，因此不同于国开行，口行和农发行的改革定位最终仍落脚于政策性银行性质。

2014 年 12 月，国务院批复同意《中国农业发展银行改革实施总体方案》，要求"中国农业发展银行改革要坚持以政策性业务为主体"；2015年 3 月，《中国进出口银行改革实施总体方案》获国务院批复同意，要求"中国进出口银行改革要强化政策性职能定位"。2015 年 7 月，外汇储备向中国进出口银行注资 450 亿美元；同年 12 月，财政部向农发行注资100 亿元，农发行未分配利润 270 亿元转为资本。2016 年 11 月，国务院批准同意《中国农业发展银行章程》《中国进出口银行章程》，章程的获批，有助于规范银行组织和行为，确保其有效履行职责，有利于充分发挥政策性金融作用，建立促进可持续发展的体制机制。

加强资本约束是三家银行改革的重点

三家银行保持稳健和可持续性确实很重要，这也是这次改革的重点内容之一。转轨经济的实践表明，政策性机构容易有过度扩张的冲动，成为只注重执行国家计划而忽视财务绩效的非企业化实体；往往对可持续发展重视不够，容易有约束机制（特别是资本约束）欠缺和反复申请政策优惠的倾向。解决以上问题也成为本轮改革的要点之一。从经验出发，严格执行高标准的会计准则、严格按贷款的未来损失概率来进行贷款分类、有效的内控和监管、保持资本充足率并实行资本约束、完善公司治理等是银行不突发财务危机、稳健和可持续发展的几个关键环节。三家银行尚未解决好的问题之一是资本充足率及资本约束机制，这会降低内控和监管的有效性，也会在会计和贷款分类上出现讨价还价的机会，容易出现过度扩张和财务隐患。

国际上讨论了几十年如何保持银行业稳健，从巴Ⅰ、巴Ⅱ到巴Ⅲ，还有巴塞尔监管核心原则和损失吸收能力，最终都离不开资本约束，找不出别的替代方法。三家银行也是如此，无非是如何筹集资本，不再搞低资本的带病运行。 特别是当自营业务已占一定比例，资本约束更为重要。

资本约束在一定程度上也可以解决商业银行和政策性银行之间的争议。 严格说，开发性业务和商业性业务之间的界限是有模糊性的，商业银行也可以做开发性业务，但是有的商业银行不愿意做。 二者的竞争经常会陷入互相指责之中，商业银行的理由之一是，政策性银行没有资本约束，所以二者的成本并不一样。 既然对银行机构真正有效的是资本约束，政策性银行的改革也要推行资本约束，使得其风险加权资产所产生的资本需求跟商业银行的标准基本一致，内控和外部监管即可得以明确，不再徘徊。

在资本的计算方法方面，三家银行应参照巴塞尔协议和通用的银行监管规则。 其中的区别，无非是如果一个项目是国家明确指示去做的，该资产出现损失后国家有意承担的话，可以把风险权重稍微降低一点，因为毕竟有国家兜底。 这样的话，争议也就少了。

（摘自周小川《政策性金融再定位》（专访），《财经》2015 年第 16 期）

二　中国邮政储蓄银行

我国邮政储蓄事业已有百年历史。 最早在 1898 年 1 月开办邮政汇兑业务，1919 年 7 月，北京、上海、南京等 11 个大城市首先开办了邮政储金业务。 邮政储金以小储户为主，满 1 元即可开户；不足 1 元可先换成 5 分或 1 角的"储金邮票"贴在价值 1 元的储金券空格内，额满起存。 这种经营模式体现了邮政储金在开办之初便确立的"人嫌细微，我宁繁琐，不争大利，但求稳妥"的经营方针。

民国时期，邮政储蓄业务的经营机构是国民党政府的邮政储金汇业局，该局原为于 1930 年在上海成立的"邮政储金汇业总局"，与邮政总局平行，直属于当时的交通部，后因与邮政业务相互交叉，于 1935 年同邮政总局合并，改称"邮政储金汇业局"，是当时"四行两局"①中的一局。 到1937年底，全国办理邮政储金业务的邮局有648处，储户达30万之多，储户结存余额达6097万元，在当时的金融界占有重要地位。 1949年新中国成立后，该局由新中国邮政部门接收，后又于1950年6月被撤销。

党的十一届三中全会以后，全国的工作重心转移到经济建设上来，人民生活水平逐步提高，城乡储蓄迅速发展。 为充分利用邮政网络筹措资金，积聚更多的建设资金，1986年1月27日，原邮电部与中国人民银行根据国务院指示，联合发布《关于开办邮政储蓄业务的联合通知》，在12个城市试点办理个人活期、定期储蓄业务，自1986年4月1日起，全国各地全面恢复开办邮政储蓄业务。

自我国邮政储蓄业务恢复开办以来，其发展可以主要划分为以下几个阶段。

(一)邮政储汇局实施资金自主运用(1986~2003年)

这一阶段，邮政储蓄机构始终只是作为国家邮政局的一个内设职能部门——邮政储汇局来从事经营活动。 1986年邮政储蓄业务恢复之初，实行"只存不贷"的政策，仅限于为中国人民银行代办储蓄业务并收取代办费。 1990年开始由代办模式转变为自办模式，邮政储蓄的存款全额转存至中国人民银行，双方协商确定转存款利率，邮政储汇局将邮政储蓄存款的转存利息差作为其营业收入。

2000~2003年，中国人民银行会同财政部等相关部门连续四次向国务院报送关于调整邮政储蓄转存款制度的请示，希望加快储蓄体制改革。 2003年8月，国务院决定改革邮政储蓄转存款制度，央行对邮储存款实行"新老划段、新增资金自主运用"的改革，即改革前存量存款继续按4.1%的利率转存至中国人民银行，此后新增储蓄存款由邮政储汇局自主运用，新增存款转存至中国人民银行的部分，利率调整为1.89%。 自此，

---

① "四行"指中央银行、中国银行、交通银行、中国农民银行；"两局"指中央信托局、邮政储金汇业局。

邮政储汇局开始资金自主运用，向市场化、商业化转型迈出了重要一步。

（二）业务逐步规范并成立中国邮政储蓄银行（2004~2007 年）

自 1986 年恢复开办以来，邮政储蓄对促进国民经济的发展、社会的进步发挥了重要的作用，截至 2005 年 6 月末，全国邮政储蓄存款余额 1.23 万亿元，储蓄市场占有率达 9.25%，储蓄规模仅次于 4 家国有商业银行和农村信用社；邮政储蓄新增存款自主运用形成的资产达 3519 亿元，邮政储蓄业务收入占邮政业务总收入的半壁江山。

随着业务快速增长，邮政储蓄与邮政企业混合经营管理的体制问题日益突出，特别是邮政储蓄新增资金自主运用后，由于邮政储汇局只是邮政局的一个内设职能部门，而非独立法人机构，风险管理与资金运用等方面受到极大限制。一是邮政储蓄无法依照现代金融企业制度和商业银行运行管理要求建立健全独立的法人治理结构、全面风险管理体系以及内控合规机制，业务管理的行政色彩浓厚；二是由于邮政储汇局并非真正意义上的金融机构，资金运用渠道难以得到灵活拓宽，随着"老存款"的转出和新增存款的增长，邮储资金量巨大与资金运用渠道狭窄的矛盾日益突出，邮政储蓄业务整体收入水平或将难以为继；三是邮政储蓄从业人员特别是基层从业人员管理落后，未对银行业务人员进行全面垂直管理，而且与邮政人员混岗作业、频繁换岗等问题严重，普遍缺乏金融从业经验及专业化管理，操作风险、合规隐患比较突出；四是邮政储蓄机构作为金融机构的主体不清，财务与邮政混合，内部管理责任难以落实，外部监管难以深入。无论从当时我国整体金融体制改革的方向和要求看，还是从邮政储蓄内部管理和发展的迫切性看，进一步深化邮政储蓄体制改革已势在必行，刻不容缓。解决问题的出路在于加快组建邮政储蓄银行，使邮政储蓄业务从邮政部门完全独立出来。

2005 年 7 月，国务院第 99 次常务会议原则通过《邮政体制改革方案》，明确提出在依托邮政网络经营的基础上，加快成立由中国邮政集团控股的中国邮政储蓄银行，所有邮政储蓄业务划归中国邮政储蓄银行管理，实现金融业务规范化管理。在这一基调下，经过对银行组建过程中涉及的资本金、公司治理结构、网点划分、经营模式、人员管理等问题的多次反复沟通处理，2006 年 5 月 11 日，国务院签批同意银监会上报的《中国邮政储蓄银行筹建方案》；6月22日，银监会批复国家邮政局，正式批准筹建中国邮政储蓄银行，并确立自营网点和代理网点并存的经营管理模式；同年12月31日，银监会批准中国邮政储蓄银行有限责任公司开业申请，由中国邮政集团公司全资出资组建，注册资本金为人民币200亿元。2007年3月20日，中国邮政储蓄银行有限责任公司正式挂牌。

邮储银行"自营+代理"的独特运营模式

经国务院同意并经中国银监会核准，邮储银行自2007年成立起确立了自营网点和代理网点并存的经营管理模式。邮储银行是我国唯一一家可以委托非商业银行办理商业银行业务的银行，与邮政企业的委托代理关系具有排他唯一性。根据邮储银行与邮政企业之间的排他安排，邮政企业不得办理非邮储银行委托的商业银行有关业务，邮储银行未经监管机构批准也不得委托其他企业或个人办理商业银行有关业务。代理网点以邮储银行名义开展业务。

邮储银行的自营网点向客户提供包括各类贷款、存款及中间业务产品与服务在内的全面金融服务。代理网点作为其自营网点的重要补充，开展业务的范围包括吸收本外币储蓄存款、汇兑业务、银行卡业务、信用卡还款、代收付业务、代理发行和兑付政府债券、受理电子银行业务和第三方存管业务、保险兼业代理业务、代理金融产品等。代理网点不得开办资产和对公存款业务。

邮储银行和邮政集团建立全国统一的委托代理管理制度，对各自机构间的委托代理实行分级授权。邮储银行与邮政集团签订委托代理银行业务框架协议，邮储银行的分支机构和邮政企业通过签订具体委托代理协议，明确双方的委托代理关系以及权利、义务和责任的划分。邮储银行向邮政企业支付代理手续费，包括储蓄代理费、代理结算类业务支出、代理销售支出及与中间业务相关的其他佣金支出等。

（三）践行普惠金融并股改上市（2008 年至今）

经国务院同意，在借鉴吸收国有商业银行改革的成功经验的基础上，中国邮政储蓄银行有限责任公司于 2012 年 1 月 21 日依法整体变更为中国邮政储蓄银行股份有限公司，立足于服务"三农"、城乡居民和中小企业。 2015 年，邮储银行以"引资金、引机制、引资源、引技术、引智力"为目标，成功引入瑞银、中国人寿、中国电信、加拿大养老基金投资公司、蚂蚁金服、摩根大通、Fullerton Management Pte Ltd、国际金融公司、星展银行及深圳腾讯等 10 家战略投资者，实现了股权结构的多元化。 2016 年，邮储银行在香港交易所主板成功上市，正式登陆国际资本市场，完成"股改—引战—上市"三步走改革目标。 2017 年，邮储银行成功发行 72.5 亿美元境外优先股和 200 亿元人民币二级资本债券，快速、有效、低成本地完成了资本补充，资本结构得到进一步优化。

2008 ~ 2018 年，邮储银行从一家以负债业务为主的储汇机构，发展成为总资产突破 9 万亿元的全功能商业银行，信贷业务从零起步至突破 3.6 万亿元，以年均 9% 的资产增长，创造了年均 20% 以上的营业收入和利润增长，由单一国有股东持股的商业银行成长为股权多元化、公司治理逐步完善的上市银行，截至 2017 年底，市值已突破 4000 亿港元。

邮储银行坚守战略定位　践行普惠金融

邮储银行根据自身资源禀赋特点，始终坚守服务社区、服务中小企业、服务"三农"的市场定位，将自身发展与中国经济、社会发展紧密结合，同向同行。

一方面，构建大零售金融生态圈，致力于为广大城乡居民提供全方位、多层次的消费金融服务。 邮储银行提出"以金融为中心，打造全场景式覆盖的一站式家庭生态经济圈"的目标，不断构建完整的消费信贷产品体系，形成住房贷款、汽车贷款、额度类贷款三大类消费信贷产品，重点支持百姓教育文化、旅游休闲、养老健康、绿色环保等新兴领域，覆盖各类消费需求。 通过上线零售信贷自动化决策模型，实现作业自主化、营销批量化、风控系统化，简化了审批流程，切实降低了客户消费融资成本。

另一方面，深入推进"三农"金融事业部改革并下设扶贫业务部。 邮储银行从"支农支小"的小额贷款向服务农业产业化、农村基础设施项目全面发展，实现了对"三农"金融服务领域的全覆盖。 通过上线小额 E 捷贷、开办银联 POS 流水贷和税贷通、升级纯线上贷款"掌柜贷"等，持续加大产品创新力度，并叠加应用新技术，推行移动展业，业务处理效率不断提升。 截至 2017 年末，邮储银行发放涉农贷款余额 1.1 万亿元、金融精准扶贫贷款余额 458 亿元；同时，邮储小微金融服务向基层延伸，下沉经营重心，累计发放小微企业贷款 7608 亿元，授信客户数达 166 万户。

第三节　股份制商业银行

我国股份制商业银行大部分兴起于 20 世纪 80 年代末 90 年代初。 经过 30 年左右的快速发展，股份制商业银行经历了由弱小到强大、由粗放经营到集约管理、由跟随发展到引领创新的历程，形成了各具特色的品牌形象和竞争优势，12 家全国性股份制商业银行已成为我国银行体系中充满活力的中坚力量。

一　股份行发展历程

1987 年 4 月，经中国人民银行批准，由招商局出资人民币 1 亿元，在原招商局蛇口工业区财务公司的基础上创建了招商银行，成为我国第一家完全由企业法人持股的产权关系明晰的股份制商业银行。 招商银行分别于 2002 年 3 月、2006 年 9 月成功登陆 A 股及 H 股市场。

1987 年 4 月，中国国际信托投资公司发起成立中信实业银行，总部设在北京，成为第二家由国有企业兴办的银行。 2005 年 7 月，中信实业银行正式更名为中信银行，2007 年 4 月，中信银行实现在上海证券交易所和香港联合交易所 A + H 股同步上市。

深圳发展银行股份有限公司于 1987 年 12 月正式宣告成立，1991 年即登陆深交所，编号 000001，是中国第一家面向社会公众公开发行股票并上市的商业银行。2011年，中国平安集团控股深发展，并最终于2012年8月完成原平安银行与深发展的吸收合并，正式合并为平安银行。

平安银行发展历程

第一阶段：收购福建亚洲银行。2003年12月，平安集团收购了福州一家小型合资银行——福建亚洲银行，于次年2月更名为平安银行，向银行业领域迈出了第一步。

第二阶段：收购深圳市商业银行。2006年11月30日，平安集团在银行业务扩容之路上再次出手，出资49亿元收购了深圳市商业银行①89.36%的股份。2007年8月28日，完成整合的"深圳平安银行"揭幕。2009年2月26日，"深圳平安银行"改名为"平安银行"，业务开始快速向全国发展。到了2010年底，平安银行已在广、深、沪、杭等10座城市设立了分行，多项业务领先业内。

第三阶段：吸收合并深圳发展银行。1987年由深圳当地21家城市信用社合并组建而成的深圳发展银行是中国首家上市的股份制商业银行，也是首家引进外资——美国新桥作为大股东的中资股份行。2011年，平安集团通过多次增资，成为深发展第一大股东，重新从外资手中将深发展收回本土企业，最终于2012年8月，深发展与原平安银行完成吸收合并，并更名为平安银行。此时的新平安银行总资产达1.5万亿元，网点410家，跻身全国中型股份制商业银行的行列。

第四阶段：零售转型。2016年下半年，平安银行拉开了零售战略转型的大幕，2017年初，提出了"科技引领、零售突破、对公做精"三大方针，坚定推进转型。到2017年底，平安银行管理零售客户资产（AUM）1.08万亿元，零售金融实现净利润157亿元，占比高达67.62%，信用卡跨行POS交易份额持续提升，平安口袋银行App月活客户数1482万户，均位居股份制银行前列，零售转型成效显著。

---

① 深圳市商业银行是在深圳市16家城市信用社的基础上组建的中国第一家城市商业银行，2005年底，在深圳已拥有46家营业网点，资产规模达到699亿元。

1988 年 2 月，国务院在《关于广东省深化改革扩大开放加快经济发展请示的批复》（国函〔1988〕25 号）中正式批准广东省成立广东发展银行。 2011 年 4 月 8 日，经监管机构和相关政府部门批复同意，原注册名称"广东发展银行股份有限公司"更改为"广发银行股份有限公司"。

1988 年 8 月，经国务院、中国人民银行批准，福建兴业银行在原国内一家地方国营金融机构——福兴财务公司的基础上改组成立，总行设在福州。 2003 年 3 月，福建兴业银行更名为兴业银行。 2007 年 2 月，兴业银行正式在上海证券交易所挂牌上市。

1992 年 8 月，中国光大银行在北京宣告成立，成为第三家由国有企业兴办的银行。 经过增资扩股，1997 年 1 月，光大银行由中国光大（集团）总公司的全资附属公司改制为全国性股份制商业银行。 2007 年 11 月，经国务院批复并经银监会核准，中央汇金公司注资 200 亿元等值美元，成为光大银行控股股东。 2010 年 8 月 19 日，光大银行在 A 股上市交易。

1992 年 5 月 22 日，国家领导人邓小平同志视察首钢集团，其后，党中央、国务院批示设立华夏银行。 10 月 18 日，华夏银行在北京成立，成为第一家由工业企业负责兴办的银行，也是国内第四家由国有企业兴办的银行。 12 月 22 日，华夏银行正式营业。 1996 年 4 月 10 日，华夏银行完成股份制改造。2003 年 7 月 21 日，华夏银行正式在 A 股挂牌上市，成为国内第五家上市银行。

1992 年 8 月，中国人民银行批准设立上海浦东发展银行，1993 年 1 月 9 日，浦发银行正式开业。 经增资扩股，浦发银行注册资本金由 10 亿元人民币增加至 20.1 亿元人民币。 1999 年 9 月 23 日，浦发银行正式在 A 股挂牌上市，是第二家上市交易的商业银行。

海南发展银行倒闭事件

1995 年 8 月，海南发展银行在海南省富南国际信托投资公司、海南蜀兴信托投资公司等五家信托投资公司的基础上，向全国募集股份组建成立。 然而，短短的三年时间，海南发展银行就陷入经营困境，因严重资不抵债并爆发系统性支付危机，1998 年 6 月，中国人民银行对其实施行政关闭。海南发展银行倒闭的原因错综复杂，主要可以归纳为以下几点。

一是法人治理结构不到位。海发行成立之初共有股东47家，其中包括原五家信托投资公司的股东22家，新募股东25家。由于原有股东资产水分太大的问题一直没有得到解决，新老股东之间的矛盾越来越突出，进而引发关于海南发展银行的控制权和控股权之争，造成董事会效率低下，无法发挥正常决策作用。

二是内控机制流于形式。海发行在成立之初就忽视了内控机制的建设，即使有一些规章制度，也是"设"而不"控"。一方面，在海发行成立之初就背负巨额债务和不良资产的情况下，大部分股东的资本金在到位的当天或第二天就被通过向股东本身及其附属公司贷款等方式变相转走。另一方面，海发行在资本金严重不足的情况下还盲目违规扩张业务，负债端变相向客户高息揽储，筹资成本加大，资产端信贷管理薄弱，缺乏对客户还款能力和风险的预警分析，又遭遇房地产价格泡沫破裂，贷款难以收回。

三是盲目重组。海发行在自身经营不善、流动性不足、资本金缺乏以及巨额不良资产的情况下，盲目重组（带有一定执行行政任务的色彩）了已经基本丧失流动性的28家城市信用社，却无力对其进行注资、整合和控制，导致被兼并方失去控制，风险反而进一步放大，最终出现挤兑危机。

1998年6月21日，中国人民银行发出公告：由于海南发展银行不能及时清偿到期债务，根据《中华人民共和国人民银行法》、《中华人民共和国公司法》和中国人民银行《金融机构管理条例》，中国人民银行决定关闭海南发展银行，停止其一切业务活动，由中国人民银行依法组织成立清算组，对海南发展银行进行关闭清算；指定中国工商银行托管海南发展银行的债权债务，对其境外债务和境内居民储蓄存款本金及合法利息保证支付，其余债务待组织清算后偿付。

1996 年 1 月，由全国工商联牵头，数家民营机构参股组建的中国民生银行正式成立，突破了商业银行原有的股权构成，成为我国第一家以非国有企业为主出资设立的股份制商业银行。 2000 年 12 月 19 日，民生银行正式在 A 股挂牌上市，2009 年 11 月 26 日，民生银行登陆 H 股市场。

恒丰银行作为 12 家全国性股份制商业银行之一，总部位于山东省烟台市，其前身为 1987 年经国务院同意、中国人民银行批准成立的烟台住房储蓄银行。 2003 年经中国人民银行批准，正式改制为恒丰银行股份有限公司，成为全国性股份制商业银行。

1993 年，浙江商业银行在宁波成立，是一家中外合资银行。 2004 年 6 月 30 日，经中国银监会批准，经过重组、更名、迁址，最终改制为浙商银行。 2004 年 8 月 18 日，浙商银行正式成立，总部设在杭州。 浙商银行现有股东 22 家，其中 21 家是民营企业，民营资本占 85.71%。 2016 年 3 月，浙商银行在香港 IPO 上市。

2005 年 12 月，渤海银行正式成立，总部设在天津，注册资本金 85 亿元人民币，由发起人认购全部股份。 渤海银行采取发起方式设立，同时也是我国第一家在发起设立阶段就引进境外战略投资者并以集合资金信托方式吸收自然人参股的股份制商业银行。

二　股份行品牌特色鲜明

作为中国银行业最具特色的群体，全国性股份制商业银行从成立之初就扮演着中国金融"改革尖兵"的角色。 在转型创新发展方面，股份行凭借敏锐的市场触觉和快速的市场反应能力，注重差异化市场定位，通过不断巩固自身在优势领域的领先地位，将比较优势转化为特色品牌。

（一）综合化经营取得先行优势

近年来，全国性股份制商业银行综合化经营试点稳步推进，部分银行通过发起设立或投资参股的形式，逐步形成了覆盖保险、基金、租赁、信托、消费金融的银行控股集团。

兴业银行已基本建成以银行为主体，涵盖信托、金融租赁、基金、消费金融、期货、资产管理等在内的现代综合金融服务集团；平安银行以其"综合金融服务"特色和优势得到市场认可；中信银行依托中信集团金融与实业并举的独特竞争优势，"做深融融"和"做大产融"协同发展，近两年增资信银投资，成立了中信金融租赁公司和资产管理业务中心，综合化金融服务能力显著提升；浦发银行近两年先后设立浦银国际，收购上海信托、上投摩根和国利货币，经营领域已扩展至基金、信托、租赁、境外投行、科技银行、村镇银行、货币经纪等多个金融业态，综合化金融服务能力不断增强；民生银行立足服务民营企业和小微企业，着力打造客户、机制、产品、业务、功能等"五位一体"的特色经营管理模式，在服务实体经济过程中实现差异化竞争和互补性经营；光大银行依托光大集团金融全牌照优势，搭建对公业务综合金融服务机制，成立综合金融服务暨大资产项目督导协调委员会，积极支持实体经济发展。

（二）差异化定位特色鲜明

股份制商业银行坚持市场定位，积极开拓市场，努力探索符合自身特色的发展路径，为经济社会发展提供了契合度高的专业金融服务，特色品牌在激烈的市场竞争中占据一席之地。

招商银行扎实深耕零售金融，坚定"以客户为中心"的理念，用"一卡通"取代存折率先实现联网通兑，以 AUM（客户资产管理规模）取代存款创新财富管理新模式，实现两次关键飞跃，奠定了零售业务的扎实根基。 招商银行推出的"一网通"综合网上银行服务、"金葵花理财"、招商银行 App 和掌上生活 App 服务等多款创新产品和服务广为中国消费者所接受。

在零售业务领域，平安银行实施零售贷款尖兵策略，积极创新"SAT（社交＋移动应用＋远程服务）＋智能主账户"商业模式和新型消费信贷产品，升级口袋银行的整体功能，新口袋银行 App 成为一站式综合金融移动服务平台。 在对公业务领域，积极创新数据化、标准化的中小企业服务模式"中小企业征信数据贷"（KYB），开创"C＋SIE＋R"（核心客户＋供应链、产业链、生态圈客户＋零售客户）全产业链商业模式。

光大银行打造统一的"阳光"品牌优势。 光大银行多年来以"共享阳光、创新生活"为理念，努力打造"阳光"系列品牌，形成了品牌竞争力。 光大银行首家推出人民币理财产品——阳光理财，在财富管理领域形成竞争优势；首家具备全面代理财政国库业务资格；首批获得企业年金基金托管人和账户管理人双项资格；打造了中国最大的开放式缴费平台"云缴费"；等等。

中信银行对公业务深受市场青睐。 中信银行在业内首推"交易＋"品牌，债券承销、并购融资、银团贷款规模保持领先，对公存款日均规模、存贷利差优势明显，同时围绕"三大"（即大行业、大客户、大项目），发挥结算与融资相结合的产品优势，批量服务其产业链上优质中小企业，"交易＋"品牌进一步叫响做实。

此外，兴业银行深耕同业金融，注重输出管理、科技、业务流程，率先搭建起银行间合作平台，开辟了全新合作模式；浙商银行致力于成为"中小企业金融服务商"，初步构建了专业化经营、流程化管理的小微企业金融服务体系；民生银行坚持服务民企，做优质民营企业和民营企业家的管家，不断强化民企服务品牌；华夏银行在互联网金融领域持续创新和突破；浦发银行打造企业在线融资、跨境电商、e 同行、供应链、理财转让及理财对外代销平台等交易银行特色数字化平台……股份制商业银行在其经营实践中体现了坚持市场定位、积极开拓市场、努力探索符合自身特色的发展路径的精神，更以其各自特色形成了鲜明的品牌知名度和竞争优势，也对整个行业发展发挥了较好的示范引领作用。

第四节　城市商业银行与民营银行

一　城市商业银行

（一）城市商业银行发展历程

历史地看，城商行是化解地方金融风险的产物。

1984 年十二届三中全会《中共中央关于经济体制改革的决定》，引导中国经济改革重心由农村转移至城市。 伴随城市经济改革和发展，各类经济主体的金融服务和融资需求急剧增加，特别是"两小经济"（集体经济和个体私营经济）开户难、结算难和融资难问题尤为突出，在此背景下，城信社应运而生。从1985年底武汉汉正街小商品市场成立第一家城信社起，到1994年末，全国共计成立城信社达5200家。城信社在活跃城市经济、支持"两小经济"发展的同时，由于社会经济体制的双轨制，以及城信社自身管理不规范、定位不准确以及经营基础薄弱，也隐藏和积累了较大的风险。为了防范和化解金融风险，进一步深化金融体制改革，中央决定改组城市信用社，以城市信用社为基础，组建城市商业银行。

1995年初，中国人民银行成立城市合作银行领导小组，推动城信社以"先试点、后分批"的方式向城商行改制。在前期试点基础上，1995年9月，国务院正式发布《关于组建城市合作银行的通知》，决定在35个大中城市进行第一批组建工作，成立由城市企业、居民和地方财政投资入股的地方股份制性质的城市合作银行。1996年6月，城市合作银行的组建范围扩大到35个大中城市以外的60个地级城市。1997年12月，根据95个城市合作银行的组建进程，国务院又批准在东莞等58个地级城市继续开展城市合作银行的组建工作。1998年3月，经国务院同意，中国人民银行与国家工商行政管理局颁布《关于城市合作银行变更名称有关问题的通知》，将城市合作银行统一更名为城市商业银行。此后，城市信用社先后逐步完成城市商业银行重组改造或实现市场退出，2012年4月，象山县绿叶城市信用社正式宣布转制成为东海银行，成为我国最后一家成功改制的城市信用社。

尽管城市商业银行在成立之初背负了城市信用社时期遗留下来的沉重历史包袱，整体不良率居高不下，部分机构不良率甚至超过50%，但从改革结果来看，城商行不辱使命，较好地化解了城信社所积累的巨大地方金融风险。城商行组建后，以"办成真正的银行"为努力方向，经过"一级法人、两级核算""一级法人、统一核算""统一法人、现代治理"三轮重大改革，逐步消除了城信社存在的散、乱、险等突出问题。新生的城商行按照"在发展中化解风险"的基本思路，通过"经营成果消化一块、新老股东承担一块、地方政府受让一块"等多种方式，成功化解不良资产 1800 多亿元[①]，拯救了数千家高风险城信社，有效化解了经济转轨过程中积累的历史风险。 到 2017 年 9 月末，全国 134 家城商行总资产达到 30.5 万亿元，在银行业中占比达 12.7%；机构网点数 1.6 万个，其中县域机构覆盖率超过 65%；城商行各项贷款余额 11.7 万亿元，占总资产的 38.2%，小微企业贷款余额占各项贷款余额的比重达 44.1%，其中 77 家城商行小微企业贷款余额占比超过 50%，在支持地方经济、小微企业方面发挥了主力军的作用。

（二）城商行改革中的几个命题

改制初期的城市商业银行，由于受资本实力、科技水平、机构布局、品牌认可度等制约，以及资本充足率、单一客户贷款比例等监管指标的约束，与全国性商业银行相比，其生存压力较大，竞争弱势明显；同时，2007 年 1 月，我国正式实施《外资银行管理条例》，在华外资银行获准转制，取消了对外资银行从事人民币业务的地域限制和客户范围限制，城商行面临的竞争环境更加激烈。 因此，为了实现优势互补、资源共享，进一步壮大经营实力和抗风险能力，提高资本水平，实现规模效应和品牌效应，提升核心竞争力，我国城市商业银行围绕联合重组、产权改革、发展定位等命题进行了探索。

1. 联合重组

单一一家城商行起点低、规模小，资本单薄，风险抵补能力弱。 自 2007 年北京银行、宁波银行、南京银行登陆 A 股市场，到 2016 年为止，城商行 A 股 IPO 一直处于搁浅状态，资本获得渠道贫乏；而要依靠自身跨区做大规模，显然是比较缓慢的做法，且在跨区经营的过程中，还需要面临品牌认同度低、影响力弱、人才储备不足等问题。 因此，综合分析，通过联合重组可以较为快速、有效地实现资源集成和品牌提升。 同时，对于地方政府而言，也希望做大地方法人金融机构，从而更有利于信贷资金在当地的投放。

城市商业银行联合重组主要有吸收合并和新设合并两种方式。 2005

---

① 该数据为截至 2015 年 9 月底的数据。

年11月28日，合肥市商业银行股份有限公司更名为徽商银行股份有限公司，以徽商银行作为存续公司，吸收合并芜湖等5家城市商业银行及六安等7家城市信用社，拉开了城市商业银行合并重组的序幕。 2007年1月24日，江苏省内10家城市商业银行按照"新设合并统一法人，综合处置不良资产，募集新股充实资本，构建现代银行体制"的总体思路，新设合并为江苏银行，原先的银行全部取消法人资格，新设银行接管这些银行的全部资产、业务以及全部债务。 此后，吉林银行、龙江银行、长安银行、华融湘江银行、湖北银行、贵州银行、富滇银行、广西北部湾银行、晋商银行、甘肃银行等省级城商行陆续组建。 通过联合重组，优化了当地金融资源配置，改善了当地金融发展格局。

不良资产处置是城商行联合重组的主要任务

城商行成立之初的不良资产一部分形成于城市信用社期间乱投乱贷引发的呆账坏账；另一部分形成于城市合作银行组建期间，清产核资力度不足，使得当时尚未到期的"正常"贷款到期后大量逾期，形成不良资产；此外，政府机构行政化干预以及监管手段不完善，也是不良资产形成的一个重要原因。

由于各地经济金融情况不同以及城商行个体之间的差异，不同城商行的不良资产均有自身的特点，决定了城商行在不良资产处置时的方法多样、形式各异。 2003年之前，比较典型的方法包括自我消化、资产置换和贷款置换、不良贷款集中管理、地方政府支持化解等。 除自我消化外，其余不良资产处置方式均需要地方政府的大力支持和最终担保。

比如，北京银行在没有政府注资和资产剥离的情况下，完全依靠自身创造的利润积累，成功核销化解了67亿元不良资产。 再如，杭州银行在不良资产剥离中采取了资产置换方式。 杭州银行于1996年9月成立，由于历史原因，累积了20多亿元不良资产，不良资产处置迫在眉睫。 在此背景下，杭州银行提出了资产置换的构想，并获得中国人民银行批复。2002年3月29日，杭州银行与杭州市投资控股有限公司签署《资产置换协议书》，双方同意将分别持有的18.06亿元不良资产和杭州市排水总公司的价值为18.06亿元的资产进行置换。资产移交置换完成后，杭州银行将持有的杭州市排水总公司资产委托给杭州市市政市容管理局经营管理。2005年12月5日，杭州银行将所持有的杭州市排水总公司18.06亿元的资产整体出售给杭州市排水有限公司。同时，杭州市排水总公司以其拥有的385647平方米土地为杭州市排水有限公司的付款义务提供了不可撤销的抵押担保。至此，杭州银行通过资产置换，对不良资产进行了成功剥离。

近几年来，关于不良资产处置方式，城商行逐步创新采取信贷资产流转、不良资产收益权转让、核销、市场化债转股、债务重组等措施消化存量，采取贷款重组、重签合同、收回再贷等方式减少增量，不良资产处置手段更加丰富且市场化。2016年，江苏银行通过银登中心，开展了首单不良资产收益权转让业务，就是很好的尝试。

（摘自中国银行业协会城商行工作委员会《变革与发展：城市商业银行20年发展报告》，中国金融出版社，2015）

2. 产权改革

城商行产权改革是其全面深化改革的关键。由于城商行大多从城市信用社改制而来，存在股东众多，特别是大量员工持股，股东背景与资质复杂，或者地方政府持股比例过高，对城市商业银行拥有绝对控制权的现象。2007年11月，银监会下发通知暂停涉及中小银行员工持股的行政审批事项，并牵头制定金融机构股权激励办法。2010年9月，财政部等五部委联合下发了《关于规范金融企业内部职工持股的通知》，使包括城商行在内的中小银行股权转让等有了依据，进而推动城商行股权结构从以个人资本为主的股权过于分散状态、地方主导下的股权过于集中状态，逐步向境内外各类社会资本合作共治、联合共赢的股权合理均衡状态过渡，逐渐破解了"一股独大"、股权过于分散带来的治理难题。

同时，城商行通过积极引入境内外战略投资者、引入民营资本①、公开上市②等方式实现增资扩股，产权结构进一步优化，并在此基础上初步构建了符合自身特点的、市场化程度较高的公司治理机制，公司治理现代化水平不断提升。

银监会加强城商行股东股权管理

经过化解风险、更名转制、引资重组、转型发展，城商行的综合实力、市场竞争力以及社会影响力均已发生深刻变化，但有的城商行历史上出于化解风险的需要，在股权结构上存在先天不足，所有者越位和缺位现象并存，甚至个别城商行大股东将银行视为提款机，通过信托、资管、股权反复质押等手段套取银行资金，给城商行的安全带来很大的不确定性。

为此，监管部门重点加强对城商行股东、股权的规范化管理。监管部门要求城商行股东应当符合一定的资质条件，主要从审查主要股东资质、坚持"两参或一控"以及履行书面承诺等方面加强管理。对出现股权异动的，要求第一时间报告地方政府和监管部门，防止股东不合规变化影响城商行稳健发展。

在股权管理上，要落实穿透原则，提高股权透明度，规范隐性股东和股权代持现象。严格股东行为管理，规范股权质押、股份转让等行为，切实落实关联交易管理规定和管理程序，严防股东利益输送。

（摘自曹宇《在 2016 年城市商业银行年会上的总结讲话》，2016 年 9 月）

---

① 截至 2015 年 9 月末，民营资本持股占城商行总股本的比重已达 56%。
② 截至 2017 年底，我国城商行上市银行共计 16 家，其中 A 股上市银行 7 家（自 2007 年宁波银行、南京银行、北京银行登陆 A 股后，直至 2016 年 A 股市场对城商行再次开闸，当年 8 月江苏银行成功登陆 A 股，成为 9 年后首家登陆 A 股的城商行，之后上海银行、贵阳银行、杭州银行陆续在 A 股上市），H 股上市银行 8 家（重庆银行、徽商银行、哈尔滨银行、盛京银行、青岛银行、锦州银行、郑州银行、天津银行），新三板挂牌银行 1 家（齐鲁银行于 2015 年 6 月上市）。

3. 明确定位

城市商业银行在成立之初便确立了"服务地方经济、中小企业以及城市居民"的经营理念。随着行业的快速发展以及市场竞争加剧，越来越多的城商行不满足于将服务范围局限在当地区域，不少城市商业银行则通过更名为城市银行，努力淡化地域色彩，谋求跨区域发展。"规模求大、地域求广、业务求全"的发展情结开始蔓延。2006年4月，上海银行宁波分行挂牌营业，中国城商行异地经营拉开帷幕。同年，银监会发布《城市商业银行异地分支机构管理办法》，对城商行异地开设分支机构加强规范管理。截至2010年末，共有78家城商行实现了省内或省外跨区域发展，共设立异地分支机构和境外代表处286家。[①]

尽管城商行跨区域经营对经济整体发展发挥了推动作用，但不少城商行超越自身实际、跟风设立异地分支机构的行为，一方面使得城商行定位发生了实质变化，另一方面城商行在跨区域发展过程之中提供的金融服务高度同质化，使得区域内过度竞争、恶性竞争甚至无序竞争现象严重；同时，内控经验不足导致一时间伪造票据案、担保纠纷等城商行金融案件频频爆发，不利于行业健康发展。2011年3月全国"两会"期间，国家领导人对城商行过度跨区域发展行为提出了明确批评，至此，城商行设立异地分行，特别是跨省设立分支机构，基本处于暂缓状态。2013年，银监会发布《中国银监会办公厅关于做好2013年农村金融服务工作的通知》，明确提出"按照商业可持续和'贴近基层、贴近社区、贴近居民'原则，允许城商行在辖内和周边经济紧密区申设分支机构，但不跨省区，抑制盲目扩张冲动"。经历曲折摸索，城商行回归坚守"服务地方经济、中小企业以及城市居民"的市场定位，植根当地特色与传统业务优势，找寻差异化特色，更好地服务当地经济供给侧结构性改革。

为更好地开展业务往来、更好地服务跨区域经营客户，城商行间通过联合与合作来进行能力建设及优势互补。2002年，城商行共同发起成立

---

① 除了直接开设分支机构，不少城商行通过收购或参股异地城商行、城信社或农信社，发起设立村镇银行或贷款公司等方式进行异地发展。

了"城市商业银行资金清算中心"，2004 年该中心正式开通银行汇票资金清算业务，并于 10 月顺利接入中国现代化支付系统实现实时清算，城商行间的同业合作进入实质性阶段。 此外，城商行还按照地域发起了一些合作组织，如 2008 年山东省城市商业银行合作联盟成立，为成员提供共同的 IT 系统运营与维护、金融产品研发等。 2013 年，在资金联合投资项目合作的基础上，65 家中小银行倡议成立鑫合俱乐部，经过 4 年运行，成员行已经增至 142 家，其中绝大部分为城商行与农商行，通过分享工作成果与经验，在资源配置上实现了取长补短。

二　民营银行

民营银行是城商行中的一个新兴板块。 十八届三中全会提出了"在加强监管前提下，允许具备条件的民间资本依法发起设立中小型银行等金融机构"的改革任务，民营银行应运而生，并逐步提升对实体经济特别是小微企业、"三农"和社区的服务质效。

2010 年 5 月，国务院出台《关于鼓励和引导民间投资健康发展的若干意见》，明确提出鼓励和引导民间资本进入金融服务领域。 2012 年，银监会印发《关于鼓励和引导民间资本进入银行业的实施意见》，引导银行业金融机构加大对民间资本的引进力度，明确支持民间资本以多种方式进入银行业，包括支持民营企业参与商业银行增资扩股、参与农村信用社股份制改革，鼓励和引导民间资本参与城市商业银行、农村金融机构①的重组改造，支持民营企业参与村镇银行发起设立或者增资扩股，并将村镇银行主发起行的最低持股比例由 20% 降低至 15%。 2013 年 7 月，《国务院办公厅关于金融支持经济结构调整和转型升级的指导意见》提出尝试由民间资本发起设立自担风险的民营银行，民营银行发展开启了新局面。 深圳前海微众银行、上海华瑞银行、天津金城银行、温州民商银行和浙江网商银行等最早一批筹建的 5 家民营银行于 2015 年相继开业，其中微众银

---

① 截至 2016 年底，民间资本在农村中小金融机构股权占比 86.3%，其中在农村商业银行股权占比 88.3%，在村镇银行股权占比 71.9%。

行、网商银行定位于互联网银行，其余三家定位于区域性中小银行。

2016 年，民营银行进入常态化发展阶段。截至 2016 年底，银监会共批准设立 17 家民营银行（其中，首批试点设立 5 家，常态化发展阶段批筹 12 家）（见表 1-1），民营银行总资产 1825.59 亿元，较上年增长 129.83%，其中，各项贷款余额 818.78 亿元，较上年增长 246.89%；总负债 1573.46 亿元，较上年增长 141.73%，其中，各项存款余额 595.99 亿元，较上年增长 198.85%。民营银行主要监管指标符合监管规定，不良贷款率 0.57%，资本充足率 20.65%，拨备覆盖率 482.37%，流动性比例 87.18%。

表 1-1　已获批筹开业的民营银行

银行名称	地区	批复筹建时间	批复开业时间
深圳前海微众银行	广东省深圳市	2014 年 7 月 24 日	2014 年 12 月 12 日
温州民商银行	浙江省温州市	2014 年 7 月 24 日	2015 年 1 月 27 日
天津金城银行	天津市	2014 年 7 月 24 日	2015 年 3 月 27 日
上海华瑞银行	上海市	2014 年 9 月 26 日	2015 年 1 月 27 日
浙江网商银行	浙江省杭州市	2014 年 9 月 26 日	2015 年 5 月 27 日
重庆富民银行	重庆市	2016 年 5 月 3 日	2016 年 8 月 16 日
四川新网银行	四川省成都市	2016 年 6 月 7 日	2016 年 12 月 28 日
湖南三湘银行	湖南省长沙市	2016 年 7 月 26 日	2016 年 12 月 21 日
安徽新安银行	安徽省合肥市	2016 年 11 月 7 日	2017 年 11 月 18 日
福建华通银行	中国（福建）自由贸易试验区平潭片区	2016 年 11 月 23 日	2017 年 1 月 13 日
武汉众邦银行	湖北省武汉市	2016 年 12 月 5 日	2017 年 5 月 18 日
吉林亿联银行	吉林省长春市	2016 年 12 月 16 日	2017 年 5 月 16 日
威海蓝海银行	山东省威海市	2016 年 12 月 16 日	2017 年 6 月 29 日
江苏苏宁银行	江苏省南京市	2016 年 12 月 16 日	2017 年 6 月 16 日
北京中关村银行	北京市	2016 年 12 月 19 日	2017 年 7 月 16 日
辽宁振兴银行	辽宁省沈阳市	2016 年 12 月 19 日	2017 年 9 月 29 日
梅州客商银行	广东省梅州市	2016 年 12 月 29 日	2017 年 6 月 22 日

现阶段，我国民营银行依托股东的场景和资源优势，在丰富银行业结构、调动民间资本服务中小企业融资等方面发挥了一定作用，但在发展中依然面临一些问题。一方面，需要接受较为严格的监管要求。从政策上看，民营银行在地域上不允许异地经营，受到"一行一店"的限制，再加上远程开户尚未放开以及客户信任感有待建立等原因，其资金来源渠道较

为狭窄，股东投入的资金、同业资金、ABS 等是其主要的资金来源，存款规模比较有限。 另一方面，民营银行发展同质化现象突出。 在民营银行设立初期，差异化是民营银行市场准入的重要筛选标准，但在实际的业务运行中，资金运用主要以贷款类、投资类为主，非标资产规模较大，中间业务较少；一些定位于网络银行的民营银行在具体实践中互联网化程度并不高，或者远离原有的政策期待。 此外，2017 年初，银监会对一些"民营银行办成少数人或少数资本控制的银行，变成自己的提款机，进行关联交易"的现象进行了警示，可见民营银行经营中的内控合规、风险管理等问题值得关注，我国民营银行从建立到成熟，还有很长的路要走。

第五节　农村中小金融机构

1978 年十一届三中全会后，中央启动了恢复和发展农村金融体系、激活农村金融活力的漫长改革工作。 特别是农村经济体制改革的启动，催生了农村金融体制的变革，随着农村基本经营制度的确立，农村金融改革的进程也进一步加快，并取得了实质性改革成果。 农村金融体制的改革在我国金融改革历史上留下了浓墨重彩的一笔，对我国农村金融的发展具有里程碑意义。

一　农村信用社

改革开放以来，我国农村信用社发展大致经历了三个阶段。

（一）由中国农业银行代管阶段（1980~1996 年）

1984 年，国务院批转中国农业银行《关于改革信用社管理体制的报告》，主要目标是把农村信用社真正办成群众性的合作金融组织，在遵守国家金融政策和接受中国农业银行领导、监督下，独立自主地开展存贷业务，并成立县级联合社（农村基层信用社入股组建县联社，信用社与县联社为两级法人体制），对乡镇农村信用社实施行业管理。

从农村信用社合作制的基本性质出发，它应具有自愿、互助和民主管理的特征。 然而，由于我国农村信用社从一开始就是依靠行政力量组建起来的，信用社名义上为社员所有，实际上每户社员股金少且分散，社员的所有权很难实现，更谈不上对信用社的民主管理权。农村信用社的发展目标、经营策略、运行机制等重大问题的决策权，主要集中在地方政府手中，社员几乎没有多少发言权，导致农村信用社具有明显的"官办"色彩。"监、管不分""政、企不分"的特点，使得农村信用社背负了巨大的历史包袱，经营风险不断积累。

（二）尝试以合作制规范农村信用社阶段（1996～2002 年）

1996 年 8 月，国务院发布《关于农村金融体制改革的决定》，改革的核心是将农村信用社逐渐改为"农民自愿入股，社员民主管理，主要为社员服务"的合作金融组织，农村信用社正式脱离与农业银行的行政隶属关系，其业务管理和金融监管分别由农村信用社县联社和中国人民银行承担，同时，成立农村金融体制改革办公室承担对农村信用社的管理职能。

但在实际执行中，管理者与管理对象权责不分，职责边界不清，部分农村信用社县联社与基层信用社之间关系扭曲，形成了县联社管理权限过大、基层社权限过小的局面。为了解决农村信用社发展中存在的历史包袱沉重、资产质量差、潜在风险大等问题，中国人民银行于 1999 年开始运用支农再贷款支持农村信用社，但与每年大量流出农村的资金相比仍是杯水车薪，同时，依靠中国人民银行再贷款解决农村信用社资金不足问题，不仅加大了货币政策的压力和困难，而且容易产生道德风险。

从 2000 年开始，江苏省组织开展了农村信用社改革试点工作，在产权模式和组织管理方式等方面进行了探索。与此同时，在其他地区也进行了不同形式、不容内容、不同层次的改革实践。这些改革取得了一定进展，也积累了一些经验，但从总体上看，在农村信用社产权制度、管理体制和防范风险等重要问题上，还没有取得根本性的改变。据统计，2002 年末，按照贷款四级分类口径（2008 年 10 月前，农村信用社贷款风险管理执行四级分类标准），全国农村信用社的不良贷款余额 5147 亿元，不良贷款比例高达 37%，资本充足率为 -9%，资不抵债额高达 3400 多亿元，绝大多数农村信用社已处于破产边缘，基本生存都难以维持，更无法开展农村金融服务。

（三）农村信用社市场化改革阶段（2003 年至今）

2003 年 6 月，国务院下发《深化农村信用社改革试点方案的通知》，确定吉林、山东、江西、浙江、江苏、陕西、贵州、重庆 8 个省份作为第一批试点单位，标志着新一轮农村信用社改革试点开启。 2004 年 8 月，农村信用社改革进一步推广至除海南省、西藏自治区以外的 29 个省份。2007 年 8 月，海南省也正式启动了农村信用社改革，组建了海南省农村信用社联合社。

这次农村信用社改革的初始状态是，农村信用社"产权不明确，法人治理结构不完善，经营机制和内在制度不健全；管理体制不顺，管理职权和责任需进一步明确；历史包袱沉重，资产质量差，经营困难，潜在风险仍然很大"。 基于当时农村信用社在产权及其法人治理、管理体制和资产质量等方面存在的严重缺陷，本轮改革试点工作的总体要求是"明晰产权关系、强化约束机制、增强服务功能、国家适当扶持、地方政府负责"，即通过"国家适当扶持"，帮助农村信用社化解历史包袱，并将农村信用社的管理权交由"地方政府负责"，为农村信用社的稳定健康发展创造良好的外部环境，通过"明晰产权关系、强化约束机制"完善农村信用社的法人治理结构，促使农村信用社健全稳定发展的激励机制与约束机制，以此实现农村信用社"增强服务功能"的最终改革目标。

本轮农村信用社改革在产权改革模式设计上允许农村信用社根据自身实际和未来发展目标自主选择股份制、股份合作制和合作制等产权制度和农村商业银行、农村合作银行、县（市）统一法人、县乡两级法人等产权组织形式，将农村信用社交给省级政府管理，建立新的监督管理体制，着重促进农村信用社建立适合自身特点的、灵活的、高效的内部经营管理机制。 同时，也通过相应的政策安排[①]，协助农村信用社化解历史包袱，压降不良资产。

---

① 财政政策方面，中央财政对 1994～1997 年经营亏损的农村信用社所实付的保值贴补金额，予以全额补贴。 税收政策方面，对中西部地区改革试点省份的农村信用社免征企业所得税 3 年（到期后又延长了 3 年）；对其他地区农村信用社按其应纳税额减半征收企业所得税；全部农村信用社营业税减按 3% 的税率征收（同期商业银行的营业税税率是 5%）。 资金方面，对农村信用社，按 2002 年底实际资不抵债额的 50%，由中国人民银行安排发行专项票据或专项借款来置换不良资产和消化历史包袱。

设计正向激励机制市场化化解不良资产

本轮农村信用社改革明确了资金支持与改革成效挂钩的政策安排，有步骤地鼓励农村信用社化解以前的不良资产，不断充实资本，达到监管标准，从而进一步可持续地为"三农"服务。

在2003年改革启动时，坚持以2002年底报送数据作为处置不良资产的标准，有效防止了地方重新上报统计数据、向中央政府讨价还价的道德风险，增强了其自身改革动力。在改革全过程中，这条原则得到了较为严格的执行。

不良资产化解激励机制的核心是，只有农村信用社尽可能地化解了自身不良资产，中央才会在此基础上提供资金支持，从而引导农村信用社逐步"上台阶"，真正实现"花钱买机制"。具体设计方案包括以下四个台阶。第一个台阶，参加改革的省、地、市、县一直到基层农村信用社，如果要选择国家帮助解决历史包袱，首先就必须对改革计划做出承诺，然后才可能获得资金支持和对消化不良资产的鼓励政策。第二个台阶，农村信用社自己必须努力消化不良资产，同时必须想办法增资扩股，使资本充足率从过去净值为负上升到零的水平。经过努力达到零后，中国人民银行可以用专项票据置换其不良资产，同时中国人民银行向农村信用社支付专项票据利息，使专项票据成为农村信用社的优良资产。获得专项票据的农村信用社，资产负债表得到了改善，但由于票据并不是现金，不能用于发放贷款，票据暂时不准在市场上流通，不能交易，因此部分削减了发放再贷款对货币政策的冲击。第三个台阶，票据期限是两年，两年后必须再进一步把资产充足率提高到2%。如果资本充足率达到相应要求，公司治理和不良资产消化达到相应指标，经过验收确认，中国人民银行可以将票据兑换成现金。获得兑现的农村信用社就可以扩大金融服务，扩大贷款业务。第四个台阶，为推动已兑付专项票据农村信用社进一步深化改革，自2011年开始，中国人民银行按年实施专项票据兑付后续监测考核，根据考核结果发挥货币政策工具的激励约束作用，并自 2014 年开始将考核方式调整为常态机制。持续激励机制对于促进实现"花钱买机制"政策目标发挥了重要作用。

截至 2016 年底，中国人民银行对农村信用社共安排支持资金 1713 亿元，再加上财政、税收支持，中央政府提供的资金支持共 2600 多亿元，帮助农村信用社有效化解了历史包袱。自 2004 年实现全行业盈利以来，截至 2016 年底，全国农合组织已经累计实现盈利 15776 亿元。

2003 年新一轮农村信用社改革以来，我国农村信用社实现了脱胎换骨的变化和跨越式的发展。截至 2017 年末，全国共组建农村信用社 965 家，农村合作银行 33 家，农村商业银行 1262 家。各类农合机构产权关系趋于明晰，股东作用开始增强，"三会一层"的法人治理结构初步运行。在资产质量改善方面，2016 年末，全国农村信用社不良贷款余额及比例分别为 5018 亿元、3.79%（按照五级分类口径），比 2007 年末下降 1578 亿元和 17.25 个百分点；资本充足率和拨备覆盖率分别为 12.13% 和 135.2%，比 2007 年末提高 12.23 和 111 个百分点。在服务农村金融方面，到 2014 年底，全国农合机构农户贷款余额 3.39 万亿元，持有期贷款的农户数达 4236 万户，平均单户贷款余额 8 万元；农业和农村（县及县以下）贷款余额分别为 2.27 万亿元和 6.2 万亿元，占全国农业贷款和农村贷款余额的比重为 68.2% 和 32.6%；农合机构小微企业贷款余额为 3.74 万亿元。同时，健全了信息披露制度和对主要高级管理人员的审计制度，可持续发展机制基本建立。

2003 年 6 月 27 日，国务院印发《深化农村信用社改革试点方案的通知》，对农村信用社管理体制进行了改革，将农村信用社的管理交由地方政府负责，并提出了"成立省级联社或其他形式的省级管理机构，在省级人民政府领导下，具体承担对辖内信用社的管理、指导、协调和服务职能"的定位。 2004 年 5 月 1 日，国务院以国办发〔2004〕48 号文件转发了银监会和中国人民银行拟定的《关于明确对农村信用社监督管理职责分工的指导意见》，进一步明确了省级联社在省级政府的授权下行使权力，对指导、督促农村信用社完善内控制度和经营机制负主要责任，并要求省级联社"严格按照有关法律、法规和行政规章实施对信用社的管理工作，尊重信用社的法人地位和经营管理自主权"。

实践表明，省级联社在推动农村信用社改革发展方面发挥了重要作用。 主要体现在以下四个方面。 一是推动完成农村信用社增资扩股和县（市）法人统一改革，支持建立农村商业银行。 二是指导各县（市）法人农村信用社结合各自实际，制定业务经营、财务核算、劳动用工、分配制度、风险控制等管理制度。 三是建立全省统一的稽核部门，统一进行检查，发挥异地监督检查的作用，有效防范了内部案件的发生。 四是建立综合业务系统及资金清算和结算等技术支持系统，实现全省农村信用社通存通兑，提高资金清算和管理效率。

但在长期运行中，省级联社突破"管理、指导、协调和服务"的职能定位，职能异化现象不容忽视。 一是农村信用社法人治理未真正发挥作用，而由省级联社代替行使权力。 二是部分省级联社在业务上直接将各县（市）法人农村信用社作为分支机构管理，干预农村信用社经营自主权。 三是基于"责、权、利"对等的原则，有权和利就必须承担损失，但省级联社只行使权力，并不承担损失，可能引发道德风险。 因此，未来开展省级联社改革试点，推进省级联社去行政化和履职规范化，由管理部门逐步向服务和监督平台转型，应是提升农村信用社为农服务能力的题中应有之义。

二　新型农村金融机构

2005 年以来，为改进和完善农村金融服务、培育竞争性农村金融市场，部分省份的县及县以下地区试点设立了村镇银行、贷款公司、农村资金互助社、小额贷款公司等新兴农村金融机构。为保证新兴农村金融机构规范、健康、可持续发展，中国人民银行会同银监会联合印发《关于小额贷款公司试点的指导意见》等一系列文件，明确了村镇银行、贷款公司、农村资金互助社等新型农村金融机构的设立、监管、存款准备金管理、支付清算管理等政策。

（一）村镇银行

2006 年 12 月，银监会出台《关于调整放宽农村地区银行业金融机构准入政策更好支持社会主义新农村建设的若干意见》，提出在湖北、四川、吉林等 6 个省份的农村地区设立村镇银行试点。2007 年 1 月，银监会印发《村镇银行管理暂行规定》，对村镇银行的设立、股权设置、公司治理、经营管理等进行了规定；3 月第一家村镇银行在四川省仪陇县成立。2014 年，银监会发布《关于进一步促进村镇银行健康发展的指导意见》，提出在商业可持续和有效控制风险的前提下，加大村镇银行县（市、旗）全覆盖工作的推进力度。根据 2007 年《村镇银行管理暂行规定》以及 2015 年《农村中小金融机构行政许可事项实施办法》等相关规定，村镇银行在股权设置方面实行主发起人制度。

村镇银行已经历 10 余年发展历程，在完善农村金融组织体系、激活农村金融供给市场、优化城乡金融资源配置方面做出了积极贡献。截至 2017 年底，全国共有 5 大类型、294 家银行机构作为主发起人发起设立村镇银行。发起主体中农村合作金融机构和城商行占比最高，分别为 57.46% 和 28.67%，大型银行为 8.68%，股份行和外资行合计占比约为 5%。全国组建村镇银行约 1600 家，覆盖全国约 70% 的县（市、旗），资产规模增加至 12377 亿元，存贷比连续 8 年保持在 70% 以上，农户和小微企业贷款合计占比 92.3%，户均贷款 37 万元，已累计为 634 万客户发放贷款 1024 万笔，累计放款 4.4 万亿元，支农支小特色显著。

随着主发起人组建村镇银行数量增加，现行的"母行"对村镇银行进行管理的模式出现了协调难度大、管理成本高等比较突出的问题。

2018 年 1 月，银监会发布《中国银监会关于开展投资管理型村镇银行和"多县一行"制村镇银行试点工作的通知》，积极探索村镇银行管理新模式。

试点投资管理型村镇银行及"多县一行"制村镇银行

2018 年 1 月，银监会发布《中国银监会关于开展投资管理型村镇银行和"多县一行"制村镇银行试点工作的通知》（以下简称《通知》）。《通知》中两大项试点将引领村镇银行发展新变局。

投资管理型村镇银行试点是具备一定条件的商业银行，可以新设或者选择 1 家已设立的村镇银行作为村镇银行的投资管理行，即投资管理型村镇银行，由其受让主发起人已持有的全部村镇银行股权，对所投资的村镇银行履行主发起人职责。

与现行管理模式相比，投资管理行模式优势明显。一是投资管理行作为独立法人，能够更好地统筹集中优势资源，提高管理服务效率，解决中后台服务短板。二是有利于带动社会资本投资入股。在商业银行持股比例不低于 15% 的前提下，《通知》要求投资管理行优先引进优质涉农企业投资入股，从而扩大民间资本投资入股村镇银行的渠道，促进建立面向"三农"和小微企业的股权结构、治理架构和服务机制。三是投资管理行能够针对村镇银行特点，建立专门的风险识别、监测、处置以及流动性支持等制度安排，构建"小法人、大平台"机制，促进形成规模效应，提升村镇银行管理能力和整体抗风险能力。

"多县一行"制村镇银行试点则扩大了村镇银行的经营区域。《通知》指出，在中西部和老少边穷地区特别是国定贫困县相对集中的区域，可以在同一省份内相邻的多个县（市、旗）中选择 1 个县（市、旗）设立 1 家村镇银行，并在其邻近的县（市、旗）设立支行，即实施"多县一行"制村镇银行模式。

考虑到村镇银行经营规模比较小，为了有效防范相应的经营风险、加强管控，《通知》对"多县一行"制村镇银行的覆盖范围从覆盖区域和数量两个方面进行严格界定。在区域方面严格界定为中西部和老少边穷地区同一省份内相邻的县（市、旗），在数量方面明确单家法人所覆盖的县（市、旗）数量一般不超过五个，从数量上、区域上防止村镇银行过度扩张。

（摘自"万亿规模村镇银行将迎大变局"，http：//finance. caijing）com. cn/20180112/4393503. shtml. 2018 − 01）

（二）小额贷款公司

2008 年，银监会和中国人民银行联合发布《关于小额贷款公司试点的指导意见》，规定了小额贷款公司的监管主体、准入标准、业务规则等，引导其规范发展。总体来看，当前小额贷款公司发展呈现机构数量和业务规模扩张较快、风险总体可控的特点，在支持县域经济发展、服务"三农"和小微企业、提升金融普惠性、引导民间融资"阳光化"等方面发挥了积极作用。

截至 2014 年末，纳入中国人民银行统计体系的小额贷款公司共 8791 家，贷款余额 9420 亿元，从业人员 11 万人，44. 1% 的小额贷款公司分布在江苏（631 家）、辽宁（600 家）、河北（479 家）、内蒙古（473 家）、安徽（461 家）、吉林（427 家）、云南（409 家）和广东（400 家）等八个省份。

同时也要看到，小额贷款公司经营状况已经出现分化，风险苗头需要正视。根据中国人民银行统计数据，小额贷款公司贷款利率主要为基准利率的 2~4 倍；"小贷不小"，个别省份户均贷款超过 50 万元的占比高达 90% 。不同地区在监管尺度上的把握也不一样，很多地方在经营地域、业务范围和融资渠道比例上，实际已突破现有监管办法；个别地区"只批不管"，导致机构、业务无序生长。变相吸收存款、贷款入股、虚假出资、隐匿对外贷款规模等现象时有发生，潜藏较大风险，并可能进一步向股东和金融体系外溢。这些新情况和新问题，都对新形势下的小额贷款公司监管提出了新挑战，需要本着促进发展和守住风险底线并重的原则，按照"区别对待、扶优限劣、正向激励"的差异化监管思路，加快建立促进行业健康发展的激励约束机制。

（三）新型农村合作金融

近年来，中央高度重视发展农村合作经济和农村合作金融，连续多年在中央一号文件中做出明确部署。2006 年，随着《农民专业合作社法》的颁布，我国农村合作经济蓬勃发展，各地农民和新型经营主体积极创新，开展多种形式的合作金融试点，形成了初具规模、各有特色的农村信用合作组织。

目前开展农村信用互助的机构和组织主要有四大类。第一，银监会批准设立的农村资金互助社。2006 年银监会调整放宽农村地区银行业金融机构准入政策，提出培育合作性质的农村资金互助社，依托行政村或专业合作社设立，面向成员开展存款业务，办理成员的小额、分散贷款业务。截至 2014 年 3 月末，全国共组建农村资金互助社 49 家，分布在 17 个省份，主要集中在浙江、山西、黑龙江，服务社员 3.6 万人，存款余额约 16.4 亿元，贷款余额 13.1 亿元。第二，扶贫办牵头批设的贫困村互助基金试点。2006 年扶贫办开展了扶贫资金与农民自主经营相结合的贫困村互助基金试点，主要解决贫困村、贫困户开展生产、自主创业资金短缺等问题。扶贫基金会、妇联、共青团等非政府组织也开展了扶贫性质互助服务社的探索。截至 2014 年 3 月末，全国共成立扶贫互助社 20700 家，分布在 28 个省份，主要集中在甘肃、安徽、陕西、四川、重庆，参与社员 191.4 万人，筹资余额 49.6 亿元，放款余额 18.1 亿元。第三，开展信用合作的农民专业合作社。2008 年十七届三中全会首次提出允许有条件的农民专业合作社开展信用合作，随后一些地区和合作社开展了信用合作探索实践。截至 2014 年 3 月末，开办信用合作的农民专业合作社有 2159 家，分布在 23 个省份，主要集中在山东、浙江和云南，参与社员 19.9 万人，累计筹资 36.9 亿元，累计放款 42.4 亿元。第四，供销社内部融资平台。在供销总社推动下，各地供销社在内部搭建融资平台，面向成员开展资金融通。截至 2014 年 3 月末，开展资金互助的供销社有

341 家，分布在 15 个省份，主要集中在山东、贵州、浙江，参与社员 15.1 万人，筹资余额 26.7 亿元，放款余额 19.2 亿元。

此外，少数地区探索建立了相互保险、互助担保等机构。《国务院关于加快发展现代保险服务业的若干意见》提出"鼓励开展多种形式的互助合作保险"。 2015 年，保监会制定了《相互保险组织监管试行办法》，初步确立了相互保险发展和监管的基本理念和核心原则。 2016 年 4 月，国务院正式批准同意开展相互保险社试点。 6 月，保监会正式批准众惠财产相互保险社、汇友建工财产相互保险社和信美人寿相互保险社筹建。 互助担保是通过村民集资、能人捐资、政府注资等渠道筹资成立村级互助性担保基金，由银行建立专户进行封闭管理，用于为本村村民贷款担保。 浙江丽水、福建沙县等农村金融改革试点地区积极开展互助担保机制建设，在一定程度上缓解了农户"融资难"问题。

第六节 小结

改革开放 40 年来，中国银行业锐意进取、砥砺前行，承受住了国内外经济环境波动、行业资产质量堪忧、利率市场化深入推进、社会融资渠道多元化、金融科技竞争考验等多重压力，始终坚持以党建工作引领行业发展，坚持立足国情实际，坚持市场化原则、问题导向，以风控为本，稳中求进，从"跑马圈地、高歌猛进"到"集约经营、价值创造"，全面、持续、渐进式深化改革，通过逐步调整经营结构、转变增长模式、改革体制机制、创新发展动力，实现了行业规模与盈利水平的稳步增长、治理水平与综合实力的显著增强、风险管理与服务能力的持续提升。

一 行业规模与盈利水平稳定增长

（一）形成多层次、广覆盖、有差异的银行机构体系

截至 2017 年底，我国银行业机构包括 1 家国家开发银行、2 家政策性银行、5 家大型商业银行、12 家股份制商业银行、134 家城市商业银行、1262 家农村商业银行、17 家民营银行、33 家农村合作银行、965 家农村

信用社、1 家邮政储蓄银行、1562 家村镇银行、13 家贷款公司以及 48 家农村资金互助社，构建了商业性金融、开发性金融、政策性金融、合作性金融分工合理、相互补充的银行机构体系。

（二）行业规模跻身世界首位

1978 年底，我国金融业资产总量为 3048 亿元人民币；2007 年底，我国银行业金融机构资产总量达到 52.6 万亿元，比改革初期增长了 170 多倍。 2016 年底，中国银行业金融机构资产规模攀升至 232.3 万亿元人民币，美国、德国、法国和日本银行业规模分别仅为中国银行业规模总量的 50.2%、24.7%、26.3% 和 27.4%，中国银行业成为全球最大的银行体系，工、农、中、建四家大型商业银行均位列全球资产排名前五名；2007～2016 年，中国银行业资产规模增速为 364.2%，同期，美国、德国、法国和日本银行业分别仅为 28.6%、-26.6%、-16.2% 和 35.7%。

（三）盈利能力保持较好水平

银行业作为金融业的主要组成部分，虽然随着竞争加剧，2011 年以来，行业 ROA、ROE 均较之前有所回落，盈利逐步回归理性，但仍保持较好水平，2017 年底，中国银行业资产利润率达 0.92%、资本利润率达 12.56%。 横向来看，国际金融危机以来，全球银行业盈利水平明显下滑，而中国银行业则保持了较好的盈利态势，2010～2016 年，美国、欧元区和日本银行业的平均 ROA 分别为 0.96%、0.4% 和 0.33%，同期，我国银行业平均 ROA 为 1.2%。 同时，中国银行业的盈利结构不断优化，非息收入占比持续提升，从 2011 年的 19.3% 逐年提升至 2017 年底的 22.65%。

二　公司治理日趋完善

完善有效的公司治理，是银行最关键、最根本的核心竞争力，也是银行行稳致远、健康可持续发展的基石。 在 40 年金融发展历程中，我国商业银行顺应产权结构的不断改革，公司治理体系日趋完善，有效提升了组织资源配置效率。

（一）公司治理始终坚持党的领导

积极探索中国特色现代银行制度，把党的领导融入公司治理全过程，充分发挥党委在"把方向、谋战略、抓改革、促发展、控风险"等方面的作用，坚持在党委的统一领导下，合理界定不同治理主体的职责边界，将党管干部原则与投资者权益保护、经理人的职业化协调起来。

（二）"三会一层"履职能力逐步强化

按照现代企业制度，设立股东会、董事会、监事会，建立了董事会主导下的现代公司治理组织架构，形成了较为规范的董事会运行制度，董事会作为股东的代理人，对股东承担责任，负责经营活动中的重大决策，聘任经理人。经理人采用聘任制，负责日常经营。监事会负责对董事会和经理人进行监督。"三会一层"之间形成相对有效的制衡机制。

强化股权管理　不断提升公司治理水平

1999 年，巴塞尔委员会以 OECD《公司治理原则》为基础，制定了《加强银行公司治理的原则》，该原则确定了银行公司治理的一般性框架。之后，巴塞尔委员会根据历次金融危机暴露出的问题，先后于 2005 年和 2010 年对该原则进行了修正和补充。中国银监会在 2013 年 7 月发布了《商业银行公司治理指引》。2018 年 1 月，银监会出台《商业银行股权管理暂行办法》，在股东责任、银行职责、信息披露、监督管理等方面对股权管理事项做出了规范，对完善商业银行公司治理结构具有重要意义。

一是实施穿透式监管，强化关联交易管理。除直接控制外，部分企业往往绕道间接控制、共同控制等途径取得商业银行的话语权。通过对股权的穿透式管理，在股权结构及关联关系清晰透明的情况下，银行股东难以再通过迂回的资本运作方式谋求商业银行的控制权，股权代持、隐形股东、不当关联交易等现象全面暴露于阳光下，利益输送及风险传染将得到极大遏制。

二是注重发挥董事会职责，提高公司治理效率。商业银行董事会承担股权事务管理的最终责任。董事会需要注重对股东资质的审查，按照穿透管理原则对股东、实际控制人、关联方、一致行动人、最终受益人等信息进行核实，准确识别关联方并加强关联交易管理，定期对主要股东履行承诺事项、落实公司章程等情况进行评估。

三是强化信息披露，提高股权透明度。信息披露制度的有效实施是提升商业银行治理效果的重要手段。商业银行应当建立和完善股权信息管理系统和股权管理制度，做好股权信息登记、关联交易管理和信息披露等工作，还应对主要股东信息变动情况进行及时、准确的披露。

（摘自曾刚、贾晓雯《完善公司治理强化股权管理》，《中国银行业》2018 年第 3 期）

（三）注重加强激励约束机制的构建

商业银行基于所有权和经营权的分离而产生了委托—代理问题，为有效解决这种非对称博弈，需要安排合理的激励及约束机制。在赋予高级管理层经营管理职责权限的同时，建立了相对科学合理的绩效考评体系——将薪酬体系与风险挂钩以及延期支付机制，对经理人行为加以约束和规范，着力解决薪酬与风险不对称问题。此外，试点探索股权激励等中长期激励方式，切实将高管层的个人利益与银行中长期发展目标有机统一起来。

三　经营管理创新求变

（一）收入结构逐渐多元化

一是加强发展中间业务，注重向轻资本运营转型。中间业务相对传统息差业务资本占用较小，逐渐成为银行发力的重点。比如，以投资理财为主要代表的资产管理业务快速发展，截至 2017 年底，全国共有 562 家银行业金融机构有存续的理财产品，理财产品数 9.35 万只，理财产品存续余额 29.54 万亿元。此外，商业银行通过积极开展国际化业务，开拓国际结算、国际卡、账户托管等增加中间业务收入。2017 年底，中国银行业非息收入占比22.65%，较2011年提升3.35个百分点。 二是加大产品创新力度，寻求差异化、特色化发展的战略意识日益强化。 通过开展产品创新规划、健全创新组织、完善激励机制、规范创新流程，持续提升产品创新能力，在消费信贷、理财产品、电子银行、现金管理等领域不断开辟市场竞争新领域并培育巩固自身品牌。

（二）综合化经营趋势明显

为提高竞争力，满足全社会对多元化金融服务的需求，银行业逐步重启综合化经营，探索跨行业的机构创新和产品创新。 从合作开发交叉产品和代理销售等浅层次业务合作，到通过设立或投资入股信托公司、保险公司、基金类公司、财务公司、消费金融公司、金融租赁公司等，甚至境外并购，商业银行正加速从传统单一的银行机构向综合经营的银行控股集团转变，进而能够为客户提供全方位的服务，提高客户忠诚度，实现收入来源多元化。

中国金融业经营和监管模式的演进过程

20世纪80年代以来，中国金融业经历了由混业经营到分业经营再到综合经营试点的演变，监管体制也逐步由中国人民银行统一监管转变为"一行三会"再到"一委一行两会"的监管模式。

一是1993年之前：混业经营和统一监管。 1978年党的十一届三中全会后，我国金融业实际上处于"不规范的混业经营"时期。 20世纪90年代初，中国证券市场建设初期，没有专营的证券公司，四大国有专业银行开始经营证券业务，以全资或参股形式开办了证券公司和信托投资公司，涉足信托、证券、保险、投资、房地产等领域。 由于规则混乱、内控机制不健全、会计准则不完善、监管不足等，导致银行信贷资金流向房地产业和股票市场，造成金融秩序的混乱局面。 在监管方面，1983年中国的中央银行制度正式确立，中国人民银行作为中央银行，开始监督管理整个金融业。 1992年10月，为规范发展证券市场，成立国务院证券委员会，同时成立中国证券监督管理委员会，作为国务院证券委员会的监管执行机构，与中国人民银行共同监管证券市场。

二是 1993～2003 年：分业经营、分业监管体制逐步确立。为了整顿金融秩序、防范金融风险，扭转非法设立金融机构、未经批准乱集资、合法金融机构从事违规金融活动的"三乱"状态，1993 年 11 月，党的十四届三中全会通过《中共中央关于建立社会主义市场经济体制若干问题的决定》，提出金融改革的总体原则，要求"银行业与证券业分业管理"，此后国务院发布的《关于金融体制改革的决定》以及 1995 年颁布的《中华人民共和国中国人民银行法》《中华人民共和国商业银行法》《中华人民共和国保险法》等金融法律也规定了金融业"分业经营、分业管理"的原则，1997 年亚洲金融危机后召开的第一次全国金融工作会议，进一步指出"在中国现实情况下，必须严格执行银行、信托、证券、保险分业经营、分业管理的原则"。1998 年 4 月，国务院证券委与证监会合并组建为证监会，1998 年 11 月，国务院批准设立中国保险监督管理委员会。2001 年 12 月中国加入世界贸易组织，2002 年召开第二次全国金融工作会议，强调"加强监管是金融工作的重中之重"，在这一背景下，2003 年 4 月，中国银行业监督管理委员会成立。由此形成了中国人民银行、证监会、保监会、银监会"一行三会"的金融管理体制。

三是 2003 年以来：稳步推进综合经营试点，形成"一委一行两会"新金融监管体系。进入 21 世纪后，随着中国经济、金融对外开放程度的加深，受金融全球化、自由化进程影响，分业经营局限性逐步显现，金融业综合经营的要求和动力日益增强。2005 年 10 月，党的十六届五中全会通过《中共中央关于制定国民经济和社会发展第十一个五年规划的建议》，明确提出"稳步推进金融业综合经营试点"，2016 年 3 月的"十三五"规划纲要指出要稳妥推进金融机构开展综合经营。在监管方面，第三次、第四次全国金融工作会议均指出要加强金融监管工作的协调配合；党的十八届三中全会进一步提出要加快建立符合现代金融特点、统筹协调监管、有力有效的现代金融监管框架；2017 年第五次全国金融工作会议提出"设立国务院金融稳定发展委员会"；2018 年 3 月，中共中央印发《深化党和国家机构改革方案》，中国金融监管体制确立为新的"一委一行两会"结构：国务院金融稳定发展委员会、中国人民银行、中国证监会、中国银保监会。宏观层面，由中国人民银行负责货币政策、宏观审慎管理（即"双支柱"），分别致力于实现币值稳定和金融稳定，同时在一定程度上参与微观审慎监管；微观层面，由银保监会、证监会负责具体监管措施落实；而宏观、微观之间由金稳委等机构实现协调。

（摘自陆磊主编《金融机构改革的道路抉择》，中国金融出版社，2018）

（三）运用金融科技提升客户体验

银行业主动适应金融科技蓬勃发展的新趋势，依托大数据、云计算、区块链、人工智能等新技术，在服务渠道及产品模式等方面进行了创新。一是服务渠道实现协同发展，联动线上线下优势，提升了整个银行业的资源配置效率，行业平均离柜率大幅攀升，从 2010 年的 45.2% 上升到 2017 年的 87.58%。通过遍布全国各地的自助设备、网络银行、微信银行等，为客户提供全功能、全渠道、全天候的便捷金融新服务。二是在支付、理财等领域积极"触网"，加速产品创新，如基于消费场景，提供话费充值、水电缴费等服务，推出 T+0 理财以及多余资金"自动理财"等产品，以客户为中心，升级客户体验。

（四）精细化管理水平不断提升

银行业逐渐向精细化管理要效益转变，从规模扩张、要素投入的外延式发展，转向质量提升、资源节约的内涵式发展。一是注重优化经济资本配置，尝试建立以经济资本回报率为核心的管理体系，将收益与风险、成本相统一，经营管理重心逐步转变为优化资产结构和业务结构，充分计量各项业务成本，进而提高经营效益。二是风险定价能力得到提升。参考风险进行定价的意识和能力得到加强，能够对存贷款利率进行精细化管理，逐步开展客户分群，制定差异化定价策略，对不同的产品要素组合，能够实行相对灵活多样的定价调整。 三是将信息系统建设作为流程再造、管理提升、服务转型的驱动引擎，推动银行流程化、自动化、智能化发展，提高决策能力、管理水平和风险防控能力。

四　风控能力不断增强

发展与风控是一枚硬币的两面，缺一不可。 中国银行业的发展历史，不仅是一部创新壮大的发展史，在一定程度上也是一部不断应对各种风险挑战、夯实资产质量并逐步提升风控能力的风险经营史。 在"摸着石头过河"的风险经营过程中，中国银行业形成了全面风险治理架构，树立了稳健的风险文化与合规意识，坚守住了不发生系统性风险的底线。

（一）强化以资本约束为核心的全面风险管理理念

经过多年的探索积累，我国银行业风险管控的整体水平有了显著提高。 一是风险管理体系由单一信用风险管理转向全面风险管理，积极引进和实施巴塞尔协议Ⅰ、Ⅱ、Ⅲ等国际金融监管标准和准则，并立足我国国情，于 2012 年 6 月正式颁布《商业银行资本管理办法（试行）》，强化资本对商业银行业务经营及潜在风险的前置性约束与缓释作用，风险管理由被动转向主动，避免业务粗放增长引发不良率高企而最终求助政府、全民买单等非市场化的"免费晚餐"的出现。 二是补充银行核心和非核心资本的渠道多样化，除内源性资本补充、首次公开发行外，商业银行还可通过股票增发、发行优先股、次级债务和混合资本债以及开拓境外发行市场等多种途径来补充资本金，损失吸收能力进一步提升。

（二）风险抵御能力迈上新台阶

经过不良剥离、补充资本、监管加强以及银行自身风险经营能力的提高，银行业应对风险的水平进一步增强。 一是资产质量继续改善。 2017 年末，商业银行不良贷款余额为 1.71 万亿元，不良贷款率为 1.74%，信贷资产本身处于相对安全的状态。 二是贷款损失准备充足。 2017 年末，贷款损失准备余额为 3.09 万亿元，拨备覆盖率和贷款拨备率分别为 181.42% 和 3.16%，贷款损失准备完全覆盖不良贷款，风险缓释金充足。三是资本充足率稳步提升。 2017 年，商业银行核心一级资本充足率为

10.75%，资本充足率为13.65%，为其发挥最后的风险抵补功能预留了空间。四是流动性储备较为充足。流动性管理在2008年金融危机后被重视起来，为强化流动性管理，商业银行优化资产负债结构，2017年末，银行业流动性覆盖率（LCR）为120%，大大高于监管标准（100%），充足的流动性储备使得抵御风险的能力进一步提升。

（三）风险处置手段从行政主导向市场模式转变

不良资产处置不仅不再局限于现金清收、以物抵债、批量处置、呆账核销这类传统手段，而且弱化了行政干预，体现了按照市场规则和经济规律进行风险处置的理念，通过创新使用不良贷款证券化、不良资产收益权的转让、市场化"债转股"等措施，开拓互联网线上平台，对不良资产实施市场化、多元化、综合化处置，实现了不良资产快速转出银行报表的目的，节约了资本占用，通过不良资产市场化定价，挖掘不良资产的最大化价值，有效维护了银行债权权益。我国两轮债转股比较见表1-2。

表1-2　我国两轮债转股比较

		1998年第一轮债转股	2016年新一轮债转股
相同	1	国家出台政策的宏观经济背景相同：经济下行阶段	
	2	债转股整体目标相同：优化经济结构，防范金融风险	
	3	国家印发专门的文件，设定严格的准入门槛	
不同	具体侧重目标	国有企业脱困、降低银行不良贷款率、建立现代企业制度	降杠杆、去产能、立足长远发展
	时代经济要素	1997年亚洲金融危机、我国经济发展过热	2008年次贷金融危机，四万亿救市计划导致产能过剩
	市场化程度	政府打包分配，市场几乎不参与	市场积极参与，政府加强引导
	债转股价格	以不良资产账面价值为基础计算	市场化定价
	债转股过程	AMC按照国务院的政策规定接受银行不良资产	商业银行、信贷企业、政府等参与主体协商解决
	实施范围	拯救国有企业经营脱困	重视扶持新兴产业发展
	具体实施机构	四大国有资产管理公司	实施主体更加多元，如资产管理机构、银行所属机构等
	债转股资金来源	财政部拨款、中国人民银行再贷款、低息债券	积极引入社会资本
	股东权利	不参与企业具体的日常经营管理	按照公司法行使股东管理权利
	退出渠道	国有企业回购	采取多种化市场退出方式

五　切实担当社会责任

（一）围绕国家重大战略，不断满足重点领域的金融需求

为京津冀协同发展、长江经济带、"一带一路"建设等国家重大工程、重点项目，提供了长期、稳定、可持续的金融服务。2017年末，共有10家中资银行在26个"一带一路"国家设立了68家一级机构，累计发放贷款超过2000亿美元。

（二）围绕精准扶贫，助推补齐建设小康社会短板

我国银行业机构形成了政策性金融、商业金融、合作金融联合协作开展脱贫攻坚的良好格局，加强了精准扶贫力度。拓宽金融扶贫覆盖面，主动对接贫困地区基础设施建设、扶贫产业、异地扶贫搬迁等领域的金融服务需求，结合实际创新扶贫小额信贷管理办法，设立扶贫小额信贷绿色通道。到2017年末，扶贫小额信贷和扶贫开发项目贷款余额均超过2000亿元。

（三）围绕普惠金融，提升人民群众金融获得感

提升人民群众金融获得感。金融服务的覆盖面不断扩大，网点乡镇覆盖率和基础金融服务行政村覆盖率均超过96%，尤其是线上金融的发展进一步带动提升了金融可获得性。到2017年底，工、农、中、建、交五家大型商业银行的普惠金融事业部相继挂牌成立，并已经有185家一级分行设立了普惠金融事业部分部；小微企业贷款和涉农贷款余额均达到31万亿元，保障性安居工程贷款同比增长42.3%，高于各项贷款平均增速29.9个百分点。

（四）围绕客户需求，持续提升银行业服务水平

截至2017年末，银行营业网点总数达到22.87万个，同时加强金融科技运用，为客户提供全方位、不间断服务，全年网上交易金额1725.38万亿元，交易笔数总计1171.72亿笔；客服中心人工电话平均接通率达91.22%，连续五年高于90%。同时，银行业聚焦百姓关切，加大消费者权益保护宣教力度，形成了"政府高度重视、监管扎实推动、协会积极部署、金融机构全力落实、社会公众广泛参与"的银行业消保工作局面，增强了银行业消费者维护自身合法权益的能力。

第二章　非银行金融机构的丰富与多样化

第一节　证券机构的改革与发展

证券是指经政府有关部门批准发行和流通的股票、债券、投资基金、存托凭证等有价凭证。证券机构是指依法设立并从事证券服务业务的法人机构，包括证券交易所、证券公司、证券登记结算公司、证券投资咨询公司、证券资信评级公司、证券公司另类投资子公司、证券公司私募投资基金子公司等。它们在证券市场上扮演不同的角色，开展不同的业务，也起着不同的作用，并共同构成一个统一的整体，其中，证券交易所是证券市场的核心，而证券公司则是重要的融资服务提供者、证券买卖的中介人。这一部分，主要探讨证券公司的发展历程。

目前，我国证券公司的业务种类日益丰富，包括证券经纪、证券投资咨询、与证券交易投资活动有关的财务顾问、证券承销与保荐、证券自营、证券资产管理、融资融券、证券公司中间介绍（IB）、直接投资业务等。

一　证券公司的发展历程

从1987年深圳特区证券公司成立以来，我国证券公司经过了30余年的发展，按照各时期的发展特点，可以划分为证券公司发展初期（1987～1991年）、证券公司试错和纠正时期（1992～1997年）、证券公司规范调整时期（1998～2006年）、证券业发展新阶段（2007年至今）。

（一）证券公司发展初期（1987～1991年）

20世纪80年代，我国开始恢复发行国债，引发一批中小企业进行多种形式的股份制、企业债券的尝试。 随着证券发行的增多和投资者队伍的扩大，对证券流通与发行的中介需求日增，由此催生了最初的证券中介业务和第一批证券经营机构。 1986 年 8 月，沈阳市信托投资公司率先开办了代客买卖股票和债券及企业债抵押业务；同年 9 月，中国工商银行上海市信托投资公司开展柜台挂牌交易。

我国证券公司真正的兴起伴随着国库券的转让流通，1987 年 9 月，经中国人民银行批准深圳特区证券公司在深圳成立，这是改革开放以后中国第一家证券公司，主要从事各种有价证券买卖和转让工作，并为证券投资提供咨询。 为了配合、支持企业的股份制改造和解决国库券的发行流通问题，各省市先后成立了证券公司。 1988 年，国债柜台交易正式启动。中国人民银行陆续批准成立了 33 家证券公司，中国的证券业应运而生。这时期各地金融机构均发起组建证券公司，但业务范围狭窄，以代理国债与企业债发行、兑付与买卖为主。

随着股份制改革试点工作加快，中国人民银行颁布《证券公司管理暂行规定》，我国证券业开始进入快速发展阶段。 1990 年 12 月 19 日和 1991 年 7 月 3 日，沪深证券交易所相继建立。 1991 年 8 月，中国证券业协会成立，当年末，机构类会员达到 170 家。 证券公司数量迅速增加，资产规模急剧扩张，证券行业初步形成。

此阶段，证券公司的发展处于初期萌芽阶段，资产规模比较小，证券经营的主体多为银行或信托投资公司的证券业务部而非证券公司。 由于市场初期的卖方垄断和爆发式增长，证券公司通过简单的规模扩张，提供低水平的通道服务就能获得丰厚的利润。

(二)证券公司试错和纠正时期(1992～1997 年)

这一时期，我国证券市场的法律和规则相对模糊，单个证券公司和整个证券市场的抗风险能力都比较薄弱，证券业经历了证券 T +0 交易、无涨跌停限制、权证、国债期货的尝试，也经历了"327 国债期货事件"，行业进行了第一轮洗牌，但由于市场规模不大，参与主体有限，很快恢复了生机，却也埋下了许多系统性风险隐患。

1991～1995 年，证券公司数量激增，但法规不健全，缺乏监管，证券公司的发展秩序比较混乱。绝大部分证券公司介入了实业、房地产投资和违规融资活动中，形成了较大的经营风险。

证券市场的快速发展促使证券公司依法规范，1995 年《商业银行法》确立了我国金融业分业经营的格局，大量的证券经营机构从商业银行和信托投资公司剥离出来，成为独立的证券公司。

从 1996 年 4 月开始，随着证券业经营环境的改善，证券公司业务经营增长迅速，经济效益普遍好转，抵御风险能力大大增强。与此同时，监管部门按照分业经营、分业管理的原则，对证券公司的经营范围、内控制度建设、网点分布、风险防范等进行了清理和规范，取得了成效。

之后，随着我国证券市场规模的不断扩大，证券公司、以证券为主营业务的信托公司、证券咨询公司等证券机构发展迅速，到 1997 年底，我国共有证券经营机构 340 多家，证券营业部近 3000 个，有资格从事证券业务的证券咨询机构 450 多家，证券从业人员逾 10 万人，投资者开户数达 3100 多万，股票的发行与交易已实现了无纸化。

这一时期，行业发展数量扩张特征明显，通过新设和增资扩股，证券公司的资本实力和资产规模都迅速扩张，竞争加剧，利润空间缩小。此阶段，证券业的起点不高，虽然有较严格的进入管制，但由于业务范围狭窄，缺少必要的行业规范，证券公司经营混乱、竞争无序。

（三）证券公司规范调整时期（1998～2006 年）

这一阶段的证券行业主要遵循规范发展，增资扩股使证券业的资本规模有了较大的突破。

《中华人民共和国证券法》在 1999 年 7 月 1 日正式实施，确立了证券行业的产业属性、产业范围、经营主体等产业要素。《证券法》规定，国家对证券公司实行分类管理，按照资产规模的不同，将证券公司分为综合类证券公司和经纪类证券公司，并由国务院证券监督管理机构按其分类颁发业务许可证。可以看到，政府开始看重证券市场解决国有企业融资难问题的功能，并认为证券公司是活跃市场的主体。但由于证券公司投资业务的风险性考虑不足，监管不当，证券行业开始大量积聚风险，证券市场成为最佳的利益输送渠道。

证监会被赋予法定的行业集中监管职能。在集中监管、分业经营的总体思路下，行业内进行了政府主导的并购重组和清理整顿。由于经纪类证券公司只能从事证券经纪业务，业务范围和盈利来源狭窄，而综合类证券公司可从事经纪、承销、自营等多种业务，因此，1999 年以后，各经纪类证券公司纷纷增资扩股，向综合类证券公司过渡。对于处于过渡期的证券公司，证监会批准暂不确定所属类型，给予两年过渡期且在过渡期内业务范围比照综合类证券公司执行。

2001 年 6 月，市场进入熊市，行业对外开放逐步展开，如 QFII、中外合资证券公司开始设立，这使得本土券商普遍不适，行业大规模亏损。市场的低迷延续到 2003 年，证券业多年积累的风险开始集中爆发，证券公司面临第一次行业性危机，并影响到资本市场健康发展，出现违规委托理财、账外自营、挪用客户资产、非法融资和对外担保、操纵市场等一系列问题。到 2004 年，情况恶化到部分证券公司的资金链随时可能断裂。2005 年 4 月，负债高达 228 亿元的南方证券宣布关闭，各项资产业务剥离后进行市场化招标。之后 5 年熊市，大鹏证券、闽发证券、汉唐证券等 21 家券商相继消失。

为从根本上解决证券公司集中暴露的风险和问题，挽救资本市场上最重要的参与者，监管部门迅速做出反应。自 2003 年 8 月起，我国对证券公司实施综合治理，主要包括：加强信息监管，强化信息披露；保障客户资产，实现风险隔离；推进公司治理，完善分类监管；改善经营模式，推动资源整合；等等。治理的重点目标是化解风险、清理整顿。从 2004 年 1 月 2 日南方证券被行政接管开始，三年综合治理期间，累计处置 31 家高风险券商，清理账户 1153 万个；对 27 家风险券商实施重组；19 家券商被责令关闭，7 家券商被撤销。在监管层的推动下，三年时间内证券行业逐步建立了以净资本为核心的风险监管、客户资金第三方存管、公司合规管理等一批基础性制度，证券公司监管法规和监管制度渐成体系。

2005 年，《证券公司综合治理工作方案》要求各地区、各部门积极支持配合，共同做好综合治理工作。 为了适应我国证券监管体制、证券公司综合治理和风险处置的实际情况，《证券法》于2005年做了修订。 其中一项重要内容就是，按照业务种类附加注册资本金的混合标准，对证券公司进行了重新分类。 修订后的《证券法》明确了证券公司可以经营的7项业务范围，并根据业务范围和风险程度规定了最低注册资本金的要求，从而有利于证券公司建立资本实力、内控水平与业务规模相适应的动态挂钩机制，丰富了证券公司的组织类型，有利于其针对客户开展差异化服务，同时有利于证券公司通过设立专门从事某项证券业务的专业子公司方式分散风险，提高市场竞争力，并为推动证券公司向集团化方向发展提供了法律依据。 《证券法》还对证券公司的设立做出规定，增加了对证券公司的股东、董事、监事等的监管措施，明确了法律责任。 2006年7月，《证券公司风险控制指标管理办法》正式发布，意味着以净资本为核心的监管体系正式确立。

通过持续三年的努力，证券公司积累的风险得到初步化解，资本市场逐渐规范发展起来，经营行为的规范程度明显提高。 在综合治理期间，作为与其他各项措施相配合的一项重要举措，证券监管部门分别于2004年8月、2005年4月开展了创新试点类和规范类证券公司评审工作，到2007年8月评审结束，分别评出了29家和31家有一定资本规模、经营管理较好并具备创新能力的证券公司，并鼓励其在风险可测、可控、可承受的前提下进行业务创新和组织创新，谋求发展。 评审的结束，标志着我国证券公司高风险的综合治理阶段结束，转为常规监管。

在此番动荡的同时，我国于2005年5月开始进行股权分置改革，到2006年底，改革任务基本完成。

这一时期，证券公司的资产规模普遍得到了扩大，整个行业的注册资本由1997年的192.3亿元增加到1999年的313.49亿元，增长幅度达63.02%。 到2006年底，我国共有证券公司104家，其中，注册资本50亿元（含）以上的有3家，注册资本20亿（含）~50亿元的有16家，注册资本10亿（含）~20亿元的有32家，注册资本10亿元以下的有53

家。 2006 年底，我国 104 家证券公司实现营业收入约 600 亿元，净利润 255 亿元，中国证券公司扭转了全行业连续四年亏损的局面，迎来了历史上最好表现。

（四）证券业发展新阶段（2007 年至今）

随着国家宏观经济持续向好、股权分置改革完成，我国证券业从四年熊市中走出来，翻开了新的一页。 但百废待兴，扩大业务需要大量资金，2006 年后，经历了脱胎换骨的证券公司中有代表性的几家纷纷改制并谋求上市，借助股改牛市东风，加大对创新产品和业务的推进力度，牛市又反过来作用于券商股的股价，产生了整个板块充满生机的大行情。2007 年末，国内 106 家券商中有 16 家上市，证券业业务规模和盈利水平大幅提高。 但由于证券业业务类型单一，多是以经纪业务和自营为主，许多券商上市的目的在于夯实资本金。 在经纪业务占行业收入大头的背景下，券商之间的竞争实际上是同质化竞争。

证券公司创新业务不断推出。 2007 年券商开始开展直投业务以来，关于券商直投＋保荐模式所带来的利益输送问题一直存在诸多争议。 从 2017 年开始，这一模式的监管再度升级。 2016 年 12 月 30 日，中国证券业协会发布了《证券公司私募基金子公司管理规范》和《证券公司另类投资子公司管理规范》，再度加强对券商直投业务的监管。

融资融券业务与股指期货分别于 2010 年 3 月 31 日和 4 月 8 日正式推出，两项创新业务落地，标志着中国证券市场正式告别"单边市"，证券公司自营业务的交易风险也随之下降。 2012 年上市证券公司半年报显示，近半数上市证券公司已利用衍生品和量化套保交易策略取得收益。与此同时，包括直投在内的证券公司多项其他创新业务也得到突飞猛进的发展。

证券公司的第二波上市浪潮发生在 2015 年后，券商通过各种途径登陆资本市场，希望提高品牌知名度，扩大业务资金量。 此外，券商利润大幅下滑，也需要通过上市来募集资金。 由于竞争压力所致，当时排队 IPO 或是准备借道资产重组登陆资本市场的券商，更多是在行业中游位置的第二梯队。

行业集中度持续提升，业绩显著分化。 近几年行业营业收入和净利润集中度呈提升趋势。 2012～2017年，营业收入排名前十的券商占行业总收入的比重由51.8%上升至63.8%。 2012～2017年22家上市券商营业收入及归母净利润占行业比重变动情况见图2-1。 证券行业强者恒强格局的巩固依赖于以下几点：在证券行业市场体量增速整体放缓的市场背景下，业绩增长主要依赖份额及收益率提升，龙头券商综合业务实力具备竞争优势；新的证券分类评级管理办法令大型综合券商获得高评级具有先发优势，政策的天平正在向围绕做大做强的局部性创新倾斜，在衍生品市场扩容及国际化发展机遇下，行业龙头抢得先机；通道业务占比下降，用资类业务占比提升，大型综合券商更具竞争优势；独角兽上市、CDR推行等鼓励新经济发展政策使龙头券商拥有更多机会。

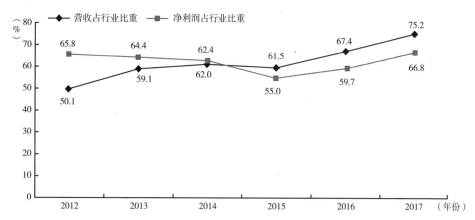

图2-1　2012～2017年22家上市券商营业收入及归母净利润占行业比重变动情况

资料来源：证券业协会。

这一阶段，我国证券行业也面临多次全球性的冲击。 2008年金融危机席卷全球，证券业盈利能力受到较大冲击。 但伴随着监管层及时采取压力测试、监测预警等一整套措施，证券行业快速处置了市场风险，有效遏制了境外风险蔓延和扩散，将行业受到的外部冲击降到最小。 2010～2012年，受欧债危机、美国财政问题等因素影响，全球经济复苏放缓，我国证券市场持续低迷，证券行业盈利连年下滑。 随着证券市场交易回暖，2013～2014年，证券行业加速创新，利润水平大幅提升。

2018 年，券商通道类业务的利润已逐渐被挤压，传统的经纪业务、通道资管与当前的政策导向不符，投资银行业务作为传统强项面临收入下滑的困境，倒逼证券公司进行业务转型。

2007 年末，106 家证券公司总资产仅为 1.7313 万亿元，上市 27 家。从财务指标来看，2007 年国内券商实现营业收入、净利润分别为 2847 亿元和 1320.5 亿元。 2017 年底，131 家券商净利润 1129.95 亿元，120 家实现盈利。

二　证券公司是改革开放的重要参与主体

经过 30 余年的发展，证券公司极大地增加了我国资本市场的活力。

新业务方面，由于融资融券、转融通、约定购回式证券交易、债券质押式报价回购交易、股票质押式回购交易、现金管理和新三板主办券商等新业务开展时间不长，其竞争程度不如传统业务激烈。 从长期来看，这些新业务或将成为证券公司收入的重要来源，行业竞争亦会逐步加剧。由于收入来源高度依托于传统型业务，我国证券公司的利润水平极大受制于二级市场的繁荣，波动较大。

社会融资方式逐步转变，经济体制改革进一步深化。 证券公司的发展，逐步打破依赖政府投资和银行贷款获取资金的局面，直接融资的比重不断提升，社会融资的多样化得到发展。 此外，加速推进企业股份制进程，推动了经济体制改革的进一步深化。

资本市场迅速发展，资本资源的使用效率获得提高。 截至 2018 年，证券公司在境内共承销 3276 家企业股票上市，股票市价总值达 57.57 万亿元（2017 年 6 月 26 日），占国内生产总值的比重超过 70%。 证券公司通过证券交易业务，促进了资本在金融市场上的流动，社会闲置资源不断进入生产领域，提高了资本资源的利用效率。

随着金融市场竞争加剧，证券行业与其他金融业态的竞争也不断加剧。 商业银行、保险公司、基金管理公司和信托公司等其他金融机构在网点和客户资源方面具有天然优势，互联网金融也与证券公司在业务上激烈竞争，各业态的合作加剧了证券行业的竞争，证券行业的产品服务体系和营销模式也发生较大变化。

国际业务得到拓宽，国内资本市场的对外开放进一步发展。随着国际融资证券化和证券国际化的发展，不少国家和地区的外资证券公司在国内设立分支机构，我国的证券公司也开始在海外设立分支机构或子公司，参与海外证券业务，促进了国内资本市场的对外开放。

随着对外开放的不断深入，机构竞争更加激烈。2002 年《外资参股证券公司设立规则》实施后，各大外资证券公司纷纷通过合资等方式取得国内证券业务资格并开展经营活动，合资证券公司队伍不断扩容。高盛、摩根士丹利、摩根大通、瑞银、瑞信、德意志银行、花旗、苏格兰皇家银行等外国金融机构纷纷通过合资等方式进入中国市场。国内证券公司开始与实力雄厚的外资证券公司正面竞争。随着沪港通试点获批，我国资本市场对外开放的步伐加快，未来将有更多外资证券公司进入中国资本市场，并在投资银行业务、资产管理等领域对我国证券公司形成冲击，证券行业的竞争将更加激烈。

第二节　保险机构的改革与发展

随着我国经济体制改革的全面展开、商品经济的迅速发展，经济运行对市场的依赖程度越来越高，"天有不测风云，人有旦夕祸福"，各种意外因素使得企业的经营活动和人的工作生活的潜在风险逐渐扩大。

一　保险公司的发展历程

新中国成立后就成立了中国第一家保险公司。中间停办 20 年之久的中国人民保险公司自 1979 年恢复重建以来，随改革开放的进程同步推进，也有近 40 年的历史。这里将保险公司发展历程梳理为保险公司的设立与停办阶段（1949～1978 年）、保险公司的恢复和对外开放试点阶段（1979～1994 年）、保险公司的规范和对外开放扩大阶段（1995～2000 年）、保险公司的全面发展阶段（2001～2007 年）、保险公司的互联网发展阶段（2008 年至今）。

(一) 保险公司的设立与停办阶段 (1949～1978 年)

新中国成立以后，由中国人民银行总行报经中央人民政府财经委员会批准，于 1949 年 10 月 20 日，成立了新中国历史上第一家国有保险公司——中国人民保险公司。 中国人民保险公司成立以后，以"保护国家财产，保障生产安全，促进物质交流，增进人民福利"为基本任务，积极开展业务，使中国保险业在短短三年的时间里，服务范围由小到大，业务量由少到多，险种由单一到多种综合经营，获得了迅速的发展。 到 1952 年，中国人民保险公司在全国成立了 1300 多个分支机构，设有 3000 多个代理网点，职工人数达到 34000 余人。 然而，"一五"计划的第一年，中央在农村纠正"五多"，保险费也被列为其中的"一多"被予以制止，由此停办了农村保险业务。 随后，于 1955 年停办了铁路、粮食、邮电、地质、水利、交通等六个系统的保险业务。 1957 年，又停办了所有的强制性保险业务。 从 1959 年 5 月起，除极个别城市以外，在全国停办了国内保险业务，保险公司也相应转为专营涉外保险业务的机构。 新生的中国保险业被迫停办达 20 年之久。

(二) 保险公司的恢复和对外开放试点阶段 (1979～1994 年)

党的十一届三中全会以后，中国开始了经济体制改革和大规模的经济建设。 为了适应这一新的形势，金融领域也开始建立以中央银行为领导、多种金融机构并存的金融组织体系。 作为中国国民经济重要组成部分的保险业随之恢复并得到迅猛的发展。

保险业进入复苏后的混业经营阶段。 1978 年我国确立了对外开放的基本国策，由于经济发展对保险业务的需求日益强烈，1979 年 4 月，国务院做出"逐步恢复国内保险业务"的重大决策，并于同年 11 月，全国保险工作会议对恢复保险业进行了具体部署。 1980 年开始，我国保险业进入恢复发展阶段，到 1980 年底，除西藏以外的 28 个省份都已恢复了保险公司分支机构。 中国人民保险公司独家垄断经营一直延续到 1985 年。这一时期我国的保险监管和保险经营没有明确分离。

随后保险市场引入竞争，形成三足鼎立局面。 1985 年 3 月，国务院《保险企业管理暂行条例》颁布，除中国人民保险公司外，多种保险机构开始发展，也标志着我国保险监管与保险经营正式分离——国务院用行政法规的形式明确中国人民银行履行保险监管的职责。 1986 年 7 月 15 日新疆生产建设兵团农牧业生产保险公司（1992 年更名为新疆兵团保险公司）成立，1988 年深圳平安保险公司（1991 年更名为中国平安保险公司）在深圳蛇口成立，由于二者均为地区性保险公司，没有对中国人民保险公司构成威胁。 直到 1991 年中国太平洋保险公司成立（原为 1987 年交通银行成立的保险部）和 1997 年平安保险在全国范围内扩大业务，才算真正打破独家垄断的局面。

与此同时，我国保险业对外开放进入试点阶段，开始允许一些外国保险公司设立代表处。 1992 年美国友邦保险有限公司经批准在上海设立分公司，经营人寿保险业务和财产保险业务，标志着我国保险业对外开放步入试点阶段。 同时进入中国保险市场的还有"保险营销员制度"，推动了我国保险业的发展。 1994 年，日本东京海上火灾保险公司在上海设立分公司，经营财产保险业务。

1993 年 12 月，国务院颁布《关于金融体制改革的决定》，提出要分别核算政策性保险和商业性保险，要把保险公司办成真正的保险企业，实现平等有序的竞争。 之后，中国保险公司进入平稳发展阶段。

（三）保险公司的规范和对外开放扩大阶段（1995～2000 年）

在依法监管方面，从 1995 年《中华人民共和国保险法》（下称《保险法》）颁布后，我国保险业进入依法监管的规范发展阶段。 我国的《保险法》融"业法"与"合同法"为一体，随着社会的发展与进步，这种立法技术也面临诸多挑战。 基于《保险法》的基本框架，中国人民银行相继制定了《保险代理人暂行规定》（1996 年）、《保险管理暂行规定（试行）》（1996 年）等一系列保险业法律法规，法制建设不断得到健全。 1998 年中国保险监督管理委员会成立，不仅标志着我国金融的分业和专业监管进入实质性阶段，也意味着我国保险行业管理，在经历从人保到人行，从非银行司到保险司后，终于成为独立和专门的行政管理部门。

在市场体系建设方面，1995 年的《保险法》确立的基本原则之一是

"分业经营"，为此，中国人民保险公司等保险机构开展"分家"工作。1996 年，中国人民保险公司完成体制改革，成立中国人民保险（集团）公司，下设中保财产保险有限公司、中保人寿保险有限公司和中保再保险有限公司，产、寿险分离。 同时，1996 年，泰康人寿保险股份有限公司、新华人寿保险股份有限公司、华泰财产保险股份有限公司三家全国性保险公司和华安财产保险股份有限公司（深圳）、永安财产保险股份有限公司（西安）两家区域性保险公司成立，推动了保险竞争格局的形成，为保险竞争注入了新的活力。 随后，大批分业经营的保险公司相继成立，保险经纪公司、保险资产管理公司和再保险公司也陆续成立，保险市场经营主体不断增加，丰富了国内保险市场。 到中国平安和中国太平洋也实行分业经营后，大部分地区的产寿险市场上分别形成了三家寿（或产）险公司之间的相互竞争的业态。

在对外开放领域，1995 年我国保险业对外开放试点城市从上海扩大到广州、北京等全国大中城市，一批外国保险公司获准进入我国保险市场。 外资保险投资公司来源国家从最初的美国、日本，此阶段扩大至加拿大、法国、英国、澳大利亚等国家，投资方式也由最初的外商独资发展为中外合资。

这一阶段法律的规范性、市场的多样性和对外开放程度都获得极大的提高，可以说，一个中外保险公司并存、相互竞争的"百花齐放"的市场格局已经形成。

（四）保险公司的全面发展阶段（2001～2007 年）

在保险业发展方面，这一时期是我国保险市场由寡头垄断向垄断竞争型市场演变的市场分化阶段。 这一阶段，内资新兴公司迅速成长，在 2001 年底中国正式加入世贸组织后，保险市场对外开放的步伐迅速加快，外资、合资公司也异军突起。 中国人保、中国人寿所占的市场份额逐步下降，平安和太平洋飞速发展；处于第二阵营的泰康人寿、新华人寿、中华联合产险、天安保险等成长势头迅猛。 在上海、广州等保险业开放较早的城市中，友邦、信诚等外资、合资保险公司凭借其品牌效应和较高的客户忠诚度表现卓越，产寿险市场竞争十分激烈，形成了较为多元化的保险公司和保险中介机构体系，基本建立起一个由保险公司、保险中介公司、再保险公司等市场主体组成的统一开放、竞争有序、充满活力的保险市场。

在保险业监管方面，2003 年中国保监会正式升格为国务院直属正部级事业单位。 为加强和完善对保险行业的法治治理，我国先后于 2002 年、2009 年两次修订了《保险法》，并且不断完善对保险业的监管制度建设，形成了以《保险法》为核心的保险业监管法律法规和规章体系。 在《保险法》出台后全面展开我国第一代偿付能力监管标准，以规模为导向，要求保险公司资本与业务规模相适应。 随着行业的发展，这一衡量标准过于简单，不能清晰地反映公司风险，2003 年颁布了《保险公司偿付能力额度及监管指标管理规定》。

在保险体制改革方面，2003 年，为解决保险业发展过程中存在的深层次问题，提高保险公司内部活力和外部竞争能力，保险业不断推进体制改革。 中国人民保险公司、中国人寿保险公司和中国再保险公司三家国有保险公司重组改制工作基本完成。 2003 年 7 月，中国人民保险公司正式更名为中国人保控股公司，并发起设立了中国人民财产保险股份有限公司和中国人保资产管理有限公司。 2003 年 8 月，中国人寿保险公司正式重组为中国人寿保险（集团）公司和中国人寿保险股份有限公司。

为解决资金问题，完善公司治理结构，营造良好的外部环境，2003 年 11 月，中国人民财产保险股份有限公司在香港联交所以 H 股挂牌上市，成为我国第一家在境外上市的国有金融企业。 随后 12 月 17～18 日，中国人寿保险股份有限公司成功在纽约和香港两地同步上市，并以 30.1 亿美元的筹资额创造了 2003 年全球资本市场首次公开发行融资额的最高纪录。 通过上市，两家国有保险公司共筹集资本金折合人民币 354 亿元，增强了资本实力，提高了偿付能力和抵御风险的能力，优化了股权结构。我国保险企业的发展进入新的阶段。 截至 2007 年 6 月，全国共有保险机构 126 家。 其中保险集团和控股公司 8 家，财产险公司 44 家，人身险公司 59 家，再保险公司 6 家，保险资产管理公司 9 家。

在 2004～2007 年连续四年中央一号文件的强调下，我国全面启动

"政策性农业保险"业务,开启了我国农业保险发展的新时代。 2006年,国务院出台《关于保险业改革发展的若干意见》(简称"国十条"),将发展保险事业作为行业愿景。

(五)保险公司的互联网发展阶段(2008年至今)

在保险业发展方面,2010年高速增长,2010~2014年增长停滞,2014年后再度爆发。 整体来看,"触电"成为保险业的特征。 2013年中国保监会相继批复"众安在线"、"泰康在线"、"安心财险"和"易安财险"等互联网保险公司设立,使得"互联网保险"从一种概念、一种营销手段发展成一种商业模式、一种组织形态。 2015年,中国保监会颁布了《互联网保险业务监管暂行办法》,成为金融领域第一部关于互联网金融的制度文件,为我国保险模式创新开展了积极的探索。 中国保险行业协会的数据显示,国内获准经营互联网保险业务的公司从2011年的28家上升到2015年的110家,保费规模也从32亿元激增至2234亿元,5年的时间翻了将近69倍;财产险公司互联网业务保费收入为768.4亿元,相比2011年增长了34.4倍,占财产险公司全部业务的9.1%,上升8.6个百分点;人身险公司互联网业务保费收入为1465.6亿元,比2011年增长了141倍,占人身险公司全部业务的9.2%,上升了9.1个百分点。 而互联网保费在总保费收入中的占比从2011年的0.12%上升到2015年的9.2%。

2014年8月,国务院印发了《关于加快发展现代保险服务业的若干意见》(简称"新国十条"),明确提出要实现由保险大国向保险强国转变,将发展保险业的行业愿景上升为国家意志。

在保险监管方面,2008年出台了《保险公司偿付能力管理规定》,中国第二代偿付能力监管体系(下称偿二代)于2012年开始建设,2015年2月,正式发布并进入实施过渡期。 2016年第一季度起,偿二代监管体系正式实施,保险公司只向保监会报送偿二代报告,停止报送偿一代报告。 这意味着我国保险监管将全面实行"风险导向"新制度,实现质变。 2017年,中国保监会重申坚持"保险业姓保,保监会姓监"的原则,明确"严监管、防风险、补短板、治乱象、服务实体经济"的工作主基调,全面启动了行业治理的"4+1"行动,行业风险治理情况得到大幅改善，"问题企业"被接管，个别企业"为所欲为"的现象得到有效遏制，市场行为得到进一步规范，保险业的发展步入全面规范和健康发展的轨道。2018 年 2 月的十九届三中全会拉开了新一轮国家机构改革的大幕，就金融业的监管而言，"一委一行两会"架构正式推出，中国保监会面临"撤并"命运，中国银行保险监督管理委员会正式挂牌，金融监管开启"新银保时代"。2018 年 4 月，监管部门出台了《关于加强非金融企业投资金融机构监管的指导意见》，本着金融服务实体经济，金融机构分类监管、防范风险和规范市场秩序与激发市场活力的原则，提出了监管指导意见。

事件反思：2013 年泛鑫事件和 2016 年安邦事件

　　2013 年，泛鑫公司利用保险公司的管理漏洞，通过"长险短做"进行套利，引发了"美女高管携 5 亿元巨款外逃"的消息，随着政府相关部门的介入，遗留问题得到迅速和妥善的解决，而陈怡也以"死缓"为自己的行为付出了代价。但仍然需要反思，这是一些保险公司自身缺乏销售能力，却盲目追求规模，不得不依赖外部渠道以致被不良的渠道拿住了"软肋"，哄抬"渠道价格"，还长期滞留保费，保险公司之间进行恶性竞争，为经营管理埋下巨大隐患。各家保险公司需要反思自己的"商业模式"即"核心竞争力"，回答好客户是谁、客户在哪里的问题。长期以来，保险行业存在的一个突出问题是"有保费，没客户"，不仅"受制于人"，还导致销售费用"居高不下"，面临"难以为继"的困境。

　　2016 年，一场关于险资举牌的"野蛮人"的争论，将保险业推到了社会舆论的风口浪尖。随着真相逐渐披露，到安邦"东窗事发"，可以看到近年来，我国保险主体虽然大幅增加，但很多机构并非真想做保险，而只是看上了保险的融资功能，希望利用保险牌照，以各种理财产品的名义"圈钱"。拿着圈到的钱，再到资本市场上，大肆举牌，兴风作浪，恶意收购，巧取豪夺，于是，就成为"妖精"和"害人精"。需要反思的是，关于保险公司"可不可以举牌"的问题，不是一个单纯的技术问题，而是一个立场问题，不是"能不能"，而是"该不该"。保险资金没有阶级，但保险企业有立场。2018年，监管部门出台了《关于加强非金融企业投资金融机构监管的指导意见》，其核心诉求就是通过对投资者的甄别与分类管理，让"动机不纯者"和"陌生人"走开。保险，不是人人都能够做的，这是一个更需要定力、情怀和信仰的行业。如果让"居心不良者"长期混入保险队伍内部，行业的风险就面临"防不胜防"的窘境，行业的形象就容易陷入"自毁长城"的尴尬，因此，行业需要坚决地"清理门户"。

（摘自王和《回望历史，洞见未来》，http://news.stcn.com/2018/0814/14441667.shtml，最后访问日期：2018年10月14日）

从保险业在社会治理中的作用来看，保险业积极参与国家社会事业管理，通过提供巨灾保险、农业保险、环境安全责任保险和食品安全保险，承担社会责任。保险业助推脱贫攻坚的能力不断增强，2017年，农业保险为2.13亿户次农户提供风险保障金额2.79万亿元，支付赔款334.49亿元，同比分别增长29.24%与11.79%。

二 保险公司在金融市场中的地位不断提升

伴随着40年的改革开放，我国经济、社会等各个方面均实现了历史性跨越，保险业的发展水平也不断提高，保险业在金融市场中的地位不断提升。

保险体系逐步丰富，规模增加，但集中度在下降。农业、养老、健康保险公司以及保险资管公司开始出现，并为社会提供专业的保险类服务。保险机构数量从1979年刚恢复时的1家增加到2017年底的228家，形成了由原保险、再保险、保险中介和保险资产管理构成的市场格局，建立了既有产险又有寿险，既有内资又有外资，既有直保公司又有再保险公司，既有专业保险公司又有保险集团公司，既有保险资产管理公司又有保险互助公司的保险市场体系。 但在加入世贸组织后，保险市场集中度逐渐下降。 在产险市场上，前三大公司所占份额从 2001 年的 95.41% 下降到 2017 年上半年的 65%；在寿险市场上，前三大公司所占的份额则从 2001 年的 95.25% 下降到 2017 年上半年的 38.3%。 一个垄断竞争型的保险市场初步形成。 市场规模不断扩大。 资产规模和保费收入分别从 1980 年的 14.52 亿元和 4.6 亿元增长到 2017 年的 16.75 万亿元和 3.66 万亿元，赔付支出 1.12 万亿元，为全社会提供风险保障 4154 万亿元。 保险密度从 1980 年的 0.47 元/人提高到 2017 年的 2631.72 元/人，保险深度从 1980 年 0.1% 提高到 2017 年的 4.42%。

中国已经成为全球第二大的保险市场，国际地位获得极大提升。 2018 年初，中国保监会副主席陈文辉当选国际保险监督官协会（IAIS）执委会副主席，进一步证明了中国在国际保险舞台上的地位和作用。

保险自由化程度逐步提高。 保险业作为金融领域的重要支柱之一，通过对准备金制度、市费率管制、产品审批、业务范围、市场竞争主体、保险资金运用等方面的改革，近年来逐步走向自由化。

保险业综合经营的趋势日益明显。 在分业框架下，国务院《关于保险业改革发展的若干意见》《关于保险机构投资商业银行股权的通知》的出台，为金融业实现综合经营提供了政策依据，一些大型保险公司向银行、证券领域扩张，形成了业务涵盖保险、银行和证券的金融控股集团。

我国保险业的开放程度不断提高。 一方面，对外资保险机构开放为中资机构提供了一个学习和竞争的良好平台，保险业迎来了中外资保险公司共同发展的市场格局。 在人身险市场上，外资公司的数量从 1995 年的 1 家增加到 2017 年的 28 家；在财产保险市场上，外资公司的数量从 3 家增加到 22 家。 在 2017 年世界 500 强排名中，保险公司共计 60 家，其中美国 22 家，中国 8 家，中国保险公司进入 500 强的数量仅次于美国，前十强已有两家中国保险公司——中国人寿和中国平安。 另一方面，保险业对国内民营资本的开放也逐步推进。 2002 年 4 月 20 日，第一家以民营资本为投资主体的全国性专业人寿保险公司——民生人寿保险股份有限公司经中国保险监督管理委员会批准成立。 2002 年底，华安保险由国有资本控股转变为民营资本控股，民营股本达 83%，成为中国首家民营控股的财产保险公司。

第三节　信托公司的改革与发展

信托投资机构早在 20 世纪初已经在中国出现，最早的是 1921 年成立的中国通商信托公司，在 20 世纪 20 年代还曾经历一个短暂的发展高潮。随后，由于"信交风潮"的出现，中国的信托投资机构发展在很长时期内陷入低谷。

一　信托公司的发展历程

自 1979 年新中国第一家信托公司成立以来，信托行业已经历了近 40 年的发展，按照各发展阶段的特点，可划分为以下几个阶段：信托公司起步试验阶段（1979～2001 年）、"一法两规"框架下规范调整阶段（2002～2006 年）、信托公司爆发增长阶段（2007～2012 年）、信托公司行业调整发展阶段（2013 年至今）。

（一）信托公司起步试验阶段（1979～2001 年）

党的十一届三中全会之后，随着经济体制改革的开始，1979 年国内恢复信托业务，同年 10 月我国第一家信托机构——中国国际信托投资公司成立。此后，经济体制改革不断深入的同时，财政预算外资金和企事业单位的自有资金也不断增多，催生了一批信托机构，刺激我国信托投资业快速发展，在 1988 年达到最高峰时甚至有 1000 多家。不过在 21 世纪之前，由于我国一直没有一部统一的信托法（2001 年才发布），信托业的发展一直比较紊乱，2001 年之前信托业共经历五次大整顿。

1982 年中国人民银行第一次整顿信托机构，是基于当时基本建设规模过大，且其中很多是信托贷款的背景，为加强对信托投资业务的管理和规范基建投资行为，要求银行才能办理信托投资业务，地方信托公司一律停办，集中统一了金融信托。

1985 年对信托业进行第二次整顿，起因是 1984 年以前信贷活动大多采用资金来源不明朗的信托方式进行，易造成金融信贷因过快增长而失控，因此整顿重点放在信托贷款和投资业务上，新的业务全部暂停办理，对存贷款加以清理。 1986 年，为保障信托投资业的合规经营和健康发展，中国人民银行发布了《金融信托投资机构管理暂行规定》，具体规定了信托投资公司的机构设置、信托资金来源、业务范围、审批程序等。到 1987 年底，全国各大中城市都相继成立了信托投资公司，主要办理委托、代理、租赁、咨询、见证、担保等业务。 除全资附属公司外，其余各信托投资公司都是独立的企业法人。

1988 年，信托投资公司数量飞增，出现了严重的乱集资、乱拆借、乱贷款（"三乱"）等现象，国务院决定全面清理中国人民银行各级分支行越权批设的信托投资公司，整肃金融环境，进行第三次清理整顿，并从 10 月 1 日起，规定全国金融信托投资机构一律实行"三停"——停止发放信托贷款、停止拆出拆入资金、停止投资，并按照国务院关于开展信贷大检查通知的要求进行自查。

1993 年，国务院决定对信托投资公司开展第四次整顿，背景是信托公司高息揽存等违规行为突出，发生了 1994 年"中农信"因债务不能偿还而关闭，"中银信"资不抵债被广发行收购等事件。 1995 年，信托投资公司开始同其所属银行脱钩，坚决清理违规和越级批设的信托投资机构，严格市场准入。 但据中国人民银行 1996 年对 206 家信托投资公司的稽核，信托投资公司仍然存在资本金严重不实、不良资产数额大、比例高等问题。 经国务院同意，中国人民银行要求银行系统所办的信托投资公司与银行在机构、资金、业务、财务、人事、行政等各个方面彻底脱钩或改为银行的分支机构[①]，这项工作在 1996 年底完成，信托投资公司下降至244 家，亏损的公司有 20 多家，亏损总额达数十亿元。

1999 年 3 月，中国信托业第五次清理整顿开始，中国人民银行开始对信托投资公司进行全面清理整顿。 整顿工作的目标是：实现信托业与银

---

① 《国务院批转中国人民银行关于中国工商银行等四家银行与所属信托投资公司脱钩意见的通知》，国发〔1995〕11 号，1995 年 5 月 25 日。

行业、证券业严格的分业经营、分业管理，保留少量规模大、效益好、管理严格、真正从事受托理财业务的信托投资公司，规范运作，健全监管，切实化解信托业风险，进一步完善金融服务体系。[①] 2001 年 1 月《信托投资公司管理办法》颁布，同年 10 月《中华人民共和国信托法》生效，构成了我国规范发展时期信托法律的基本框架。 到 2001 年底，先前成立的 239 家信托公司最终只有 60 家左右被批准重新登记。 1999～2001 年被称为信托业真空停滞阶段，由于制度缺失，即使重新登记，也无法开展信托业务。

（二）"一法两规"框架下规范调整阶段（2002～2006 年）

信托机构最初由银行开始设立并经营，之后各地方政府和财政部门也开始设立，历经 5 次整顿后，信托业开始出现股份制的信托机构组织形式，逐步进入规范化发展阶段。

我国信托业进入规范发展阶段的标志是 2002 年 7 月 18 日《信托投资公司资金信托管理暂行办法》的正式施行。 其与《信托投资公司管理办法》《中华人民共和国信托法》统称为"一法两规"，成为这一时期的主要法律依据和监管准则。

2002 年底我国信托资产余额仅为 7000 亿元，2012 年大资管元年规模突破 5 万亿元（2008 年金融危机时尚不足 1.5 万亿元），10 年时间增长了 6 倍左右。

银监会于 2003 年接手信托公司的监管权，监管架构被重塑，信托业的自律组织——中国信托业协会也于 2005 年 5 月成立。

（三）信托公司爆发增长阶段（2007～2012 年）

2007 年 3 月 1 日，信托"新两规"——《信托公司管理办法》《信托公司集合资金信托计划管理办法》正式实施之后，开始了信托业第六次整顿。 根据通知，监管层对信托业实施分类监管，信托公司或立即更换金融牌照，或进入过渡期，中国的信托机构开始了新的发展，成为名副其实

---

① 《国务院办公厅转发中国人民银行整顿信托投资公司方案的通知》，国办发〔1999〕12 号，1999年 2 月 7 日。

的"受人之托,代人理财"的金融机构。 之后适逢 2006 ~ 2007 年的大牛市,银信合作不断深化推进信托业爆发式增长。 2008 年的金融危机以及 2008 ~ 2009 年的 4 万亿元刺激计划使银信合作获得发展空间,这期间银行信贷规模受到管控,表外业务需求急速增长,配资业务(两轮大牛市)、政信等基建业务和房地产业务(源于信贷规模管控等)、理财资金通过信托发放贷款等通道业务开始快速发展,信托公司进入高速扩张阶段。 当然,在业务不断发展的同时,风险隐患也明显增加。 这一时期,监管理念是一手抓风险控制,一手抓业务创新,因此在私募股权信托业务、银信合作业务、政信合作业务、阳光私募证券信托业务、激进化房地产信托业务、受托境外理财、公益信托等方面进行了尝试。

2010 年下发了一系列行政法规约束信托公司发展,如 2010 年 7 月下发的《信托公司净资本管理办法(草案)》,传达出"抑制被动管理型信托业务,鼓励主动管理型信托业的发展"的信号,同《信托法》《信托公司管理办法》《信托公司集合资金信托计划管理办法》将中国信托业引入"一法三规"的监管新时期。 2012 年,券商、基金、保险等领域纷纷依照信托业的模式,放开监管,银行与非银机构的合作造成了近 5 年的影子银行疯狂发展。

2007 ~ 2012 年是信托高速发展的时期,五年内规模增长 6.5 万亿元,年均复合增速达到 49%,主要依靠的是银信合作的业务模式,2012 年底,银信合作存量规模为 2.03 万亿元,占信托行业整体规模的比重为 27.18%。在这一时期的前两年,信托公司资金还主要来源于自有资本或零售、对公资金,模式是直接向融资企业发放信托贷款。 但碍于信托自身渠道(异地建设营销中心当时仍不明确)、资本实力有限,即使这时实体企业有较强的融资需求,有较多优质的资产项目,信托规模也无法快速做大,大部分资产仍是被银行表内所消化吸收。

(四)信托公司行业调整发展阶段(2013 年至今)

"落寞"地发展。 2013 ~ 2017 年,以大资管业务为主的影子银行业务催生了各种业务类型。 2014 年《中国银监会办公厅关于信托公司风险监管的指导意见》下发,明显区分通道与非通道业务的特征,事务管理类的责任明晰，为规避银信融资类 30% 额度限制而进行的转移再次受到压制。 由于银信合作受到限制，由融资类向事务管理类信托转移、银信合作向银基/信合作转移、银信合作拓展为银行表内资金与信托的合作的新的业务模式开始成型。 2013 年三季度至 2016 年一季度，信托资产增速保持下降趋势长达三年，这主要是由于大资管时代各类监管机构纷纷放松所辖行业（如证券、保险、基金等），尤其是券商资管和基金子公司开始开展非标业务和通道业务，竞争变得尤为激烈。 2015 年底，信托公司只有 68 家，从 2007 年以来仅小幅增长，但行业资产规模突破 16 万亿元，增长 16 倍。 最大的信托公司资产为 1.09 万亿元，最小的为 98 亿元。 资产规模最大的信托公司行业份额占比为 6.69%，前十家信托公司资产规模占整个行业的 40%。

短暂的春天。 2016 年下半年至 2017 年底，信托业出现短暂复苏，信托资产规模增速加快，经营业绩有所改善。 金融强监管和去杠杆进程在 2017 年正式开始，资管行业发展的外部环境更为严峻，但由于这段时间银监会与证监会在资管监管步调上的不一致，基金子公司、券商等竞争者的通道业务受到更大限制，房企、上市公司的融资需求回流信托渠道，信托公司阴差阳错地出现了短暂的回春，信托资产余额全年增长了 6 万亿元，规模从 20.22 万亿元大幅增长至 26.25 万亿元。

转型关键阶段。 2017 年 12 月，银监会发布了《关于规范银信类业务的通知》，将银信通道业务明确为"信托资金或信托资产的管理、运用和处分均由委托人决定，风险管理责任和因管理不当导致的风险损失全部由委托人承担的行为"，同时要求银行按照实质重于形式原则，将穿透原则落实在监管要求中；要求银行还原业务实质，不得利用信托通道规避监管要求或实现资产虚假出表。 由于监管重点在 2018 年由银行转移至信托，信托业业务面临萎缩，一季度规模下降 0.64 万亿元，这是 2015 年以来的第二次下降（上次为 2015 年第三季度下降 0.25 万亿元），不得不引起警惕。 2018 年 4 月 27 日，《关于规范金融机构资产管理业务的指导意见》（"资管新规"）出台。 为指导金融机构更好地贯彻执行"资管新规"，确保规范资产管理业务工作平稳过渡，2018 年 7 月 20 日，中国人民银行会同银保监会、证监会制定并发布了《关于进一步明确规范金融机构资产管理业务指导意见有关事项的通知》，虽并未直接对信托公司及产品予以规定，但信托行业非标、银信业务比重高，会对信托公司产生一定影响。进入 2018 年以来，信托公司规模、增速双降，行业盲目扩张势头得到遏制；单一资金信托占比持续下降，信托资产结构日趋均衡，2018 年第一季度末，单一资金信托占比为 45.54%，集合资金信托占比为 38.73%，管理财产类信托占比为 15.73%。 单一资金信托占比较 2017 年第四季度下降 0.19 个百分点，而集合资金信托占比较 2017 年第四季度上升 1 个百分点。 信托公司需要增加注册资本来推动转型升级，部分信托公司经历股权调整、公司改制、分红派息等"大事件"，总体增资及规模仍处于较高水平。

这一时期，形成了信托业"一体三翼"的监管架构，包括中国银监会信托部、中国信托业协会、中国信托登记公司和中国信托业保障基金。2015 年 3 月，中国银监会内部监管架构变革，正式成立信托监督管理部（之前由非银部管理），信托被独立出来进行监管。 2015 年推出《信托公司行业评级指引（试行）》，简称"短剑"体系（CRIS），评价体系包括资本实力指标、风险管理能力指标、增值能力指标和社会责任指标四个方面，与银监会的《信托公司监管评级与分类监管指引（2014 年 8 月修订）》相互弥补。

信托业相关业务机构也相继成立。 中国信托业保障基金于 2014 年 12 月 12 日成立，保障基金主要由信托业市场参与者共同筹集，是用于化解和处置信托业风险的行业互助资金。 中国信托登记公司（简称中信登）于 2016 年 12 月 26 日正式揭牌成立，其中中债登持股 51%。

尽管新中国诞生之初信托公司就得到恢复，但屡次整顿使得这个行业直到 2007 年才开始真正进入平稳发展时期，过去的 10 年，信托公司的发展成就集中体现在"量"的扩大上，接下来是信托业由量变向质变转折的重要时期，信托行业的竞争力、定位、组织形式都需要尽快调整。

2017 年，中国的信托已有 26 万亿元的规模，已是资管行业中仅次于理财的巨无霸存在。 但除去部分财产权信托外，绝大部分有以下两个特点：类影子银行化，信托公司一手找资金，一手找项目，对买者是无风险高收益的理财，对企业是除银行外又一融资渠道；通道化，为银行等金融机构规避监管、进行监管套利服务。 这两个特点贯穿了信托发展的黄金十年。

二　信托公司是资产管理行业有竞争力的子行业

信托行业在私人财富管理业务上具有天然的优势。 其一，信托具有风险隔离性质，能够保证私人财产与企业财产有效分割，信托资产的独立性较强，例如英美法系下的不可撤销信托。 其二，信托的全牌照性质使得信托可以在货币市场、资本市场与实体经济中跨市场寻找投资手段、实现资源配置，以保障财富增值。 同时，慈善信托、消费信托也是未来发展的主要方向。

信托公司积极服务实体经济，同时为回归信托本源不断调整。 信托公司"低空"贴近市场，发挥各自股东背景优势，募集信托资金投向资本市场和实体经济，一直是实体经济的重要融资渠道。 行业内公司通过积极参与战略性新兴产业、基础设施建设、教育文化医疗改革、区域经济发展（如"一带一路"、"京津冀一体"和"长江经济带"等）来服务经济发展，促进了我国实体经济较快发展。 同时，"受人之托，带人理财"的本源定位，通过信托受益人的总回报可以体现。 2010 年信托受益人总体回报总计 366 亿元，至 2016 年，全年受益人回报高达 7587 亿元，在此期间增长 19.73 倍。 信托公司切实为居民分享经济增长红利，实现财富增长提供了重要的投资渠道。

我国信托业近 40 年的发展演变，给我们的金融工作带来许多经验与教训。 一是金融机构需合理定位自身的业务功能，否则可能带来经营混乱，扰乱国家正常的经济金融秩序。 比如信托投资公司在其发展初期，由于没有准确的业务定位，不少公司违规经营，办成了银行或证券公司，而分业经营之后，由于没有资金来源，又导致了债台高筑、经营恶化等窘境。 二是应该给金融机构以合理的发展空间，比如可以结合房地产这一经济增长点和社会保险制度方面的改革，也可以结合我国投资银行业务的不断扩大，探索信托投资公司主要业务的发展空间。

第四节　资产管理公司的改革与发展

一　资产管理公司（AMC）的发展历程

1999 年，信达、东方、长城和华融四家资产管理公司相继成立，在处置中国建设银行和国家开发银行、中国银行、中国农业银行、中国工商银行剥离的不良资产的过程中，逐步推出和加大商业性业务，在完成国家下达的政策性不良资产处置回归后，开始正式踏上商业化转型之路。资产管理行业经过了近 20 年的发展，形成了"4 + 2 + N + 银行系"的多元格局。归纳来看，资产管理公司的发展经历了三个阶段：政策性阶段（1999~2006 年）、商业化转型阶段（2007~2016 年）、全面市场化阶段（2017 年至今）。

（一）AMC 的政策性阶段（1999~2006 年）

以剥离处理不良资产为使命而诞生。由于 1995 年前后，我国国有企业大多经营不善，盈利能力不强，加上国家产业政策调整和自身发展不匹配，未能适应社会主义市场经济转型的需要，银行体系积累了严重的不良资产问题。1997 年亚洲金融危机爆发后，银行业不良资产问题更加严重，处理不良资产，推进国有商业银行改革的需求日益突出。1999 年，国务院先后设立四家资产管理公司，存续期十年，负责收购、管理和处置四大行的不良资产。其设立之初的注册资本由财政部核拨，通过定向（四大商业银行和国家开发银行）发行金融债券（8110 亿元）和向中国人民银行再贷款（6041 亿元）的方式筹集资金，用账面价值收购不良资产，此为第一次大的不良资产接收。

2004 年，财政部与四家公司签订协议，规定到 2006 年年底，四家公司在完成不良资产处置的现金回收率、现金费用率"两率"承包任务后，即可进行商业化转型。在一系列措施的激励下，四家资产管理公司的不良资产处置开始加速。之后，资产管理公司逐步推进商业性业务，谋求商业化转型。

2004~2005 年，交通银行、中国建设银行、中国银行、中国工商银行相继实行财务重组和股份制改造，四大资产管理公司对这些银行大规模的不良资产进行了第二次剥离。 2004 年 2 月，国务院批准了《关于金融资产管理公司改革与发展问题的请示》，提出建立资产管理公司处置回收目标考核制度，并提出资产管理公司完成资产处置任务后向商业化发展的改革方向。 此次对不良资产的剥离不按照账面价值转移，并引进了竞争机制。 2004 年 6 月中行和建行剥离 2787 亿元可疑类不良贷款整体打包拍卖，信达公司中标；随后，交通银行的 116.2 亿元损失类贷款和 414 亿元可疑类贷款也由信达拍得。 到 2004 年 8 月底，信达对中行、建行和交行 3201 亿元可疑类贷款全部接收完毕。 信达将其重新打包，采取公开招标的方式，向其他资产管理公司及国内外投资者拍卖出售。 11 月，东方与信达资产管理公司就批量处置不良贷款达成债权转让协议，东方从信达收购其所持 1289 亿元原中国建设银行可疑类贷款。 这是资产管理公司首次大规模地以商业化手段打包处置国有商业银行的不良资产。

2005 年进行了第三次不良资产剥离。 2005 年 5 月底，由财政部委托，工行的 1700 多亿元损失类贷款和 700 多亿元非信贷不良资产由华融处置。 6 月，工行 4590 亿元可疑类贷款分作 35 个资产包，在中国人民银行主持下进行拍卖。 长城资产管理公司中标 2569.9 亿元（17 个包），东方中标 1212 亿元（10 个包），信达中标 581 亿元（5 个包），华融中标 227.1 亿元（3 个包）。 35 个资产包的平均成交价格为资产账面总值的 26.5%。 随后，工行与四家资产管理公司分别签订了贷款转让协议。

2006 年一季度末银监会统计显示，通过集中处置不良资产，四大资产管理公司累积处置不良资产 8663.4 亿元，其中现金回收 1805.6 亿元。截至 2006 年底，四家资产管理公司均完成了国家下达的现金回收目标，累计处置政策性不良资产 12102.82 亿元，累计回收现金 2110 亿元，比国家核定目标超收 286 亿元。 此后实行政策性和商业化业务分开管理和核算，商业化业务为资产管理公司的存续业务，政策性业务为代财政部管理。四家资产管理公司自 2007 年开始了纯商业化运作。

这一时期，为在依法合规的基础上，最大化清收不良债权，挽回资产损失，成本收益考核不是主要的考虑因素，业务上以"处置"为主，通过"三打"（打折、打包、打官司）抽离目标银行中的不良资产，化解银行债务危机。因此，AMC 起到"坏银行"的作用。AMC 基本完成历史使命后，商业化转型迫在眉睫。

（二）AMC 的商业化转型阶段（2007～2016 年）

商业化转型时期，资产管理公司探索以商业化方式收购不良资产，将不良资产收购范围扩展到非银行金融机构的不良资产以及非金融企业不良资产，在商业化业务逐步推进的同时，四家资产管理公司开始围绕各自的发展战略，纷纷涉足证券、租赁、信托等行业，并于 2010～2016 年相继完成股份制改造。

集团化综合经营的探索。证券业是资产管理公司的主攻方向之一。2007年9月19日，华融证券和信达证券在同一天挂牌成立。2008年5月15日，东兴证券挂牌运营。长城资产管理公司在 2007 年 11 月成功控股新疆长城金融租赁。2008 年 2 月，中国人民银行、银监会、证监会、保监会联合发布《金融业发展和改革"十一五"规划》，明确提出"具备条件的金融资产管理公司应加快向有业务特色、运作规范的商业性金融企业转型"。四家 AMC 在开展不良资产清理处置和托管清算业务中，先后承接或组建了涵盖证券、基金、期货、保险、信托、金融租赁、实业投资等在内的平台子公司，获得了较为完备的金融牌照，逐渐向集团化综合经营模式过渡（见表2-1）。

表2-1 四大 AMC 均已达成或接近达成全牌照

牌照	华融	信达	长城	东方
银行	华融湘江银行	南洋商业银行	德阳银行	大连银行
信托	华融信托	金谷国际集团	长城新盛信托	大业信托
证券	华融证券	信达证券	长城国瑞证券	东兴证券
保险		信达财产保险 幸福人寿保险	长城人寿	中华联合保险
基金	华融证券基金业务部	信达澳银基金	长城股权投资基金	
期货	华融期货	信达期货		东兴期货
租赁	华融金融租赁	信达金融租赁	长城国兴金融租赁	中国外贸金融租赁

由于联姻对口银行的尝试被否决，资产管理公司开始以信贷资产管理公司为试点，进行改制上市的尝试。国务院批准信达公司作为商业

化转型的改革试点，2010 年 6 月 29 日，信达公司整体改制为股份有限公司，并依据现代企业制度要求建立了"三会一层"的公司治理架构，2011 年引入战略投资者——全国社会保障基金理事会、瑞银集团、中信资本控股有限公司和渣打银行，于 2013 年 12 月在香港联合交易所主板上市。 中国华融于 2012 年 10 月完成改制，2014 年 8 月引进中国人寿保险（集团）公司、美国华平集团等八家战略投资者，2015 年 10 月在香港联合交易所主板上市。 中国东方资产管理公司在 2015 年 10 月份完成改制任务，2016 年 9 月 23 日更名为中国东方资产管理股份有限公司。 中国长城资产管理股份有限公司于 2016 年 12 月 11 日正式挂牌成立，标志着四大资产管理公司全部完成股份制改革工作，由政策性不良资产处置金融机构转变为商业化、市场化、多元化运作的现代金融企业，也标志着资产管理公司在商业化转型方面取得重大突破，迈入新历史阶段（见表 2 - 2）。

表 2 - 2　四大资产管理公司初期收购活动和当前发展战略核心

四大资产管理公司	部分政策性收购	战略核心
中国信达资产管理公司（1999 年 4 月 20 日）	1999～2001 年陆续政策性收购建行、国开行不良贷款 3946 亿元 2000～2004 年陆续接受财政部、建行委托管理和处置的债权资产和债转股资产 1123 亿元	以不良资产经营为核心，以资产管理和金融服务为发展重点，成为国际化、综合化的金融集团
中国东方资产管理公司（1999 年 10 月 15 日）	至 2008 年 6 月末，公司累计接收银行不良资产 6751.46 亿元（含新收购部分 52.38 亿元），其中政策性接收中行不良资产 2773.13 亿元	整体转型为以不良资产经营和非银行金融服务为主业，具有较强投行功能和综合经营能力的金融控股集团
中国长城资产管理公司（1999 年 10 月 18 日）	自 2005 年以来，共成功收购了中行资产包 7 个、工行资产包 17 个，以及华夏银行资产包 1 个，收购债权本金 2634.5 亿元	以资产经营管理为核心，以重点服务中小企业为特色，以多种综合金融服务为手段的现代金融服务企业
中国华融资产管理公司（1999 年 10 月 19 日）	华融公司于 2000 年间政策性收购了工行 4077 亿元，截至 2006 年末，华融公司累计商业化收购不良资产 321.65 亿元	以资产经营为主业，非金融业务为依托的综合性金融服务商。 坚持大客户路线，通过与政府、大企业、大集团、大项目、大金融机构的合作关系，获得持续性的客户资源

银行系资产管理公司涌现。2016 年 10 月，国务院下发的《关于市场化银行债权转股权的指导意见》提出，支持银行充分利用现有符合条件的所属机构，或申请设立符合规定的新机构开展市场化债转股。我国商业银行积极响应，纷纷推进债转股业务，并宣布设立专营机构。农、工、建、中、交相继宣布设立全资子公司，从事债转股业务。

由于当前金融不良资产结构发生了显著变化，中小商业银行不良资产规模迅速增加，非银行金融机构不良资产风险更高，不良资产来源主要是非国企等一系列特点，使得零碎化的不良资产仅靠四大 AMC 处置效率会很低，催生了地方 AMC 的涌现。2013 年 11 月银监会允许各省设立或授权一家地方资产管理公司，参与本省范围内金融企业不良资产批量收购和处置业务。

2016 年 10 月，银监会向省级政府下发《关于适当调整地方资产管理公司有关政策的函》，不仅允许有意愿的省级人民政府增设一家地方资产管理公司，而且允许地方资产管理公司以债务重组、对外转让等方式处置不良资产，且受让主体不受地域限制，同时鼓励民营资本入主地方资产管理公司。地方资产管理公司终于和四大资产管理公司在政策上享有了同等待遇。

对外开放方面，2016 年 9 月底，摩根资产管理（上海）有限公司在自贸区成立，是首家获批可投资境内二级市场的外商独资资管公司。

这一阶段，AMC 的业务模式摒弃了一味快速处置的方式，而是选择既做"坏银行"又做"好银行"，在考虑成本利润、效率、监管底线的前提下，采用"处置+经营"的模式，对有经营价值的资产，通过追加投资等手段推动企业要素重整，为困境企业"抽血+输血+造血"，改善企业的负债结构，也提高其资源配置效率。

（三）AMC 的全面市场化阶段（2017 年至今）

目前我国资产管理市场的格局由"四家独大"逐步分解为"4+2+N+银行系"的多元格局。其中，"4"为四大 AMC，主要处置全国性大块不良资产；"2"代表现在银监会政策所规定的每省最多可设立两家地方

AMC，主要承接区域性不良资产；"N"指各地的未持牌资产管理公司及省政府批准的地方 AMC，主要承接小规模不良资产；"银行系"则是指正式获得银监会批准筹建的银行系债转股专营机构，专司行内的债转股相关业务（见图 2 –2）。

截至 2017 年末，地方资产管理公司已达 58 家。随着资管新规的落地，银行系资管子公司的设立也开始提速。先后有光大银行、浦发银行、中信银行、招商银行、华夏银行、北京银行、宁波银行、兴业银行、民生银行宣布有设立资管子公司的计划。

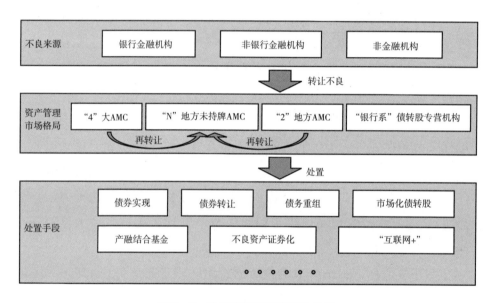

图 2 –2　我国资产管理市场的格局

资料来源：根据资料整理。

监管方面，2017 年 12 月 29 日，银监会印发《金融资产管理公司资本管理办法（试行）》，完善资产管理公司并表监管和资本监管规制体系，落实《金融资产管理公司监管办法》的相关要求，提高监管的针对性和有效性。2018 年 4 月底，央行等多部门联合发布《关于规范金融机构资产管理业务的指导意见》，明确资产管理业务是金融机构的表外业务，金融机构开展资产管理业务时不得承诺保本保收益；出现兑付困难时，金融机构不得以任何形式垫资兑付；金融机构不得在表内开展资产管理业务。

为形成全面开放新格局，2018 年 6 月 8 日中国银行保险监督管理委员会发布《中国银行保险监督管理委员会关于废止和修改部分规章的决定（征求意见稿）》，取消中资银行和金融资产管理公司外资持股比例限制，实施内外资一致的股权投资比例规则，持续推进外资投资便利化，但外资入股中资银行和资产管理公司除需遵守相应机构类型的审慎监管规定外，还应遵守现有和未来我国关于外商投资的基础性法律。

由于不良资产处置周期长，这一时期"产融结合基金"顺势兴起。其由金融资产管理公司作为普通合伙人（GP）设立不良资产并购重组基金，引入行业龙头、产业资本、上市公司作为有限合伙人（LP），并引导合格社会投资者参与投资，通过不良资产并购重组基金收购和持有不良资产。

由于信息不对称矛盾的存在，随着大数据、区块链技术的发展，资产管理公司也在尝试"互联网＋不良资产处置"的模式，通过淘宝网络平台或各自的网络平台发布项目信息，但目前更多依赖于线下处置。2018 年 5 月 30 日，两家资产管理公司（AMC）中国信达和中国长城资产携手阿里巴巴在杭州成功举办 2018 阿里拍卖特殊资产交易会。

这一时期，以强监管、强问责为主要特征的监管政策密集出台，资产管理公司的风险覆盖能力、法人治理结构、发展规模和速度，以及资产质量均受到资本金的约束。在不良资产处置模式上，资产管理公司由传统的"三打"（打包、打折、打官司）向"三重"（重组、重整、重构）转换。在业务模式上，资产公司更加专注主业，将有限的资源配置到经济资本占用低的资产包收购及实质性重组业务上；不良资产业务以"处置＋经营＋重组"为主，聚焦问题债权、问题企业和问题机构，大力拓展实质性重组业务。资产管理公司运用"坏银行＋好银行＋投资银行"手段，借助债务重组、资产重组、企业重组、产业重组等多元化手段，帮助企业"换血"实现转型升级，直接或间接化解金融风险、优化资源配置，进而推进供给侧结构性改革和市场化债转股。

二　资产管理公司成为改革开放中发挥独特作用的主体

党的十九大、中央经济工作会议、第五次全国金融工作会议都把防范化解系统性金融风险放在重要的位置，而化解金融风险恰恰是资产管理公司的"老本行"。在经济放缓的背景下，实体企业仍然面临流动性困难，不良资产持续膨胀并呈现周期性高峰。资产管理公司在不良资产化解、盘活存量领域的独特功能定位，决定了其在"僵尸企业"退出中具有不良资产处置的专业优势，在困难企业"债转股"中具有成熟经验和先天优势，在实体企业降成本、转型升级中具有综合金融服务优势。

经济调整使得不良资产处置的需求不断增加，我国的资产管理行业的规模也在不断扩大，并且随着地方性资产管理公司的相继成立，差异化竞争态势已经形成。在不良资产市场的生态系统中，不良资产供给方主要是银行、非银行金融机构及非金融机构，处置方主要包括四大资产管理公司、地方资产管理公司及不持牌机构，未来还将有银行系的资产管理子公司。未来，要继续发挥 AMC 在收购不良资产、债务重组、并购方面的作用，合作、合资处置不良资产，为大集团客户提供全面金融服务，资产管理公司可以开展不良资产证券化业务，发挥综合金融服务商的作用。

2014～2016 年，中国的不良资产一级市场（银行向资产管理公司转让）的价格比较稳定，保持在本金 3 折左右的水平，上下游的预期也较为稳定。2017 年以来，资产包价格水平整体走高，局部地区受到市场追捧，或许是商业银行惜售不良资产、入场投资者增多等多种原因造成的。

我国的资产管理公司在发达地区和欠发达地区分布不均衡，发达地区市场发育较完善，流动性好，参与主体多，处置便利，而欠发达地区的资产管理公司发展较慢。

目前，由于重组时间较长、资金运作要求量大，门槛较高，实际有处置能力和资金实力的参与者较少，"三重"的发展并不充分，处置方式还是集中在传统的"三打"上。

第五节　基金公司的改革与发展

一　基金公司的发展历程

证券投资基金是为满足证券市场发展和专业化理财服务日益增长的需求而产生的。从 20 世纪 90 年代初基金业产生开始，至今已有 27 年时间。

根据各时期的发展特点，可将其划分为基金公司早期探索阶段（1988 ~ 1997 年）、基金公司初级发展阶段（1998 ~ 2007 年）、基金公司结构化转型阶段（2008 年至今）。

（一）基金公司早期探索阶段（1988 ~ 1997 年）

基金业务的开展早于基金公司的产生。1987 年，中国人民银行和中国国际信托投资公司与国外机构合作推出面向海外投资者的国家基金，开始出现中国投资基金业务。1989 年第一只概念基金香港新鸿基中华基金成立，推动了投资基金业的发展。

20 世纪 90 年代，中国基金业才算真正起步。最早设立的投资基金——珠海国际信托投资公司发起成立的专项物业投资基金一号珠信物托（该投资基金后来更名为"珠信基金"），和第一批公募性质的投资基金——武汉证券投资基金和南山风险投资基金，分别于 1991 年 7 月和 10 月亮相。之后陆续出现投资于证券、期货、房地产等市场的基金（"老基金"），依托于地方政府或银行分支机构，向公众募集资金。

1992 年，中国投资基金业的发展异常迅猛。在 1992 年小平南方谈话后扩张的宏观经济政策背景下，基金业的发行审批速度加快，催生了一批投资基金，当年就有 37 家投资基金获得各级人行批准而出台，规模共计 22 亿美元。我国第一家公司型封闭式投资基金——淄博乡镇企业投资基金（"淄博基鑫"）于 1992 年 11 月由中国人民银行批准成立，并于 1993 年 8 月在上海证券交易所最早挂牌上市。国内首家被正式批准成立的基金管理公司——深圳投资基金管理公司于 1992 年 10 月 8 日成

立。 投资基金的热潮在 1993 年短暂出现过，当时各地大大小小的基金约
70 家，面值达 40 亿元人民币，已经设立的基金纷纷进入二级市场开始流
通。

热潮的背后是一系列不规范的操作，多数基金的资产状况趋于恶化，
各种问题逐步暴露，到 1993 年下半年，基金公司发展基本陷入停滞。 为
进行调整和规范，1993 年 5 月 19 日，中国人民银行总行发出紧急通知，
要求省级分行立即制止不规范发行投资基金和信托受益债券的做法。
1994 年以后，在整顿金融秩序和宏观经济紧缩的背景下，投资基金的发
行基本暂停。

在基金一级市场发展的同时，基金交易市场也开始起步。 1994 年 3
月，沈阳证券交易中心和上交所联网试运行，南方证券交易中心同时与沪
深证交所联网。 1996 年 11 月 29 日，建业、金龙和宝鼎基金在上交所上
市。 全国各地方的一些证交中心与沪深证交所联网，突破了原来局限在
当地的交易，使基金通过深沪证券交易所网络进入全国性市场，中国投资
基金业的发展路径得到拓宽。

沿海开放地区资金需求量大，投资基金更多地分布在沿海的广东、江
苏等地。 基金此时仅仅作为一种集资手段，对规范发展的理论准备和制
度建设严重不足，基金的设立、管理、托管等环节均缺乏明确有效的监管
机构和监管规则，投资基金的运作管理不规范，投资者权益缺乏足够的保
障。 总而言之，这一阶段积累了不少经验教训。

在 1997 年之前，中国各地共设立了 75 只封闭式基金。 其中，基金
类凭证 47 只，募集资金总额 73 亿元；有 25 只基金在沪深证券交易所上
市交易，占两交易所上市品种的 3%，基金市值达 100 亿元；此外，还有
38 只基金在全国各地的证券交易中心挂牌交易，其中天津 9 只、南方 10
只、武汉 12 只、大连 7 只。

这一阶段的主要特点是基金公司少，管理资产规模小，运作不规范，
法规政策不健全，将"老基金"当作股票炒。 在 1997 年 11 月正式立法
前，我国都处于公募基金的摸索试点阶段。 这一阶段，封闭式基金由于
认购期间冻结资金较大、封闭时间长，刚推出时供需矛盾非常突出，部分

初涉基金业的投资者将其当作新股抢购。 由于处于市场发展的初期，经验有限，投资基金的发展模式选择先由封闭式基金开始，逐步引入开放式基金等其他形式。 开放式基金和封闭式基金的比较见表 2 –3。

表 2 –3　开放式基金和封闭式基金的比较

项目	开放式基金	封闭式基金
规模	不固定	固定
存续期限	不确定，理论上可以无限期存续	确定
交易方式	一般不上市，通过向基金管理公司和代销机构进行申购赎回	上市流通
交易价格	按照每日基金单位资产净值	根据市场行情变化，相对于单位净值可能折价或溢价，多为折价
信息披露	每日公布基金单位资产净值，每季度公布资产组合，每 6 个月公布变更的招募说明书	每周公布基金单位资产净值，每季度公布资产组合
投资策略	强调流动性管理，基金资产中要保持一定现金及流动性资产	全部资金可进行长期投资

(二) 基金公司初级发展阶段(1998 ~ 2007 年)

1997 ~ 1998 年是中国基金行业发展的一个分水岭。 1997 年 11 月 14日，《证券投资基金管理暂行办法》颁布后，清理规范了一批不合规的"老基金"，同时批准成立了新的基金，如首批成立的南方基金管理公司和国泰基金管理公司，于 1998 年分别发行了基金开元和基金金泰两只封闭式基金，规模均为 20 亿元，远远超过此前的单只基金规模。 到 1998 年年底，5家基金管理公司（"老五家"：南方、国泰、华夏、华安、博时）共发行 5只封闭式证券投资基金（"新基金"：基金开元、基金金泰、基金兴华、基金安信和基金裕阳），规模达到 120 亿元，奠定了公募基金行业规范发展的基础。 1999 ~ 2000 年，基金行业进入快速发展阶段。

基金管理公司的数量不断增加，基金只数和资产规模几乎不间断地成长，基金资产规模的增长主要来自现金流，而不是投资收益。 在现金流内部，新发基金至关重要，老基金的现金流即使不为负数，对行业规模的贡献也是次要的。 此外，非共同基金业务和国际化业务也基本没有破土。 到 2007 年末，我国已有基金管理公司 59 家，其中中外合资基金公司 28 家。

1. "基金黑幕"被掀开

由于 2000 年爆发了新基金联手违法违规操作的丑闻，直指基金制造虚假成交量、倒仓、信息误导等多个乱象，一时间，各方"唇枪舌剑"，争论沸沸扬扬，对基金造成很大影响，加上股市"熊"期，很长时间没有发新基金或成立新公司，基金发展再次陷入低潮。为扭转基金疲态，一方面，监管部门将证券投资基金的监管纳入监管程序之中，并提出"超常规发展机构投资者"的方针，基金管理公司成熟一家获批一家；另一方面，2000 年 10 月 8 日，中国证监会发布了《开放式证券投资基金试点办法》，推动了基金品种的创新。2001 年 9 月开放式基金推出之前，我国共有 47 只封闭式基金，规模达 689 亿份。

2. 开放式基金开始出现

2001 年 9 月 11 日，美国发生震惊世界的"9·11"恐怖袭击事件，美股带动全球股市暴跌，A 股市场也加速下跌，此后封闭式基金出现上市即跌破发行价的怪圈。2001 年 9 月，我国第一只开放式基金——"华安创新"诞生，首发规模约 50 亿份，使我国基金业发展实现了从封闭式基金到开放式基金的历史性跨越。由于早期的封闭式基金有一系列问题，封闭时间长（基本为 15 年）、规模固定且赎回不便等特点制约了此类基金的发展，而开放式基金却在市场形势不好的情况下逆势生长，基金规模不断扩大。在 2002 年之后就没有新设传统封闭式基金，截至 2002 年末，共有 54 只封闭式基金发行。

开放式基金的品种更加丰富。2002 年，证监会主导基金审核制渐进式市场化改革启动后，先后成立了首只债券基金南方宝元和首只开放式指数基金华安 180。2003 年相关审核制度进一步简化，并探索与国际通行的注册制接轨，成立了首只保本基金南方保本避险和首只货币基金华安现金富利。此后，以开放式基金为主的基金市场规模迅速壮大，截至 2002 年底已有 17 只开放式基金。随着 2007 年新修订的《中华人民共和国合伙企业法》开始实施，各级地方政府为鼓励设立合伙型股权投资基金出台了种类繁多的股权投资基金税收优惠政策，此后各类股权投资基金迅速发展起来。2007 年，证监会基金监管部发布〔2007〕年 1 号文件，这一年成为监管重点打击基金业"老鼠仓"行为的一年。

《中华人民共和国证券投资基金法》于 2003 年 10 月 28 日通过，并于 2004 年 6 月实施，首次以国家立法的形式对基金的募集、交易、申购与赎回，以及基金的运作与信息披露等做出了明确规定，开放式基金加速扩张。 2004 年首只上市开放式基金（LOF）——南方基金、首只上市交易型开放式指数基金（ETF）——华夏上证 50 配置设立，上交所、深交所也推出了自己的交易所交易基金。

3. 封闭式基金的创新性转型

2006 年《证券投资基金产品创新鼓励措施》实施，在传统封闭式基金高折价和规模萎缩的背景下，2007 年 6 月，全新的封闭式基金开始设立，根据产品设计的不同，分为结构化分级基金——基金国投瑞银瑞福和增加了救生艇条款的封闭式基金——大成优选基金。 创新型封闭式基金期限不超过五年，交易方式半封闭半开放，由基金公司自行研发。

4. 各路资本踏入基金行业

2005 年出现了首家银行系基金公司工银瑞信基金，2007 年爆发了国内基金公司合并第一案——华夏基金、中信基金合并。 私募基金拉开帷幕。 2004 年 2 月，私募投资人赵丹阳与深国投信托合作，成立"深国投·赤子之心（中国）集合资金信托计划"，被业内视为国内首只阳光私募产品，以"投资顾问"的形式开启了私募基金阳光化的模式。 2006 ~ 2007 年，公募基金经理转投私募的潮流出现，继肖华后，江晖、赵军、田荣华、徐大成等重量级人物纷纷"奔私"，给草根生长的私募行业带来更多"正规军"，投资理念、方法等均发生变化，成长了一批一线私募基金公司。

5. 基金行业对外开放不断推进

中国证监会《外资参股基金管理公司设立规则》于 2002 年 6 月 1 日出台，并自 2002 年 7 月 1 日起实施，标志着中国证券市场的对外开放进入一个新的阶段，也迈开了证券投资基金对外开放的步伐。 2002 年 11 月 8 日，中国证监会和中国人民银行联合下发《合格境外机构投资者境内证券投资管理暂行办法》，标志着 QFII 制度在中国内地的确立和实施。 当年，首家中外合资基金管理公司——国安基金管理公司获准筹建，而招商基金最终拔得头筹，率先成立。 2003年7月9日，瑞银华宝敲入外资进入中国股市的第一单，股票市场迎来新的投资者——QFII。 2006年，首只QDII基金华安国际配置设立。 到2007年，《合格境内机构投资者境外证券投资管理试行办法》正式实施，年底共批准设立了59家基金管理公司，其中合资基金管理公司有28家。 基金管理公司开展广泛的对外合作，学习先进的管理与技术经验，推动基金产品与运营的创新，为中国加入国际金融市场竞争奠定了基础。

这一阶段总体来看，基金品种日益丰富，从1998年第一批以平衡型为主的基金，到后来成长型、价值型、复合型等不同风格类型的基金的出现，尤其是开放式基金的推出，给投资者提供了多方位的选择。

(三)基金公司结构化转型阶段(2008年至今)

从2008年开始，受国内股市暴跌的影响，基金行业的发展陷入了瓶颈，中国基金业全面进入新发展阶段——结构化转型阶段。 基金业的发展特征、基金管理公司的业务结构以及基金投资人的行为理念等方面，都与前一阶段表现出本质性的差异。 中国证券投资基金业协会也于2012年成立。 2008年后的发展中，公、私募基金呈现了不同的态势，本书按照公募、私募基金的发展进行分开讨论。

1. 公募基金

从2008年开始，伴随股市下行行情，基金业资产总规模进入为期4年的持续下降通道。

监管体系不断完善，公募基金的发展日益规范化和透明化。 2008年4月21日，证监会开出了第一张基金业"老鼠仓"的罚单。 2010年，《基金管理公司特定客户资产管理业务试点办法》（征求意见稿）发布。 《证券投资基金管理公司子公司管理暂行规定》发布后放松了对基金公司的监管，允许基金公司通过设立专业子公司开展专项资产管理业务，并允许做专项资产管理计划投资非上市公司股权、债权类资产、收益权类资产等，基金子公司资产管理业务得到快速发展。 基金子公司的资产管理业务从无到有，实现了持续爆发式增长，规模上甚至超过公募基金行业，但也成为银行资产出表的主要通道，存在较大信用风险。 2013年，在"放松管制、加强监管"思路指导下，新《基金法》实施，基金公司采取股份制、基金发行审核放宽、专业人士持有基金公司股权放开等取得突破，推动基金行业向更为市场化的方向发展。 公募基金公司牌照放开。 2017 年，《基金中基金（FOF）审核指引》发布，《基金中基金估值业务指引（试行）》发布，首批公募基金中基金（FOF）集中发行，实现了底层资产投资与大类资产配置的专业化分工。 2017 年 2 月，监管机构正式发布《关于避险策略基金的指导意见》，曾经的"保本基金"转型为"避险策略基金"，继续活跃在市场上。 迄今为止，公募基金行业已形成以《基金法》为核心的完善规则体系。

基金产品种类更加丰富，注重创新和多元化发展。 公募基金产品体系不断丰富，投资范围逐步扩展。 从 2009 年中银基金推出首只"一对多"产品，到 2013 年首批黄金 ETF 基金——华安黄金易 ETF、国泰黄金 ETF 设立，以及余额宝引发"宝宝类"货币基金爆发，实现了金融理财与金融支付的融合，推动了互联网金融的高速发展。 2017 年 8 月，随着基金银丰到期，并顺利实施"封转开"，传统封闭式基金正式谢幕。 从 2017 年整体来看，货币市场基金爆发式增长，使公募基金总规模站稳 11 万亿元大关；新规方面，流动性新规、投资者适当性管理、委外基金新政加强投资者保护和产品风控；产品创新方面，公募 FOF 获批、养老目标基金规划出台；分级基金新规、迷你基金加速处置、到期保本基金纷纷清盘转型等，产品规范和产品优胜劣汰态势不断升级。 2018 年 6 月 6 日，证监会批准首批南方、华夏、易方达、嘉实、汇添富、招商 6 家基金公司 3 年封闭运作战略配售灵活配置混合型证券投资基金。

随着老龄化社会的到来，公募基金有了新的历史使命。 2018 年 3 月 2 日，证监会正式发布《养老目标证券投资基金指引（试行）》，要求进一步发挥公募基金专业理财在居民养老中的作用。 据有关部门披露，社保基金自 2001 年以来的年平均收益率达到 8.37%，企业年金自 2007 年以来的年平均收益率达到 7.57%。 公募基金长期超额收益显著，作为社保基金、企业年金和基本养老金的主要管理者，将为养老金的保值增值发挥优势作用。

截至 2018 年 1 月底，我国境内共有基金管理公司 113 家，其中中外合资公司 45 家，内资公司 68 家；取得公募基金管理资格的证券公司或证券公司资管子公司共 13 家，保险资管公司 2 家。 以上机构管理的公募基金资产合计 12.17 万亿元。 公募基金行业内部分类规模见图 2 –3。

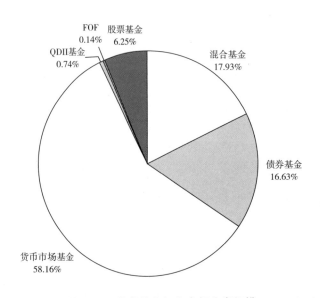

图 2 –3　公募基金行业内部分类规模

资料来源：银河证券基金研究中心。

对外开放步伐加快。 随着中国资本市场对外开放的提速，基金业的对外开放步伐也不断加快，既包括国内基金公司"走出去"，发行 QDII 产品，设立海外子公司，也包括外资股东参股国内基金公司，带来海外的投资、销售、风控经验。

国内基金公司"走出去"门槛细化，"走出去"步伐加快。 在中国已经成为全球第二大经济体的背景下，为满足国内投资者和企业全球布局的需求，促进人民币合格境外机构投资者（RQFII）和 QDII 业务的发展，2008 年，证监会发布了《关于证券投资基金管理公司在香港设立机构的规定》，开启内地公募前往香港设立分支机构的大门。 此后，易方达、南方、嘉实、华夏四大公募巨头率先在香港成立子公司，至 2017 年底，已有 24 家基金公司在香港等境外地区设立、收购子公司。 境外机构数量和业务规模虽然增长较快，但在发展过程中也暴露出一些问题，例如发展定位不清晰，境内母公司管控不力；主业不突出，盲目扩张业务；组织架构复杂化，法人治理不完善，内部管控难度加大；主动合规意识不强，风险管理能力有待提升；等等。尽管 2011 年的 RQFII 业务以及香港内地市场互联互通给基金公司境外分支机构带来了重要发展机遇，但相比具有深厚积淀的海外金融机构而言，中资海外分支机构仍然有较大差距。

长期来看，外资控股的基金公司冲击国内基金业现有的格局，带来了"鲇鱼效应"。外资公司进入基金市场的组织形式更加灵活，可以谋取控股地位，也可以成立独资子公司，提高了外资基金公司的经营灵活度与自由度。虽然我们的基金公司凭借庞大的市场和资源优势，不会像中国台湾地区那样，在放松外资进入后本土基金公司很快丧失竞争力，但外资基金公司的投资、风控经验，仍有可能使外资基金公司成为国内基金业不可忽视的一股新兴势力。2010 年 3 月 1 日，《外国企业或者个人在中国境内设立合伙企业管理办法》正式实施。2011 年 RQFII 启航。2017 年 1 月 3 日，富达利泰投资管理（上海）有限公司正式获准在中国基金业协会登记注册成为私募基金管理人，成为首家可在中国境内募资后投资 A 股市场的外商独资私募证券投资基金管理机构。

中国基金业协会数据显示，截至 2017 年底，45 家中外合资基金管理公司中有 24 家基金管理公司设立了香港子公司，部分基金管理公司在欧洲等地区设立了分支机构。经中国证监会批准的在内地公开销售的香港互认基金产品 11 只，经香港证监会认可的在香港公开销售的内地互认基金产品 50 只，基金业初步形成双向开放的市场竞争格局。

2. 私募基金

2008 年以来，私募行业历经了十余年的发展，行业高速发展势不可当，历经牛熊交替后，幸存的私募公司十分契合"剩者为王"这四个字，百亿级私募不断涌现。截至 2018 年 6 月底，中国基金业协会数据显示，已登记的私募基金管理人有 23903 家，私募基金规模百亿元以上的有 224 家。已备案私募基金 73854 只，管理基金规模 12.60 万亿元。其中，私募证券基金管理人 8827 家，已备案私募证券投资基金 35983 只，基金规模 2.54 万亿元；私募股权、创业投资基金管理人 14309 家，私募股权投资基金 25883 只，基金规模 7.2 万亿元，创业投资基金 5693 只，基金规模 0.75 万亿元。 管理规模达到百亿元以上的私募证券管理人共有 29 家，其中，北京地区 11 家、上海地区 13 家、深广及其他地区 5 家；管理规模达到百亿元以上的私募股权基金管理人有 139 家。

纵观这十年，风控和合规是私募的"生命线"，行业规范化发展快速推进。 2008 年第一部私募证券基金的行业自律公约出台；2012 年通过修订《证券投资基金法》将私募纳入正规军监管；2014 年《私募投资基金管理人登记和基金备案办法（试行）》开启私募基金备案制度，赋予私募合法身份并允许私募管理人自主发行产品，《私募投资基金监督管理暂行办法》对包括阳光私募在内的私募基金监管做出全面规定；2016 年中国基金业协会通过《私募投资基金管理人内部控制指引》《私募投资基金信息披露管理办法》《私募投资基金募集行为管理办法》等自律规则，对整个私募行业产品的杠杆率进行了严格的规定，取消产品销售推介中的"保本"字样，明确不得开展"资金池"业务，规范私募行业私募管理人、销售机构、基金服务机构等各参与人的行为。 2014 年初备案制实施到 2017 年，私募行业仅用三年多时间，就走过了公募行业近 20 年的历史，发展速度惊人。 2018 年严监管的风暴冲击私募基金领域，对股东背景、审批时间、业务模式的要求和整顿都更加严格。

10 年里，牛市催生"公奔私"的热潮，而成长过后近一两年又出现"弃私奔公"。 从市场基础来看，社会财富快速积累，高净值人群高速增长，随之而来的是日益显现的财富管理需求促使不同的资产管理机构出现；此外，制度基础不断健全，私募的蓬勃发展是金融业市场化改革的必然成果；最后，公募基金经过 10 年发展，培育出大量成熟、优秀的基金经理人才，他们走出来独立创业。 2007 年牛市，第一波公募基金经理转向私募，有的挺过大风大浪，成长为老牌私募，如规模不断扩大、长期处在百亿私募行列的星石投资等机构和从白马蓝筹当道的行情中王者归来、业绩亮眼的淡水泉等价值派私募，而有的在 2008 年熊市，产品净值急剧下滑后，面临清盘而黯然离场，如隆圣投资。 之后，在2009年和2014年迎来第二波和第三波"公奔私"热潮，在数百位基金经理"公奔私"中，有的成为中流砥柱，如历经"踩雷""割肉""踏空"等危机的王亚伟，有的却不得不提前离场，如第一个清盘的"公转私"基金经理王贵文。

虽然"公奔私"热潮一波接一波，但私募基金公募化是潜在的行业趋势之一。 尽管"私转公"短期会损失部分规模，但公募牌照属于"全牌照"，有更大的渠道、资金规模优势和更多元化的业务范围，既可以做专户，也可以设立资管子公司和境外子公司。 如此大的吸引力，使得鹏扬、凯石、博道、弘毅投资等私募系公募基金公司纷纷转向公募。 资管新规在一定程度上反映了国家的政策导向，鼓励价值投资、长期投资、金融服务实体经济，鼓励规范化经营、透明化管理、清晰化风控。

事件：我国私募"九大"派别

根据私募基金经理的背景可以将其分为九大派系：券商、公募、私募、其他金融机构（包括银行、期货、保险、信托等）、民间、实业、海外、媒体、学者、其他（见图2-4）。 其中占比最高的依次为券商、其他金融机构、公募，人数分别为656人、341人、307人，且他们中的多数是许多私募机构的领头人物。 在私募界影响力最大的属公募派，虽然人数居第三，但创了不少知名重量级私募基金，如北京和聚投资的李泽刚、淡水泉的赵军，他们依托多年打拼的行业经历，熟悉行业规则，有自己的投资技巧。 券商派私募基金人数最多，证券投资经验丰富，尽管券商派私募基金数量不多，规模和影响力比不上公募派，但也有如李华轮所在的朱雀投资和余定恒所在的翼虎投资一样的重量级私募。 民间派的经理人，如中睿合银的刘睿曾是围棋专业选手，在证券市场主要靠业绩说话，但业绩千差万别，有私募领头羊如泽熙的徐翔，也有常年位居末尾的。 海外派主要是拥有海外成熟的证券市场投资经验的经理人，虽然占比不高，但实力不可小觑，如申毅投资的申毅、喜岳投资的周欣。 学者派依托自身从

事学术研究多年扎实的理论基础，如睿策投资黄明。 媒体派的经理人多是
证券类媒体从业人员或财经记者，常年与上市公司打交道，对行业及公司
具有相对深入的了解，可能获悉金融从业人员所不知道的信息，如向量多
维资本的侯玉成。 其他派的经理人多出于银行、保险、信托等金融机构，
多数曾在相关部门负责投资管理，投资策略多有依循过往投资经验，如青
骓投资张志斌。

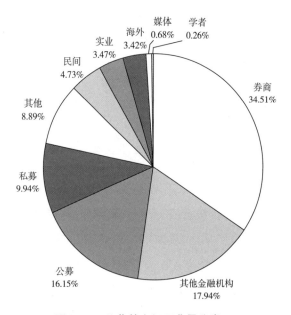

图2－4　私募基金经理背景分类

资料来源：根据海通证券研究所数据整理。

在"公转私"的现象下，到 2018 年年中有近 70 家公募基金为私
募行业输出了 300 多位基金经理，高峰在 2014 年、2015 年第三次热
潮，公转私最多的公募为华夏、博时、嘉实，分别为 22 人、17 人、16
人。 华夏基金作为老牌公募基金，为基金行业培养了大批人才，这些
基金经理出走后，多数组建了自己的私募投资公司，一半以上担任公
司总经理、董事长，部分是公司合伙人，还有一些担任投研部门的核心
负责人。 博时基金公司也是老牌基金公司之一，不少人选择自己创立

私募基金公司，在私募中或是担任董事长、总经理等领头人物，或位居投资总监等高位，也有部分人投入已成立的私募基金，如夏春、肖华、邓晓峰等。嘉实背景公转私人数虽然仅排第三，但其中不少人在私募行业凭借良好的业绩已经建立自己的声望，多数人从嘉实离职后选择创立自己的公司，如最早一批由公募转投私募的魏上云、赵军等。

这十年，私募基金高速发展，百亿级规模的私募不断涌现。"二八分化"趋势持续，投资业绩好、市场影响力大的知名私募受资金追捧，呈现资金集中效应，自身投研能力、风控能力得到提高。极端行情是考验百亿级私募风控能力的"试金石"，此时能否有效控制回撤直接决定私募能否长期存活。如果回撤失控，即使没有触及清盘线，也有可能因回撤幅度过大引发投资者赎回踩踏，而这也是部分大型私募最终从百亿元级私募名单中"消失"的原因。

行业的快速增长，伴随着"鱼龙混杂"的现象。私募行业不断涌现新的公司，有许多公司"昙花一现"，也有一些知名私募没能经受住市场的考验而走向消亡。在最近的私募行业大清理中，有超过 1 万家空壳私募被注销。尽管私募行业规范性日益增强，但私募基金失联的个案仍在增加，截至 2018 年 8 月 7 日，已有 482 家私募机构被列入失联公告名单，其中 135 家机构已被注销登记，有 10 家机构已自行申请注销登记，其中部分是因为期限错配、债券违约、经营管理不善等导致"爆雷"的私募证券投资基金，多家曾经出现兑付危机，且涉及资金量巨大。

二　基金公司是改革开放的重要参与主体

中国基金公司已经成为资本市场一支重要的生力军，基金行业多元化发展成效显著。这 40 年，基金行业从单纯的公募转向公募与私募并重，产品类型从单一化向多元化进阶，产品体系不断丰富。

公募基金往往有成熟完备的投资决策和风控制度，研究、投资、交易、风控等分开运作，体系成熟完备。经过 20 年的发展，公募基金已然成为资管行业的重要组成部分。　在"放松管制、加强监管"思路指导下，《证券投资基金法》完成修订，放宽了基金发行审核，放开了专业人士持有基金公司股权，一系列制度瓶颈取得突破，推动基金行业向更为市场化的方向发展。　在产品层面，公募基金产品体系不断丰富，投资范围逐步扩展，特别是近日首批公募 FOF 产品开始发行，实现了底层资产投资与大类资产配置的专业化分工；REITs 产品也在积极研究推进中。　在公司治理层面，公募基金公司控股股东已呈多元化格局，更为灵活的激励约束机制被引入，股东、核心员工与投资者利益一致的公司治理体系日臻完善。　同时，相当一部分基金管理公司开始根据自身在产品风格、渠道策略、人才资源等方面的优势选择专业化、多元化发展路径，行业逐步形成差异化的战略发展格局，呈现"百花齐放，百家争鸣"的局面。

私募基金与基金管理人紧密相关，机制灵活，投资更具隐蔽性、专业技巧性，在稍纵即逝的机会面前更有优势，收益回报通常较高。　近些年私募不断壮大，规模已与公募差不多，成为大资管领域的一匹黑马，在优化金融资源配置、丰富多层次资本市场建设、支持创新创业、服务实体经济等方面发挥着积极作用。

2017 年 11 月 17 日，五部委发布《关于规范金融机构资产管理业务的指导意见（征求意见稿）》（以下简称《资管新规》），长期来看，利好公募基金。　分级基金或在产品到期后清算或转型，基金子公司和基金专户以通道业务为主，主动管理能力有限，发展将受限制。　对私募基金公司来说，个人合格投资者的门槛被提高，通道业务如"银行理财 + 私募 FOF / 银行理财 + 私募基金""保险资管 + 私募基金""非金融机构资产管理产品 + 私募基金"等模式均有可能受到影响，创投类基金将受到支持。

第六节　其他多元化金融机构的改革与发展

一　企业集团财务公司"依托集团，服务主业"

改革开放 40 年，我国国民经济高速发展，我国企业的规模和实力也越来越强,涌现了一批大型企业集团。 财务公司作为我国金融体系中带有中国特色的一类非银行金融机构,不是商业银行的附属机构,而是隶属于大型集团的非银行金融机构,被称为企业集团的"内部银行"。 在我国,财务公司可以分为传统遗留问题的非金融机构类型的财务公司,以及金融机构类型的财务公司;或者按功能定位可分为司库型财务公司、信用型财务公司和全能型财务公司三种类型。

随着金融改革步伐加速,截至 2017 年底,全国共有企业集团财务公司法人机构 247 家,全行业表内外资产总和 8.69 万亿元,全年实现总利润 975.04 亿元,行业平均不良资产率为 0.03%,资本充足率为 20.92%,不良贷款率为 0.06%,服务行业遍布能源电力、航天航空、石油化工、钢铁冶金、信息通信、民用消费品等关系国计民生、国家安全的基础产业和重要领域。 财务公司的资产规模在持续增加。 截至 2018 年 3 月,企业集团财务公司表内的总资产规模达 4.98 万亿元,成为中国经济的重要组成部分。 财务公司的本职是融通内外以统筹资源,其功能的正确定位具有重要的意义,决定了财务公司在金融体系中存在的价值和发展方向,可以在企业集团资金的集中管理、使用效率、成本降低等方面发挥重要作用,是支持实体经济发展的有力金融手段。 其发展历程可以分为以下五个阶段。

(一) 积极探索阶段(1987~1991 年)

在国家实施"大公司、大集团"战略背景下诞生的财务公司,在不断重新定位中持续发展。 1987 年 5 月,大型国有集团——东风汽车工业财务公司获中国人民银行批准设立,成为新中国第一家企业集团财务公司。 同时,国家出台文件,将财务公司定位为"在集团内部融通资金,并可同银行或其他金融机构建立业务往来关系"的非银行金融机构。 随后,财务公司在探索中发展,有 17 家小型财务公司初步获批成立,此阶段,内部融资机构是财务公司的主要定位。

(二) 稳步发展阶段(1992~1996 年)

此阶段要求试点企业集团成立财务公司后再开展业务,并出台了第一个财务公司的章程。 1991 年 12 月,国务院正式把设立财务公司作为大型企业集团试点的配套政策，要求试点企业集团逐步建立财务公司，财务公司的主要任务是在企业集团内部管理资金、融通资金。1992 年 11 月，中国人民银行出台《国家试点企业集团建立财务公司的实施办法》，把财务公司重新定位为服务企业集团内部各个成员间的金融业务的非银行金融机构。这一阶段，财务公司为集团成员间提供金融服务，得到较快发展，1992 ~ 1996 年有 42 家获准设立。除 2 家被吸收或转制为信托投资公司外，到 1996 年底，全国财务公司达到 57 家，资产规模达 1.23 万亿元，净资产 117.77 亿元，当年实现利润 23.92 亿元。

(三) 调整阶段(1997 ~ 2000 年)

财务公司在快速发展的同时，由于业务宽泛、监管不足，超范围经营、从事期货或证券回购等高风险业务，以及拍高利率、乱拆借等违规现象屡屡发生，随着金融分业经营和分业监管的实行，财务公司再次在整顿和规范发展中重新定位。

1996 年 9 月，中国人民银行出台《企业集团财务公司管理暂行办法》（以下简称《暂行办法》），第一次以专门法规的形式把财务公司定位为"为企业集团成员单位提供金融服务的非银行金融机构"。《暂行办法》规定财务公司不得在境内买卖或代理买卖股票、期货及其他金融衍生工具，不得投资于非自用不动产、股权、实业和非集团成员单位的企业债券。同时，对财务公司规定了资产负债比例等量化指标。1997 年 9 月，中国人民银行下发通知，重新把财务公司的定位调整成"为支持集团企业技术改造、新产品开发及产品销售，以中长期金融业务为主的非银行金融机构"。因此，财务公司的证券业务被取消，财务公司设立的 34 家证券营业部被剥离到联合证券公司，财务公司的发展较为缓慢，将业务进行剥离和功能定位的调整成为主要任务。

(四) 规范发展阶段(2000 ~ 2004 年)

我国财务公司的命运与企业集团尤其是大型国有企业的命运息息相关，因此，作为金融支持国企改革的重要组成部分，在党的十五届四中全会通过国有企业改革的方案后，中国人民银行也制定了一系列政策来完善财务公司的公司功能。2000 年，中国人民银行出台的《企业集团财务公司管理办法》，成为第一部关于财务公司运营和监管的规章，加快了财务公司规范化发展的进程，正式将财务公司功能定位由原来的以短期信贷为主，转向以扶持企业集团技术改造、新产品开发及产品销售融资等中长期业务为主，对市场准入及综合性监管、机构设立、业务范围、控股方式进行了说明。

银监会成立后，财务公司监管职责由中国人民银行转至银监会。2004年7月，银监会修订、颁布新的《企业集团财务公司管理办法》，把财务公司的功能定位调整到资金集中管理和为企业集团成员单位提供财务管理服务上来，弱化了财务公司的投融资功能，提高了风险管理能力方面的要求。

（五）突破发展阶段（2004年至今）

功能定位的再次调整。　总结国内外的经验教训后，2004年7月，银监会颁布新的《企业集团财务公司管理办法》，对财务公司的功能定位再次做出重大调整，将其明确定位为"以加强企业集团资金集约式管理和提高企业集团资金使用效率为目的，为企业集团成员单位提供财务管理服务的非银行金融机构"。　之后，风险管理制度体系进一步完善，业务范围不断扩大，启动发行了金融债券试点，增加了财务公司中长期资金来源，有利于改善财务公司资产负债结构，更好地支持企业集团的战略发展。同时，开辟了财务公司的直接融资渠道，丰富了债券市场的投资品种和投资者的市场选择。　截至2008年末，全国共有84家财务公司，总资产9941.3亿元。　在调整财务公司功能定位的同时，监管部门着力推动财务公司积极引进境内外战略投资者。　截至2008年6月末，7家新设财务公司引进了境外战略投资者，为满足一些跨国集团在华设立投资性公司的需要，新的《企业集团财务公司管理办法》允许外资投资性公司在境内设立财务公司。

财务公司作为企业集团的内部金融平台，定位于企业集团成员单位间的"资金归集、结算、监控、融资营运、集团金融服务"五大功能，核心功能是提效率、降成本、强化风险管控。　目前主要的资金管理模式有报账中心模式、内部银行模式、资金结算模式、现金池模式。　在做好资金归集和内部结算等基础业务的同时，具备条件的财务公司还紧密结合集团需求，探索提供集团产品销售融资、产业链金融等全方位的金融服务，部分财务公司已经开始尝试按国际惯例，通过开展跨国公司总部外汇资金集中运营管理，为集团的国际化经营提供贴身服务。截至 2015 年第一季度末，共有 38 家财务公司开展外汇资金集中运营管理服务，9 家财务公司开展衍生产品交易业务，24 家财务公司开展集团产品买方信贷、消费信贷和融资租赁业务，5 家财务公司试点延伸产业链金融服务。财务公司的服务手段和服务能力都得到进一步提高。

根植于企业集团的天然属性，使财务公司服务实体成效显著。2016年，财务公司强化对集团的信贷支持力度，通过直接贷款、银团贷款等多种方式帮助成员单位解决在业务转型发展过程中的资金难题，并响应银监会 2016 年 167 号文鼓励财务公司发展产业链金融的精神，对产业链客户开展金融增值服务。截至 2016 年三季度末，财务公司行业各项贷款余额为 1.86 万亿元，较 2015 年同期增加 4039.25 亿元，增幅为 27.81%。服务实体经济的范围不断扩大。从数据来看，目前行业所服务的小微企业数量近 7000 家，167 家财务公司支持小微企业境内贷款规模达到了1939.17 亿元。例如，海尔财务公司结合企业集团实际需求，在产业大数据分析的基础上，对产业链客户进行分层管理，针对不同特性的客户推出更加个性化的金融服务产品，如纯信用小微贷款"生意兴融"以及符合工程特点的订单贷款"程意贷"。

由于企业集团是"走出去"的中坚力量，财务公司在"走出去"、"一带一路"、供给侧结构性改革等方面积极落实国家重大政策。在"走出去"方面，配合集团战略，以提升跨国管理运用资金为主要发展目标，搭建境内、境外双资金池，大力发展外汇、跨境业务。2016 年，山东重工财务公司等获"跨国公司外汇资金集中运营管理业务"资质，伊利财务有限公司与中国重汽财务有限公司获得银行间外汇市场会员资格，另外，中海集团财务公司也获批外汇衍生品交易资质。在供给侧改革的支持方面，财务公司多措并举，继续支持集团去产能、调结构、降本增效。一方面，通过合理的信贷支持推动过剩产业兼并重组，如湖北能源在上马东湖燃机蒸汽联合循环热电联产机组并淘汰关停高新热电火电供热机组过程中，为其提供了 3 亿元搭桥贷款以及 7500 万元流动资金贷款；另一方面，财务公司运用专业化优势，帮助集团合理配置金融资源，向符合产业政策、市场竞争力强、符合集团战略发展方向的领域和企业倾斜。2017年，成员单位通过财务公司办理的即期结售汇业务累计达 40739 笔，折合人民币 9011.10 亿元；办理远期结售汇业务累计 215 笔，折合人民币 565.44 亿元。

　　企业集团财务公司相对于传统金融机构服务实体经济具有以下优势。企业集团出资设立的财务公司比传统金融机构更贴近、了解集团成员单位，从服务的客户对象来划分，财务公司比银行等金融机构小且有较多重叠，银行侧重于企业的近期发展和财务状况，财务公司更加看重企业本身的长期发展；企业集团财务公司应对风险处置不良资产的手段比较多元化，可以进行除了核销、拍卖、证券化等折价处理外的其他手段，如可依托集团公司整体产业链综合考虑，将不良资产收回再整合，提高不良资产处置效率；企业集团财务公司对经济周期有更好的适应性，可根据经济上行下行阶段，依托企业集团，将产业与金融紧密结合，提高资金聚集效应。2017 年，全行业支持产业链上、下游和小微企业业务规模分别达到 704.59 亿元、3139.53 亿元和 2374.14 亿元。

　　相比其他金融机构，财务公司的融资渠道比较单一，资金实力单薄，资金运用的范围也有限，流动性管理压力加大和今年 MPA 广义信贷增速在一定程度上影响了财务公司的进一步发展。未来，企业集团财务公司还需要以更加贴心的产业金融服务开展信贷融资业务，提供便利的资金融通渠道，更好地回归金融服务实体经济的本源；通过发挥集团企业行业特色优势，提高竞争力；通过创新发展和加强风险防范，积极探索供应链融资业务、外汇现金池业务、融资租赁业务、委托资产管理业务等新业务模式，做好授信三查，建立、健全信贷台账，加强信贷风险监测。在我国现阶段去杠杆、强监管的复杂金融形势下，企业集团财务公司面临的机遇和挑战也会越来越多。

二　金融租赁公司"融物 + 融资"

金融租赁是由出租人根据承租人的请求，按双方的事先合同约定，向承租人指定的出卖人购买承租人指定的固定资产，在出租人拥有该固定资产所有权的前提下，以承租人支付所有租金为条件，将一个时期的该固定资产的占有、使用和收益权让渡给承租人。 金融租赁公司，在我国是指由银监会批准，以经营融资租赁业务为主的非银行金融机构，具有融物和融资的双重功能。 从形式上看，金融租赁分为直接融资租赁和售后回租两种。

在我国，金融租赁公司属于融资租赁公司中的一类，具有租赁设备的所有权和使用权分离、融资和融物相结合、融通资金起主要作用的特点。

金融租赁的发展促进了实体经济发展，具有带动固定资产投资、盘活中小企业资产融资、降低企业杠杆率水平等作用。 金融租赁的客户和行业集中度较高，并呈现向特定行业、特定客户集中的趋势，业务越发集中在航空、航运等资本密集型行业。 在这方面，具有以下优势：一是在承租人没有足够资金的情况下完成必要的固定资产投资；二是控制资产负债率，降低承租企业债务风险；三是出租人利用转租人的租赁技能或租赁许可，实现承租人具有租赁许可与出租人具有设备资源优势的协同效应；四是承租人通过售后回租业务将固定资产变为现金，用以补充流动资金或购买新的设备。

在我国改革开放初期，为了扩大国际经济合作和技术交流，开辟利用外资的新渠道，吸收引进国外的现金技术和设备，我国从发达市场经济国家引入了融资租赁。 1986 年，中国外贸金融租赁有限公司成为最早领取金融许可证的金融租赁公司。 随后，银行、信托投资公司也开始经营融资租赁业务，此时整个行业呈现无序快速发展态势。 但随着 1988 年下半年经济过热，国家缩紧了银根，租赁渗透率首次出现下滑。 1988 ~ 1995年，坚持审慎原则，金融监管部门共审批了 16 家金融租赁公司。 金融租赁公司存款余额和业务总量急剧扩张，法制建设却严重滞后，严重缺少风险意识，不做租赁业务而去高息揽存、炒股票、炒房地产、直接投资产业等，加上亚洲金融危机的爆发和国内会计体制的改革，金融租赁公司的风险不断爆发，行业整体濒临破产。

第一次全行业的洗牌发生在 1999 年，针对国内混乱的金融租赁行业，中国人民银行在秦皇岛召开决定金融租赁行业生死的会议。 深圳金融租赁公司由民营资本接管不良资产成功重组，为此，2000 年 6 月，中国人民银行颁布《金融租赁公司管理办法》，结束了十几年来监管无规可依的尴尬局面，为金融租赁公司规范发展奠定了制度基础。 随后，一部分企业由于严重资不抵债而破产清算，如广东国际租赁有限公司、海南国际租赁有限公司、武汉国际租赁公司及中国华阳金融租赁有限公司；另一部分企业则被重组，新疆金融租赁公司和新世纪金融租赁公司被德隆系企业重组，四川金融租赁公司被托普系企业控制，深圳金融租赁公司被三九集团重组，甘肃金融租赁公司被东欧系企业重组，浙江金融租赁公司被明天系企业重组。 这一时期金融租赁公司存在严重的恶意关联交易问题，控股股东操纵金融租赁公司以各种手段套取资金自己长期占用。 经过第一次洗牌后，截至 2001 年底，剩下 12 家金融租赁公司，其中只有 10 家在运转，总资产 185 亿元人民币。 这一阶段，金融租赁行业规模非常小，整个行业的影响力较弱，抗风险能力差。

由于部分民企拿到金融牌照没有带来许可经营的金融业务，以金融租赁的名义为股东炒股圈钱，引发第二次全行业洗牌。 在 2007 年第二次洗牌之前的 12 年，没有成立一家新的金融租赁公司，整个行业发展几乎停滞。 2007 年，银监会颁布了新修订的《金融租赁公司管理办法》，允许符合资质要求的商业银行和其他机构设立或参股金融租赁公司。 先以试点方式审批银行设立金融租赁公司。 2007 年 11 月，首家商业银行附属金融租赁公司——工银金融租赁公司正式开业，随后，建信金融租赁公司、交银金融租赁公司、招银金融租赁公司、民生金融租赁公司相继开业。银行系金融租赁凭借其天然的资金优势和扩大信贷规模的本能，带动金融租赁公司爆炸式增长，改变了整个租赁市场的发展及竞争格局。 同时，基于转型的资产管理公司参与民营控股的金融租赁公司的重组，形成了四大 AMC 系金融租赁公司。 浙江金融租赁公司被华融资产管理股份有限公司控股，中国外贸金融租赁公司由东方资产管理股份有限公司控股，新疆金融租赁有限公司由长城资产管理公司控股，信达资产管理公司重组西部金融租赁有限公司，并以股东名字更名。2010 年，中石油组建的金融租赁公司成为国内首家由产业类企业控股的金融租赁公司。

2012 年，"工银租赁专项资产管理计划"成为国内金融租赁企业首只获批发行的资产证券化产品，工银租赁成为首家发行资产证券化产品的金融租赁公司。2012 年末，金融租赁行业排名前三和前十的企业注册资本占比分别为 33.28% 和 69.28%，资产规模占比分别为 44.58% 和 85.13%，净利润占比分别为 35.32% 和 79.87%，体现了金融租赁行业很高的市场集中度，阻碍了后续公司的进入。

这一时期，除原有的金融租赁公司借助渠道进行扩张外，商业银行开办金融租赁业务试点，非银行系（信托、保险、财务公司）金融租赁公司则通过重组逐步实现战略转型，行业竞争格局不断变化，金融租赁公司总体呈现多元化特点。2007～2013 年，银行系金融租赁公司获批缓慢，国内 23 家金融租赁公司中银行系共有 11 家，随着 2013 年国内第一家自贸区——上海自贸区成立，以及 2014 年和 2016 年第二、三批自贸区试点确立，借用自贸区先行先试政策优势的创新业务涌现，金融租赁投资热情逐渐高涨；同时，2014 年再次修订的《金融租赁公司管理办法》，对准入条件、业务范围分类管理方面做出调整，引导各类社会资本进入金融租赁行业，允许开办金融债、资产证券化及境内保税区设立项目公司业务等。之后，部分城商行、农商行进入金融租赁行业，实现跨区域扩张和综合化管理。

2016 年后，进入"十三五"规划阶段，"供给侧改革"和"一带一路"等集中出台，反映了国家振兴实体经济、产业结构转型升级、金融行业"脱虚入实"的迫切诉求。从 30 多年的发展实践看，金融租赁业对于促进我国企业固定资产投资，加快技术设备升级改造，推动制造业产品销售，缓解中小企业融资难问题发挥了积极作用。据中国租赁联盟数据统计，2017 年底，我国共有金融租赁公司 69 家，注册资金 1974 亿元。截至 2016 年底，金融租赁业务规模约 2.04 万亿元。

未来，围绕"融物＋融资"发展租赁行业，鼓励业务向经营性租赁、直接租赁结构性转型，与银行等其他金融机构进行差异化竞争，是提升金融租赁行业竞争力的正确选择。 未来还需在多元化融资渠道扩展、坚持专业化经营打造非利差经营模式、拓展国际化业务方面做出更多的尝试。

2003 年银监会成立后，中国金融市场上诞生了两类新型非银行金融机构，即汽车金融公司和货币经纪公司。 两类新机构的诞生，在一定程度上促进了中国金融体系的结构优化和金融服务的专业化发展。

三　汽车金融公司推动"汽车强国"

汽车金融公司的定位是为中国境内的汽车购买者及销售者提供贷款等金融服务的非银行金融机构。 主要业务包括经销商库存车贷款（指汽车金融公司为经销商采购库存车辆以供销售提供的融资）、零售汽车贷款（指汽车金融公司为个人和机构购买汽车发放的贷款）、汽车融资租赁业务（指汽车金融公司应承租人要求购买车辆并提供给承租人使用）。

1919 年，美国通用汽车为解决厂商和经销商的资金需求，成立了世界上第一家汽车金融公司——美国通用汽车金融公司（GMAC）。 中国建设银行在 1998 年便开办了汽车消费贷款业务，随后，国有商业银行和股份制银行、汽车集团财务公司等开始涉足汽车金融服务领域。

但汽车金融公司在我国加入世界贸易组织后才开始涌现。 在我国履行入世承诺，对外开放汽车消费信贷市场的大背景下，2003 年银监会颁布《汽车金融公司管理办法》及其实施细则，2004 年我国第一家汽车金融公司——上汽通用汽车金融有限责任公司正式开业，标志着中国专业化的汽车金融市场起步。 此后，银监会陆续批准设立了 8 家中外合资和外资独资的汽车金融公司（大众、丰田、福特、梅赛德斯－奔驰、东风标致雪铁龙、沃尔沃、东风日产、菲亚特），初始注册资本均为 5 亿元人民币。2008 年 6 月，奇瑞徽银汽车金融有限公司获准筹建。

中国汽车金融行业的内资进程开始于 2009 年，第一家中国自主品牌汽车金融公司——奇瑞徽银汽车金融有限公司成立。 后三一、一汽、重庆汽车金融公司等相继成立。

2004～2014 年可以说是以银行和汽车金融公司为代表的传统金融迅

速崛起的阶段，虽然汽车金融得到一定发展，但整个市场由银行和汽车金融公司竞争合作，这两类主体主要针对优质客户服务，导致汽车金融渗透率并不高，约为 20%，汽车金融的发展并不快，与高速增长的汽车销量并不匹配。

2014 年中国银行业协会汽车金融专业委员会成立，标志着汽车金融在强化行业自律、行业秩序方面进入新阶段。进入 2014 年以后，各路资本纷纷涌入汽车金融市场，形成商业银行、汽车金融公司、融资租赁公司三足鼎立的格局。借助 P2P 网贷，融资租赁公司的参与度越来越高，如广汇租赁（经销商系）、先锋太盟（外资系）、沣邦租赁（中信系）、第一车贷（风投系）、人人车贷（电商系）等成立；同时，一大批经营汽车金融的网贷平台也迅速崛起，如微贷网、大麦理财、投哪网、易贷网、融金所、宜贷网等，重塑了整个汽车金融格局。据中国银行业协会估计，2015 年汽车金融整体市场规模在 8000 亿～9000 亿元。截至 2016 年底，我国共有 25 家汽车金融公司。截至 2015 年底，我国汽车金融公司的渗透率达到 35%。

目前汽车金融公司正面临极大挑战。除在宏观经济增速换挡作用下信用违约风险加大外，汽车金融领域非传统的业务操作模式不断增多，竞争对手更加多元。我国的汽车金融主要产品可以分为回租、直租、卡贷垫资、信用卡分期、按揭贷等五类，汽车金融公司仍主要以按揭贷的形式参与。针对各类人群、消费偏好、不同地域，推出层出不穷的富有特色、私人订制的产品，如上汽通用的年轻人计划、大众金融跃贷产品等。伴随互联网的发展，大数据、云计算技术的推广，汽车金融公司也进行了相应创新，引入 O2O 电子商务模式，线上吸引潜在客户，线下传统交易流程无缝对接。相对于银行按揭贷款等传统渠道的低效率，厂商金融、汽车租赁公司及互联网金融的配合更加高效。此外，汽车金融公司的业务向产业链纵深发展，汽车产业链的汽车金融服务不断向金融后端延伸，以个人汽车贷款和经销商批发贷款为核心业务，有效构建了汽车产业链上由整车制造厂商、零配件供应商、汽车经销商、汽车维修保养商、二手车流通商、汽车消费者等各方参与的生态圈，着力打造信息流、物流、资金流三流合一。当前汽车金融市场各类参与主体参与汽车金融业务的优劣势见表 2-4。

表 2-4　汽车金融市场各类参与主体参与汽车金融业务的优劣势

分类	优势	劣势	车型与客户
汽车融资租赁公司	门槛较低，非本地户口也可以操作，可以覆盖更多客户；产品设计灵活，可以更好地满足客户需求；业务专一且深耕汽车金融领域，风险控制更加专业	融资成本较高，对优质客户吸引力较低；部分热销车型的分歧利润较低，很难与银行等机构竞争	国产车、以非热销车型为主；客户不限，主要分布在二、三、四线城市
商业银行	资金充足且资金成本较低，可为客户提供较多的产品及金融服务方案	贷款对象必须是贷款行所在地常驻户口居民；客户经理人员较少，且背负业务指标较多，对汽车金融关注较少，专业度不够；效率低，贷款时间长，手续烦琐	以新车为主；优质客户，本地客户
汽车金融公司	关联汽车厂商支持，系统对接，可提供高效率、易操作的金融服务	以关联汽车厂商车型为主，产品单一；资金来源有限，成本较高	主要针对购买关联汽车公司的汽车的客户、本地客户
汽车财务公司	贴息卖车，对客户有一定吸引力	只针对购买本汽车厂商汽车客户提供金融服务，客户有限；以销售汽车为主要目的，贴息操作，市场空间有限	主要针对购买集团汽车的优质客户，目前也尝试为购买其他车型客户提供金融服务

此外，汽车金融公司还面临进一步拓展融资渠道、降低利率水平和多重制约因素并存的矛盾，加大服务厂商和经销商经营力度与部分经销商因其他业务拖累经营风险加剧的矛盾，保持自身盈利水平和市场激烈竞争、利率市场化的矛盾。

同时，随着汽车集团整体经济实力的增强和国际地位的提高，汽车金融公司也迎来了自己的发展机遇。国家提出加快推进金融体制改革，推动利率市场化，促进汽车产业转型升级，为汽车金融公司提供了良好的政策环境；汽车金融融资渠道稳步扩大，金融债和资产证券化项目日益增多，为汽车金融公司提供了新动力；大型商业银行在宏观经济影响下，调整业务布局，收缩汽车金融业务，为汽车金融公司拓展市场打开了难得的时间窗口。

未来，汽车金融公司仍需坚持风险防控与创新齐头发展，在汽车产业结构调整、金融改革的过程中，发挥优势，提升服务，成为市场经济中高效和专业的金融力量。

四　货币经纪公司——"市场润滑剂"

目前货币经纪公司已发展成为世界各主要金融中心不可或缺的组成部分。 国际上，货币经纪公司的起源可以追溯到 19 世纪 60 年代的外汇市场和货币批发市场，发展至今，涉及的产品已涵盖债券交易、资金拆借、外汇即期和远期买卖、金融衍生产品交易、股票等几乎所有的金融产品和市场，此外还包括部分非金融产品，如市场产权指数交易、贵金属、原油、天然气以及天气指数交易。

在我国，货币经纪公司的成立远远晚于这一时间。 随着我国金融业深入发展、金融改革持续推进，在金融机构间引入货币经纪商的必要性逐渐显现。 2003 年前后，中国银行间市场的参与者已超过 200 家，参与主体多元化、投资需求多样化，市场参与者直接搜寻交易对手的传统交易模式和信息收集模式难以满足参与者的要求，市场需要专门从事经纪服务的专业机构，以增强市场的流动性和透明度，提高交易效率。

2005 年 3 月，国务院批准在我国建立货币经纪公司制度，授予银监会有关货币经纪公司事项的行政许可，并要求银监会制定办法进行试点。同年 12 月，我国第一家中外合资的货币经纪公司——上海国利货币经纪有限公司成立，其合资双方为上海国际信托投资有限公司和英国德利万邦货币经纪公司。 成立之初，只有外汇同业拆借和远期外汇交易两个产品，2006 年 9 月后，才逐步开展人民币经纪业务。 此后，多家货币经纪公司相继开业。 截至 2017 年，我国已有上海国际、上海国利、平安利顺、中诚宝捷思和天津信唐五家货币经纪公司，全球货币经纪行业排名前四位的大型国际货币经纪公司（毅联汇业 ICAP、德利万邦 Tullett

Prebon、利顺 Tradition、宝捷思 BGC Partners）均引入我国货币经纪行业，与国内金融机构共同合资设立货币经纪公司，将国际货币经纪成熟经验和技术引进我国，为我国的货币经纪公司发展奠定了坚实的基础。

我国货币经纪公司的定位是：在金融市场上，通过电子和声讯手段，专门从事促进批发市场上金融机构间资金融通、外汇交易、债券交易衍生品交易和提供金融产品交易信息等经纪服务，并从中收取佣金的专业性中介机构。

货币经纪公司是市场信息的集中者，并且拥有自身不参与交易清算、只提供经纪服务收取佣金的独立地位，可以专注为交易商寻找最佳交易对手，且报价活跃、成交迅速，有"价格发现者"的雅号；外汇衍生品要素结构相对复杂，专业的货币经纪公司有成熟的系统和训练有素的经纪人，能帮助客户准确了解产品信息。 在银行间市场形成了以货币经纪公司为中心的放射状的信息搜集、报价发布和匹配成交的网络，紧密联系着不同类型、不同规模和不同层次的市场参与者。 作为"市场润滑剂"，货币经纪公司横跨货币、债券、外汇和衍生品四大市场，在提高银行间市场交易效率、提升市场流动性方面发挥了重要作用，并有效弥补了中小金融机构信息获取渠道有限、议价能力弱、难以在市场上寻找到交易对手的缺陷，有利于维护市场的公平、透明。

随着经济的快速发展，我国货币、债券、外汇、衍生品规模迅速扩大，市场深度不断增加，投融资主体日趋多元化。 从 2010 年开始，我国的国内生产总值排世界第二；2011 年我国外汇储备达 3.18 万亿美元，成为全球第一大外汇储备国；2017 年我国债券市场主要债券存量规模达到 74.14 万亿元；2016 年 1～12 月全国期货市场累积成交量为 41.38 亿手，累计成交额为 195.63 万亿元。 债券市场规模、经济总量快速增长，外汇储备不断增加，金融市场快速扩张，催生了对货币经纪公司的需求。 2009 年 12 月，平安利顺在中国银行间市场撮合法国巴黎银行和汇丰银行完成了首笔基于一年期贷款利率的人民币利率互换交易。 截至 2014 年，利率互换产品已成为银行间市场流动性最好的金融衍生产品之一，利率互换也成为货币基金及公司的主要佣金收入来源之一。 2015 年，货币经纪公司进入上交所债券市场，交易所债券市场的机构投资者可通过货币经纪公司促成债券市场高效率、大规模的集中交易，提高了市场流动性，促进了债券二级市场的流动性。

未来，货币经纪公司要进一步发展，需要深入发现市场需求，扩大客户群体，目前国内货币经纪公司的客户仍然局限于金融机构，尤其是银行类金融机构（见表 2 - 5）；扩大业务范围，丰富产品序列；提升服务水平，实现信息生产的规模化，多渠道提升信息生产效率。

表 2 - 5　货币经纪公司签约客户中各类机构占比

单位：%

主要客户	占比
中资金融机构	61
国有商业银行	10
全国性股份制银行	6
城商行	20
农商行	4
农联社	6
证券公司	10
基金、保险、财务、信托、金融租赁公司	5
外资金融机构	39
合计	100

第七节　小结

长期以来，实体经济是金融业发展的基础，实体经济的发展影响着金融业态、金融模式。改革开放之初，由于居民收入水平不高，企业业务模式简单，因而对金融服务的需求仅停留在存贷款、结算方面，长期以来保持银行主导型结构的金融体系，间接融资占绝对主导。

在经济新常态下，一方面，经济增速放缓，产业结构不断调整，为了更好地支持实体经济发展，金融机构也不断调整自身的定位；另一方面，经济的发展使得居民可投资资产（不含固定资产）不断增加，高净值人群数量和可投资资产迅速上升，传统银行业务难以满足居民和企业的财富管理、资产配置需求，在一定程度上刺激了金融投资渠道的多元化。 银行业不断加快转型创新步伐，理财产品等业务不断推出，综合化经营步伐加快。 同时越来越多的证券、基金、期货、保险等机构的资产管理业务快速发展，各类机构之间的跨行业资产管理合作日益密切，各金融监管部门不断完善相应的规章制度，加快了混业监管体系制度建设的步伐。

我国金融业经历了混业经营—分业经营—混业经营的过程。

混业经营初现端倪。 20 世纪 90 年代初期，在相关政策法律不够完善的情况下，多数银行通过全资收购或参股证券公司、信托投资公司参与证券和投资业务。 1992 年后，中国人民银行的分支行也开始介入证券、股票、投资、房地产、保险，事实上就是实行了"混业经营"。

分业经营制度确立。 由于制度不健全，野蛮生长后造成金融秩序混乱和金融系统的一系列腐败行为，1995 年全国金融工作会议正式提出了中国分业经营的原则，并颁布《银行法》《证券法》《信托法》作为法律支持。

混业经营再次调整。 我国加入 WTO 后，全球金融业竞争加剧，单一经营不利于金融业获得规模效益和多元化经营带来的多样利润，2002 开始综合金融控股集团试点，标志着开创综合化经营转型。 2012 年"十二五"规划再次确认选择金融业综合经营模式。 这一系列措施，造就了目前金融机构分、混业并存的状态。

第三章　金融科技与互联网金融的
创新与变革

第一节　金融科技新兴机构的发展历程与变革

一　第三方互联网支付开启金融科技新纪元

2005 年前后，支付宝、财付通、易宝支付等第三方支付机构开始成立并兴起，运用互联网技术提升资金支付效率，因此 2005 被称为"电子支付元年"。从这一年开始，我国每年的互联网支付增长幅度均超过100%。其中，支付宝借助电商平台的发展优势，在 2005 年推出"全额赔付制度"，并由网购消费支付快速切入网游、网络订票等领域，标志着我国进入互联网支付时代。同时，互联网支付作为新生事物，也受到金融监管的高度关注。在 2005 年，几乎每个月都在刷新各项监管条例：1月 19 日，中国人民银行发布《人民币银行结算账户管理办法实施细则》；4 月 1 日，中央银行会计集中核算系统在全国推广；4 月 24 日，中国人民银行会同国家发展和改革委员会等九部委联合发布《关于促进银行卡产业发展的若干意见》；4 月 30 日，中国人民银行发布《关于对签发空头支票行为实施行政处罚有关问题的通知》；6 月 27 日，大额支付系统在全国推广完成；6 月 30 日，中国人民银行规范人民币结算账户的管理工作，完成人民币银行结算账户管理系统在全国范围内的推广应用，全面清理核实有关单位银行结算账户的开户真实性；9 月 5 日，中国人民银行发布《关于完善票据业务制度有关问题的通知》；10 月 6 日，中国人民银行发布《关于规范和促进银行卡受理市场发展的指导意见》；10月26日，中国人民银行印发《电子支付指引（第一号）》；11月3日，中国人民银行发布《中国人民银行自动质押融资业务管理暂行办法》；11月28日，小额支付系统在天津、福建试点上线；12月1日，会计集中事后监督系统在全国推广；12月1日，中国人民银行发布《中国现代化支付系统运行管理办法（试行）》《小额支付系统业务处理办法（试行）》《小额支付系统业务处理手续（试行）》；12月29日，中国人民银行在贵州开展农民工银行卡业务试点工作；12月30日，中国人民银行印发《关于报送金融机构支付业务报表的通知》《关于报送人民银行支付业务报表的通知》《关于报送支付系统业务业务情况报表的通知》《关于报送银行卡跨行交易情况报表的通知》，初步建立起支付报表体系。

　　随着互联网技术与智能手机、平板电脑等电子设备的普及应用，我国第三方支付行业得到快速发展，并且由央行正式颁发支付牌照进行监管。近年来，以互联网公司为主的第三方支付机构，不断进行各类网上支付工具的创新，包括网银支付、移动支付、数字电视支付、ATM支付、NFC近场支付、扫码支付等。其中，最早进入人们视线的是在国内发展网购业务的支付宝，如今它已发展成为一个独立的第三方支付平台，占据着较高的市场份额。

支付宝成为网购时代的在线支付创新工具

　　支付宝从2003年创立至今，已有超过15年的时间，积累了上亿的用户人数。如今，它已经成为人们日常生活中不可或缺的支付工具。随着移动支付技术的创新发展，支付宝涵盖越来越多的金融服务功能，并在二维码支付、手机收付款等移动支付技术方面，不断优化用户体验。

　　1. 萌芽时期：解决淘宝网购的买卖双方信任（2003～2004年）

　　支付宝成立于2003年，最初用于阿里巴巴集团旗下的淘宝网购物支付工具，采用"第三方担保交易模式"，解决买卖双方的网购资金交易风险问题。经过一年时间的运营，2004年12月支付宝从淘宝网分拆出来，成为一个独立的电子商务平台支付工具，由浙江支付宝网络科技有限公司独立运营，并正式上线了支付宝网站。

2. 快速发展时期：成为电子支付行业独立运作的支付工具（2005～2009 年）

2005 年 1 月，支付宝已经成为全国范围内的网上支付服务品牌，吸引了众多传统金融机构的关注。当月，马云在达沃斯经济论坛上表示，2005 年将是中国电子商务的安全支付年，2 月支付宝推出全额赔付制度。此后，从 2005 年 3 月至 2009 年 12 月的将近五年时间内，支付宝先后与工行、农行、建行等一批传统金融机构展开合作，并拓展了网游、航空机票、公共缴费等细分行业。截至 2009 年 12 月，支付宝外部商家已经增长到 46 万家，占据国内整个支付市场份额的比例为 49.8%。

3. 成熟时期：问鼎全球一流的移动支付服务商（2010 年至今）

截至 2010 年 12 月，支付宝用户突破 5.5 亿，同时还推出了"快捷支付"。

2011 年 5 月，中国人民银行宣布支付宝、财付通等 27 家公司获得央行颁布的首批第三方支付牌照，支付宝业务范围涵盖货币汇兑、互联网支付、移动电话支付、预付卡发行与受理（仅限于线上实名支付账户充值）、银行卡收单等领域。

2011 年 11 月 11 日，支付宝交易额突破 33.6 亿元，支付宝当天支付成功 3369 万笔。

2012 年 11 月 11 日，支付宝当天交易额突破 191 亿元，成功交易 10580 万笔。

经过十多年时间的发展，支付宝如今已经成为"无现金社会""信用等于财富"的代名词，它改变了传统的银行网银交易结算方式，引入了条码支付、移动收款、指纹识别等多项支付技术，大大缩短了支付时间。

2018 年，"互联网＋"已经升级为国家发展战略，第三方支付行业不断加速拓展各类应用场景。同时，随着 80 后、90 后逐渐成为网络购物的主要群体，在消费升级的背景下，支付领域的更深层次金融需求不断拓展。

第一，线下场景的争夺日益激烈。支付宝、微信钱包以及银联钱包都在争夺线下消费者的支付场景，全面覆盖消费者的线下生活服务场景，通过各项优惠活动来拓展用户群体。同时，为了规范整个行业的发展，央行还发起设立了网联平台，断开银行与第三方支付机构的直连，加大监管部门的反洗钱执行力度。

第二，将多项前沿技术应用于移动支付工具。组合运用多种移动支付技术，包括生物识别技术、物联网技术、区块链技术等，实现终端智能化，在提升用户体验的同时，降低支付交易风险。

第三，在海外国家开拓跨境支付市场。近年来，跨境电商、出国留学以及出境游等海外业务的发展，推动了跨境支付的交易规模持续扩大。截至 2017 年底，持有外管局下发的跨境支付牌照的第三方支付机构增至 30 家，未来的需求将集中在出口退税、通关、仓储物流、小额 B2B 跨境支付等领域。

二　互联网理财的产生推动金融科技时代发展变革

(一)2013 年余额宝作为互联网理财产品正式推出

余额宝的推出，标志着我国正式进入互联网理财时代。2013 年 6 月，在支付宝平台上，新增余额宝理财功能，当年也被业界称为"互联网金融元年"。余额宝对接的是天弘基金旗下的货币理财，购买与赎回方式灵活，目前已经发展成为中国最大的货币基金。

在互联网系理财产品被广泛使用的同时，传统金融机构也面临跨界竞争的压力，导致用户与存款流失。因此，传统金融机构借鉴国际一流经验，向直销银行方向转型，譬如：平安银行推出"平安盈"、民生银行推出"如意宝"、中信银行联同信诚基金推出"薪金煲"、兴业银行推出"兴业宝"和"掌柜钱包"等，银行开始与基金公司合作，将理财产品"搬到"线上。

余额宝横空出世，开启互联网理财新时代

余额宝的推出时间是 2013 年 6 月 13 日，它是我国的第一款互联网货币基金理财产品，仅上线一个月，余额宝的投资量就突破了 100 亿元。

1. 发展规模

余额宝从 2013 年推出以来，一直呈现快速发展的态势。支付宝披露数据显示，截至 2017 年 12 月 31 日，余额宝的用户数量累计为 4.74 亿人，交易规模达到 1.58 万亿元，超过了招商银行 2017 年底的零售活期和定期存款总额。此后，天弘基金对外披露的 2018 年第一季度报告显示，余额宝利润为 166.36 亿元，规模为 16891.84 亿元。余额宝已经成为全球最大的货币基金。

2. 市场收益率

余额宝之所以受到用户的热捧，源于"1 元起购，T+0 的即时赎回"这一优势，其相比银行存款更能吸引人。尤其是余额宝刚刚推出的两三年，整体来看我国的宏观经济运行态势良好，银行间市场拆借利率的快速提升，带动货币基金的收益率达到 4.5%~5.5%。

3. 监管警示

货币基金规模的快速上升，引发了监管层的关注。为了防止余额宝的发展增速过快，引发洗钱风险，2017 年起我国金融监管部门提出对余额宝进行限额管理，并且天弘基金已经对余额宝展开了多轮限额举措。

2017 年 5 月，天弘基金下调余额宝个人账户持有限额，由 100 万元降低到 25 万元，这是天弘基金首次对个人持有余额宝总额进行下调。

2017 年 6 月 30 日，余额宝规模达 14318.05 亿元，相比 3 月末增加了 2921.67 亿元。

2017 年 8 月，余额宝的个人账户持有限额再次从 25 万元调整到 10 万元，而到了 9 月末，余额宝的规模增长至 15595.95 亿元，比 6 月末又增加了 1277.9 亿元。

2017 年 9 月，货币基金新规首次提及"系统重要性的货币市场基金"概念，并表示由证监会、中国人民银行另行制定专门的监管规则。

2017 年 12 月，该公司第三次下调额度，将余额宝的单日申购额度调整为 2 万元，持有额度不变。

2018 年 1 月 31 日，天弘基金发布公告称："自 2 月 1 日起，将设置余额宝每日申购总量，即单日实际申购达到设定额度时，当日不再受理申购申请，每日申购额度根据基金申购、赎回情况动态设定，实施期限根据基金运行情况进行阶段性调整。"

(二) 保险、基金等众多金融产品借助互联网推广

在余额宝的带动下，我国快速兴起了一批互联网理财平台，将理财产品"搬到"线上，服务于上亿规模的长尾用户。由于互联网金融更强调普惠这一发展理念，注重的是金融可获得性，因此呈现的金融产品形态大多数以短期理财、资金周转贷款为主。互联网金融机构选择的合作伙伴，也由最初的商业银行逐渐拓展到非银行金融机构，包括保险、基金、证券、融资租赁公司、小额贷款公司等。

互联网金融机构通过网络平台，发展各类投资理财业务，包括互联网保险、互联网证券、互联网基金等。这些业务都具有理财属性，符合消费升级时代的互联网用户需求，能够帮助用户实现财富增值的预期。

一是互联网保险方面，2013 年，由阿里、腾讯以及平安共同设立的众安保险获得国内首个互联网保险牌照，近年来互联网保险出现快速增长态势，用户购买的保险类型包括两大类：第一类是人身保险，包括意外险、健康险、人寿险等；第二类是财产保险，包括车险、银行卡盗刷险、养老保障管理产品等。

二是互联网证券方面，互联网金融机构通过与证券公司合作，在网上发布资管计划，由用户投资购买这类理财产品。2018 年 3 月末，针对监管部门多次披露的互联网资管业务风险问题，由互联网金融风险专项整治工作领导小组办公室正式下发《关于加大通过互联网开展资产管理业务整

治力度及开展验收工作的通知》（整治办函〔2018〕29 号），要求从事互联网资管业务的相关机构必须取得金融牌照，并且不得再开展"定向委托投资""收益权转让"等常见业务模式。

三是互联网基金方面，2012 年 2 月证监会公布了首批第三方基金销售牌照名单，在网络平台上可以代销货币基金、指数基金、主动管理型基金等。

（三）引入数据挖掘技术进行智能、精准推荐金融产品

通过大数据、云计算以及人工智能技术的组合运用，互联网金融服务平台积累了大量的用户数据，并通过机器学习，掌握用户的需求偏好与行为习惯，根据用户需求来推荐相应的金融产品。 尤其是在智能投顾（Robo-Advisor）领域，借助人工智能实现了金融产品的精准匹配，典型的产品形态包括宜信集团的投米 RA、招商银行的摩羯智投等。

智能投顾这一概念最早源于美国，截至目前已有将近 20 年的发展历史，美国金融业认为"智能投顾＝投资顾问＋机器人（人工智能）"。从本质上来讲，智能投顾业务可以认定为数字化资产配置（digital asset allocation），能够满足大众的投资理财需求。 根据美国金融业监管局（FINRA）官方的定义，数字化资产配置是指"具有人工智能的计算机程序系统，根据客户自身的理财需求，通过算法和产品搭建数据模型，来完成传统上由人工提供的理财顾问服务"。

智能投顾业务在中国的发展时间不足 10 年，相较于欧美等国家来讲尚处于起步阶段，没有形成成熟的模式。 将人工智能技术应用于金融投资产品的推荐，主要解决客户的各项动态数据识别与多个金融投资项目的组合风险。 通过机器算法，找到投资者的心理承受底线与投资产品风险的平衡点，为投资者推荐最匹配的投资品种。 智能投顾业务是互联网理财的未来发展趋势，人机结合能够大幅提升投资者选择金融产品的效率，通过收集的数据信息全面了解用户的投资需求。 我国开展智能投顾的机构包括三类：一是有金融或互联网背景的创业公司，主要发展方向是金融科技公司；二是传统的金融机构，以商业银行为主；三是在国内较早开展互联网金融业务、体量较大的机构，例如由 P2P 平台转型的公司。

第二节　金融科技新兴机构的创新发展情况

一　新兴机构引入的金融科技前沿技术蓬勃发展

从被业界称为"互联网金融元年"的 2013 年开始算起，新兴的一批互联网金融机构采用各项先进技术，用于信贷智能决策、构建用户"画像"、推荐金融产品等领域。目前，互联网金融机构运用较多并比较成熟的技术，包括大数据、云计算、人工智能和区块链这几项。其在技术驱动下提升金融服务效率，降低人工投入成本，优化用户体验。

（一）大数据

大数据（Big Data）又被称为巨量资料，最早起源于美国，由思科、威睿、甲骨文、IBM 等 IT 公司率先应用。它是指集合海量非结构化数据，通过分析和挖掘用户的交易和消费信息，掌握用户的消费习惯和行为特征，准确预测用户行为。从 2012 年起，"大数据"一词被广泛提及，人们用它来描述和定义信息爆炸时代产生的海量数据。目前，大数据技术被应用于电子商务、O2O、物流配送等领域，在我国发展"新零售"和"消费升级"的宏观环境下，借助大数据能够有效判断消费者行为并预测产品销售量。

随着大数据技术的逐步成熟，人们的设备、交通工具与各种"可穿戴"科技将互相连接，数据量呈现巨大的爆发态势。从国际经验来看，大数据技术具有四个发展特征。

（1）数据量大

起始计量单位至少是 P（1000 个 T）、E（100 万个 T）或 Z（10 亿个 T）。

（2）类型繁多

在"互联网＋"时代，数字经济促使数据的展现形式日益多元化。数据类型包括网络日志、社交媒体、互联网搜索、音频、视频、图片、手机通话记录、地理位置信息、传感器网络等众多新型多结构数据，因此相比于传统的数据处理方式，其对数据的体量与处理速度都提出了更高的要求。

（3）价值密度低

数据分布在各行业之中，已经形成海量的数据，然而如何筛选出真正有价值的数据，是企业需要加强机器算法能力的重大挑战。

（4）速度快、时效高

这是大数据与传统数据相比最显著的特征。面对海量的数据，要不断革新技术架构，否则无法及时处理反馈的有效信息，影响企业做出商业决策。

在国家政策的鼓励与支持下，2015 年以后我国进一步推动大数据产业的发展。2015 年 7 月，国务院将"互联网＋"提升为国家战略，专门出台了《关于积极推进"互联网＋"行动的指导意见》，明确指出将在 2025 年初步形成"互联网＋"新经济形态；2015 年 9 月，国务院加速推进大数据在多行业的成果应用，正式印发《促进大数据发展行动纲要》；2016 年 3 月 17 日发布的《中华人民共和国国民经济和社会发展第十三个五年规划纲要》中强调"国家大数据战略"，指出我国将全面实施促进大数据发展行动，加快推动数据资源共享开放和开发应用，助力产业转型升级和社会治理创新。

（二）云计算

有关云计算（Cloud Computing）的定义，最受认可的是美国国家标准与技术研究院（NIST）提出的："云计算是一种按使用量付费的模式，这种模式提供可用的、便捷的、按需的网络访问，进入可配置的计算资源共享池（资源包括网络、服务器、存储、应用软件、服务）。这些资源能够被快速提供，只需投入很少的管理工作，或与服务供应商进行很少的交互。"从这一定义来看，云计算的关键词在于"按需"，要按需提供满足用户需求的技术解决方案。

在技术方面，云计算技术包括分布式文件系统、分布式计算、分布式数据存储等，由云计算提供商搭建云存储系统或分布式计算系统，给出针对巨量数据的计算、存储和通信的解决方案。按照服务模式划分，云计算可分为三个层次，分别是 IaaS、PaaS 和 SaaS。

（1）IaaS

指 IT 基础设施服务，即利用数据中心提供相应的资源租用型服务，包括云主机等，在业务模式上属于传统 IDC 业务范畴。

（2）PaaS

指平台型服务，企业在 IaaS 的基础上建设自有平台，为客户提供开发、测试环境等服务。

（3）SaaS

指软件应用服务，根据客户的云平台搭建需求，提供定制化的技术服务方案。

关于大数据与云计算之间的关系，可以理解为：大数据是云计算的重要应用场景，重点在于处理和挖掘巨量数据；云计算是提供计算、存储、数据库等一系列 IT 基础设施构建需求的技术解决方案。

中国云服务市场的萌芽时期，可追溯到 2007 年，当时处于对云计算概念和技术的初步了解时期。2008 年初，IBM 与无锡市政府合建了无锡软件园云计算中心，标志着我国正式开启云计算的商业应用。国家层面出台的关于云计算的政策，可追溯到 2010 年 10 月 18 日发布的《国务院关于加快培育和发展战略性新兴产业的决定》，该文件明确将云计算定位于"十二五"战略性新兴产业之一。同日，在云计算试点城市的政策上，工信部、国家发改委联合印发了《关于做好云计算服务创新发展试点示范工作的通知》，确定在北京、上海、深圳、杭州、无锡等五个城市开展云计算服务创新试点。2010～2018 年，以阿里云为龙头，带动了一批互联网企业和创新型公司向公有云服务领域发展。

（三）人工智能

人工智能（Artificial Intelligence）这一概念最早在 1956 年由美国 Dartmouth 学会提出。我国从被称为"互联网金融元年"的 2013 年开始，将人工智能定义为研究、开发用于模拟、延伸和扩展人的智能的理论、方法、技术及应用系统的一门新的技术科学。这项技术被以 BATJ 为代表的互联网公司广泛应用，并延伸至金融机构。2012～2015 年是资本市场投资我国人工智能行业的爆发时期，2015 年人工智能行业的投资额达到 2012 年的 23 倍。 2015 年以后，人工智能市场逐渐成熟，这项技术被广泛应用于家居、汽车、无人系统、安防、制造、教育、环境、交通、商业、健康医疗、网络安全、社会治理等重要领域场景（见图 3 - 1）。

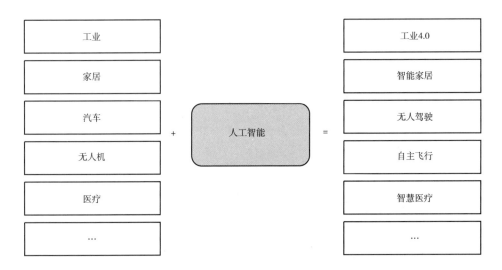

图 3 - 1　移动互联网时代的人工智能渗透领域

资料来源：中国产业信息网。

我国从 2015 年开始，从政策层面将人工智能提升至国家战略层面。2015 年 7 月，国务院在发布的《关于积极推进"互联网 +"行动的指导意见》中指出，扶持人工智能产业的发展，促进该技术在智能家居、智能终端、智能汽车、机器人等领域的推广应用；2016 年 5 月，国家发改委发布的《"互联网 +"人工智能三年行动实施方案》中指出，到 2018 年国内要形成千亿元级的人工智能市场应用规模；2016 年 8 月，国务院发布《"十三五"国家科技创新规划》，提出发展一批体现国家战略意图的重大科技项目；2016 年 12 月，国家发改委发布《"十三五"战略性新兴产业规划》，其中在"新一代信息技术产业"中增加了人工智能产业，提出要从平台、硬件、软件和应用系统四个方面开展构建。

表 3 - 1 所列的人工智能三个发展阶段，是国际上普遍认可的发展路径，并且符合我国人工智能产业的实践情况。 目前，我国基本完成前两阶段的技

术开发，并实现了大规模的应用。 而在认知智能领域，对于无人驾驶、全自动智能机器人等技术的开发还不成熟，仍需进行试验和应用层技术的研究。

表 3 - 1　人工智能发展的三个阶段

分类	表现	示例	价值
计算智能	能存会算：存储数据、计算与传递信息	神经网络、遗传算法	能够帮助人类存储和处理海量数据，是感知和认知智能的基础
感知智能	感知世界：看懂与听懂，通过传感器感知环境并做出少许判断和行动	人脸识别摄像头与平台、语音识别助手等	能够帮助人类更为高效地完成"看"和"听"等相关工作
认知智能	自主行动：能够像人一样思考，自如行动	无人驾驶汽车、自主行动机器人	可以全面代替人类工作

资料来源：中国产业信息网。

（四）区块链

区块链技术（Blockchain Technology）这一概念最早是由中本聪在2008年发表的一篇名为《比特币：一种点对点式的电子现金系统》的论文而来，其中指出了被称为"比特币"的电子货币及其算法，这一事件可算是区块链的第一个成功实践。 根据中本聪的表述，区块链是一种去中心化的分布式账本数据库，是分布式数据存储、点对点传输、共识机制、加密算法等计算机技术的新型应用模式。 区块链最早是比特币的基础技术，比特币的发明人或发明组织是中本聪，业界认为"中本聪"很可能是个化名。

区块链的类型，根据应用场景与设计体系的差异，一般分为三类，即公有链、联盟链和专有链。 公有链，各个节点可以自由加入和退出网络，并参加链上数据的读写；联盟链，各个节点通常有对应的实体机构组织，通过授权后才能加入与退出网络，各机构组成利益相关的联盟，共同维护区块链的正常运行；专有链，具备区块链运行的通用结构，适用于特定机构的内部数据管理与审计。

在区块链技术持续创新与中国庞大的互联网投资用户这两大利好因素作用下，2014～2017 年，中国区块链领域的私募股权投资规模与细分领域逐步壮大，涵盖了挖矿、虚拟货币、交易所等诸多领域。 基于区块链的应用场景，我国已经涵盖金融服务、医疗健康、IP 版权、教育、物联网、共享经济、通信、社会管理、慈善公益、文化娱乐等，充分发挥出数据存储、去中心化、不可篡改等特性。

比特币在中国的发展历程中，一直受到监管部门的严格管控，先后出台了多个监管政策。 2013 年 12 月，中国人民银行等五部委首次发布规范比特币交易的管理办法，即《关于防范比特币风险的通知》，文件中披露中国各比特币交易平台均未获得省级金融办的批准。 2017 年 9 月，中国人民银行等七部委再次发布规范比特币交易的相关文件，即《关于防范代币发行融资风险的公告》，明确 ICO 在我国属于非法活动，全面叫停ICO。 2018 年，在博鳌亚洲论坛上各国对于数字货币的看法不一，我国监管部门保持谨慎的态度，严防金融风险事件的发生。

二　金融科技公司逐渐走向成熟

(一) 新型金融科技创业公司形成"上市潮"

随着大数据、云计算、人工智能、区块链等 IT 技术的开发与完善，我国最早的一批金融科技创业公司，可以追溯到 2007 年成立的第一家P2P 平台——拍拍贷。 2007 ～ 2017 年，金融科技在我国的发展已经超过10 年，2017 年集中爆发了金融科技公司的"上市潮"，包括众安在线、趣店、和信贷、拍拍贷、简普科技等。

在金融科技公司的上市地域选择上，由于大部分公司还达不到国内上市的准入要求，因此一般选择在海外上市。 第一类是选择赴美上市，包括以宜人贷、拍拍贷、乐信、趣店、信而富为代表的从业机构；第二类是赴港上市，2018 年初维信金科、凡普金科、51 信用卡、汇付天下等都已提交招股说明书，这些公司的主营业务涵盖 P2P、第三方支付、消费金融、财富管理等互联网金融细分业态。

(二) 以 BATJ 为代表的金融科技公司巨头

阿里巴巴集团在 2003 年创立支付宝之后，开始发展互联网支付业务，随后网贷、"宝宝"类理财等金融业务不断扩充。 经过 2003 ～ 2017

年整整 15 年的发展，以 BATJ 四家为首的互联网巨头，借助互联网基因的强大技术优势，在发展金融科技领域，占据了较大的市场份额。

在单独拆分金融业务方面，国内互联网公司采取专门成立金融科技子公司的方式，由专门的团队来运营金融板块业务，并且使业务发展符合"强监管"要求。 BATJ 四家互联网巨头之中，拆分金融业务的时间各有不同，下面是它们的具体拆分策略。

1. 阿里巴巴

2014 年 10 月 16 日，阿里巴巴正式宣布成立蚂蚁金融服务集团，其前身是 2004 年成立的支付宝平台。 此举标志着蚂蚁金服开始独立化运营金融业务，它是四家互联网巨头中最早实现独立化运营的，旗下涵盖了支付宝、余额宝、招财宝、蚂蚁聚宝、网商银行、蚂蚁花呗、芝麻信用、蚂蚁金融云、蚂蚁达客等子业务板块。

2. 京东集团

2014 年 4 月，京东集团宣布正式成立京东金融，之后在 2016 年 11 月，京东集团为了谋求在国内上市，宣布将重组京东金融，将其股权出售，使其成为一家内资公司。

3. 百度集团

2015 年 12 月，百度成立金融服务事业群组。 2018 年 4 月 28 日，百度正式签署《拆分融资协议》，并启用全新品牌"度小满"，具体涉及的金融业务包括消费金融、钱包支付、理财、互联网银行、互联网保险等多个板块。

4. 腾讯集团

腾讯是目前四家互联网巨头企业之中，唯一没有进行金融业务板块拆分的。 相对而言，腾讯在金融科技领域的起步较晚，2013 年才获得第三方支付牌照，因尚处于客户积累阶段，腾讯提出将在微信和 QQ 两个渠道逐渐培育用户的金融业务交易场景。

(三) 金融科技公司拓展全业务领域金融牌照

目前，网络金融服务平台主要通过自行申请或者与拥有牌照的机构合作开展业务，涉及十余种金融牌照，以 BATJ 四家互联网巨头所拿牌照数量最多，占据较大的市场份额（见表 3 - 2）。 2013 ~ 2018 年，围绕我国消费升级与"互联网＋"跨界竞争的外部经济环境，金融科技公司围绕消费场景，加速抢占金融牌照，市场竞争较为激烈。

表3－2　BATJ四家互联网公司的金融牌照获取情况（截至2017年末）

公司/牌照	腾讯	阿里（蚂蚁金服）	百度	京东
银行	微众银行（持股30%）	网商银行（持股30%）	百信银行（持股30%）	无
证券	中金公司（持股4.95%）	无（收购德邦证券未果）	无	无
保险	和泰人寿（持股15%）、众安保险（持股10.21%）、英杰华人寿（香港）（持股20%）	国泰产险（持股51%）、信美相互（持股34.5%）、众安保险（持股13.54%）、阿里健康保险公司（持股20%，尚未获批）	百安保险（尚未获批）、与太保集团合资财险公司（尚未获批）	无
基金	无	天弘基金（持股51%）	无	无
信托	无	无	无	无
第三方支付	财付通（微信支付）	支付宝	百度钱包	京东支付
消费金融公司	无	无	无	无
小贷公司	财付通网络金融小贷	重庆蚂蚁小微小贷、重庆蚂蚁商诚小贷	重庆百度小贷、上海百度小贷	重庆两江小贷、重庆京东同盈小贷、北京京汇小贷
基金销售	腾安基金销售公司	蚂蚁基金销售公司	无	北京肯特瑞财富投资管理公司
保险中介	微民保险代理（微保）	上海蚂蚁韵保保险代理、杭州保进保险代理	黑龙江联保龙江保险经纪公司	天津津投保险经纪公司
个人征信	腾讯征信（试点）	芝麻信用（试点）	无	无
金交所	无	天津所、网金社	百金交	无

资料来源：新金融琅琊榜（微信公众号：Finrank）整理，零壹财经重新制表。

三　新技术为金融业带来征信与数字货币变革

（一）金融科技有效补充与完善国家征信系统

《中国征信业发展报告（2003～2013）》显示，截至2012年末，我国征信机构达到140家左右，总规模达20亿元。相较于美国近800亿元市场和日本 40 亿元市场，仍有较大的差距。 2013 年初，我国征信行业存在两大弊端：一是个人征信体系明显覆盖不足，央行征信系统收录的自然人数量超过 8 亿，其中有信贷记录的仅有 3.2 亿人；二是征信在日常生活服务中的应用几乎为空白。 与此同时，2003～2013 年，通过电子商务平台购物、社交工具、快递物流等渠道，众多金融科技公司掌握了用户的各项真实信息，包括手机号码、住所地址、交易记录、绑定银行卡等数据。企业通过运用大数据，测算出个人用户的征信分，它比传统金融机构的征信记录更加精准。 在网络借贷的发展方面，互联网金融公司搭建的征信模型能自动测算出用户的授信额度，极大缩短了审批周期。

以下是我国监管部门推进征信系统建设的典型事件。

2013 年，国务院正式出台《征信业管理条例》，文件规定，我国将对从事个人征信业务的相关机构实行牌照制管理。 2015 年 1 月 5 日，中国人民银行发布《关于做好个人征信业务准备工作的通知》，批准八家征信公司开展个人征信业务的试点工作，时间为 6 个月，试点机构分别为芝麻信用管理有限公司、腾讯征信有限公司、深圳前海征信中心股份有限公司、鹏元征信有限公司、中诚信征信有限公司、中智诚征信有限公司、拉卡拉信用管理有限公司和北京华道征信有限公司。

2017 年，市场传出"央行亲批、互金协会牵头成立信联"，我国仍没有发出一张个人征信牌照。

2018 年 2 月 22 日，中国人民银行确认发放个人征信牌照，正式发布《设立经营个人征信业务的机构许可信息公示表》，文件中提出将设立百行征信有限公司（前身即"信联"）作为国内唯一的个人征信机构。 在持股比例上，百行征信的股东中，互金协会持股 36%，前述八家机构各持股 8%。

（二）运用区块链技术推进数字货币国际化发展

区块链技术的发展带动数字货币的投资交易量快速上扬，并呈现明显的全球化交易趋势。 对于数字货币的发展，各国态度不一，主要存在的问题包括：一是业界缺乏同时支持高并发和强一致性的商业可用公链；二是海量真实资产的链化需要强扩展性的区块链技术；三是比特币、以太坊缺乏对真实资产上链的技术与业务体系。 我国对数字货币的研究，从 2014 年开始，至今已有将近 5 年时间，对加密专利技术与市场风险进行了持续探索。下述事件是我国监管部门在推进数字货币研究方面的主要举措：2014 年，我国央行正式开始组建团队，研究数字货币；2017 年正式成立数字货币研究所，并在 2017 全球区块链企业专利排行榜中排名第三，合计专利数量达到 33 个；2018 年二十国集团（G20）峰会上，由各国的央行行长集中讨论了"加密资产"问题，目前我国对数字货币保持谨慎态度。

第三节　互联网金融的业务模式创新

一　P2P 网贷模式

（一）我国网贷平台起源与发展情况

自从 2007 年我国成立第一家 P2P 平台——拍拍贷之后，每个月都会出现新增的网贷平台和上演"跑路"事件。对于网贷行业的规范性整治，标志性事件是银监会针对我国网贷行业监管而推出的"1 + 3"监管制度体系，具体包括 2016 年 8 月发布的《网络借贷信息中介机构业务活动管理暂行办法》、2016 年 11 月发布的《网络借贷信息中介机构备案登记管理指引》、2017 年 2 月发布的《网络借贷资金存管业务指引》、2017 年 8 月发布的《网络借贷信息中介机构业务活动信息披露指引》及《信息披露内容说明》。截至 2017 年末，我国网贷平台的整体运行情况如下。

1. 存量平台

截至 2017 年 12 月 31 日，零壹数据监测到的 P2P 借贷平台共 5503 家（仅包括有 PC 端业务的平台，且不含台港澳地区，下同），其中正常运营的仅有 1539 家（占比 28%），同比减少 24.3%。2017 年上线的平台数量仅 168 家，同比减少 72.2%；问题及转型平台共 663 家，同比减少 44.2%。历年 P2P 网贷平台数量走势见图 3 - 2。

截至 2017 年 12 月 31 日，中国内陆 31 个省级行政区（含省、自治区和直辖市）均有正常运营的 P2P 网贷平台，但仅有四个省份正常运营平台超

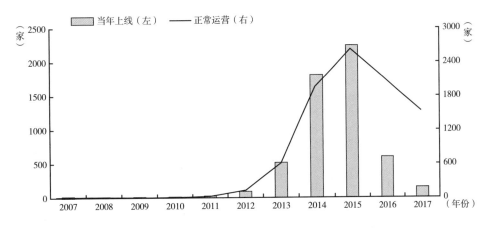

图 3 - 2　历年 P2P 网贷平台数量走势

资料来源：零壹数据。

过 100 家：广东 337 家，北京 274 家，上海 214 家，浙江 195 家（见图 3 -
3）。从正常运营平台占当地累计上线平台的比例看，广东、上海和浙江相
近，分别为 35.1%、32.8% 和 32.6%；而北京为 44.6%，远高于其余三地。

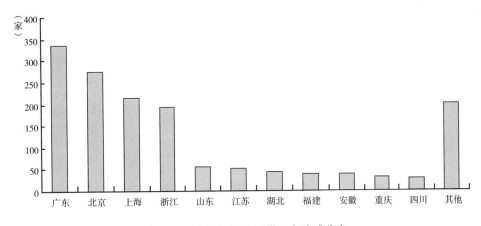

图 3 - 3　2017 年 P2P 网贷平台地域分布

资料来源：零壹数据。

2. 问题平台

截至 2017 年 12 月 31 日，零壹数据统计的问题平台（不含转型）共有 3902
家，占平台总量的比例高达 70.9%，其中，公告停业以及隐性停运（连续两个
月不发布借款项目）的平台至少有 1342 家，占到历史累计问题平台数量的

34.4%。仅 2017 年一年，问题平台数量合计至少有 643 家，同比减少 44.6%；2017 年 12 月问题平台至少有 46 家，环比增加 43.8%（见图 3 - 4）。

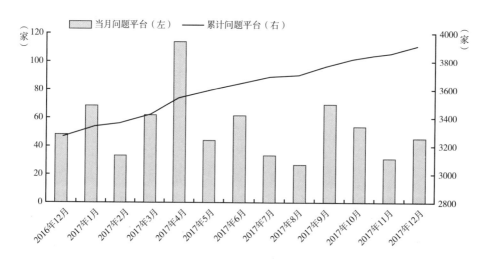

图 3 - 4　2017 年 P2P 问题平台走势

资料来源：零壹数据。

2017 年的问题平台中，失联跑路的平台共有 196 家，占到 30.5% 的比例；网站无故关闭的平台共 160 家，占 24.9%；歇业停业的平台共 141 家，占 21.9%；提现困难的平台 100 家，占 15.6%；涉嫌诈骗的平台共 22 家，占 3.4%；已立案的平台共有 9 家，占 1.4%；其他问题平台共 15 家，占 2.3%。

3. 转型平台

排除由于各种原因停止 P2P 网贷运营的因素，还有部分 P2P 网贷经营主体将运营方向投入别的领域，如互联网众筹、电子商务等，这类平台被归为"转型"平台，不纳入问题平台范畴。据零壹数据不完全统计，截至 2017 年 12 月 31 日，历史转型平台数量至少有 62 家，2017 年转型平台共计 20 家，每月多在 1～2 家。

（二）网络借贷模式的主要发展特征

1. 头部平台纷纷升级品牌, 转型金融控股集团

面对监管层持续强化对互联网金融管制力度、行业资产荒问题进一步加剧的外部环境，我国网贷行业的部分头部平台纷纷进行"品牌升级"，

逐步发展成为金融控股集团，标志性举措是谋求小贷、基金代销、保险代销等牌照，并加强对新技术的研发投入，譬如智能投顾、反欺诈等，此外在对外合并控股方面的举措日渐增多。

2. 降低行业资金成本成共识，普遍采用对接机构资金策略

我国 P2P 行业经过多轮市场洗牌，大量不合规、高风险平台逐渐退出市场，网贷行业回归理性的发展环境，并涌现优势突出的头部平台。 这些头部平台逐渐呈现品牌化发展趋势，引领着 P2P 行业整体降低资金成本。 网贷平台通过下调理财产品收益率、对接机构资金等方式，实现了资金成本的降低。

3. 小额信贷、消费金融、车贷、农村金融为转型热点

零壹研究院认为，小额信贷、消费金融、车贷和农村金融等领域，是网贷平台的主要转型方向。 全方位转型小额业务等同于重新构建 P2P 平台的产品设计、风控体系等多维度因素，其中头部平台的转型相对容易，它们拥有的品牌效应和投资用户数量，有利于加速业务转型。

(三) 网络借贷平台的资金存管类型

据零壹数据不完全统计，截至 2017 年 12 月末，正式上线存管系统的平台有 626 家，已与银行签订存管协议但系统暂未上线的平台至少有 92家。 统计显示，至少有 46 家商业银行与 P2P 网贷平台完成资金存管系统对接并已正式上线，其中，城市商业银行、股份制商业银行、民营银行、农商行和大型商业银行分别对接了 359 家、137 家、76 家、49 家和 5 家P2P 网贷平台；具体来看，华兴银行、江西银行、恒丰银行、海口联合农商银行、浙商银行和新网银行对接 P2P 网贷平台数量分别达到 88 家、82家、58 家、44 家、42 家和 36 家，这 6 家银行合计对接 350 家 P2P 网贷平台，占已上线存管系统平台总量的 55.9%。 与 P2P 网贷平台开展资金存管合作的商业银行分布见表 3 - 3。

从网贷平台的注册地来看，广东和北京超过 100 家，分别有 168 家和160 家平台正式上线银行存管系统；上海和浙江次之，分别有 89 家和 70家；安徽和江苏各 16 家；其余省份均不多于 13 家。 P2P 网贷的存管进度与各地发展情况（平台数量、大平台占比、资金实力等）以及监管环境有密切的关系。

表 3 - 3　与 P2P 网贷平台开展资金存管合作的商业银行分布（截至 2017 年末）

银行性质	银行类型（按对接 P2P 网贷平台数量降序排列）
城市商业银行	华兴银行、江西银行、徽商银行、厦门银行、北京银行、上海银行、贵州银行、厦门国际银行、西安银行、四川天府银行、南粤银行、杭州银行、廊坊银行、晋商银行、攀枝花市商业银行、上饶银行、广州银行、江苏银行、包商银行、河北银行、遂宁银行、浙江民泰商业银行、长沙银行、宜宾商业银行、郑州银行（共 25 家）
股份制商业银行	恒丰银行、浙商银行、兴业银行、平安银行、中信银行、广发银行、华夏银行、民生银行、光大银行、招商银行、渤海银行（共 11 家）
民营银行	新网银行、华瑞银行、重庆富民银行、天津金城银行（共 4 家）
农商行	海口联合农商银行、重庆农商银行、昆山农商银行、西宁农商行（共 4 家）
大型商业银行	中国建设银行、中国农业银行（共 2 家）

资料来源：零壹数据整理。

二　众筹融资模式

（一）我国众筹平台起源与发展情况

"众筹"一词译自英文"Crowdfunding"，意为大众筹资，指项目发起人（融资方）直接向支持者（投资人）进行融资，并承诺给予回报的行为。在众筹渠道上，目前大部分以互联网众筹模式为主。这种筹资方式并不是由中国创造的，最早是 2000 年由美国音乐家 Brian Camelio 创设的众筹网站 Artist Share，让艺术家通过网站发布音乐创意并吸引大量有兴趣的出资人出资，开展这个项目。随后众筹模式在欧美国家进行广泛传播，并逐渐推广至亚洲、中南美洲、非洲等发展中国家。

1. 2011 年我国成立第一家众筹平台——点名时间

我国成立时间最早的众筹平台是"点名时间"，它在 2011 年 7 月上线，属于综合型奖励制众筹。此后，借鉴"点名时间"的发展模式，"追梦网"作为我国第一家公益性众筹平台于 2011 年 9 月成立，股权众筹平台"天使汇"在 2011 年 11 月上线。2012～2014 年的三年时间内，数十家众筹网站先后出现，包括众筹网、淘宝众筹、京东众筹等。点名时间作为国内首家众筹平台，受到互联网巨头的冲击，陷入平台流量不足的发展困境，最终被收购。以下是点名时间从发展初期到被收购的几大关键性事件。

2014 年初，点名时间拿到来自经纬中国、英特尔等机构的数百万美元 A 轮投资。

2014 年 8 月，点名时间对外发布转型公告。公司提出将自身重新定位于电商平台，转型发展成为"智能硬件新品限时预购平台"。

2015 年 7 月，点名时间宣布重新回归众筹平台，提出"做原汁原味的众筹"。尽管仍在不断接纳开源软件的进入，但已经无法再找到非常好的众筹项目。

2016 年 7 月，点名时间最终遗憾收场，被 91 金融收购。

2. 我国众筹平台数量情况

据零壹数据不完全统计，截至 2017 年 12 月 31 日，我国累计上线的互联网众筹平台（不含港澳台地区，下同）至少有 672 家。其中，正常运营的平台仅余 169 家，约占 25.1% 的比重；与 2016 年底比较，正常运营平台减少了 49.9%。2016 年开始，由于互联网金融监管大幅收紧，传统的产品及股权众筹平台基本停止增长，而收益权众筹平台（尤以业务流程简单、筹资迅速、回报周期短但风险事件高发的汽车众筹为主）成为增长主力。2017 年，互联网众筹市场继续低迷，全年新上线平台共 47 家且逐季递减（见图 3-5）。新上线平台中含 40 家收益权众筹平台、4 家产品众筹平台和 3 家股权众筹平台。

新上线平台数量大幅走低的同时，大量平台继续退出众筹行业。据零壹数据不完全统计，截至 2017 年末，至少有 452 家问题平台，问题类型以网站关闭和歇业停业为主，合计占到问题平台总量的 86.9%，其中网站无故关闭的平台达到 246 家，占 54.4%，歇业停业的平台 147 家，占 32.5%（见图 3-6）。

据零壹数据不完全统计，2017 年我国至少有 124 家互联网众筹平台出现网站无故关闭、歇业停业、失联、提现困难等问题，同比减少 45.9%；转型平台至少 7 家，减少 3 家，转型方向主要包括电子商务、FA 服务机构、理财社区等；此外，截至 2017 年末，至少有 18 家众筹平台处于隐性停运状态，包括蚂蚁达客、京东东家、平安众筹、三拾众筹等知名平台。

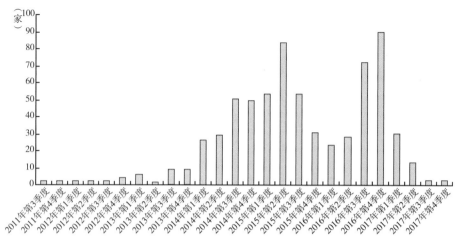

图 3 – 5　我国互联网众筹平台历年上线时间分布

资料来源：零壹数据。

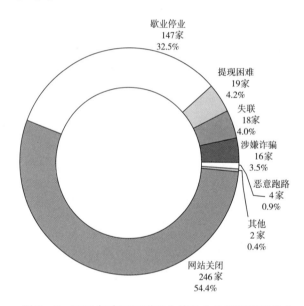

图 3 – 6　2017 年我国互联网众筹平台的问题类型分布

资料来源：零壹数据。

3. 我国众筹平台分类情况

截至 2017 年末，在我国正常运营的 169 家众筹平台中，涉及股权众筹业务（含混合型，下同）的有 88 家，占比 52.1%；涉及收益权众筹业务的有 66 家，占比 39.1%；涉及产品众筹业务的有 47 家，占比

27.8%；涉及公益众筹业务的有6家，占比3.6%（见图3-7）。在这些平台中，至少有43家同时发布多种类型的众筹项目，举例来说，至少有10家平台兼营产品众筹和收益权众筹，至少有16家平台同时发布产品众筹和股权众筹项目。

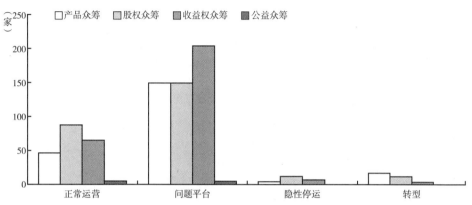

图3-7　2017年我国互联网众筹平台的类型分布

注：单个众筹平台可能同时归入多个众筹类型，故图中数据之和大于行业累计平台数量。
资料来源：零壹数据。

4. 我国众筹平台地域分布

截至2017年末，我国累计上线的672家互联网众筹平台分布于27个省份，仍在正常运营的169家众筹平台分布于22个省份。其中，京粤沪三地正常运营的平台分别有42家、29家和23家，三地合计94家，占比55.6%。山东共20家众筹平台仍在正常运营，其中17家是汽车众筹平台；浙江正常运营平台有13家；其余地区均不超过5家（见图3-8）。

随着互联网众筹市场不断"出清"，多地累计问题平台数量已超过当前正常运营平台数量。截至2017年12月31日，仅湖南和福建正常运营平台数量多于累计问题平台，辽宁、陕西和海南的正常运营平台与累计问题平台数量持平。

（二）众筹融资模式的特征、分类与生态圈

1. 众筹的基本特征

与通过传统金融机构进行筹资的形式相比，众筹具有如下发展特征。

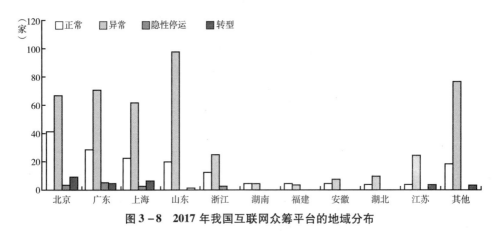

图3－8　2017年我国互联网众筹平台的地域分布

资料来源：零壹数据。

一是直接性。　众筹虽然一般通过众筹平台进行，但是平台只作为信息中介撮合项目与用户，自身并不吸收和发放资金，融资方（项目）与投资人存在直接对应关系。

二是明确性。　众筹项目的目的一般较为明确，资金用途向投资人披露；项目一般设定有明确的筹资周期和筹资金额，在预定周期内如果无法筹够设定的金额，项目宣告失败①，投资人的资金将被退回。

三是便捷性。　项目的发起流程与筹资过程较为简捷，投资方便，大部分流程均可在网络上完成，筹资效率较高、时间成本低。

四是灵活性。　投资与回报过程均依赖于投融资双方的约定，可灵活约定回报形式、回报内容和回报周期。

五是低门槛。　投融资双方的门槛均较传统金融用户低，融资方多为初创企业或小微企业，投资方多为普通个人，项目审核要求较低。

六是风险性。　上述特点决定了众筹项目具有较大的不确定性，项目可能因为无法筹集够资金而失败，或者筹够资金后未能按照约定给予投资人回报，投资人需要自行判断项目质量、承担项目风险。

2. 众筹的基本分类

根据项目回报内容的不同，传统上把众筹项目划分为以下四种类型。

---

① 也存在灵活筹资模式和循环筹资模式，前者在到达规定时间后，无论筹集多少金额，项目都算成功，后者的项目长期存在，随时可以支持，但是这两种模式的占比都很低，不是主流。

一是产品众筹。 回报内容为实际的产品或服务，不涉及任何资金回报。

二是股权众筹。 回报内容为企业股权，投资人成为企业股东，可获得现金分红或股权增值等相关回报。

三是债权众筹。[①] 回报内容为债权，享有债权相关的权益，如利息、追索权等。

四是公益众筹。 也称捐助型众筹，类似于慈善捐助，主要为象征性、精神性回报。

上述分类简洁明了，并与传统的产品预购、股权投资、资金出借、慈善捐助相对应。 但是众筹引入我国以来，发生了较大的变化，出现了诸如权益众筹、消费众筹等新类型，其回报物不属于上述任何类型，或者是多种回报形式的综合，因而是非标准化的，可统称为非标权益众筹。 其具有如下特点。

一是回报物既非产品/服务，也非股权、债权，而是获得现金收益的权利（如支持者合伙购买一辆汽车再卖出，通过买卖差价获利）。

二是回报物为消费权利，但是其金额或内容随时间/项目效益情况而变动（例如支持者对餐厅进行投资，餐厅根据经营情况向支持者发放就餐代金券）。

三是回报物既包括现金分红（但并不享有股权或债权），也包括消费权利（例如支持者对酒店进行投资，既获得盈利分红，也获得一定的打折或免费入住权）。[②]

3. 众筹行业生态圈

根据上述众筹行业的分类与运作规律，本书把与众筹发起人相关的服务称为资产服务，把与众筹平台运作相关的服务称为运营服务，把与众筹支持者相关的服务称为资金服务，从资产、运营、资金三个角度，可以把众筹生态圈的成员划分为如表 3 - 4 所示的类别。

---

① 债权众筹即所谓的 P2P 借贷，该类型发展迅猛，已经被看作与众筹并列的单独行业。
② 值得注意的是，某些项目还约定，如果支持者选择不分红或者不消费，项目方将在一定的时间后以约定的溢价回购支持者的支持份额。

表 3 - 4　众筹行业生态圈的主要成员类型

类别		成员
资产端	资产推荐	风投机构、孵化机构、创业园区、专业投资人
	创业培训	创业学院、孵化机构、融资辅导机构
	行政人事	代理注册机构、代缴社保机构、知识产权代理机构、招聘机构、财税服务机构、股权设计机构
	办公和营销	孵化机构、营销机构、视频制作机构、电商平台
	软硬件生产制造	设计公司、软件外包公司、硬件制造商
运营端	IT 和安全技术	软硬件及网络解决方案提供商、信息与数据安全技术提供商
	资金管理与支付	第三方支付机构
	合同	合同起草及审核机构、在线合同签署机构
	认证服务	安全与商誉认证机构
资金端	机构投资人	风投机构、专业投资人
	流量服务	互联网广告服务机构、流量推广平台、媒体类网站
	评估服务	众筹企业估值机构、产品价值评估机构
公共服务	法律服务	法律研究机构、律师事务所、第三方证据托管平台
	行业和媒体服务	数据监测机构、行业研究机构、相关媒体及自媒体、投资人论坛及社区
	监管和自律	央行、证监会、各地金融局、证券业协会、互联网金融协会、其他自律组织

资料来源：零壹研究院搜集、整理。

(三)互联网众筹细分业务发展与监管导向

截至 2017 年末，我国互联网众筹市场发生了诸多改变：机构数量明显减少，大量平台暂时或永久性关闭线上服务；产品众筹市场排名发生改变，淘宝众筹规模反超京东众筹；以京东东家、蚂蚁达客、平安众筹为代表的平台暂时"停止"互联网非公开股权融资服务，投资门槛较低的收益权众筹筹资规模明显增长；公益众筹成为风险资本市场"风口"，腾讯、IDG 资本共同入股两家市场占有率靠前的大病筹款平台。

细分众筹领域里，科技类众筹、地产众筹规模明显增长；影视众筹表现"惨淡"，大部分垂直型平台已向影视宣传和线下投资转型；汽车众筹"喧嚣"之后开始降温，筹资规模大幅下降，市场集中度提高；农业众筹规模小幅增长，市场格局没有明显改变。

在监管方面，尽管对全国性互联网金融业务的风险专项整治工作力度从 2016 年 4 月开始持续增强，但整体上出台的股权众筹整治措施要明显弱于 P2P 网贷、现金贷等业务,这跟众筹规模小、涉众性不广有较大关联。 虽然国务院及各部委在多份文件中提出建立多层次资本市场并鼓励众筹融资,但还未有文件能够使众筹监管落地。 整体来看,互联网众筹的政策环境较为宽松,主要面临的两点法律问题值得关注:一是非法集资,部分众筹平台在缺乏指定投资项目的情况下,设立虚假项目来归集投资者资金,形成资金池,然后公开宣传,吸引更多的投资者与项目方参与;二是非法发行股票,部分股权众筹平台"线上"展示项目的股权转让与融资额信息,吸引感兴趣的投资者,"线下"提供流程、法律等方面的一些辅助服务,因此存在众筹平台与融资公司之间的关联交易、内部交易,乃至平台的"自融"风险,这类众筹平台的高风险值得警示。

三　互联网消费金融业务模式

(一)我国互联网消费金融平台起源与发展情况

互联网消费金融这项业务是由传统的消费金融业务发展而来的,从概念角度来讲,它是指运用互联网及相关信息技术,为客户提供购车、电商平台购物等多种交易场景下的线上消费金融产品。 2013 年,在余额宝的带动下,互联网消费金融开始加速发展,譬如:2013 年下半年,"分期乐"作为大学生分期平台在市场中推出;2014 年 2 月,京东金融 App 发布一款消费金融产品"京东白条";阿里巴巴的"天猫分期"和"花呗"两款消费金融产品,分别在 2014 年 7 月和 12 月推出。 电商巨头的进入,让更多人开始关注互联网消费金融领域。

2013~2018 年,我国互联网消费金融业务的市场参与主体,主要包括四类,即银行、电商企业、消费金融公司、互联网消费金融平台。 其中,具有代表性的互联网消费金融平台是拥有电商属性的"京东白条"。 它的推出背景是帮助京东商城的个人用户缓解资金压力,提供消费分期服务,产品背后的逻辑在于出让京东与供应商的账期利益做赊购业务,这与京东对供应链强大的管理能力有关。 在白条逐渐发展成熟后,它嵌套的消费场景较为多元化,目前形成的主要白条类产品见表 3-5。

表 3-5 "京东白条"嵌套的主要消费金融场景介绍

产品名称	产品简述
京东白条	可为用户提供在京东商城购物 30 天延期付款及分期的服务
白条联名卡	与中信银行联合推出的信用卡,比一般信用卡账期更长
旅游白条	根据小白信用分值,与驴妈妈等旅游网站合作,提供旅游分期服务
安居白条	首付贷、装修贷、租房分期
校园白条	针对大学生客户的"京东白条",活动较多
出行白条	与首汽租车、大方租车、悟空租车、凹凸租车、安飞士租车等合作
京东金采	针对企业用户门的"京东白条"
农村金融	针对特定农户的生产贷款和消费贷款

资料来源:京东金融 App。

(二)互联网消费金融的政策机遇与业务类型

1. 互联网消费金融的政策机遇

从 2009 年开始,国家不断出台扶持消费金融业务的政策文件,最早在 2009 年,经相关部委批准在四个城市(北京、天津、上海和成都)进行消费金融公司试点。 2013 年 9 月,银监会将消费金融试点城市扩展至 16 个。 2013 年 11 月,银监会发布修订后的《消费金融公司试点管理办法》,放宽对消费金融公司的注册地址、出资比例、吸收股东存款等方面的要求。 近两年,互联网金融的快速发展进一步推动了消费金融业务向网络化方向发展,同时互联网消费金融这一创新模式也得到监管部门支持。 2015 年 7 月,央行与相关部门联合发布的《关于促进互联网金融健康发展的指导意见》提出,鼓励消费金融机构积极开发基于互联网技术的新产品与服务,进一步拓展消费金融机构与互联网企业的合作领域,打造互联网消费金融业务的多元化创新服务模式。

2. 互联网消费金融的业务类型

在互联网消费金融平台的产品类别中,使用频率最大的是现金贷,其次是 3C 产品和家电、家具贷款,而其他场景的消费信贷需求较为分散,因此专门推出的细分场景互联网消费金融产品较少。 总结来看,消费贷款产品覆盖场景的逻辑是从标准化到非标准化。 最为标准化的现金贷业务,几乎所有消费金融服务商都在做,3C 产品、家电、家具贷款虽然有产品上的差异，但都是极为标准化的消费产品贷款，而装修、培训、旅行、租房等场景，则是比较难以标准化的消费场景。

除了上述消费场景外，还有一些创业公司主攻其他消费场景，比如早教、婚庆、艺校培训等。这些场景都是比较难以标准化的，一般大的消费金融服务商很少去覆盖这种难以标准化的消费产品或者服务。而对创业公司来说，这就是最好的消费场景，可以有充分的时间去试错。

(三)互联网消费金融的细分场景发展趋势

互联网技术的快速发展，使国民的消费需求日益多元化，因此也创新推出了更丰富的消费场景，并使互联网消费金融加速向细分化和垂直化方向发展。针对不同消费人群、不同消费产品或服务的消费金融产品种类将越来越丰富，并将越来越细分。互联网消费金融垂直化发展主要包括两个维度：消费领域垂直化和用户群体垂直化。

消费领域垂直化是指消费金融产品将不断深入各个不同消费行业或地区，例如旅游、租房、教育、数码、农村等。根据不同的消费领域特征，设计不同的消费金融产品，以便提供更有针对性、更精细化的产品服务。用户群体垂直化是指对消费金融的用户人群进行细分，从而根据不同人群的需求和风险特征，进行精细化的产品设计。这种划分可以根据收入水平来划分，例如分为高中低收入群体，也可以根据职业特性来划分，例如白领、蓝领、大学生等。随着市场的不断发展，两个维度的垂直化还可能相互结合，从而出现更加精细化的产品和服务。

四　互联网理财模式

(一)我国互联网理财平台起源与发展情况

理财产品的线上迁移发生在 2007 年前后，那时部分产品已经开始借助互联网渠道进行销售。而我国互联网理财的真正爆发，标志性事件是 2013 年支付宝推出的余额宝。到了 2015 年下半年，互联网理财产品日益多样化，个人理财用户可选择的产品种类较为丰富。截至 2017年末，布局一站式互联网理财的国内平台背景丰富，大致可以分为七类（见表 3 – 6）。

表3-6　我国互联网理财平台主要类型与典型代表介绍

平台背景	具体介绍	典型代表
传统金融机构	银行、券商、保险等在传统线下理财领域积累了丰富用户和专业资源的机构，为顺应互联网金融的潮流而推出的互联网理财平台	中国平安旗下的陆金所、华宝证券旗下的投客理财、光大集团旗下的光大云富等
传统理财机构	在线下提供财富管理服务的独立第三方理财机构，因顺应互联网金融的趋势而推出的互联网理财平台	诺亚财富旗下的财富派、恒天财富等
基金销售公司	拥有公募基金销售牌照的传统线下基金公司，或互联网基金销售公司所推出的互联网理财App	好买基金推出的储蓄罐、汇添富推出的现金宝等
实业集团/上市公司	传统非金融企业因战略布局和业务拓展需要，自行推出或直接投资的互联网理财平台	昆仑万维旗下洋钱罐、中国电信旗下的甜橙金融等
P2P平台	在原有业务的基础上，引入多元化理财产品，形成综合性互联网理财平台	人人贷WE财富、红岭创投的本标金融超市、积木盒子等
互联网公司	利用原来业务积累的大量数据及用户优势，对互联网金融进行布局而成立的理财平台	蚂蚁金服旗下的蚂蚁聚宝、腾讯旗下的微众银行、360旗下的你财富、宜信旗下的指旺理财等
独立理财公司	直接以互联网理财为创业方向的新兴机构所开设的平台	挖财、米多财富、金斧子等

资料来源：零壹财经整理。

据国家金融与发展实验室披露的互联网理财数据，我国互联网理财规模已由2013年的2152.97亿元增长至2017年的3.15万亿元。目前，人们通过网络渠道的信息快速传播效应，便捷化参与各种互联网理财平台的投资，将银行存款转移至各类理财平台，促使我国互联网理财平台覆盖越来越多的用户群体。借助互联网的"长尾效应"，普通用户都能参与理财，充分体现了普惠金融的发展原则。

(二)互联网理财的发展特征与资产配置形态

从2015年下半年开始，阿里、京东、平安等互联网巨头纷纷打出"一站式理财"的概念。这些理财平台的主要特征体现为：第一，通过手机App提供便捷的综合性理财服务；第二，年青一族已成为互联网理财平台的主力军，譬如 85 后、90 后乃至 95 后人群，他们将推动理财平台向移动化、智能化、社交化和一站式方向发展；第三，个性化理财是互联网理财的突破口，通过各类技术手段向用户智能推荐产品。

在智能推荐产品方面，智能投顾业务在 2017 年前后，成为互联网理财平台的新生事物，也体现了用户的个性化理财需求。 目前，理财平台的智能投顾业务，根据大数据分析、用户画像与风险承受能力，为每个互联网用户智能推荐理财组合产品，包括固收、债券基金、股票基金、票据、定期理财等，满足用户的定制化理财需求。

（三）互联网理财的行业问题与发展趋势导向

1. 行业问题

一是监管及合规性问题。 一站式互联网理财平台涵盖 P2P 理财、众筹、基金、保险等多元化产品，这种销售端的混业经营增加了监管的难度。

二是产品的同质性问题。 从理财平台的资产类型来看，主要有类固收债权、公募基金和金融资产收益权等三类，产品同质性的背后体现了优质资产稀缺、产品创新能力有限等问题。

三是决策的有效性问题。 我国大部分的理财平台推荐的智能理财产品推荐工具，主要依赖于测评模型，对客户的理财经验、风险承受力、期望偏好等很难全面评估。 鉴于此，很多用户不了解自身需求，资产端也不适应真正分散化投资的需要，平台仍需要对用户进行清晰分层和定位。

2. 发展趋势导向

结合我国互联网理财平台的发展阶段与现实问题，笔者认为今后平台发展将呈现以下趋势：第一，平台将更加关注经营及产品的合规性，由持牌金融机构占据主导地位；第二，丰富资产供给仍将是各平台短期内的竞争重点，预计消费金融、供应链金融、银行不良资产、PPP（公私合营）项目、企业经营权益、海外基金等新资产将成为创新方向；第三，平台将逐渐重视用户分层和黏性经营问题，针对不同类型的客户，选择差异化产品宣传策略（如场景结合、提供游戏化或主题性产品等）和用户激励机制（如积分奖励、会员等级制度等），试图精准区分用户，提升用户体验。

第四节　传统金融机构的金融科技发展变革

一　我国金融科技在商业银行运用情况

（一）区块链技术服务于银行多场景产品创新

从 2016 年下半年开始，区块链技术逐步应用于我国传统金融机构的系统开发与产品创新，譬如：2016 年 9 月，IBM 宣布和中国银联开展应用区块链技术的银行间积分共享试点项目；2016 年 10 月，中国邮政储蓄银行首次将区块链技术公开应用于商业银行核心业务系统，在资产托管业务场景中，利用区块链技术实现中间环节缩减、交易成本降低以及风险管理；此后，招商银行、中国农业银行、中国银行、民生银行等多家商业银行都在区块链领域进行积极探索，将区块链技术应用于跨境结算、供应链金融以及精准扶贫等领域，使区块链技术赋能金融应用场景。

2017 年以后，商业银行加快落实区块链技术在各类交易场景中的运用，从扶贫、国际贸易、住房租赁平台、电商供应链到雄安新区服务场景等领域，都有区块链技术的赋能。 银行在引入区块链技术后，将实现对客户信息的多方共享与反欺诈，减少信息重复校验的时间与成本，使业务环节得到快速优化。 同时，多家商业银行已成功开发出区块链应用系统，并采用与金融科技公司合作的方式，将系统应用于风险防控环节，有效提升银行业的智能化风控水平。

（二）人工智能提升智能理财需求辨别效率

围绕计算机视觉、机器学习、自然语言处理、机器人技术、语音识别等多项人工智能技术，商业银行从 2015 年起开始变革物理网点与线上金融服务方式，譬如：2015 年，交通银行推出智能网点机器人"交交"，变革网点人工服务模式；2016 年，多家银行通过手机银行与微信公众号，创新推出了智能客服；2016 年 12 月，招商银行推出摩羯智投，是对银行业智能投顾领域的一次重大革新。 经过对人工智能领域的持续探索，越来越多的商业银行不断挖掘互联网用户的智能理财需求，并应用于下述各类细分场景。

1. 无人银行 + 智能客服

从 AI 技术对银行物理网点的改造来看，在网点中引入智能机器人，推出智能设备 VTM（远程视讯柜台）进行人脸识别，运用生物识别技术来开展"刷脸取款"服务等，是对银行网点的改造与升级。 2018 年 4 月，中国建设银行在全国首创的"无人银行"在上海市正式营业，它涵盖了机器人、VR、AR、人脸识别、语音导航、全息投影等多项前沿科技元素。 随着银行网点服务朝着数据化、智能化的方向发展，各家银行的柜员、大堂经理等岗位正在快速"减员"，网点人员将向营销岗位转型。

从 AI 技术对在线金融服务的创新来看，基于自然语言理解的人工智能技术，可以通过在线对话交流，发掘用户需求，解释和推荐产品，进而带来销售转化。

2. 精准营销

通过跟踪用户在银行使用的服务与浏览内容，运用人工智能技术，做出用户画像和大数据模型，推荐符合每个用户偏好的产品与服务，做到"千人千面"，商业银行可实现对客户精准定位基础之上的个性化营销，最大限度地摊薄成本。

3. 智能投顾

智能投顾业务是银行业将人工智能技术应用于产品创新的发展方向，它运用一系列智能算法及投资组合优化等理论模型，为用户提供资产配置建议，减少人工主观判断的偏失概率。 从 2015 年开始，一些大型商业银行在发展互联网理财方面，除了自身研发人工智能技术外，还在开展技术输出，帮助中小商业银行与非银行金融机构构建互联网金融平台，加强数据挖掘与金融云系统的整体能力。 截至 2018 年 6 月末，我国已有 6 家银行设立金融科技子公司，具体输出技术与核心业务情况见表 3 - 7。

表 3 - 7　商业银行金融科技子公司的设立情况（截至 2018 年 6 月末）

银行名称	金融科技子公司名称	成立时间	技术输出简介
兴业银行	兴业数金	2015 年 9 月	互联网金融资产交易服务、金融产品的研究开发、金融信息技术服务外包、云计算资源服务与维护等
平安银行	金融壹账通	2015 年 12 月	输出人工智能理财相关技术，提供智能银行云、智能保险云、智能投资云、金科空间站开放平台等
招商银行	招银云创	2016 年 2 月	提供金融基础云服务、云安全服务、金融 IT SaaS 服务、IT 咨询服务和基础运维服务
光大银行	光大科技	2016 年 9 月	未披露金融科技输出相关信息，该公司主要负责集团下属机构包括银行的科技创新
中国建设银行	建信金科	2018 年 4 月	技术输出范围包括软件科技、投资咨询及金融信息科技等方面，尤其是新一代核心系统已经与多家金融机构签署合作备忘录
民生银行	民生科技	2018 年 5 月	为中小金融机构、民营企业和小微企业提供金融科技转型所需的解决方案和专业科技产品

资料来源：各银行官网。

（三）消费信贷、支付结算等产品线上化

面对我国消费升级、移动支付交易规模快速扩张的外部环境，人们在互联网时代的行为偏好与金融需求发生了极大变化，因此消费信贷、支付结算等金融产品的线上化创新，被 BATJ 和大批的金融科技公司广泛推广，对商业银行造成了冲击。面对跨界竞争的市场格局，商业银行陆续布局金融生态圈，将支付、借贷、投资理财等服务不同客户群体的产品线上化，结合特色场景，包括电子服务渠道（网上银行、手机 App、微信银行）与购物理财渠道（电商平台、直销银行），提升用户体验与业务办理效率。

二　非银行金融机构的金融科技创新情况

（一）保险机构的金融科技变革

在过去的 20 年，"保险 + 科技"的互联网保险模式，经历了兴起、发展和不断成熟的过程，金融科技在保险业的运用不断加深。目前，互

联网保险的参与主体主要包括传统保险机构、互联网保险持牌机构和第三方平台等新兴互联网保险创业机构。此外，多家互联网巨头和上市公司也纷纷涉足互联网保险市场。

近年来，新技术已经渗透保险经营的各个环节，具体表现为：一是通过区块链技术中的智能合约，开展保险业务的精准定价、精准营销、风险控制和保险欺诈识别等线上业务创新；二是采用人工智能、云计算与物联网技术，智能记录大量关于房产、车辆甚至个人的数据信息，实现智能理赔；三是应用基因技术，建立更为个人化的健康风险预测模型，智能推荐健康险产品。

(二)消费金融公司的金融科技变革

2004年我国先后成立了大众汽车金融、丰田汽车金融等汽车分期金融公司，这是我国最早发展消费金融业务的雏形。随着互联网金融的兴起与2010年监管部门试点设立消费金融公司，我国迎来了消费升级的发展机遇，引发了阿里、京东、腾讯等互联网巨头和一些商业银行、持牌消费金融公司、汽车消费金融公司、P2P借贷平台及其他互联网企业争相布局消费金融。在消费场景上，有3C分期、租房分期、教育分期、旅游分期、医美分期、三农分期等领域，越来越多的消费分期场景正在得到开发。

从事消费金融的机构大体可分为三类：以资金为驱动的传统消费金融、以场景消费为驱动的电商消费金融以及以技术为驱动的第三方消费金融。从传统银行到蚂蚁金服、微粒贷等金融科技公司，从线下信用卡到借呗、微粒贷的线上办理业务，从人工审核到指纹、刷脸等机器识别，金融科技不断更新着消费金融的实现方式。

(三)证券、基金公司的金融科技变革

2013年余额宝问世带动了证券、基金公司的产品营销模式转变。金融科技对证券公司的变革，主要体现在线上客户规模增长上，尤其是在智能投顾领域。智能投顾的出现，使证券公司资管产品的服务对象从高净值人群向长尾用户转移，同时增加了黏性和满意度。与此同时，基金公司的产品也可以通过互联网金融平台进行销售。总体来说，"风险管理

平台＋机器理财顾问＋低成本 ETF"构建的新型运作模式将改变传统基金公司发展的路径。

（四）其他机构的金融科技变革

除了上述三类非银行金融机构，从 2007 年成立网贷机构的时间算起，开展供应链金融、保理、融资租赁等业务的传统金融机构，也在积极进行线上化变革。 借助金融科技，在线获取 B 端用户的融资需求，并通过风控模型与区块链技术，验证企业的真实交易背景信息，自动测算出对每个客户的授信额度，可以解决中小微企业的融资难题。 金融科技的广泛运用，将推动各类传统金融机构由发展普惠金融加速向数字普惠金融转型，从而能为更多客户提供更优质的互联网金融服务，真正实现运用技术来连接人和金融，使金融服务实体经济发展。

三 金融科技助力传统金融机构提升效率、降低风险

（一）金融科技助力传统金融机构数字化变革

2015 年我国 GDP 首次跌破"7"，从这一年开始，体现出明显的经济下行压力加大态势，2017 年 GDP 同比增速为 6.9%，我国经济正在由"高增长"转变为"高质量"。 与之相对应，传统金融机构面临利润率下滑、不良贷款激增的外部环境，在数字经济时代急需进行战略转型，因此需要在组织架构调整、前瞻性的技术研究与战略布局上进行积极布局。

一方面，传统金融机构应全面深化数字化服务渠道、打造数字化金融产品、提升数字化洞察能力，构建与业务发展相匹配的技术平台；另一方面，应打造跨界合作的金融生态圈，搭建数字化开放平台，通过投资、并购、成立股权投资基金、参与建设孵化器或创业加速器的方式，分享金融科技成果。

（二）金融科技借助技术组合运用降低信贷风险

2007 年我国出现第一家网贷机构——拍拍贷，开启了大数据、云计算、人工智能等新技术在金融行业的应用，随着互联网金融升级为金融科技，各项新技术之间的嵌套应用也在不断升级。 传统金融机构对新技术的应用，正在由"跟随者"变为"领先者"，借助技术的优势，在风险识

别、风险管控方面实现了线上化和批量化，辅助金融机构制定风控决策，可应用场景包括贷前防控、反欺诈服务、信用决策、贷后行为预警、催收管理等领域。

1. 大数据技术：应用于欺诈识别、授信评分、贷后管理

大数据欺诈识别包括基于地理位置信息的欺诈识别、基于申请信息填报行为的欺诈识别、基于客户填报信息与公司存量信息交叉比对的欺诈识别、基于外部信息的交叉对比的欺诈识别。金融机构通过运用大数据技术，可以对不同类型的借款人，制定出一套完善的用户画像与授信评分模型，部分大型商业银行已经对客户做出上千个维度的用户画像。银行采用在用户授权范围内的数据中自动抓取的方法，将授信模型用于信贷决策与贷后管理工作，大幅提升了授信审批与贷后管理工作效率。

2. 人工智能技术：提高风控模型与数据的匹配度，加快模型迭代速度

近年来，商业银行将人工智能技术应用于客户服务与风险防控环节，通过人工智能与大数据技术的组合，促进我国智能化金融服务不断创新。"AI＋金融"的应用领域，已涵盖智能客服、风控与反欺诈、智能投顾等众多领域。在风险管理方面，根据各类信贷场景搭建风控模型，商业银行运用机器学习技术对用户的各种数据进行加工提取，对模型进行持续频繁优化，可以从更多维度的大数据中把握风险规律。

3. 区块链技术：身份验证、管理票据业务风险、防范道德风险

区块链技术在金融机构的实际应用，主要是在操作风险管理中的身份验证、支付安全等领域，实现客户信息在链上每个环节的实时共享，并且保证用户隐私安全。同时，商业银行采用区块链技术，将获取可信任的追溯途径。金融机构可以将不同公司之间的数据打通，及时发现高风险用户。

第五节　小结

金融科技与互联网金融在我国的发展，从 2005 年至今，已有 13 年的发展历程。相对于传统金融机构发展的历史长河，金融科技的发展周期

尚短，但也得到了政策支持，如"互联网＋"、普惠金融等一系列国家发展战略。目前，我国已形成较为完整的互联网金融生态，包括三类业务：第一类是负债端服务，体现为互联网理财产品，包括活期理财、保险理财、智能投顾等；第二类是资产端服务，主要是各类网络借贷产品，包括 P2P 网贷、众筹融资、互联网消费金融等；第三类是支付端服务，主要是第三方互联网支付机构发起的移动支付工具，结合各类线上与线下交易场景，带动我国整体支付交易总量。

互联网金融作为新生事物，它出现后国家并没有随即出台配套的法律规范文件，在发展初期，一度处于监管缺位的状态。2016 年，我国正式成立中国互联网金融协会，金融监管层开始持续加强对网贷行业的监管力度，严防金融乱象发生。2016 年是我国正式出台网络借贷监管法律实施细则的第一年，此后，2017 年我国密集出台了一系列互联网金融相关业务的管理政策文件，因此 2017 年也被称为互联网金融史上的"合规之年"。总体来看，在过去的十余年时间中，我国互联网金融行业经历了由"无序扩张"到"合规管制"的发展历程，涌现出宜人贷、拍拍贷、乐信等上市公司，是对我国传统金融业的有效补充与完善。

本章首先阐述我国金融科技与互联网金融的起源——以支付宝为代表的网上支付工具的出现，2013 年余额宝开启了互联网理财时代。其次，针对金融科技的各类前沿技术，展开分析大数据、云计算、人工智能和区块链对金融业的变革，我国兴起以 BATJ 为代表的金融科技巨头。再次，介绍国内互联网金融的主要业务模式创新形态，包括 P2P 网贷、众筹融资、互联网消费金融、互联网理财等。最后，从金融科技助力传统金融机构变革的角度出发，系统论述商业银行、保险机构、消费金融公司、证券机构、基金公司等通过技术手段提高金融服务效率，降低授信风险。

第二篇

金融市场改革篇

我国金融改革 40 年来，金融市场整体运行稳健，市场规模不断扩大，不同层次、不同功能的市场类型不断出现，参与主体进一步丰富，市场制度建设扎实推进。货币市场交易规模不断创历史新高，利率弹性有所增大，与经济基本面及市场变化相匹配，利率中枢功能有所提升。债券市场交易制度不断完善，品种日渐丰富，交易规模增大，成为我国金融市场重要的组成部分。股票市场在不断探索中成长，是我国金融体系直接融资的重要市场，随着监管日渐规范、健全，我国股票市场稳步发展。财富管理市场在满足市场需求的过程中不断升级转型，机构多元化趋势较为明显。资产管理市场规模不断扩大，金融机构之间的合作日益密切，在缓解企业融资难、融资贵的同时也积累了一定程度的风险。金融市场在支持供给侧改革、满足实体经济融资需求等方面发挥了积极作用。

第四章　中国货币市场的发展与改革

货币市场是指融资期限在一年以内的金融交易市场，又称为短期资金市场，是金融市场的重要组成部分。货币市场上的金融工具具有期限短、流动性强的特点。主要包括比较成熟的同业拆借市场、票据市场、债券回购市场、黄金市场，以及近年来刚刚重启，但发展迅速的大额可转让定期存单市场。我国的货币市场主要是金融机构之间的融资市场，是中央银行货币传导的重要环节。改革开放以来，我国货币市场经历了从无到有、逐步规范、不断创新、日趋完善的历程。随着近年来我国金融业的不断创新以及同业存单业务在短时间内的爆发式增长，金融业资金空转现象日益严重。在习近平总书记"去杠杆"核心思想的指导下，"一行三会"加强对金融市场的监管，守住不发生系统性金融风险的底线，规范货币市场作用显得尤为突出。

第一节　同业拆借市场

一　改革初期的同业拆借市场

(一)同业拆借业务试点

1984 年中国人民银行独立后，履行中央银行职能，形成了中央银行、专业银行和其他金融机构并存的金融体系。垂直分配、专款专用的信贷管理办法成为历史。1984 年 10 月 8 日中国人民银行颁布了《信贷资金管理试行办法》，制定了"统一计划、划分资金、实贷实存、互相融通"的信贷资金管理原则，专业银行之间、各地区的专业银行分支机构之间依照原则逐步开展短期资金的同业拆借业务，增加了融通资金的渠道，扩大了资金的横向融通，加速了资金的周转。

1986 年 1 月国家体改委和中国人民银行联合召开了广州等 5 个城市金融体制改革试点座谈会，把银行间同业拆借列为重要的金融体制改革试点内容，规定同业拆借方式、期限和利率可由拆借双方自行议定，同业拆借业务随后在全国铺开，分别形成以武汉、沈阳、上海、开封为中心的 27 个拆借市场，大中城市专业银行、支行之间的同城拆借业务也普遍推开。资金拆借市场形式和参与者日趋多样化，品类也更加丰富。 拆借市场发展迅速，1984~1985 年拆借规模上升缓慢，到 1986 年全年资金拆借量达到 300 亿元，1987 年骤升至 2300 亿元，1988 年高达 5241 亿元，但拆借市场的市场化原则在实践中还存在诸多问题。

（二）拆借市场的改革与发展

为解决 1985 年以来同业拆借市场中出现的问题，1987 年中国人民银行对拆借市场的管理加强，先后于 8 月 5 日和 12 月 2 日发出通知，要求中国人民银行各级分支行对拆借市场的发展予以支持和引导，设置同业拆借业务的准入门槛，强调交易主体必须是金融机构，拆借期限不能过长，拆借方必须如约还款，使得同业拆借业务中出现的不正常现象得到规范。1988 年初，为加强对资金市场的引导和管理，中国人民银行设立了 37 家融资公司，虽然融资公司对资金融通起到了一定的作用，但导致了 1988 年的信用膨胀，加剧了经济过热和通货膨胀。 1988 年 6 月，中国人民银行开始对拆借市场进行整顿，将融资公司置于中国人民银行的领导之下，于 1989 年初决定撤销各地成立的融资公司，严格限制非银行金融机构进入资金拆借市场，并严格规定拆借资金用途。

1990 年 3 月 8 日，为了加强对同业拆借市场的管理，中国人民银行制定了《同业拆借管理试行办法》（以下简称《办法》），明确同业拆借的利率上限和期限限制，并由中国人民银行总行根据资金供求情况确定和调整。 拆借资金的期限一般为 1 个月，其他金融机构对专业银行拆出资金，期限最长不得超过 4 个月。 同业拆借的利率最高不得高于中国人民银行对专业银行日拆性贷款利率的30%。《办法》允许在经济比较发达、融资量比较大的城市，在原有资金市场的基础上重新组建金融市场，原则上一个城市设立一家。到1991年底，全国大部分省市建立了资金拆借中心，并形成了以大中城市为依托的跨地区、跨系统、多层次的融资网络。1991年，全国金融机构间互相拆借资金规模已达2900亿元。

1992年下半年，同业拆借市场的违规行为伴随着经济过热现象影响了我国经济的持续健康发展，1993年，我国非法集资现象更加猖獗，严重扰乱了正常的金融秩序。中国人民银行于1993年2月底对金融机构下发了《关于进一步加强同业拆借管理的通知》，对1990年的《同业拆借管理试行办法》进行了补充，其中包括严禁用拆入资金发放固定资产贷款，严禁用拆入资金搞固定资产投资、购买有价证券、经营或炒买炒卖房地产以及向企业投资、参股，严禁金融机构以拆借名义给非金融机构以及个人融资和贷款等。经过近4个月的整顿，银行净拆出资金余额比年初下降了14%。为了巩固初步取得的成果，中国人民银行总行于6月16日下发了《关于当前经济情况和加强宏观调控的意见》，提出建立健全全国统一的资金拆借市场体系的要求，同业拆借市场得到进一步规范。

（三）同业拆借市场的整顿和规范

1995年上半年，全国有中国人民银行省、市级分行按规定牵头设立的融资中心43家，保留专业银行资金市场30家，专业银行自行设立的跨省、自治区、直辖市的全国性融资网络8家。1995年底，中国人民银行下发了《关于撤销商业银行办理同业拆借中介机构的通知》，规定在1996年4月1日前全部撤销并清理完毕商业银行间同业拆借中介机构。

通过同业拆借市场多年的发展，笔者总结出以下三条经验。首先，同业拆借适用于调剂短期资金余缺，因此同业拆借应限定交易对象、用途和期限。在同业拆借业务开展的初期，部分非金融机构也参与交易，但是拆借资金往往用于投机、固定资产投资等其他用途，造成拆借资金不能及时偿还。其次，对资金拆借市场应统一规范管理。分散的多元化资金拆借市场本身就造成了拆借的混乱和难以监管，因此，整顿拆借市场首先就撤销了非中国人民银行设立的资金拆借市场，将资金拆借纳入统一管理的拆借市场，这有利于对拆借业务的规范。　最后，资金拆借市场在建立之初应对利率上限有所限定。　由于拆借参与者在资金严格控制的环境下不断抬高利率水平，较高的利率水平又促使资金拆入机构从事高风险高回报项目的投资活动，因此，为保证健康的金融环境，拆借利率的市场化应本着循序渐进的原则进行。

总体来说，改革开放至1995年我国同业拆借市场走过了由松到紧、由不规范到规范的曲折式上升道路。　1988年，我国同业拆借市场延续了1985～1987年的快速发展势头，当年拆借资金数额上升为5241亿元，比1987年增加了2941亿元，但随着1988年对金融类公司的大力整顿，1989年拆借量大幅下滑，并在接下来的三年基本保持平稳。　通过1992年、1993年对同业拆借的监管和引导，各地同业拆借市场逐步走向规范，业务量有所增加。　到1994年12月末同业拆借市场共拆入4663.49亿元，拆出4652.11亿元。　截至1995年末，同业拆借市场累计融资量近20000亿元，增长85%左右。　改革开放初期的银行间同业拆借在探索调整中发展，为建立统一的银行间同业拆借市场积累了丰富的经验教训。

二　银行间同业拆借市场的建立和发展

(一)银行间同业拆借市场的设立

1996年1月3日，全国统一的同业拆借市场建立并开始试运行，这个市场由两级网络组成。　一级网络通过中国外汇交易中心的通信网络和计算机系统进行交易，到1996年12月末共有55个单位参加，其中包括16家商业银行、4家城市合作银行、35家融资中心。　二级网络由35家融资中心牵头，经总行授权的地市级以上商业银行分支机构和非银行金融机构共同参与，进行交易。

融资中心在资金拆借市场上从事自营业务，存在一定数量的逾期拆借资金，潜藏了相当大的风险。　1997年10月8日，中国人民银行发布《关于清收融资中心逾期拆借资金有关问题的通知》，对融资中心逾期拆借资金进行全面清理，同时规定，除1个营业日的票据交换头寸外，所有同业拆借业务必须通过同业拆借市场网络办理，严禁网外拆借，没有进入同业拆借市场网络的金融机构，一律通过当地的中国人民银行融资中心办理业务。 随着对逾期拆借资金的逐步清理到位，1998 年 6 月中国人民银行下发《关于清埋撤销融资中心有关问题的通知》，对已经完成拆借资金清收工作的各省市融资中心和办事处予以撤销，同时要求除少数重点融资中心外，在 1998 年底前融资中心机构要清理完毕。 随着中国人民银行融资中心和办事处的撤销，我国形成了统一、单一的同业拆借市场，市场参与者通过中国外汇交易中心的系统进行交易。

（二）银行间同业拆借市场的发展

1. 同业拆借利率市场化

1996 年 5 月 17 日，为加快发展同业拆借市场，中国人民银行宣布从 6 月 1 日起，对同业拆借利率不实行上限管制，拆借利率根据市场资金供求情况由拆借双方决定，取消同业拆借利率上限。 为培育中国货币市场基准利率体系，指导货币市场产品定价，上海银行间同业拆放利率（SHIBOR）自 2007 年 1 月 4 日起开始运行。 上海银行间同业拆放利率，通过上海的全国银行间同业拆借中心计算、发布和命名，由较高信用水平银行组成报价团自主报价，再根据其报价计算确定的算术平均利率是单利、无担保、批发性利率。 目前，对社会公布的 SHIBOR 品种较为丰富，包括隔夜、1 周、2 周、1 个月、3 个月、6 个月、9 个月及 1 年（见图 4-1）。

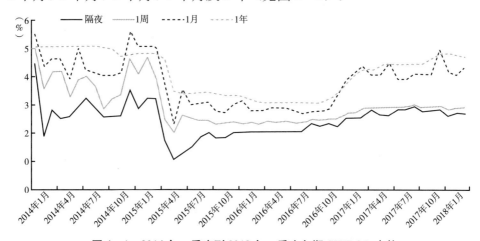

图 4-1　2014 年一季度到 2018 年一季度各期 SHIBOR 走势

资料来源：中国人民银行。

SHIBOR 报价银行团现由 18 家商业银行组成。 报价银行具有公开市场一级交易商或外汇市场做市商身份，并具有在中国货币市场上人民币交易相对活跃、信息披露比较充分的特点。 央行成立 SHIBOR 工作小组，依据《上海银行间同业拆放利率实施准则》优化报价银行团构成、管理及监督 SHIBOR 波动、对报价行与指定发布人行为进行监督。 全国银行间同业拆借中心受权披露 SHIBOR 的报价、计算和信息发布。

2. 市场利率定价自律机制形成

2013 年 9 月 24 日我国正式建立市场利率定价自律机制，通过金融机构的市场定价自律进行协调。 市场利率定价自律机制在符合国家有关利率管理规定的前提下，发挥金融机构在货币市场、信贷市场等金融市场利率的自我调节机制，维护市场正当竞争秩序，促进市场规范健康发展。

市场利率定价自律机制接受中国人民银行的指导和监督管理，履行的主要职责有以下几点。 一是制定和修改工作指引及相关业务规则；二是制定合格的评估标准，并对参与的金融机构展开综合实力的评估；三是制定上海银行间同业拆放利率（SHIBOR）、贷款基础利率（Loan Prime Rate，LPR）等市场基准利率报价规则，披露报价和发布信息，严格监督评估报价过程；四是监督各类金融产品定价情况，督促成员贯彻执行国家有关法律、法规，对成员的定价行为进行自律管理，维护市场竞争秩序；五是对市场基准利率金融产品的研发和创新给予支持。

3. 市场成员逐步扩大以及审核制度趋于合理化

1998 年 4 月 3 日，中国人民银行下发文件，允许商业银行总行授权其分行进入银行间同业拆借市场；当月 28 日批准日本兴业银行上海分行、第一劝业银行上海分行、花旗银行上海分行、渣打银行上海分行、香港上海汇丰银行有限公司上海分行、东方汇理银行上海分行、三和银行上海分行、东京三菱银行上海分行加入同业拆借市场，从事人民币拆借、债券回购和现券交易。 从此，外资银行获准进入银行间同业拆借市场。 此后又陆续有多家外资银行获准进入银行间同业拆借市场。 1999 年 8 月，允许符合条件的基金管理公司、证券公司进入全国银行间同业拆借市场。 2000 年 6 月，允许符合条件的企业集团财务公司进入银行间同业拆借市场。

自 2002 年 4 月 15 日起，核准制代替审批制成为银行间同业拆借市场成员的进入制度。 核准制加快了市场成员的发展规模。 到 2014 年 7 月 4 日，我国银行间同业拆借市场核心成员机构由包括国有商业银行、政策性银行、全国性股份制商业银行在内的 10 家规模较大、市场影响力较强的银行组成。 到 2015 年 6 月 29 日，基础成员机构由包括股份制商业银行、城商行、农商行以及农信社等在内的 469 家银行机构组成。

（三）银行间同业拆借市场的机遇和挑战

从 2012 年开始，银行间同业拆借市场进入了明显的停滞期，发展过程中出现了一些新的问题和挑战，主要表现在以下几个方面。 一是业务规模连年下降，2012 年银行间同业拆借市场交易量为 46.7 万亿元，至 2014 年下降为 37.7 万亿元，年均下降 10.1%，货币市场份额占比从 2012 年的 26% 下降为 2014 年的 15%，而同期质押式回购交易量从 136.6 万亿元增长至 212.4 万亿元，年均增长 24.7%，市场份额占比也由 74% 提升至 85%。 银行间同业拆借市场本应发展成为银行间最便利、最高效的资金融通渠道，现实中却是在银行间回购、同业存单等其他同业融资业务蓬勃发展的同时面临日益严峻的边缘化危险。 二是市场参与程度明显下降，不少机构反映拆借交易对手难寻，因为无法获得足够的授信。 三是 SHIBOR 短端基准性下降，在隔夜、7 天短期品种上因为缺乏交易支撑（见图 4-2），市场基础日益萎缩，SHIBOR 的影响力明显落后于回购利率，这直接对将来 SHIBOR 能否成为市场化状态的货币市场基准提出严峻挑战。

银行间同业拆借市场发展出现瓶颈的原因有以下几个方面。 其一，拆借交易资金清算效率低，影响了交易的效率。 资金拆出方需要在中国人民银行大额支付系统手工录入资金清算信息；拆借交易授信困难，授信额度是开展信用交易业务的基础。 但由于整个社会信用管理体系尚不健全，出于防范风险的动机，交易对手之间授信非常严格，一些非银行金融机构更是难以获得银行授信。 其二，我国银行间同业拆借市场尚没有对交易违约的处置、信息披露做出明确规定，而同业拆借交易履约情况，也是整个社会信用体系建设不可或缺的一环，同业拆借交易目前还缺乏外部市场的力量进行有效监督。

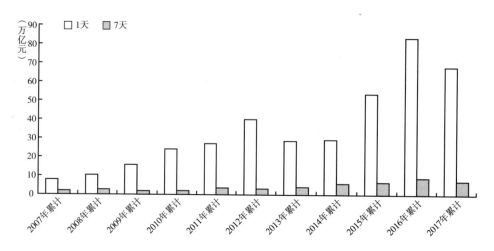

图 4 - 2　2007～2017 年 1 天期和 7 天期银行间同业拆借交易量

资料来源: 中国人民银行。

随着利率市场化和人民币国际化的加速推进，市场迫切需要一个权威的、有公信力的货币市场基准，作为各类金融资产定价的参照和准绳。 SHIBOR 的形成机制与 LIBOR 接近，经过各方的培育已具备一定公信力，容易为国内、国外市场认同和接受，也已经广泛应用于大额同业存单定价、同业存款定价、人民币与外币的货币互换等领域，打下了良好的基础。 总体来看，SHIBOR 进一步成为中国金融市场乃至全球人民币定价的基准，面临前所未有的机遇和广阔前景，而同时要抓住机遇承担重任必须通过制度创新等释放发展动力，确保与金融改革发展的步调相一致。

第二节　大额可转让定期存单市场

一　大额可转让定期存单的发展历史与爆发式增长

（一）大额可转让定期存单业务的尝试

1986 年，交通银行上海分行率先发行了我国首张大额可转让定期存单（以下简称存单）。 1987 年，中国银行、中国工商银行也进入存单市场。　存单的利率优势和流通便利使其具有良好的市场反应。　随后，存单业务推广到全国，1989 年 5 月，央行颁布了《大额可转让定期存单管理办法》，存单的发行、转让、存取等业务有了相应的业务准则，并设定了利率的上浮上限。　存单比存款有较大的利率优势，银行通过高息揽储抢夺金融资源。　农信社、城信社、邮储银行由于没有存单发行资格，开始通过变相提高储蓄利率留住存款。　为此，1990 年央行对存单利率上限进行调整，取消对公存单利率上浮，对个人存单利率上浮进行了严格限制，削弱了存单的利率优势。　1996 年，央行修订了《大额可转让定期存单管理办法》，对市场进行进一步的监管优化。　但随后由于流通受阻、利率机制不健全以及业务管理不到位等，1997 年央行暂停了银行业存单业务。

（二）大额可转让定期存单业务重启并迅速发展

从 SHIBOR 问世以来，我国积极推进利率市场化改革，但由于我国大型银行的吸储能力较强，自有资本较为充足，因此其各项业务对利率波动的敏感性较弱，利率传导受到阻碍。　2013 年 12 月，央行颁布了《同业存单管理暂行办法》，银行同业市场率先重启大额可转让存单业务，对该业务进行试点经营，为向企业和个人提供大额可转让定期存单积累经验。大额可转让定期存单业务重启初期，其发行人主要是市场利率定价自律机制成员单位中的大中型银行。　但由于大中型银行揽储能力较强，且自身资金较为充裕，发行意愿不强，效果不是十分理想。　由于大额可转让定期存单的发行利率、发行价格等以市场化方式确定，实质就是公开买卖存款的价格，因而可以为后续存款利率的完全市场化提供参照系。　大额可转让定期存单业务以 SHIBOR 为基准来定价，能够促进 SHIBOR 本身的完善。　2015 年以后，大额可转让定期存单业务发行人不断增多，发行人总数多达 1500 余家，发行资格扩大到大部分商业银行，大额可转让定期存单业务发行总量开始快速增长。　但目前大额可转让定期存单业务主要是以银行间的同业存单为主，企业和个人大额可转让定期存单业务规模比重相对较小。

大额可转让定期存单发行的便利性及其因较好的流动性与收益性而具有良好的市场反应，是其近年来爆发式增长的原因之一。　更重要的是，大额可转让定期存单计入"应付债券"的特点,使其无须缴准,而相比于一般存款与同业存款,大额可转让定期存单也不存在提前支取的问题,有利于提高融资方的稳定性与主动性。 随着大额可转让定期存单发行人范围的扩大以及同业等相关业务发展的需求,同业存单快速发展,已成为近年来中小银行与部分股份制银行扩表的主要途径。

2016 年年末,大额可转让定期存单存量达到 6.3 万亿元。 从发行结构来看,股份行和城商行的发行规模一直占据整体发行量的大头,近几年每年两者发行之和均达到 95% 以上,同业存单发行数一直远大于对企业和个人发行的大额可转让存单数。 根据 Wind 数据,2015 年城商行占比为 40.89% ,股份制银行占比为 57.93% ;2016 年城商行占比为 49.16% ,股份制银行占比为 49.70% ;2017 年前 4 个月城商行占比为 55.16% ,股份制银行占比为 43.69% 。 大额可转让定期存单总体发行期数呈上升趋势,同业存单支出在 2018 年第一季度有所回落(见图4 - 3)。

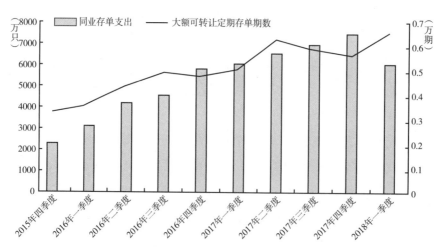

图 4 - 3　2015 年四季度至 2018 年一季度大额可转让定期存单发行数

资料来源:每季度《中国货币政策执行报告》。

(三)大额可转让定期存单存在的问题

大额可转让定期存单在调剂商业银行负债缺口的同时,也衍生出一些套利模式,比如套作同业理财、委外和债券等。 从同业存单到同业理财再到债券,一般情况下,每个环节都存在套利空间,因而银行有动机发行同业存单去购买同业理财,同业理财规模扩大之后也会形成债券配置需求,这也是过去同业理财快速发展的原因之一。 2016 年末以来,央行坚决执行"去杠杆"政策,但同业存单市场始终热度不减。2014 年银监会 127 号文件《关于规范金融机构同业业务的通知》规定,银行同业融入资金不得超过总负债的 1/3。 央行为推进利率市场化改革,并未将刚刚推出、本质上也属于同业资金融通的同业存单纳入同业融入资金范围,使得同业存单业务缺乏有效监管,造成了同业存单业务的过快增长。

2008 年金融危机过后,随着外部国际经济形势进一步趋冷,我国"出口导向,投资驱动"的经济模式在经历了 5 年高速增长后,其自身的瓶颈开始凸显。 随后财政与货币政策上的宽松,在推升非金融企业杠杆高企的同时,产能与库存过剩问题日益突出,企业陷入了通过债务滚动发行维持产能与库存的不良循环中。

而 2015 年股市调整后跟随而来的"资产荒",导致资金在金融体系中的空转加速,金融杠杆开始高企。 2016 年四季度以来,"去杠杆与防范资产泡沫"成为宏观调控的主要目标。 货币政策维持中性稳健基调下,商业银行从"资产荒"转变为"负债荒",同业存单成为中小银行扩张资产规模与维持负债稳定的重要工具。 2017 年一季度 MPA评估正式将表外理财纳入广义信贷的范畴,"穿透式"监管政策的逐步落地本意还在于金融去杠杆化。 但在 2017 年一季度考核到来前,同业存单"量价齐升"再现,3 月同业存单实际发行量更是突破了 2 月 1.97万亿元的纪录,超过 2 万亿元,但到 2018 年一季度同业存单发行规模有所降低(见图 4-4)。 从图 4-4 中还可以看出同业存单发行规模大于大额可转让存单,同业存单二级市场规模远大于其两类存单一级市场发行规模。

(四)强监管时代降临,大额可转让定期存单市场面临拐点

为了贯彻落实"去杠杆"核心思想,金融业尤其是同业去杠杆需要对大额可转让定期存单的规模加以限制,大额可转让定期存单或成金融去杠杆必须攻克的重要一环。 2017 年一季度末前后,监管层加强对大额可转

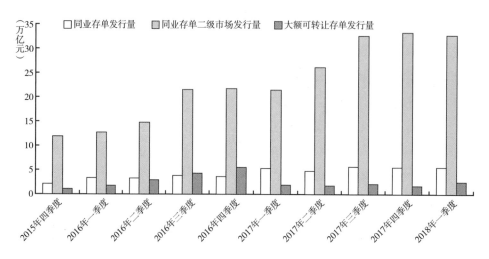

图4-4　2015年四季度至2018年一季度大额可转让定期存单发行量

资料来源：每季度《中国货币政策执行报告》。

让定期存单监管的管理办法逐渐落地。 根据第一财经日报统计，郭树清履任银监会主席以来，银监会已出台至少7份监管文件。

银监会3月底发布的《中国银监会办公厅关于开展银行业"监管套利、空转套利、关联套利"专项治理工作的通知》（简称46号文）中，要求商业银行应当自查是否通过大量发行同业存单，甚至通过自发自购、同业存单互换等方式来进行同业理财投资、委外投资、债市投资，导致期限错配，加剧流动性风险隐患，延长资金链条，使得资金空转套利，脱实向虚。 4月10日，银监会发布《关于银行业风险防控工作的指导意见》，要求采取有效措施降低对同业存单等同业融资的依赖度，督促同业存单占同业负债比例较高且同业存单增速过快的银行严格控制同业存单的融资规模。

从2017年4~5月来看，随着MPA考核趋严，大额可转让定期存单发行利率与发行量已发生分歧。 5月，大额可转让定期存单当月发行量为12322亿元，较4月减少607亿元，这是2017年以来同业存单当月发行量连续第二个月下降，但下降幅度缩小，此前4月比3月当月少发7237亿元。 随着金融去杠杆的推进，金融市场利率（同业拆借利率）高企，甚至与同期LPR出现倒挂。 大额可转让定期存单发行利率随行就市，不断升高。 基于发行成本及监管压力的考虑，银行主动缩小了存单发行规模。

2017 年 8 月 10 日，证监会颁布《公开募集开放式证券投资基金流动性风险管理规定》，规定的核心内容有以下三点：一是禁止货基投资主体评级 AA + 以下的商业银行发行的存单；二是 AAA 级以下商业银行发行的同业存单的投资比例上限为 10%；三是规定同一基金管理人所管理的全部货币基金投资同一商业银行的银行存款、发行的同业存单及债券，上限也为净资产的 10%。 8 月 11 日中国人民银行发布了《央行二季度货币政策执行报告》，要求自 2018 年 1 季度起，总资产 5000 亿元以上的银行发行的一年内的同业存单纳入同业负债占比进行考核。

重启大额可转让定期存单业务的初衷是利用企业和个人对存款利率波动的敏感性来加强央行利率调控的传导性，从而推进利率市场化进程。然而由于各金融机构利用大额可转让定期存单在特殊时期内的监管空白转而发展同业存单业务，扩大自身规模，并没有将央行的改革思想落实到位，加剧了金融机构的流动性风险，不利于金融业的健康发展。 未来金融机构应当加大对企业和个人大额可转让定期存单的发行力度，在为实体经济提供融资便利，提高企业、个人存款流动性的同时，助推我国利率市场化改革。

第三节　票据市场

改革开放 40 年来，票据市场经历了市场起步与探索、制度建设与培育、专业经营与快速发展、新业务发展与监管治理以及防范风险与监管升级五个阶段。 1980 年开始试点票据业务；1988 年由于票据业务存在的一些问题，票据业务陷入停顿；1994 年重新开始发展票据业务，通过对票据行为进行规范，票据贴现利率及转贴现利率逐步实现市场化；为推进票据市场的进一步发展，2000 年中国人民银行出台降低再贴现率等优惠政策；2008 年央行推出 ECDS 电票系统，票据电子化不断加深；2016 年上海票据交易所成立。 21 世纪以来，我国票据市场得到长足发展，规模不断扩大，业务不断创新，规范性不断增强，不但活跃了金融市场，而且助推了实体经济的发展。

一　票据市场的市场起步与探索阶段

1978 年改革开放后，随着"计划经济和市场调节相结合"的经济制度的实施，银行信用一统天下的局面被打破，人们意识到，商业信用是发展商品经济必不可少的信用形式，商业信用得以开放，商业票据也得以产生和发展。专业银行办理承兑和贴现商业票据业务的试验始于 1980 年初。中国人民银行上海市分行遵照发挥市场调节作用改善计划经济活力的基本原则，逐步开始对票据贴现业务进行探索，并于 1981 年初在两个区开展试点，积累经验。同年 2 月，上海杨浦和黄浦两地的银行办事处合作试办了首笔同城商业承兑汇票贴现业务。之后上海徐汇区办事处与安徽天长县支行又合作试办了第一笔异地银行承兑汇票贴现业务。

1982 年 5 月，央行总行批复了上海市分行提出的《关于恢复票据承兑、贴现业务的请示报告》，对其试点的做法和经验给予肯定，又在重庆、河北、沈阳等地进行了业务推广。1984 年 12 月，中国人民银行在上海、重庆等地试办商业票据承兑、贴现业务经验的基础上，颁布了《商业汇票承兑、贴现暂行办法》，决定从 1985 年 4 月起在全国开展这项业务，并于 1986 年 4 月发布《中国人民银行再贴现试行办法》，决定开办对专业银行贴现票据的再贴现业务。据不完全统计，到 1986 年 11 月，全国已有 140 个城市开办了票据业务，共办理商业汇票承兑 3637 笔，金额 5.6 亿元；银行承兑 12820 笔，金额 33.2 亿元；专业银行贴现 15310 笔，金额 35.6 亿元；中国人民银行再贴现 4155 笔，金额 17 亿元。1987 年票据贴现总金额达 86 亿元，中国人民银行再贴现票据总金额达 35 亿元。

但是，由于我国商业信用发展还不完善，商业银行在票据贴现操作和管理上还有很大的提升空间，票据市场业务操作不规范和违规现象比较严重。为了维护金融市场正常秩序，各商业银行在 1988 年基本上停办了票据业务。1988～1994 年中国的票据市场处于停顿阶段。

二　票据市场的制度建设与培育阶段

为了便于国有大中型企业及时收回货款，提高资金使用效率，中国人民银行于 1994 年下发了《关于在煤炭、电力、冶金、化工和铁道行业推行商业汇票结算的规定》《商业汇票办法》《再贴现办法》，推动了全国商业汇票承兑、贴现、再贴现业务的发展。 1995 年中国人民银行下发了《关于进一步规范和发展再贴现业务的通知》。 同年我国通过了《中华人民共和国票据法》。 其颁布和施行，为票据市场的发展奠定了法律基础，对规范票据行为，促进票据承兑和贴现市场的健康发展，都具有重要意义。

1996 年 6 月，中国人民银行颁布了《贷款通则》，将票据贴现与信用贷款、担保贷款并列为贷款的一种，票据贴现被计入贷款口径统计和信贷管理规模，票据业务被正式列入商业银行主要信贷资产业务。 1997 年，为进一步加强商业汇票管理，促进国内商业汇票市场健康发展，中国人民银行印发了《票据管理实施办法》《支付结算办法》《中国人民银行对国有独资商业银行总行开办再贴现业务暂行办法》等一系列规章制度，加强了对商业汇票的宏观管理和制度建设。 至此，商业银行开展票据业务的法律制度基础初步确立。

为促进商业汇票在银行间的流通转让，1997 年 4 月正式进行转贴现试点。 同年 5 月，为规范与完善商业汇票业务的管理和操作，中国人民银行颁布实施《商业汇票承兑、贴现与再贴现管理暂行办法》，对贴现利率和转贴现利率的形成机制做出了规定：贴现利率较再贴现利率有一定比例的上浮，中国人民银行规定上浮点数；增加商业银行贴现票据贴现的渠道，以前商业银行只能通过再贴现转给中国人民银行，现在可以转贴现给商业银行。 再贴现率高于贴现利率时，转贴现利率在一定程度上替代了再贴现，成为银行贴现利率的基准利率。

1998 年 3 月 25 日，中国人民银行对再贴现率和贴现利率的形成机制进行了改革，将再贴现率与再贷款利率脱钩，贴现利率的浮动得以扩大。此项政策对后来的票据市场发展起到了积极作用，为票据利率市场化打下了基础。 同年 6 月，中国人民银行下发《关于加强商业汇票管理、促进商业汇票发展的通知》，指出银行办理票据业务过程中存在的问题，首次开展商业银行票据业务专项检查，要求商业银行集中办理再贴现业务，严格控制基层行的再贴现，促进其通过上级行转卖票据和转贴现融通资金；对持有符合政策要求的企业签发的票据优先办理再贴现，以发挥再贴现合理引导信贷资金流向、促进结构调整的作用。

从 1999 年 6 月起，中国人民银行在一年内多次下调再贴现率，从 6.03% 累计下调 387 个基点至 2.16%，并增加对各分行的再贴现额度，旨在进一步发挥再贴现政策的作用，促进商业汇票承兑、贴现与再贴现业务的开展。　由于调整后的再贴现率显著低于当时的货币市场利率，商业银行通过再贴现从央行融资的需求大增，再贴现发生额和余额均成倍增长。1999 年 9 月，中国人民银行发布了《关于改进和完善再贴现业务管理的通知》，要求为资信状况良好、产供销关系稳定的企业签发使用商业承兑汇票提供相应的支持，鼓励企业扩大票据融资规模，促进商业信用票据化，通过再贴现放大基础货币投放效果，合理引导信贷资金流向，支持商业银行丰富票据业务，发展票据市场。　票据法律法规的建立、行政规章制度的完善以及司法解释的补充规定，为票据业务发展提供了良好的制度保障和政策环境，标志着中国票据市场发展进入新阶段。

三　专业经营与快速发展阶段

2000 年 11 月，中国工商银行在上海成立了我国首家票据专营机构——中国工商银行票据营业部，随后又建立了北京、天津、广州、西安、重庆等多个分部。　票据专营机构的设立，打破了商业银行按行政区划设立分支机构的传统经营模式，标志着我国商业银行票据业务进入专业化、规模化的发展阶段。　此后，多家商业银行纷纷成立票据专营机构或专门的票据业务管理部门，探索票据业务专业化发展之路。

2001 年 7 月，中国人民银行颁布《关于切实加强商业汇票承兑贴现和再贴现业务管理的通知》，要求商业银行设立会计科目，单独核算和反映票据贴现、转贴现和再贴现业务，提出中线城市要对商业汇票业务进行集中经营管理，进一步提高业务效率和规模效应，防范票据风险，为后来票据业务集约化经营管理改革提供了政策依据。 同年 9 月，中国人民银行将再贴现率上调至 2.97%，以提高商业银行向央行融资的成本，减少对央行资金的依赖。 此后，再贴现作为货币政策工具和商业银行再融资手段慢慢淡出历史舞台，央行货币政策工具开始转向公开市场操作，商业银行融资渠道也转向同业拆借市场和银行间债券市场。

2002 年 11 月，中国人民银行颁布《关于办理商业银行汇票及银行承兑汇票业务有关问题的通知》，取消了承兑总量的限制，极大地提升了商业银行办理票据承兑业务的积极性，为票据市场规模快速增长提供了票源基础。 2003 年 6 月，中国外汇交易中心建成"中国票据报价系统"，即中国票据网，为金融机构之间的票据转贴现和回购业务提供报价、撮合、查询等服务，为全国统一票据市场的建设发展提供了必要平台和探索经验。 在经历了 2000 ~ 2003 年的迅猛增长后，2004 年票据市场增速出现回落，进入稳健发展时期，主要是因为当时中国人民银行提高了再贴现率，并提高了存款准备金率，实行差别存款准备金率制度，目的是进一步控制金融机构调节资金头寸和短期流动性，抑制货币信贷总量过快增长。

2007 年 1 月，中国人民银行推出上海银行间同业拆放（借）利率（SHIBOR）机制，并积极推进以同业拆借利率为基准的票据贴现利率定价模式。 同年 4 月，中国工商银行率先推出以 SHIBOR 为基准的票据转贴现和回购报价利率，11 月又实现了贴现利率与 SHIBOR 报价挂钩，票据业务定价方式开始由固定利率向浮动利率转变。 2008 年 12 月，为了有效发挥再贴现促进结构调整、引导资金流向的作用，中国人民银行发布了《关于完善再贴现业务管理支持扩大"三农"和中小企业融资的通知》，提出注重发挥再贴现窗口引导票据融资业务发展的职能作用，注重运用再贴现推广使用商业承兑汇票促进商业信用票据化，发挥再贴现信贷引流功能，缓解涉农行业和中小企业融资压力，再贴现定向调控作用进一步突出。

2009 年，为应对国际金融危机，国家出台了一系列振兴经济的计划，中国人民银行执行适度宽松的货币政策，为票据市场发展提供良好的政策环境，票据市场融资规模高速增长，但同时风险隐患也在不断积累。 2009 年 4 月，银监会发布《关于当前农村中小金融机构票据业务风险监管提示的通知》，指出存在部分省市票据业务扩张过快、贴现资金流向不合理、无序竞争、通过"贷转票"和滚动承兑虚增存贷款、合规风险和案件风险隐患加大等问题，并提出相应的监管要求，此后票据市场监管成为常态。

四　新业务发展与监管治理阶段

2009 年以来，我国票据市场进入了新业务发展与监管加强阶段，票据融资规模和交易量冲高回落，票据交易周转速度加快，新产品和新业务模式不断涌现，监管治理螺旋升级。 2009 年 10 月，电子商业汇票系统正式建成并开始运行，我国票据市场进入了电子化发展的新阶段，系统上线当日，招商银行签发了全国第一张电子银行承兑汇票和全国第一张电子商业承兑汇票。 同时中国人民银行发布了《电子商业汇票业务管理办法》，对电子商业汇票活动的经营和管理提出了要求，为电子商业汇票系统和电子商业汇票业务顺利展开提供了制度支撑。

1. 新产品和新业务相继问世

2009～2011 年，票据理财产品兴起并迅速发展，产品发售规模随着货币政策调整而变化，且整体保持增长态势，尤其在信贷规模紧张、票据利率高企时广受投资者欢迎和商业银行重视。 这一时期，票据理财产品逐渐发展成为资金规模较紧张的商业银行的常态化票据业务模式，并随着监管的加强进行调整，从传统银行理财演化为银信合作等，延伸出票据信托业务。在票据理财和信托业务相继受到监管限制后，票据业务向通道类模式发展，2013 年，票据资产管理计划开始出现，以证券、基金作为通道方，先后出现证券公司票据资产管理计划和基金公司票据资产管理计划等新模式，此后跨界、跨市场合作成为主要的新业务方式。 2013 年底，随着金融脱媒愈演愈烈和金融科技发展的推动，互联网票据理财模式开始兴起并迅速发展起来，该产品一方面为小微企业融资提供了更多选择，另一方面为大众提供了一种门槛较低、收益可观的投资方式，一度成为票据市场的热点。 2015 年 5 月，中信银行通过非居民自由贸易账户办理了在跨境人民币业务项下的电子商业汇票受让业务，这是国内首单跨境人民币业务项下的票据业务。

在此期间，票据利率市场化改革的不断深入和市场竞争加剧也催生了商业银行提高差异化经营能力的动力和紧迫感。 2013 年 7 月，中国人民银行印发了《关于进一步推进利率市场化改革的通知》，取消以往贴现利率在再贴现率基础上加点的定价模式，省市确立金融机构自主决定贴现利率的市场化定价机制。 2014 年 2 月，银监会、国家发改委颁布了《商业银行服务价格管理办法》，将银行承兑费率由《支付结算办法》规定的"承兑银行应按票面金额向出票人收取万分之五的手续费"改为"市场调节价"，银行承兑费率开始与企业信用等级、承兑保证金比例等因素挂钩，票据价格体系市场化更进一步。

2. 监管治理不断升级

2009 年以来，伴随着新产品、新业务不断涌现，监管部门对银行理财产品、票据信托产品以及非标投资业务的监管力度逐渐加大，先后发布了《关于进一步规范银信合作有关事项的通知》《关于规范信贷资产转让及信贷资产类理财业务有关事项的通知》《关于规范银信理财合作业务有关事项的通知》等一系列监管文件，要求遵守真实性、整体性和洁净转让的原则，审慎规范开展信贷资产转让业务，要求银信合作理财业务表外资产期限全部转入表内，规定银信合作理财资金不得投资于银行自身的信贷资产或票据资产，从根源上消除"影子银行"业务监管套利的可能，隔离风险的传递。 之后商业银行在发行票据理财产品时，转而选择其他符合监管要求的机构通道，这样一来，理财资金单纯投资于票据资产的规模逐渐萎缩，更多的是在理财产品投资的资产池中配置一定比例的票据资产。 2012 年 2 月，银监会印发《关于信托公司票据信托业务等有关事项的通知》，禁止信托公司与商业银行开展任何形式的票据资产转让/受让业务，正式宣告了票据信托业务的终结。

2014 年 4 月，中国人民银行、银监会、证监会、保监会、国家外汇管理局联合发布《关于规范金融机构同业业务的通知》，规定了回购业务项下的金融资产属性，禁止办理商业承兑汇票的买入返售（卖出回购）。随后，银监会发布了《关于规范商业银行同业业务治理的通知》，提出包括票据买入返售业务在内的同业业务要实行专营部门制改革，实行集中统一授权、集中统一授信、集中统一名单制管理、集中审批和集中会计操作。 同年 6 月，中国人民银行又发布《关于加强银行业金融机构人民币同业银行结算账户管理的通知》，对商业银行同业银行结算账户的开立、日常管理做出严格要求，制止了票据贴现、转贴现资金打款"同业户"行为。11月银监会发布《关于全面开展银行业金融机构加强内部管控遏制违规经营和违法犯罪专项检查工作的通知》，决定在银行业全面开展专项检查，票据业务是检查的重点，包括无真实贸易背景的银行承兑汇票，关联企业之间的贸易合同审查不严格，保证金来源为贷款或贴现资金，利用套开、滚动开票等方式套取银行贷款资金或掩盖票据风险。

2015年以来，中国人民银行多次下调存贷款基准利率，在货币市场利率趋势性下行通道中，票据投资交易和新业务发展活跃，2015年全年票据贴现量首次突破100万亿元，创历史纪录，但同时风险也在不断积累。12月底，银监会发布《关于票据业务风险提示的通知》，对七种典型的票据业务违规问题进行了提示，并要求金融机构全面加强票据业务风险管理，将票据业务全口径纳入统一授信范围，同时完善绩效考核，防止资金空转，确保信贷资金有效服务实体经济。2016年4月，中国人民银行和银监会联合发布《关于加强票据业务监管促进票据市场健康发展的通知》，提出严查贸易背景真实性，提升同业账户管理规范程度，有效防控票据业务风险，保障票据市场发展健康、有序。

五　防范风险与监管升级阶段

2015年以来，票据市场集中暴露了一批涉案金额巨大的风险事件。中国人民银行加强对票据市场的顶层设计，决定筹建上海票据交易所。上海票据交易所的建立，不仅补齐了票据市场基础设施的短板，而且成为完善票据市场法规制度、规范市场参与者行为的一系列举措的载体。2016年5月25日，由中国人民银行牵头、多家金融机构参与的上海票交所筹备工作组启动。2016年12月8日，上海票据交易所正式成立，我国票据市场发展由此进入集中统一、规范发展的新阶段，是我国票据市场建设和金融基础设施建设的重大历史性进展。

1. 票据电子化程度不断加深

2016年8月，中国人民银行下发了《关于规范和促进电子商业汇票业务发展的通知》，明确提出取消电票贴现贸易背景审查，企业申请电票贴现不再需要提供合同、发票等资料；金融机构转贴现操作无须再签合同；从2017年1月1日开始，单张票额在300万元以上的商业汇票全部进入电票系统；自2018年1月1日起，电票的起始金额由原来的300万元调整至100万元；除银行业金融机构、财务公司以外的银行间债券市场中的其他金融机构要通过银行业金融机构代理加入电票系统，办理电票转贴现、提示付款等业务。

金融机构为适应市场环境和监管政策变化，主动加强票据业务结构调整，大力开展电子商业，该业务占比大幅提升。2016年，电子商业汇票系统累计出票金额达8.36万亿元，同比增长49.3%；贴现金额为5.77万亿元，同比增长54.54%；转贴现金额为49.2万亿元，同比增长122.3%；累计出票量和累计贴现量在全部票据累计签发量中和累计贴现量中的占比分别达到46.2%和65.1%，比2015年全年市场占比提高了18个百分点和36.7个百分点。2017年第一季度，在票据市场发展缓慢的环境下，电子商业汇票逆势增长，电票承兑金额为2.92万亿元，同比增长55.49%；贴现金额为1.71万亿元，同比增长31.53%；转贴现金额为14.51万亿元，同比增长22.39%。截至2018年4月，票据承兑、贴现、转贴现笔数都在稳步升高（见图4-5）。

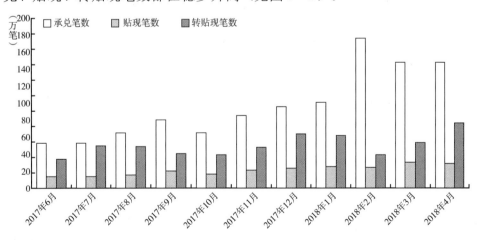

图4-5　2017年6月至2018年4月上海票据交易所各类票据业务交易笔数

资料来源：上海票据交易所。

2. 票据市场监管不断升级

2017 年，银监会密集下发监管文件，监管新政对票据市场产生了深远影响。 从 2017 年 3 月 23 日到 4 月 10 日，银监会接连发布 8 个监管文件，针对银行业"三违反""三套利""四不当"等进行专项整治，弥补监管短板、强化风险管控，加快金融去杠杆，督促银行业回归服务实体经济本源。过去几年，银行业快速发展的同业业务、理财业务和投资业务，成为本次专项整治的重点。 上述监管政策从多个方面直接或间接影响票据市场的发展。

2016 年票据业务风险案件集中爆发，涉案总额超过 100 亿元。 涉及的机构范围很广，既包括国有、股份制等大型银行，也包括城商行、村镇银行等中小银行；涉案业务类型涵盖了承兑、贴现、转贴现、回购，其中以回购居多。 面对票据业务乱象，相关部门加大了监管力度。 从 2016年 4 月起，中国人民银行、银监会接连发布多个监管文件，规范市场发展，防范业务风险。 2016 年和 2017 年，监管部门对商业银行票据业务的违规行为开出了多张罚单。 严厉的监管政策使票据经营机构业务开展趋于谨慎，2016 年承兑量、贴现量都较前期峰值有所下降。

近几年，随着票据市场的发展、票据跨市场业务的兴起，市场参与主体更加多元，信托、证券、基金、保险等非银行金融机构纷纷涉足票据领域。 实践中，这些机构参与票据市场的主要模式，是以发行的资管产品作为通道，辅助银行同业业务和理财业务进行票据投资，助其规避信贷规模管制、减少资本占用。 部分业务存在多层嵌套、底层基础资产未严格穿透、未足额计提资本和拨备等问题。 本轮监管强调加强交叉金融业务管控，风险防控的重点包括控制业务增量、消化存量风险、做实穿透管理、严查违规行为等。 出于穿透式监管压力，部分投资类业务占比高的银行，需要根据所投资的基础资产性质，按照"实质重于形式"原则，准确计量风险资产并计提相应资本和拨备。 若其资本充足率和拨备有缺口，将促使其收缩同业投资业务，进而压缩对接的资管产品规模，有关票据投资将受到抑制。 当前，部分票据业务中存在一些套利行为，涉及扩充存贷款规模、调节信贷指标、规避信贷规模管控、减少风险资产占用等问题，使得部分资金只是在金融体系内流转，未真正流向实体经济。

近年来，受经济增速放缓、结构调整加快、中国人民银行稳健货币政策调控力度加大以及去杠杆条件下金融监管趋严的综合影响，票据市场发展阶段性放缓。　企业汇票签发量增量放缓后出现下降。　2013～2015 年，商业汇票累计签发量分别为 20.3 万亿元、22.1 万亿元和 22.4 万亿元，分别同比增长 13.3%、8.9% 和 1.3%。　2016 年，在经济下行压力下，当年企业累计签发商业汇票 18.1 万亿元，同比下降 19.2%。

票据市场交易活跃度略有降低。　2016 年以来，全国票据融资量呈现下降态势，票据市场萎缩。　2016 年年初票据市场风险频出，年中上海票据交易所的筹备开启了票据市场改革大幕，各个机构在此背景下均展开了内部检查及业务流程、风险的梳理，对各自票据业务均有一定的压缩。最终，全年票据融资业务量总体出现下降，且这种下降态势在 2017 年初明显加剧。　2016 年全国企业累计签发商业汇票 18.1 万亿元，同比下降 19.2%；金融机构累计贴现 84.5 万亿元，同比下降 17.2%。　截至 2018 年 4 月，票据承兑、贴现量都有所降低（见图 4 - 6）。

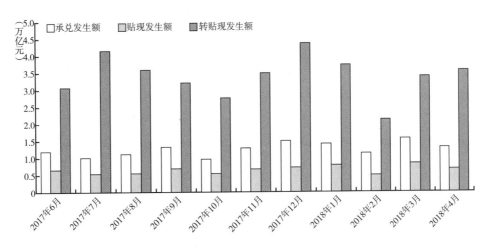

图 4 - 6　2017 年 6 月至 2018 年 4 月上海票据交易所各类票据业务交易量

资料来源：上海票据交易所。

票据融资规模和信贷占比增速回落。　在经济增速放缓和稳健货币政策的新常态环境下，由于信贷需求和信用风险上升，2014 年初至 2016 年 9 月，在流动性相对宽裕的条件下，银行普遍采用票据融资抵补信贷投放总量不足的经营策略，票据融资规模波动上升，由 2013 年末的 1.88 万亿元上涨至 2016 年 9 月的 5.82 万亿元，增长了 2.1 倍，票据融资规模在各项贷款中的占比由 2013 年末的 2.73% 上升至 2016 年 9 月末的 5.56%，上升了 2.83 个百分点。自 2016 年第四季度以来，银行票据融资业务更趋谨慎，票据融资规模自 2016 年 10 月以来高位下跌，环比持续下降。

第四节　债券回购市场

债券回购是指债券发行方（正回购方）与债券购买方（逆回购方）双方约定在未来某一日期以合约规定价格，由发行方向购买方赎回相应数量债券的交易行为。国债回购交易是指以国债为标的物的债券回购交易。债券回购市场是货币市场不可或缺的一部分，债券回购市场的一个非常独特的功能是其为中央银行进行公开市场操作提供了场所。

我国的国债回购交易始于 1991 年，当时的国债回购交易是在证券交易所进行的。在随后的几年，中国国债回购交易得到长足发展，金融机构债券和各证券交易中心的基金凭证也加入回购标的物行列，形成了早年的债券回购市场。但当时监管机构对国债回购交易的管理经验相对缺乏，存在监管不严的现象，致使国债回购交易一度出现混乱局面。从 1995 年起，央行加大对债券回购交易进行监管的力度。到 1997 年 6 月 6 日，中国人民银行暂停商业银行在深、沪证券交易所的回购和现券交易业务，债券交易转入全国银行间同业拆借市场，债券托管由两大证券交易所转到中央国债登记结算公司进行集中托管。6 月 16 日，全国银行间同业拆借市场开始运行债券回购交易。以 1997 年为分水岭，我国债券回购市场分为两个发展阶段：1991～1997 年，为证券交易所进行债券回购交易阶段；1997 年以后，为证券交易所与银行间同业拆借市场合办债券回购交易阶段。

一　1991～1997 年的债券回购市场

我国最早在 1991 年开始的债券回购交易为国债回购交易。1990 年，STAQ 系统，也就是上海证券交易所和全国证券交易自动报价系统正式建立。

STAQ 系统于 1991 年 7 月开始试办国债回购交易，改善了国债的流动性。 同年 9 月 14 日，两家 STAQ 系统会员之间完成了第一笔回购交易。 国债回购交易改善了国债交易低迷的局面。 1992 年，武汉证券交易中心也开始办理国债回购业务。 1993 年 4 月 28 日全国电子交易系统（NET 系统）由中国证券交易系统有限公司在北京投入运行。 其后，随着国债发行规模的不断扩大、国债现货市场日趋活跃以及国债期货的逐步推出，国债回购业务的发展取得了长足的进步。 中国其他主要证券交易场所，包括上海证券交易所、深圳证券交易所、天津证券交易中心等也逐步开展国债回购业务。

中国国债回购市场在初期发展得十分迅速。 1993 年，主要市场的国债回购业务已具有相当的规模。 1994 年，全国参与国债回购交易主体超过 3000 个，国债回购交易规模 3000 亿元；仅武汉证券交易中心一家交易量就达 1500 亿元。 1995 年，全国各集中性国债交易场所，包括交易所和证券交易中心在内的回购交易量高达 4000 亿元，其中，上海、深圳的交易量分别为 1126.14 亿元和 76.92 亿元。 到 1995 年上半年，国债回购交易量超过全部国债交易量的一半。

国债回购的迅速发展也伴随着一些违规行为，其中回购期限延长、抵押品缺乏和债务拖欠最为普遍。 监管部门对症下药，针对性地采取了一系列措施。 1995 年 8 月 8 日，中国人民银行、财政部、证监会联合发出《关于重申对进一步规范证券回购业务有关问题的通知》，对回购业务进行了规范，坚决杜绝证券回购中的买空卖空行为，对融资方的自由国库券或金融债券提出了要求。 同年 9 月，回购资金的专项稽核工作在全国展开。 10 月 27 日，中国人民银行、财政部、证监会又联合颁布了《关于认真清偿证券回购到期债务的通知》，结合我国国债回购市场的现实情况，提升了整顿市场和清理债务措施的可操作性。 在《通知》的要求下，STAQ 系统、武汉和天津等证券交易中心的国债回购业务进入清理、停业整顿状态，但仍有上海和深圳证券交易所在开展回购业务。

二　1997 以来的债券回购市场

1997 年，为规范和发展拆借市场，防止短期拆借资金流入长期市场，以稳定和发展资本市场，6月6日，中国人民银行暂停商业银行在深、沪证券交易所的回购和现券交易业务，债券交易业务全部转到全国银行间同业拆借市场，严禁场外交易，两大证券交易所的债权托管业务转入中央国债登记结算公司进行集中托管。 为保证银行间债券交易的开展有章可循、有规可依，中国人民银行相继制定和颁布了《银行间债券回购业务暂行规定》、《银行间债券交易规则》、《银行间债券交易结算规则》和《银行间债券回购主协议》，从而保证了6月16日银行间债券回购市场正式启动。 银行间债券市场的开办分离了证券交易所的债券回购交易，将债券回购交易人为地割裂开来，使得利率信号、交易量等信息不能顺畅传递，从而不利于市场的发展。 由于银行的特殊性质，银行间债券市场的会员对流动性管理更加关注，银行间债券市场的债券回购交易呈稳定增长趋势，而同期证券交易所的债券回购交易规模有所回落。

2001年，股票市场面临市场调整，证券机构的资金来源匮乏，部分机构利用政策漏洞挪用客户债券开展证券回购交易进行套利。 这一现象持续至2003年，由于股市的持续下探，交易所回购风险日益显现，违规回购导致多家证券机构停业倒闭。 加之国债回购风险的接连爆发，造成整个证券市场持续低迷。 据不完全统计，证券交易所中用客户债券进行回购交易的金额高达1000亿元。

2003年8月，中国人民银行、银监会联合发布了《关于进一步加强农村信用社债券投资监管工作的通知》，取消农信社的交易所市场准入资格，要求其通过银行间债券市场开展现券和回购交易业务。 有关监管部门为了化解交易所债券回购交易以及托管技术和制度框架下的巨大风险，从2003年开始对债券回购进行清查。 2004年10月18日，上交所、深交所、中证登联合下发了《标准券折算率管理办法》，严禁证券公司挪用客户债券用于回购，规定了国债和企业债券各自的折算比率，对不同信用级别债券进行差异化处理，体现了不同市场风险定价准则。 此次改革完善了交易所债券市场回购制度，有利于实时监控回购交易过程中的回购现券转移和占有，防范市场风险，保障债券投资人的合法权益。

2006年2月6日，证监会、中证协、上交所和中证登同时发布了各自针对交易所债券质押式回购改革文件。 上证所于 5 月 8 日起实行新的质押式国债回购制度。 新质押式回购的不同之处在于以下几点。 其一，新质押式回购按照证券账户进行回购交易和核算标准券库存。 证券公司对原回购标准券进行核算，新质押式回购交易必须按账户申报，并按证券账户核算标准券库存。 其二，新质押式回购对融资方提出质押券要求，质押券将按转移、占有处理。 质押券为投资者指明的现券。 其三，在回购交易时，交易系统会对证券账户进行前端检查，只有标准券充足时融资回购申报才会获批。 融券方的资金检查由证券公司系统实行前端控制。 新质押式回购制度对交易所债券回购市场平稳发展发挥了巨大作用，债券回购的良好秩序逐渐恢复。

(一) 银行间债券回购市场

1995 ~ 1996 年，股票市场十分活跃，带动交易所债券回购市场出现高速增长。 一些证券公司和机构投资者通过债券回购从商业银行获得大量资金，进入股票市场进行投机行为。 大量资金进入股票市场导致 1995 ~ 1997 年股票市场资金不断上涨。 1997 年，为抑制股市的投机行为，由国务院牵头，央行勒令商业银行全面退出证券交易市场。 同年 6 月，中国人民银行效仿同业拆借市场运营模式，建立银行间债券市场和专门供应商业银行之间进行债券回购交易的银行间债券回购市场。 6 月 16 日，引入了债券电子交易系统，至此全国统一的银行间债券市场建立起来了，一级交易商多达 25 家。 债券买卖交易和质押式回购业务同时推出。 起初，为了隔离货币市场和资本市场，避免股票市场风险通过债券回购外溢到银行体系，银行间债券市场的参与主体只有商业银行，其他非银行金融机构没有市场准入资格，这一市场只有银行间进行流动性管理和进行头寸余缺调整的作用。 这阻碍了货币市场与资本市场之间的资金流动，降低了金融资源的有效配置效率。 从 2000 年开始，证券公司、基金管理公司等非银行金融机构在满足一定条件的情况下也可以进入银行间债券市场。 此后，中国货币市场与资本市场之间的资金流通渠道得以正式建立。

2000 年 7 月 28 日，央行发布了《全国银行间债券市场债券回购主协议》，进一步规范了我国银行间债券回购交易市场；2004 年 5 月 20 日，财政部、中国人民银行和证监会发布了《关于开展国债买断式回购交易业务的通知》，与此同时，中国人民银行发布了《全国银行间债券市场债券买断式回购业务管理规定》，正式推出银行间债券买断式回购业务。 随着买断式回购的推出，银行间债券回购市场就有了两种形式的债券回购交易。 银行间债券市场逐步发展成为债券交易的主体。 我国银行间回购交易未清偿余额基本呈逐年增长的趋势，2000 年未清偿余额为 593.07 亿元，2010 年未清偿余额为 13529.62 亿元，为 2000 年的近 23 倍。

1. 质押式回购

我国的债券回购业务始于 1991 年，在早年的业务中，各大城市证券交易所是质押式回购交易主要交易场所，为各省、市、区之间的资金调剂提供了便利。 债券回购市场的发展急需相应的市场规范，1995 年 8 月，债券回购市场规范终于落地，规定机构进行集中交易和托管。 1997 年银行间债券回购交易在交易中心平台集中进行，在统一的市场开展商业银行间的债券回购交易。

与信用拆借等其他融资手段相比，以债券为质押品的债券回购交易业务风险小、交易的限制条件少，因此，质押式回购在银行间债券回购市场的融资交易中被广泛采用，交易量快速增长。 1997 年，我国银行间债券质押式回购交易量为 326.81 亿元，2007～2017 年银行间质押式回购交易规模不断攀升，2016 年与 2017 年都突破了 400 万亿元。 1999 年以来，中国人民银行则是更多通过公开市场操作进行货币政策调整，公开市场操作在调控货币供应量、调节货币市场利率、管理商业银行流动性水平方面的独特优势日趋显现。

2. 买断式回购

在买断式回购问世之前，债券回购只有质押式回购模式，在质押式回购模式下，回购交易到期之后资金融入方如果无法还本付息，则资金融出方可以出售质押债券回笼资金。 但是，在质押式回购到期之前，资金融出方仅仅拥有债券的质权，无法对质押债券进行处置，所质押债券在冻结状态下，无法进入市场流通，资金融出方难以再次融资。

1998～2003 年，债券回购交易量不断扩大，大量的现券资源被占用，可供交易的债券量严重不足。 虽然 2002～2003 年我国债券发行市场有不错的发展，但也远远无法满足债券回购对于现券的需求。除此之外，质押式回购模式下，做多成为现货交易者的唯一选择，在市场行情上涨时可以不断盈利，却无法在利率下跌预期走势中获得相应的风险回报。在市场利率不断下跌、现券价格持续攀升的过程中，现券交易增加使得流动性逐渐改善。然而当价格走势开始下探时，在没有做空机制的情况下，回购参与者将损失巨大，交易量会大幅收窄，进而严重影响市场流动性。

在这种背景下，为促进债券市场发展，规范债券买断式回购业务，防范市场风险，维护市场参与者合法权益，财政部、央行及银监会联合下发了《关于开展国债买断式回购交易业务的通知》，接着中国人民银行于2004年4月12日下发《全国银行间债券市场债券买断式回购业务管理规定》，2004年5月20日，正式推出银行间债券回购市场买断式回购业务；2004年12月6日国债买断式回购开始试点运营，经过几年的发展，买断式回购业务不仅建立了比较完善的市场框架，而且在交易量上有了显著提升，提高了债券市场的流动性。

近年来，银行间债券回购市场的买断式回购业务逐步完善，债券买断式回购交易的交易主体几乎覆盖所有交易成员，机构类型涵盖了商业银行、政策性银行以及几乎全部非银行金融机构。2004年债券买断式回购交易量只有1273.55亿元，月平均交易量106亿元，到2010年，银行间债券回购市场的债券买断式回购交易量达到30282.86亿元，月均超过2523亿元，是2004年的23倍多。

（二）证券交易所债券回购市场

1996年10月24日，深圳证券交易所推出3天、4天债券回购品种；2002年10月10日，上海证券交易所宣布增加1天期等国债回购新品种，增加企业债券回购交易，10月21日正式推出1天期国债回购交易，2002年12月30日推出企业债券回购交易。企业债券回购交易品种为1天、3天、7天三个短期品种。2003年1月2日深圳证券交易所推出了AAA级企业债券回购交易，交易品种为3天和7天债券回购；2003年6月30日推出了1天和2天国债回购交易品种。2003年5月9日上海证券交易所推出2天期国债回购新品种，从而基本完成了7天期以内的短期回购品种的期限结构布局。

2004 年 11 月 3 日，由证监会批准，上交所和中证登联合发布了《上海证券交易所国债买断式回购交易实施细则》，并率先在第十期国债上实施买断式回购。该产品的推出，对整个资本市场的风险控制具有积极的作用和意义。

随着资管业务的迅速发展，我国债券市场杠杆率不断加大，风险不断积累，"去杠杆"成为债券市场健康有序发展的重中之重。2015 年 2 月 16 日，为促进债券市场发展，规范债券质押式协议回购交易，维护正常市场秩序，保护交易各方的合法权益，经中国证监会批准，上交所结合相关经验制定并推出了《上海证券交易所债券质押式协议回购交易暂行办法》。2017 年 11 月 17 日，为加强债券质押式回购交易风险管理，促进债券市场稳定健康发展，根据《中国证券登记结算有限责任公司、上海证券交易所、深圳证券交易所债券质押式回购交易结算风险控制指引》的规定，中国证券登记结算有限责任公司、上海证券交易所、深圳证券交易所共同制定了《债券质押式回购融资主体数据报送指引》，为防范债券风险提供了数据支持。

第五节　黄金市场

一　黄金市场的建立与现状

新中国成立以来，中国对黄金的管理一直采取严格的计划管理体制，由中国人民银行统收统配。随着社会主义市场经济的深入发展，改革黄金管理体制，培育和建立新型市场化黄金流通体制已势在必行。2001 年 10 月国务院正式批准成立上海黄金交易所。同年 11 月 28 日上海黄金交易所模拟运行。2002 年 10 月 30 日，上海黄金交易所正式成立投入运营。这是适应社会主义市场经济改革发展要求，完善金融市场体系的一项重要举措，标志着中国黄金管理体制改革取得重大进展。

上海黄金交易所对中国黄金生产、消费、流通体制的市场化具有里程碑意义，是中国黄金市场开放的重要标志。上海黄金交易所实行"集中、净额、分级"的结算原则，目前主板业务共有指定保证金存管银行 18 家，国际板业务共有指定保证金存管银行 8 家。上海黄金交易所实物交割便捷，在全国 35 个城市使用 61 家指定仓库，并在全国范围内对金锭和金条进行统一调运配送。成立 16 年来，上海黄金交易所始终坚持服务实体经济，助力产业发展，为广大投资者提供更丰富的投资渠道，已经成为中国黄金市场的核心与枢纽，也是全球化黄金及其他贵金属交易市场。

上海黄金交易所自成立以来，成交量稳步增长，市场运行平稳，2002 年共成交贵金属 21.02 吨，累计成交额 18.50 亿元，到 2015 年总成交额超过 10 万亿元，其中黄金成交量 3.41 万吨、成交额 8.01 万亿元，白银成交量 80.57 万吨、成交额 2.76 万亿元，均突破了历史最高水平。从 2007 年至今，上海黄金交易所连续蝉联全球场内黄金现货交易量冠军。到 2017 年末，上海黄金交易所会员达 253 家，其中包括国内金融类、综合类会员 165 家，特别会员 19 家，国际会员 69 家，所占市场份额巨大；国际会员市场影响力巨大，均为国际知名银行、黄金集团及投资机构。截至 2017 年末，机构客户 12269 户，个人客户 931.22 万户。2009 年第一季度至 2018 年第一季度上海黄金交易所黄金交易量见图 4－7。

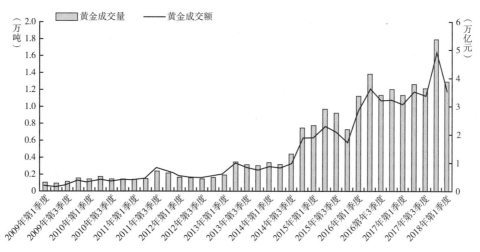

图 4－7　2009 年第一季度至 2018 年第一季度上海黄金交易所黄金交易量

资料来源：每季度《中国货币政策执行报告》。

　　经过十多年的发展,上海黄金交易所同时具备竞价、询价、定价、租赁等功能,将境内主板市场与国际板市场融为一体,形成多层次黄金市场体系。　其实行集中竞价撮合机制,是目前黄金等贵金属交易量最大的市场,金融机构、产用金企业等机构和个人均可参与,交易标的包括黄金、白银和铂金三大类品种、黄金包括现货品种 Au99.95、Au99.99、Au100g,国际品种 iAu99.99、iAu100g,延期品种 Au(T+D)、Au(T+N1)、Au(T+N2)、mAu(T+D);白银品种 Ag(T+D);铂金品种 Pt99.95。　有现货实盘合约、现货即期合约和现货延期交收合约等 16 个合约。　询价市场是机构之间开展定制化衍生品交易的重要平台,主要提供黄金即期、远期、掉期和期权等交易品种,近年来交易规模增长迅速,已成为上海黄金交易所市场的重要组成部分。　租借市场主要开展商业银行之间的黄金拆借业务、银行与企业之间的黄金租借业务,是上海黄金交易所支持产用金企业发展、更好发挥黄金市场投融资职能的重要创新和有益探索。

二　黄金市场发展历程

(一)交易品种日渐丰富

　　自 2002 年正式运营以来,上海黄金交易所交易品种逐步增加,既满足了会员多元化需求,也活跃了黄金市场。　如 2003 年 3 月 18 日中国人民银行货币金银局批复同意上海黄金交易所增加 12.5 公斤(成色 99.5%以上)金锭交易品种;同年 8 月 13 日正式推出 Pt99.95 品种的交易。2004 年 2 月 Au(T+5)业务上线试交易,为企业锁定生产成本提供服务;同年 6 月 28 日上海黄金交易所新品种 50 克金条挂牌试交易,此外 8 月 30 日上海黄金交易所将 Au99.99 品种的最小交易单位从 1 千克降为 100 克。　2016 年 10 月 30 日上海黄金交易所试运行两个白银交易品种:现货 Ag99.9 和 Ag(T+D)延期交收品种。　至此,经国务院批准的三个贵金属交易品种(黄金、白银、铂金)在交易所全部上市;同年 12 月 25 日黄金 Au100g 合约在交易所正式挂牌交易。　2007 年 11 月 5 日交易所推出新交易品种,黄金 Au(T+N1)、Au(T+N2)合约挂牌交易。　2008

年11月交易所对个人客户开放 Au99.95 实物黄金交易业务。 2014 年 1 月1日挂牌 Mini 黄金延期合约［mAu（T＋D）］，同时下调 Au99.99 品种的交易单位；同年 10 月 8 日推出白银询价即期品种；11 月 18 日黄金 T＋N 交易产品升级上线。 2016 年 1 月 1 日询价期权（二期）线上交易产品上线，实现询价期权线上交易、存续管理等线上全流程管理功能。 上海黄金交易所交易品种及相关情况汇总见表 4 –1。

表 4 –1　上海黄金交易所交易品种及相关情况汇总

单位：%

	交易单位	保证金比例	涨跌停板
现货实盘合约	Pt99.95	买方 102	30
	iAu99.5	全额交易	30
	Au99.5	全额交易	30
	Au99.95	全额交易	30
	iAu100g	全额交易	30
	iAu99.99	全额交易	30
	Au100g	全额交易	30
	Au99.99	全额交易	30
现货即期合约	Ag99.99	20	10
	Ag99.9	20	10
现货延期交收合约	Au（T＋N1）	6	5
	Au（T＋D）	6	5
	Au（T＋N2）	6	5
	mAu（T＋D）	6	5
	Ag（T＋D）	7	6

资料来源：上海黄金交易所。

（二）资费不断降低，业务不断拓展

为了黄金交易市场更快更好地发展，上海黄金交易所不断下调服务资费标准，降低黄金交易参与者的交易成本；不断推出新的业务，提高黄金交易的服务质量。 2008 年 11 月 27 日，交易所将质押费率下调 50％，改进了自身市场服务功能。 2010 年 1 月 11 日起，交易所进一步下调黄金、铂金品种的会员交易费率，改善收费方式，如有结余将返还

会员，活跃了交易活动；对 7 月、8 月和 12 月的运保费进行免收，进一步降低了会员的交易成本。 2011 年，上海黄金交易所银行间黄金询价市场试运行。 2012 年 10 月 25 日，交易所开始试点会员资格租赁业务；同年 12 月 3 日，经中国人民银行备案同意，上海黄金交易所银行间黄金询价业务上线试运行，首日完成 30 笔交易，成交 3.064 吨黄金。 2013 年 3 月 25 日，上海黄金交易所试运行银行间黄金询价远期交易业务；同年 7 月 29 日，华安易富黄金 ETF 和国泰黄金 ETF 在上海证券交易所上市并开放日常申购、赎回业务；11 月 25 日，银行间黄金询价掉期交易品种上线；12 月，易方达黄金 ETF 在深圳证券交易所上市并开放日常申购、赎回业务。 2014 年 5 月 15 日，启动平仓免手续费措施；同年 6 月 2 日，公开发布交易所拥有完全自主知识产权的上海黄金现货（上午）基准价，为市场提供公允的时点价格；同年 7 月 1 日，询价交易平台上线现金差额交割功能。 2015 年 1 月 5 日，国际板询价业务正式上线，同月 13 日，Ag（T + D）合约品种向国际板会员和客户开放交易权限；同年 2 月 2 日，询价期权业务正式上线，标志我国首个交易所挂牌实物期权产品正式诞生；同年 6 月 23 日，中国人民银行批复同意金交所开展有价资产充抵保证金业务。 2016 年 6 月 27 日，国际板推出债券充抵保证金业务。 全年累计发生债券充抵金额 15.62 亿元，进一步提高了国际会员资金使用效率，降低了交易成本。

（三）系统不断升级，制度不断优化

　　随着上海黄金交易所交易产品逐步丰富，对交易系统的要求也越来越高，对交易制度的改进也在不断进行。 2004 年 8 月 16 日，上海黄金交易所新版交易系统在经过一系列开发、测试之后顺利上线运营。 新版交易系统除保留原有的所有交易品种外，加入了 Au（T + D）交易品种。 2005 年 7 月 18 日，经中国人民银行批准，中国工商银行上海分行联合上海黄金交易所合作开发出个人黄金交易系统，"金行家"试运行使得个人客户可通过中国工商银行的平台参与国内黄金市场的投资。同日，上海黄金交易所账户卡管理系统也上线运行；同年 11 月 8 日，上海黄金交易所推出夜市交易系统，与日间交易有相同的交易品种，交易

时段为每晚21：00~23：30（周一至周四）。2006年1月14日，上海黄金交易所在深圳建立备份交易中心。2007年3月1日，交易所将夜市时间延长，全天交易时间增加至9小时；同年2月29日，交易所OA系统上线运行。2009年4月1日，交易所指定仓库USB-Key系统正式上线。2013年4月8日，第2.5代交易系统正式上线运行；5月31日，周五夜盘于21：00开始交易。2014年，上海黄金交易所上线黄金拆借业务平台；同年9月9日，交易所夜市交易开始时间从晚上9点提前到8点；同年9月18日，上海黄金交易所国际板正式启动运行。2015年7月10日，中国人民银行批复同意金交所开展有价资产充抵保证金业务，香港金银业贸易场通过"黄金沪港通"完成首笔2吨黄金品种交易，国际板境外结算银行业务试点启动。2016年1月11日，银行间市场做市制度正式启动，银行间黄金市场成为继银行间外汇市场、银行间债券市场后又一引入做市商制度的银行间要素市场；同年1月26日，上海黄金交易所的首款移动互联网产品"易金通"上市，建立惠及群众的"百姓金"交易平台，推动以黄金投资为主体的普惠金融服务；同年4月19日，"上海金"问世，黄金基准价格开始以人民币计价。"上海金"定价机制标志着我国金融要素市场不断创新、开放，与全球金融市场融为一体，为广大黄金投资者提供了丰富的风险管理工具，为中国黄金市场的国际化进程提供了支持。

（四）法律法规不断健全，交易准则日趋完善

上海黄金交易所随着品种的增多、系统的升级，相应的法律法规也在不断完善。从2009年起实施新的《会计准则》与《企业财务通则》，要求调整交易手续费和运保费，完善交易所考核激励奖惩机制。上海黄金交易所会员查询系统上线的同时，仓库查询系统正式投入使用，对会员服务与仓库管理的查询功能进行了有效分离，升级了会员和仓库的业务服务水平。2010年4月26日，为规范上海黄金交易所交易秩序，切实保障投资者合法权益，推动会员单位业务合作，促进市场规范发展，根据中国人民银行相关规定和交易所业务管理办法，上海黄金交易所印发了《上海黄金交易所业务平移管理办法》。2011年5月20

日，经中国人民银行批准，上海黄金交易所印发《上海黄金交易所商业银行代理个人业务指引》《上海黄金交易所商业银行代理个人业务信息技术管理指引》，以规范商业银行个人代理业务行为，防范系统性风险，强化黄金市场管理；同年 12 月 1 日，在充分征询全体会员的意见后，上海黄金交易所修订了《上海黄金交易所现货交易规则》《上海黄金交易所风险控制管理办法》《上海黄金交易所会员管理办法》《上海黄金交易所违规违约处理办法》《上海黄金交易所现货交易清算实施细则》《上海黄金交易所现货交易交割实施细则》等。

第六节　小结

在我国货币市场不断快速发展的同时，要不断扩大参与主体，加强金融产品创新，不断丰富产品的种类和结构；进一步完善货币市场体系，注重培育各子市场和中介机构；完善信用体系，提高信用机构评级的质量，扩大信用评级的覆盖范围，充分发挥信用评级的市场约束和激励功能；加快并完善货币市场基准利率建设，建立以 SHIBOR 为中心的利率形成、利率传导机制和市场化定价机制；加强货币市场的监管，提升风险检测和控制能力，维护货币市场的正常秩序。

第五章　中国债券市场的发展与变革

第一节　政府债券

一　国债

国债是中央政府为筹集财政资金而发行的一种政府债券。国债以国家信用为基础发行，风险较小，因此也被称为"金边债券"。发行国债筹集的资金，一般用于投资公共基础设施建设以及平衡财政收支等，此外，国债也是货币政策调控的工具之一。1981年7月，我国政府开始发行国库券以解决交通、能源等公共基础建设项目经费不足的问题，由此揭开了我国国债市场发展的大幕。由于证券市场处于发展的初期，80年代的国债市场也并不完全具备市场的特征。一般来讲，成熟的国债市场是发行市场和流通市场的有机结合。而在这一时期，我国国债在发行方面不是通过市场化方式发行，在流通方面没有国债转让的二级市场。直到80年代中后期，我国逐步开展了国债的转让业务，有效地促进了国债的发行，也促进了国债市场的进一步发展。

（一）国债一级市场的发展历程

国债一级市场，又称国债发行市场，是国债承销机构（主要由银行、证券经纪人及其他金融机构构成）承销财政部新发国债的场所。在起始阶段，国债的出售具有行政摊派的性质，因此，在最初的几年，国债发行没有形成一级和二级市场。1988年，政府通过邮政储蓄柜台及商业银行来向居民出售政府债券。由于央行不再承担政府的财政赤字，财政部发行的财政债券应运而生。 经过 10 年改进国债发行效率的探索后，财政部于 1991 年 4 月首次采用承购包销的方式来发行国债。由此，中国国债的一级市场形成，并在之后不断发展和完善。 1993年，中国建立了一级自营商制度，首批一级自营商由 19 家金融机构组成，承销了 1993 年的记账式国债。 1994 年颁布的《中华人民共和国预算法》规定禁止财政部向中国人民银行借款，使得国债成为弥补财政赤字的主要方式。 当年国债发行额快速增长，达到 1028 亿元的规模，占GDP 的比重从 1993 年的 1.08% 跃升至 2.13%。 同年，我国发行了半年期和一年期的国债，并借助上海证券交易所的交易与结算网络系统进行了无纸化发行的尝试。 1995 年，我国开始采用招标发行方式，由国债一级自营商采取余额招标、基数包销的方式发行了一年期记账式国债。 我国国债市场在 1996 年经历了重大发展，通过招标方式大大提高了市场化程度。

经过近 40 年的发展，我国的国债一级市场已经逐步成型，市场化程度不断提高，国债发行方式包含定向招募方式（向社会保障机构和保险公司定向出售国债）、承销方式（向商业银行和财政部所属国债经营机构等销售不上市的凭证式储蓄国债）、招标方式（向国债一级承销商发行可上市国债）。 同时，国债品种也不断多样化，国债发行恢复初期多发行期限为 5~9 年的中长期国债，1994 年财政部首次发行了期限为半年及 1 年的短期国债，1996 年开始发行期限为 3 个月的短期国债，并首次发行 7 年以及 10 年期附息国债。 目前来看，由中央结算公司托管的国债期限呈均匀分布趋势，债券种类涵盖国家债券、国家借款、建设国债、赤字国债、特种国债、战争国债等，并形成从 3 个月到 50 年的短、中、长期兼备的期限结构。

国债的发行历史基本上也引领了我国债券市场的发展历史。 从国债发行或流通来看，可将债券市场分为交易所市场、场外交易市场、银行间市场、跨市场以及发行市场化。 在早期阶段，国债是我国债券市场上最主要的品种，随着债券市场的发展，国债依然是市场上占比较高的品种，截至 2018 年 6 月 7日，我国国债存量达到 13.53 万亿元。 国债发行历史规模见图 5-1。

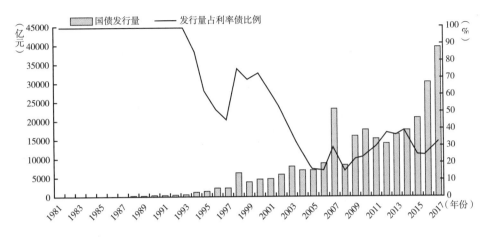

图 5 - 1　国债发行历史规模

(二)国债二级市场的形成和发展

国债二级市场，也称为国债流通市场，是认购者与国债承销机构或国债持有人交易已发行国债的场所。在过去的 40 年里，中国的国债市场经历了三个阶段：最初的场外交易市场、交易所市场的集中交易以及银行间交易市场。在 1981 年中国恢复发行国债后很长一段时间内，没有二级市场。1988 年，为了促进国债的交易、流通与转让，增强国债的流动性与价值，我国开始在 7 个城市（后来扩展到另外 54 个大中城市）开展国库券流通试点，试点进行由该地区的财政部门和银行部门设立的证券公司开展场外交易。1991 年，国债扩展其流通范围至全国 400 个地区的市一级以上的城市；1991 年底，由场外交易主导的二级市场形成。此后形成了场外交易和场内交易共存的国债二级市场，其中场内交易市场主要包括上海证券交易所、深圳证券交易所、武汉国债交易中心以及全国证券交易自动报价中心。

1991 年，随着国债现货市场的快速发展，国债回购市场逐步形成。国债回购是指国债的卖方，承诺以约定的价格在约定的时间内回购已售出的国债。国债回购是通过使用国债进行融资活动获得短期资金的主要渠道，它还为央行的公开市场操作提供了工具，并在中国国债市场的发展中发挥了重要作用。1993 年，国债期货市场启动。国债期货交易是买方和卖方之间达成协议，根据商定的国债种类、价格和数量，在未来的某个时间交割国债。 国债期货对国债的价格产生引导，并可以作为市场参与者对冲或投机的工具，起着活跃市场的作用。 但由于市场化程度欠缺以及监管不力，"327 国债期货事件"的发生，促使国务院于 1995 年 5 月暂停国债期货交易试点。 2013 年 9 月 6 日，经过重新设计的国债期货合约得以重新挂牌上市。

1997 年 6 月，中国人民银行按照国务院的指示，要求所有商业银行退出证券交易所国债市场，进入新成立的场外交易市场——主要由商业银行、保险公司和中国人民银行等机构投资者构成的全国银行间债券市场，其持有国债均由中央国债登记结算有限责任公司进行托管。 银行间债券市场建立后，全国银行间同业拆借中心的交易系统交易大部分记账式国债和所有政策性金融债券，中央国债登记结算有限责任公司处理债券的结算与托管业务。

2000 年，中国人民银行制定了《全国银行间债券市场债券交易管理办法》，对二级市场的交易行为进行了明确规定。 2007 年，中国人民银行发布《全国银行间债券市场做市商管理规定》，正式提出了做市商概念，并发布了做市业务规范以及做市商的必要条件；2011 年，为活跃国债交易、稳定二级市场，中国人民银行、财政部联合发布了《关于关键期限国债做市的公告》，启动关键期限国债做市。 2016 年，中国人民银行与财政部联合发布了《财政部、中国人民银行关于建立国债做市支持机制有关事宜的公告》和《关于印发〈国债做市支持操作规则〉的通知》，建立国债做市支持机制。 该机制明确财政部在银行间债券市场运用随买、随卖等工具，支持银行间债券市场做市商对新发关键期限国债做市。 随着 2017 年支持机制的正式启动，国债二级市场流动性得到进一步改善，国债收益率曲线也日趋完善。 做市商制度市场功能的有效发挥，在提高债券市场流动性、促进债券市场价格发现、维护市场稳定、降低发行人筹资成本等方面发挥了重要作用。 截至 2018 年初，银行间债券市场共有 30 家做市商和 50 家尝试做市机构。

二 地方债

从一般意义上讲，地方政府债券是指地方政府或地方公共机构凭借信用,在承担偿债责任的前提下,筹集资金的债务凭证。 地方政府筹集资金常用于弥补融资缺口。 地方政府债券通常用于建设当地公共设施,如通信、教育、交通、医院、住房以及污水处理系统等。 一般而言,地方政府债券以地方政府的税收能力作为偿债的担保。 在某些特定情况下,地方政府债券又被称为"市政债券"。 《2009 年地方政府债券管理办法》规定,地方政府债券"以省、自治区、直辖市和计划单列市政府为发行和偿还主体,由财政部代理发行并代办还本付息和支付发行费"。 其虽明确指出了地方政府的发债主体地位,但地方政府债券的发行额度和用途完全受中央政府统一控制和约束,地方政府只是名义上的发债主体。

(一)地方政府债的发行

我国地方债的发展可以划分为以下几个阶段。 第一阶段为 20 世纪 80 年代末期至 90 年代初期,国家仍处于大力建设基础设施的阶段,为筹集资金,出现了地方债务,偿还方式为定期还款。 在我国的一些发达地区,这种地方债相对成熟,这也是我国第一批地方债。 第二阶段是 1994～1997 年,在中央政府和地方财政分散职能,进行财政体制改革的背景下,地方政府缺乏中央财政的大力支持,逐渐出现资金不足的局面。在此背景下,为继续履行地方政府的职能,地方政府建立了一系列地方债务融资平台。 这一阶段奠定了地方政府融资平台建设的基础。 第三阶段是 1997～2008 年,亚洲金融危机爆发后,中央政府大力鼓励地方政府融资,以刺激经济发展,这也成为政府设立地方融资平台的良机。 第四阶段是 2008 年至今,在美国次贷危机引发金融危机之后,地方政府辅助支持计划的融资压力急剧上升。 根据中央 4 万亿刺激计划,一系列基础设施建设计划相继出台。 2009 年,为了应对国际金融危机,扩大内需保增长,地方政府债应运而生。 2015 年,根据新《预算法》和国发〔2014〕43 号文,地方政府置换债被推出。

截至 2018 年 6 月 7 日,我国地方政府债存量为 15.6 万亿元,占我国债券存量比重接近二成,是我国第一大债券品种。 与国债和政策性金融债相比,地方政府债的发展历史非常短,至今不足 10 年。 2009～2017 年地方政府债发行量见图 5-2。

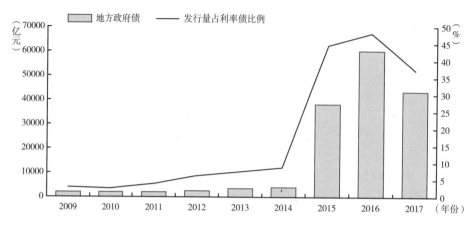

图 5 - 2 2009 ~ 2017 年地方政府债发行量

我国地方政府债经历了禁止发行、代发代还、自发代还和自发自还几个阶段。 各阶段地方政府债相关规定见表 5 -1。

（1）禁止发行阶段

新中国成立初期，一些地方政府发行地方债券以筹集资金修建道路。1993 年，国务院因"怀疑地方政府的偿还能力"而停止了这项工作。1995 年实施的《中华人民共和国预算法》明确规定地方政府不得发行地方政府债券。

（2）财政部代发代还阶段

2008 年爆发全球性金融危机，中国经济也受到较大的冲击。 为了扩内需保增长，应对国际金融危机，保持经济平稳较快发展，2009 年在中央扩大国债发行规模的同时，地方政府也开始以发行地方政府债券的方式来筹集资金。 2009 年 4 月，为应对金融危机并刺激经济发展，财政部发行了 2000 亿元的地方政府债券。 2009 年和 2010 年，每年 2000 亿元的地方政府债券全部由财政部代发代还。 当时将地方政府债定义为，经国务院批准，以省、自治区、直辖市和计划单列市政府为发行和偿还主体，由财政部代理发行、代办还本付息和支付发行费的债券。

（3）部分地区试点自发代还阶段

2011 年 10 月，国务院批准浙江省、广东省、深圳市、上海市开展地方政府自行发债试点，省（市）政府债券仍由财政部代理发行、代办还本付息和支付发行费。2013 年 6 月，自行发债试点范围扩大，增加江苏省和山东省。

（4）自发自还阶段

2014 年 5 月，经国务院批准，北京、上海、广东、深圳、江苏、江西、宁夏、山东、青岛、浙江试点地方政府债券自发自还，同时引入市场信用评级，表明地方政府债发行进一步市场化。2015 年 3 月，财政部印发《地方政府一般债券发行管理暂行办法》，在遵循公平、公正、公开原则的前提下，各地按照市场化原则对债券进行自发自还，地方政府是发行及偿还的主体。

表 5 - 1　地方政府债相关政策规定

实施/发布时间	发布机构	名称	相关内容
1995 年 1 月 1 日	第八届全国人大常委会	《中华人民共和国预算法》	地方政府不得发行地方政府债券
2011 年 10 月 17 日	财政部	《2011 年地方政府自行发债试点办法》	上海、浙江、广东、深圳开展地方政府自行发债试点，由财政部代办还本付息
2013 年 6 月 25 日	财政部	《2013 年地方政府自行发债试点办法》	新增江苏省和山东省两个自行发债试点
2014 年 5 月 19 日	财政部	《2014 年地方政府债券自发自还试点办法》	上海、浙江、广东、深圳、江苏、山东、北京、江西、宁夏、青岛 10 个省市试点地方政府债券自发自还
2015 年 1 月 1 日	第十二届全国人大常委会	《中华人民共和国预算法（2014 年修正）》	经国务院批准的省、自治区、直辖市的预算中必需的建设投资的部分资金，可以在国务院确定的限额内，通过发行地方政府债券举借债务的方式筹措

（二）置换债推出

2015 年，我国开始发行地方政府债券置换存量债务。新颁布的《预算法》规定，地方政府应通过发行政府债券的方式举债。《国务院关于加强地方政府性债务管理的意见》（国发〔2014〕43 号）规定，纳入预算管理的地方政府存量债务可以通过发行一定规模的地方政府债券置换。地方政府存量债务是在新《预算法》实施之前形成的，用一定规模的政府债券取代部分债务是规范预算管理的有效方式。 以发行地方政府债券的方式来进行债务置换，虽然债务形式有变化，但不会增加债务余额，因而不会增加财政赤字。

从 2015 年开始，我国地方政府债发生了以下变化。

一是置换债定义的变化。 按照是否替换存量债务，地方政府债分为置换债和新增债。

二是推出专项债。 2014 年及之前，只有一种地方政府债务，即地方政府债。 2015 年推出专项债后，地方政府债分为两个子类别（原地方政府债更名为一般债）。 2015 年新增专项债的数量达 1000 亿元，专项债未纳入财政赤字。

三是部分置换债可定向承销。 2014 年及之前，地方政府债都是采用公开招标的方式发行。 2015 年，推出置换债定向承销的方式，其中规定承销团须由该地区存量债务的债权人组成。

四是地方一般债务根据中央国债进行余额管理。 2014 年及之前，地方政府债年度发行量等于地方财政赤字，例如，2014 年地方政府赤字为 4000 亿元，地方政府债全年发行量就是 4000 亿元。 剔除 993 亿元的到期债务，2014 年净融资额为 3008 亿元。 而 2015 年开始执行余额管理，即财政赤字规模是当年的净融资额，因此 2015 年新增一般债券是 6714 亿元。 2015 年后地方政府债券类别分解见图 5 - 3。

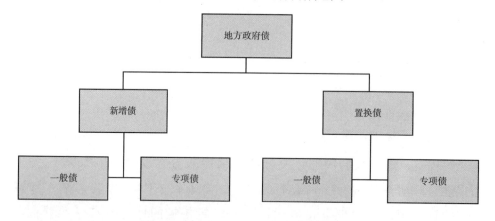

图 5 - 3　2015 年后地方政府债券类别分解

第二节　金融债券

我国金融债券的发行可追溯到北洋政府时期。 后来在国民党政府时期发行过"金融公债""金融长期公债""金融短期公债"。 新中国成立后的金融债券于 1982 年开始发行。

1985 年是我国经济体制改革后，国内发行金融债券的开端。 为增加金融资产多样性，广泛筹集社会资金，中国工商银行、中国农业银行开始发行金融债券，并同时开办特种贷款。 此后，中国工商银行和中国农业银行又多次发行金融债券，中国银行、中国人民建设银行也相继发行金融债券。 1988 年，部分非银行金融机构开始发行金融债券。 1993 年，中国投资银行在境内发行了外币金融债券，是我国首次发行境内外币金融债券。 1994 年，我国政策性银行成立后，政策性银行也成为金融债券的发债主体。 当年仅国家开发银行就发行了总额达758 亿元的金融债券。 1997 年和 1998 年，以偿还不规范证券回购交易所形成的债务为目标，中国人民银行批准部分金融机构发行了特种金融债券。

1999 年以后，政策性银行成为我国金融债券的主要发行主体，金融债券成为以国家开发银行为主的政策性银行筹资的主要渠道。 如 1999 ~ 2001 年，除财政部外，国家开发银行成为最大的金融债发行主体，累计在银行间债券市场发行 1 万多亿元的金融债，通过金融债券所筹集的资金占其同期资金来源的 92%。 此后，金融债券的发行量不断增加。 此外，我国对金融债券的发行也进行了一些探索性改革：一是对发行方式市场化的探索，二是对金融债券品种多样化的探索。 2002 年，国家开发银行推出了新的债券品种，如发行人普通选择权债券、长期次级债券、投资人选择权债券和本息分离债券。 2003 年，国家开发银行继续发行可转换债与可赎回债，并同时推出新的可转换国债品种。

随着我国金融债券市场的发展，金融债券品种不断丰富，主要有以下几种。

一　政策性银行债

政策性银行债，也称政策性金融债，是我国政策性银行（国家开发银行、中国农业发展银行、中国进出口银行等）发行的债券，用于筹集信贷资金。

1994 年，我国成立了国家开发银行、中国进出口银行和中国农业发展银行，2001 年中国出口信用保险公司成立，从而形成了我国的政策性金融体系，以实现政策性金融与商业银行金融的分离，深化金融体制改革。除财政部拨款外，国家开发银行90%的资金需要通过发行金融债券筹集。在政策性银行成立初期，银行间市场尚未建立，政策性银行债券由中国人民银行依靠行政手段发行，债券发行利率也以行政手段来确定。随着中国金融债券市场的不断发展，派购方式的局限性也越来越明显。发行利率的行政确定可能会导致金融债券利率与国债利率倒挂；债券期限结构不合理，且种类较少，不利于投资者进行资产管理；债券无流动性，难以满足商业银行流动性管理要求。由于价格扭曲，债券不能流通，且不同期限结构的债券价格比例失调，同时投资人难以认可新设立的政策性金融机构等，政策性金融债的发行越发艰难。

1997 年，以银行间债券市场的建立为契机，金融债券市场化发行得以实现，促进了政策性金融债券的市场化。当时，中国人民银行需要一个大规模、成熟的债券市场，以实现从直接调控向间接调控的转变。退出交易所的商业银行迫切需要寻找新的投资场所和投资渠道。鉴于此，1998 年 9 月，国家开发银行在中国人民银行的积极支持下，率先在银行间债券市场开始市场化发行债券。国家开发银行在银行间债券市场成立了第一家由国有商业银行、城市商业银行、中资保险机构以及城乡农村信用机构等30 家成员单位组成的国家开发银行债券承销团，并成功发行了350 亿元金融债券。在随后的几年中，银行间债券市场继续扩大，国开行债券承销团成员也不断增加。

1998 年 9 月政策性银行债券市场化起步后，经过 1999 年的派购与市场化双轨过渡，到2000年，已经全部实现市场化发债，在短时间内填补了债券市场创新的数项空白。　承购包销招标发行方式为市场化发行的一般方式，通过市场招标的方式发行金融债券，可以拓宽政策性银行的融资渠道，完善金融机构的资产负债管理，按照市场规律确定融资成本，推动我国货币市场及债券市场的建设和发展。　自1998年以来，各政策性银行逐步扩大了市场化发行金融债券的比例，并注重增强二级市场的流动性。

在利率机制方面，国家开发银行于1999年3月推出了我国债券史上的第一只10年期浮动利率债券。　在市场化初期推出浮动利率债券，有利于我国债券市场延长债券期限，增加中长期债券品种，调整债券市场期限结构。　在期限结构方面，国家开发银行首次发行了5年期固定利率债券。　2001年，我国发行了债券市场期限最长的债券——30年期债券，极大地扩充了中国债券市场收益率曲线。　在债券产品创新方面，国家开发银行还先后推出了增发债券、10年期可赎回债券以及对称债券。　这不仅为市场带来了多样化的创新品种，而且其不断增长的发行数量也缓解了债券市场供求失衡的状况。　国家开发银行的创新举措和其债券在一、二级市场的表现日益被市场所关注，同时也促进了银行间债券市场的发育和成熟。

从政策性银行债发行量来看，结构上国开债占比最大，总量上在各类债券中规模也最大。　2004年以前，仅有国家开发银行和中国进出口银行两家发行政策性银行债，其中以国家开发银行为主，占比在90%左右，近年来中国进出口银行和中国农业发展银行的规模也不断增加，国开债占比逐年下降，但仍在40%以上。　自2011年起，政策性银行债发行总规模超过国债，目前已是我国债券市场上发行量和存量规模最大的品种，截至2018年6月，我国政策性银行债存量达13.8万亿元。　从政策性银行债存量期限情况来看，以中期为主。　其中3年期占比最大，达28%，5年期次之，达24%。　从政策性银行债交易情况来看，交易方式以质押式回购为主，交易比例在各类债券中最高。　从政策性银行债的投资者结构来看，商业银行是最大需求者，基金占比在扩大。　1994～2017年政策性银行发债量见图5－4。

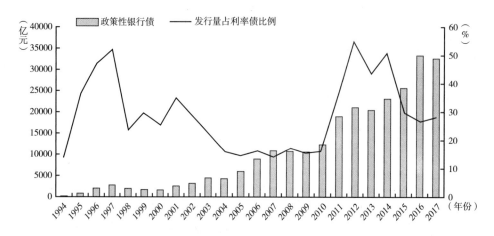

图 5 - 4　1994~2017 年政策性银行发债量

二　商业银行债

(一)商业银行普通债

中国自 1985 年就开始由专业银行发行金融债券,所筹集的资金主要用于发放特种贷款,支持收益好的企业发展生产,截至 1988 年底,共发行 160 亿元人民币债券。 1993 年,为改进央行宏观调控手段,中国又开办了中国人民银行短期融资券的买卖业务,尝试央行公开市场操作业务。从 1993 年 6 月开始至年末共发行了两期 200 亿元的融资券,所发行的融资券分为 3 个月、6 个月、9 个月三个档次,利率按金融机构在中国人民银行的存款利率以一定幅度上浮。 融资券的发行对象为国内持有金融业务许可证的金融机构,重点是资金富余、净拆出资金比较多的地区和金融机构。 发行方式为自愿认购与计划配购相结合,融资券可在金融机构之间转让,还可作为借款的抵押品。 第一期融资券采取有形证券形式发行。 第二期采取无纸化操作。 中国人民银行用融资券所筹集的部分资金,贷给各省、地、市人民银行融资中心,再由融资中心直接拆放给需要拆入资金的专业银行,专门用于解决专业银行同城票据清算及大额汇出款的头寸不足。 中国人民银行发行的短期融资券具有试点性质,后来随着国债发行规模的扩大和金融机构持有的国债比重上升,发行短期融资券就丧失了必要性。

2005 年以后，中国的商业银行再次掀起发债高潮。 2005 年 8 月 12 日，上海浦东发展银行在全国银行间债券市场通过公开招标成功发行 2005 年浦发银行债券（第一期）70 亿元，这是中国金融市场首次发行商业银行普通金融债券。 截至 2018 年 6 月 7 日，累计发行商业银行债 1.6 万亿元。

（二）商业银行次级债

世界主要国家和地区监管当局都将商业银行资本作为监管的重要对象。 为了解决各国对资本充足率计算方法不一致所可能产生的问题，巴塞尔委员会于 1988 年通过了《关于统一国际银行的资本计算和资本标准的协定》（简称《巴塞尔协议》）。 但随着银行风险管理水平的提高，以及金融业务的创新，《巴塞尔协议》在发挥重要作用的同时也开始暴露一些自身的问题。 巴塞尔委员会重新组织和修订了 20 世纪末的《巴塞尔协议》，并于 2004 年 6 月 26 日正式发布《统一资本计量和资本标准的国际协议：修订框架》（简称《新巴塞尔协议》）。 2004 年初，经国务院批准，中国银监会发布了《商业银行资本充足率管理办法》（以下简称《管理办法》），这意味着中国银行业资本监管日臻完善，迈上了新的台阶。《管理办法》要求各家商业银行严格执行《巴塞尔协议》的有关规定，切实落实资本充足率的规则。 鉴于绝大多数商业银行的资本充足率都未达到《巴塞尔协议》的规定，补充资本金成为一项基本工作。 《管理办法》指出，资本补充方式既包括国家注资、资本市场增发新股、发行次级债和可转债等外部方式，也包括各银行通过加大利润留成、提高资产质量从而降低拨备缺口等内部方式。 尽管商业银行资本补充有多种渠道，但在这些渠道中，依靠利润留成补充资本受到银行经营情况和股东意愿的限制，短期内难以见效；增发新股或股东注资条件严格、审批复杂、时间较长；通过压缩资产规模迅速提高资本充足率也十分困难。 由此发行次级债就成为许多商业银行的首要选择。 为规范次级债的发行，引导商业银行探索利用多种渠道补充资本，中国银监会又发布了《关于将次级定期债务计入附属资本的通知》，将符合规定条件的次级定期债务计入银行附属资本；同时，银监会和中国人民银行还联合发布了《商业银行次级债券发行管理办法》，对通过银行间市场发行次级债券进行规范。2003 年 12 月，兴业银行发行次级债 30 亿元，这是中国商业银行首次成功发行次级债。截至 2007 年 12 月 31 日，中国商业银行共计划发行各类次级债券 3177 亿元，实际发行 3133 亿元。2005 年 12 月 23 日，根据巴塞尔银行监管委员会关于《统一资本计量与资本标准的国际协议》的原则，结合中国银行业的资本现状，银监会下发了《关于商业银行发行混合资本债券补充附属资本有关问题的通知》，允许符合条件的商业银行发行混合资本债券，并按照规定计入附属资本。

实践证明，通过次级债发行补充资本，有力地缓解了中国商业银行资本不足、资本补充渠道单一的状况，为商业银行稳健运行和国民经济健康发展提供了有力支持。中国的商业银行主要以两种形式发行次级债：通过银行间债券市场公开发行或私募发行。前一种方式虽然具有高门槛、程序复杂的缺陷，但也有其明显的优势：首先，由于银行间市场的深度和广度，发行额度可以相对较高，与私募相比，发债银行一般不用担心由于市场容量不足导致发债失败；其次，通过银行间债券市场发行的次级债更具流动性，风险在经机构评级后得到控制，这将降低利率水平，从而降低银行成本；最后，银行间债券市场具有较高透明度和相对规范的管理，有助于提高中国银行体系的整体风险承受能力。

我国商业银行次级债发行之初，次级债的期限比较短，集中在 5～6 年，而国外次级债的期限比较长，5～10 年的次级债占 43.9%，11～15 年的占 36.3%。我国次级债发债期限较短主要是因为，当时次级债的主要购买者为保险公司，而保监会又将保险公司购买次级债的期限上限定为 6 年。2004 年 6 月 30 日，保监会对保险公司投资银行次级债券、次级债务的规定做了调整，使保险公司投资次级债的期限突破了 6 年的限制。之后，商业银行发行的次级债的期限不断变长。这与国外次级债的发债期限开始变得一致。2010 年、2011 年及 2012 年我国商业银行在银行间债券市场上发行的次级债均为 10 年期限和 15 年期限，以 2012 年为例，我国 10 年期限的次级债为 347.7 亿元，15 年期限的次级债为 1709 亿元。 商业银行次级债的定价与发债银行的信用风险、发债规模、期限结构及次级债的流动性等要素相关，其中最重要的就是发债银行的信用风险。 一般而言，资产规模较大、资信等级较高的商业银行，其信用风险溢价较低，而资产规模较低、资信等级不高的商业银行，风险溢价一般较高。

（三）混合资本债券

2006 年 9 月 6 日，中国人民银行发布《全国银行间债券市场金融债券发行管理办法》，就商业银行发行混合资本债券的有关事宜进行了规定。 混合资本债券是一种混合资本工具，它比普通股票和债券更加复杂。 《巴塞尔协议》并未对混合资本工具进行严格定义，仅规定了混合资本工具的一些原则特征，而赋予各国监管部门更大的自由裁量权，以确定本国混合资本工具的认可标准。 中国银监会借鉴其他国家对混合资本工具的有关规定，严格遵照《巴塞尔协议》要求的原则特征，选择以银行间市场发行的债券作为我国混合资本工具的主要形式，并由此命名我国的混合资本工具为混合资本债券。 我国的混合资本债券是指商业银行为补充附属资本发行的、清偿顺序位于股权资本之前但列在一般债务和次级债务之后、期限在 15 年以上、发行之日起 10 年内不可赎回的债券。 2006 年，共有兴业银行和民生银行两家商业银行发行了总额为 83 亿元的混合资本债券。 按照现行规定，我国的混合资本债券具有四项基本特征。 第一，期限在 15 年以上，发行之日起 10 年内不得赎回。 发行之日起 10 年后发行人具有 1 次赎回权，若发行人未行使赎回权，可以适当提高混合资本债券的利率。 第二，混合资本债券到期前，如果发行人核心资本充足率低于 4%，发行人可以延期支付利息；如果同时出现以下情况——最近 1 期经审计的资产负债表中盈余公积与未分配利润之和为负，且最近 12 个月内未向普通股股东支付现金红利，则发行人必须延期支付利息。 在不满足延期支付利息的条件时，发行人应立即支付欠息及欠息产生的复利。 第三，当发行人清算时，混合资本债券本金和利息的清偿顺序列于一般债务和次级债务之后、股权资本之前。 第四，混合资本债券到期时，如果发行人无力支付清偿顺序在该债券之前的债务或支付该债券将导致无力支付清偿顺序在混合资本债券之前的债务，发行人可以延期支付该债券的本金和利息。待上述情况好转后，发行人应继续履行其还本付息义务，延期支付的本金和利息将根据混合资本债券的票面利率计算利息。

三　证券公司债

证券公司债券是指证券公司依法发行的、约定在一定期限内还本付息的有价证券。2003 年 8 月 29 日，中国证监会颁布《证券公司债券管理暂行办法》。2004 年 1 月 31 日，国务院出台《国务院关于推进资本市场改革开放和稳定发展的若干意见》，简称"国九条"。"国九条"在构建多层次资本市场、完善市场基础设施等方面提出了具体意见，意见中提到要拓宽证券公司融资渠道，继续支持符合条件的证券公司公开发行股票或发行债券筹集长期资金。根据 2016 年 3 月 31 日通过的《关于废止部分证券期货规章的决定》（第十四批），《证券公司债券管理暂行办法》已经废止。截至 2018 年 6 月 7 日，我国证券公司债券存量为 24593.75 亿元。

四　保险公司次级债

2004 年 9 月 29 日，中国保监会发布了《保险公司次级定期债务管理暂行办法》。保险公司次级定期债务是指保险公司经批准定向募集的，期限在 5 年以上（含 5 年）的，本金和利息的清偿顺序列于保单责任和其他负债之后、保险公司股权资本之前的保险公司债务。该办法所称保险公司，是指依照中国法律在中国境内设立的中资保险公司、中外合资保险公司和外资独资保险公司。中国保监会依法对保险公司次级定期债务的定向募集、转让、还本付息和信息披露行为进行监督管理。与商业银行次级债务不同的是，按照《保险公司次级定期债务管理暂行办法》，只有在确保偿还次级债本息后偿付能力充足率不低于 100% 的前提下，募集人才能偿付本息；募集人在无法按时支付利息或偿还本金时，债权人无权向法院申请对募集人实施破产清偿。

允许保险公司发行次级债意义深远，主要体现在以下方面。一是有利于提高保险公司的偿付能力。次级债作为一种特殊的金融工具，具有与资本相类似的特点，在偿付能力评估时被计入附属资本，可以提高对被保险人的保障程度。二是有利于促进中国保险业的发展。保险公司作为一种高负债率经营和以风险为管理对象的金融机构，决定了其发展越快，规模越大，对资本金的需求就越大的特点，保险监管部门借鉴国际通行做法，允许保险公司发行次级债，会有效缓解我国保险公司在快速发展过程中对资本金需求快速增加的问题，促进我国保险业的持续健康发展。三是有利于整个资本市场的发展。目前中国资本市场长期投资品种很少，保险公司发行的次级债作为一种长期金融工具，丰富了资本市场的品种结构，促进了整个资本市场的活跃和发展。

第三节　企业债

一　企业债

企业债指的是具有法人资格的企业发行的债券，发行主体多为国企，且多为非上市公司。企业债的发展，经历了扩张、调整和再次发展几个阶段。我国企业债的出现始于 20 世纪 80 年代企业对内或对外集资的行为。1987 年，《企业债券管理暂行条例》颁布实施，对企业债实行集中管理分级审批，自此企业债开始第一次扩张。20 世纪 90 年代初，由于经济过热，债券融资需求增加，企业债发行有失控的风险，对才起步的企业债管理形成冲击，1993 年 8 月，《企业债券管理条例》出台，企业债发行受限，进入规范发展阶段。1998 年，央行提出调整企业债管理制度的建议并得到国务院同意，企业债开始再次发展。2002 年，在"加快发展企业债券，促进统一债券市场的形成"的思想指导下，企业债券市场迎来新一轮快速增长。随着市场利率的不断走低和股票市场的低迷，2002 年企业债券发行进入高峰。2000 年以后，证券交易所对企业债券上市工作也日益重视，制定了一系列措施促进交易所内企业债券市场的发展。2000

年9月1日，经证监会批准，上海、深圳证券交易所颁布实施新的《企业债券上市规则》，以促进企业债券的上市。 2002年，随着一级市场发行限制的放松、发行规模的扩大，证券交易所又陆续推出切实措施降低企业债券交易成本，提高二级市场流动性。 2002年12月30日，上海证券交易所正式推出1天、3天和7天3个短期品种的企业债券回购交易，以增加债券资产的融资功能。 2003年1月2日，深圳证券交易所正式推出3天和7天两个企业债券回购交易，同时，将债券交易费率调至50%。 2003年2月17日深圳证券交易所推出深圳企业债券指数，上海证券交易所也表示要推出上证企业债券指数，以便投资者拥有全面了解企业债券整体走势的工具。 2003年，中央国债登记结算有限责任公司（CDC）发布《实名制记账式企业债券登记和托管规则》，CDC与八家主要企业债券承销商的柜台交易系统联网，通过系统办理企业债券发行分销及协议转让的过户清算业务。 2005年12月13日，中国人民银行发布《公司债券进入银行间债券市场交易流通的有关事项公告》，推出了规范公司债券交易流通、促进公司债券市场发展的举措。 12月19日，为完善公司债券（包括企业债券）市场信息披露机制，根据《中华人民共和国中国人民银行法》规定，中国人民银行就公司债券进入银行间债券市场交易流通的有关事项，发布〔2005〕第30号公告。 同时，交易所也加快了企业债券的上市步伐。 2000年，企业债券上市规模为80亿元，2001年为90.5亿元，2002年为135亿元。 2003年，可转债的发行规模较2002年大幅增加，2002年全年可转债发行量只有41.5亿元，2003年急剧增长到1855亿元。 企业债券继2002年发行规模迅速增加后，2003年又有所增长，累计发行358亿元，同比增长10.2%。 2004年，企业债券出现了新的设计和安排，如华电集团发行了投资人选择权兼掉期的企业债券，另有一些企业债券进行了浮动利率加固定利率保底的品种设计。 2007年，受到国家加快债券市场发展和鼓励直接融资政策的影响，信用类产品发行量大幅增加，企业债发行量比2006年增长73%，达到1709亿元。[1]

---

[1]　李扬等：《中国金融改革开放30年研究》，经济管理出版社，2008。

2008 年 1 月 2 日，经国务院同意，国家发改委发布《关于推进企业债券市场发展、简化发行核准程序有关事项的通知》，企业债发行程序实现"二合一"。 对企业债券发行核准程序进行改革，将先核定规模、后核准发行两个环节，简化为直接核准发行一个环节，同时指出企业可发行无担保信用债券、资产抵押债券、第三方担保债券，从而为无担保信用债券发行提供了制度基础。 2008 年 4 月 8 日，中国中材集团发行了 5 亿元无担保企业债券，这是 2008 年 1 月 2 日国家发改委发布《关于推进企业债券市场发展、简化发行核准程序有关事项的通知》以来发行的第一只无担保信用企业债，对我国企业债券进一步市场化意义重大。

2011 年，国务院对《企业债券管理条例》进行了修订。 2014 年，国务院开始加强对地方政府债务管理改革，要求以后不得增加政府债务融资，地方政府债务统一纳入预算管理，而且要清理存量控制增量，对国家发改委体系的企业债发展产生了重要影响。 另外国家发改委对地方政府融资平台的批复，由过去一般性融资逐渐向具体项目对接的专项债引导转变，保证债券发行融资跟一定的债券项目对应，要求债券的偿还与项目未来的现金流挂钩，从而避免和约束地方政府非理性融资。 由此最近两年国家发改委推出了地下城市综合管廊专项债、城市停车场建设专项债、养老产业等与具体产业项目对应的项目债券。 同时还配合国务院对经济创新的支持，推出双创债，又推出对环保产业支持的绿色债券，从而起到与产业政策结合的目的。企业债政策的修订见表 5 −2。

绿色债券

在全球面临严峻的环境挑战和资源挑战的背景下，责任投资理念的影响日渐广泛。 我国正面临工业化进程以来空前的环境和资源压力，迫切需要转变经济发展方式，绿色金融领域发展潜力巨大。 2015 年 9 月，中共中央、国务院发布《生态文明体制改革总体方案》，首次明确提出建立绿色金融体系战略，并将发展绿色债券市场作为其中一项重要内容；2016 年杭州二十国集团领导人峰会上，绿色金融作为议题之一被首次讨论；国民经济和社会发展"十三五"规划中也首次加入"加强生态文明建设"的目标。

为推动经济结构转型升级和经济发展方式转变，促进绿色发展、循环发展和低碳发展，中国人民银行在绿色金融领域推出了一系列政策举措与制度建设。2014年4月，中国人民银行的绿色金融工作小组发布《构建中国绿色金融体系》报告，提出构建包括绿色信贷、绿色债券、绿色股票指数等市场和工具在内的绿色金融体系。2015年12月，中国人民银行发布《关于发行绿色金融债券有关事宜的公告》，明确了金融企业发行绿色债券的审批程序、对资金用途的监管等相关事宜。2016年8月，中国人民银行等七部委联合发布《关于构建绿色金融体系的指导意见》。2016年是我国绿色债券元年，在中国人民银行等部委的积极推动下，各类绿色债券品种被创新推出。1月浦发银行发行国内首只绿色金融债券，3月协和风电发行首只绿色债务融资工具，4月北汽股份发行首只绿色企业债，6月浙江嘉化能源化工发行首只绿色公司债，启迪科技注册发行首只绿色非公开定向债务融资工具等。截至2017年末，国内累计发行113只绿色债券，规模为2083.8亿元。

表 5 - 2　企业债政策的修订

政策发布时间	部门	相关政策	主要内容
2014 年 9 月	国务院	《国务院关于加强地方政府性债务管理的意见》	地方政府融资平台不得增加政府债务，地方政府债券将统一纳入预算管理，清理存量，控制增量
2014 年 10 月	国家发改委	《企业债券审核新增注意事项》	国家发改委提高审核门槛，地方政府融资需求下降，企业债券申报难度明显增加
2014 年 10 月	财政部	《地方政府存量债务纳入预算管理清理甄别办法》	清理地方政府性存量债务进入实质性阶段，2014 年底之前的债务还可能被纳入政府债务，从 2015 年起将全面开启市场化元年
2015 年 4 月	国家发改委	《城市地下综合管廊建设、战略性新兴产业、养老产业、城市停车场建设专项债发行指引》	推动政府支持相关产业的专项债发行

续表

政策发布时间	部门	相关政策	主要内容
2015 年 5 月	国家发改委	《关于充分发挥企业债券融资功能支持重点项目建设促进经济平稳较快发展的通知》	从企业债名额、财务指标、区域债务等多方面对企业债券发行条件做出适度放宽
2015 年 11 月	国家发改委	《国家发展改革委办公厅关于简化企业债券申报程序加强风险防范和改革监管方式的意见》	企业债券审核流程大为简化，债券发行量大幅提升
2015 年 12 月	国家发改委	《绿色债券发行指引》	支持国家环保产业发展，推出绿色债券

　　由于政策调整，2015 年国内企业债券发行规模大幅下降，从 2014 年的 6972 亿元下降到 3421 亿元，同比下降超过 50%。 2016 年由于国家发改委对专项债发行的推动，企业债发行规模有了明显提升，达到 5926 亿元，同比增长超过 70%。

　　随着中国社会融资规模不断提升，以人民币贷款为主的间接融资仍然占据主导地位，但企业债券融资占比也在逐步提升，企业债券融资规模从 2003 年的 499 亿提升至 2018 年的 4.6 万亿元，目前已经远超同属于直接融资的股票融资。 1996～2017 年企业债融资规模变动见图 5-5。 此外，企业债跨市场交易较多，大多在银行间市场和上海证券交易所市场交易。 企业债可以在单个市场上市交易，也可以跨市场上市交易，根据最

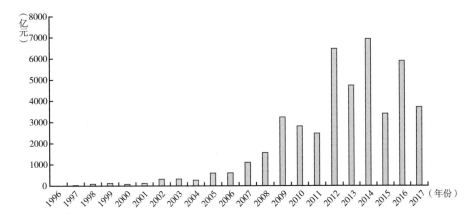

图 5-5　1996～2017 年企业债融资规模变动

新数据估算，所有企业债中跨市场交易占比达 80% 以上。 在不考虑重复统计的情况下，约 55% 的企业债在银行间市场交易，44% 在上海证券交易所交易。

二　公司债

2007 年 8 月《公司债发行试点办法》的公布实施，标志着我国公司债发行正式启航。 由此可见，我国公司债市场起步较晚，股份公司在这之前不能通过发行债券进行融资，而国有经济部门的企业发行的债券也是传统意义上的企业债。 但由于我国经济体制转型的特殊原因，要分析公司债的发展历程不能与企业相割裂，公司债券的出现与发展可以看作企业债券发展到一定阶段的产物。

1984 年经济体制改革后，产业结构调整，国有企业需要大量资金。一些国有企业开始向内部职工或社会公开发行债券进行融资。 到 1986 年底，这种企业债券的发行规模达 100 亿元左右。 中国企业债券市场的雏形也由此开始形成。 这一阶段，由于企业券债发行范国有限，规模很小，政府部门对其尚未进行统一管理，也没有相应的法律法规，发行人一般无须取得政府企业债券发行许可。 1987~1992 年，中国企业债券市场初步发展，在缺乏有效监管的情况下，规模急剧膨胀。 由于监管不严，以及投资者的风险意识较差，企业乱集资现象严重，许多企业债到期不能兑付，严重扰乱了经济秩序，这也使得刚建立的债券管理制度受到冲击。为了整顿企业乱集资现象，规范市场秩序，并保证国债的顺利发行，我国债券市场从 1993 年开始进入整顿阶段。 1993 年 4 月，国务院下发《关于坚决制止乱集资和加强债券发行管理的通知》，企业债的发行让位于国债。 同年随后颁布的《企业债券管理条例》实际上禁止了企业自行发债，债券品种只留下了中央债券和地方债券两种。 1995~1997 年，国家安排了重点项目的企业债发行，企业债数量有所增加但发行量仍然不高。企业债市场的萎靡一直持续到 2000 年，企业债市场的发展经历了一次繁荣后，又回到了起点。

从 2001 年开始，市场出现了复苏迹象，公司债的发行逐年增多。

由于金融危机的警示作用，人们认识到金融体系不能过度依赖于银行，债券市场的发展能够有效缓解金融危机对整个金融体系的冲击，具有稳定器的作用。在这一阶段，债券市场得到了足够重视，国家批准了许多大型企业通过发行债券筹集建设资金。由于规定发债企业净资产额度不少于 25 亿元，许多中小企业仍然被挡在门槛外，公司债市场发展仍比较缓慢。经过债券市场相关部门的不断努力，国家对债券市场的发展越来越重视。2003 年 10 月，十六届三中全会通过的《中共中央关于完善社会主义市场经济体制若干问题的决定》，明确提出"积极拓展债券市场，完善和规范发行程序，扩大公司债券发行规模"，为我国债券市场的发展提供了政策支持。2004 年 1 月 31 日，《国务院关于推进资本市场改革开放和稳定发展的若干意见》出台，在构建多层次资本市场、完善市场基础设施等方面提出了具体意见，意见中提到要拓宽证券公司融资渠道，继续支持符合条件的证券公司公开发行股票或发行债券筹集长期资金。2005 年 12 月，中国人民银行发布《公司债券进入银行间债券市场交易流通的有关事项公告》，促进了我国债券市场的发展，便利了企业和银行之间的融资，银行对企业债券流通的参与，可以极大地促进公司债市场的发展。

伴随我国经济不断发展，政府高层认识到债券市场在整个经济市场中发挥的作用越来越重要，于是制定各种措施来加快我国债券市场特别是公司债市场的发展。2007 年 1 月召开的第三次全国金融工作会议上，温家宝明确提出："加快发展债券市场。扩大企业债券发行规模，大力发展公司债，完善债券管理体制。"2007 年 8 月 14 日《公司债券发行试点办法》的颁布以及 9 月 29 日第一单长电公司债发行，标志着公司债市场已经开始启动。公司债市场启动对债券市场具有重大意义，为债市扩容、产品体系完善和未来的产品创新打下了基础，同时对信用产品定价机制也有重大的促进作用。2008 年，为大力发展公司债市场，相关部门进一步健全了债券市场的基础设施和配套制度。3 月，央行下发《关于加强银行间债券市场信用评级作业管理的通知》，进一步加强对信用评级机构评级的管理。4 月，中国银行间市场交易商协会发布《全国银行间债券市场做市商管理规定》，对银行间债券市场做市业务进行指引，以进一步完善做市商激励约束机制，充分发挥债券市场做市商的作用。同年，中国中材集团发行了5亿元无担保企业债券，这是我国第一只无担保信用企业债券。2009年，债券市场各项基础措施在各相关主管部门的大力推动下得以进一步健全和完善。1月，央行取消对在银行间债券市场交易流通的债券发行规模不低于5亿元的限制条件，为中小企业通过发债进行小额融资创造了较好的政策条件。9月，我国第一家专业债券信用增级机构——中债信用增进投资股份有限公司成立。这对提高中小企业信用、完善信用风险分担机制、方便小企业发债融资具有重要作用。[①]

2015年上半年证监会出台新的《公司债券发行与交易管理办法》，修订内容包括：第一，扩大发行主体范围，将原来限于境内证券交易所上市公司、发行境外上市外资股的境内股份有限公司、证券公司的发行范围扩大至所有公司制法人；第二，丰富债券发行方式，建立非公开发行制度；第三，增加债券交易场所，将公开发行公司债券的交易场所由上海、深圳证券交易所拓展至全国中小企业股份转让系统；非公开发行公司债券的交易场所由上海、深圳证券交易所拓展至全国中小企业股份转让系统、机构间私募产品报价与服务系统、证券公司柜台；第四，简化发行审核流程，取消公司债券公开发行的保荐制和发审委制度；第五，实施分类管理，将公司债券公开发行区分为面向公众投资者的公开发行和面向合格投资者的公开发行两类，并完善相关投资者适当性管理安排。

证监会体系的变化，进一步释放了大量工商企业的融资需求，另外证监会将大量债券审批流程下放到上交所和深交所，提高了审核效率，从4~6个月，到最短的1个月，最近一段时间的整顿恢复到2~3个月，但也极大地提升了审批效率。债券发行审核政策的修订情况见表5-3。

---

① 马勇：《我国公司债券市场发展研究》，硕士学位论文，首都经济贸易大学，2010。

表5-3　债券发行审核政策的修订情况

政策发布时间	发布部门	政策名称	相关内容
2015年1月	证监会	《公司债券发行交易管理办法》	丰富债券发行方式,简化发行流程,扩大发行主体,完善投资者适当性安排
2015年4月	中国证券业协会	《非公开发行公司债券备案管理办法》《非公开发行公司债券项目承接负面清单指引》	非公开发行公司债券有法可依,进一步满足企业融资需求
2015年5月	交易所	相继发布公司债券上市预审核工作流程	要求上交所内部审核流程原则上不得超过30个工作日
2015年5月	交易所(上交所、深交所)	《公司指引上市规则》《非公开发行公司债业务管理暂行办法》	规范非公开发行流程
2015年8月	上交所	《关于债券上市、转让申请材料电子化申报相关事宜的通知》	规定了债券上市、转让材料电子化申报流程,提高债券上市、挂牌转让效率
2015年9月	上交所	《公司债券预审核指南》	对申报文件、审核流程等做了详细规定,提高了公司债券的申报、审核效率

　　受益于2015年证监会对《公司债券发行与交易管理办法》的修订以及相关政策调整提高发行审核效率,公司债发行规模2015~2016年增长迅速,2016年公司债券发行规模同比增长168%,发行规模达到2.78万亿元(见图5-6)。截至2018年6月7日,共有67只公司债券发行,债券存量规模达到6.29万亿元。

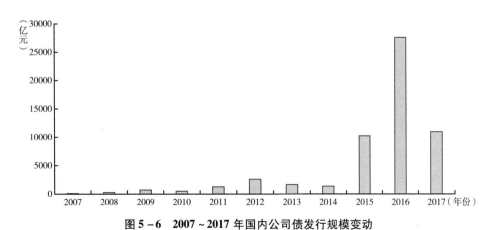

图5-6　2007~2017年国内公司债发行规模变动

三　城投债

城投债，又称"准市政债"，主要以地方投融资平台作为发行主体，公开发行企业债和中期票据，其主业多为地方基础设施建设或公益性项目。 城投债和地方债的发行主体是有区别的，地方债即地方公债，其发行主体是地方政府和地方公共机构，地方债的发行是以地方政府的信用为前提的，而城投债的本质则是企业债，所以企业债和地方债的区别也是城投债和地方债的区别。

（一）监管视角下城投债的发展

按照时间顺序，从政策监管的角度来看，城投债从产生到今天，一共走过了三个阶段。

1. 1997～2010 年：尝试和探索阶段

1997 年，第一只城投债——浦东建设债券成功发行，从此开始，城投债在市场中的地位逐渐上升，但发行规模经历了漫长的低速增长。

2. 2010～2014 年：19 号文时代

2008 年金融危机之后，中央推出"4 万亿"计划刺激宏观经济，但是除了中央投资以外，还需要地方各级政府配套近 1.25 万亿元的投资资金。 因此，2009 年融资平台的举债规模出现了爆发式的增长，其中融资平台发行的城投债在当年就从之前的不足 1000 亿元规模达到了3000 亿元以上。 融资平台通过举债融资为地方经济筹集资金，在应对国际金融危机冲击中发挥了积极作用。 但是，与此同时，融资平台负债规模迅速膨胀、地方政府违规变相担保、偿债风险等也逐渐引起了中央层面的重视。

2010 年 6 月国务院发布《关于加强地方政府融资平台公司管理有关问题的通知》（国发〔2010〕19 号），在一定程度上明确了城投融资平台的定义。 文件认可了地方融资平台在加强基础设施建设以及应对国际金融危机冲击中起到的积极作用，但也明确指出，在地方融资平台发展中出现了一些亟须高度关注的问题，主要是"融资平台公司举债融资规模迅速膨胀，运作不够规范；地方政府违规或变相提供担保，偿债风险日益加大；部分银行业金融机构风险意识薄弱，对融资平台公司信贷管理缺失等"。

19 号文要求地方各级政府对融资平台公司的债务进行全面清理，并对融资平台公司进行清理规范，同时也要求银行业金融机构加强对融资平台公司的融资和信贷管理，并再次强调要坚决制止地方政府违规担保承诺行为。文件中将融资平台公司分为三类：只承担公益性项目融资任务且主要依靠财政性资金偿还债务的融资平台公司；承担有稳定经营性收入的公益性项目融资任务并主要依靠自身收益偿还债务的融资平台公司；承担非公益性项目融资任务的融资平台公司。

对于第一类公司，要求今后不得再承担融资任务；对于第二类公司中承担公益性项目融资任务，同时还承担公益性项目建设、运营任务的融资平台公司，不再保留融资平台职能，并鼓励其通过财政预算渠道或采取市场化方式引导社会资金解决建设资金问题；第三类融资平台公司仍可以保留，但要按照《中华人民共和国公司法》等有关规定，充实公司资本金，完善治理结构，实现商业化运作。

同年，银监会发布 244 和 110 号文，对融资平台贷款风险类别进行了定义（见表 5-4）。

表 5-4　融资平台贷款风险类别

融资平台贷款风险类别	定义	风险权重（%）
全覆盖	融资平台自身现金流量占其应还债本息的比例达100%（含）以上	100
基本覆盖	融资平台自身现金流量占其应还债本息的比例达100%~70%（含）	140
半覆盖	融资平台自身现金流量占其应还债本息的比例达70%~30%（含）	250
无覆盖	融资平台自身现金流量占其应还债本息的比例达30%以下	300

相关几个文件明确提出了比较严格的平台新增贷款条件，引发了投资者对融资平台再融资的担忧，叠加当时整体货币政策收紧以及媒体对融资平台负面信用事件的报道，引发了市场对城投债的大量抛售。

3.2014 年以后：43 号文时代

19 号文时代监管政策重堵不重疏，政策协调性弱。只有平台贷款增量得到控制，影子银行和债券形式的地方政府债务仍持续扩张，19 号文落实效果有限。 2014 年 9 月，国务院印发了《国务院关于加强地方政府性债务管理的意见》（国发〔2014〕43 号）。 在 43 号文时代有以下变化：新《预算法》正式赋予省级政府合法举债的权利；国务院 43 号文全面部署加强地方政府性债务管理；财政部 351 号文落实地方政府存量债务清理甄别。

43 号文以透明规范的地方政府债替代城投平台类债务，有利于化解地方政府债务的长期风险。 43 号文明确要求剥离融资平台公司政府融资职能，规定"不得通过企事业单位等举借政府债务，地方政府债券是唯一合法的地方政府举债形式"。 在存量债务处理上，属于政府应当偿还的债务要纳入预算管理，并允许通过发行债券和处置政府资产偿还；不属于政府应当偿还的债务，应市场化处理，债权人应按照商业化原则承担相应损失。

43 号文及后续一系列文件对整体城投债的影响主要表现在以下几个方面。 第一，不同城投债风险定位的变化。 第二，城投债 2015 年以来的发行供给明显下降。 第三，跨市场企业债质押回购资格变化。2014 年 12 月，证监会"为提前做好企业债券风险防范，避免回购质押库出现系统性风险"，制定了《关于加强企业债券回购风险管理相关措施的通知》，取消了绝大部分跨市场企业债新增进入质押库的资格。 待地方政府债务甄别结果出台后，纳入地方政府债务范围的企业债券可按原标准恢复资格，未纳入的则需要全部出库。 已经在内的存量债不受影响，但一旦出库就不能再入库。 证监会回购新规导致绝大部分跨市场城投债丧失质押回购资格，在机构去杠杆压力下大量抛售城投品种，2014 年 12 月中旬开始，城投债一、二级利率大幅上行。2016 年 2 月 2 日，《国务院关于深入推进新型城镇化建设的若干意见》指出，鼓励成立城镇化投资平台，使融资平台从继续扮演地方政府融资角色的消极态度转变为积极态度。

（二）城投债发行情况

2008 年之前城投债发行规模和发行数量较小，2008 年发行 22 只城投债，发行总额 336 亿元。 2009 年 "4 万亿" 投资计划刺激下，城投债的发行规模实现了跨越式发展，直接融资占社会融资的比例大幅提高，2009年、2010 年每年发行规模在 2000 亿元左右，2011 年直逼 3000 亿元，发行城投债 227 只。

由于地方政府融资平台的信贷融资渠道受限，2012 年之后城投债发行规模急剧上升，2012 年发行城投债 653 只，发行额 7847.70 亿元，比 2011 年增长一倍多。 2013 年发行规模继续创历史新高。 这一阶段虽然政府政策在逐渐加强对地方政府融资平台的监管，但是主要是对银行贷款和信托合作的监管，因此城投债成为地方政府融资的重要渠道，2014 年全国城投债券发行只数和规模更是出现爆发式增长，总计发行1671 只，发行规模 1.7 万亿元，发行只数和规模分别为 2013 年的 2.4倍和 2.1 倍，发行量创历史新高。 但受 2014 年 9 月 43 号文的政策变化影响，2014 年各月发行规模呈现较大波动，下半年在波动中逐步萎缩。

2014 年 10 月至 2015 年 2 月，监管逐渐加码，城投债发行规模大幅下滑，直到 2015 年 3 月后监管逐渐松绑，发行规模才有一定程度的恢复，总体来看 2015 年城投债发行规模与 2014 年基本持平。

2016 年城投债发行规模继续攀升，共发行城投债 2502 只，比上期同比增加 30%，发行规模 2.43 亿元，比 2015 年提高 37%，并且城投债占企业债券发行规模进一步上升，主要是因为信用风险事件频发，可投资资产不多，城投债在经济下行和政府促投资的背景下相对安全。 同时，为了缓解政府债务压力，中央政府在 2015 年提出债务置换，缓解了地方政府短期偿债风险，同时部分城投债认定为政府性负债，可以通过地方债来进行置换，这在一定程度上提升了城投公司发债再融资的空间。 但是 2016 年 8 月之后，由于政策进一步收紧，新发行规模出现显著下滑。

2017 年，为了防范金融风险，对地方政府债务管理进一步规范，财政部整顿地方违规举债行为，对城投债影响较大。 再加上地方政府债务置换，抑制了城投债发行量的增长。

四　短期融资券

短期融资券是指在银行间债券市场发行和交易并约定在一定期限内还本付息的有价证券,其发行对象仅限于诸如特殊结算人员(如央行、财政部、政策性银行等)、商业银行、非银行金融机构等在内的机构投资人,发行利率及承销方式由发行人和承销机构协商确定,期限在一年以内,具体可在最长期限内自主确定。　其性质颇为类似发达国家货币市场发行的融资性商业票据,然而两者在平均期限、流动性备付要求、信用增级实施、发行方式及对象方面仍存在较多差异。

在我国,短期融资券相较于短期贷款等融资工具,优势体现为:第一,成本较低,通常低于同期贷款利率;第二,期限可根据企业自身资金周转需要自主确定,更为灵活;第三,一次性筹集资金数额较大,能有效缓解企业融资约束,且相较于融资约束过高或偏低的企业,对于融资约束程度居中的企业缓解效应更为显著,此外,还有助于改善企业单一的融资结构,通过财务信息披露等方式提升其在金融企业及社会公众中的知名度。　但与此同时,短期融资券也存在违约成本高、风险较大、适合发行的企业面偏窄、期限短不宜作为长期筹资工具等缺陷。

(一)我国短期融资券发展回顾

1.1988~1997年:短期融资券试水阶段

1988年以前,由于银行信贷资金有限,一些企业尝试在本地区发行短期融资券,以弥补短期流动资金缺口。　1989年,中国人民银行下发了《关于发行短期融资券有关问题的通知》(银发〔1989〕45号),肯定了发行短期融资券的做法,并在全国范围内开始允许企业发行短期融资券。当时人行取消了分行审批各地发行额度的权利,由总行在年初一次性下达总额,分行在总行下达的额度内审批单个企业发行额度和发行利率。　参照国外商业票据的做法,当时的短期融资券以企、事业单位和个人为发行对象,委托银行或其他金融机构代理发行,并允许二级市场交易。　表5-5列示了我国在这一阶段短期融资券发行的基本情况。

表 5 - 5　1988～1997 年我国短期融资券发行规模

单位：亿元

年份	1988	1989	1990	1991	1992	1993	1994	1995	1996	1997
发行额	11.72	29.72	50.15	104.44	228.53	215.78	123.32	170.6	120.62	69.42
余额	11.72	26.70	44.12	88.53	205.79	245.54	178.07	175.81	145.55	69.41

资料来源：周荣芳《商业票据市场的比较研究》，《银行家》2005 年第 7 期，第 48～50 页。

改革开放后，经济的高速发展需要大量资金，短期融资券因此得到了迅速发展。 巨额资金需求同时也刺激社会上乱拆借、乱提高利率和乱集资现象的出现，1993～1994 年各地超规模发行债券情况严重。 到 1997 年，一些地区企业债券和短期融资券不能按期兑付的问题逐渐暴露出来，如广东省 1992～1997 年发行各种企业债券 260 亿元左右，经人行批准的只有 184 亿元（其中短期融资券 67 亿元），到期未兑付余额近 30 亿元，占当年债券余额的 18%。 1997 年开始，央行不再审批发行短期融资券，短期融资券逐渐退出市场。

2.2005 年：重新启动短期融资券

暂停发行短期融资券后，企业短期资金的融通主要通过向银行借贷解决。 长期以来，我国企业融资方式一直以间接融资为主，直接融资渠道狭窄。 央行 2004 年《货币政策执行报告》显示，在当时中国非金融机构部门融资总额中，银行贷款所占比重为 82.9%，国债为 10.8%，企业债为 1.1%，股票为 5.2%。 但从 2004 年开始，由于经济运行过热，国家出台了一系列宏观调控措施，多次加息紧缩银行信贷。 另外，我国企业债由于发行程序烦琐、利率定价机制不灵活，多年来发行量一直维持在二三百亿元左右，处于停滞不前的状态，2005 年才达到 654 亿元的规模，但也仅仅占股票的 1/3。 加上 2005 年以前，股票市场持续低迷，证监会启动了上市公司的股权分置改革，实施新老划断，未完成股权分置改革的上市公司停止再融资，股市融资功能空前弱化。 这样，在银根紧缩、企业债低迷、股权融资受阻等多重因素的共同作用下，企业短期融资券的重登历史舞台实属必然。

2005 年 5 月 24 日，央行正式颁布《短期融资券管理办法》以及《短期融资券承销规程》《短期融资券信息披露规程》两个配套文件，允许符合条件的企业在银行间债券市场向合格机构投资者发行短期融资券。 这标志着短期融资券在国内货币市场重新启动，为企业提供了一种新的直接融资手段。 新制度的特征是：第一，采用备案制，摒弃审批制；第二，发行利率由市场决定；第三，不需要银行的强制担保，但必须按规定进行信息披露。 以上三个显著特征都体现了市场化原则，满足了当时金融体制改革的迫切需求，意义重大：对企业而言，拓宽了融资渠道，改善了融资环境，降低了融资成本，规范了信息披露；对银行而言，推动了其经营结构的转型，实现了业务多样化，提高了承销银行的知名度；对经济而言，优化了金融资源配置，增加了财政收入和就业机会，促进了经济高速发展[①]。

（二）我国短期融资券发展现状

目前，短期融资券业务发展空间仍多半局限于发达地区大中型企业，2017 年共有 463 家企业累计发行短期融资券 463 期，总额计 3949.7 亿元。

1. 发行主体

（1）行业分布。 短期融资券的发行主体行业分布较为广泛，主要分布于工业、材料、公用事业、可选消费能源等领域。 以 2014 年为例，电力行业以绝对优势位居首位，其次是交通基础设施、金属、非金属与采矿、建筑与工程、石油、天然气及供消费用染料等行业，发行短期融资券的期数和规模均居前列，尤其是交通基础设施和多元金融服务行业主体发行短期融资券的期数和规模增幅明显。

（2）地区分布。 受益于大中型国企集中的优势，近年来北京地区所发短期融资券在期数和规模上均居首位，其余多集中于江苏、浙江、广东、山东及上海等经济较发达地区。

（3）发行主体信用等级分布。 鉴于短期融资券本质是企业发行的无担保短期票据，故发行主体信用状况尤为关键，通常由以中诚信为首的国

---

① 高绍福、陈旻：《我国短期融资券——历史、现状及发展建议》，《会计之友》（上旬刊）2010 年第 10 期。

内五大评级机构给予审核评级。　近年来信用等级在 AA 级（含）以上的短期融资券发行规模增幅明显，表明短期融资券发行主体信用等级分布趋向于高信用等级，而 AA - 及以下主体发行受到抑制。

2. 发行期限

从发行期限来看，我国企业发行的短期融资券仍以一年期为主，原因在于，短期融资券发行期限较短，除去主承销商递交发行申请、中国银行间市场交易商协会审批的时间，企业可实际使用筹措资金的时间较短，故多数短期融资券发行企业倾向于在许可期限内尽可能延长资金使用时间，且实践表明利用短期融资券筹资的企业可能存在短融长投的现象，易加剧信用风险。

3. 发行利率

短期融资券市场自 2005 年重启以来，其发行利率分为以下几个阶段：第一，2005 年"05 铁道 CP01"发行前，各主体发行利率基本稳定在 2.92% 左右；第二，其后至 2006 年 7 月，短期融资券发行利率趋于上升，且信用级别不同的短期融资券发行主体间利率出现差异，但总体仍趋同；第三，2006 年 7 月，福禧投资股份有限公司违规拆借事件曝光，致其短期融资券持有者遭受损失的可能性骤增，首次凸显我国短期融资券市场信用风险，其后短期融资券投资者风险意识增强，渐而关注发行主体信用状况，导致各发行主体的发行利率因信用等级产生显著差异，高低发行利率间由原先的"窄幅波动"演变至"宽幅震荡"；第四，自 2007 年基准利率 SHIBOR 推出后，发行利率利差与短期融资券发行主体的信用评级联系日益密切，呈显著负相关，差异化明显；第五，2011 年 9 月，因短期融资券扎堆发行造成供给激增、海龙信用降级事件的冲击以及信用等级较低的企业跻身发行行列，短期融资券发行利率骤升。　但自 2014 年开始，基于央行维持稳定的货币政策，通过"定向降准""调整存贷比""不对称降息"等方式释放流动性，各基准利率稳中有降，短期融资券平均发行利率渐呈下行态势，且不同信用等级主体间利差区分度明显加强，其中 AA 级（含）以上主体发行短期融资券的平均发行利率降幅明显，说明投资者受债券市场风险事件频发的影响，操作更为审慎，更倾向于投资信用风险偏低的高信用等级短期融资券发行企业，而对部分信用等级较低的发行人，往往需要凭借较大的利差补偿才能实现短期融资券的顺利发行与流通。①

五　中期票据

中期票据是由中国人民银行主导的银行间债券市场的一项创新型债务融资工具，指具有法人资格的非金融企业，按照计划在银行间债券市场分期发行的，并约定在一定期限内还本付息的债务融资工具。它是由向非金融机构提供直接债务融资的公司发行的中期无担保债券。中期票据普遍期限为 3 ~ 5 年，因而弥补了我国缺少债券市场 3 ~ 5 年期信用产品的不足。对发行人而言，中期票据融资的用途集中于战略并购、置换银行贷款、支持项目建设和补充流动资金等。此外中期票据可以取代部分银行贷款，成为企业融资的重要渠道，可以有效促进银行脱媒，解决市场金融风险，提高金融市场整体效率，并有助于提升资源配置效率。

2005 年 5 月，为贯彻落实国务院关于"大力发展资本市场，提高直接融资比例，积极稳妥发展债券市场"的要求，中国人民银行发布了《短期融资券管理办法》，取消行政审批，实行备案管理，支持企业在银行间债券市场发行短期融资券。企业短期融资券的发展为推出企业债务融资工具奠定了基础。

2007 年 9 月，经国务院批准、民政部注册，中国银行间市场交易商协会成立。中国人民银行强调要发挥市场参与主体的作用，逐步形成政府职能监管与市场自律管理相结合的市场运行机制，把适宜于行业协会行使的职能委托或转移给行业协会，借鉴国际经验，切实加强市场自律管理，推动债券市场发展。

2008 年 4 月 20 日，《银行间债券市场非金融企业债务融资工具管理办法》《银行间债券市场非金融企业中期票据业务指引》等一系列规章制度出台，标志着银行间债券市场管理方式的重大转变，明确了交易商协会

---

① 刘融：《我国短期融资券发展现状及问题研究》，《上海金融学院学报》2015 年第 6 期。

作为市场成员代表应在组织市场主体开发和管理直接融资产品中发挥应有作用，同时强调交易商协会要对非金融企业债务融资工具的注册、发行、交易、信息披露和中介服务等切实加强自律管理。同期，中期票据这一新型债务融资工具正式发行问世。

2009 年 3 月 23 日，央行、银监会联合发布了《关于进一步加强信贷结构调整促进国民经济平稳较快发展的指导意见》，支持有条件的地方政府组建投融资平台，发行企业债、中期票据等融资工具，拓宽中央政府投资项目配套资金融资渠道。

2016 年相继发行了创新创业债券、债贷组合中期票据与私募债券、可续期公司债与企业债、永续债等各类新型债券。债券品种的创新为实体经济转型提供助力，为市场提供了新的融资模式，为发行人拓宽了融资渠道，为投资人带来了新的投资标的和交易方式。

2017 年，首笔银行间市场扶贫债券、首单扶贫中期票据、首期易地扶贫搬迁专项柜台债券、首单国家级贫困县精准扶贫资产证券化项目、首单扶贫专项债券相继成功发行。5 月，首批服务"一带一路"建设的中期票据发行。"一带一路"主题债券融资工具的不断丰富发展，对推进资本项目开放、支持实体经济发展、落实国家"一带一路"倡议都具有重要意义。

六　可转换债券

可转换债券（以下简称可转债）本质上相当于债券和期权的组合，指的是在特定条件下可以转换为发债公司股票的债券。我国第一只可转债宝安转债于 1992 年发行，后转股失败。1996 年，政府决定选择有条件的公司试点发行可转换债券，可转债市场得以正式发展。1997 年，《可转换公司债券管理暂行办法》颁布，规定发行可转债的公司需最近 3 年平均资产利润率达 10% 以上，能源、原材料和基础设施类公司不得低于 7%，高标准限制了可转债市场的发展。2001 年，证监会发布了《上市公司发行可转换公司债券实施办法》《关于做好上市公司可转换债券发行工作的通知》，对可转换债券的管理进行了规范，进一步促进了可转换债券的发展，但仍沿用之前对发行人的标准。 2006 年，证监会颁布《上市公司证券发行管理办法》，同时废止了之前的三个文件，且合并可转债与股票的发行规则到同一文件中，相关条款作为可转债发行的纲要性规定沿用至今。 2010 年以后，由于金融及能源行业的单只可转债发行规模较大，使得可转债市场规模有了一定程度的扩大。根据目前证监会公布的"上市公司发行可转换为股票的公司债券核准"，对于发行可转债的主体，要求主板公司最近 3 个会计年度加权平均净资产收益率平均不低于 6%，而对创业板公司不做盈利指标要求，虽然要求较过去更为宽松，但仍存在其他方面的要求，故可转债的规模难以明显扩大。

自 2016 年以来，证监会开始收紧再融资，包括鼓励以发行期首日为定价基准日，取消重组配套融资，延长股东锁定期，限制大股东参与定增必须通过直接认购。 2017 年 2 月 17 日，证监会同时发布了《关于修改〈上市公司非公开发行股票实施细则〉的决定》和《发行监管问答——关于引导规范上市公司融资行为的监管要求》，从定价基准日、发行规模、融资频率、前期资产等方面，收紧再融资的审核。 2017 年 5 月 27 日，证监会颁布《上市公司股东、董监高减持股份的若干规定》，将大股东非公开发行获得的股份纳入减持监管。 以上措施有力地限制了定增融资，2017 年前 10 个月通过定增融资的数量和金额未及 2016 年的一半。 相比之下，规定中明确指出了可转债融资不受融资频率限制，一紧一松之间，作为定增的重要替代的可转债，或许将迎来蓬勃发展的机遇期。 2017 年 3 月至 10 月，新增可转债预案数逾 130 只，超过 2006 ~ 2017 年 9 月上市的所有可转债数量（91 只），预计（或实际）募集金额总额超过 3000 亿元。 而按照目前发行可转债的要求，A 股约有 40% 的公司满足发行条件，也就是说有相当数量的公司满足发行条件但尚未提出预案，可转债仍有很大的发展空间。

第四节　资产证券化

资产证券化是债券市场重要的融资方式，它通过将缺乏流动性，但具有可预期现金流的资产经过一定的结构安排,对资产的风险与收益要素进行分离与重组,进而转换为在金融市场上可以出售和流通的证券。 从国际金融市场发展历史来看,资产证券化作为盘活资产存量、优化资源配置的有效途径,是金融市场发展到一定阶段的必然产物,有助于打通信贷市场、货币市场和资本市场的连接通道,促进金融市场的协调发展,是提高金融服务实体经济水平的必然要求。 随着我国市场经济的快速发展,市场主体融资需求的逐步多元化、个性化,推出适合我国国情的资产证券化模式对于推动我国资本市场的进一步完善和发展具有重要意义,同时,我国银行间债券市场的基础设施不断完善,资产证券化市场的发展条件也日益成熟。

一　我国资产证券化的发展历程

我国资产证券化早期探索开始于 20 世纪 90 年代初期,发展较为缓慢,直到 2005 年初才正式在国内银行业试点,本土资产证券化规模开始逐步扩大。 我国资产证券化的发展历程可以分为以下几个阶段。

(一)探索萌芽阶段(1992~2004 年)

我国最早关于资产证券化的探索始于地产和住房贷款的证券化。 虽然出现了尝试性质的证券化产品,如海南三亚地产投资券、华融不良资产处置信托项目等,然而由于缺乏相关的法律法规,无章可循,难以进行复制和推广,并未取得实质性的进展。 2004 年国务院发布"国九条",明确提出"积极探索并开发资产证券化品种",随后证监会发布的《关于证券公司开展资产证券化业务试点有关问题的通知》标志着资产证券化试点即将开始。

(二)短暂尝试阶段(2005~2008 年)

2005 年被称为"国内资产证券化元年",信贷 ABS 和企业 ABS 试点正式启动,自此我国资产证券化业务开始完善和推广。 截至 2008 年 12 月,央行和银监会主管的信贷 ABS 发行产品 17 只,发行规模 667.83 亿元,试点额度从 150 亿元扩展至 600 亿元,基础资产范围从企业信贷、个人住房抵押贷款扩展至汽车信贷、不良资产重组等;证监会主管的企业

ABS 发行产品 9 只，发行规模 264.85 亿元，基础资产包括融资租赁、BT 项目回购、应收账款和收费收益权。

（三）停滞不前阶段（2009～2011 年）

2008 年美国爆发次贷危机后，我国资产证券化业务面临较大的舆论压力，银监会即刻叫停信贷资产证券化产品发行。证监会则从 2006 年 9 月就开始对专项资产管理计划开展证券化业务进行研究论证，此后暂停了项目审批。这一时期我国的资产证券化业务陷入全面停滞阶段。

（四）重启试点阶段（2011～2013 年）

2011～2012 年，各资产证券化试点陆续重启。重启试点后，资产证券化业务转向常规化发展，同时为进一步丰富产品结构，推出资产支持票据（ABN）。恢复发展期间，发行企业 ABS 118.57 亿元、信贷 ABS 350.35 亿元、资产支持票据 105 亿元，同时贷款类别向小微企业、"三农"、棚户区改造、基础设施建设及铁路贷款倾斜，并且越来越多的机构如中资及外资商业银行、汽车金融公司、信托公司等拥有了发行权。2013 年 3 月，证监会发布《证券公司资产证券化业务管理规定》，大大提升了资产证券化审核效率，同时降低了从事资产证券化业务公司的准入要求；同年 12 月，中国人民银行和银监会发布《关于规范信贷资产证券化发起机构风险自留比例的文件》，下调风险自留要求，监管有所放松。

（五）加速发展时期（2014 年至今）

2014 年底，证监会发布《证券公司及基金管理公司子公司资产证券化业务管理规定》等规定，取消资产证券化业务行政审批，扩大资产证券化业务开展主体以及基础资产范围；银监会发布《关于信贷资产证券化备案登记工作流程的通知》，信贷资产证券化业务由审批制改为业务备案制。资产证券化产品发行效率随着企业 ABS 和信贷 ABS 的审核方式由事前审批改为事后备案得以迅速提升，进入加速发展阶段。2014～2016 年，发行信贷 ABS 产品 280 只，规模达 10784.66 亿元；发行企业 ABS 产品 626 只，规模达 7381.84 亿元；发行资产支持票据产品 20 只，规模达 278.77 亿元。我国资产证券化历史规模见图 5-7。此外，资产证券化的基础资产类型不断丰富,出现了信托收益权、委托贷款、住房公积金、房地产信托投资基金（REITs）以及个人消费贷款等。 资产证券化在经济的发展、监管的放开与制度的完善中不断扩大规模,由试点逐渐走向常规。 截至 2018 年 6 月 7 日,我国资产支持证券存量为 3.44 万亿元。

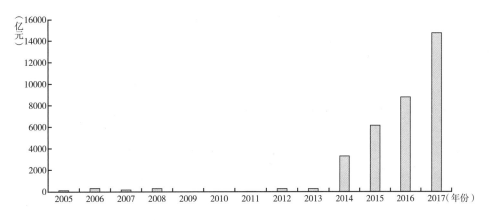

图 5 - 7 我国资产证券化历史规模

二 我国资产证券化的类型

在国内金融分业监管的背景下,资产证券化分为四种模式:央行和银监会主管的金融机构信贷资产证券化（信贷 ABS）,证监会主管的非金融企业专项资产证券化（企业 ABS）,交易商协会主管的非金融企业资产支持票据（ABN）,保监会主管的保险资产管理公司项目资产支持计划（见图 5 -8）。

（一）信贷资产证券化

发展信贷资产证券化有利于提高直接融资比重,符合国务院大力发展资本市场的总体方向,有利于增加债券市场品种,分散和转移信用风险,有利于优化金融机构资产负债结构,促进金融改革和金融创新。 近年来,国务院高度重视信贷资产证券化相关工作,央行行长也多次对信贷资产证券化试点工作的开展做出指导,提出"证券化的实质是一种市场化操作",提出"管理要规范,风险要分析,风险要自担",强调发挥市场力量在资产证券化业务中的作用。 在重视制度建设和防范风险的基础上,充分考虑投资者识别和防范金融

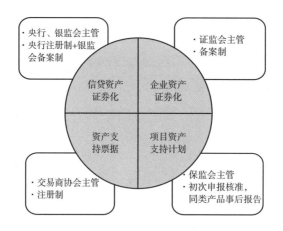

图 5 - 8　我国资产证券化的主要类型

风险的能力，及时总结经验，完善制度设计，加强科学监管，能够使信贷资产支持证券这一有效的金融工具发挥应有的作用。

在国务院部署下，中国人民银行始终坚持"标准化、规范化、透明化"的发展原则，加快完善相关制度，积极推动信贷资产证券化市场功能优化和体量扩大。信贷资产证券化市场自发展伊始就立足于服务实体经济，结合成熟市场经验及我国发展实际，在推动试点发展的过程中不断总结经验，在防范风险的基础上鼓励创新，并持续完善信息披露、信用评级等市场化约束机制，促进市场活力不断提升。

经过多年的发展，我国信贷资产证券化市场取得了积极成效。一是发行管理体制机制日趋完善。中国人民银行发布 2015 年第 7 号公告，鼓励一次注册、自主分期发行，产品发行效率和灵活性持续提升，标准化、规范化程度显著加强，市场规模不断扩大。二是信息披露的市场约束作用不断加强。中国人民银行指导银行间市场交易商协会组织市场成员起草并发布信息披露指引，建立信息披露评价体系，加强事中事后管理，强化市场约束，目前已经发布了个人住房抵押贷款、个人汽车贷款、不良贷款、微小企业贷款等 6 个信息披露指引和信息披露评价工作规程，取得了良好的市场反响。三是发起机构类型不断扩展。由大型国有商业银行、股份制银行逐步扩展至城市商业银行、农村商业银行、汽车金融公司、消费金融公司等，发起机构队伍不断扩大。 四是投资者多元化程度和成熟度不断提高。 证券公司、保险机构、基金等非银行业金融机构和非法人机构投资者参与度不断提高，一些标准化程度高的产品得到了 QFII、RQFII、境外人民币业务清算行和参加银行等境外投资者的认可，境外投资者参与度显著提升。 五是资产证券化所适用的基础资产类型不断拓展，已涵盖一般企业贷款、住房抵押贷款、汽车贷款、信用卡分期资产、金融租赁资产、不良贷款等主要贷款资产类型，产品标准化程度显著提升。

通过不断探索、改进和完善相关制度规范，我国的信贷资产证券化市场初步建立了适合我国国情的制度框架，由政策驱动逐渐转向市场驱动，市场体量持续扩大，市场功能不断优化，总体保持良好的发展态势。 截至 2018 年 6 月，金融机构累计发行信贷资产支持证券的金额超过 2.04 万亿元，市场存量超过 7138 亿元，信贷资产证券化市场已经成为我国债券市场的重要组成部分。

（二）非金融企业专项资产证券化（企业 ABS）

企业 ABS 产品（即资产支持专项计划）主要在中国证券投资基金业协会备案，已发行的企业 ABS 包括住房抵押贷款、收费收益权、应收账款、保理融资、股票质押回购、票据收益权、住房公积金等 18 类。 企业资产证券化产品目前的管理人可以有券商、基金子公司两类，两者的基本交易结构没有差异。

截至 2018 年 6 月 7 日，累计有 1377 只资产支持专项计划在基金业协会完成备案审核，总发行规模达到 1.9 万亿元。 2014 年以来，中国证监会取消了资产证券化业务行政许可，实行基金业协会事后备案和基础资产"负面清单"管理，基金业协会制定了备案管理办法、负面清单指引、风险控制指引等一系列自律规则。 7 月 26 日，中国证券投资基金业协会资产证券化业务专业委员会成立。 经过多年积累，企业资产证券化发行规模逐步扩大。

一方面，随着企业 ABS 的发展，市场参与主体日趋多元化。 从管理人来看，证券公司开展资产证券化业务的优势较为明显，在开展机构数量、资产证券化产品的发行数量和规模方面，均占主导地位。 从融资人来看，原始权益人所属行业类别多元，包括融资租赁公司、互联网金融企业、基础设施和公用事业单位等各类机构共计 400 余家。 从投资者来看，除传统的资管产品、公募基金、银行理财、信托计划、保险产品、私募基金外，QFII、RQFII、国际金融公司、慈善基金、养老保障基金和私募基金等类型投资者也开始出现，机构投资者类型呈现多样化发展趋势。

另一方面，大类基础资产类别逐渐聚焦。 资产证券化基础资产目前包括消费信贷、融资租赁债权、企业应收款、不动产类等几大类别。 随着互联网消费经济的兴起，以京东白条、阿里小贷为代表的消费金融类产品得到快速发展，逐渐成为新的焦点品类。 企业盘活存量，尤其在应收款项比重较大行业以及 PPP、商业物业等重资产领域，资产证券化有较强的内在需求，成为近期重要的基础资产类别。

（三）非金融企业资产支持票据（ABN）

非金融企业资产支持票据（ABN）是中国银行间市场交易商协会落实国家相关政策，顺应市场需求，推动债务融资工具市场向纵深发展的重要举措。 2012 年 8 月，交易商协会正式发布《非金融企业资产支持票据指引》，推动非金融企业资产证券化在银行间市场的发展。 ABN 的推出加强了金融支持实体经济的力度和及时性，但随着市场环境变化，ABN 产品由于制度规定较为宽泛、结构设计较为单一、基础资产遴选标准等规定暂不明确等，未能充分发挥其市场功能。 2014 年以来，交易商协会邀请市场专家开展 ABN 的创新工作，在拓宽基础资产、完善交易结构、细化信息披露、加强风险管理等方面取得了重大进展，特别是引入信托机构作为特殊目的载体，切实做到"真实出售、破产隔离"，ABN 市场迎来了新的发展阶段。

从发行主体来看，已注册的发行人涵盖城投公司、交通运输企业公用事业公司、航空公司、融资租赁公司等；从发行方式来看，既有私募发行，也有公募发行；从行业分布来看，主要涉及污水处理、自来水、天然气等民生行业，还有医药、基础设施建设、融资租赁、商业不动产等领域；从基础资产来看，已发行的 ABN 基础资产以既有债权和未来收益权为主，涵盖了天然气收费权、自来水销售收入、高速公路收费权、航空公司客票收入、污水处理收费权、保障房租金收入、企业应收账款、商业物业租金以及信托受益权等各类资产；从增信措施来看，既有结构分层等内部增信方式，也有差额补足等外部增信方式。 ABN 市场的发展为提高企业资金使用效率、盘活存量、降低企业融资成本发挥了重要的作用。2016 年，共计 12 家企业注册发行资产支持票据，注册规模达到 216. 32 亿元，发行规模为 166. 57 亿元。 截至 2018 年 6 月，累计共有 88 家企业以特定的基础资产为支持，发行 1217 亿元资产支持票据。

（四）保险资产管理公司项目资产支持计划

保险 ABS 通常指保险资管作为管理人的资产支持计划，属于保监会体系下的资产证券化，它与保险资产证券化是两个概念，当前以保险资产作为基础资产、券商资管为管理人的证券化产品，归属于证监会管理下的企业 ABS 产品。

相对于信贷 ABS 和企业 ABS，保险资产管理公司项目资产支持计划起步较晚，最早在 2012 年保监会发布政策允许保险资金投资保险公司发行的资产支持计划，由此开启了保险 ABS 的政策窗口；2013 年启动保险资产管理公司资产支持计划试点业务；2014 年保监会资金部向保险机构下发试点业务监管口径；2015 年保监会发布《资产支持计划业务管理暂行办法》，由此实现保险资产管理公司项目资产支持计划的规范化管理。首单保险资产管理公司项目资产支持计划可追溯到 2012 年新华资管设立，融资人为东方资产公司，基础资产为东方资产持有的不良债权资产的项目资产支持计划，不过该项目实质为抵押贷款。 随后在 2014 年，民生通惠资管设立，融资人为阿里巴巴，基础资产为阿里旗下的小额贷款，它是首单以基础资产现金流为还款来源的保险资产管理公司项目资产支持计划。

截至 2018 年 6 月，累计发行保险资产管理公司项目资产支持计划金额达到 43 亿元，其爆发性增长背后有三大原因：首先，保险资金持续增长，预计到 2020 年全国保费收入将达 5. 1 万亿元，保险资金可运用规模更可达到 20 万亿元，保险资金急需长期资产配置，来实现保险资金的增值保值；其次，存在大规模有待盘活的基础资产，如信贷资产、融资租赁资产及公共收益权资产等，其与保险资金规模大、期限长、较为稳定的风险收益特征高度匹配；最后，有政策层面的引导支持，国务院将资产证券化业务作为深化金融体制改革、盘活存量资金、促进多层次资本建设以更好支持实体经济发展的重要抓手，资产证券化得到了政策方面的支持。

第五节　小结

债券市场是金融市场的重要组成部分，也是直接融资最重要的市场之一。中国债券市场始于1981年国债的恢复发行。从历史上看，中国债券市场发展并非一帆风顺，经历过曲折与反复。在多年的探索和实践中，中国人民银行不断总结中国债券市场改革发展正反两方面的经验教训，终于找到了一条既符合市场发展一般规律，又适应中国国情的发展道路。21世纪以来，中国债券市场取得了举世瞩目的发展成就。21世纪以来，特别是2005年以来，中国人民银行遵循债券市场发展的客观规律，明确发展思路、方向和路径，积极推动我国债券市场改革与发展，取得了显著的成绩，市场体系日益成型，产品品种不断丰富，市场规模迅速扩大，债券市场基础制度不断完善，对外开放程度显著提升，实现了跨越式发展和历史性飞跃。

（一）建立了较为成熟的债券市场体系

一是推动确立了银行间市场和交易所市场分工合作、相互补充、多层次的债券市场体系。经过多年的发展，我国债券市场形成了银行间市场询价交易和交易所市场竞价交易并存的市场格局。银行间市场和交易所市场的定位逐渐清晰，银行间债券市场是定位于机构投资者，通过一对一询价方式进行交易的场外批发市场；交易所债券市场是定位于个人和中小机构投资者，通过集中撮合方式进行交易的场内零售市场。

二是不断拓宽发行主体的范围。市场发展初期，我国债券市场的发行主体主要是中央政府部门、大型国有企业和金融机构。在中国人民银行的不断推动下，目前，我国债券市场发行主体不仅涵盖了中央政府和地方政府、政府支持机构、政策性金融机构、各类银行金融机构、证券公司、保险公司、资产管理公司及各种所有制的非金融企业，还包括多边国际组织以及境外主权国家、地方政府、非金融企业等。随着公司信用类债券的发行人层次不断丰富，债券市场可为国内不同规模、不同所有制、不同行业、不同信用等级的企业提供与之相适应的融资服务，助力实体经济发展。

三是投资者更趋多元化。积极引入新的机构投资者主体，扩大债券市场对内对外开放。从投资者类型看，既包含金融机构，又有非法人投资主体和境外机构等。从各类型机构债券托管量来看，基金等集合类投资人已经超越商业银行，成为银行间债券市场最主要的持有人，同时境外机构的托管量呈现稳步上升趋势，债券市场对外开放水平不断提升。

四是中介机构培育取得较大进展。中国人民银行高度重视中介机构在市场发展中的重要作用，不断完善相关制度，推动中介机构的培育和发展。近年来，商业银行承销公司信用类债券从无到有，证券公司参与债务融资程度进一步加深，承销商提供债务性融资整体解决方案的专业能力大幅提升；会计师事务所和律师事务所在逐渐严格的市场竞争环境和信息披露规范要求下，尽职履责的意识和能力不断增强；信用评级行业进入快速发展时期，"投资者付费模式"的市场认可度不断提高。

（二）债券产品品种不断创新、丰富和完善

过去债券市场主要以政府债券和准政府债券为主，公司信用类债券市场规模很小。经过多年的发展，我国债券市场产品品种实现了政府类债券、金融类债券、公司信用类债券和资产证券化产品全覆盖。其中政府类债券在国债和央行票据的基础上，逐步扩展到政府支持债券和地方政府债券；金融类债券也改变了以政策性金融债、大型商业银行债为主的局面，商业银行次级债券、二级资本工具、混合资本债、同业存单、证券公司短期融资券、证券公司债券、保险公司债券等创新品种不断推出；公司信用类债券市场由单纯的企业债扩大为短期融资券、中期票据、中小企业集合票据、超短期融资券、非公开定向债务融资工具、永续中票、项目收益票据、公司债（含大公募、小公募和私募公司债）、集合企业债、小微企业扶持债券、项目收益债券等相对完善的产品序列。 同时，债券融资模式及条款设计也富有弹性，出现了附带选择权或提前偿还条款、分离交易可转债等创新机制设计。 由于机制灵活、产品多样、渠道丰富，债券市场对资金需求方的融资支持更加深化。 在资产证券化方面，信贷资产证券化（含不良资产证券化）、资产支持票据（ABN）及证券公司资产支持专项计划（ABS）的基础资产范围不断扩大，交易结构设计日益多元化。 此外，随着债券市场的不断深化发展，利率衍生品、信用衍生品市场也在稳步发展。

（三）债券市场基础性建设不断完善

法律制度方面，初步建立起适用于各类债券发行、交易、托管等方面的法规体系，包括法律、行政法规、部门规章、市场自律规则以及相关业务规则等规范性文件，内容覆盖市场结构，监管框架，市场主体准入与持续监管，债券发行、交易、清算结算、托管以及债券投资者保护等各个方面，完善了债券市场的环境和生态，有效推动了市场持续规范健康发展。

基础设施方面，银行间债券市场建立了分工合作、功能互补的债券托管结算平台，提供债券发行、登记、托管、结算、兑付功能的一体化服务。 通过债券结算系统与资金清算系统的有效联结和协调运转，实现实时全额券款对付结算，极大地降低债券结算环节的风险；形成网络覆盖全国的现代化电子交易系统，为广大市场成员提供品种丰富、功能齐全的交易服务平台；实现交易数据从询价到交易确认、债券交割与资金清算的直通式处理。 同时，银行间市场和交易所市场的互联互通持续深化，债券跨市场顺畅流转，债券登记结算机构信息共享与链接得到加强，实现了债券市场信息系统、市场监测系统运行效率的提高。

（四）服务实体经济的作用不断加强

一是提高了直接融资的比重。 在传统银行信贷融资功能受资本监管约束和融资效率不高的背景下，我国大力发展债券市场，提高直接融资比重，是保障实体经济融资需要的根本路径。 统计数据显示，企业债券融资占社会融资规模的比重从 2002 年的不到 2% 提高至 2017 年末的

10.5%，债券融资已成为企业仅次于传统贷款的第二大融资渠道。

二是降低了企业融资成本。由于债券发行利率对市场变化和预期反应灵敏，融资链条显著缩短，债券融资成为目前企业成本最低的融资方式。以债务融资工具为例，2016 年加权平均发行利率为 3.50%，同期贷款加权平均利率为 4.89%，债券融资成本比贷款成本低约 140 个基点（BP），每年可为发债企业节约利息费用上千亿元。

三是提高了金融市场普惠性。一方面，大中型企业选择在债券市场发债融资后，对银行信贷需求减少，为小微企业腾挪出更多信贷资源。截至 2017 年末，小微企业贷款余额达到 30.7 万亿元，占全部贷款的比例由 2009 年的 22.2% 增长到 32.5%。另一方面，债券市场通过集合票据等产品创新以及支持创投企业发债等举措，可以有效支持中小企业和创业创新企业直接融资。

四是有效增强了金融体系稳定性。债券市场的发展，在优化社会融资结构的同时，也增强了金融体系的稳定性。首先，债券市场已成为银行流动性管理和资产配置的重要工具，有效改善了商业银行资产原有结构单一、流动性不高的局面。其次，为商业银行提供了新的利润增长点，推动了银行盈利模式的转变，为银行进一步战略转型创造了良好的市场环境。最后，商业银行持债比例呈现趋势性下降，由 2007 年的 66% 持续降低到 2017 年的 18% 左右（以债务融资工具为例），而基金等集合类投资者持债比例不断提高，有效分散了原来高度集中于银行体系的风险。

第六章　中国股票市场的发展与变革

第一节　萌芽初创

1990 年 12 月和 1991 年 7 月，上海证券交易所和深圳证券交易所相继挂牌营业，中国股市由此首次具备了资源配置功能。 这一阶段是中国股份制改革的初始阶段，在不断探索中逐步建立了资本市场体系。 资本市场体系搭建初期，规模较小，并以区域性试点为主，缺乏全国统一的法律法规来规范股票市场的发行和交易行为，统一规范和集中监管不到位，资本市场在自我演进中发展。

一　股票发行一级和二级市场的发展

1981 ~ 1990 年，在企业改革和金融改革的背景下，股份经济在城市开始初步试点，企业纷纷开始探索股份制、发行股票，并逐步开展股票交易，由此拉开了中国股票市场兴起的序幕。

（一）一级市场

1. 股票发行

20 世纪 80 年代我国股份经济一直处于试点阶段。 1984 ~ 1986 年主要是集体企业和小型国营企业，1987 ~ 1990 年则逐步将试点扩大到国营大中型企业。 因此，为了与股票发行与试点的范围相适应，下面分两个阶段进行考察。

（1）1984 ~ 1986 年

1984 ~ 1986 年，北京、上海、广东、四川、辽宁等地的部分集体和国有中小企业纷纷开始股份制试点，设立股份有限公司。 这一时期，产生了一批股份制企业的先驱。 如第一家在报纸上公开招股的广东宝安县联合投资公司，当代中国第一家股份制企业北京天桥百货公司，第一家真正的股份有限公司上海飞乐音响股份有限公司。 北京天桥百货、上海飞乐音响、上海延中实业等公司还公开发行了股票。

（2）1987～1990 年

1987 年召开的党的十三大对前期股份制试点的成绩做出肯定，允许继续试点并提出了规范性意见。 从此政府逐渐加大对股份公司的规范化管理，股份公司开始按照国际惯例设立和运作，股票发行更加规范，真正意义上的股票发行数量也越来越多。 上海、深圳出现了股票的公开柜台交易，沈阳、武汉、成都等地也出现了股票的公开交易或场外交易。 成立了一批专门从事股票发行、转让或交易相关业务的证券公司，从而为股票市场的发展奠定了市场基础。

1987 年 1 月，上海真空电子器件公司向社会公开发行股票，成为上海和中国第一家实行股份制的大中型国营企业。 该公司股票的发行，拉开了国营大中型企业股份制试点的序幕，股份制试点进一步扩大和深化。据统计，20 世纪 90 年代在深、沪上市的股份制公司中，有 86 家是在 1987～1989 年通过公开发行股票设立的股份制企业，其中 1987 年 14 家，1988 年 46 家，1989 年 26 家。 其间值得一提的是深圳发展银行，1987 年 12 月，深圳发展银行正式成立，1988 年其股票在深圳证券公司挂牌买卖，成为深圳股市第一只上市股票，也是我国证券市场上市交易的第一只金融股票。

截至 1990 年底，全国共有 4750 家企业发行了各种形式的股票，共筹资 42.01 亿元。 其中，公开发行股票筹资 17.39 亿元，非公开发行股票筹资 24.62 亿元。 发行股票筹资较多的地区依次是上海、广东、四川、山东和辽宁。 5 省合计为 30.34 亿元，占股票筹资总额比例达到 72.24%。

2. 发行特点

由于最初的股份制经济开始于农村乡镇企业的自发股份集资行为，且大多为生产要素的折股联合，较少以资金形式出现，因此，从时间顺序上说，先有了股份经济的起步，才有了后来的股票发行。 具体来说，这一时期股票发行可分为三个阶段。

（1）不规范的内部集资阶段。　这一阶段发行的股票主要是企业为解决资金的匮乏而向内部职工或自愿认股的法人发行的，带有明显的内部集资性质。　不规范的主要表现是：缺乏必要的制度保障；股票的发行未经过任何资产评估，未划分等额股份；发行对象主要是内部职工，未公开发行；发行的股票实行入股自愿、退股自由，保本付息分红，具有浓厚的债券和福利色彩。

（2）不规范的半公开发行阶段。　由于仅向内部职工和少数自愿认股的法人发行股票仍不能满足集资要求，从 1984 年底开始，一些股份制企业开始向社会半公开发行股票。

（3）走向规范化的过渡阶段。　1987 年以后，中国的股份制试点进入扩大和深化阶段，同时，随着人们对股票投资价值的逐渐认同，股票发行开始引入规范化的某些要求。　主要表现为：股票设计规范，要素齐全，没有偿还期，同股同利，按股分红；股票发行程序开始建立，出现了国际上通行的溢价发行方式和代销、助销等承销方式；各地颁布施行了地方性股票发行与转让暂行规定等。[①]

（二）二级市场

有了股票发行，自然就要有股票交易。　这一时期的股票交易先后经历了场外私下交易的阶段（1984～1986 年）和以柜台交易为主的阶段（1986～1990 年）。　深沪股票交易柜台的设立进一步发展了我国股票流通市场。　到 1990 年，沪深两地共有 12 只股票在柜台公开交易。　1986～1990 年股票累计交易量为 18.52 亿元。　但是由于股票柜台交易制度在设计上存在不足，在这一阶段股票的私下交易一直都未停止。　柜台交易设定涨停板导致的柜台交易与私下交易价格的巨大差异，以及不同柜台之间的价格差异，均在一定程度上促进了私下交易的繁荣。

二　上海、深圳证券交易所的成立

柜台股票交易制度设计和安排上的局限，以及股票场外私下交易的繁

---

① 李扬等：《中国金融改革开放 30 年研究》，经济管理出版社，2008，第 318 页。

荣与难以监管，使得股票交易制度亟待创新，加快建立公开集中的股票交易市场成为必由之路。

实际上，上海和深圳经过多年的柜台交易实践后，已逐渐具备了建立证券交易所的客观条件。以上海为例，上海证券市场从 1984 年开始建立发展起来，到 1990 年底，已具备以下特征。第一，证券和交易规模扩大。各种证券包括国库券、重点建设债券、企业债券、金融债券和股票等可上市证券面值总量达 100 亿元，品种有 30 多个，累计成交量超过 35 亿元。第二，证券经营机构初具规模。截至 1990 年底，上海已有各类证券经营机构 26 家，柜台交易网点 50 多个，并批准设立了一批专门的信用评级机构。第三，形成了一套相应的法规和管理措施。上海市人民政府相继颁布了《上海市股票管理暂行办法》《上海市债券管理暂行办法》《上海市证券交易管理办法》，中国人民银行上海市分行颁布了《上海市证券柜台交易管理暂行办法》和《上海市证券机构管理暂行办法》等。第四，投资观念在上海市民中得到普及，投资者人数日益增多。据统计，全市有将近 10% 的市民参与了证券交易，机构投资者也不断增多。在此背景下，1989 年 2 月，上海市政府经济体制改革办公室（以下简称上海体改办）召集中国人民银行上海市分行等单位开会研究成立上海证券交易所的方案；5 月，上海市人民政府顾问汪道涵召集上海体改办、中国人民银行上海市分行等有关单位开会，听取有关设立上海证券交易所的意见。此次会议认为，当前成立上海证券交易所的条件尚不具备。同年年底，在北京成立的一个由留学回国人员组成的证券交易所研究设计联合办公室（SEEC，以下简称联办）对全国主要城市证券市场的现状和前景进行调研后，认为上海已初步具备成立证券交易所的条件。据此，上海市政府于 1990 年初决定成立上海证券交易所。1990 年 11 月 26 日，经中国人民银行批准，改革开放后的第一家证券交易所——上海证券交易所宣告成立，于 12 月 19 日正式开业。

事实上，深圳在筹划证券交易所方面比上海略早，这是由于深圳私下交易比上海"火爆"，解决问题更显得迫切，此外，深圳作为经济特区的特点及其靠近香港的地理位置也为其提供了相应优势。1990 年 7 月，深圳正式成立深圳市证券市场领导小组。 8 月 18 日，深圳市先行成立了深圳证券登记公司，为将来股票的登记、过户做准备。 在万事俱备、只欠批准的情况下，深圳先行探水，在 1990 年 12 月 1 日进行试营业。 在上海证券交易所开业 4 个月、深圳证券交易所试营业 5 个月后，国务院授权中国人民银行批准深圳证券交易所成立，其于 1991 年 7 月 3 日正式营业。

随着上交所、深交所的成立，以深发展、万科为首的深交所"老五股"和以飞乐音响为首的上交所"老八股"登陆中国证券市场。 随着 1990 年深圳证券交易所试营业、上海证券交易所正式开业，以及其所进行的股票上市转让试点，股票柜台交易和场外私下交易逐步退出了历史舞台。 中国证券市场从此翻开了新的一页。 以上海证券交易所与深圳证券交易所前后挂牌为标志，资本市场正式进入了中国社会主义市场经济体系之中。

第二节 挫折与成长

1992 年以前股市能否长期存在仍然受到所有制问题的困扰，姓"资"还是姓"社"，成为影响股市存活最重要的话题。 1992 年 1～2 月，邓小平在南方视察时指出："证券、股市，这些东西究竟好不好，有没有危险，是不是资本主义独有的东西，社会主义能不能用？ 允许看，但要坚决地试。 看对了，搞一两年对了，放开；错了，纠正，关了就是了。 关，也可以快关，也可以慢关，也可以留一点尾巴。 怕什么，坚持这种态度就不要紧，就不会犯大错误。"此后，中国确立经济体制改革的目标是"建立社会主义市场经济体制"，股份制成为国有企业改革的方向，更多的国有企业实行股份制改造并开始在资本市场发行上市。 1993 年，股票发行试点正式由上海、深圳推广至全国，打开了资本市场进一步发展的空间。 由此中国股市也于 1996 年 5 月迎来了大牛市行情。 由于尚未形成完善的供求机制和市场监控机制，高速发展的股市立即出现了许多问题，如股市价格暴涨暴跌，投资者尚未树立正确的投资理念，投机之风盛行，黑市行为大量滋生等。 打压整顿股市也因此成为接下来的宏观调控的内容之一。 从证券监管的角度来看，1992～1997 年是由中央与地方、中央各部门共同参与管理向集中统一管理的过渡阶段，股市的监管机制开始形成，监管体系初具雏形，并规定了涨跌幅及交易量限制。1997 年 9 月中共十五大第一次从宪法层面上承认"股份制是公有制的一个特殊形式"，至此，股票市场的地位正式确立。

一　中国证监会的成立

(一)市场的狂乱与挫折

上海和深圳证券交易所开创初期，股票市场处于试点阶段，所有股票都被限制最高涨幅，也即涨停板制度。1992 年 5 月 21 日，上海证券交易所放开了涨停板，在邓小平南方谈话肯定股份制与股票市场的背景下，股市一度陷入狂热。1992 年 6 月 1 日，100 多家证券公司营业部在上海证券交易所带领下进驻上海文化广场，摆摊接受股民交易委托，开始了"股票大集"。1993 年，股票市场试点扩大到全国，沪深证券交易所开始接受来自全国的上市公司和投资者。这促使股票发行规模从 1991 年的 5 亿股迅速增加至 1993 年的 42.59 亿股，融资额相应从 5 亿元急剧增加至 276.41 亿元，股票交易逐步活跃，年成交金额从 1991 年的仅 43.37 亿元增加至 1993 年的 3627 亿元。1993 年起，股票发行推行额度控制的办法，当年下达了 50 亿元新股发行额度。1994 年发行额度继续增加 50 亿元，扩容速度很快。但由于市场需求基础不稳，投资者阶层尚不成熟，加之新股发行方式还处于探索阶段，股票二级市场持续低迷，一些新发行股票上市首日便跌破发行价。这种情况使股票一级市场发行工作困难重重，市场扩容速度不得不有所放缓。1995 年，A 股发行规模下降至 532 亿股，融资额也降低至 85.51 亿元，成交金额也从 1994 年的 8128 亿元下降至 4036 亿元。

1992 年 8 月 10 日，由于申请表供不应求，加上组织不严密和一些舞弊行为，深圳发生抢购股票认购证抽签表风潮。1992 年 8 月 9~11 日，深圳计划发放 500 万份股票认购证抽签表，广大群众认购热情高涨，发售刚刚开始就被抢购一空，部分售表点秩序混乱，10 日傍晚数千名没有买到认购证抽签表的群众集合在深南中路，打出要求公正的标语，并形成对政府围攻的局面。"8·10"事件的发生，标志着股票认购证这种新股发行方式完成了其历史使命，从此退出了历史舞台，也标志着中国证券市场需要按国际惯例设立专门监管机构。

涨跌停板制度

涨跌停板指当某一期货合约在某一交易日收盘前 5 分钟内出现只有停板价位的买入（卖出）申报、没有停板价位的卖出（买入）申报，或者一有卖出（买入）申报就成交但未打开停板价位的情况。 在涨跌停板制度下，前交易日结算价加上允许的最大涨幅构成当日价格上涨的上限，称为涨停板；前一交易日结算价减去允许的最大跌幅构成价格下跌的下限，称为跌停板。 因此，涨跌停板又叫每日价格最大波动幅度限制。涨跌停板的幅度有百分比和固定数量两种形式。

（二）中国证监会的成立

"8·10"事件的出现，惊动了有关部门，冲击了人们的思想认识，各主管部门在认识上清醒了，中共中央和国务院领导也认识到了建立统一监管机构的必要性和紧迫性。 1992 年 10 月 12 日，国务院办公厅下发《国务院办公厅关于成立国务院证券委员会的通知》，决定成立国务院证券委员会，同时决定成立中国证券监督管理委员会。

中国证监会成立之初，主要集中做了五个方面的工作：一是借鉴国际经验，研究国内形势，确立证券监管工作的指导思想；二是制定法律法规，加强法治；三是加强对一级市场的监管，致力于股票发行制度透明化；四是加强对二级市场的监管，建立以市场为基础的股票交易制度；五是注重人才培养，组建高素质的证券监管队伍。 在证监会成立初期，并没有集中统一的市场监管体系。 随着资本市场的不断发展，证券市场的监管才逐步集中并统一。 1997 年，国务院决定由证监会而非地方来管理上海证券交易所、深圳证券交易所以及各期货交易所。 1998 年，国务院决定撤销证券委员会，各地证券监管部门由中国证监会实行垂直领导，并由中国证监会接管原由中国人民银行主管的证券公司和证券投资基金。 1999 年，中国证监会进一步规定了各地派出机构的职责。 至此，一个以中国证监会为核心，由各地派出机构、证券交易所和中国证券业协会等组成的覆盖全国的集中统一的多层次监管框架就逐步建立起来了。

1992 年 10 月国务院证券委员会和中国证监会的成立，标志着中国资本市场开始逐步被纳入全国统一的监管框架，全国性市场由此形成并初步发展。

二　期货市场逐步发展

1992 年 12 月，上海证券交易所面向证券公司首次推出国债期货，由于交易量小，1993 年 10 月进一步向社会公众开放。 1994 年至 1995 年初，全国开设国债期货的交易场所数量从 2 家增加到 14 家，国债期货发展迅速。 1993 年，期货经纪公司数量达到 300 多家，商品期货交易所约 50 家左右，交易品种重复、挪用资金、盲目开展境外交易、期货经营机构管理混乱、地下交易及欺诈等问题层出不穷，中国商品期货市场出现了盲目发展的混乱局面。 1993 年 11 月，国务院发布《国务院关于制止期货市场盲目发展的通知》。 1994 年 5 月，国务院下发整顿期货市场的文件，进一步明确国务院证券委员会以及证监会为期货市场的监管主体。 此后，有关部门停止对新期货交易所的审批，并逐渐削减原有期货交易所数量，到 1995 年 4 月，期货交易所数量减少至 14 家。 1998 年 8 月，国务院发布《国务院关于进一步整顿和规范期货市场的通知》，将剩余的 14 家期货交易所改组为上海期货交易所、大连商品交易所以及郑州商品交易所 3 家交易所，其余均撤销或重组为证券公司或期货交易厅。

1995 年期货市场发生了"327 国债期货事件"。 327 国债是指 1992 年发行的 3 年期国债，1995 年 6 月到期兑付。 由于对当时通货膨胀率及国债保值补贴率的不同预期，该品种多空双方分歧较大。 上海万国证券公司一直做空 327 合约，而由于 327 国债兑付利率上调，上海万国证券公司面临巨额亏损。 为减少亏损，上海万国证券公司铤而走险，于 2 月 23 日违规交易 327 合约，最后 8 分钟砸出 1056 万卖单，面值达 2112 亿元国债，亏损 16 亿元。 当夜，上交所宣布当日最后 8 分钟 327 合约的交易存在严重违规，判定无效。 鉴于该事件影响恶劣，1995 年 5 月，开市仅两年半的国债期货交易试点被宣布暂停。 此次风波后，期货市场进一步改章建制，规范交易行为，加强市场的风险控制，防范过度投机。

---

327 国债期货

327 国债期货是 1992 年发行的 3 年期国库券，该券发行总量为 240 亿元，1995 年 6 月到期兑付，利率是 9.5% 的票面利息加保值贴补率，但财政部是否对之实行保值贴补，并不确定。 1995 年 2 月后，其价格一直在 147.80 元和 148.30 元之间徘徊，但随着对财政部是否实行保值贴补的猜测和分歧，327 国债期货价格发生大幅变动。

保值补贴率

保值贴补率即同期物价上涨率和同期储蓄存款利率的差额。 根据中国人民银行 1988 年 9 月发布的有关 3 年以上居民定期存款保值贴补的规定，3 年期以上居民储蓄存款利率加上保值贴补率，应相当于同期的物价上涨幅度，即储户的 3 年、5 年、8 年定期储蓄存款期满时，银行除按规定的利率付息外，还要按保值贴补率付笔钱给储户，以保证存款不因物价上涨而贬值。 保值贴补率 =（存款到期时物价指数 / 存入时物价指数 −1 − 利率 ×存期)/存期 ×100% 。 由于国家曾对一些 3 年、5 年期的国债发行承诺保值，因此，保值贴补率的高低对全部国债的价格有很大影响。

三 "十二道金牌"

20 世纪 90 年代中期，随着中国经济宏观调控实现软着陆，新一轮经济增长趋势日见明显，以央行连续大幅降息为燃点，引燃了中国股市又一轮大牛市。 1996 年初，上证指数探底 512 点后回升。 到 12 月初，指数涨到 1200 点附近，升幅超过 1 倍；同期的深成指从 924 点升到 4500 点，升幅为 3.87 倍。 与此同时，出现亏损的上市公司越来越多，上市公司在年报、中报中造假的现象严重，市场投机氛围浓厚。 1996 年下半年，管理层连续发出"十二道金牌"，勒令"疯牛"放慢脚步。 这"十二道金牌"分别从规范上市公司行为、加强市场监管、严禁市场操纵等方面对资本市场进行了管制，而且恢复了涨跌幅限制，并对市场不合理和非理性的行为进行了批判，使股市的火热势头得以平息。

第三节　规范与发展

自 1998 年以来，中国开始正式启用法律法规手段，对股票市场进行规范化管理。 1998 年 4 月，国务院将中国证监会划分为国务院直属单位，并将其作为全国证券期货市场的主管部门，同时加强了证监会的职能，从而建立了全国集中统一的证券监管体制。 1999 年股市再现一轮牛市，高涨行情一直持续到 2001 年。 然而，基本面已难以支撑过热的股市，居高不下的市盈率，不断暴露的银广夏、蓝田等上市公司的违规行为，是当时股市混乱的缩影。 与此同时，大量国企进入股市寻找资金，因而当时股市的作用一度被定义为"国企解困"的一个重要途径。 为规范股市发展，1999 年 7 月 1 日我国《证券法》生效，中国股票市场从此步入了以"规范与发展"为主题的新阶段，与此同时，中国股票市场的制度建设也日趋完善。 到 2001 年底，中国证券期货市场初步形成了以《公司法》《证券法》为核心，以行政法规为补充，以部门规章为主体的系统的证券期货市场法律法规体系。

一　《证券法》的出台

1998 年 12 月 29 日，历时六载、经过全国人大五次审议的《证券法》终于出台，并于 1999 年 7 月 1 日起实施，这标志着中国资本市场的法律地位得到确立。 《证券法》的内容分别涉及证券发行、证券交易（其中包括一般规定、证券上市、持续信息公开及禁止的交易行为）、上市公司收购、证券交易所、证券公司、证券登记结算机构、证券交易服务机构、证券业协会、证券监督管理机构及法律责任等方面。当时正值东南亚金融危机，虽然我国未受直接冲击，但我们意识到金融自由化不能过早地实行。因此，1998 年出台的《证券法》规定了不少限制性条款，如只允许"现货交易"、禁止"融资融券"、禁止"国企炒股"和禁止"银行违规资金进入股市"等。

1998 年出台的《证券法》是我国第一部调整证券发行与交易行为的法律，它对规范证券市场各方当事人的行为，保护投资者合法权益，推进证券市场健康发展，维护社会经济秩序，促进社会主义市场经济发展发挥了重要作用。但是，过度管制也带来了抑制金融创新、抑制市场发展，以及忽视投资者权益等问题。

二　对股票市场认识的深化

（一）"5·19"行情

1999 年是新中国成立 50 周年，但是对于中国投资者来说，还有一件难以忘却的大事，就是"5·19"行情。在国企改制已经大规模展开，急需资金，需要股市融资，以及当时海外市场的网络热潮涌现的大背景下，5 月 19 日，沪深股市皆出现可观攀升。随后，6 月 10 日，央行宣布第七次降息；6 月 14 日，证监会官员发表讲话指出，"股市上升是恢复性的"；不久管理层又放出"三类企业获准入市"的利好。突发性和后续不断的政策利好带领"5·19"行情继续不断攀升。

到 6 月 30 日，沪指已经攀上 1756.18 点的新高。当时上证指数从 1060 点起步，第一阶段在政策的刺激下就上涨了 70%。后经回调，沪指在 1341 点处再次爆发行情，一口气涨到 2001 年 6 月 14 日的 2245 点，再创新高。这轮延续两年的大行情就是著名的"5·19"行情。

投资者从这次股市上涨中政策面的变化中认识到政府对股市认识的转变，在 1996 年底，《人民日报》将当时的股市上涨定义为过度投机，而此时则对股市的上涨报以殷切期望。这种转变是由我国当时的经济状况以及国际证券市场走势所导致的必然结果。在"5·19"行情中，许多讨论股指上涨与消费关系的文章见诸报端，对股票市场功能的认识不断深化，意识到股票不仅是筹资的工具，而且股指的上涨还能带来财富效应，刺激消费增长，有助于改善企业公司治理结构等。 股票市场的地位被提升到改革与发展全局的高度来考虑。 总体来看，在这一阶段初期，我国投资者还未树立正确的投资理念，加上市场规模较小，一时间投机之风盛行，而后监管体系的建立则起到进一步规范市场的作用，引导公众树立正确的投资理念，具有深化股票市场的经济晴雨表的功能。

（二）赌场论

2001 年，一场关于中国股市是不是赌场的争论甚嚣尘上。 争论的双方分别是时任国务院反战研究中心研究员、中国社会科学院研究员的经济学家吴敬琏，以及以厉以宁、董辅礽、肖灼基、吴晓求、韩志国为代表的几位经济学家。 这场争论主要包括三个方面。 一是争论的背景，当时不规范的股市出现了一系列机构投资者，以及中科创业、亿安科技等上市公司造假、庄家操纵的问题。 二是争论的焦点，吴敬琏与其他五位学者在"中国股市是个赌场"、"全民炒股是否为正常现象"以及"市盈率过高"的关于中国股市不规范的问题上有截然不同的观点。 三是争论的本质，即中国股市应该先规范、后发展，还是应该在发展中规范、在规范中发展。 从今天的情况来看，规范和发展，相辅相成，缺一不可。

三　公司治理与市场化探索

（一）银广夏事件

在 2001 年的中国股市中，"打造新蓝筹"盛行一时。 而所谓"新蓝筹"的典型代表，就是银广夏。 奇迹出现在 2000 年，这一年，银广夏从资本公积金中拨款，对全体股东每 10 股转增 10 股，其总股本扩大了 1 倍，但这一年的每股收益却没有出现稀释，相反出现了强劲上升，达到 0.827 元，升幅 62.16%，而其资产收益率则从 1999 年的第 154 位上升到了第 6 位。 银广夏"巨额"利润遭遇媒体质疑，股价大跌，市值蒸发 67.96 亿元，美丽的肥皂泡轻轻一戳就破灭了。 而戳破它的是媒体的报道。 事实上，早在 2001 年 3 月，媒体已开始对银广夏质疑，《证券市场周刊》和《财经时报》先后登出联办分析师蒲少平的长文，对银广夏的高速增长及丰厚利润提出 9 点质疑。 致命一击来自 8 月 3 日的《财经》封面文章《银广夏陷阱》，文章揭露银广夏的业绩完全是通过财务造假虚构的。

根据调查，银广夏根本不具备其宣布的产能。 它公布能将萃取时间从 10 个小时缩短到 3 个小时并进一步缩短到 30 分钟，专家对此称，即使用 3 个小时来提取，精度也要大打折扣。 而银广夏公布萃取物将卖到3440～4400 元，可萃取物的原料成本只有 350 元。 媒体提出更为有力的质疑是，如果银广夏真有如此大的出口量，按照现行税法，则应向有关部门办理至少几千万元的出口退税，并在财务报表上体现出来。 而事实上，银广夏的年报里根本找不到出口退税的条目，亦从天津进出口退税分局查实，天津广夏从未办理过出口退税。 这些质疑对银广夏的打击是致命的。 自此公司陷入混乱，基本瘫痪，各级领导都在忙着灭火，试图进行危机公关，但已经于事无补。 8 月 9 日，银广夏停牌 30 天。 9 月 10 日银广夏复牌，到 10 月 8 日的 15 个交易日里连续跌停，股价从 30.79 元一路狂泻到 6.35 元，市值蒸发67.96 亿元。 瞬间，银广夏从天堂被打入地狱。 2001 年 9 月，因涉嫌银广夏造假案，深圳中天勤会计师事务所解体，银广夏相关人员被判刑。 造假，断送了银广夏普通员工的辛勤付出，也断送了投资者对"新蓝筹"的信心。

银广夏事件使多年积累的问题和深层次结构性矛盾比较集中地暴露出来，暴露的问题集中表现在上市公司造假、监管部门监管不力、公司内部治理结构不完善、中介机构缺乏自律、股票市场民事赔偿有关法律制度缺乏等方面，逐步探索完善公司内部治理结构与构建外部监督、管理体系成为完善资本市场的重要议题。

(二) 国有股减持

我国在计划经济转入市场经济阶段，由于此前经济基础薄弱，体制又尚未规范，所以发展股票市场必须靠政府来推动。 但是，随着市场经济和股票市场的逐步发展和稳定，政府的过分介入使得股票市场沦为政策安排的产物和辅助品，总是被困在国家经济发展计划的框架中成长，严重违背了市场自身发展规律和缺乏市场运行效率和活力。 据对公布 1998 年中报的深、沪两市公司进行的统计，我国大部分的上市公司由国有企业改制而成，我国国家股、国有法人股在总股本中比例超过 50% 的公司多达 273 家，占全部 813 家公司的 33.58%，特别是其中的 112 家总股本超过 4 亿元的公司，国有股的比例半数以上超过 70%，具有明显的绝对控股地位。国有股不能流通的性质使得流通股股东所占比例过小，无法对国有股股东造成压力，从而引发了"董事不董事，监事不监事"的不合理现象。 所以，为了深化企业改革，实现"政企分开"，国有股减持的改革势在必行。

2001 年 6 月 12 日，国务院发布了《减持国有股筹集社会保障资金管理暂行办法》（以下简称《管理暂行办法》），开始了以存量发行方式、利用证券市场减持国有股的探索。

首先，《管理暂行办法》明确了"国有股（包括国家股和国有法人股）减持"的含义。 它是指向社会公众及证券投资基金等公共投资者转让上市公司（包括拟上市公司）国有股的行为。 其次，《管理暂行办法》规定了国有股减持的方式和定价原则，即国有股减持主要采取国有股存量发行的方式，并以市场定价为原则。 "凡国家拥有股份的股份有限公司（包括在境外上市的公司）向公共投资者首次发行和增发股票时，均应按融资额的 10% 出售国有股；股份有限公司设立未满 3 年的，拟出售的国有股通过划拨方式转由全国社会保障基金理事会持有，并由其委托该公司在公开募股时一次或分次出售。"再次，《管理暂行办法》确立了国有股减持的管理机构。 国有股减持由部际联席会议审议实施，国有股存量出售收入全部上缴全国社会保障基金，并由其管理。 最后，《管理暂行办法》还试点允许少量上市公司在采取国有股存量发行的同时，进行国有股配售及定向回购。 财政部审核上市公司国有股协议转让后，上市公司收入按一定比例缴纳全国社保基金。

《管理暂行办法》公布实施后，有 13 家上市公司在 IPO、3 家上市公司在增发时，按规定进行了国有股减持。 但这并未对市场产生积极影响，反而导致市场产生较大波动。 其原因有以下三点。 首先，市场质疑按市场价格减持为高价"圈钱"行为。 国有股股东认购成本很低，一般在1元左右，经过多次送配成本降得更低。 即使以每股净资产衡量，其价值也仅在2.5元左右。 减持以20倍左右的市盈率增发或首发，强迫公众投资者以流通股市场溢价去接盘国有股股东的退股，有失公允。 其次，以增发方式减持国有股将损害原有流通股股东利益。 增发的价格往往是市场流通价格的折扣价，新股东的持股成本低于原流通股股东，从而在短期内会使股价下跌，造成原有流通股股东的利益损失。 此外，减持与增发的同时进行进一步侵蚀了原有流通股股东的利益，造成股票抛售现象。 最后，减持10%的融资额并不能从本质上改变上市公司"一股独大"的状况，减持后上市公司的治理结构以及股权结构不会发生重大变化。 由于国有股减持是一项探索性的重要的改革举措，虽然改革意图是良好的，但改革过程极为复杂，涉及许多方面，触及许多根深蒂固的问题，对证券市场的影响十分重大，因此，2002年6月23日，国务院宣布，除企业赴境外上市外，停止对国内上市公司执行《管理暂行办法》中关于利用证券市场减持国有股的规定，并不再出台具体实施办法。 至此，利用证券市场减持国有股的探索工作告一段落。

2004年1月31日，国务院发布的《国务院关于推进资本市场改革开放和稳定发展的若干意见》明确提出"积极稳妥解决股权分置问题"，并且提出"在解决这一问题时要遵循市场规律，有利于市场的稳定和发展，切实保护投资者特别是中小企业投资者的合法权益"的总体要求。 这里所说的解决股权分置问题与此前的国有股减持具有质的区别，核心在于并不以变现筹资为目的，而是着眼于消除资本市场的制度性缺陷，从而使解决股权分置问题作为推进资本市场改革开放的一项制度性变革正式提上日程。①

---

① 刘鸿儒等：《变革——中国金融体制发展六十年》，中国金融出版社，2009。

第四节　转轨与优化

随着国内经济矛盾的转移，中国股票市场步入法制化、规范化的发展阶段，公众对股票市场功能的认识不断深化——它不单是筹资的工具，而且可以刺激消费增长，有助于改善公司治理结构，且股票指数的上涨还可以带来财富效应。中国股票市场被赋予了新的功能——股票市场不仅要为国有经济改革服务，而且要为国家经济结构的战略性调整服务，股票市场的地位被提升到改革与发展全局的高度来考虑。但是，由于此阶段股票市场的制度安排尚未完善，且对中国股市的认识不足，因而借鉴了不符合中国国情的国外经验，使得中国股票市场未能实现对经济结构的优化和调整，也未能实现资源优化配置，因此社会各界对中国股票市场的状况较为不满。在此状况下，新一届中国证监会开始致力于完善股票市场监管体制，但由于股权分置问题没有彻底解决，改革并没有得到预期的结果。在这个阶段，股票价格甚至一度低于面值，价值被严重低估，股市不仅未能实现资源的优化配置，甚至无法实现最基础的筹资功能。2003年底至2004年上半年，南方、闽发、"德隆系"等证券公司长期积累的问题充分显露，风险集中爆发，这恰是对中国股市运行中不良因素的集中反映。2004年1月，为使资本市场运行更加符合市场化规律，国务院发布《国务院关于推进资本市场改革开放和稳定发展的若干意见》（简称"国九条"），表明了政府推进资本市场改革的决心。

2005年5月开始的股权分置改革，是一个重塑中国股市的过程。作为历史遗留的制度性缺陷，股权分置在许多方面限制了国有资产管理体制的根本性变革及中国资本市场的规范发展。到2007年底，上海及深圳证券交易所98%的应股改公司已经完成或者进入股权分置改革程序。股权分置改革完成以来，中国股市承担了分流银行资金的职责，加快了直接融资的步伐，进入蓬勃发展的时代。此外，股权分置改革解决了资本市场的融资和资源配置问题，一大批中国公司成功上市，特别是中国工商银行、中国银行、中国国航等公司的顺利上市，表明股权分置改革后的中国股票市场已经完全恢复了首发融资功能和资源配置功能，使中国资本市场进入了蓝筹时代。

一　资本市场改革的决心——"国九条"

2004 年 1 月 31 日，国务院下发了《国务院关于推进资本市场改革开放和稳定发展的若干意见》，对中国资本市场的发展提出了九条原则性的阐述，市场称其为"国九条"。"国九条"是自 1992 年 12 月 27 日国务院 68 号文件下发以来，作为中国最高行政机构的国务院首次就发展资本市场的作用、指导思想和任务进行全面明确的阐述。大力发展资本市场，事关国家战略，各有关部门必须协调动作，突破一些实质问题，而突破的前提，是要统一认识。"国九条"发布后，市场给予了热烈回应，资金密集入市，沪指在不到两个月的时间内从 1300 点涨到 1600 点，然而一段时间后，市场并没有看到相关配套措施的到来，落实制度性阐述的具体下文仍未见到，上证指数又跌回到 1300 点。"国九条"是纲领性文件，并非救市文件，显然，由于市场缺乏耐心，对"国九条"产生了"浮在空中，难以落地"的印象。伴随着 2005 年股权分置改革的启动，使资本市场回归本源起点的"国九条"，终于赢得最热烈的认可。

二　证券公司综合治理

2003 年底至 2004 年上半年，南方、闽发、"德隆系"等证券公司长期积累的问题充分暴露，风险集中爆发，全行业生存与发展遭遇严峻的挑战。2004 年 8 月，证监会在证券监管系统内全面部署和启动了综合治理工作。包括证券公司综合治理、上市公司股权分置改革、发展机构投资者在内的涉及资本市场方方面面的一系列重大变革由此展开。中国资本市场由此经历了自诞生以来规模最大、范围最广的变革。

(一)证券公司长期不规范运作,诸多问题在漫漫熊市中逐渐暴露

回顾综合治理之前的证券业，市场法律法规非常不完善。为了追逐暴利，证券公司违规经营已经成了公开的秘密。挪用客户保证金成为行业常态，高收益率代客理财已经向非法集资靠近，国债回购市场无限制地放大资金使得本来低风险的领域风险骤增。高利润、高投机与高风险的业务格局纵然使得券商在牛市中获取超额利润，但由于缺乏相应

的风险防范机制，大批委托理财项目开始亏损，国债回购资金链断裂，客户保证金账户出现巨大缺口。 资金链断裂使得巨大的资金缺口在短时间内难以弥补，许多券商终于资不抵债，行业危机集中爆发。 2003年底至2004年上半年，以南方、闽发、"德隆系"等证券公司的问题充分暴露为标志，证券行业爆发了第一次行业性危机。 统计显示，当时全行业客户交易结算资金缺口为640亿元，违规资产管理为1853亿元，挪用经纪客户债券134亿元，股东占款195亿元；84家公司存在1648亿元流动性缺口，其中34家公司的资金链随时可能断裂。 证券公司的风险已经严重危及证券市场安全和社会稳定，成为制约证券市场健康发展的突出问题，情况十分严重。 这个严峻的背景直接促成了监管部门关于综合治理的决断。

（二）全面开放资本市场倒逼国内证券行业全面整顿

加入WTO给全面开放资本市场设定了时间表。 国内证券公司如果不在时间表规定的期限之前及时做大做强，提高自身竞争力，在国内资本市场开放后，将难以应对国外大型投行的冲击。 长期处于政策性垄断环境下的国内券商，规模甚小，管理落后，基本上不具备与国外大型投行同场竞技的能力。 2006年之前，国内全部券商资产规模总和不及摩根大通的3%。 不仅证券行业的平均水平与国外券商有较大差距，行业的监管水平也难以达到开放资本市场之后对监管能力的要求。 内忧外患之下，国内券商全面治理整顿已经刻不容缓。

（三）综合治理工作的三个层次

第一层次：化解历史遗留问题。 在化解历史遗留问题的阶段，首先对130多家券商进行摸底，初步了解证券行业的总体状况及各个证券公司的实际情况，而后对理财业务进行清理，对挪用客户交易结算资金、挪用客户债券的进行资金返还。

第二层次：证券业配套制度和常规监管环境的建设。 2005年开始了客户交易结算资金的独立监管，2006年开始启动客户交易结算资金第三方存管。 2006年建立了以净资本为核心的风险监控和预警制度，建立了业务种类、业务规模与净资本水平动态挂钩的监管新机制，基础性制度建设得到全面加强。

第三层次：证券公司业务创新和上市融资。综合治理后，证券行业格局开始优化，一批创新试点或规范类公司在市场竞争中的优势开始显现。管理层支持合规证券公司通过上市融资、定向增资、引入战略投资者等途径充实资本，支持证券公司在风险可测、可控、可承受前提下，进行产品、服务创新和业务拓展。创新试点、规范类证券公司评审工作的开展，大大提高了券商自身的规范化经营理念，促进了相互之间的良性竞争关系。

2007 年 8 月，证券公司综合治理工作结束，证券交易实行客户交易结算资金第三方存管制度，改革国债回购、资产管理、自营等基本业务制度，建立了证券公司财务信息披露和基本信息公示制度，完善了以净资本为核心的风险监控和预警制度；严格市场准入，加强对证券公司高管人员和股东的监管，规范高管和股东行为，成立了中国证券投资者保护基金有限责任公司等。证券公司运行与监管制度的完善是我国股票市场保持长期健康发展的基石。

三　股权分置改革

股权分置是指 A 股市场上市公司的股份被分为两类：一类是社会公众购买的公开发行股票，可以在证券交易所挂牌交易，称为可流通股；另一类是上市公司公开发行前股东所持股份（其中绝大多数为国有股），只能通过协议方式进行转让，称为非流通股。1992 年 5 月国家体改委发布的《股份有限公司规范意见》规定："国家股、外资股的转让需按国家有关规定进行。"1993 年 4 月国务院发布的《股票发行与交易管理暂行条例》规定："国家拥有的股份的转让必须经国家有关部门批准，具体办法另行规定。"但是在实际运行中，国有股处于暂不上市流通的状态，其他公开发行前的社会法人股、自然人股等非国有股份也做出了暂不流通安排。公司在上市时，在其《招股说明书》或者《上市公告书》中承诺："根据法律、法规的规定和中国证监会的核准股票发行通知，本公司公开发行前股东所持股份（国家股、法人股、外资股、自然人股等）暂不上市流通。"同时，公司上市后通过配股、送股等派生的股份，仍然根据其原始股份是否可流通划分为非流通股和流通股。据此，形成了股权分置的格局。

作为历史遗留的制度性缺陷，股权分置在诸多方面制约了国有资本管理体制的根本性变革，阻碍了中国资本市场的健康发展，成为影响市场基本功能的基础性制度障碍，对资本市场定价机制、公司治理、上市公司的市场化资本运营、资本市场国际化以及国有资本的管理运营带来了极为不利的影响。在股权分置改革之前，曾经有过两次国有股减持的试验，即 1999 年国有股定向配售减持试点以及 2001 年国有股存量减持。经过了充分的准备后，2005 年 4 月 29 日，中国证监会发布《关于上市公司股权分置改革试点有关问题的通知》，启动股权分置改革试点。股权分置改革的指导思想是"统一组织、分散决策"。股权分置改革按照"试点先行、协调推进、分步实施"的原则来推进。为有序组织改革的实施，股权分置改革先行启动试点，在试点取得经验的基础上，按照"成熟一家、推出一家"的原则分步实施。

2006 年 5 月 8 日，《上市公司证券发行管理办法》颁布，完成股权分置改革的上市公司可以进行再融资。5 月 24 日，以中工国际工程股份有限公司的新股发行为标志，市场融资功能全面恢复。到 2007 年底，98% 的上市公司已完成或进入股权分置改革程序，股权分置改革任务基本完成。

股权分置改革的顺利进行，解决了原本国有股、法人股、流通股价格、利益分置的问题，各类股东享有同等的股权及股价收益权，各类股票按统一市场机制定价，并成为各类股东共同的利益基础。股权分置改革的基本完成，以及股权分置改革与市场稳定发展相结合的一系列政策措施，消除了影响市场预期稳定的最大不确定因素。可以说，股权分置改革具有划时代的意义，为中国资本市场进一步优化资源配置功能奠定了市场化基础，使中国资本市场与国际市场在市场基础制度层面上不再有本质的差别。

四　股票发行制度演进

中国股票发行制度经历了从审批制到核准制的变迁，虽然最终目标模式是注册制，但迄今尚未实现。

(一) 股票发行审批制

中国证监会成立后，股票发行试点走向全国。在市场创建初期，由于发行公司、中介机构、投资者尚不成熟，对资本市场规则、自身权利和义务认识不足，为防止一哄而上以及因股票发行引起投资过热，证券发行管理实行的是额度分派、政府推荐企业的审批制度，即由政府部门制定和分配股票发行计划额度，各地区、各部门对企业进行层层筛选和审批后做出推荐；证券监管机构对政府推荐的企业质量、前景进行实质性审查，并对企业发行股票的规模、价格、发行方式、时间做出安排。 事实证明，实行审批制对维护市场秩序、培育投资者和市场中介机构等都发挥了积极作用，也给股票市场法制建设提供了必要的时间和空间。 但是，审批制也有不可忽视的缺陷，它不符合市场经济原则，容易引致市场各方参与者职能错位、责任不清，不利于提高市场效率，亦不利于股票市场按照市场机制规范的要求轨道发展。

这些缺陷意味着审批制必然会被更加市场化的审核制所取代。 但立即实行注册制，各方面条件尚不具备，因此，中国从 1999 年开始实行核准制，试图分两步从核准制过渡到注册制：第一步是实行核准制下的"通道制"，第二步是实行核准制下的保荐人制度。

（二）核准制的建立及完善

1. 核准制的建立

2000 年 3 月 16 日，《中国证监会股票发行核准程序》颁布实施，核准制、取代了审批制，其特点是：①取消了计划指标管理办法，企业有均等的申请发行股票的机会；②由主承销商培育、选择和推荐企业，加大了主承销商的权力和责任；③企业根据资本运营的需要确定发行规模，以适应企业按市场规律持续成长的需要；④发行审核将逐步转向强制性信息披露和合规性审核，充分发挥股票发行审核委员会的独立审核功能；⑤发行人与主承销商协商定价，充分反映投资者需求，使发行价格真正反映公司的内在价值和投资风险；⑥在股票发行方式上，提倡并鼓励发行人和主承销商进行自主选择和创新，建立最大限度地利用各种优势、由证券发行人和承销商各担风险的机制。

2. 通道制度

在核准制实施初期，经过证券公司的上市辅导，具备发行上市条件的企业数量急剧增加。 为适应这一局面，中国证券业协会于 2001 年 3 月 29 日发布《关于证券公司推荐发行申请有关工作方案的通知》，同年 4 月 1

日起推出了核准制下的配套办法——通道制度，由中国证券业协会依据证券公司上一年度的承销家数及发行质量具体确定其发股通道数量，最多8条，最少1条，证券公司则本着"自行排队、限报家数"的原则推荐发股公司。通道制度虽有其积极功能，但同时也存在一些不容忽视的负面效应。这些负面效应主要来源于两个方面：一是通道制度依然在相当程度上贯彻着审批制的机制，所不同的是原先发股指标是通过行政机制下达给地方政府，现在发股通道则直接下达给券商；二是通道制度依然贯彻着审批制中存在的"合规性审核"机制。由此，通道制度一方面抑制了券商之间的有效竞争，另一方面又未能有效确立股票发行的政策导向。

3. 保荐人制度

鉴于通道制度存在的制度性缺陷，中国证监会于2003年12月28日发布了《证券发行上市保荐制度暂行办法》，决定从2004年2月1日起在股票发行中正式施行保荐人制度。保荐人要对企业进行上市前的实质性审查和上市后的持续辅导，承担完全的保荐责任。保荐人制度把企业股票发行和上市后的持续诚信表现与相关中介机构的执业质量紧密联系起来，通过连带责任机制把发行人的质量和保荐人的利益直接挂钩，落实证券公司等市场中介机构及其从业人员的责任，使市场中介机构切实发挥对上市公司质量的约束功能。但保荐人制度存在三个弊端。第一，保荐人制度为保荐代理人"寻租"留下了空间。第二，由于保荐人制度和通道制度分属两个不同的体制，保荐人制度贯彻的是市场机制，通道制度贯彻的是计划机制，二者同时实施，必将因机理不同而导致诸多不协调现象发生，这决定了实行保荐人制度应以取消通道制度为前提。有鉴于此，中国证券业协会发出通知，自2005年1月1日起证券公司推荐企业发行股票不再实行"自行排队，限报家数"。第三，就证券公司目前的产权制度、管理制度和收入分配制度而言，在证券公司不发生违法违规行为的条件下，当有关业务人员不尽职而引致经济责任、行政责任乃至刑事责任时，由于这些责任通常不是业务员个人所能承担的，因此，证券公司将面临相当大的风险。

4. 询价制度的建立

2005年1月1日，股票发行的询价制度开始施行。2004年12月11

日，中国证监会出台《关于首次公开发行股票实行询价制度若干问题的通知》及其配套文件，规定首次公开发行股票的公司及其保荐机构应通过向机构投资者询价的方式确定股票发行价格。其中，机构投资者是指符合中国证监会规定条件的证券投资基金管理公司、证券公司、信托投资公司、财务公司、保险机构投资者、合格境外机构投资者，以及其他经中国证监会认可的机构投资者。询价制度的确立标志着中国首次公开发行股票市场化定价机制的初步建立。为了进一步完善询价制度和提高发行定价效率，中国证监会于 2006 年 9 月 19 日起实施《证券发行与承销管理办法》，主要从四个方面对询价制度做出调整：第一，中小企业板上市的公司不必经过累计投标询价阶段；第二，网下配售与网上申购同步进行，并在网下配售和网上发行之间建立回拨机制；第三，所有询价对象均可自主选择是否参与初步询价，主承销商不得拒绝询价对象参与初步询价，未参与初步询价并有效报价的询价对象，不得参与累计投标询价和网下配售；第四，首次公开发行股票数量在 4 亿股以上的，发行人及其主承销商可以在发行方案中采用超额配售选择权（俗称"绿鞋"）。①

第五节　重塑与完善

一　基础制度完善

（一）减持新规

上市公司股份减持制度是资本市场重要的基础性制度，对于稳定上市公司治理、维护二级市场稳定、保护投资者特别是中小投资者合法权益具

---

① 超额配售选择权，又称"绿鞋"。是指发行人授予主承销商的一项选择权，获此授权的主承销商按同一发行价格超额发售不超过包销数额 15% 的股份，即主承销商按不超过包销数额 115% 的股份向投资者发售。在增发包销部分的股票上市之日起 30 日内，主承销商有权根据市场情况选择从集中竞价交易市场购买发行人股票，或者要求发行人增发股票，分配给对此超额发售部分提出认购申请的投资者。主承销商在未动用自有资金的情况下，通过行使超额配售选择权，可以平衡市场对该股票的供求，起到稳定市价的作用。

有十分重要的作用。 目前我国已经形成了包括《公司法》《证券法》等相关法律，证监会的规章、规范性文件和证券交易所自律规则在内的一套规制控股股东、持股 5% 以上股东（以下并称大股东）及董事、监事、高级管理人员（以下简称董监高）减持公司股份的规则体系，确立了以锁定期安排和后续减持比例限制、信息披露要求为基础的减持制度。 在有关各方的共同努力下，现行减持制度在稳定市场秩序，引导上市公司股东规范、理性、有序减持等方面发挥了积极作用。

然而，随着市场情况的不断变化，现行减持制度也暴露出一些问题，一些上市公司股东集中减持套现问题比较突出，市场反应强烈。 上市公司股东和相关主体利用"高送转"推高股价配合减持以及利用大宗交易规则空白过桥减持等行为时有发生。 这些无序减持、违规减持等问题，不但严重影响中小股东对公司经营的预期，也对二级市场尤其是对投资者信心造成了非常负面的影响。 同时，产业资本的大规模减持，不但会令股市承压，危害股市健康发展，也会给整个宏观经济带来危害，使实体经济面临"失血"风险。 如果任由这种现象存在，将会严重扰乱市场正常秩序，扭曲公平的市场交易机制，损害广大中小投资者合法权益，不利于证券市场持续稳定健康发展，必须依法予以规范。

2015 年 7 月，为维护证券市场稳定，证监会发布了公告〔2015〕18号（以下简称 18 号文），对上市公司大股东、董监高通过二级市场减持股份的行为予以限制。 2016 年 1 月，在 18 号文到期后，为实现监管政策有效衔接，证监会制定了《减持规定》，对上市公司大股东、董监高的减持行为做了较为系统的规范。 此次修改减持制度，是在充分总结前期经验，并保持现行持股锁定期、减持数量比例规范等相关制度规则不变的基础上，结合实践中出现的新情况、新问题，对现行减持制度做进一步的调整和完善。

2017 年 5 月 27 日，证监会发布《上市公司股东、董监高减持股份的若干规定》（证监会公告〔2017〕9 号）。 此次修改完善减持制度，基于"问题导向、突出重点、合理规制、有序引导"的原则，对当前实践中存在的、社会反响强烈的突出问题做了有针对性的制度安排。 在完善具体制度规则时，通盘考虑、平衡兼顾，既维护二级市场稳定，也关注市场的流动性，既关注资本退出渠道是否正常，也保障资本形成功能的发挥，既保障股东转让股份的应有权利，也保护中小投资者的合法权益，既考虑资本市场的顶层制度设计，也关注市场面临的现实问题，着眼于堵塞现有制度的漏洞，避免集中、大幅、无序减持扰乱二级市场秩序，冲击市场信心。

(二)退市制度

上市公司退市制度是资本市场的重要基础性制度，对于优化资源配置、促进优胜劣汰、提升上市公司质量、保护投资者合法权益有重要作用。

中国证监会于 2001 年 2 月 23 日发布《亏损公司暂停上市和终止上市实施办法》，之后又于 2001 年 11 月 30 日在原有办法基础上加以修订，规定连续三年亏损的上市公司将暂停上市。 我国上市公司退市制度正式开始推行。

退市制度的建立和实施对提高我国上市公司整体质量，初步形成优胜劣汰的市场机制发挥了积极作用。 但是随着资本市场改革的逐步深化，原有退市制度在实际运行中逐渐暴露出一些问题，其中主要表现为上市公司退市标准单一，退市程序相对冗长，退市效率较低，退市难现象突出。与此同时，存在上市公司通过各种手段调节利润以规避退市的现象，导致上市公司"停而不退"，并由此引发了"壳资源"的炒作，以及相关的内幕交易和市场操纵行为，在一定程度上影响了市场的正常秩序和理性投资理念。

数据显示，自 2001 年 4 月 PT 水仙被终止上市起，沪深两市迄今共有退市公司 75 家。 其中，因连续亏损而退市的公司有 49 家，其余公司退市则是因为被吸收合并。 退市比例占整个 A 股挂牌家数的 1.8%，而美国纳斯达克每年大约有 8% 的公司退市，美国纽约证券交易所的退市率为 6%；英国 AIM 的退市率更高，大约为 12%。 2012 年 3 月 18 日，国务院转批国家发改委《关于 2012 年深化经济体制改革重点工作的意见》的通知，提出深化金融体制改革，健全新股发行制度和退市制度，强化投资者回报和权益保护。 2012 年 4 月 20 日，深交所发布《深圳证券交易所创业板股票上市规则》，自 5 月 1 日起施行。 创业板退市制度正式出台。 其中规定创业板公司退市后统一平移到代办股份转让系统挂牌，将不支持上市公司通过借壳恢复上市。 2012 年 6 月 28 日，上交所，深交所公布新退市制度方案，连续三年净资产为负，或者连续三年营业收入低于 1000 万元，或连续 20 个交易日收盘价低于股票面值的公司应终止上市。

2014 年《关于改革完善并严格实施上市公司退市制度的若干意见》发布以来，已初步形成包括重大违法强制退市在内的多元化退市指标体系以及较为稳定的退市实施机制。 以 2005 年《证券法》的规定为基础，证券交易所不断完善上市公司退市的具体实施制度，逐步形成了上市公司退市规则体系，进一步完善了重大违法强制退市的内容，提高了规则的可操作性，强化了证券交易所的一线监管职能。 2018 年 3 月 2 日，证监会宣布就修改《关于改革完善并严格实施上市公司退市制度的若干意见》公开征求意见。

二　多层次市场体系和多样化产品结构的探索

（一）中小板创立

长期以来，中国资本市场层次单一，只有上海、深圳交易所两个交易所市场，企业发行上市的标准单一，门槛较高，难以满足处于不同阶段、不同类型企业的融资需求和投资者不同的风险偏好。

2004 年 6 月 25 日上午 9 时 30 分，中小企业板首批 8 只新股在深圳证券交易所敲响了上市的钟声。 这 8 只新股的开盘价大都超出发行价一倍以上，最高的大族激光 40 元开盘价为发行价的 4 倍多。 然而，两周之后，7 月 11 日新 8 股之一的江苏琼花就因未披露上市前 2500 万元无法收回的国债委托理财事项，受到深交所的公开谴责并被立案调查，证监会也开出了保荐人制度实施后的首张罚单。 管理层深知"琼花事件"的负面影响，对其采取了绝不姑息的态度，对相关责任人的处理及时且不手软，在第一时间向市场传递从严监管的决心和意志，对其他公司的规范运作提出了警示。 在 2004 年上市的 50 家中小板公司中，民营企业有 38 家，国有和国有控股及集体控股企业 12 家。 中小企业板公司与主板公司相比，无论主营业务还是投资者回报方面均可圈可点。 中小板公司的每股收益、平均净资产收益率和每股净资产均高于深、沪两市全部上市公司的平均水平，也高于 2004 年沪市新上市公司的平均水平。

在其后五年多的时间里，中小板公司的每股业绩都明显跑赢主板公司，成长优势非常突出。 一些企业在上市之后，借助资本市场的力量迅速成长壮大。 2005 年 12 月 1 日深交所正式对外发布中小企业板指数，成为中小企业板步入新的发展时代的一个重要标志。 这是第一个全流通市场指数。 正是在此后，股市全流通改革才开始闯关。 到 2018 年 3 月，中小板上市公司已达 910 家，成为中国创新型企业发展的重要平台。

（二）创业板开通

创业板从酝酿到推出，前后历时 11 年。 我国最先提出创业板动议的是民建中央。 1998 年 3 月，民建中央向九届政协提交的《关于借鉴国外经验，尽快发展我国风险投资事业的提案》，被列为"一号提案"。 主持这个提案的，就是当时的民建中央主席、被誉为中国"风投之父"的成思危。 成思危说："风险投资的发展，需要有一个退出机制，退出机制有两个，一个是并购，一个是上市。 所以没有股市，风险投资的退出是不完整的。"

1998 年 12 月，国家计划发展委员会向国务院提出"尽早研究设立创业板块股票市场问题"，国务院要求证监会提出研究意见。 于是，在 2000 年 4 月，证监会向国务院报送《关于支持高新技术企业发展设立二板市场有关问题的请示》，就二板市场的设立方案、发行上市条件、上市对象、股票流通以及风险控制措施等问题提出了意见。 5 月 16 日，国务院原则上同意证监会的意见，并将二板市场定名为创业板市场。 6 月 30 日，深交所第二交易结算系统正式启用。 10 月底，深交所完成了创业板系统的全网测试，万事俱备。

但是，随着华尔街网络经济泡沫的破灭，纳斯达克市场几乎接近崩盘，全球股市出现大跌，创业板暂时被叫停。 2009 年 3 月 31 日，证监会在其官方网站上发布《首次公开发行股票并在创业板上市管理暂行办法》，经过 11 年，创业板终于有了明确的时间表。9 月 17 日，首批 7 家创业板公司通过发行审核。

创业板的开板，标志着我国资本市场多层次建设取得实质性突破，更意味着资本市场成为创新经济"新引擎"。[①]

(三)股指期货推出

对于以往只能单向做多的中国股市来说，有了股指期货，便有了做空机制。股指期货的推出无疑是我国交易制度的一场革命。这场根本性的革命历时 17 年，比孕育创业板的时间还要长。早在 1993 年，海南证券交易中心就曾经推出过深圳的股指期货。那时，由于大家对股指期货的认识有分歧，市场的投机气氛又太浓，管理层很快就把它关闭了。1999 年，上海期货交易所开始研究股指期货，并在 2002 年完成了上证 50 和上证 180 股指期货的方案设计、论证、规则制定以及技术准备，另外还进行过小范围的模拟交易。后来，同样是因为某种担忧，一直无法落定。随着中国股市全流通时代的到来，市场进一步成熟，为股指期货的推出打造了前提条件。2006 年 7 月，中国证监会出台股指期货 8 条规则；同年 9 月，中国金融期货交易所在上海挂牌，一切才尘埃落定；10 月，中金所股指期货仿真交易开始启动。2007 年 8 月，上证所、深交所、中金所、中证登公司、中国期货保证金监控中心签署监管协作协议，"五方监管"体系建立。至此，交易场所、游戏规则、实战模拟、监管体系都已建设完毕，股指期货设立万事俱备。2010 年 1 月，国务院原则上同意推出股指期货。2010 年 4 月 16 日股指期货开市首日，成交突破 5 万手，成交金额达 600 多亿元，相对 9000 多户的开户数而言，交易非常活跃。

股指期货的出现与发展，有利于改善股票市场的运行机制，增加市场运行的弹性，有利于完善市场化的资产价格形成机制，引导资源优化配置，有利于培育成熟的机构投资者队伍，为投资者提供风险管理工具，对中国资本市场的完善与发展大有裨益。

[①] 李勇、哈学胜主编《冰与火——中国股市记忆》，红旗出版社，2010，第 252 页。

(四)融资融券业务开启

随着我国资本市场迅速发展和证券市场法制建设的不断完善，证券公司开展融资融券业务①试点的法制条件已经成熟。 2005 年 10 月 27 日，十届全国人大常委会十八次常委会议审定通过新修订的《证券法》，规定证券公司可以为客户提供融资融券服务。 2006 年 6 月 30 日，证监会发布《证券公司融资融券试点管理办法》（2006 年 8 月 1 日起施行）。 8 月 21 日，《融资融券交易试点实施细则》公布。 2008 年 4 月 23 日，经国务院常务会议审议通过公布的《证券公司监督管理条例》第 48～56 条对证券公司的融资融券业务进行了具体的规定。 10 月 5 日，证监会宣布启动融资融券试点。 2010 年 1 月 8 日，国务院原则上同意开设融资融券业务试点，这标志着融资融券业务进入实质性的启动阶段。 同年 3 月 19 日，证监会公布融资融券首批 6 家试点券商。

2010 年 3 月 30 日，上交所、深交所分别发布公告，表示将于 2010 年 3 月 31 日起正式开通融资融券交易系统，开始接受试点会员融资融券交易申报。 融资融券业务正式启动。

对于证券市场来说，融资融券可以放大证券供求，增加交易量，放大资金的使用效果，对增加股市流通性和交易活跃性有明显的作用，从而有效地降低了流动性风险；同时，融资融券也有助于完善股价形成机制，对市场波动起着市场缓冲器作用。 对于证券公司来说，融资融券有利于提高证券公司融资渠道的有效性，有利于促进证券公司建立新的盈利模式，有助于推动证券公司的产品创新。

(五)原油期货上市

经过 17 年的探索，中国版原油期货 2018 年 3 月 26 日在上海期货交易所正式挂牌交易，这标志着中国自己的原油期货大船正式扬帆启航。 中国原油期货的最大亮点是，以人民币计价，可转换成黄金。 这将对美元在国际原油贸易结算中所处的主导地位构成冲击。 分析人士称，这样

---

① 融资融券业务，是指在证券交易所或者国务院批准的其他证券交易场所进行的证券交易中，证券公司向客户出借资金供其买入证券或者出借证券供其卖出，并由客户交存相应担保物的经营活动。

的制度创新在不少交易商看来是极大的诱惑，他们可以避开使用美元，同时又有权拒绝接收人民币，等于变相把人民币挂钩黄金。

目前来看，世界上有 4 个重要的原油合约，分别是纽约商品交易所的轻质低硫原油合约和高硫原油期货合约，伦敦国际石油交易所的布伦特原油期货以及新加坡交易所的迪拜酸性原油期货。而中国原油期货的推出，将为我国在全球原油价格当中的影响争得自己的一席之地。除了能够增强原油价格话语权和提供套保工具两大作用以外，原油期货的上市还有推进中国商品进一步国际化的作用，原油期货的上市将考虑引进境外投资者。而《期货交易管理条例》新增的"符合规定条件的境外机构，可以在期货交易所从事特定品种的期货交易"的规定，为原油期货引进境外投资者铺平了道路。总而言之，原油期货上市肩负的意义超过了以往一切商品。境外投资者的引入将打造一个重要的全球原油价格定价中心，而原油期货的结算机制的确定，也将推进我国的金融机制改革，为中国进一步走向国际市场开启大门。

三　拓展资本市场综合实力

（一）沪港通

2014 年 4 月 10 日，中国证监会和香港证监会发布联合公告，批准上交所和港交所开展沪港股票市场交易互联互通机制试点，允许两地投资者通过交易所买卖港股和 A 股。证监会指出，沪港通总额度为 5500 亿元人民币，参与沪港通下的港股通个人投资者资金账户余额应不低于人民币 50 万元。联合公告指出，沪港通是我国资本市场对外开放的重要内容，有利于加强两地资本市场联系，推动资本市场双向开放，具有以下三方面积极意义。

第一，有利于通过一项全新的合作机制增强我国资本市场的综合实力。沪港通可以深化交流合作，扩大两地投资者的投资渠道，提升市场竞争力。

第二，有利于巩固上海和香港两个金融中心的地位。沪港通有助于提高上海及香港两地市场对国际投资者的吸引力，有利于改善上海市场的投资者结构，进一步推进上海国际金融中心建设，同时有利于香港发展成为内地投资者重要的境外投资市场，巩固和提升香港的国际金融中心地位。

第三，有利于推动人民币国际化，支持香港发展成为人民币离岸业务中心。 沪港通既可方便内地投资者直接使用人民币投资香港市场，也可增加境外人民币资金的投资渠道，便利人民币在两地的有序流动。

为进一步完善内地和香港两地股市互联互通的机制，从 2018 年 5 月 1 日起，将沪股通每日额度由 130 亿元调整为 520 亿元，沪港通下的港股通每日额度由 105 亿元调整为 420 亿元。

(二) 深港通

经过两年多的筹备，深港通终于落地，中国证监会与香港证监会发布联合公告宣布将于 12 月 5 日正式启动深港通。 中国证监会、香港证监会已订立监管合作安排和程序，及时妥善处理运行过程中出现的重大或突发事件。

深港通，是深港股票市场交易互联互通机制的简称，指深圳证券交易所和香港联合交易所有限公司建立技术连接，使内地和香港投资者可以通过当地证券公司或经纪商买卖规定范围内的对方交易所上市的股票。

一是有利于投资者更好地共享两地经济发展成果。 将进一步扩大内地与香港股票市场互联互通的投资标的范围和额度，满足投资者多样化的跨境投资以及风险管理需求。 二是有利于促进内地资本市场开放和改革，进一步学习借鉴香港比较成熟的发展经验。 可吸引更多境外长期资金进入 A 股市场，改善 A 股市场投资者结构，促进经济转型升级。 三是有利于深化内地与香港金融合作。 将进一步发挥深港区位优势，促进内地与香港经济、金融的有序发展。 四是有利于巩固和提升香港作为国际金融中心的地位，有利于推动人民币国际化。 对 A 股市场而言，2015 年下半年以来，由于一场股市异常波动的发生，包括注册制等诸多原先计划之中的改革创新都出现了实质性的推迟。 而从监管部门出台的一系列监管举措来看，"防风险、去杠杆、严监管"已经成为主题，而深港通的正式落地，表明中国资本市场的改革和对外开放以及制度创新仍在持续进行，监管部门对市场的风险控制仍然较有把握。

(三) 中国市场纳入 MSCI 新兴市场指数

2018 年 5 月 15 日，明晟公司公布了一系列 MSCI 指标的半年度审查结果，其中包括 MSCI 中国 A 股指数和 MSCI 中国股票指数，A 股纳入标的获确认。 根据公告，234 只 A 股被纳入 MSCI 指数体系，纳入比例为之前宣布的 2.5%，加入的 A 股将在 MSCI 中国指数和 MSCI 新兴市场指数中分别占 1.26% 和 0.39% 的权重。 分行业来看，银行、非银金融、医药生物这三大行业的公司数量最多，分别为 30 家、20 家、18 家。 从公司市值占比来看，银行业最高，占比达到 31.47%，其次是非银金融，占比达 13.04%；食品饮料排第三，占比为 6.74%。

MSCI 指数

Morgan Stanley Capital International，简称 MSCI，是一家提供全球指数及相关衍生金融产品标的的国际公司——明晟公司，其推出的 MSCI 指数广为投资人参考，全球的投资专业人士，包括投资组合经理、经纪交易商、交易所、投资顾问、学者及金融媒体均会使用 MSCI 指数。 每年 6 月，MSCI 都会在与国际投资者进行讨论咨询后，公布其指数评估的国家或地区名单，并公布下一个评审周期内，可能对其市场重新分类评估的国家或地区名单。

根据 MSCI 估计，在北美及亚洲，超过 90% 的机构性国际股本资产以 MSCI 指数为标的。 美林/盖洛普调查显示，约 2/3 的欧洲大陆基金经理使用 MSCI 为指数供货商。 MSCI 指数也作为共同基金的标的，特许用作评估与指数有关的基金、研究及专有产品。 MSCI 向全球投资者提供超过 16 万个指数，这些指数被用于辅助专业投资者构建国际组合以及设定组合表现基准。 全球超过 95 万亿美元的资产选取了 MSCI 编制的指数作为表现基准。 在 ETF 以及结构化产品领域，MSCI 所编制指数也被广泛使用。 全球领先的 ETF 公司都推出了以 MSCI 指数为跟踪标的的 ETF。 在 ETF 领域，全球超过 4350 亿美元的 ETF 资产跟踪 MSCI 指数。 在衍生品领域，全球各大交易所都将 MSCI 指数纳入衍生品标的范围内。 MSCI 体系下包括市场指数、因素和策略指数、主题指数、房地产指数、ESG 指数、自定义指数等六大类。

（四）"独角兽"企业

"独角兽"企业，被认为是2013年风险投资家Aileen Lee创造出来的概念。其简单定义就是估值在10亿美元以上的初创企业，也有投资机构将"初创"定义为成立不到10年。"独角兽"企业被视为新经济发展的一个重要风向标，主要出现在高科技领域，互联网领域尤为活跃。

2018年3月8日，富士康的成功过会，成为独角兽企业国内发行上市的典型案例。从招股书申报稿上报到首发获批共经历36天，富士康股份创造了A股市场IPO的新速度。新经济公司在A股上市，主要面临三大障碍：一是盈利指标要求，二是特殊的股权结构即VIE架构，三是同股不同权。全面解决这些问题，需要修改"证券法"、"公司法"、上市准则等。在此之前，可采取稳妥推进的办法，让符合IPO条件的"独角兽"企业优先上市，比如对包括生物科技、云计算、人工智能、高端制造这四大新经济领域在内的拟上市企业中，市值达到一定规模的"独角兽"企业，放宽审批时间和盈利标准。另外，还可以通过发行CDR①支持"独角兽"企业回A股。

从全球视角来看，中国"独角兽"企业的数量位居世界第二，仅次于美国。新经济正在重塑中国，强劲的内生增长动力和资本的青睐均为创新企业的快速成长提供了沃土。"独角兽"企业涵盖了电子商务、金融科技、消费生活、交通/汽车、医疗健康、教育、旅游、房产家居、企业服务、物流，文娱传媒/体育/社交媒体、硬件和新兴科技等领域。2017年，"独角兽"企业年度融资总额排在前三的行业是交通/汽车、金融科技和企业服务。过去三年，融资额变化幅度较大的行业是电子商务，预计未来几年医疗健康行业融资额可能变化较大。

根据数据统计，截至2018年3月，从所投的"独角兽"数量来看，红杉资本中国、腾讯投资、IDG资本、经纬中国、阿里巴巴、顺为资本、华

---

① CDR（Chinese Depository Receipt），即中国存托凭证，是相对于美国存托凭证ADR（American Depository Receipt）提出的金融衍生品，是指券商机构将海外上市企业股份存放于当地托管机构后，在中国大陆发行的代表这些股份的凭证。凭证的持有人实际上是寄存股票的所有人，其权利与原股票持有人相同。CDR可在沪深交易所或国内柜台市场交易。

平资本、启明创投、晨兴资本、百度资本荣登榜单前十。 其中，前五大投资机构在交通/汽车、消费生活、教育、电子商务、房产家居这些行业存在最多的交叉项目投资，体现了"独角兽"在特定行业领域存在集中性优势，受到了投资者的普遍欢迎。 与此同时，第一代的超级"独角兽"已经成为最大的"独角兽"投资机构，目前约 1/4（23.9%）的"独角兽"都是由 BAT 投资的。

第六节 小结

股票市场是资本市场的重要组成部分，也是直接融资最重要的场所之一。 在过去的 40 年间，中国股票市场发展迅速。 尽管历经艰辛，但中国资本市场规模不断壮大，制度不断完善，证券经营机构和投资者不断成熟，逐步成长为一个在法律制度、交易规则、监管体系等各方面与国际运行原则基本一致的市场，我国股票市场在摸索中不断成长，取得了丰硕的成果。

（一）制度建设不断完善

法律制度方面，从最初股市的无序交易、乱象丛生，到 1992 年国务院证券委员会和证监会成立，中国资本市场开始逐步纳入全国统一的监管框架，全国性市场由此形成并初步发展。 此后，一系列法律法规的出台成为市场健康、持续发展的基础。 基础制度方面，经历国有股减持的探索、股权分置改革，股票发行制度的不断演进，以及减持新规、退市制度的出台，我国股票市场建设不断深化。 此外，随着一线监管、穿透式监管的强化，股票市场秩序和生态得到重塑。

（二）建立了较为成熟的多层次资本市场

近年来，证监会紧紧围绕多层次资本市场体系建设主线，不断拓展市场的广度和深度。 经过几十年的发展，我国股票市场已初步形成由主板、中小板、创业板、新三板、区域性股权组成的多层次市场体系。 在主板、中小板、创业板规范发展的同时，新三板市场也已打造成规范中小微企业运作、畅通中小微企业融资渠道的重要平台，区域性股权市场的规范化程度也得到提升。 但是，我国多层次资本市场发展总体上仍不成熟，市场的各项制度建设与成熟市场之间仍存在较大差距。 以新三板市场发展为例，作为多层次市场建设的重要主体，2012 年底挂牌企业从 200 余家经过 5 年多的发展达 11706 家，数量上获得了巨大的扩容，但市场流动性、定价功能、信息披露、交易机制等仍然亟待完善。

（三）服务实体经济作用不断加强

2017 年全国金融工作会议提出："金融是实体经济的血脉，为实体经济服务是金融的天职。 要增强资本市场服务实体经济功能，积极有序发展股权融资，提高直接融资比重。"实体经济是资本市场的根本，上市公司是资本市场的基石。 证监会紧紧围绕服务实体经济和支持供给侧结构性改革，进一步疏通和规范各类资金进入资本市场的渠道，不断提升资本市场对实体经济的融资能力，推动经济结构加快转型升级。 40 年来，股票市场助力实体经济取得积极成效，以 IPO 为例，2017 年沪深股市 IPO 共 437 宗，创历史新高，同比增长 93%，融资规模为 2351 亿元，同比增长 56%，成为支持实体经济发展的"源头活水"。

第七章　资产管理市场与财富管理市场的发展与变革

　　如果将财富管理比喻成药方，那么资产管理就是药材。财富管理需要掌握客户诸如性别、婚姻状况、职业等所有可能涉及的信息，此外还必须掌握客户的人生梦想、投资目标等情况，为客户设计个性化的财富管理方案。财富管理与资产管理的差异主要有：首先，财富管理以客户为服务的中心，而资产管理以资产或是项目为服务核心；其次，财富管理是客户金融资源有效利用全局方案，而资产管理是客户金融资源增值部分的投资组合方案；最后，财富管理者的收益主要来自为客户服务的佣金，在我国资产管理机构的收益主要来自资金利差。资产管理近年来规模不断扩大，风险不断积累，发展瓶颈逐渐显现，向财富管理这种轻资产、重服务管理转型成为必然趋势。随着我国高净值人群人数不断增加，财富管理需求日益旺盛，以客户为服务核心的财富管理能够拓宽直接融资渠道，整合更多优质的金融资源，进而为金融强国战略提供创新动力。

第一节　资产管理市场的发展

　　资产管理业务从问世之初就具有"受人之托，代客理财"的使命，做专业化资产配置，受托人承担风险，管理者收取一定比例的管理费用。公募基金是最早的资产管理模式，但伴随着资产管理行业规模的不断扩张，其外延也在不断拓展，发展到如今甚至也将通道类业务纳入资产管理范畴，而这些业务并不完全符合传统意义上的"资产管理"的特征。 改革开放 40 年来，伴随中国经济的高速增长，居民财富不断增加和高净值人群数量增多，财富管理、分散风险的需求不断增加，间接融资已无法满足企业的融资需求，因此建立两者之间直接融资的桥梁变得尤为重要，金融机构业务创新，转变盈利模式的需求也日益增强。 资产管理业务起到了投资者、企业之间的纽带的作用，同时满足了金融机构、居民、企业的各方需求。

一　资产管理市场的发展概况

1991 年我国第一只公募基金产品问世，2004 年首只银行理财产品进入投资市场，资产管理业务呈加速发展态势，规模不断扩大，对拓宽直接融资渠道、满足居民多元化的投资需求、升级金融机构业务模式、缓解实体经济融资难融资贵等问题起到了积极的作用。 从政策上来看，国内宽松的监管制度和国家的积极推动给资产管理行业的发展提供了契机。 一是我国利率市场化制度尚不完善，金融机构可以通过理财产品低成本地吸收存款，从中赚取丰厚利差。 二是央行信贷管制给"非标"债权留下了发展空间，给理财产品的发展提供了充足的内生动力。 三是银行利用监管漏洞，进行监管套利，加速了信托、基金子公司通道业务的开展，扩大了整体资产管理规模。

在资产管理业务发展过程中，各金融监管部门的规章制度也在不断更新、完善。 2012 年以来，各非银行金融机构的资产管理业务快速发展，跨机构的资产管理逐渐融合成为趋势，我国"大资管时代"降临。 至 2017 年上半年，资产管理行业规模已接近百万亿元（含交叉因素和重复计算），同比增长 23.76 万亿元，增速达 31.98%；其中银行理财 28.04 万亿元，券商资管 17.37 万亿元，保险资管 16.6 万亿元，基金及子公司 14.38 万亿元，私募基金 10.9 万亿元，集合信托 9.10 万亿元，期货资管 0.24 万亿元。 到 2018 年初，资产管理行业规模更是突破了百万亿元。 资产管理的爆发式增长使得金融市场焕发了较强的活力，但是发展迅速的同时也带来了诸多问题。

二　资产管理的发展

(一)2007 年之前的资产管理市场

2007 年之前资产管理行业主要以公募基金为主导,其业务本质依然是"受人之托,代客理财",投资标的以标准化的权益市场和债券市场为主,产品类型以股票型基金和偏股混合型基金为主。 受到债券市场规模限制,基金行业资金主要配置在权益市场,2006~2007 年股市大涨使得以基金为主的资产管理行业蓬勃发展,基金产品供不应求的现象屡见不鲜。

此阶段的理财产品大多是基于委托代理关系和交易过手结构的预期收益率型产品,投向主要包括债券、银信合作非标资产和新股申购等,期限错配不明显;债券主要是利率债、刚兑预期强烈的信用债和银行担保的企业债等;银信合作多为银行担保贷款项目,信用风险也不明显。 银行理财的主流盈利模式是利用闭市因市场分割造成的跨市场套利机会。

(二)2008~2012 年的资产管理市场

伴随居民财富不断增长,保险资管规模也不断扩大;IPO 的财富效应吸引大量 PE 基金进入拟上市公司市场。 该阶段资产管理行业的外延发生了变化,向通道化趋势明显,资产管理行业为企业提供融资便利时相对传统信贷业务有较大的优势,因此信托机构获得了千载难逢的发展机遇,银信合作是这一时期的主要形式。

2008 年全球金融危机和股市动荡之后,理财投资风险偏好下滑,标的趋于保守;在 2009 年我国推出宽松货币政策之后,监管开始严控表内信贷资金流向,银行大量发行融资性理财产品,借助信托公司对房地产企业和地方平台等间接放贷。 为了规避监管,金融机构不断创新业务模式,增加交易对手和环节,在传统的业务基础上,增加资产或资管产品的收、受益权转让环节。 银信合作开始快速发展,信托贷款规模也在高速增长。 资产管理各子行业一时兴起,基金行业在金融业的地位一去不返。

2010 年初央行出台"差别准备金率"和"限贷令"限制前期扩张过快的银行开展表内业务,尤其是风险较高的政府融资平台和地产项目。 为了规避监管,银行借助信托通道,通过表外业务进行信贷扩张,银信合作盛极一时,银行理财和信托规模逐步攀升。 银行将表内信贷资产表外化,突破了贷存比、贷款规模等约束,实体融资规模越来越难以掌控,同时资金多数流向了"两高一剩"领域,违背了行业信贷政策。 2010 年 8 月,银监会发布《关于规范银信理财合作业务有关事项的通知》,对银信合作理财业务进行进一步规范,限制银信理财合作业务中融资类业务所占的比重,将游离于监管之外的表外业务并入表内,计提拨备和资本,银行表内资本充足率、拨备覆盖率等各项指标有极大压力。 2011 年,银监会又发布《中国银监会关于进一步规范银信理财合作业务的通知》,要求进一步缩减融资类银信合作,对银行仍未转入表内的信托业务计提 10.5% 的风险准备金。 此后,银信非标通道的成本大幅提升,银信直接合作开展融资业务得到一定程度的限制。

(三)2013~2016 年的资产管理市场

2012 年国家金融改革打破资管业务分割局面,资产管理行业获得监管松绑后的发展契机,行业门槛不断降低,金融经营牌照逐步放开,各类资产管理行业在竞争与合作中不断创新,产品不断丰富,迎来了大资管时代。 在此阶段,不同类型资产管理机构的规模、数量和多元化发展日新月异。

金融机构的合作形式也有不少创新,资产管理业务的混业经营模式得到不断拓展。 证监会鼓励券商、基金公司创新改革,理财资金投资非标债权开始有了新的渠道。 一种是银证或银基合作,券商和基金公司没有发放贷款的资格,所以只能以委托贷款的形式投资非标;另一种是银证信或银基信合作,是传统银信合作的拓展,加了通道之后,可以绕开众多银信合作法规的约束。 此后,银行券商和基金等层层嵌套投资非标的业务不断扩张。 在分业监管模式下,银监会的穿透式监管面临挑战,对银行理财投资非标的规模难以进行实质性的管控。

(四)2017 年至今的资产管理市场

截至 2017 年 6 月末,资产管理行业规模达到 98.06 万亿元(含交叉因素和重复计算),不管是增长量还是增速皆创新高;其中银行理财 28.04 万亿元,券商资管 17.37 万亿元,保险资管 16.6 万亿元,基金及子公司

14.38 万亿元，私募基金 10.9 万亿元，集合信托 9.10 万亿元，期货资管 0.24 万亿元。到 2018 年初，资产管理行业规模更是突破了百万亿元。

资产管理行业的快速发展，一方面，丰富了金融产品和业务，在一定程度上缓解了企业融资难、融资贵的问题，繁荣了金融业态，促进了国民经济的发展；另一方面，在高速发展的同时也暴露出不少问题，分业监管和混业经营的矛盾日益凸显，产品期限错配严重，资金池风险敞口不断扩大，杠杆率居高不下，对表外业务难以进行有效监管。

三　各资产管理行业发展现状

(一)银行理财

1. 银行理财发展现状

我国银行理财发展始于 2004 年，由光大银行发行了我国第一款人民币理财产品，当年 12 家商业银行发售了 133 款产品，募集资金规模不足 500 亿元，此后银行理财发展迅速。到 2013 年，银行理财存续规模已到达 10 万亿元，2015 年突破 20 万亿元，2014 年、2015 年两年的增速均在 50% 左右。然而 2016 年理财发展速度渐缓，增速为 23.83%，远小于之前平均 50% 的水平（见表 7-1）。

表 7-1　面向不同投资者的银行理财产品资金余额情况

单位：万亿元，%

投资者类型	一般个人客户		机构客户专属		私人银行专属		银行同业专属		合计规模
	规模	占比	规模	占比	规模	占比	规模	占比	
2013 年末	6.57	64.16	2.65	25.88	0.63	6.20	0.39	3.76	10.24
2014 年末	8.95	59.59	4.44	29.56	1.14	7.59	0.49	3.26	15.02
2015 年末	11.64	49.53	7.20	30.64	1.66	7.06	3.00	12.77	23.50
2016 年末	13.46	46.33	7.52	25.88	2.08	7.18	5.99	20.61	29.05

资料来源：历年《中国银行业理财市场年度报告》。

2016 年理财规模的增速放缓主要是因为监管更加严格。2016 年 7 月，银监会下发《商业银行理财业务监督管理办法（征求意见稿）》；同年 11 月，又下发《商业银行表外业务风险管理指引（修订征求意见稿）》。 银行理财业务迎来史无前例的监管风暴，法规发布之集中，力度之强都体现出监管层整改银行理财之决心。

2017 年，监管收紧之势持续，3 月，银监会发布《关于开展银行业"违法、违规、违章"行为专项治理工作的通知》，对银行业中"违反金融法律、违反监管规则、违反内部规章"的行为进行严厉整顿。 同时，《关于开展银行业"监管套利、空转套利、关联套利"专项治理的通知》下发，对银行业各类业务中存在的"杠杆高、嵌套多、链条长、套利多"等问题进行整改。 4 月 6 日，银监会下发《关于开展银行业"不当创新、不当交易、不当激励、不当收费"专项治理工作的通知》，对银行业同业业务、理财业务、信托业务进行集中治理。 4 月 7 日，银监会发布《关于提升银行业服务实体经济质效的指导意见》，敦促银行业回归本源，服务于实体经济发展。 同日，银监会下发《关于集中开展银行业市场乱象整治工作的通知》，严厉打击银行业中的市场乱象。 4 月 10 日，银监会发布《关于银行业风险防控工作的指导意见》，升级商业银行风险监管水平，提升风险防控意识，逐步消除风险隐患，严守不发生系统性风险底线。 4 月 12 日，银监会下发《关于切实弥补监管短板提升监管效能的通知》，从六个方面对银行监管进行进一步的强化，确保金融机构规范经营。 在一轮轮的监管冲击之下，银行理财规模有所回落。

2. 银行理财发展特点

从业务层面来看，目前银行理财呈现以下特点。 其一，"刚性兑付"广泛存在。 现阶段银行封闭式理财产品中保本型产品与非保本浮动收益型产品并存，但在到期兑付时，银行都会保证先前合同中允诺的预期收益水平，区间收益产品则是基本兑现区间上限收益。 因此，非刚兑产品有名无实，没有起到分散风险的作用。 银行在通常状况下都会按照预期收益对产品进行刚性兑付，导致银行资金池中的风险不断积累，给银行风险控制和资产管理带来巨大的压力。 其二，结构性理财产品风险大。多数结构性理财产品达到预期收益，但也有不小比例的产品未达预期收益上限，其中挂钩利率和股票指数的未达预收益的结构性理财产品较多。

另外还有不小比例的区间型结构性理财产品以预期收益率下限进行兑付。银行理财大类资产配置对比见表7－2。

表7－2　银行理财大类资产配置对比

单位：亿元，%

大类资产类别		2016 年末		2015 年末		2014 年末	
		余额	占比	余额	占比	余额	占比
存款和货币市场		86750.40	29.76	103829.62	43.88	63908.80	40.53
证券	债券	127560.40	43.76	69779.75	29.49	46957.91	29.78
	股票	—	—	18551.14	7.84	9839.40	6.24
	合计	127560.40	43.76	88330.90	37.33	56797.31	36.02
非标	债权项目	50983.35	17.49	37220.60	15.73	32971.45	20.91
	股权项目	—	—	—	—	—	—
	合计	50983.35	17.49	37220.60	15.73	32971.45	20.91
其他		26205.85	8.99	7240.63	3.06	4005.14	2.54
合计		291500.00	100.00	236621.74	100.00	157682.70	100.00

资料来源：《中国资产管理行业发展报告（2017）》。

银行主要依靠理财产品进行资管业务，但在实际操作中，理财业务没有遵守"受人之托，代客理财，卖者有责，买者自负"的资管原则，其主要体现在以下几个方面。

第一，净值型产品相对较少。从市场来看，银行以发行封闭式预期收益型产品为主，净值型产品发行量远远无法满足多元化的产品需求，两者存在巨大差距。净值型产品更有利于资管项目分散风险，与资管的基本理念相一致，银行只是代替投资者进行资产配置，不承担项目风险，风险由投资者承担，因此风险不会在银行内部积累和传染。然而在实际操作中，不论项目实际收益状况如何，银行几乎对所有理财产品都是按照预期收益进行刚性兑付，或是按照预期收益下限进行刚性兑付，这样一来，风险在银行内部持续积累，违背了资产管理的本质。

第二，借助通道规避监管。为了应对银监会对银行信贷资金不断加强的监管，商业银行借助通道业务，将信贷资金出表，实现信贷的无序扩张。在操作中，银行理财通过券商、信托等其他有通道业务的金融机构，将资金贷给融资企业，进行监管套利。 这既不利于监管机构进行监管，也不利于商业银行进行风险管理，形成了巨大的影子银行。

第三，产品风险控制层次不足。 从理财资金的流向来讲，许多资金在流动性比较高的投资产品之中进行配置，风险比较小，也可以进行较好的预期收益管理，但也会将部分资金投向风险比较高的股票等，还有一类结构性产品会在高风险的资本市场和低风险的货币市场投资进行分散配置。 总的来说，理财产品的风险梯度不够细致，难以满足不同风险偏好投资者的投资需求；产品同质化严重，缺少创新性产品，产品的单一性与分散化配置的资产管理要求相违背。

第四，借助委外业务丰富产品。 理财产品和资金配置的缺乏创新体现出许多银行研发能力跟不上发行理财产品的能力，尤其是资管团队人员缺乏、风险控制意识较差的城商行，其产品创新、研发、资产配置能力欠缺，无法实现资产管理多样化的投资目标。 委外业务为这些银行的发展提供了另一条"捷径"，银行将大量理财资金全权委托给券商、基金等投资能力较强的机构，将项目调研、评估，风险审查、控制交由委托机构全权处理，完全没有参与资产配置环节，这也违背了资产管理的本质。

(二)信托资管

1. 信托资管发展现状

信托资管的发展长期以来仅次于银行理财，但随着券商、基金等机构的不断发展，其地位也受到一定程度的影响。 到 2016 年下半年，信托行业资产管理规模达 18.2 万亿元，占比为 16.9%，基金及其子公司的发展已经超越信托资管，其市场地位大不如前。 信托资管的发展仍需不断创新，迎接挑战，不断提升其竞争力和资产管理水平。 现如今，我国信托资管的竞争程度有待加强，其业务技术和行业发展相较于其他金融及其子行业还有一定的距离，成长和改进的空间依然存在。 信托牌照到目前为止还有一定的稀缺性，信托公司在分业经营、分业监管的金融体制下，仍然可以谋求发展。

总的来说，信托业务中的资管业务并未脱离资管实质。 信托公司的业务可以大致分为固有业务和信托业务，其中固有业务包括贷款、金融投资等；信托业务，也称本源业务，包括资产管理、融资类业务以及一些高端产品等。 银信合作过程中，银行常常将信托机构作为资金出表、投资"非标"的重要通道，但信托的主营业务仍未偏离资管的业务实质。 信托公司不但可以广泛运用债券、股权、物权进行多样化的投资来分散风险，还可以在货币市场、资本市场等不同市场之间进行"跨市场"资产配置，与"受人之托，代客理财"的理念是十分契合的。

2. 家族信托发展现状

2013 年是我国家族信托元年，北京银行、北京信托等国内首批金融机构推出家族信托业务，大大提高了财产传承和保障的关注度。 近年来，家族信托从业机构数量和资产规模增长迅速，家族信托业务必将是财富管理未来重要的发展领域。 国内办理家族信托业务的机构包括 21 家信托机构和 14 家商业银行，家族信托规模已达 441.8 亿元。 中国家族信托业务是顺应国内广大的投资需求变化，主动求新、求变的新业态。 家族信托发展仍处于初级阶段，业务形态和框架还有待进一步完善，因此还存在较大的发展空间。

信托公司和商业银行是家族财富管理的主力军，体量占比巨大。 但家族财富管理机构还包括一些第三方机构、家族办公室等，其家族财富管理的业务模式存在差异，总的来说有为投行/基金型、资产管理型、机构部门型、竞争合作型和三方平台型等模式。 国内家族信托致力于打造"量体裁衣""私人订制"的服务模式，具体业务包括资产配置、保险信托、财富传承、事务管理以及公益慈善等。 客户关系的维护管理理念、针对性信托方案的设计能力、多元化资产的配置水平是当前国内家族信托服务的三个重要方面。

（三）保险资管

1. 保险资管发展现状

截至 2017 年，保险行业发展势头良好，保费收入保持增长，资产规模不断扩大。 资金运用方面，资金运用余额保持逐年增长态势，在银行存款、债券、股票、证券投资基金以及其他投资之间进行多元化的配置，不断通过创新工具分散投资风险。 截至 2016 年底，资产管理公司总资产426.29 亿元，较年初增长 20.97%。 行业净资产 17240.61 亿元，较年初增长 7.15%。

2017 年一季度，行业保持较快发展势头，保险保费收入不断增长。 从资金运用方面看，截至 2017 年 3 月底，资金运用余额 140735.96 亿元，较年初增长 5.10%，其中银行存款 23604.99 亿元，占比 16.77%；债券 46433.27 亿元，占比 32.99%；股票和证券投资基金 17921.84 亿元，占比 12.73%；其他投资 52775.86 亿元，占比 37.51%。 资产管理公司总资产 431.20 亿元，较年初增长 1.15%；净资产 17210.18 亿元，较年初减少 0.18%。 可见，保险行业资产配置的去向主要是债券、其他投资和银行存款，风险比较大的股票和证券投资基金配置较少，这也符合险资的风险偏好——以稳健投资为主、高风险投资为辅，保证居民"养老钱"等资金的安全。 即使在养老金入市的背景下，养老金也是按批次、控制规模地逐步入市，总体来讲，险资的投资偏好稳健性产品。 2017 年一季度相对于 2016 年，资产配置状况没有发生重大改变，银行存款稍有收缩。

2014 年至 2017 年一季度，保险资管在银行存款、债券的资产配置比例逐渐下滑，逐步减少配置组合中固守类资产，并且低于其他投资（长期股权投资、投资性不动产投资、基础设施投资计划等）的 37.51%；权益类投资（股票、证券投资基金）比重不断波动，基本维持在 12%~13% 的低位平均水平；值得注意的是，其他投资的比重一路上涨，从 23.7% 上涨到 37.51%，已经成为险资最大的投资渠道。 从险资收益率来看，2016 年险资投资收益率为 5.66%，相比 2015 年有所下降。 投资收益率下滑，一是因为低利率环境下固定收益产品收益下降，而债券又是险资的主要投资方向之一；二是因为资本市场与 2015 年相比整体呈现低迷震荡格局，险资的其他投资方向收益率也受到影响。

2. 保险资管发展存在的问题

我国保险系资管子公司的运营相对于银行理财、券商资管来说比较健康，偏离资管本质的成分比较少。 总的来看，在长期的险资运作过程中，保险系资管不断提高的大类资产配置能力、日趋完善的风险评估和防控水平、良好的行业发展势头、逐步完善的专业队伍，都保证了保险资管健康持续发展。

但是，保险资管机构在行业竞争中也存在"同市场竞争，非市场待遇"的不利局面。保险资管在不断壮大的过程中也暴露出市场化竞争、经营环境、法律地位、政策等诸多方面的问题，对保险资管机构正常业务的开展产生了一定的阻碍，需要体制、机制的创新打破行业桎梏。具体来说，保险资管机构与非银行金融机构的资管业务具有一定程度的同质性，但其资管机构的能力并不被投资者认可，许多开户资格和信息共享资质并未完全向保险资管开放，面临这些政策性制约，保险资管在竞争中处于不利地位。

另外，由于保险系子公司始终坚持"保险姓保"的发展理念，其投资方向的约束要大于其他资管机构。保险资金获取方式和成本与其他金融机构存在较大差异，这使得保险资管的资金管理具有一定的特殊性。保险资金面临相对固定的资金收支、较强的资金流动性，因此其资管项目更加注重风险管理和防控，其资产的长期配置能力更为突出。具体来讲，从监管层面看，保险资管资产配置比例受到保险偿付的资金约束，因此具有特殊的监管体系和公允价值计价原则。保险资金的特殊性要求保险资产管理必须在资金运用过程中保持谨慎、自律和理性，全面有效地对风险进行评估和管理。

（四）券商资管

目前来看，我国券商资管产品的发行规模和数量在行业内还是有较大发展空间的。2016 年，券商全年发行理财产品 3000 余只，其中上市券商共成立集合产品 1681 只，行业占比 53%，资产净值规模达 1.2 万亿元，超过行业总资产净值的一半。

从券商资产管理的业务类型来看，通道业务是券商资管重头戏。自 2012 年券商获准开展通道类资管业务后，券商资管规模增长迅速。2016 年，证监会颁布《证券期货经营机构私募资产管理业务运作管理暂行规定》，全面限制资管产品的杠杆率，限制通道业务的无序发展。随后，财政部、国家税务总局又出台《关于明确金融、房地产开发教育辅助服务等增值税政策的通知》，对保本资管产品征收增值税，而非保本资管产品无须缴纳增值税。这些措施，大幅提高了券商通道类资管产品的管理成本，缩窄了券商通道类资管的发展规模。专项资管计划发行规模见表 7-3。

表 7 - 3 专项资管计划发行规模

单位：亿元，%

序号	基础资料类型	2015 年	2016 年	增长率
1	REITs	130.85	201.28	53.82
2	保理融资	13.40	48.42	261.34
3	保单质押贷款	—	5.00	—
4	个人消费贷款	20.00	730.24	3551.20
5	股票质押回购	43.92	14.22	-67.62
6	两融债权	12.00	35.00	191.67
7	融资租赁	609.22	1012.84	66.25
8	票据收益权	—	69.96	—
9	收费收益权	640.96	542.40	-15.38
10	商业房地产抵押贷款	—	118.01	—
11	其他	—	278.17	—
12	委托贷款	—	178.75	—
13	小额贷款	126.73	77.87	-38.55
14	信托收益权	191.21	897.33	369.29
15	应收账款	217.54	482.03	120.66
16	住房公积金	34.46	43.00	24.78
	合计	2040.29	4732.52	—

资料来源：中国资产证券化分析网。

2016 年《证券期货经营机构落实资产管理业务"八条底线"禁止行为细则》（以下简称《细则》）出台，明确规定券商资管严禁违规开展资金池业务，对投资非标类资产进行严格限制；对资产管理计划的会计核算、价值评估进行了规范。《细则》对杠杆率也进行了详细规定，要求分级资产管理计划不得超过 10 倍杠杆，权益类产品的杠杆倍数控制在 3 倍以内，固定收益类产品、非标类产品的杠杆倍数上限为 10 倍，混合类产品杠杆倍数为 5 倍以内。

2017 年 5 月 19 日，证监会首提全面禁止通道业务，强调不得让渡管理责任，该要求针对的是包括券商资管、基金公司及基金子公司在内的资产管理通道业务。在一系列监管措施的倒逼之下，2017 年券商资管面临洗牌。目前来看，我国券商资管偏离资管本质主要体现在以下两个方面。

1. 通道业务仍是券商资管重头戏

2016 年券商资管规模快速扩张主要得益于其通道业务。 2016 年 12 月的数据显示,受到"八条底线"的影响,券商资管发行产品规模大幅收敛,券商资管新发行各类理财产品数量和规模都有所下滑,券商资管通道价值不断下降。 另外,截至 2016 年 12 月 31 日,定向资管计划占券商资管计划的规模高达 84%,集合资管计划与专项资管计划仍有不小的比例(见表 7 - 4),这也说明通道类业务在券商资管的规模中仍占有举足轻重的地位。

表 7 - 4　券商资管主要业务规模明细

产品类型	2016 年			2015 年		
	产品数量(只)	资产规模(亿元)	占比(%)	产品数量(只)	资产规模(亿元)	占比(%)
集合资管计划	3643	21938.37	12.67	3242	15574.09	13.09
定向资管计划	20196	146857.06	84.83	14830	101580.23	85.40
专项资管计划	442	4315.31	2.49	156	1793.75	1.51
合计	24281	173110.74	100.00	18228	118948.07	100.00

资料来源:中国证券投资基金业协会。

2. 主动管理能力薄弱

通道业务规模限制了券商资管主动管理能力的提升。 无论是"全通道"业务,还是"半通道"业务,券商资管都没有以管理者身份对资产进行配置,只是资金中介,这就导致券商资管及其子公司一直没有提升团队投研能力的机会,对客户画像的勾勒、产品的多元化开发、业务流程的优化都不够完善。 此外,券商资管子公司的业务框架也尚不成熟,这些都限制了券商资管的长远发展。

(五)公募基金

我国公募基金行业发展大致经历了起步与规范,快速发展,创新与调整三个阶段。

1. 1991 ~ 1999 年的起步与规范阶段

1991 年成立的"珠基金"是中国最早的投资基金。 截至 1997 年,全国总共设立了 75 只基金，实际上在 1995 年之后整个行业已处于暂停发展状态。 1997 年《证券投资基金管理暂行办法》的实施，标志着老基金在监管机构督促下进入了规范发展的时期。 我国公募基金，从无到有，逐步发展壮大，为市场参与者提供了丰富的投、融资渠道。

2. 2000～2007 年的快速发展阶段

2000 年，《开放式证券投资基金试点办法》下发，2001 年成立的华安创新基金是首只开放式基金，此后开放式基金的市场规模快速增长，基金管理的监管法规也在不断升级中日趋完善，基金的资金配置范围由股票市场延伸到债券市场和货币市场，基金品种也从股票型基金发展出越来越丰富的多种品种。 基金的规模在我国股市快速上行的带动下出现了持续快速增长，至 2007 年底，基金规模多达 300 余只，总资产净值规模超过3.1 万亿元，基金持股占股市比重大幅提高，到 2007 年更是超过了30%，成为股市中最大的机构投资者。

3. 2008 年以来的创新与调整阶段

2008 年，基金行业受股市震荡影响，其发展势头出现停滞，2008～2013 年，资产规模始终维持在 3 万亿元左右。 2014 年底，股市牛市来临，公募基金又恢复发展活力，2015 年底资产规模一度突破 8 万亿元。公募基金行业受股市行情影响巨大，表现出强烈的顺周期行为，但其资产规模仍维持一定的增长速度，至 2016 年底，管理资产规模超过 10 万亿元，以银行资金为主要来源的一对一产品为主，一对多的资产管理产品为辅。 低风险产品的持续扩张改变了公募基金的产品结构。 2012 年之后基金公司获准设立基金子公司，基金子公司的业务增长迅速，利用监管漏洞，进行监管套利，形成了"影子银行"。 2016 年，证监会对公募基金和基金子公司加强了监管，公募基金和基金子公司的不断规范有利于资产管理行业的持续规范和健康发展。

（六）基金子公司

1. 基金子公司发展现状

2012 年 10 月 31 日，证监会下发《证券投资基金管理公司子公司管理暂行规定》，自 2012 年 11 月 1 日起施行。 自此，相关法规在基金子公司的制度设计上第一次形成了"基金公司设立子公司—子公司申请特定客户资产管理业务资格—子公司发行专项资产管理计划，投资领域从现有的上市证券类资产拓展到了未通过证券交易所转让的股权、债权及其他财产权利等实体资产—基金销售机构可以销售专项资产管理计划"逻辑闭环，一场"放松管制、鼓励创新、做有特色的基金公司"的行业改革大幕就此拉开。

截至 2014 年 3 月底，我国有基金公司 89 家，子公司 67 家。其中，60 家子公司管理专项资产业务账户达 4186 个，管理资产达 1.38 万亿元。开展的专项资产管理业务以为银行信贷出表提供通道业务为主，资金主要流向房地产项目和地方政府融资平台项目，也有部分主动管理的资产管理业务，多以类似于信托融资的方式开展。

2. 基金子公司发展特点

因为基金子公司牌照的灵活性高、成本低，有机构申请设立基金公司，并不急于开展公募业务，也不发行公募基金，只为了可以开立基金子公司，从事高风险、高收益的融资类业务。这种情况在 2014 年被监管层叫停。2014 年 4 月底，证监会下发《关于进一步加强基金管理公司及其子公司从事特定客户资产管理业务风险管理的通知》，提高基金公司设立基金子公司的门槛，还要求已经设立的子公司积极开发公募基金产品，丰富公募基金业务种类。

过去几年基金子公司因产品投资限制少、无资本约束等政策红利，形成了以开发通道业务为主的规模扩张路径。自 2016 年中开始，监管信证陆续推出，限制了基金子公司的非标投资及通道类业务的发展。"新八条"对资管产品杠杆倍数、资金池的限制已对通道业务模式产生影响。2016 年底证监会接连发布《基金管理公司子公司管理规定》及《基金管理公司特定客户资产管理子公司风险控制指标管理暂行规定》，一方面要求基金公司聚焦特定客户资产管理和资产证券化业务，封堵通过下设机构进行监管套利的可能；另一方面通过资本金的约束使得基金子公司正式告别收费较低的通道业务，转而发展高收费主动管理或标准化投资业务。

2016 年中期以来，由于赖以生存的通道业务萎缩，基金子公司资产管理规模、产品数量双降。 2016 年 12 月 15 日，《基金管理公司子公司管理规定》《基金管理公司特定客户资产管理子公司风险控制指标管理暂行规定》相继下发，对基金子公司的净资本提出了更为严格的要求，推动了基金子公司的转型升级，加强了其主动管理能力，控制了风险水平。截至 2017 年第三季度，基金子公司资产管理规模为 8 万亿元，同比减少 29％；基金子公司管理产品 1 万只，同比减少 34％ 。 基金子公司的规模正在有序收缩，主要围绕防控风险进行业务调整。

(七) 私募股权投资基金

我国私募股权投资已发展 20 余年，无论是规模还是机构数量都有长足的发展，制度的建设和社会的认可程度都有较大的提高，并且深受目前高净值人群的青睐，不但为企业融资提供了更多的渠道，同时也丰富了投资者的资产配置选择。 其发展大致可以分为以下三个阶段。

1. 20 世纪 90 年代到 2008 年：以外资机构为市场主体

20 世纪 90 年代中期，随着中国 IT 业和互联网的快速发展，大批外资风险投资机构进入中国投资，并通过帮助互联网企业在美国纳斯达克上市获得丰厚回报。 虽然之后互联网泡沫的破裂，让大批投资机构亏损撤离，但随着 2001 年中国加入 WTO，中国 GDP 高速增长，国内又涌现了大量优秀的消费品牌和制造公司，带来了更加广泛的投资机会，在此背景下，私募股权基金的投资标的也开始变得更加多元。

退出渠道方面，市场初期由于缺乏中小企业资本市场的支持，股权基金在国内的推出渠道不够畅通，历史上两次私募股权投资热潮由于退出渠道的不顺畅而失败，为之后的发展积累了宝贵的实践经验。 2004 年，中国资本市场出现了有利于私募股权投资发展的制度创新——深圳中小企业板正式启动，私募股权在国内资本市场有了 IPO 的退出方式，促进了私募股权的浪潮式发展。 这一时期是国内 GDP 高速增长时期，然而国内大型金融机构在法规限制下无法开展业务，基金的主要 LP 都是海外机构，GP 以有外资背景的早期资金为主，部分国内投资基金也在这个时期有所发展。

2. 2008～2014 年:人民币 LP 大发展

如果说中国私募股权业务的发端是外国的资金投资中国成长,那么第二个阶段则变为中国的资金投资中国升级,具体包括消费升级和制造业升级。 在这一时期,外资 PE 机构受 2008 年海外市场的大幅波动影响,很多互联网公司短期内无法通过上市退出,于是更多的私募基金开始着眼于中国本土的投资机会,生物医药成为这个时期最受关注的行业。 由于国内一些行业无法接受美元投资,PE 机构开始寻求人民币 LP。 这个时期的人民币 LP 主要是全国社保、大学基金、财富个人,而银行、保险等金融机构一方面受法规限制,另一方面也受内部文化限制,尚未开始关注股权投资。

第一个阶段,PE 行业最初主要是产业发展推动资本,海外资本市场互联网的兴起,吸引了愿意投资互联网的海外早期基金大量掘金中国。 而第二个阶段是资本和产业互相影响,一方面,二级市场波动让 PE 投资者不再仅仅集中在互联网行业,开始更多地关注消费和制造业;另一方面,因被投企业的要求,私募股权基金开始募集人民币基金,再加上国内2006～2007 年的大牛市,国内的私募股权基金大量涌现,越来越多的资金参与追逐项目。

3. 2015 年至今:行业规模迅速扩张

自 2015 年开始,中国股权投资进入发展快车道,募资、投资、退出都出现了惊人的增长。 2015 年,私募股权行业在"双创"、国企改革、政府引导基金等政策刺激下空前活跃,当年募集基金数量为前一年的4倍。 2016 年国内私募股权基金募资总规模进一步飙升至 1.3 万亿元,相比2015 年增长约 75%,投资总额 7449 亿元,投资案例 9124 起,同比显著提升。退出方面,多层次资本市场的发展为私募股权投资行业提供了极大支持,新三板已经成为私募股权投资基金最主要的退出渠道。

2016 年,随着资金的大量涌入、资管机构的全面关注和官方背景的引导、基金和母基金的大量涌现,私募股权投资的被关注度大幅提高,且IPO 政策稳定开放后,过去面临的退出困难、政策不稳定的问题也有所改善。 但同时,在大量资金推动下,投资端竞争加剧,部分热门项目要价偏高，出现了一定程度的估值泡沫。 但总的来看，私募股权投资经历了20 多年发展后，已经得到了机构、企业和监管机构的认可，逐步进入黄金时代。 截至 2016 年底，股权投资基金和创业投资基金的认缴规模已经接近 6 万亿元大关，达到 59024.69 亿元，同比增长超过 100%，增速超过其他资管行业。

（八）私募证券投资基金

私募证券基金与创业投资基金、私募股权投资基金不同，主要参与国内二级市场投资，有"阳光私募"之称，受到国内股市和债市发展的影响，既是企业融资的重要渠道，也是投资者较为青睐的投资选择，未来具有较大的发展潜力。 其发展经历了以下几个时期。

1. 1990～2000 年的萌芽与初步发展阶段

1990 年上交所正式成立，开市就有包括 8 只股票在内的 30 种证券进行交易。 部分证券公司利用股票一级和二级市场的价差进行投机活动，拉拢大户投资一级市场认购新股不断套利，私募证券基金雏形显现。 财富效应逐渐在证券市场的不断发展中显现出来，私募证券基金前期主要是受客户委托进入股市进行投资管理，多以跟庄做股模式为主，投资运作和操作流程并不十分规范。

2. 2001～2009 年的逐步成熟与快速发展阶段

2001 年之后，受到股市震荡的影响，私募证券基金公司迎来洗牌期，私募证券基金转变以往集中投资的方式，进行组合投资，由跟庄做股向资金推动和价值发现逐步过渡。 2003 年 8 月，云南国际信托有限公司发行了第一只投资于证券二级市场的证券类信托产品——"中国龙资本市场集合资金信托计划"。 2004 年 2 月，"深国投·赤子之心集合资金信托计划"问世，私募证券基金的透明程度和规范性有了较大提高。 2005 年股权分置改革和股市不断上涨使得阳光私募基金进入了快速发展时期，数量和规模屡创新高，私募基金吸引了大量优秀的公募基金经理和经验丰富的券商投资交易人员，量化投资在私募基金行业中得到广泛运用。

3. 2010～2014 年的调整转型与有序发展阶段

2010～2013 年，私募基金受到资本市场持续低迷表现的影响，基金净值不断下跌，导致产品赎回、清盘和新产品发行困难，私募基金行业开始进入调整期。 2014 年股市和债市的繁荣促进了私募证券基金行业的蓬勃发展，基金管理人和产品发行数量不断增长，之后的股市大跌和部分私募基金清盘并没有完全影响整个行业的繁荣，许多配置股票和债券的私募证券基金发行规模已超过百亿元，投资策略更加丰富，专业技术更加多元。证监会近年来逐步完善和健全了私募基金监管体系，对私募证券基金进行分类监管，私募基金行业的发展逐渐步入正轨。

4. 2015 年至今的高速发展与监管升级阶段

本阶段私募证券行业延续了自 2014 年编入资管正规军后快速发展的趋势，认缴规模达到了 2. 76 万亿元，增长超过 50%，在市场环境低迷的背景下实现了超越大部分资管子行业的增长速度。 监管方面，2016 年私募监管政策日趋完善，构建出"7 + 2"的自律体系，行业制度不断完善。 但由于监管环境日趋严格，私募行业在 2016 年不断被爆出违规问题，再叠加私募证券行业全年只录得负收益，行业形象受到一定影响。 受资管新规的影响，私募证券投资基金规模不断萎缩，发展速度有所回落。

第二节　私人银行业务与各类财富管理机构

一　私人银行业务

私人银行是针对高端个人客户量身定做的财富管理服务，是商业银行业务中最顶尖的部分，目前在国内尚处于起步阶段。 2005 年瑞士友邦银行在中国开业，这是中国出现的第一家私人银行。 2007 年，中国银行股份有限公司在北京和上海开设了私人银行业务服务部，首度推出国内真正意义上的本土私人银行服务。 随后，招商银行、中国工商银行等分别开展了各自的私人银行业务。 2011 年 8 月 28 日，中国银行业监督管理委员会发布《商业银行理财产品销售管理办法》，规定"私人银行客户是指金融净资产达 600 万元及以上的商业银行客户"。 各大

银行在此基础上设定了更高的门槛标准。 目前国内私人银行门槛有
1000 万元、800 万元和 600 万元三档，其中，中国建设银行和招商银行
的私人银行门槛最高，为 1000 万元（见表 7－5）。 可以说私人银行的
产生和发展与我国高净值人群的增长是密不可分的。

表 7－5　各大上市银行私人银行客户准入门槛

单位：万元

序号	名称	类别	私人银行门槛标准
1	中国建设银行	大型商业银行	1000
2	招商银行	中小型商业银行	1000
3	中国银行	大型商业银行	800
4	中国工商银行	大型商业银行	800
5	浦发银行	中小型商业银行	800
6	民生银行	中小型商业银行	800
7	中国农业银行	大型商业银行	600
8	交通银行	大型商业银行	600
9	光大银行	中小型商业银行	600
10	兴业银行	中小型商业银行	600
11	北京银行	中小型商业银行	600
12	中信银行	中小型商业银行	600
13	平安银行	中小型商业银行	600
14	广发银行	中小型商业银行	600
15	江苏银行	中小型商业银行	600
16	浙商银行	中小型商业银行	600

资料来源：对各大商业银行数据进行汇总。

近年来，除农、工、中、建、交五家大型商业银行外，各家中小型商业银
行也在积极布局私人银行业务。 相较于中小型商业银行，大型商业银行客户
基础更加广泛，品牌认知度更高，同时在人才储备、资产布局能力、内外部资
源整合等方面有较大优势，而中小商业银行在以上方面都处于劣势，但自身体
量小，在策略调整上更加灵活，目前大多数中小型商业银行的私人银行业务仍
处于试探阶段。 2016 年，招商银行管理资产规模最多，高达 1.66 万亿元；中
国银行客户保有量最大，为 9.5 万户（见表 7－6）。

表 7 - 6　2016 年各大上市银行私人银行发展状况

序号	名称	类别	私人银行客户（万户）	增长率（%）	管理资产规模（万亿元）	增长率（%）
1	中国工商银行	大型商业银行	7	12.18	1.21	14.15
2	中国银行	大型商业银行	9.5	9.83	1	23.46
3	中国建设银行	大型商业银行	5.9	16.62	0.79	26.24
4	中国农业银行	大型商业银行	7	1.43	0.82	1.52
5	交通银行	大型商业银行	3	18.83	0.4	-1.79
6	招商银行	中小型商业银行	6	22.45	1.66	32.58
7	平安银行	中小型商业银行	1.6	10.34	0.28	12.00
8	民生银行	中小型商业银行	1.6	5.46	0.3	9.89
9	浦发银行	中小型商业银行	1.9	26.67	0.35	16.67
10	兴业银行	中小型商业银行	2	8.81	0.29	9.89
11	中信银行	中小型商业银行	2.2	28.65	0.32	23.28
12	光大银行	中小型商业银行	2.8	15.22	0.26	13.79

资料来源：对各大商业银行数据进行汇总。

　　高净值人群一般指资产净值在 600 万元（100 万美元）资产以上的个人，他们的资产中金融资产和投资性房产所占的比重较高。 我国高净值人群在 2017 年接近 200 万人，其中有七成是 36～55 岁的中年人，广东、上海、北京的高净值人群占三成。 资产净值超过 1000 万元的高净值人群高达 158 万，自 2013 年逐年递增（见图 7-1）。 高净值人群资产规模庞大，可投资产已接近 65 万亿元，商业银行和信托公司颇受高净值客户青睐。

　　2015 年股市大波动之后，由于对于股票市场不确定性的担忧和对固定收益类产品的逐渐了解，投资者开始增加固定收益资产配置的比例。 然而，随着一系列打破刚性兑付的事件出现、股票市场的稳健发展，以及资管新规的出台，投资者固定收益资产的配置比例有所下降。 投资端的偏好转变也必将推进实体经济融资结构的转变，固定收益类的融资比例逐渐下降，同时权益类的融资比例随之上升，这也有助于推进实体经济去杠杆的进程。 私募股权投资和股票基金尤其受到高净值人群的青睐，中基协数据显示，截至 2018 年 2 月底，私募股权、创业投资基金的总额为 7.27 万亿元，占私募总规模的 61% 左右。 短短两年时间增长了将近

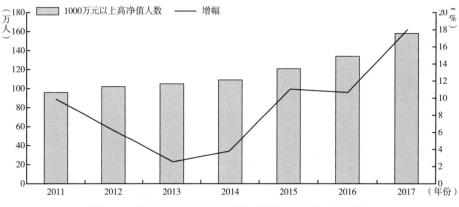

图 7 - 1　我国资产净值超过 1000 万元的高净值人群现状

资料来源:《2017 中国私人财富报告》。

118% 。 此外,高净值人群中拥有境外资产配置的比例逐年提高,同时人均境外资产配置占比自 2013 年起趋于平稳,境外投资开始回归理性。 中国高净值人群现阶段偏爱的投资理财方式见图 7 - 2。

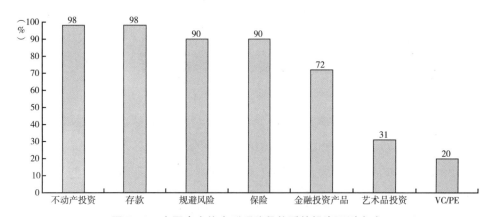

图 7 - 2　中国高净值人群现阶段偏爱的投资理财方式

资料来源:《2017 中国私人财富报告》。

我国高净值人群的投资心态和投资行为也在随着时代的发展而转变,"保障财富安全"和"财富传承"成为高净值人群的主要诉求,对专业财富管理机构的信任也在不断加深,私人银行服务不断深入人心。 家族财富传承的内涵不断丰富,逐渐上升至家族治理的高度。 随着高净值人群价值观转变,财富管理的意义逐渐深化,多元化的财富管理需求推动财富管理行业不断创新。

二　第三方财富管理机构

第三方财富管理机构是指独立于其他金融机构（银行、保险公司、基金公司等），不偏重任何一家金融产品供应商，只以客户需求为导向为其提供综合性财富管理服务的金融机构。其有自身独立的风险控制和投资决策体系，在为客户推荐产品时，不接受来自任何一方的胁迫或指示。独立财富管理机构的业务优势之一，就是它不隶属于任何所谓资产端，而可以根据自己的独立判断为客户提供解决方案及产品组合。

2013 年诺亚财富进入我国，独立财富管理机构开始进军我国的财富管理市场。目前国内独立财富管理机构数量已达数千家，但整个财富管理市场相对分散，成立时间较长、规模较大的独立财富管理机构如诺亚财富、宜信财富、恒天财富、海银财富等占据较多市场份额，但行业中还没有占绝对主导地位的机构出现。2016 年，为进一步扩大市场份额，巩固行业地位，独立财富管理机构在激烈的市场竞争和国内"资产荒"的双重压力下，纷纷把视线转向海外，开拓新的市场。

由于过去人民币海外投资不便利，高净值人群海外资产配置比例较低。2014 年起全球经济分化，美元强势回归，全球主要货币大幅贬值。2015 年 8 月 11 日人民币汇改后，人民币对美元波动较大且呈现阶段性贬值趋势。进入 2016 年以后，一方面人民币于 12 月 1 日加入 SDR（Special Drawing Right，特别提款权）货币篮子，配置海外资产更加便利；另一方面美元进入加息周期，12 月 14 日美联储上调短期基准利率，并预期 2017 年将较之前预期更快加息，人民币承受着一定的贬值压力。为满足客户收益要求，近年来财富管理机构纷纷加大全球资产布局力度。

宜信财富在中国香港、新加坡、欧洲等地设立办公室，并于 2016 年 1 月成立宜信财富全球资产配置委员会，涉及领域包括全球范围的私募股权、对冲基金、资本市场、家族办公室、固定收益、资产证券化、移民、海外房地产等方面。敦煌财富在美国和英国设置服务点，打造无缝的投资服务站，其中家族信托业务设立在信托法最健全的英国根西岛。投中研究院根据公开数据整理后发现，2016 年中国有超过半数的高净值人群的全球资产配置比例低于 10%，另有近三成的高净值人群未配置任何海外资产，未来高净值人群配置海外资产还存在较大提升空间。

三　信托财富中心

虽然 2012 年银监会就发文支持信托机构建立异地财富中心，但直到 2014 年中国银监会发布《关于信托公司风险监管的指导意见》和《关于 99 号文的执行细则》（以下简称《细则》）后，信托机构才开始真正着手建立财富中心，异地财富中心的数量也越来越多。《细则》中，禁止信托公司委托非金融机构以提供咨询、顾问、举荐等方式直接或间接推介信托计划，切断第三方风险向信托公司传递，避免风险发生蔓延。这样一来，大大限制了第三方理财的销售，可以促进信托公司收缩外部渠道，加快建立自有财富中心。

2014 年以来，市场投资者对投资标的的需求逐渐变化，对不同类型资产管理产品的接受程度有所提高，不仅将财富配置到储蓄、股票、不动产等领域，而且开始涉足信托、私募基金、对冲基金、收藏品等另类资产，投资标的种类不断增加，可投资资产规模同样在加速扩大。2016 年后，更多的信托机构开始建立财富中心类型的零售机构，并以财富中心的名义对公司的产品进行推广，向客户传播行业业态，增加客户认可度，提高客户黏性。

截至 2017 年末，有 35 家信托公司成立了财富中心，不同地区财富中心机构数量合计有 204 家，仅 2017 年成立的财富中心机构数量就超过 20 个；财富中心人员配置合计超过 1000 人。共 34 个城市有信托机构的财富中心。其中，北京、上海、广州、深圳四个一线城市分布数量最多，合计有财富中心 76 家，占所有财富中心数量的 37%；二线城市也同样分布了较多的财富中心机构，成都、重庆、杭州、南京、宁波、苏州等 6 个城市数量都超过 5 个。

随着资管行业竞争加剧、监管收紧以及业务中心的转变，2014～2017 年传统的融资类信托产品余额增速由 47.51% 降至 6.39%，中间一度连续

8 个季度负增长。而投资类信托产品余额增速从 2012 末年的 55.43% 下降到 2017 年末的 3.02%，在 2016 年和 2017 年基本陷入停滞，主要原因还是近两年事务管理类的通道业务占用了信托公司的大量资源。在主动管理类的投资型业务投入产出比偏低的情况下，信托机构向投资类业务转型的困难依然存在。

四 互联网财富管理机构

互联网财富管理机构是近年来兴起的财富管理行业新锐，包含在独立财富管理机构范围内，但不同于传统第三方独立财富管理机构。财富管理目前是以销售和理财产品为主导的，互联网财富管理本质是依托互联网等技术手段优化传统财富管理，依托互联网平台销售理财产品，提高金融服务的便利性和高效性，促进传统的财富管理行业转型升级。

互联网财富管理的独特优势具体表现在三个方面。第一，互联网财富管理在一定程度上降低了准入门槛和投资者门槛，拓宽了广大投资群体的投资渠道。第二，互联网财富管理可以为用户提供良好的体验，能与普通用户产生良性互动，有利于产品设计与开发。第三，互联网金融在一定程度上能降低交易成本，因此互联网在财富管理领域有较多机会。互联网财富管理平台借助互联网技术使财富管理服务更加高效、便利，服务的边界更广、效率更高，在这一过程中，财富管理机构实现了信息化和集约化，互联网技术在其中发挥的作用更多是升级、融合和弥补，而非取代。

目前互联网财富管理公司经营模式主要为 C2C 模式，互联网公司在中间搭台，去除金融机构这个中间环节，让理财师和高净值用户直接对接，这一模式使得理财师的佣金高于一般传统第三方理财机构。一方面，这一模式用互联网技术让理财师能便捷、快速地掌握丰富的高端理财产品，另一方面，越来越多理财师聚集在平台，有助于平台获得更多优质金融产品，拥有更强大的高端理财产品代理分销能力，能够实现理财师数量和交易量较快增长，因此互联网 + 财富管理的模式更具有成长爆发性。

投中数据终端 CVSource 显示，2016 年互联网财富管理公司获得融资案例 92 起，融资总规模 63.8 亿元（见图 7 – 3），相较于 2015 年，融资案例数量下降 32.8%，但融资总规模增长 40.5%，自 2013 年起，互联网财富管理公司融资总规模持续上升，融资案例数量在 2015 年出现拐点，这一现象与 2016 年互联网监管风暴有关。

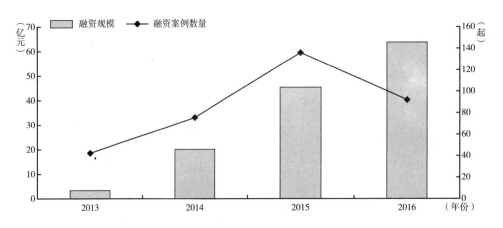

图 7-3　2013~2016 年互联网财富管理行业融资情况

　　在 2015 年之前，我国尚未制定互联网金融相关法律法规，互联网金融行业长期处于立法和监管双重缺失的状态。2015 年 7 月，中国人民银行等 10 个部门联合发布《关于促进互联网金融健康发展的指导意见》，建立了互联网金融行业监管的基本框架，"一行三会"对互联网金融实施联合监管，但互联网生态系统较为复杂，在分业监管模式下，监管部门容易陷入无法把握"度"的困境。目前互联网财富管理是一项全牌照的混业业务，涉及多种理财产品，在不同机构和业务归属不同监管部门的情况下，缺乏统一监管标准。2016 年 4 月，《互联网金融风险专项整治工作实施方案》发布，要求采取"穿透式"监管方法，在一定程度上限制了不合规理财产品的发行，监管缺失问题逐步得到改善。

　　2016 年互联网金融监管趋严。4 月 12 日，国务院办公厅发布的《互联网金融风险专项整治工作实施方案》中规定，互联网金融公司"未经相关部门批准，不得将私募发行的多类金融产品通过打包、拆分等形式向公众销售。采取'穿透式'监管方法，根据业务本质属性执行相应的监管规定。销售金融产品应严格执行投资者适当性制度标准，披露信息和提示风险，不得将产品销售给与风险承受能力不相匹配的客户";"不得依托互联网通过各类资产管理产品嵌套开展资产管理业务,规避监管要求。 应综合资金来源、中间环节与最终投向等全流程信息,采取'穿透式'监管方法,透过表面判定业务本质属性、监管职责和应遵循的行为规则与监管要求"。 在监管风暴的整顿下,一部分互联网财富管理机构因经营不合规而遭淘汰,一些规模较小的机构走向合并,而规模较大、经营合规、发展状况较好的机构获得次轮融资,进入新的发展阶段,因此2016年互联网财富管理公司融资案例数量减少,融资规模仍保持增加。

第三节　资管新规与资产管理改革

一　资产管理行业发展中的问题

资产管理行业发展中的问题包括以下几个方面。 其一,资金池流动性风险加剧。 资管机构将短期资金投放到长期项目中,赚取长短期利差,过度依赖资金池的流动性,随着杠杆率的不断扩大,流动性风险扩散,风险不断积累。 其二,层层嵌套导致风险传递。 各资管机构通过通道业务进行多层嵌套,产品结构复杂,法律关系不明确,导致机构风险管理难度加大,也不利于监管机构的监管。 其三,影子银行游离于监管之外。 由于银行信贷的资本充足率约束较为严格,银行或通过资金出表实现表外放贷,或借助其他金融机构投资"非标"。 其四,金融系统内部仍未打破刚性兑付。 "明股实债"现象比较普遍,影响金融市场资源配置的效率,加剧了风险传递。 其五,无业务资质的金融机构违规开展资管业务。 通过虚假宣传误导投资者,有些地区甚至进行非法集资扰乱地方金融秩序。

二　资管新规征求意见稿颁布

随着近年来我国经济的蓬勃发展,金融机构资管业务在制度红利下获得快速发展,规模迅速扩大,截至2017年末,不考虑交叉持有因素,总规模已达百万亿元。 同时，互联网金融公司、各类投资顾问公司等非金融机构的资管业务也十分活跃。 2017 年 11 月 17 日，中国人民银行、银监会、证监会、保监会、国家外汇管理局联合出台《关于规范金融机构资产管理业务的指导意见（征求意见稿）》。 其最终出台将对银行资产管理业务全行业的规范化发展具有里程碑意义，同时在短期内给各大金融机构的资产管理业务模式变革带来了巨大的挑战。

资管业务在丰富居民多元化的投资需求、提高金融机构盈利水平、优化社会融资结构、缓解实体经济融资难融资贵问题等方面发挥了积极作用。 但由于分业监管和混业经营之间存在矛盾，金融机构常常利用监管漏洞进行监管套利活动，一些产品多层嵌套，资金池模式流动性风险不断积累，部分产品成为信贷出表的渠道，刚性兑付普遍，形成游离于监管之外的影子银行，弱化了宏观调控的作用，提高了社会融资成本，扭曲了金融服务实体经济的本质，加剧了风险的跨行业、跨市场传递。

三　资管新规发布

为规范金融机构资产管理业务，统一同类资产管理产品监管标准，有效防控金融风险，更好地服务实体经济，经国务院同意，中国人民银行、中国银行保险监督管理委员会、中国证券监督管理委员会、国家外汇管理局于 2018 年 4 月 27 日联合印发《关于规范金融机构资产管理业务的指导意见》。 资管新规根据党中央、国务院"服务实体经济、防控金融风险、深化金融改革"的总体要求，按照"坚决打好防范化解重大风险攻坚战"的决策部署，坚持严控风险的底线思维，坚持服务实体经济的根本目标，坚持宏观审慎管理与微观审慎监管相结合的监管理念，坚持有的放矢的问题导向，坚持积极稳妥审慎推进的基本思路，全面覆盖、统一规制各类金融机构的资产管理业务，实行公平的市场准入和监管，最大限度地消除监管套利空间，切实保护金融消费者合法权益。

（一）资管新规实质重于形式

资管新规统一监管思路、监管准则，对同类资管业务做出一致性规定，实行公平的市场准入和监管，最大限度地消除监管套利空间，为资管业务健康发展、转型升级创造了良好的制度环境。资管新规遵循以下基本原则。一是坚持严控风险的底线思维，减少存量风险，严防增量风险。二是坚持服务实体经济的根本目标，既充分发挥资管业务功能，切实服务实体经济投融资需求，又严格规范引导，避免资金脱实向虚，防止产品过于复杂加剧风险跨行业、跨市场、跨区域传递。三是坚持宏观审慎管理与微观审慎监管相结合、机构监管与功能监管相结合的监管理念，实现对各类金融机构开展资管业务的全面、统一覆盖，采取有效监管措施，加强金融消费者权益保护。四是坚持有的放矢的问题导向，重点针对资管业务的多层嵌套、杠杆不清、套利严重、投机频繁等问题，设定统一的监管标准，同时对金融创新坚持趋利避害、一分为二，留出发展空间。五是坚持积极稳妥审慎推进，防范风险与有序规范相结合，充分考虑市场承受能力，合理设置过渡期，加强市场沟通，有效引导市场预期。

（二）资管新规统一监管标准

资管新规按照产品类型统一监管标准，从募集方式和投资性质两个维度对资产管理产品进行分类，分别统一投资范围、杠杆约束、信息披露等要求，根据不同产品的风险等级设置不同的负债杠杆。坚持产品和投资者匹配原则，强化金融机构的责任意识和信息披露义务。明确资产管理业务"不保本""不刚兑"原则，鼓励以市值计量所投金融资产，同时考虑到部分资产尚不具备以市值计量的条件，兼顾市场诉求，允许对符合一定条件的金融资产以摊余成本计量。严格"非标"债券的投资要求，逐步消除影子银行，防范流动性风险。分类统一负债和分级杠杆要求，消除多层嵌套，将嵌套层级严格限制为一层，抑制通道业务。强化宏观审慎管理，注重功能监管。坚持防范风险与有序规范相结合，合理设置过渡期。经过深入的测算评估，相比征求意见稿，新规将过渡期延长至2020年底，使金融机构资产管理业务得以有序整改和升级转型，确保金融市场健康稳定运行。

（三）资管新规监管范围更加明确

资管新规主要适用于金融机构的资管业务，即银行、信托、证券、基金、期货、保险资管机构、金融资产投资公司等金融机构接受投资者委托，对受托的投资者财产进行投资和管理的金融服务。 金融机构为委托人利益履行诚实信用、勤勉尽责义务并收取相应的管理费用，委托人自担投资风险并获得收益。 资管产品包括银行非保本理财产品，资金信托，证券公司、证券公司子公司、基金管理公司、基金管理子公司、期货公司、期货公司子公司、保险资管机构、金融资产投资公司发行的资管产品等。

针对非金融机构违法违规开展资管业务的乱象，资管新规也按照"未经批准不得从事金融业务，金融业务必须接受金融监管"的理念，明确提出除国家另有规定外，非金融机构不得发行、销售资管产品。 "国家另有规定"主要指私募投资基金的发行和销售。 私募投资基金适用私募投资基金专门法律、行政法规，其中没有明确规定的，适用资管新规，创业投资基金、政府出资产业投资基金的相关规定另行制定。

(四) 资管新规更加注重功能监管

对资管产品进行分类，对同类产品使用统一的监管规则，是资管新规的基础。 新规从两个维度对资管产品进行分类。 一是从资金来源端，按照募集方式分为公募产品和私募产品两大类。 公募产品面向风险识别和承受能力偏弱的社会公众发行，在投资范围等方面监管要求较私募产品严格，主要投资标准化债权类资产以及上市交易的股票。 私募产品面向风险识别和承受能力较强的合格投资者发行，监管要求相对宽松，可以投资债权类资产、上市或挂牌交易的股票、未上市企业股权等其他资产。 二是从资金运用端，根据投资性质分为固定收益类产品、权益类产品、商品及金融衍生品类产品、混合类产品四大类。 按照投资风险越高、分级杠杆约束越严的原则，设定不同的分级比例限制，各类产品的信息披露重点也不同。

从以上两个维度对资管产品进行分类的目的有两个。 一是按照"实质重于形式"原则，更加强调功能监管，对同类资管产品监管标准讲求一致性，不再单纯以机构来划分监管要求。 二是贯彻"合适的产品卖给合适的投资者"理念。 一方面，公募产品和私募产品，分别对应社会公众和合格投资者两类不同的投资群体，体现不同的投资者适当性管理要求；

另一方面，根据投资性质将资管产品分为不同类型，以此可区分产品的风险等级，可避免"挂羊头卖狗肉"，切实保护金融消费者权益。

四　资管市场未来发展展望

(一)银行理财

1. 加快净值型产品开发

减少预期收益型产品发行规模。 与此同时，大幅提高净值型产品的发行规模和发行数量，可以先在部分银行，比如股份制银行进行试点，然后逐渐推广开来。 第一，通过创新提升净值型产品产品估值、风险计量等技术能力，逐步完善公允价值定价系统；第二，寻找和开发更多的标准化资产以支撑净值型理财产品的发行，拓宽标准化资产的选择范围。 在实际操作中，商业银行首先要提升自身的业务团队，加强团队的设计研发能力和资产评估水平，并且能够提高资金使用效率。 在此基础上，银行应该加深客户对净值产品的认识，纠正投资者认为银行理财保本保收益的错误观念，提升其对净值型产品的认可度。

2. 合理配置理财资金,减少期限错配

由于信贷文化在银行业根深蒂固，许多理财资金被不合理地通过通道机构用于发放贷款。 一方面，银监会在通道业务方面加紧监管力度，银行这种通道出表、监管套利的放贷方式将越来越没有发展空间；另一方面，在理财期限仍以短期为主的情况下，进行长期贷款加剧了期限错配，导致银行面临的风险增加。 因此，合理配置理财资金，逐步减少通道业务和期限错配是回归资管本质的重要途径。

3. 加强投研团队建设,增强资管能力

银行业要想回归资管本质，必须自身拥有强大的投研团队，能够自我研发、设计多元化的资管产品，在不同市场、不同产品之间进行合理配置，将风险管控和组合管理有机结合，实现客户财富和收益的最大化；逐步减少对通道业务、委外业务的依赖，逐步将表外理财回归表内，严禁投资"非标"资产，回归"受人委托，代客理财"的资管本质。

（二）券商资管

面对日渐严格的监管体系，券商资管或将在 2017 年全面洗牌，如何使券商资管回归资产管理本质成为热点。 目前来看，提升主动管理能力已成为多家券商的共识。

首先，在大资管时代，各金融机构资管业务同质性很强，主动管理能力将成为机构未来的核心竞争力。 提升主动管理水平要从多个方面入手：一是设计研发合适的产品，满足不同客户的需求；二是理清业务线思路，不混杂，防风险；三是完善组织架构，拥有合适比例的业务部门和中后台人员；四是培养优秀团队，为团队发展提供高效的平台服务；五是积极依托母公司研究资源，利用好专业能力优势。

其次，除了积极提升主动管理能力外，券商资产管理子公司还应该主动去杠杆、去通道。 目前券商资管业务中通道业务占很大比例，也就是说，一些金融机构如银行不能做的业务可以通过券商资管通道开展，这样往往能够规避监管，从某种意义上说就是政策套利，压缩通道业务就是要堵上不同金融机构之间的政策套利，这种趋势势在必行。

最后，压缩通道业务可以规避底层资产不透明的风险。 目前，一部分银行理财资产对应的是怎样的底层资产，风险程度如何，银行并不了解。 另外，随着《证券公司风险控制指标管理办法》的颁布，定向资管通道业务所需计提的风险资本准备比例全面攀升。 随着监管政策逐渐落地，券商资管应当逐步压缩通道业务，回归本源。

（三）保险资管

1. 丰富产品种类，提高主动管理能力

保险资产管理产品不仅可以提升保险资管机构的管理费收入，还能增强保险行业的市场竞争力，使其不断积累客户资源。 混业经营要求保险资管增强产品多样化、提升主动管理能力、扩大资产管理规模；保险资管机构经过多年的发展，自身投研能力不断增强、专业人才逐步积累，为产品多样化提供了必要条件。

2. 开发第三方业务，增加业务融合度

放眼国际市场，第三方业务在保险资管总受托管理资产中占主导地位。　随着近年来保险资产配置水平、风险防控能力的不断提升，保险资管机构已完全具备条件开发具有自身特色的第三方业务，未来保险资产管理业务的诸多限制将被放松，国内保险资管行业的第三方资产管理规模也将会大幅提升。

3. 拓宽投资渠道，多元化配置资产

固定收益类资产收益率不断下降，权益类资产的波动性加大，在经济新常态背景下，"资产荒"问题将一直存在，另类投资配置可以丰富保险资金投资渠道。　保险资金将更加关注金融、地产、互联网、养老社区、医疗、现代农业等领域的投资，因此也需要政策层面的逐步开放和大力支持。

4. 稳步推进全球资产配置的竞争布局

在"资产荒"背景下，保险资管应当积极推进资产全球化配置进程，把握好经济周期，注重价值投资，合理调整资产组合，完善风险防控体系。　在做好多元化配置资产的同时，也要结合保险资金的特殊性，筛选具有稳定现金流和理想投资收益的优质项目，有效分散国内市场周期带来的不利冲击。

(四) 基金资管

1. 多元化配置资产，提升收益能力

2016 年，受股市震荡行情影响，股票基金收益十分不理想，偏股型基金出现大面积亏损。　债券型基金 2016 年收益持续走低，受到市场行情的影响，全年债券基金的亏损比例达 1/3，尽管大部分产品仍然盈利，收益也大不如前。　全年商品基金平均涨幅最大，不过由于其产品数量和规模相对有限，因此对公募整体业绩的拉动可谓杯水车薪。　目前，投资依然面临"资产荒"局面，应多元化配置资产，合理规避市场风险。

2. 重视 QDII 基金，审慎投资境外市场

2016 年，QDII 基金业绩喜人，增长幅度领先其他基金。　按照类型来分，各类 QDII 基金都取得骄人的成绩，布局欧美的 QDII 权益基金收益更是一枝独秀，2016 年跟踪能源、石油类 QDII 指数型基金表现优异并且稳定。　因此，未来基金发展应该重视 QDII 基金，在国内市场低迷震荡之时，审慎投资境外市场，拉动整体收益率并稳步提升业绩。

3. 增强自身销售、宣传渠道,减少对委外资金的依赖

基金公司虽然拥有强大的投研能力,核心业务能力出色,但其销售和宣传渠道在同业竞争中处于劣势。 未来基金公司要想进一步提升行业竞争力,必须积极增强自身的销售渠道和宣传渠道,在资金来源上避免依赖其他机构。 根据目前管理层监管思路,未来委外业务的发展前景不明,因此基金公司应当减少对委外资金的依赖,将自身渠道做强做大。

(五) 信托资管

1. 适当收缩通道业务和委外业务,减少监管套利

虽然目前来看,银监会指定银行通过通道机构投资非标资产必须选择信托机构,也就是说,银证合作又开始向银信合作转型,但这并不是信托业务长远的增长点。 按照当前监管思路,审慎收缩通道业务和委外业务,可以减少将来遭遇监管冲击的可能性。

2. 转变经营战略,提升主动管理能力

"大资管时代"要求各资管机构不断加强其主动管理的能力,尤其是信托公司应当明确市场定位,转变经营模式,根据市场需求调整发展战略,优化传统的项目融资业务体系,加速从项目开发到产品开发的转型。在竞争激烈的"资管"市场中,信托公司应当提高自身资产配置水平和主动管理水平。

3. 加强自律与风险管理,规范经营管理

信托行业尽管经历了多次清理整顿,但是信托机构的内控机制和风险管控水平仍有很大的改善空间,规范有序的市场机制尚未建立。 信托公司应注重稳健发展,树立专业化机构形象,建立具有行业特色的风险识别、评价和控制体系,完善风险管理流程,从制度和机制上保障信托公司的规范健康发展。

第四节　小结

资管新规发布之后,资管行业未来的发展方向更加明确。 刚性兑付逐渐被打破,资金池和期限错配将更加规范,影子银行规模会受到限制,

监管也会贯穿资管业务的每个环节。资管行业将从侧重下游和关注销售转向更加重视上游资产配置能力。各机构应当注重增强自身主动管理能力和风险控制能力，加强投资领域的精细化、专业化程度，提高自身技术创新能力，优化金融资源配置效率，提升理财产品净值化能力，在非标转标的同时效率与风险兼顾，确保在过渡期内完成资管行业的转型升级。

第三篇

金融对外开放篇

随着我国经济规模不断发展，我国经济在全球经济格局中的受关注度和影响力也在不断提升，我国金融业也不可避免地要面对国际金融市场的合作与竞争。改革开放40年来，特别是近20年来，我国金融业立足我国经济发展实际，放眼全球金融发展趋势，在对外开放的进程中，取得了丰硕的成果。在外汇管理方面，根据我国国情，适时推进外汇管理体制改革，与我国经济发展的现实需要相契合，及时、有效地应对来自外部的冲击，维护了人民币在国际货币市场的地位。也正是受此支持，人民币在国际化进程中稳步前行，通过货币互换、债券发行、离岸市场等途径，进一步扩大了人民币在全球的影响力。随着人民币进入SDR货币篮子，人民币国际化进程也进入了新时代。与此同时，我国金融业对外开放也在不断深入，并在与国际金融市场的交流中快速成长，在"引进来"并充分"吸收"的基础上，稳步地"走出去"，从金融全球化的接受者转变为金融全球化的倡导者、领导者，为我国经济的对外开放提供了更为有利和有力的金融环境。

第八章 中国外汇管理体制的改革

第一节 汇率制度改革

改革开放 40 年来，汇率市场化改革始终是金融对外开放改革的重点。 1994 年我国建立了以市场供求为基础的、单一的、有管理的浮动汇率制度。 2005 年 7 月，按照党中央、国务院部署，中国人民银行对人民币汇率形成机制进行完善，开始实行以市场供求为基础、参考一篮子货币进行调节、有管理的浮动汇率制度。 2015 年 8 月 11 日，调整人民币兑美元汇率中间价报价机制，做市商参考上日银行间外汇市场收盘汇率，向中国外汇交易中心提供中间价报价。 汇改以来的 20 多年间，汇率市场化改革取得了显著成效，人民币汇率市场化水平和弹性不断增强，在合理均衡水平上保持了基本稳定，在维护宏观经济稳定、推动货币政策框架转型、促进经济结构调整等方面发挥了重要作用。

一 1978~1993 年我国汇率制度的变迁

改革开放初期至 1993 年，人民币汇率制度大体可以划分为两个阶段。

第一阶段为 1978~1984 年，是人民币内部结算价与官方汇率双重汇率并存的双规制度时期。 改革开放初期，为了配合外贸体制改革，1979 年 8 月国务院决定改革人民币汇率体制，对外公布的官方牌价适用于非贸易结算，同时制定适用于外贸的内部结算价，为进出口企业设定专门的内部结算汇率。 对外官方牌价汇率参照一篮子货币进行加权计算，外贸内部结算价则按照 1978 年全国平均出口换汇成本（1 美元折合 2.8 元人民币）加上 10% 的利润进行计算。 由于出口换汇成本在这一时期没有较大变动，因此外贸内部结算价保持稳定。

　　第二阶段为 1985~1993 年，取消内部结算价，进入官方汇率与外汇调剂市场汇率并存时期。 虽然对进出口企业制定内部结算汇率，在一定程度上有利于外贸发展，但双重汇率制度安排出现了外汇管理上的混乱。为了适应改革开放后的经济形势和贸易要求，我国于 1985 年 1 月 1 日取消了内部结算价，将官方汇率同时应用于外贸结算和非贸易汇兑，同时建立外汇调剂市场。 改革开放前我国实行外汇统收统支管理体制，出口收入需全额结售，企业用汇由国家计划调度。 1979 年后，我国对外汇结售制度进行改革，实行外汇留成制度，给予地方、部门、企业自行使用外汇的权力，但同时也产生了一些单位外汇有余，而另一些单位外汇短缺的外汇供需失衡的情况。 为了改善外汇供需结构性失衡，我国于 1980 年 10 月批准中国银行及其分行进行外汇调剂，1985 年底在深圳设立了外汇调剂中心，标志着我国外汇调剂市场诞生。 调剂价格以美元兑人民币的贸易内部结算价（1 美元折合 2.8 元人民币）为基础，浮动幅度限制在 10% 之内，由买卖双方议定。 随着我国出口贸易的不断增长，外汇调剂市场的成交额不断扩大，外汇调剂市场与我国官方外汇市场并存，从而形成两个市场、两个汇价并存的局面。

二　1994 年汇率制度改革

　　官方汇率和内部结算价并轨之后，我国经济进入高速发展期，经济也面临转轨，需要相对稳定的人民币汇率。 90 年代初期，大量外商投资我国制造业，对外贸易也成为拉动经济增长的主要马车，此时稳定的汇率制度安排有利于我国经济进一步发展，提升国际对人民币汇率的信心，降低汇率风险。 同时，汇率稳定有利于防范金融风险，特别是在 1997 年亚洲金融风暴时期，稳定的汇率安排对中国抵御外部风险有重要意义。

　　1994 年 1 月 1 日，我国进行了改革开放以来最重要的汇率制度改革。将官方汇率与外汇调剂市场汇率进行并轨，实行银行结售汇制度，建立统一的银行间外汇市场，实行"以市场供求为基础的、单一的、有管理的浮动汇率制度"。

两种汇率并轨的基础在于银行结售汇制度，该制度强制机构、企业或个人在外汇指定银行卖出或购买外汇，中国人民银行按照一定比例幅度对公众结售的外汇进行管理，在比例之内的外汇头寸可以由银行持有，超出比例范围的外汇头寸则需要出售至银行间外汇市场，不足比例范围的部分则需要在银行间外汇市场购入。 通过外汇指定银行在中国外汇交易中心的外汇头寸交易，人民币汇率产生。 中国外汇交易中心于1994年4月在上海成立，实行金融机构会员制。 在外汇交易中心，中国人民银行规定基准汇率和浮动区间，同时以普通会员的身份参与交易，从而直接干预外汇交易中心的人民币头寸，维持汇率的稳定。

三　2005年汇率制度改革

随着我国对外开放、市场经济改革的不断深化，我国的经济对外开放程度不断加深，1996年底实现了经常项目可兑换，外贸依存度和实际利用外资在十余年来大幅提升，高于日本等开放型国家。 资本市场也处于逐步开放阶段，在IMF划分的43个资本交易项目中，超过一半基本不受或受到较少限制。 另外，B股的开放、QFII制度与2001年加入WTO，都说明我国资本市场的开放程度大大提高，资本的流动壁垒大大减少。在国际资本流动壁垒减少、资本流动日益频繁的形势下，原有汇率制度的弹性不足，难以适应经济发展与抵御风险的需要。

2005年7月21日，中国人民银行再次改进人民币汇率形成机制，开始实行以市场供求为基础、参考一篮子货币进行调节、有管理的浮动汇率制度。 新的汇率制度主要包括三个方面的内容。 一是汇率调控的方式。人民币汇率不再盯住单一美元，而是参照一篮子货币、根据市场供求关系来进行浮动。 "一篮子货币"是指按照我国对外经济发展的实际情况，选择若干种主要货币，赋予相应的权重，组成一个货币篮子。 同时，根据国内外经济金融形势，以市场供求为基础，参考一篮子货币计算人民币多边汇率指数的变化，对人民币汇率进行管理和调节，维护人民币汇率在合理均衡水平上的基本稳定。 二是中间价的确定和日浮动区间。 中国人民银行于每个工作日闭市后公布当日银行间外汇市场美元等交易货币对人民币汇率的收盘价，作为下一个工作日该货币对人民币交易的中间价格。每日银行间外汇市场美元对人民币的交易价在中国人民银行公布的美元交易中间价上下 0.3% 的幅度内浮动，非美元货币对人民币的交易价在中国人民银行公布的该货币交易中间价 3% 的幅度内浮动。 三是起始汇率的调整。 2005 年 7 月 21 日 19 时，美元对人民币交易价格调整为 1 美元兑8.11 元人民币，作为次日银行间外汇市场上外汇指定银行之间交易的中间价，外汇指定银行可自此时起调整对客户的挂牌汇价。 2006 年 1 月 3日，我国再次对汇率中间价确定方式进行调整，规定中国外汇交易中心于每日银行间外汇市场开盘前向所有银行间外汇市场做市商询价，并将全部做市商报价作为人民币兑美元汇率中间价的计算样本，去掉最高和最低报价后，将剩余做市商报价加权平均，得到当日人民币兑美元汇率中间价，权重由中国外汇交易中心根据报价方在银行间外汇市场的交易量及报价情况等指标综合确定。 各外汇指定银行在此价格基础上，按照中国人民银行规定的浮动范围制定本行各币种现钞及现汇的买入、卖出价。 根据汇率形成机制，央行干预最多只能影响当日汇率的波动区间，不能影响隔日汇率走势，隔日的汇率中间价波动不受 0.3% 的限制。 汇改之后，市场供求与一篮子货币共同决定人民币汇率形成，汇率形成更多地体现了市场供求的决定性作用。

四　2015 年"8·11"汇改

为了进一步推进汇率市场化改革，我国启动了新一轮汇改，于 2015年 8 月 11 日优化银行间外汇市场人民币兑美元中间价报价机制（简称"8·11"汇改）。 "8·11"汇改初步实现了提升中间价市场化程度的改革目标，抵御了资本流动逆转的冲击。

2014 年前后国内外形势错综复杂。 国内经济增速放缓，金融市场风险提升，面临短期资本流出风险；国际上美联储退出量化宽松，回归正常货币政策，美元汇率强势反弹、欧元区和日本则实行量化宽松压低汇率。

在这样的形势下，人民币兑美元汇率保持稳定会造成人民币对一篮子货币升值，人民币汇率受到高估，进而削弱中国的出口贸易，增加金融市场泡沫，对我国的经济增长和金融市场稳定极为不利。 因此，改进汇率形成机制，增强汇率弹性，让人民币兑美元汇率更充分地反映市场供求情况，则成为"8·11"汇改的目标。

2015 年 8 月 11 日，中国央行宣布做市商参考上日银行间外汇市场收盘汇率，向中国外汇交易中心提供中间价报价，中间价报价机制进一步市场化，更充分反映当期外汇市场的供求关系。 2015 年 12 月 11 日，中国外汇交易中心发布人民币汇率指数（CFETS），加大参考一篮子货币的力度，以更好地保持人民币对一篮子货币汇率基本稳定。 由此进一步强化了以市场供求为基础、参考一篮子货币进行调节的人民币汇率形成机制，兼顾了市场供求指向、保持对一篮子货币基本稳定和稳定市场预期三者之间的关系。

"8·11"汇改后一年，初步实现了提高中间价市场化程度和基准地位的改革目标，抵御了资本流动逆转的冲击，成绩来之不易。

一是汇率形成机制的市场化程度提高。 中间价报价机制参考上日收盘价以及参考一篮子货币的人民币汇率指数发布，标志着人民币汇率形成机制的市场化程度不断提高。 2016 年 2 月，在央行与 14 家报价商深入沟通的基础上，明确了"上日收盘价 + 一篮子货币汇率变化"的人民币兑美元汇率中间价定价机制，体现了中间价形成机制的市场化和透明度越来越高。

二是中间价基准地位进一步增强。 汇改之前，境内银行间市场人民币兑美元交易价较大偏离了中间价，且长期在贬值区间，汇率中间价的代表性不强。 如果进一步扩大汇率浮动区间，交易价持续偏离中间价甚至可达 2% 以上。 这可能构成双重汇率安排，也有违国际货币基金组织协定第八条款的一般义务。 "8·11"汇改以后，交易价相对中间价，以及开盘价相对中间价的偏离趋于收敛。

三是央行市场沟通能力得到提高。 我国外汇市场已具有明显的多重均衡特征，市场预期对跨境资本流动、人民币汇率走势具有重大影响。

"8·11" 汇改后，我国央行从初期的少说多做，到后来的边做边说，在市场沟通方面做了大量卓有成效的工作。

四是人民币汇率双向浮动弹性明显增强。 人民币兑美元双边汇率弹性进一步增强，双向浮动的特征更加显著，汇率预期总体平稳。 "8·11" 汇改后的人民币兑美元汇率中间价波动率接近部分亚洲货币水平，汇率弹性加大有效分化了市场预期，发挥了弹性汇率自动稳定器的作用。

五　中间价形成机制进一步完善

下一阶段，中国人民银行将进一步完善人民币汇率市场化形成机制，加大市场决定汇率的力度，增强人民币汇率双向浮动弹性，保持人民币汇率在合理、均衡水平上的基本稳定。 随着汇率市场化改革持续推进，近年来人民币汇率中间价形成机制不断完善。 2017 年 2 月，外汇市场自律机制将中间价对一篮子货币的参考时段由报价前 24 小时调整为前一日收盘后到报价前的 15 小时，避免了美元汇率日间变化在次日中间价中重复反映。 中间价形成机制不断完善，有效提升了汇率政策的规则性、透明度和市场化水平，在稳定预期方面发挥了积极作用，得到了市场的认可和肯定。

2017 年 5 月，针对全球外汇市场和我国宏观经济运行出现的新变化，经充分研究讨论，外汇市场自律机制核心成员一致同意在中间价报价模型中增加逆周期因子，适度对冲市场情绪的顺周期波动，使中间价报价更充分地反映我国经济运行等基本面因素，更真实地体现外汇供求和一篮子货币汇率变化。 从运行情况看，新机制有效抑制了外汇市场上的羊群效应，增强了我国宏观经济等基本面因素在人民币汇率形成中的作用，保持了人民币汇率在合理均衡水平上的基本稳定。

第二节　外汇管理改革

我国跨境资金流动规模不断扩大，市场主体的用汇需求也随之增加，因此，满足市场主体日益增长的贸易和投资便利化需求是外汇管理改革的重要任务。 外汇管理是一国货币当局或其他授权机构对外汇收支、买卖、借贷、转移等行为的管理。 我国外汇管理的职责主要包括：负责经常项目、资本和金融项目的资金收付和汇兑管理，负债国际收支、对外债权债务统计监测，负责外汇市场发展和监管，承担国家外汇、黄金储备以及其他外汇资产的经营管理，并依法实施外汇检查和处罚等。

1949 年新中国成立之初，我国实行严格的计划经济，国家对外汇收支实行统一的指令性管理。 这一时期，所有外汇收入必须结售给国家，用汇则实行计划分配。 改革开放后，外汇管理体制沿着社会主义市场经济体制改革的方向，不断增强市场在外汇资源配置中的决定性作用。1994 年的外汇体制改革，取消了外汇双轨制，建立了全国统一的外汇市场。 1996 年，我国正式接受《国际货币基金组织协定》第八条款义务，实现了人民币经常项目完全可兑换。

21 世纪以来，外汇管理积极适应我国加入 WTO、人民币汇率机制改革、人民币国际化等重大部署，持续推进重点环节的改革，提升了外汇管理的有效性和履职能力。 总体来看，21 世纪的外汇管理改革基本解决了长期制约我国经济发展的外汇短缺难题，更好地满足了市场主体利用国际和国内两个市场、两种资源的需要，外汇管理统筹便利化和防风险的理念深入人心，外汇管理服务实体经济的效率和水平明显提高，保障经济金融安全的能力不断增强，为抵御 2008 年国际金融危机以及平抑外汇市场波动发挥了十分重要的作用。

改革开放 40 年以来，我国外汇管理改革历程可以分为四个阶段。

一　促进贸易投资便利化（2000 ~ 2004 年）

21 世纪伊始，为了抓住全球化发展的战略机遇，2001 年底我国正式加入世界贸易组织（WTO），全方位对外开放格局基本形成。 当时国际收支保持经常项目、资本和金融项目"双顺差"，外汇储备快速增长。在人民币汇率形成机制改革启动之前，我国外汇管理率先发力，遵循均衡管理的思想，逐渐将管理重心转向促进贸易投资便利化。

（一）推进以贸易便利化为重点的进出口核销改革

这一时期，先后推出了"出口收汇核销网上报审系统"和中国电子口岸（出口收汇和进口付汇系统），实现了进出口核销数据的电子化采集、共享和监管。依托以上系统，企业可以通过互联网办理出口收汇核销手续，降低管理成本。在系统科技化改造的基础上，外汇管理部门开展差额核销、总量核销等进出口核销制度改革试点，为改革事前货物流与资金流逐笔对应的管理模式打下基础。

（二）不断简化服务贸易用汇审核手续

将审核权限交给银行，允许等值 5000 美元以下服务贸易售付汇不再提交税务凭证；允许因交易方式灵活而无法逐笔提供合同、发票的小额服务贸易售付汇免交相关凭证。

（三）多次放宽居民个人用汇范围和额度

为满足个人合理的经常项目用汇需求，多次调整境内居民个人经常项目下因私购汇指导性限额，将个人购汇额度逐步提高至等值 5000 美元和等值 8000 美元；大幅简化个人自费留学项下购汇凭证；允许境内居民个人外币卡在境内用于经常项目下的消费；将个人因私购汇业务从中国银行扩大到所有中外资外汇指定银行。

二　服务人民币汇率形成机制改革（2005~2008 年）

2005 年至 2007 年初，国际流动性宽松，全球经济保持平稳发展势头，直到 2007 年年中美国房地产价格泡沫破裂引发了次贷危机，并在2008 年演变成为国际性金融危机。发达国家和新兴经济体的力量对比发生了显著变化。国际金融危机深刻地改变了国际经济力量对比，我国综合国力大幅提升，对外开放迈上新台阶，进出口总额位居世界第二位，利用外资水平长期居世界前列。受此影响，我国国际收支继续保持经常项目、资本和金融项目"双顺差"格局，外汇储备规模大幅增长，人民币汇率升值压力加大。

这一时期也是我国对内对外开放加快推进的时期。根据党中央、国务院的部署，2005 年 7 月 21 日，中国人民银行启动人民币汇率市场化形成机制改革。 以 2005 年人民币汇率形成机制改革为契机，通过扩大市场主体、增加交易方式、推出外汇衍生产品、改进汇价管理体系等多项配套措施，大力发展外汇市场。

(一)拓展外汇市场交易主体

为提高汇率形成的市场化程度，央行决定扩大银行间即期外汇市场交易主体范围，允许符合条件的非银行金融机构和非金融企业按实需原则参与银行间外汇市场交易。 2005 年 8 月 10 日中国人民银行发布《关于加快发展外汇市场有关问题的通知》，决定推出上述有关改革措施，进一步推进我国银行间外汇市场的发展。 截至 2008 年末，中化集团、中石化财务公司等四家"两非"机构进入银行间市场。 总体上，我国外汇市场交易主体不断丰富，银行间即期外汇市场、远期市场、外汇掉期市场和货币掉期市场会员数量稳步增长。

(二)建立合格机构投资者制度

2002 年 11 月 5 日，经国务院批准，中国证监会和中国人民银行发布了《合格境外机构投资者境内证券投资管理暂行办法》，并于当年 12 月 1 日正式实施。 这标志着合格境外机构投资者（Qualified Foreign Institutional Investor，QFII）制度在我国正式进入操作阶段。

2003 年 5 月 23 日，瑞士银行和野村证券株式会社成为首批取得证券投资业务许可证的合格境外机构投资者，2003 年 7 月 9 日，瑞士银行通过电话下达了交易指令，意味着 QFII 正式在我国证券市场上实际参与投资。 过去十几年，QFII 在我国的审批数量、投资额度、机构种类都在不断增多，获批的机构包括银行、证券公司、资产管理公司、基金会、养老基金、慈善基金等。

(三)取消强制结售汇制度,大力推进经常项目便利化改革

2008 年，修订后的《外汇管理条例》明确企业和个人可以按规定保留外汇或者将外汇卖给银行。 这意味着强制结售汇制度正式退出历史舞台。 2009 年以来，为进一步促进贸易投资便利化，提高政策透明度，外汇管理部门大力开展法规清理，共宣布废止和失效 400 余个外汇管理规范性文件。 涉及强制结售汇的规范性文件被宣布废止、失效或修订。 目前，强制结售汇政策法规均已失去效力，实践中不再执行。

1. 取消经常项目外汇账户限额管理

这一时期，长期困扰我国经济发展的外汇资源短缺问题得到了极大缓解，给经常项目外汇账户管理改革创造了条件。 为切实满足企业用汇需求，降低企业财务成本，2004 年 3 月，国家外汇管理局提高经常项目外汇账户限额，将企业可保留经常项目现汇的比例由 20% 提高到 30% 或 50%。 2005 年 2 月，国家外汇管理局发布《关于调整经常项目外汇账户限额管理办法的通知》，对经常项目外汇账户限额管理办法做出重要调整：将境内机构超限额结汇期限由 10 个工作日延长为 90 日，允许境内机构在其经常项目外汇账户余额超出核定限额后的 90 日内仍可保留其外汇资金。 对于因实际经营需要而确需全额保留经常项目外汇收入的进出口及生产型企业，可以按企业实际外汇收入的 100% 核定经常项目外汇账户限额。2006 年，取消开户事前审批，允许企业按上年经常项目外汇收入的 80% 和经常项目外汇支出的 50% 之和核定限额，可保留外汇额度进一步提高，允许有进口支付需求的企业提前购汇。 2007 年，完全取消了企业经常项目外汇账户限额管理，境内机构可根据经营需要自行保留经常外汇收入。

2. 对个人实行 5 万美元便利化结售汇额度

2005 年，提高境内居民个人经常项目因私购汇指导性限额并大幅简化购汇凭证。 2006 年，改进居民个人购汇管理方法，实行年度总额管理，取消购汇、核销限制。 2007 年 2 月，正式实施《个人外汇管理办法》，系统地规范了个人、外汇收支、结售汇、外汇账户及个人外汇业务等各个环节，充分便利了个人外汇收支。 5 万美元额度内可通过银行柜台、自助终端等渠道直接办理，超过等值 5 万美元以上的，只要有真实背景，也可凭交易凭证前往银行柜台办理。

（四）放宽对外投资渠道

2005 年 7 月的人民币汇率形成机制改革成为推动人民币资本项目可兑换进程的重要力量，这一时期虽然面临美国次贷危机等严重的外部冲击，但作为我国金融业对内对外开放的重要举措，在有效防范风险的前提下，人民币资本项目可兑换稳妥有序推进，尤其是在证券投资等长期监管较为严格的领域，开放的大门已经打开。

1. 继续推进境外直接投资外汇管理改革

自 2006 年以来，外汇管理部门进一步推进境外直接投资外汇管理改革，扩大境内企业境外直接投资外汇来源，取消购汇额度限制，对外直接投资的相关业务不再需要办理外汇审批，直接投资可兑换程度大幅提高，进一步满足了企业境外投资发展需要。

2. 推出合格境内机构投资者(QDII)制度

为有序引导跨境资本流出，2006 年我国推出了证券投资流出方向的新制度——合格境内机构投资者（Qualified Domestic Institutional Investor，QDII）制度，允许银行、保险公司、证券经营机构以自有资金或代客资金购汇展开境外证券投资；2007 年拓宽 QDII 主体范围，提高投资额度，扩大产品范围，审慎把握审批节奏，督促投资主体加强风险提示和信息披露，促进合格境内机构投资者向下资金平稳有序流动。

3. 扩大合格境外机构投资者(QFII)额度

为了满足境外投资者的需要，2005 年 7 月和 2007 年 12 月，合格境外机构投资者总额度两次扩容，从 40 亿美元到 100 亿美元，再到 300 亿美元，同时提高单家 QFII 投资额度，进一步完善资金汇兑和账户管理，支持和鼓励境外中长期投资者在境内进行证券投资，引导 QFII 合理调整资产摆布，改善主体结构，促进国内资本市场发展。

4. 开放境内机构到境外市场发行债券

2007 年出台的《境内金融机构赴香港特别行政区发行人民币债券管理暂行办法》，为国内机构"走出去"提供政策支持，满足了国内企业利用境外低成本资金的需求。2007 年 6 月，国家开发银行在香港发行"国开行债券 2009"，成为第一家在境外发行人民币债券的金融机构。

三　外汇管理理念和方式五个转变(2009~2015 年)

国际金融危机的发酵导致全球经济疲软，而我国经济则保持高速发展，从而成为全球第一贸易和对外投资大国。这一时期，我国跨境资本流动出现较大的波动，经历了从持续流入到逐渐回落的过程。2009~

2013 年，西方发达国家经济体的多轮量化宽松政策导致全球流动性过剩，过剩资金流向我国，我国国际收支继续保持"双顺差"格局。 发达国家货币政策分化，随着美联储退出量化宽松政策，美元指数持续走强，跨境资本回流美国，我国外汇形势趋向基本平衡，国际收支转向经常项目顺差、资本和金融项目逆差"一顺一逆"的格局。

面对经济形势的新状况、新特点，党的十八届三中全会明确提出，经济体制改革的核心问题是处理好政府和市场的关系，使市场在资源配置中起决定性作用，推进依法行政和简政放权，扩大金融业对内对外开放，有序提高跨境资本和金融交易可兑换程度。 2009 年，国家外汇管理局提出外汇管理理念和方式"五个转变"，即从重审批转变为重监测分析，从重事前监管转变为强调事后管理，从重行为管理转变为更加强调主体管理，"有罪假设"转变到"无罪假设"，从"正面清单"转变到"负面清单"。

"五个转变"是对传统外汇管理理念的重要扬弃，外汇管理改革步伐开始提速，简政放权力度逐渐加大，境外投资外汇管理改革走在了前列。

从经常项目管理来看，货物贸易外汇管理用总量核查取代过去对年均4500 万笔的进出口收付汇逐笔核销，行政许可项目减至两大项 4 小项；服务贸易购付汇管理已实现零审批，所有服务贸易购付汇均可在金融机构直接办理，单笔等值 5 万美元以下的每年近 1500 万笔的服务贸易收付汇业务无须审核单证。 货物贸易和服务贸易跨境收支占到经常项目收支总量的 96%，这意味着绝大多数经常项目交易都享受到了简政放权带来的改革红利。

从资本项目管理来看，国家外汇管理局加快构建以登记为核心的管理新框架，取消了直接投资、外债以及跨境担保等项下不必要的行政许可项目，每年可减少企业到外汇局约 5 万次行政审批。 资本项下行政许可项目从 2009 年的 59 个子项减至 20 个子项，降幅近 70%。 这些简政放权举措，极大地激发了市场活力，让市场主体切实享受到了实惠，有力地促进了中国经济和中国企业国际竞争力的提升。

货物贸易外汇管理改革后，每年可减少企业到外汇局购付汇审批约5000 次，企业单笔平均收、付汇时间分别缩短 70% 和 85%，投入的人力资源减少了 1/3，每年可为企业节省人工、交通等费用近 48 亿元人民币。服务贸易改革后，企业办理业务的时间由原先的 20 分钟以上缩短为 5 分钟。

直接投资简政放权措施出台后，外商投资企业外汇登记业务、外国投资者出资确认登记业务平均耗时较改革前分别减少 16.7% 和 66.7%。取消外债、对外担保、外债转贷款相关审批后，扩大了企业跨境投融资自主权，有利于企业合理利用"两种资源、两个市场"，有助于缓解融资难、融资贵问题。

在大规模清理法规文件方面，国家外汇管理局坚持以向市场主体提供简洁透明的市场规则为原则。烦琐复杂的法规文件容易导致市场主体看不懂、学不会、做不了，是影响市场主体创业发展的另一道"玻璃门"。为此，近年来，国家外汇管理局以削减行政审批、转变管理方式为契机，加快总局和分局、各个条线管理法规的清理和整合。例如，货物贸易外汇管理改革共废止 123 个规范性文件，最终形成以一个指引、一个细则和一个规程为架构的货物贸易外汇管理法规体系。近年来，国家外汇管理局总局宣布废止和失效的规范性文件超过 700 件，削减幅度超过六成；分局宣布失效或废止的规范性文件达 2 万余件，仅保留 180 余件。[①]

四 便利化与防风险并举(2016 年至今)

这一时期，国内外经济环境发生了深刻变化，全球经济增长趋缓，我国经济步入新常态。从外部看，美国经济率先复苏，进入加息周期，美元指数不断走强，国际金融市场波动加剧；从内部看，我国经济正面临速度换挡和动能换挡，经济发展步入新常态，金融业出现部分脱实向虚倾向，风险隐患不容忽视。外汇市场是我国金融市场的重要组成部分，从 2015 年下半年开始，我国外汇形势发生了深刻的变化，国际收支由延续多年的"双顺差"格局，转变为经常项目顺差、资本和金融项目(不含储备资产)逆差的格局，跨境资金从净流入转为基本平衡再到净流出。

---

① 易纲：《外汇管理方式的历史性转变》，《中国金融》2014 年第 19 期，第 15～18 页。

国务院高度重视金融风险和金融安全问题，党的十九大以来，习近平总书记多次对金融工作做出重要论述，明确指出防止发生系统性风险是金融工作的永恒主题。外汇市场作为金融市场的重要组成部分，外汇管理部门将防范化解外汇领域的各种风险隐患放到了更加重要的位置，坚持综合平衡、科学监管，切实维护国际收支平衡和外汇市场稳定。

（一）提升贸易投资便利化水平

在外汇市场受到高强度冲击的情况下，外汇管理部门坚持改革开放的理念不动摇，按照既有利于眼前平衡外汇收支和防范跨境资本流动风险，又有利于长远推动金融市场开放和资本项目可兑换的原则，侧重推进流入端改革，起到了用改革红利对冲风险，促进外汇市场平衡的作用。

1. 推动银行间债券市场加速双向开放

债券市场的开放包括对外和对内两个方向，一方面允许更多的境外机构"走进来"，另一方面也引导和鼓励境内主体"走出去"。自从2013年央行允许RQFII和QFII申请进入银行间债券市场之后，中国人民银行先后放开了人民币业务清算行、境外参加行以及境外央行、国际金融组织、主权财富基金在银行间市场的交易限制，并将RQFII试点地区进一步扩大到泰国、马来西亚。据中债数据统计，截至2016年末，已有180家境外机构基金在中国人民银行上海总部注册备案。境外机构在债券市场的可交易品种也日益丰富，除了可以在银行间债券市场进行现券交易和回购交易之外，还可以开展债券借贷、债券远期以及利率互换等衍生品种的交易。

2. 扩大证券市场双向开放

2016年以来，我国资本市场双向开放稳中求进，取得很多积极进展，外国投资者进入中国资本市场的渠道日益完善。内地与香港股票、债券市场互联互通顺利推出，平稳运行；QFII、RQFII规模逐步扩大，制度持续完善；熊猫债券发行取得积极进展；我国期货市场也将逐步引入境外投资者参与原油、铁矿石等特定品种的期货交易。2017年6月，A股成功纳入MSCI指数，2019年4月起中国国债和政策性银行债券将被纳入彭博巴克莱全球综合指数，中国债券将成为继美元、欧元、日元之后的第四大计价货币债券。2018年3月，我国首个以人民币计价的国际化期货品种——原油期货合约在上海期货交易所挂牌交易。

3. 建立健全开放有竞争力的境内外汇市场

"8·11"汇改后，我国继续开放境内银行间外汇市场。在银行间外汇市场推出标准化人民币外汇远期和期权交易试点，开展外汇掉期冲销业务增强市场活跃程度，允许银行为机构客户办理差额交割的远期结汇业务，满足企业管理外币资产汇率风险的需要；引导有代表性的合格境外机构进入银行间外汇市场，引进合格境外机构参与境内外币拆借业务，丰富银行间外汇市场交易主体；继续支持和推动为市场自律，保障外汇市场运行秩序；配合境内债券市场开放的需要，允许银行间债券市场合格境外机构投资者参与境内外汇衍生品市场，便利债券投资项下汇率风险管理，增强债券市场性；计划增加合格境内有限合伙人（QDLP）和合格境内投资企业（QDIE）境外投资总额度；根据上海及深圳两地试点的需求及外汇形势考虑增加两地额度。

4. 完善全口径跨境融资宏观审慎管理政策

将全口径跨境融资宏观审慎管理政策推广至全国，允许企业在与其资本或净资产挂钩的跨境融资上限内，自主开展本外币跨境融资，此项政策便于中小企业及民营企业有效利用境外低成本融资，进一步降低成本，激发市场活力。

（二）深化外汇管理简政放权

1. 深化外汇管理"放管服"改革

为贯彻落实国务院有关简政放权、放管结合、优化服务改革措施等要求，进一步促进贸易政策便利化，国家外汇管理局2009年以来已废止和失效900余件外汇管理文件。2017年12月，国家外汇管理局发布《国家外汇管理局关于宣布废止失效6件外汇管理规范性文件的通知》，进一步加大法规清理力度，宣布废止2件、失效4件外汇管理规范性文件。此6件外汇管理规范性文件主要涉及个人外汇业务和外汇系统建设，所废止失效内容或根据当前"多证合一"等"放管服"改革要求废止，或相关监管要求已被新的规范性文件替代，或为阶段性工作已与当前管理实际不符，均不涉及新的政策调整。

2. 便利资本项目结汇

为满足和便利境内企业经营与资金运作需要，促进跨境投融资便利化，国家外汇管理局推出多项便利资本项目结汇的政策，主要包括以下几个方面：全面实施外债资金意愿结汇管理，企业可自由选择外债资金结汇时机；统一境内机构资本项目外汇收入意愿结汇政策；明确境内机构资本项目外汇收入及其结汇资金的使用应符合外汇管理相关规定，对资本项目收入的使用实施统一的负面清单管理模式，并大幅缩减相关负面清单；扩大境内外汇贷款结汇范围，允许具有出口背景的境内外汇贷款办理结汇，解决部分中小型外贸企业融资难题。

（三）防范跨境资金流动风险

2015 年底，我国出现了较为严重的跨境资本流出，外汇储备持续下降，人民币贬值压力不断增大，外汇市场形势异常严峻复杂。 中国人民银行会同相关部门采取一系列稳定外汇市场的综合性举措，有效打破了外汇市场的负向螺旋，维护了外汇市场稳定和国家经济安全，经受住了跨境资本流出冲击的考验。

1. 加强真实性合规性管理

一是明确货物贸易离岸转手买卖单证审核要求，同一笔离岸转手买卖业务应在同一家银行网点采用同一币种（外币或人民币）办理收支结算；B 类企业暂停办理离岸转手买卖外汇收支业务。 二是完善直接投资外汇利润汇出管理。 明确银行为境内机构办理等值 5 万美元以上（不含）利润汇出业务的单证审核要求。 三是规范货物贸易风险提示函制度，对货物贸易外汇收支异常的企业提示风险。

2. 强化对外直接投资的管理

2015 年，我国直接投资出现拐点，对外直接投资首次超过实际利用外资。 对外直接投资有利于促进我国产业结构升级，参与国际产能合作，实现互利共赢，但非理性对外投资加大了企业的经营风险，引发了国际担忧，也恶化了我国外汇市场环境。 有鉴于此，国家外汇管理局会同国家发改委、商务部等相关部门，分类管控、合理引导并购类境外投资有序流出，密切关注房地产等五类企业以及大额非主业投资等四种现象，促进对外投资健康有序发展。

3. 完善个人外汇业务"关注名单"管理

将存在借用他人额度办理结售汇行为的个人，直接列入"关注名单"；对出借本人额度协助他人进行分拆结售汇的个人进行风险提示，若再次出现该类行为则将其列入"关注名单"。强化对"关注名单"的管理和非现场监测分析功能。以前个人"关注名单"是由各家银行根据国家外汇管理局统一下发的关于"分拆结售汇"的一些标准单独产生的，对全国各银行并不统一适用。系统上线之后由国家外汇管理局集中采集、集中分析、集中发布，适用于全国各家银行。

4. 创新完善事中事后管理方式

建立外汇市场自律机制，推动银行执行外汇管理政策法规，自觉接受自律机制文件约束。利用自律机制平台，指导银行学习同业最佳实践，落实外汇业务展业要求，切实强化金融机构防范风险主体责任。

第三节 外汇储备经营管理

外汇储备是我国重要的金融资产和战略资源，在国民经济发展中发挥保障对外支付、维护汇率稳定和国家经济金融安全等不可替代的作用。自 1994 年以来，外汇储备一改过去"规模小、不稳定"的状况，呈现储备规模快速与大幅度增长、储备结构多元化、储备投资风险不断加大的态势。国务院总理李克强在非洲访问期间提出："比较多的外汇储备已经是我们很大的负担，因为它要变成本国的基础货币，会影响通货膨胀。"要盘活存量、控制存量，把负担变成财富，需要做好外汇储备的经营管理。我国以规范化、专业化、国际化为目标，逐渐探索出一条有中国特色的外汇储备经营管理之路，拓展了大规模外汇储备的多元化投资和运用，大力支持"一带一路"倡议和"走出去"战略，树立了专业化的大国投资者形象，始终将风险防范放在首位，化解了百年不遇的次贷危机和欧债危机，实现了外汇储备资产的安全、流动和保值增值，维护了国际收支的基本平衡和国家经济金融安全与稳定。

我国外汇储备管理模式为国务院、中国人民银行、国家外汇管理局三级决策授权体系。 国务院授权中国人民银行负责持有、管理和经营外汇储备，中国人民银行授权其下属的国家外汇管理局来承担对外汇储备进行专业化管理、经营的职责。

一　我国外汇储备发展历程

由于国内外经济、金融形势复杂多变，外汇储备规模的波动属于正常现象，影响外汇储备规模的因素主要有央行干预、外汇储备投资标的资产的价格波动和美元汇率的波动等。 改革开放以来，外汇储备在支持"走出去"等方面的资金运用记账时会从外汇储备规模内调整至规模外，反之则相反。 我国经济增长的稳定性和协调性在不断提升，持续保持经常项目顺差、金融体系稳定的局面，这些因素促使我国外汇储备规模始终保持在合理充裕的水平上。

（一）起步阶段：实现从无到有（1979～1993 年）

这一阶段是我国外汇储备从无到有的起步阶段。 外汇储备在这一时期波动上升，1981～1984 年上升速度较快，1985 年之后增速逐步回落至1981 年的水平，在经历 10 年的波动之后，直至 1989 年外汇储备才步入稳步增长的时期。 总的来看，这一时期我国外汇储备虽然经历了从无到有的起步，但是规模依旧较小，占全球外汇储备的比例也较小，1985 年仅为0.55%。

这一时期外汇储备规模较小且波动较大的原因有两个。 第一，我国刚启动改革开放，还处在探索阶段，还存在诸多历史遗留问题亟待解决。当时的外汇体制为计划经济下的粗放管理方式，相关的法律法规还不健全。 第二，1980 年以来我国实行留成额度调剂机制，该方法对调剂业务进行了严格的行政约束，调剂业务的活跃度受到制约，限制了外汇市场的发展。 直到 1987 年和 1988 年国家在深圳和上海设立外汇调剂中心，买卖竞价和价格自由浮动才得以实现，外汇调剂业务才得到发展，1989～1993年外汇储备较 1979 年规模翻了一番。

(二)稳步增长期(1994～2006年)

随着改革开放的不断深化和市场经济的不断发展,当时的外汇体制逐步显现出弊端。 为了改革外汇体制,国家启动了影响深远的1994年汇率制度改革,同时对外汇管理体制也进行了改革。 除了官方汇率与外汇调剂市场汇率并轨之外,还取消了经常项目下正常用汇审批,实行银行结汇、售汇制度,并建立了银行间外汇交易市场,取消了外汇收支指令性计划等。 1994年启动的改革极大地调动了国内企业"走出去"的积极性,同时由于汇率制度改革导致人民币贬值,这一时期我国出口和对外直接投资高速增长,出现了国际收支经常项目、资本和金融项目"双顺差",外汇储备大规模增加。 1996年12月,我国履行IMF协定义务,实现经常项目下人民币的可兑换,进一步激活经常项目下的交易。 2001年中国加入WTO为我国对外贸易和外商投资带来了巨大的发展空间,2002年我国实际使用外商直接投资527.43亿美元,增长12.5%,成为当年外商直接投资最多的国家,并在2005年5月至2006年10月实现连续贸易顺差。这是当时外汇储备稳步增长的直接原因。 图8-1为1994～2006年我国外汇储备规模。

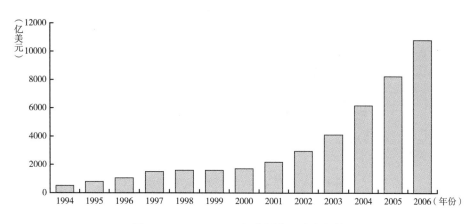

图8-1　1994～2006年我国外汇储备规模

资料来源:国家统计局。

(三)快速增长期(2007年至2014年6月)

2007～2009年,为了应对国际金融危机,我国实行了较为宽松的货币政策，国际资金向我国的流入速度加快。 这一时期，我国国际收支经常项目、资本和金融项目保持"双顺差"，外汇储备快速增长。

2010～2012 年，欧元区主权债务危机的爆发导致风险蔓延，全球经济复苏曲折缓慢。 以美国、日本、欧洲为主的发达经济体实施量化宽松和一系列经济刺激措施，向市场投放大量流动性。 美联储承诺到 2014 年底都实行超低利率政策，并卖出短期国债、买入长期国债；欧洲央行启动首轮三年长期再融资操作，欧洲量化宽松货币政策拉开了序幕。 受国际经济形势影响，我国外汇流入面临较大压力。 2010 年末，外汇储备资产规模达到 28473 亿美元，比上年增长 4481 亿美元；2011 年和 2012 年，我国外汇储备资产增速分别放缓至 12% 和 4%（见图 8－2）。

2013 年至 2014 年 6 月，全球经济开始复苏，国际金融市场动荡，我国的外汇流入速度再一次加快，我国外汇储备再次进入高速增长阶段。 2013 年外汇储备规模增速恢复到 13%，并于 2014 年 6 月达到 3.99 万亿美元，创下了外汇储备规模的历史高点（见图 8－2）。

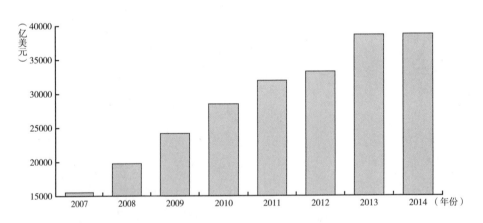

图 8－2　2007～2014 年我国外汇储备规模

资料来源：国家统计局。

(四)区间波动期(2014 年 7 月至今)

从 2014 年 7 月起，我国外汇储备规模结束了持续高速增长时期，进入高位波动下跌阶段。 2015 年较 2014 年下降 5126 亿美元，2016 年较 2015 年下降 3198 亿美元。 进入 2017 年，外汇储备规模开始增长，我国跨境资金流动和外汇市场供求基本平衡，人民币汇率稳中有升，外汇储备规模在 2017 年 2～5 月保持连续 4 个月上升，全年较 2016 年上升 431 亿美元（见图 8 - 3）。 虽然我国外汇储备不时会经历小幅下降，但无论是从绝对规模还是其他充足性指标来看，我国外汇储备规模都是充裕的。

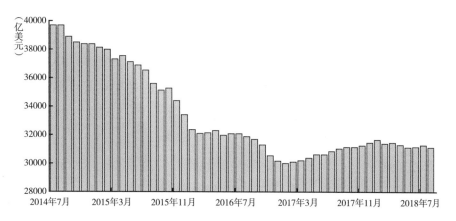

图 8 - 3　**2014 年 7 月至 2018 年 7 月我国外汇储备规模**

资料来源：国家统计局。

二　外汇储备经营管理改革

（一）坚持多元化、分散化投资原则

2003 年成立中央汇金投资有限责任公司，运用外汇储备向中国银行等四家商业银行注资，开启了外汇储备多元化运用的先河。 2007 年，国务院决定由财政部发行特别国债购买 2000 亿美元外汇储备，注入新成立的中国投资有限责任公司（以下简称中投公司），并把中央汇金公司并入中投公司，探索分流储备、提高回报和支持企业"走出去"的外汇储备运用新方式。 随后，国家外汇管理局也进行了一系列探索，相继成立华安公司、华新基金、华欧基金与华美基金等多家区域基金进行多元化分散投资，业务线也从传统的固定收益产品扩张到公开市场股票、对冲基金、私募股权投资基金与基础设施投资等多个领域。 此外，国家外汇管理局还成立了梧桐树投资平台有限责任公司，入股丝路基金，参与发起国新基金，积极开展外汇储备委托贷款，支持中国企业"走出去"。

1. 构建分散化的投资组合

外汇储备多元化对策要求外汇储备运营从 20 世纪末的单纯投资美国国债转到目前的"市场主体 + 资产结构 + 运营模式 + 战略投向"等多元化投资。 十几年来，我国积极进行全球范围内的外汇储备多元化配置，广泛涉及全球主要经济体的资产和货币，投资足迹横跨包括亚非拉在内的 70 多个国家和地区，货币资产摆布从 20 世纪的以美元和短期政府债务为主，扩展到涵盖 30 多种货币、50 多类资产品种、6000 多家投资对象。不同货币和资产间市场价格此消彼长、互补平衡的效果明显，确保外汇储备价值基本稳定，风险承受能力大幅提升。

2. 加强多元化投资的风险防范

在实施多元化投资过程中，外汇储备经营管理并非无原则和无条件地进行多元化，而是基于底线原则，积极把握市场时机稳固向前推进。 一是尊重市场规则和行业惯例，按照市场化原则和条件开展财务投资，维护和促进国际金融市场的稳定和发展。 二是不进行短期投机，牢牢守住防范风险的底线。 以美国次贷危机为例，危机前金融市场已经出现了市场盲目乐观、过度繁荣、风险低估的情况，但美国对外汇储备经营管理的理念始终保持审慎态度，没有涉足次贷衍生品等高风险产品，从而保障了外汇储备资产的总体安全。

3. 完善多元化投资的全球经营平台

为了拓展外汇储备的投资市场，外汇管理部门先后在各大国际金融中心设立驻外机构，包括新加坡、香港、伦敦、纽约、法兰克福等，构建全球市场信息与人员的全覆盖网络，实现全球范围内 24 小时连续经营。 驻外机构成为外汇储备多样化、分散化投资的主要平台，提升了在不同时期和不同市场的外汇储备投资管理能力。

（二）建立健全系统化的投资基准管理体系

作为全球最大规模的外汇储备，我国外汇储备的管理在国际市场上找不到现成的方法，需要经营团队深入思考，不断摸索探寻具有中国特色、适应时代变化的管理模式。 我国于 2001 年引入了国际通行的外汇储备管理的投资基准管理体系，针对外汇储备管理目标的要求、目标和市场状况，收集历史数据对市场发展趋势进行预测，不断优化投资结构和工具。次贷危机后，我国适时总结危机应对经验，分层深化基准管理模式，将投资基准管理体系进一步系统化和层次化，经营管理向更具战略性、更加市场化的方向深入发展。

(三)始终坚守防风险底线

防止发生系统性金融风险，是金融工作的永恒主题。外汇储备经营管理始终将风险防范放在首位，立足"增值保值"和"不发生重大操作风险事件"双重底线，按照"系统决策、分散投资、预防为先、审慎评估"的核心逻辑，不断优化风险管理和内部控制框架、方法工具和手段，实现对外汇储备经营全方位的风险控制。

(四)稳妥推进外汇储备多元化运用

1.探索和拓展多元化运用渠道

外汇储备管理坚持贯彻落实国家战略部署，不断深化多边双边投融资合作，大力支持企业"走出去"，为服务实体经济发挥了积极、重要的作用。2003年，建立中央汇金投资有限责任公司，支持国有商业银行改革。2007年配合国家设立中国投资有限责任公司，2011年成立外汇储备委托贷款办公室，2013年注资国新公司，2014年组建丝路基金，2015年注资国家开发银行、中国进出口银行等。开辟拓宽委托贷款、股权注资等各类渠道，向商业银行、政策性银行等金融机构和实体经济部门提供外汇资金，形成权责明晰、目标明确、层次丰富、产品多样的外汇储备运用机制，重点支持了"一带一路"、国际产能和装备制造合作、资源能源、企业"走出去"、重点领域进出口等，服务实体经济发展。

2.开展多层次的国际合作

中国更多地参与国际治理逐渐成为多数国家的共识。"世界那么大，问题那么多，国际社会期待听到中国声音、看到中国方案，中国不能缺席。"①金融危机期间，我国利用外汇储备配合国际援助，认购了国际货币基金组织和世界银行下属国际金融公司债券。2010年起设立了东盟十国与中日韩三国（10＋3）区域外汇储备库，参与建立金砖国

---

① 摘自国家主席习近平2016年新年贺词。

家应急储备安排。 2013 年开始与国际金融公司、泛美开发银行、非洲开发银行等国际多边机构合作设立联合融资基金。 2014 年以来，组建并积极支持丝路基金、中拉产能合作投资基金、中非产能合作基金，服务 "一带一路"、国际产能和装备制造合作等。 2015 年以来，全力支持人民币加入国际货币基金组织特别提款权（SDR）货币篮子，按照 IMF 数据公布特殊标准（SDDS）公布外汇储备相关数据，稳步推进外汇储备信息披露。

第四节　资本项目开放

十九大报告指出，要主动参与和推动经济全球化进程，发展更高层次的开放型经济。 推进资本项目开放进程将为构建全方位对外开放格局增添新动力。 资本项目实际上指的是国际收支平衡表中用来记录国际资本流动的 "资本和金融账户"，反映跨境资本的输入和输出，即一国同其他国家或地区的金融资产交易，表现为一国对外金融资产和负债的变动。

资本项目可兑换与《国际货币基金组织协定》对 "经常项目可兑换" 有明确定义不同，国际上迄今尚无严格、标准的定义。 一般而言，资本项目可兑换是指取消对跨境资本交易（包括转移支付）和汇兑活动的限制。 因此，资本项目可兑换是一项系统工程，不仅涉及与资金流动、货币兑换直接相关的金融、外汇部门，还涉及与资本交易、资本市场直接相关的其他管理部门。

一　中国资本项目开放的历程

我国资本项目开放的历史大致分为四个阶段：首先是计划经济体制下的完全封闭，其次是社会主义市场经济建立初期的试探性改革，再次是加入世贸组织后的加速开放，最后是当下的深化改革。 1978 年以前，中国处于计划经济时代，面临 "双缺口" 难题——储蓄缺口和外汇缺口。 在这个时期，政府对外汇高度集中管理，汇率由政府统一规定，中国银行独家负责管理外汇资金和办理外汇业务，资本账户基本上完全封闭。 1978

年以后，我国进入改革开放新时期，汇率制度也随之发生了巨大的变化，先前统一的管理外汇制度被打破，部分金融机构得到了经营外汇业务的授权，外汇留成制度开始实施，外汇兑换券首次发行，对境内居民的外汇管理也逐步放开。 此外，为鼓励外商来华投资，我国资本账户也逐步开放。 1993 年十四届三中全会通过的《中共中央关于建立社会主义市场经济体制若干问题的决定》，为汇率制度以及资本账户管制的改革指明了方向，在 1994 年顺利地实现了人民币经常项目有条件可兑换。 此后，我国又颁布了《中华人民共和国外汇管理条例》，取消了经常项目下国际支付和转移的全部限制措施，并取消了其他经常项目下的汇兑管制，从而彻底满足了国际货币基金组织协定中的第八款要求，实现了人民币经常项目的完全可兑换。 但随后由于受到 1998 年亚洲金融危机的冲击，资本项目的开放被暂时搁置。

自从我国加入 WTO 以来，资本项目开放迈上了新台阶。 为适应经济全球化的发展，资本项目管理力求减少行政审批，提高行政效率，从而稳步推进开放。 2003 年，党的十六届三中全会通过了《中共中央关于完善社会主义市场经济体制若干问题的决定》，其中明确指出，"在有效防范风险的前提下，有选择、分步骤放宽对跨境资本交易活动的限制，逐步实现资本项目可兑换"。 此后，我国加快了资本账户改革步伐，针对不同市场和产品采取包括完善外债管理、分类管理（区分鼓励、限制、允许和禁止等四大类别）、合格境内机构投资者（QDII）、合格境外机构投资者（QFII）等管理模式。 2010 年党的十七届五中全会决定，将"逐步实现资本项目可兑换"目标写入"十二五"发展规划。

21 世纪以来，根据我国经济发展和对外开放的客观需要，人民币资本项目可兑换整体按照"先流入后流出，先长期后短期，先直接后间接，先机构后个人"的思路稳步推进，具体分为以下两个阶段。

（一）第一阶段（2001～2008 年）：呈现全方位开放和双向均衡推进的特点

稳步推进资本项目全面开放，重点从过去的直接投资领域逐渐扩展至证券投资等众多领域，例如在其他投资领域建立了以登记为主的外债管理制度，在证券投资领域先后推出了合格境外机构投资者（QFII）制度和合格境内机构投资者（QDII）制度，大大提升了资本市场的开放程度。

加快外汇管理从"宽进严出"向均衡管理转变，加强资本流入监测与管理，更加注重拓宽资本流出渠道，促进国际收支基本平衡。 例如，在直接投资领域，大力支持境内企业"走出去"，取消境外投资购汇限额，允许企业先行汇出相关前期费用，鼓励境内母公司或银行为境外投资企业提供融资支持，加强外商投资企业外汇资本金结汇管理，规范跨境并购行为；在证券投资领域，有序拓宽对外金融投资渠道，推出合格境内机构投资者制度，支持社保基金、银行、证券、保险等各类机构对外进行证券投资；在资本转移领域，允许个人移民合法拥有和非居民合法继承的境内财产购汇汇出。

总体来看，与加入世界贸易组织之前相比，有关对外投资、资本市场开放、个人财产转移等方面的管制有较大程度放松。 由于资本项目可兑换是有序推进的，这期间我国资本项目可兑换兼顾便利化与防风险，对资金大进大出渠道有限制，例如在跨境投资、个人借贷、衍生交易、对外短期借款等方面，保持较为严格的管制，这对防止资金大进大出、维护经济金融安全发挥了重要作用。

（二）第二阶段（2009～2016 年）：人民币资本项目可兑换程度大幅提升

2008 年爆发的国际金融危机给世界新经济格局和国际金融体系带来了深刻变化，对我国经济发展方式和经营体制改革提出了更高的要求。 资本项目可兑换作为金融改革的一个重大制度变革，对维护和促进国际收支平衡、推进利率和汇率形成机制市场化、推动国内金融市场纵深发展，进而促进中国由经济大国走向经济金融强国，具有重要的战略意义。 这一阶段人民币资本项目可兑换随着外汇管理改革的深入推进驶入快车道，呈现"放""管"结合、"破""立"并举的特点。

一方面，放松管制、简政放权，大幅减少对跨境资本和金融交易的汇兑限制，有序拓宽资金跨境流动渠道。 这一时期直接投资、外债、跨境担保等领域的行政审批大幅削减或取消，额度管理逐渐减少，以登记为核心的新的外汇管理框架基本建立，证券市场开放进一步深化，人民币合格境外机构投资者（RQFII）制度顺应人民币国际化需要及时推出，资本项目可兑换程度大幅提升。

另一方面，积极探索新的事中事后监管手段，建立健全宏观审慎管理框架下的外债和跨境资本流动管理体系。为满足市场主体不断增长的贸易和投资便利化需求，充分发挥市场在外汇资源配置中的决定性作用，国家外汇管理局在全面开放经济框架下，重新审视外汇管理工作。2009 年，明确提出新时期深化外汇管理改革要实现外汇管理理念与方式的"五个转变"，逐渐将管理重点由事前审批转向事中事后监管，比如"负面清单"管理模式，进一步满足境内企业经营与资金运作需要，促进跨境投资便利化。

二　中国资本项目开放现状

经过持续深入的改革，人民币资本项目可兑换已经取得显著成效。截至 2016 年末，在 40 项资本和金融项目交易中，我国实现可兑换、基本可兑换、部分可兑换的项目共计 37 项，占全部交易项目的92.5%（见图 8－4）。

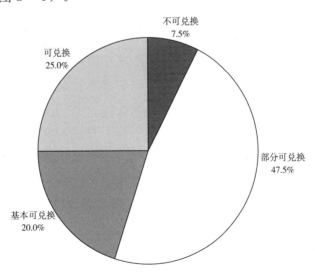

图 8－4　人民币资本项目可兑换程度

资料来源：中国人民银行。

（一）直接投资实现基本可兑换

近年来，国家外汇管理局通过深化改革、简政放权、优化流程，为吸引外商来华直接投资营造了良好的政策环境，也有力地支持了各类境内机构"走出去"参与国际竞争与合作。对外直接投资方面，国家外汇管理局自 2006 年开始逐步取消对境外投资的购汇额度限制，目前已在全国范围内实现了境外直接投资"按需供汇"。2009 年，国家外汇管理局进一步深化境外投资外汇管理改革，如将境外直接投资外汇资金来源审查和资金汇出核准两项行政审批改为事后登记，扩大境内机构境外直接投资的外汇资金来源，允许境内机构在其境外项目正式成立前的筹建阶段汇出前期费用等。经过上述改革，境外直接投资外汇管理环节已无前置性审核，基本实现了可兑换。

（二）资本市场双向开放程度进一步提升

证券投资是资产全球化配置的重要领域。近年来，合格境外机构投资者（QFII）制度、合格境内机构投资者（QDII）制度和人民币合格境外机构投资者（RQFII）制度不断扩容与完善。2014 年以来沪港通、深港通、内地与香港"基金互认"机制陆续推出，2015 年开始允许和便利境外机构投资者投资银行间债券市场，启动"债券通"，进一步拓宽跨境金融投资渠道。2017 年 A 股纳入 MSCI，成为中国资本市场对外开放的一个重要里程碑。2018 年以来，资本市场的开放举措密集出台。4 月 28 日，证监会正式发布《外商投资证券公司管理办法》，允许外资控股合资证券公司，并逐步放开合资证券公司业务范围。5 月 4 日，证监会就《外商投资期货公司管理办法（征求意见稿）》公开征求意见，有序引入优质境外金融机构投资期货公司。期货产品方面，在中国首个国际化期货品种——上海期货交易所原油期货成功上市并平稳运营一个多月后，铁矿石期货正式引入境外投资者参与交易。上海争取今年年内开通"沪伦通"，正在推进的沪伦两地股票市场互联互通机制拟采取存托凭证互挂方式，实现两地市场互联互通。

（三）跨境信贷业务项下可兑换

2014 年跨境担保新政全面实施，取消了所有跨境担保履约的事前审批事项。企业进行内保外贷履约项下的对外支付均可直接到银行办理，境内金融机构也可直接与境外担保人办理担保履约收款；取消内保外贷的数量控制，放宽从事内保外贷活动特定主体或特定交易的资格条件限制；取消外保内贷余额管理，实现中外资企业统一待遇，在符合相关条件的情况下，允许中外资企业自行签约，并允许在一定范围内办理担保履约。2009年，允许符合条件的境内企业在一定限额内使用自有外汇和人民币购汇等对其境外投资企业（控股或参股企业）进行境外放款，加大对境外投资企业的后续融资政策扶持力度。

第五节　小结

2008年国际金融危机爆发后，国内外形势动荡，为了应对发达经济体量化宽松政策带来的冲击，我国积极探索外汇体制改革，完善汇率形成机制，优化外汇储备管理，审慎扩大资本项目对外开放。一是持续推进人民币汇率形成机制改革，强化价格机制引导作用，增强人民币汇率弹性。二是积极进行外汇储备管理，始终坚持长期、战略眼光，加强中长期战略摆布，审慎优化货币和资产结构，实现外汇储备的增值保值。与国际主要经济体相比，中国外汇储备规模位居第一，并远远超过第二名，占全球外汇储备的近30%。三是审慎有序开放资本账户，促进贸易投资便利化，推进直接投资可兑换和资本市场的双向开放。实践证明，改革开放40年来，我国的外汇管理措施成效卓越，对保障我国经济金融安全发挥了积极作用。

第九章　人民币国际化

第一节　货币国际化的含义、层次与条件

　　货币国际化是一项长期复杂的工程，需要一系列内外部配套条件。从国际经验来看，货币国际化的成果有助于提升经济实力和防范金融风险。　货币国际化是货币的部分或全部职能从一国的适用区域或原使用区域扩张到周边国家、区域乃至全球范围，最终演化为区域货币乃至全球通用货币的动态过程。　按照不同的划分标准，可以对货币国际化进行分类。　按照货币使用区域，可以分为货币周边化、货币区域化及货币全球化；按国际货币提供主体，可以分为单一国家货币国际化以及区域货币一体化；按照货币职能，货币国际化有执行部分职能和全部职能的差异，当一种货币国际化后，便在国际上流通，跨界执行计价标准、支付手段以及储藏手段职能，但并不是每种国际货币都必须承担以上三种职能，由于每种货币自身的特性及不同的历史机遇，所执行的国际货币职能会有所差异。

　　一般而言，货币国际化分为结算货币、计价货币和储备货币三个层次。　作为结算货币，国际货币在国际贸易和资本交易中被私人用于直接的货币交换以及两种其他货币之间间接交换的媒介，也被官方部门用于外汇市场干预和平衡国际收支。　作为计价货币，国际货币被用于商品贸易和金融交易的计价，并被官方部门用于确定汇率平价（作为汇率钉住的"驻锚"）。　作为储备货币，国际货币成为各国外汇储备中的主要货币之一。

满足货币国际化的三个不同的层次需要不同的条件。 总体来看，成为结算货币需要货币发行国强大的综合经济实力、币值的稳定和大量的货币使用规模；成为计价货币需要满足国际贸易竞争力强、产品差异化程度高的条件，同时还与国际货币交易中长期形成的历史惯性有关；成为储备货币需要满足资本项目高度可兑换以及金融市场有深度和广度两个条件。

第二节　人民币国际化的历程与成就

一　人民币国际化的历程

（一）人民币国际化的提出

以美元为中心的国际货币体系存在内在矛盾，国际货币体系具有改革完善的内在需求。 改革开放以来，随着经济快速增长，我国日益融入全球市场，对外经贸往来日益密切，国际市场上客观存在人民币参与全球支付结算和投资交易的需求。 2009 年 7 月，跨境贸易人民币结算试点正式启动，并逐步覆盖所有经常项目结算业务，跨境投融资及证券市场相关业务的人民币结算也逐步推动，人民币国际使用程度进一步提高。

跨境贸易人民币结算试点开启之后，各类媒体和文章都使用了"人民币国际化"的提法。 但官方大多数还是使用"人民币跨境使用"或"跨境人民币业务"的提法，原因一是目标尚未明确，二是要考虑国际影响，避免引起误解。 2011 年 3 月发布的"十二五"规划纲要明确提出"扩大人民币跨境使用，逐步实现人民币资本项目可兑换"。 直到 2014 年的中央经济会议，才在公报中第一次提出要"稳步推进人民币国际化"。

（二）贸易起步

2009 年 4 月，国务院决定在上海、广州、深圳、珠海、东莞等城市开展与港澳、东盟地区的跨境贸易人民币结算试点，大家津津乐道的"跨境人民币业务"正式拉开帷幕。 扩大人民币跨境使用是应对国际金融危机、规避汇率风险、改善与周边国家/地区经贸关系的重要举措。 从贸易结算起步，人民币国际化迈出了坚实的第一步。

为满足企业对跨境贸易人民币结算的实际需求，2010 年 6 月和 2011 年 8 月，跨境贸易人民币结算试点范围先后两次扩大，已基本实现境内区域和企业全覆盖、境外国家或地区全覆盖。

企业通过开展跨境贸易人民币结算服务，不仅能够降低使用外币结算带来的汇兑损失，还可以降低企业因使用外币结算带来的结售汇成本、汇率风险管理成本等不必要的费用，有效提升境外企业参与国际贸易的竞争力，支持实体经济的发展。

（三）稳步开放人民币证券投融资

1. 境外机构投资银行间债券市场

2005 年，中国人民银行分别批准泛亚基金和亚债中国基金进入银行间债券市场，打开了境外机构进入我国银行间债券市场的大门。 随着人民币跨境和国际使用领域和范围逐步扩大，国内债券市场对外开放的步伐不断加快。 2010 年以来，中国人民银行先后允许符合条件的境外央行或货币当局、主权财富基金、国际金融组织、境外人民币业务清算行和参加行、境外保险机构、RQFII 等机构进入银行间债券市场。 2015 年 5 月，获准进入银行间债券市场的境外人民币业务清算行和参加行可以开展债券回购交易（包括债券质押式回购交易和债券买断式回购交易），且回购资金可调出境外使用。 随后中国人民银行放开境外央行、国际金融组织、主权财富基金等机构在银行间债券市场的额度限制和投资范围，将审批制改为备案制。 截至 2016 年末，已有 407 家境外机构进入银行间债券市场，较 2015 年末增加 105 家。 2017 年 1 月，国际三大债券指数供应商之一的彭博公司宣布，将新推出两只包含中国债券市场的综合债券指数，这将有利于吸引更多境外资金投资中国债券市场。

2. 熊猫债

境外（含我国香港、澳门和台湾地区）机构在我国境内发行的人民币债券称为熊猫债。 2005 年 10 月，国际金融公司和亚洲开发银行作为国际开发机构先后获准在我国银行间债券市场发行了 11.3 亿元和 10 亿元人民币债券，开启了熊猫债发行的先河。 此后，这两家国际开发机构又分别在 2006 年和 2009 年发行了第二期熊猫债（8.7 亿元和 10 亿元）。 2013 年，境外非金融企业在境内债券市场筹集人民币资金的渠道建立，境外非金融企业在中国银行间市场交易商协会注册后可在银行间债券市场发行熊猫债。 2014 年 3 月，德国戴姆勒股份公司在我国银行间债券市场发行 5 亿元非公开募集熊猫债，标志着熊猫债发行主体由国际开发机构延伸至境外私人机构。 为便利境外机构在境内发行人民币债务融资工具跨境人民币结算事宜，2014 年 9 月，中国人民银行对境外机构在境内发行人民币债务融资工具跨境人民币结算事宜进行了规范。 2015 年，随着利率市场化、汇率形成机制改革以及资本账户开放等方面推出重大改革措施，人民币国际化取得重要进展，熊猫债市场也迎来了新的发展契机，发债主体类型进一步扩展，发债规模也实现了大幅增长。 仅 2015 年一年就有累计 6 家国外机构在我国银行间债券市场发行了熊猫债，发行总金额达到 155 亿元人民币。 为统一熊猫债账户开立、资金存管、跨境汇划和数据报送的规则，2016 年 12 月，中国人民银行进一步完善境外机构在境内发行人民债券跨境人民币结算业务政策框架，构建关于熊猫债的数据统计监测和宏观审慎管理体系。 截至 2016 年末，我国债券市场境外发债主体已包括境外非金融企业、金融机构、国际开发机构以及外国政府等，累计发行 1484.4 亿元熊猫债。

2016 年 8 月，世界银行（国际复兴开发银行）在我国银行间债券市场成功发行 20 亿元特别提款权（SDR）计价债券（木兰债）。 10 月，渣打银行（香港）股份公司也在我国银行间债券市场成功发行 1 亿元木兰债。 木兰债的推出，丰富了我国的债券品种，促进了我国的债券市场的开放与发展，也是扩大 SDR 使用的标志性事件。

3. 境内机构到境外发行人民币债券

人民币点心债（Dim Sun Bonds）是指各类机构在香港发行的以人民币为计价结算单位的债券。 初期单笔发行规模较小而又受市场欢迎，香港人喜欢吃点心，故而被市场称为点心债。 近年来点心债市场发展迅速，成为香港人民币离岸中心最重要的业务之一。 2007 年，为统筹利用两个市场、两种资源，国务院批准内地金融机构在香港发行人民币债券，国家开发银行、中国进出口银行、中国银行、中国建设银行及交通银行先后成功在香港发行人民币债券。 2010 年以来，跨境人民币业务政策不断推出，为人民币点心债的发展注入了新动力。 从 2012 年 5 月开始，境内非金融机构经批准可以赴港发行以人民币计价，期限在 1 年以上（含 1 年）、按约定还本付息的债券，至此，境内外金融机构和企业均可在香港发行人民币债券。 2013 年以来，中国工商银行、国家开发银行、中国建设银行又先后赴伦敦试点发行人民币债券 65 亿元。 2016 年 5 月 26 日，中国财政部成功在伦敦定价发行 30 亿元人民币国债。 该笔国债发行期限为 3 年，发行利率为 3.28%。 这是中国财政部首次在香港以外的离岸市场发行人民币国债。 2014 年开始，中国台湾、新加坡、伦敦、卢森堡等地均加入发行离岸人民币债券行列。

4. RQFII 业务与 RQDII 业务

自 2002 年合格境外机构投资者（QFII）业务在我国开展以来，运作情况良好，达到了在人民币未实现完全可自由兑换和资本项目尚未完全开放的情况下，有限度、有管理地引进外资、开放国内资本市场的目的。通过多年业务实践，我国已逐渐建立了较完善的政策与法规以及业务管理机制，同时积累了一定的经验，为 RQFII 业务的推出奠定了基础。

RQFII 是人民币合格境外机构投资者（RMB Qualified Foreign Institutional Investors）的简称。 2011 年 8 月，李克强在香港举办的国家"十二五"规划与两地经贸金融合作发展论坛上宣布，允许香港人民币合格境外机构投资者投资境内证券市场。 2011 年 12 月，RQFII 试点工作正式启动，对于推动我国资本市场对外开放、推进人民跨境使用以及支持香港人民币离岸业务中心建设提供了有力支持。 随着人民币国际化的深入推进，RQFII 管理不断简化，RQFII 试点逐步扩展到英国、新加坡、法国、韩国、德国、卡塔尔等国家。 2016 年 6 月，在中美第八轮战略与经济对话会期间，中国人民银行宣布给予美国 25 亿元人民币额度，仅次于中国香港。 截至 2017 年 8 月末，试点已扩展至 18 个国家和地区，批准总额度达到 1.74 万亿元人民币。

合格境内机构投资者（Qualified Domestic Institutional Investors，

QDII）境外证券投资自 2007 年 7 月 5 日起施行，QDII 制度正式建立。
QDII 主要包括四类金融机构的对外投资业务：商业银行代客境外理财业
务、保险资金境外运用业务、证券经营机构境外证券投资业务和信托公司
受托境外理财业务。

2014 年 11 月，中国人民银行推出了人民币合格境内机构投资者
（RQDII）制度，允许符合条件的境内机构以人民币投资境外证券产品。
RQDII 是与 QDII 相对应的一种制度安排，主要目的是便利相关金融机构
开展业务，避免制度转换成本，以实现与 QDII 管理框架较好衔接。

5."沪港通"、"深港通"和"债券通"

2014 年 11 月，"沪港通"正式上线运行。"沪港通"是上海证券交易所
与香港联合交易所之间的互联互通机制，两地投资者通过当地证券公司（或经
纪商）买卖规定范围内的对方交易所上市的股票。"沪港通"包括沪股通和
泸港通下的港股通两部分，投资者均采用人民币买卖对方市场的股票。"沪
港通"是内地和香港股票市场双向开放、增强合作的重要举措，为内地和香港
投资者开辟了新的投资通道。试点启动以来，市场运行平稳有序，投资者反
应正面积极，为我国资本市场进一步双向开放积累了成功经验。

在此基础上，2016 年《政府工作报告》中明确提出适时启动"深港
通"，在记者招待会上进一步指出争取年内推出"深港通"。经过内地
和香港有关部门的认真准备，2016 年 12 月 5 日，"深港通"正式启动，
深圳证券交易所和香港联合交易所实现了互联互通。

"债券通"是一种境内外投资者通过香港与内地债券市场基础设施机构连
接，买卖两个市场交易流通债券的机制安排。"债券通"包括"北向通"及
"南向通"，初期先开通"北向通"。经过内地和香港有关部门的通力合作，
2017 年 7 月 3 日，"债券通"顺利上线运行，"北向通"正式启动。

6."一带一路"债券试点

近年来，债券市场在助力"一带一路"资金融通、服务"一带一路"
建设方面进行了有益尝试。按照《上海证券交易所服务"一带一路"建
设愿景和行动计划（2018～2020 年）》，沪深交易所开展"一带一路"债
券试点，深化交易所债券市场对外开放，引导交易所债券市场进一步服务

"一带一路"建设，促进沿线国家（地区）的资金融通。 截至 2018 年 5 月，已有 7 家境内外企业发行"一带一路"债券的申请获得核准或沪深交易所的无异议函，拟发行金额合计 500 亿元。 其中，4 家境内外企业已发行 35 亿元"一带一路"债券。 相关主体可以通过三种方式在沪深交易所发行"一带一路"债券融资：一是"一带一路"沿线国家（地区）政府类机构在交易所发行的政府债券；二是在"一带一路"沿线国家（地区）注册的企业及金融机构在交易所发行的公司债券；三是境内外企业在交易所发行的募集资金用于"一带一路"建设的公司债券。

7. 基金互认

基金互认是指两个市场相互允许对方市场注册并受对方监管的基金在己方市场公开销售的行为。 2015 年 5 月，中国证监会发布《香港互认基金管理暂行规定》，标志着内地与香港正式建立起基金互认安排。 5 月 22 日，中国证监会与香港证监会就内地与香港两地基金互认安排正式签署《监管合作备忘录》。 为支持内地与香港公开募集证券投资基金互认工作，中国人民银行、国家外汇管理局发布了《内地与香港证券投资基金跨境发行销售资金管理操作指引》。

（四）人民币离岸市场发展迅速

由于中国的资本账户没有完全开放，所以人民币国际化在 2005 年之前主要是通过离岸市场来发展的。 目前我国已经在香港、台北、新加坡、伦敦、法兰克福、巴黎、卢森堡、多伦多、迪拜、悉尼等十多个全球性或者区域性的国际金融中心建立了人民币离岸市场。 在这些市场上，中国的主要国有商业银行都基本上取得了在这些地区的清算行的地位。根据中国银行发布的离岸人民币指数（ORI）[①]，2017 年以来人民币国际化步伐正进一步加快（见图 9－1）。

（五）外汇市场对外开放：与国际接轨

为推动我国外汇市场对外开放，2015 年 9 月，中国人民银行允许境外

[①] 中国银行离岸人民币指数主要跟踪人民币在离岸金融市场上的资金存量规模、资金运用状况、金融工具使用等方面的发展水平，共设置五类指标，分别对应人民币行使价值储藏货币、融资货币、投资货币、储备货币及交易货币等五项国际货币职能，加权计算后反映人民币在国际金融市场上的综合发展水平。

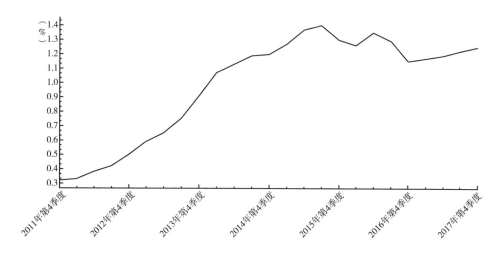

图 9 - 1　中国银行离岸人民币指数（ORI）

央行和其他官方储备管理机构、国际金融组织、主权财富基金参与我国银行间外汇市场交易，交易方式包括询价和撮合，交易品种涵盖包括即期、远期、掉期和期权在内的各品种外汇交易，并且无额度限制。 2015 年 12 月，国家外汇管理局发布公告，延长外汇交易时间并进一步引入合格境外主体。 外汇市场运行时间由北京时间 9：30 ~ 16：30 调整至北京时间 9：30 ~ 23：30，外币拆借交易系统运行时间由北京时间 7：00 ~ 19：00 调整至北京时间 7：00 ~ 23：00。 2015 年，首批境外央行类机构在中国外汇交易中心完成备案，正式进入中国银行间外汇市场。 首批境外央行类机构包括香港金融管理局、澳大利亚储备银行、匈牙利国家银行、国际复兴开发银行、国际开发协会、世界银行信托基金和新加坡政府投资公司。 2016 年 5 月 20 日，首批人民币购售业务境外参加行在中国外汇交易中心完成备案，正式进入中国银行间外汇市场。 人民币购售业务规模较大、有国际影响力和地域代表性的境外参加行，由外汇交易中心按照市场自愿原则，依法具体实施市场准入，参与全部挂牌的交易品种的交易。

（六）人民币清算网络建设

1. 人民币清算行设立

人民币的跨境贸易结算业务带来了清算行、代理行和 NRA 账户三种跨境结算渠道，其中以清算行为主。 自 2003 年以来，中银香港作为首家人民币业务清算行，其服务内容由个人跨境结算业务逐步发展到贸易和投资项，这使香港成为最重要的人民币离岸交易市场。 随着人民币跨境业务的发展，伦敦、新加坡等地出现了新的人民币离岸交易中心。 清算行的设立有助于进一步推动离岸市场发展，2012 年以来，中国台湾、新加坡、英国、德国、韩国等地先后设立人民币业务清算行。 2016 年 9 ～ 12 月，美国、俄罗斯、阿联酋人民币业务清算行相继落地。 至此，全球已有 23 家人民币业务清算行，覆盖东南亚、西欧、中欧、中东、北美、南美、大洋洲和非洲等地区。

2. 人民币跨境支付系统

人民币跨境支付系统的发展带来了人民币清算效率的提升以及跨境清算网络的完善，相应的会计准则、评级制度、税收政策也得到了进一步的完善。 随着业务的发展，为进一步提高跨境资金清、结算效率，满足各主要时区的人民币业务发展需要，2012 年 4 月，央行组织开发独立的人民币跨境支付系统（CIPS），CIPS 参与者分为直接参与者和间接参与者两类，直接参与者在 CIPS 开立账户，可以通过 CIPS 直接发送和接收业务，间接参与者通过直接参与者间接获得 CIPS 提供的服务。 CIPS 首批直接参与者有 19 家，均为境内中、外资银行机构。2016 年 7 月，CIPS 新增 8 家直接参与者。 经过不断发展，CIPS 的处理能力大幅提升，单日处理业务笔数不断增长，逐步成为跨境人民币结算业务的重要渠道。

（七）深入拓展国际合作

1. 双边本币互换

2008 年国际金融危机客观上为我国对外本币互换合作打开了时间窗口。 2008 年 12 月，中韩两国中央银行签署框架协议，决定开展本币互换合作。 这不仅是金融危机以来我国第一次决定与他国开展双边本币合作，也是人民币首次以官方姿态迈出国门，具有重要意义和深远影响。 2009 年 4 月，两国中央银行正式签署了规模为 1800 亿元人民币/38 万亿韩元的双边本币互换协议。 此后，我国与境外国家和地区的货币合作蓬勃发展。截至 2017 年 12 月，我国已先后与 36 家境外央行（或货币当局）签署了总额超过 3.4 万亿元人民币的双边本币互换协议（见图 9-2）。

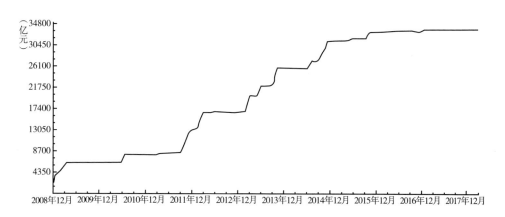

图 9-2　中国人民银行人民币互换规模

2. 双边本币结算协定

第一，双边本币结算协定签署情况。自 20 世纪 90 年代起，我国与周边国家开始签署双边本币结算协定，允许在边境贸易或一般贸易中使用双方本币或人民币进行结算。我国和其他国家签署的双边本币结算协定主要分为两类：一是边境贸易本币结算协定，允许在边境地区的双边贸易中使用双方本币或人民币进行结算；二是一般贸易（和投资）本币结算协定，允许一般贸易（和投资）中使用双方本币或人民币进行结算。2009 年之前，我国和其他国家签署的本币结算协定均是边境贸易本币结算协定。2010 年以来，随着双边经贸往来的进一步深化，以及本币结算工作的开展，我国顺应市场主体的现实需求，在总结经验的基础上，开始和其他国家签署一般贸易（和投资）本币结算协定。截至 2017 年 10 月，我国共与 9 个国家签署了边境贸易或一般贸易（和投资）本币结算协定，其中边境贸易本币结算协定包括越南、蒙古国、老挝、吉尔吉斯斯坦、朝鲜五个国家，一般贸易（和投资）本币结算协定包括俄罗斯、尼泊尔、哈萨克斯坦、白俄罗斯四个国家（见表 9-1）。

表 9-1　中国人民银行和其他中央银行或货币当局双边本币结算协定一览

国家	签署日期	结算货币	性质
越南	1993 年 5 月 26 日（签署）	双方货币	边境贸易
	2003 年 10 月 16 日（修订）		
老挝	2002 年 2 月 4 日	双方货币	边境贸易
吉尔吉斯斯坦	2003 年 12 月 18 日	双方货币	边境贸易
蒙古国	2004 年 7 月 5 日	双方货币	边境贸易
朝鲜	2004 年 10 月 26 日	人民币	边境贸易
尼泊尔	2002 年 6 月 17 日	人民币	边境贸易
	2014 年 12 月 22 日（补充协议）		一般贸易
俄罗斯	2002 年 8 月 22 日	双方货币	边境贸易
	2011 年 6 月 23 日		一般贸易
白俄罗斯	2010 年 3 月 24 日	双方货币	一般贸易
哈萨克斯坦	2005 年 12 月 14 日	双方货币	边境贸易
	2014 年 12 月 14 日		一般贸易和投资

资料来源：中国人民银行。

第二，双边本币结算协定的作用。签署双边本币结算协定，推动本币结算，具有多方面积极作用：一是帮助微观主体降低汇兑成本，规避汇率风险，便利我国与有关国家贸易和投资；二是规范结算行为和外汇市场秩序，抑制外汇黑市和地下钱庄的市场需求和生存空间，维护区域金融稳定；三是带动边境地区经济发展，深化我国与相关国家经济金融合作，促进人民币国际化。

二　人民币国际化取得的成就

2017 年央行发布的《人民币国际化报告》指出："2016 年，人民币稳居中国跨境收付第二大货币。其中，跨境人民币收付金额合计 9.85 万亿元，占同期本外币跨境收付金额的比重为 25.2%，人民币已连续六年成为中国第二大跨境收付货币。其中，经常项目人民币收付金额 52274.7亿元，对外直接投资（ODI）人民币收付金额 10618.5 亿元，外商直接投资（FDI）人民币收付金额 13987.7 亿元。截至 2016 年末，使用人民币进行跨境结算的境内企业约 24 万家。"

（一）作为计价货币

人民币作为计价货币，是指人民币被用于国际商品贸易和金融交易的计价。 一是涉外经济管理部门在统计核算中开始使用人民币计价。 2013年2月，海关总署增加了以人民币计价的进出口及贸易差额的数据发布，并于2014年起全面实行以人民币计价的统计数据。 2014年1月，国家外汇管理局开始公布以人民币为计价单位的银行结售汇、银行代客涉外收付款、国际收支平衡表、金融机构直接投资和外债等国际收支相关统计数据。 同年3月，商务部增加以人民币计价的方式公布外国对华直接投资和中国对海外投资的金额总额。 涉外经济部门以人民币计价公布数据有效引导了市场主体开展本币计价结算业务，起到了良好的示范作用。 二是推动大宗商品交易人民币计价。 国际大宗商品以美元定价为主，中国作为主要的大宗商品消费国，提升国内大宗商品期货市场在国际计价领域中的地位也将促进人民币国际化。 2016年4月，全球首个以人民币计价的黄金基准价格"上海金"集中定价合约正式挂牌交易，这将逐步提升中国在国际黄金市场计价中的话语权和影响力。 2018年3月，原油期货合约在上海期货交易所挂牌交易。 三是离岸市场人民币计价产品不断完善。 人民币计价的存单、债券、股票、外汇期货、基金、信托、保险、衍生产品等陆续推出。 离岸市场人民币计价产品的推出，有利于提升境外主体持有人民币资产的吸引力，也有利于人民币逐步成为全球避险货币。

（二）作为储备货币

人民币国际地位持续提升，人民币国际接受程度将不断提高，各国央行和货币当局将人民币作为储备货币的意愿将逐步上升。 从白俄罗斯、柬埔寨、尼日利亚、菲律宾、韩国、俄罗斯等国家将人民币作为官方储备货币开始，到如今已经发展到包含欧洲央行等70多个国家的中央银行将人民币作为储备货币，人民币储备货币地位逐渐被认可。 但是，无论从绝对数量还是在整个全球储备体系中的比重来看，人民币作为储备货币都还有很长的路要走。

根据国际货币基金组织（IMF）定期公布的官方外汇储备货币构成

（COFER）数据，截至 2017 年第四季度，美元储备约 6.27 万亿美元，占 IMF 成员国所持外汇储备总额的 63%；欧元储备总额约合 2 万亿美元，占比为 20%；日元、英镑分别占比 5%、4.4%，排第三和第四位；人民币储备总额约合 1230 亿美元，占比为 1.1%（见图 9－3）。

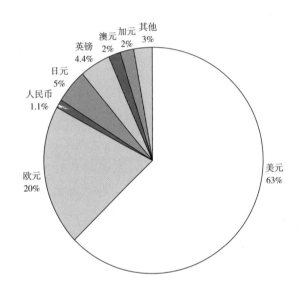

图 9－3　2017 年第四季度 IMF 成员国外汇储备货币构成

资料来源：国际货币基金组织。

（三）人民币加入 SDR：国际化的重要里程碑

2015 年 11 月 13 日，国际货币基金组织工作人员向执董会提交了最终正式的《SDR 定值方法审查报告》，对 SDR 货币篮子的构成、货币数量、权重以及 SDR 利率篮子进行审查。 报告认为人民币满足"可自由使用"标准，明确建议将人民币纳入 SDR 货币篮子，将原有的 SDR 货币篮子数量扩大到 5 种，即美元、欧元、人民币、英镑、日元。 2016 年 10 月 1 日，人民币正式加入国际货币基金组织特别提款权（SDR）货币篮子，权重为 10.92%，在篮子货币中排名第三。 人民币正式入篮，是人民币国际化进程中的重要里程碑，意味着国际将以更高的标准和国际货币责任的眼光看待中国金融体制改革开放，人民币也需要承担更多国际储备货币的责任，为维护全球金融体系稳定发挥应有的作用。

人民币加入 SDR 货币篮子，对世界和中国是双赢的结果。 人民币成功入篮既代表了国际社会对中国改革开放成就的认可，有利于推动人民币国际化进程稳步前进，促进中国在更深层次和更广领域参与全球经济治理、开拓国际市场，也有利于增强 SDR 自身的代表性和吸引力，完善现行国际货币体系。

第三节 人民币国际化的前景展望

一 抓住金融业双向开放契机

人民币国际化要稳步向前推进，我国金融市场扩大对外开放是不可或缺的一环。 从金融开放的内涵看，一方面是对境外市场主体开放金融市场，准许其在国内金融市场从事交易和开展金融业务，另一方面是准许国内居民参与国际金融市场上的交易。 多年来，金融业对外开放取得了巨大成就，在金融机构与金融市场开放、完善人民币汇率形成机制、人民币国际化等方面获得了空前发展。 在中国倡导的"一带一路"新全球化系统框架下，金融业的双向开放将有望迈向新高度。 2017 年第五次全国金融工作会议提出稳步扩大金融业双向开放，金融开放要坚持自主、有序、平等、安全方针。 党的十九大报告进一步强调，我国经济已由高速增长阶段转向高质量发展阶段，要贯彻新发展理念，建设现代化经济体系需要推动形成全面开放新格局，坚持"引进来"和"走出去"并重，加强创新能力。 2018 年 4 月 10 日，国家主席习近平在博鳌亚洲论坛 2018 年年会开幕式上的主旨演讲，宣布了扩大开放的重大举措，首个提及的领域就是金融业。

从金融规则方面看，我国积极参与全球经济治理，推进国际货币体系改革，有利于我国推进全球金融安全网络建设，提升我国金融业竞争力，激发市场活力，推动人民币国际化。 我国正在构建新常态下深化开放的机制与体制，以开放促改革、促发展、促创新。 通过深入开展国际金融服务规则体系研究，深入理解国际服务贸易协定（TISA）、跨太平洋伙伴关系协定（TPP）、跨大西洋贸易与投资伙伴协定（TTIP）、双边投资协定（BIT）等中高水平金融服务新规则，并发起亚太自贸区倡议，推动建立和完善全球和区域贸易投资合作机制，为"一带一路"建设合作平台。

从金融机构的角度看，双向开放进一步放宽了外资金融机构的准入限制，同时也激励国内金融机构进行全球资源配置。 2017 年 1 月 17 日，国务院发布《关于扩大对外开放积极利用外资若干措施的通知》，要求服务业重点放宽银行类金融机构、证券公司、证券投资基金管理公司、期货公司、保险机构、保险中介机构外资准入限制；2017 年 8 月 8 日，国务院发布《关于促进外资增长若干措施的通知》，强调进一步提升我国外商投资环境法治化、国际化、便利化水平，促进外资增长，提高利用外资质量。 2017 年 11 月 10 日，财政部宣布将单个或多个外国投资者直接或间接投资证券、基金管理、期货公司的投资比例限制放宽至51%，并取消对中资银行和金融资产管理公司的外资单一持股不超过20%、合计持股不超过25%的持股比例限制，实施内外一致的银行业股权投资比例规则；三年后将单个或多个外国投资者投资设立经营人身保险业务的保险公司的投资比例放宽至51%，五年后投资比例不受限制。 有序推进金融业对外开放，有利于形成公平、有序、良性的金融生态环境，通过金融机构在国际的经济贸易和金融交易，促进人民币的使用。

从金融市场的角度看，我国扩大资本市场双向开放，提高股票、债券市场的开放程度，统筹解决市场对外开放过程中面临的会计、审计和税收问题，积极稳妥推进外汇市场、黄金市场的开放，并进一步完善支付结算制度，加强金融市场基础设施建设，实现金融市场双向开放程度的提升，将为人民币国际化打下坚实的基础。

二　迈向国际储备货币之路

改革开放以来，我国不断深化汇率市场化改革，不断提高汇率形成机制的灵活性，有效提升各国中央银行将人民币纳入外汇储备的意愿和信心，为人民币成为国际储备货币打下了坚实的基础。 加入 SDR 货币篮子是人民币成为储备货币的重要推动力。 人民币加入 SDR 货币篮子意味着人民币的安全性和可兑换性得到了国际货币基金组织的认可，人民币的国际地位和声望进一步提升，增强了各国重要银行及投资者对人民币的信心，各国将人民币纳入外汇储备的愿望显著提升。 根据国际货币基金组织数据，截至 2017 年 9 月末，人民币占全球外汇储备的比例为 1.12%，比例持续上升。 此外，目前已有新加坡、菲律宾、俄罗斯、阿根廷等超过 60 个国家和地区将人民币纳入外汇储备。

由于我国经济保持稳健增长，在全球化进程中通过与各国的交往，人民币的使用比例也将进一步上升，而且我国有能力也有意愿保持人民币汇率的相对稳定，人民币在国际上的地位还将进一步提升。 因此，在人民币加入 SDR 货币篮子以后，金融市场双向开放不断深化，离岸金融市场的人民币产品不断丰富，各国对人民币的信心不断提升，未来人民币在全球外汇储备中的份额肯定将进一步提升。

三　配合"一带一路"建设推进人民币国际化

2013 年，习近平总书记首次提出"一带一路"倡议，得到国内外的热烈响应。 "一带一路"推动着我国对外经济和金融合作不断深化，国际市场对人民币跨境使用需求不断扩大，为人民币国际化注入了新动力。

"一带一路"建设为人民币国际化提供了重要路径，也为拓展人民币职能搭建了良好平台。 一方面，"一带一路"建设资金需求巨大，而巨大的资金需求需要长期稳定的资金投入，这有利于人民币在资本项目下对外输出，并在经常项目下通过跨境贸易形成回流。 尽管人民币国际化是从贸易结算开始的，但投资将成为未来人民币国际化的重要推动力。 另一方面，"一带一路"沿线很多国家金融服务相对缺失，中小微企业融资困难，资金价格普遍较高，中国作为全球重要的资本输出国，在风险可控的前提下加强与"一带一路"建设参与国的资金融通，既可以加速人民币国际化进程，又能帮助这些国家破除资金瓶颈，加快发展。

四　推进人民币国际化的新举措

人民币国际化是一个"桃李不言，下自成蹊"的过程。 人民币国际化需要依靠市场驱动、顶层设计、离岸市场发展和监督管理"四大支柱"的支撑，四大支柱缺一不可，只要打牢四大支柱，当条件成熟时人民币国际化将自然"水到渠成"。[①]

（一）发挥市场驱动的基础性作用

随着经济增长和贸易量的不断增加，为了节约交易成本，自动进行套期保值和防范货币错配的风险，FDI 和 ODI 都对人民币有非常迫切的需求。 特别是 2008 年金融危机以后，这一需求增长尤其迅速，比如 2008 年国际金融危机爆发后，全球许多央行希望与我国开展本币互换合作，通过提供流动性来促进双边贸易投资的发展，我国的协议数量成为全球第一。 所谓市场驱动，就是依靠市场需求，比如来自危机时期货币互换的需求、人民币加入 SDR 货币篮子后越来越多国家希望将人民币作为本国外汇储备、不断增加的企业间贸易结算，以及 FDI、ODI 等投资需求，使人民币的国际地位不断提升。

因此，市场是人民币国际化的驱动力，而发挥市场驱动的基础性作用需要以经济与金融体系稳健发展作为基础。 展望未来，中国经济发展进入新常态后经济保持稳定发展，贸易投资和"一带一路"建设都将不断创造新需求。 按照 2017 年第五次全国金融工作会议的要求，我国将加快金融体系对内改革的步伐，增进国际社会对人民币的信任，为人民币信用背书，扫清市场主体对人民币使用的认知障碍，发动和运用包括"一带一路"在内的各类平台，宣传人民币在跨境贸易、投融资活动中拥有核算便捷和防范货币错配风险的优势，以及运用人民币参与中国金融市场投资和外汇市场可以实现增值保值和避险的目标，引导政策供给和市场需求相衔接，培育可持续、有深度的市场需求，激活市场内在的原动力，拓宽人民币的应用场景和领域。

（二）发挥顶层设计的引领作用

由于任何事物都具有两面性，人民币国际化在带来好处的同时也会带

---

① 易纲行长在 2017 年 4 月 8 日举办的 2017 金融四十人年会暨专题研讨会——"金融改革发展的稳与进"上所做的主题演讲。

来相应的不利影响。　顶层设计是指金融部门达成包括货币政策、金融监管、金融稳定和风险防范的共识，同时考虑如何便利投资、支付清算以及推进人民币成为储备货币和可兑换货币。

顶层设计要对货币政策、金融监管、金融稳定、风险防范、贸易和投资便利等进行考虑。　目前中国已经开放了经常项目，正在考虑审慎有序推进资本项目的开放以及国内金融市场的双向开放。　就像硬币的两面，在扩大、深化开放的进程中，挑战将随之而来，跨境资本流动风险、国内金融市场稳定、外汇储备管理等难题日益突出。　在面临挑战时，需要管理层加强顶层设计，及时达成共识，分享信息和数据，协调监管，使金融改革开放的步伐迈得更稳。

(三)完善政策框架和基础设施

在坚持本币优先的基础上，进一步完善形成规则统一且有区别的本外币协调配合体系。　建立完善由"部门规章＋规范性文件＋自律规定"构成的跨境人民币业务整体规范，形成以部门规章为统领、规范性文件为支撑、自律规定为底线的政策框架。　进一步完善跨境双向人民币资金池、外商直接投资人民币结算业务管理规定。　推动制定商业银行货物交易、服务贸易、直接投资、跨境融资等业务展业自律规范。　配合"一带一路"建设，稳步扩大人民币在国际产能和装备制造合作中的使用，促进贸易投资便利化。　完善边境地区跨境人民币业务相关政策，促进双边本币合作，夯实人民币在周边国家的使用基础。　支持自贸试验区等试点地区在风险可控的基础上探索新业务。

完善人民币国际化的基础设施，构建安全、高效的全球人民币清算网络。　在进一步完善现有清算渠道的基础上，加快 CIPS 二期建设。　进一步研究推动引入合格境外机构作为 CIPS 直接参与者。　上线 RCPMIS 五期，完成《RCPMIS 操作和信息报送指引》出版发行，加强培训和信息报送管理，继续推动 RCPMIS 二代早日投产开发和上线。

(四)发挥离岸市场的积极作用

随着人民币离岸市场的发展，人民币离岸市场已形成以香港为主、多点并行的格局，信贷、外汇交易、债券、基金、远期等人民币产品日益丰富、交易投资十分活跃。 离岸市场的存在和发展可以为在岸市场资本账户的逐渐开放提供缓冲带，缓解对外开放对国内金融市场带来的冲击，同时又可以为在岸市场的部分机构和企业率先从事人民币跨境业务提供境外对接点，在人民币国际化中发挥着桥头堡的作用。 人民币国际化需要积极发挥离岸市场的作用，引导人民币业务清算银行积极参与当地外汇市场做市，丰富人民币离岸市场金融产品，提升人民币离岸市场的深度和广度，为境外机构在人民币成为 SDR 篮子货币后增加配置人民币资产、对冲风险等提供更多选择，促进离岸与在岸市场间的良性互动。

（五）加强监督管理，构建宏观审慎政策框架

人民币国际化意味着我国资本项目的开放，其间监督管理不可或缺，否则一旦发生重大波动，监管层掌握信息不足、束手无策，不但业务无法稳健发展，还可能引发金融风险。 2017 年第五次全国金融工作会议强调，要不断完善宏观审慎政策体系，保留紧急情况下的特定处置手段，把人民币国际化可能带来的风险降到最低。

在监管过程中信息的收集非常重要，是监督和管理的基础。 因此，要加强信息收集，通过各类跨境、跨市场信息平台，即时掌握跨境、跨市场交易信息，保证出台监督管理措施时决策依据充分。 着重加强事中事后监管，完善相关检测预警指标体系，加强对跨境人民币资金流动的日常监测分析，密切关注人民币跨境资金异常流动情况。 中国人民银行的RCPMIS 系统和国家外汇管理局的国际收支系统，基本可以做到逐笔统计和监测。

在监管手段上，研究丰富政策工具箱，加强本外币政策协调，处理好离岸和在岸市场人民币汇率的关系，发挥市场在资源配置中的决定性作用，采取有针对性的措施防范跨境资金流动风险。 要从宏观审慎角度引导和监管金融机构行为，促进其提高内控水平。 引导商业银行审慎经营，将商业银行跨境人民币业务风险管理情况纳入宏观审慎评估体系（MPA）。 同时要加强跨境人民币业务自律机制建设，充分发挥自律机制的作用，构建"中国人民银行—商业银行—企业（个人）"的三级政策传导机制。

第四节　小结

2008 年国际金融危机导致西方国家金融市场一度处于疲软的状态，出于避险动机，美元大量回流美国本土，国际金融市场缺乏美元。在这样的环境下，人民币国际化开始萌芽。美国量化宽松政策的实施，导致美元持续贬值，市场对美元的信心不足，而欧元、日元也处在不稳定的状态，国际社会对改革现有货币体系的呼声也越来越高，人民币的受欢迎程度日益增强。

人民币国际化同时满足了世界与中国的需要。中国人民银行按照党中央、国务院的部署，朝着"逐步使人民币成为可兑换的货币"的长期目标努力，进一步减少不必要的政策限制。2009 年 7 月，跨境贸易人民币结算试点在上海市和广东省广州、深圳、珠海、东莞等城市启动，并陆续扩大到全国。人民币合格境外机构投资者（RQFII）、人民币合格境内机构投资者（RQDII）、"沪港通"、"深港通"、基金互认、"债券通"等制度随之推出，为人民币的国际化建设做出铺垫，并取得了阶段性成效。2015 年适逢 IMF 五年一次的 SDR 审查，人民币加入 SDR 货币篮子获得了历史性机遇。2015 年 11 月 30 日，IMF 执行董事会认可了人民币作为国际货币的自由使用特性，决定将人民币纳入 SDR 货币篮子，并于 2016 年 10 月 1 日正式生效。这表明人民币的国际化进程进入了历史性新阶段，代表了国际社会对中国改革开放成就的高度认可，实现了中国与世界的双赢。

第十章　中国金融业的对外开放

外资银行进入中国已有 100 多年历史。 在清政府统治时期，外资银行便进入中国并开展了部分业务。 1949 年新中国成立后，鉴于当时的经济形势，仅保留了汇丰银行、东亚银行、华侨银行和渣打银行 4 家外资银行继续在上海经营有限的业务。 改革开放后，中国金融业对外开放大致经历了三个阶段。 在不断扩大对外开放的过程中，中国从全球化的接受者逐渐成为全球化的倡导者，并在全球治理中发挥了举足轻重的作用。

第一节　起步与探索阶段

1978 年是改革开放的起点，在党的十一届三中全会重新确立的解放思想、实事求是的思想路线指引下，中国开始实行对内改革、对外开放的政策。 国内众多行业百废待兴，资本与外汇极度缺乏。 就业市场上存在大量知青与青壮年劳动力剩余，居民的生活资料却供不应求。 这一阶段，金融业的对外开放主要是为了配合国内经济的形势，将外国金融机构"请进来"的同时，引进外汇资金与先进的金融服务，为就业市场提供更多机会，改善投资环境，从而促进国内经济发展。

为了吸引外资进入，实施对外开放战略，我国于 1979 年宣布筹组中国国际信托投资公司，并颁布了第一部《中外合资经营企业法》。 当年 10 月 4 日中国国际信托投资公司成立，主要任务是引导、吸收和运用外国的资金，引进先进技术，进口先进设备，对我国进行建设投资，加速我国社会主义现代化建设。

　　1979 年，日本输出入银行在北京设立第一个外资银行代表处，宣告中国金融开放之路正式拉开序幕。 日本输出入银行是对进出口贸易和海外投资供应中长期贷款的政府金融协调机构。 代表处的设立不以营利为目的，对外资机构和国内金融市场的发展均具有重要意义。 一方面，它是外国金融机构打开中国新市场的途径，可以起到市场调研、加强与我国企业和政府交流、拓展市场等作用；另一方面，对于当时金融业发展刚刚起步的中国来说，以一个开放的姿态迎接外资金融机构进入，有助于加强与海外发展相对成熟的金融机构展开交流，获得向国外金融机构学习先进经验与技术的机会，对我国当时亟待改革发展的金融业有巨大的帮助。

　　1980 年 5 月，中共中央决定在深圳、珠海、汕头、厦门设立经济特区，作为我国走向世界的试点窗口。 经济特区的设立旨在帮助我国更好地拓展对外经济交流。 1981 年 7 月，政府开始允许外资金融机构申请在经济特区设立营业性机构试点。 1982 年，南洋商业银行在深圳设立蛇口分行，成为改革开放以来外资银行在中国设立的第一家营业性机构。 深圳在开放后的 5 年时间里，GDP 年均增速达到了 65%，而同期全国 GDP 增速仅为 9.6%。 经济特区建设取得了显著成功，这也坚定了政府继续扩大对外开放的决心。 随后，中央又陆续设立了上海、广州、福州和青岛等 14 座沿海开放城市及 3 个沿海经济开放区。

　　1985 年 4 月，《中华人民共和国经济特区外资银行、中外合资银行管理条例》颁布，允许外资银行经营外汇业务以及对三资企业、外国人和港澳台同胞的人民币业务，外国金融机构在经济特区设立营业性分支机构的法律地位得到确认和保障，业务活动开展有法可依，标志着我国金融业对外开放开始走上规范化的道路。 此后，外资金融机构在华设立代表处与分行等分支机构的范围进一步扩大，数量进一步增加。1990 年 8 月，上海成为除经济特区外率先获准引进营业性外资金融机构的沿海开放城市，花旗银行、美洲银行、渣打银行、汇丰银行、香港东亚银行等 8 家外资银行于 1 年后获准在上海设立分行。 1991 年，我国又进一步放开了大连、天津、青岛、南京、宁波、福州和广州等 7 个城市，允许外资设立营业性机构。

这一时期，我国在逐渐扩大对外开放的过程中不断摸索，不仅在地域方面一步步放开限制，在其他方面也取得了一定成就。

1982 年 1 月，中国国际信托投资公司在日本东京发行 100 亿日元私募债券。 这是中国首次在海外发行债券，也是我国启动证券融资国际化进程的标志性事件。 同年 12 月，对外开放政策被正式写入我国宪法，并被确立为基本国策之一。 1983 年，中央又颁布实施了《关于侨资、外资金融机构在中国设立常驻代表机构的管理办法》，对外资金融机构的权益和利益给予法律层面的保护，展现出我国对海外金融机构的欢迎态度，同时也对外资金融机构在国内的行为做出了规范。 1991 年底，我国推出了人民币特种股票（简称 B 股）试点，境外法人或自然人可以在中国境内从事投资活动，标志着我国证券业开始对外开放。 1992 年 2 月 21 日，上海电真空发行了第一只 B 股，H 股、N 股和 S 股也于 20 世纪 90 年代初期相继发行。 1992 年证监会成立后，批准了四批共 77 家境外上市预选企业。

值得一提的是，仅 1993 年一年，中国就在国际债券市场上发债 21 次，融资额达到 28 亿美元，其中财政部首次作为主体发行了政府国际债券，上海中纺机在瑞士发行 3500 万瑞士法郎的可转换债券，开创了中国国企在海外发行可转换债券的先例。

银行业与证券业不断开放的同时，保险行业的对外开放也拉开了序幕。 80 年代初，一些外资保险公司获准在我国境内设立代表处。 这些代表处的存在加强了境内外保险公司相互了解的程度，便利其境外母公司对我国市场进行调研、举办研讨会介绍国外行业动态及经营管理经验等，为外资保险公司进入中国市场奠定了基础。 1992 年 7 月，中国人民银行颁布《上海外资保险机构暂行管理办法》，同年 9 月，美国友邦保险公司上海分公司开业，标志着中国保险市场的对外开放开始起步。

在"不断适应经济金融发展需要、稳步推进金融行业对外开放"方针的指导下，从经济特区到沿海城市和中心城市，中国金融业对外开放的地域范围不断扩大。 截至 1993 年底，外资金融机构累计设立了 302 家代表处，遍布我国 19 个城市，多集中在北京、上海和广州等地。 有 15 个国家和地区的 30 多个金融机构在中国 13 个城市设立了 93 家营业性机构，其中，外资银行营业性机构为 76 家，资产总额达到 89 亿美元。

第二节　迈向市场化阶段

1994 年 1 月 1 日，中国取消双重汇率制度，人民币官方汇率与外汇调剂市场汇率并轨，实行以外汇市场供求为基础的单一的有管理的浮动汇率制。 汇改后，中国金融业的对外开放随之进入新阶段。 通过一系列相关政策的颁布和实施，法律法规不断完善，外商来华投资的良好势头得到保持，进一步提高了我国的对外开放水平，不仅外资金融机构业务迅速成长，中资企业的国际业务也得以快速发展。 之后，虽然受到亚洲金融危机和加入 WTO 不确定性的影响，我国金融业对外开放脚步有所放缓，但整体不断扩大开放的趋势不变。 这一时期，对外开放的总体格局基本形成。

一　银行业

1994 年 2 月，国务院颁布了我国全面规范外资银行的第一部法规——《中华人民共和国外资金融机构管理条例》。 其对外资金融机构准入、管理与经营等一系列原则的明文规定，标志着外资银行在华经营进入更加法制化、规范化的阶段，银行业对外开放也更为稳定和透明。 其中明确规定外资银行总资产不得超过实收资本与储备金之和的 20 倍，且外资金融机构从境内吸收存款不得超过总资产的 40%。 在业务集中度最高、开放程度最高的上海市，外资银行在境内吸收的外资存款占比不到 20%，但是在境内投放外币贷款的占比在 60% 以上。 该规定目的在于限制外资银行在国内吸收资金的数量，促使其转向境外引进资金，弥补国内外汇资金缺口，满足进口与经济建设需求。

此后，外资银行开始以分行形式进入中国。 1994 年 8 月，国务院批准了北京、沈阳、石家庄、西安、成都、重庆、武汉、合肥、苏州、杭州、昆明等 11 个内陆中心城市对外资银行开放，允许其设立营业性外资金融机构，地域限制进一步放开，但是业务范围沿用了 1990 年《上海市外资金融机构、中外合资金融机构管理办法》中的规定，仍主要限定在外汇业务上，不可以开展人民币业务。

1996 年起，中国加快了金融业对外开放的速度。 在这以前，外资金融机构不允许经营人民币业务。 该年 12 月，《上海浦东外资金融机构经营人民币业务试点暂行管理办法》发布，部分符合条件的外资银行获准在上海浦东开展人民币业务，标志着我国在业务范围方面的限制逐步放开。 1997 年 1 月，中国首次批准上海的 9 家外资银行迁址浦东并经营人民币业务。 1998 年 8 月 12 日，人民币业务试点范围进一步扩大到深圳。

亚洲金融危机爆发后，外资进入中国的速度和规模不及从前，甚至选择了退出中国市场。 为改善这一状况，1999 年 8 月，中国适时采取了以下四个方面的政策措施：一是放宽外资银行经营人民币业务地域限制，允许上海市外资银行将人民币业务扩展到江苏和浙江，允许深圳市外资银行将人民币业务扩展到广东、广西和湖南；二是放宽外资银行经营人民币业务的规模限制，人民币负债总额对其外汇负债总额的比例由原来的 35%放宽到 50%，超 7 天的同业拆借与营运资金按 1:1 比例挂钩的规定不再执行；三是允许外资银行加入全国银行间同业拆借市场，解决其人民币业务资金来源问题；四是允许经营人民币业务的外资银行组织银团贷款时收取承担费和管理费，允许在同一家外资银行已获准经营人民币业务的异地分行之间自由调拨人民币头寸。 上述措施有效改善了外资银行的业务情况，2000 年境内外资银行整体实现了扭亏为盈。

这一阶段，我国银行业的开放是沿着从设立代表处到设立分行等经营性机构、从经济特区到所有中心城市、从外汇业务到人民币业务的路径进行的。 在上述政策的鼓励下，2001 年底国内外资银行营业性机构已经达到了 177 家，较 1993 年底增加 100 家，年均增长 13 家；资产总额达到450.48 亿美元，8 年时间里年均复合增长率为 22%。 但受亚洲金融危机和中国加入世贸组织不确定性的影响，较 1997 年底仅增加了 13 家，资产总额年增长率仅为 4%。

二　证券业

1994 年，国务院制定了《国务院关于股份有限公司境外募集股份及上市的特别规定》，1995 年中国人民银行又颁布了《中外合资投资银行类机构管理暂行办法》。这两项规定，一方面，为国内企业境外股票融资创造了良好的法律环境，支持符合国家产业政策、具有相当规模和知名度的大型国有企业到海外上市；另一方面，确定了 B 股企业的预选、审核和监管制度，使 B 股企业的试点范围从上海、深圳两地扩大到全国。

这一时期，我国证券公司数量虽然不少，但是市场容量小，加之法规不健全、缺乏监管，业务经营存在较大问题。1995 年 8 月，中国人民建设银行与美国摩根士丹利等外资机构在北京设立了中国第一家中外合资投资银行——中国国际金融有限公司（以下简称中金公司）。中金公司的成立对我国国有企业获得外国资金有巨大的帮助，并且对我国证券行业的发展起到了一定指导作用，具有十分深远的影响。此外，中国证监会于 1995 年加入证监会国际组织（IOSCO），并于 1998 年当选为该组织的执行委员会委员，积极履行义务，将 IOSCO 的监管目标、原则和理念引入国内，对规范中国证券市场的发展起到了重要作用。

1996 年 B 股市场的首部全国性法规《境内上市外资股的规定》发布并实施。到 1998 年，国家连续批准了三批共 54 家 B 股预选企业。到 2000 年 11 月，已有 114 家公司发行 B 股，成功实现了境外融资。2001 年 2 月，中国进一步放开了对境内居民投资 B 股股票的限制。

三　保险业

1994 年，中国平安保险吸纳了摩根士丹利和高盛两大世界财团参股，成为第一家引进外资入股的保险公司。同年，东京海上火灾保险公司分公司在上海开业。1995 年，保险对外开放的试点城市从上海扩大到广州。1996 年，加拿大宏利人寿保险与外经贸信托合资设立了中宏人寿保险公司，成为第一家中外合资公司，之后瑞士丰泰保险公司、美国美亚保险公司先后成立。 1997 年，法国安盛、德国安联、美国安泰三家保险公司相继获准与境内保险公司成立合资保险公司。 截至 1997 年底，共有 99 家外国保险公司在中国的北京、上海等地设立了 181 家代表处，9 家外国保险公司得到了我国保险市场的准入证。

中国保险业在逐步扩大引进外资保险公司的同时，也积极地走出国门。 1996 年，中保集团已与 120 多个国家和地区的 1000 多家保险公司建立业务联系，国外营业性机构发展到 80 多家，海外从业人员约 1000 多人。 中保集团海外公司的毛保费收入约 60.5 亿美元，总资产达 176 亿美元。 中国太平洋保险公司、中国平安保险公司也在部分国家和地区设立了分支机构。 2000 年，中国保监会加入国际保险监督官协会，作为沟通的纽带和窗口，有效加强了我国与国际在保险行业的联系与合作。 同年 6 月，中国太平保险集团股份有限公司在香港联合交易所挂牌上市，这是第一家在境外上市的中资保险企业。

这一阶段，中国保险业已经开始着手引进海外投资者与海外先进技术及管理经验，较银行业和证券业开放速度更快。 这是因为保险业与海外投资者交流与融合更为紧密，法治与监管体系也得到了较快发展。 在行业发展达到相对成熟的阶段后，对外开放也就更加水到渠成。

第三节　全方位开放阶段

加入 WTO 是我国完善对外开放格局的一项重大举措。 以此为契机，中国金融业对外开放驶入加速期，全面实现对外开放指日可待。

一　中国履行 WTO 承诺情况

考虑到中国本土金融服务业的发展阶段与实力状况，经 WTO 成员同意，我国采取了循序渐进、逐步开放的方式：先允许设立代表处，再允许设立营业机构；先开放外币业务，再开放本币业务；先对外资银行开放外商投资企业客户，再开放国内客户。 就此，我国对银行业、保险业和证券业的对外开放做出一系列承诺（见表 10－1）。

表 10 – 1　中国金融业加入 WTO 主要承诺

银行业	证券业	保险业
对外国银行在中国经营外币业务不做任何地域限制，5 年内逐步将外资银行经营人民币业务的地域从加入时的上海、深圳、天津、大连四个城市扩大到全国所有地区	外国证券机构驻华代表处可以成为中国证券交易所的特别会员	入世后，允许外国寿险公司、非寿险公司在上海、广州、大连、深圳、佛山提供服务；入世后 2 年内，允许外国寿险公司、非寿险公司在北京、成都、重庆、福州、苏州、厦门、宁波、沈阳、武汉和天津提供服务；入世后 3 年内，取消地域限制
加入 WTO 5 年后废除所有现存的针对所有者、经营和外国金融机构商业存在的法律形式的限制。只要外国金融机构在提交申请前的年末资产总额超过 100 亿美元，就被允许在中国建立外国银行或者金融公司的子公司，或者在中国设立中外合资银行或中外合资金融公司；超过 200 亿美元，就被允许在中国设立分行。申请前在中国境内经营 3 年，且连续 2 年盈利，就被允许从事人民币业务	允许外国机构设立合营公司，从事国内证券投资基金管理业务，外资比例不超过 1/3，加入后 3 年，合资基金公司外资比例不超过 49%；加入后 3 年内，允许外国证券公司设立中外合资证券公司，从事 A 股承销、B 股和 H 股以及政府和公司债券的承销和交易，外资比例不超过 1/3	允许外国非寿险公司在华设立分公司或合资公司，合资公司外资股比可达到 51%；入世 2 年后，允许外国非寿险公司设立独资子公司，即没有企业设立形式限制；入世时，允许外国寿险公司在华设立合资公司，外资股比不超过 50%，外方可以自由选择合资伙伴；合资企业投资方可在减让表所做承诺范围内，自由订立合资条款；合资保险经纪公司在加入时的外资股比可达到 50%，入世后 3 年内，外资股比不超过 51%，入世后 5 年内，允许设立全资外资子公司；随着地域限制的逐步取消，经批准，允许外资保险公司设立分支机构，内设分支机构不再适用首次设立的资格条件
对于外币业务，允许外国银行自中国加入 WTO 时起在中国提供服务，无任何客户限制。对于人民币业务，自中国加入 WTO 第 2 年起，允许外国金融机构向中国企业提供服务；第 5 年起，允许外国金融机构向所有中国客户提供服务；只要获得在中国某一区域从事人民币业务的资格，就意味着同时被允许在其他区域内从事此类业务	外国证券机构可以（不通过中方中介）直接从事 B 股交易	加入时，允许外国非寿险公司从事没有地域限制的"统括保单"和大型商业保险。加入时，允许外国非寿险公司提供境外企业的非寿险业务、在华外商投资企业的财产险、与之相关的责任险和信用险服务；入世后 2 年内，允许外国非寿险公司向中国和外国客户提供全面的非寿险服务
取消外资银行人民币负债不得超过外汇负债 50% 的比例；放宽对外资银行在境内吸收外汇存款的比例限制；取消对外资银行在华经营的非审慎性限制，在承诺基础上逐步给予外资银行国民待遇	允许合营券商开展咨询服务及其他辅助性金融服务，包括信用查询与分析、投资和有价证券研究与咨询、公开收购及公司重组等；对所有新批准的证券业务给予国民待遇，允许在国内设立分支机构	营业许可的发放不设数量限制。申请设立外资保险机构的资格条件是：投资者应为在世贸组织成员国有超过 30 年经营历史的外国保险公司；必须在中国设立代表处 2 年以上；在提出申请前一年年末，总资产不低于 50 亿美元

（一）银行业

2001 年 12 月，国务院颁布《中华人民共和国外资金融机构管理条例》（修订版）。 准入资格方面，满足一定条件的外国金融机构可以申请设立外商独资银行、中外合资银行和外国银行分行。 业务范围方面，世贸组织承诺允许外资银行经营的业务被全部纳入：对于外汇业务，允许外资银行将外汇业务客户对象扩展至中国居民个人且不需审批；对于人民币业务，允许在上海、深圳、天津和大连展开经营，未来将按照入世承诺时间表，逐步放开。 此外，将外资金融机构从境内吸收存款占总资产的比例限制增加至 70%，取消对外资银行总资产不得超过实收资本与储备金之和 20 倍的限制，取消对外资银行人民币负债与外汇负债比例的限制，转而制定了人民币业务资本或营运资金不得超过人民币风险加权资产的 8% 的审慎性标准。 外资银行人民币业务的客户对象在 2013 年底进一步放开至所有中资企业。

2003 年底，我国颁布《境外金融机构入股中资金融机构管理办法》，单个境外机构入股中资金融机构的入股比例上限由 15% 提高至 20%。 2004 年，政府又进一步修订了《中华人民共和国外资金融机构管理条例实施细则》，删除了外资银行增设分行需一年时间间隔的条款，下调了外资银行在华开展业务所需的最低营运资金要求，简化了外资进入境内的审批程序。 地域方面，2004 年我国放开了对外资银行在西安和沈阳开展人民币业务的限制，2005 年底进一步扩大到哈尔滨、长春、兰州、银川和南宁，较入世承诺提前了一年。

2006 年 12 月，国务院颁布《中华人民共和国外资银行管理条例》，外资银行获准以独立法人的形式存在，并可以经营针对中国公民和企业的吸收存款、发放贷款、办理承兑贴现等人民币业务，经人行批准后，还可经营结售汇业务，享受"国民待遇"，但非独立法人的外资银行，经营范围仍限于境外客户。 鼓励外资银行分行转制，旨在保护中国存款人的利益，维护金融体系稳定。 同时，银监会批准了首批 9 家外资银行分行改制的申请，这 9 家银行包括渣打银行、东亚银行、汇丰银行、恒生银行、日本瑞穗实业银行、日本三菱东京日联银行、新加坡星展银行、花旗银行和荷兰银行，其注册地均在上海。

《中华人民共和国外资银行管理条例》的颁布，标志着外资进入中国的地域、客户限制以及业务上的非审慎限制基本消失，银行业实现了全面开放，完成了入世时的开放承诺。但是，仍然保留了市场准入、持股比例、设立形式等方面的若干限制。

加入 WTO 后 5 年的时间里，中国银行业对外开放卓有成效。截至2006 年 12 月底，在中国注册的外资独资和合资法人银行业机构共 14 家，下设 19 家分支行及附属机构；22 个国家和地区的 74 家外资银行在中国25 个城市设立了 200 家分行和 79 家支行；41 个国家和地区的 186 家外资银行在中国 24 个城市设立了 242 家代表处。外资银行经营的业务品种超过100 种，115 家外资银行机构获准经营人民币业务。在华外资银行本外币资产总额 1033 亿美元，占我国银行类金融机构总资产的 1.8%。[①]

(二) 证券业

加入 WTO 之前，证券业的开放主要是一些外资金融机构在国内设立代表处，如野村证券。在华设立分支机构进行营利性活动的机构偏少，仅有一家中金公司。自中国加入 WTO 起，外国证券机构驻华代表处可申请成为中国证券交易所的特别会员，外资机构可设立合资证券投资基金公司，外国证券机构可直接从事 B 股交易。

2002 年 6 月，证监会颁布《外资参股证券公司设立规则》，提前履行了证券业对外开放的承诺。其中规定：允许外资机构参股证券公司，外资参股证券公司可从事股票和债券的承销、外资股的经纪、债券的经纪和自营，但境外股东持股比例或在外资参股证券公司中拥有的权益比例累计不得超过 1/3。2007 年对《外资参股证券公司设立规则》进行修订后，外资参股证券公司还可以从事股票和债券的保荐业务。

我国履行承诺进一步开放证券业，明确了外资参股与合资设立证券公司、基金管理公司的条件、程序以及业务范围后，国内开始陆续出现一些外资金融机构参股国内券商/基金，或与国内金融控股集团成立中外合资

---

① 摘自《银监会发布〈中国银行业对外开放报告〉》，《中国信用卡》2007 年 04X 期，第 74 页。

券商/基金的情况。 2003 年 1 月 12 日，中国第一家中外合资基金管理公司——招商基金在深圳正式开业；2 月 18 日，湘财合丰基金公司三只行业类别基金获准一次性同时发行，伞式基金开始登陆中国；4 月 25 日，首家中外合资证券公司——华欧国际在北京宣布成立；2004 年，高盛与高华证券合资成立了高盛高华。

2005 年开始，国家加大了对券商的综合整治力度，合资券商的设立审批被暂停，直到 2008 年方正证券和瑞士信贷合资成立的瑞信方正证券获批，审批才被重新开放。 到 2006 年，虽然仍保留了外资持股比例和业务牌照发放等方面的限制，但是国内证券业基本完成了入世时的开放义务。 此时，我国证券业有外资参股的证券公司 7 家，外资参股和合资（中方控股）的基金管理公司 26 家。

随后，我国进一步扩大对外开放。 持股比例方面，2012 年，证监会修改了《外资参股证券公司设立规则》，进一步将外资在合资证券公司的持股比例上限提高到 49%，高于我国加入 WTO 时的承诺。 业务牌照方面，基金私募牌照在 2016 年《私募基金登记备案相关问题解答（十）》颁布之后得以放开，开始允许外资设立独资或控股私募基金。

（三）保险业

在入世谈判时，我国承诺保险业过渡期为三年，比其他金融行业提前两年实现全面对外开放，故而保险业是我国金融业开放力度最大的领域。按照世贸组织规则和我国的承诺，中国保监会有步骤地批准外国保险公司进入中国市场，并有步骤地取消外资保险公司在服务对象和地域等方面的限制。

2001 年，国务院公布《中华人民共和国外资保险公司管理条例》。2003 年 3 月，保监会宣布北京、天津和苏州为保险业对外开放城市，随后又新增福州、厦门、宁波、沈阳和武汉 5 个城市。 此前，上海、广州、大连、佛山、东莞、江门以及海口等城市已设有外资保险公司的营业机构，至此保险业开放城市达到 15 个。 到 2003 年末，取消了外资保险公司在我国经营再保险业务的数量和地域限制，外资财产保险公司也获准在我国经营除法定保险业务以外的全部非寿险业务。 2004 年 3 月 1 日，保监会修订的《外国保险机构驻华代表机构管理办法》开始实施，进一步明确了保监会派出机构对当地代表机构日常管理的职责，增加了保监会审批期限的规定等。

到 2004 年 12 月 11 日，我国保险业全面放开对外资的业务和地域限制，外资寿险公司可以开展健康险、团体险和年金险业务，取消对设立外资保险机构的地域限制，设立合资保险经纪公司的外资股权比例可至 51%。寿险除外资比例不超过 50% 及设立条件限制外，对外资没有其他限制；非寿险除设立条件外，地域限制与业务范围也逐步放开，对外资没有其他限制；法定再保险比例降为 5%。保险业结束入世过渡期，率先在金融领域实现全面开放。

2005 年后，除合资寿险公司外方股比不得超过 50%、外资财险公司不得经营法定保险以外，在业务方面外资保险公司已享受国民待遇。2012 年，中美双方发布《关于加强中美经济关系的联合情况说明》，对外资开放交强险，超出我国在 WTO 承诺中"外国保险机构不得从事法定保险业务"的限制，是保险业进一步对外开放的重要举措。此后，外资保险集团在中国的资产与保费收入等方面较此前都有了较大幅度的增长。

二　金融业开放的其他成就

(一)金融机构的对外开放

1. 银行业

加入 WTO 之初，国内银行业仍存在较多历史遗留问题，如不良资产比例过高、管理落后、法律环境薄弱，而这又与政府干预有很大关系。在这样的行业发展状况下，直接全面推行银行业的对外开放，对外资银行和中资银行的发展都会有所不利。对于外资银行来说，由于中资银行已积累了大量客户资源，亏损有政府兜底保障，外资银行难以顺利进入并扎根中国市场；对于中资银行来说，外资银行的进入会带来竞争压力，中资银行对政府的依赖心理会越来越重，不利于我国银行业的发展。因此，要想实现全面对外开放，银行业还肩负着改革的重任。

2003 年国有商业银行开始推进股份制改革，允许外资母公司以战略合作者的身份入股中资银行。 为保证金融开放的稳定性，银监会于当年12 月颁布了《境外金融机构投资入股中资金融机构管理办法》，从资产规模、资本充足性、盈利持续性等方面对境外投资者的资格条件做出限制，并规定了投资入股中资银行的具体比例，为中外资银行股权合作提供了法律依据。 具体而言，规定单个境外金融机构向中资金融机构投资入股比例不得超过 20%，多个境外金融机构对非上市中资金融机构投资入股比例合计不得超过 25%，同时规定战略投资者需持有股权 3 年以上。 通过引入境外战略投资者，推动了国有银行的改革进程，使其治理结构不断完善，资产规模快速扩大，资产质量得到提升，盈利能力显著提高，一些国有商业银行还成功实现在上海和香港两地上市。 部分中资银行引入海外战略投资者的具体情况见表 10 - 2。

表 10 - 2 部分中资银行引入海外战略投资者的具体情况

时间	中资银行	海外战略投资者	持股比例
2003 年 9 月	浦东发展银行	花旗银行	4.62%
2003 年 9 月	民生银行	国际金融公司	1.22%
2004 年 3 月	兴业银行	恒生银行/新加坡政府直接投资公司/国际金融公司	15.98%/5%/4%
2004 年 8 月	交通银行	汇丰银行	19.9%
2004 年 11 月	民生银行	淡马锡控股（私人）有限公司	4.55%
2005 年 3 月	北京银行	荷兰 NG 银行	19.9%
2005 年 8 月	中国银行	苏格兰皇家银行	10%
2005 年 8 月	中国建设银行	美洲银行/亚洲金融控股（私人）有限公司	8.52%/5.88%
2005 年 10 月	中国银行	瑞银集团/亚洲开发银行	1.61%/0.24%
2005 年 12 月	中国银行	亚洲金融控股（私人）有限公司	5%
2005 年 12 月	渤海银行	渣打银行	19.99%
2006 年 1 月	中国工商银行	美国高盛集团/德国安联集团/美国运通公司	7%/2.5%/0.5%

截至 2006 年 6 月底，共有 27 家外资金融机构参资入股我国包括中行、工行、建行、交行、民生银行、上海银行等在内的 20 家全国性、地方

性商业银行，外资银行已成为我国银行业体系的重要组成部分。　然而，我国对外开放的道路并不是一帆风顺的。　受限于业务范围和网点少、覆盖面小等因素，外商独资银行在中国的盈利表现一直落后于中资银行。全球金融危机后，出于外资银行母公司自身发展对资金的需求等原因，境外战略投资者出现减持现象，甚至清空其所持有的国内银行股权。　2009年瑞银、苏格兰皇家银行出清了中国银行股份，随后高盛、美国银行在持续减持后最终分别出清工行、建行股份，德意志银行和花旗银行紧随其后，分别出清了华夏银行和广发银行股份。

在积极将外资金融机构"引进来"的同时，中资银行还积极通过并购、设立新机构等方式拓展海外市场。　继 2006 年 12 月收购印度尼西亚哈里姆银行 90% 股权后，中国工商银行于 2007 年 8 月宣布收购澳门诚兴银行，同年 10 月宣布收购南非最大银行——南非标准银行 20% 的股权；中国国家开发银行也收购了英国巴克莱银行 3% 的股权。　与此同时，中国银行业加快在境外设立分支机构的步伐。　2007 年，中国工商银行在莫斯科设立分行，中国银行在英国设立子银行，中国建设银行设立悉尼代表处，交通银行设立法兰克福分行、澳门分行，中国进出口银行在圣彼得堡设立代表处等。　到 2016 年底，已经有 22 家中资银行在海外 63 个国家和地区设立 1353 家分支机构，其中一级分支机构达到 229 家。　2007 年 11 月，美国金融监管当局批准招商银行在纽约设立分行，这是美国 1991 年颁布实施《加强外国银行监管法》后批准的第一家中资银行营业机构。

2. 证券业

2015 年，上海证券交易所（上交所）、德意志交易所（德交所）和中国金融期货交易所（中金所）成立合资公司——中欧国际交易所股份有限公司（中欧所），交易所"走出去"取得积极进展。　中欧所位于德国法兰克福，在欧盟监管框架下，利用德交所市场基础设施向全球投资者提供中国债券、交易所交易基金等产品标的，有效连接了中国和欧洲资本市场。　中欧所 D 股市场的"D"代表德国，其首批上市企业定为具有明确国际化战略的中国蓝筹上市公司，为我国金融市场的对外开放提供了新机遇。

2013 年 8 月 CEPA《补充协议十》签署后，我国出现了成立合资券商的新高潮。 CEPA 协议即《关于建立更紧密经贸关系的安排》，由内地与香港、澳门签署，是内地与港澳经贸交流与合作的重要里程碑。 根据最新规定，允许符合设立外资参股证券公司条件的香港和澳门金融机构分别按照内地有关规定在上海市、广东省、深圳市各设立一家两地合资的全牌照证券公司，其中港资、澳资合并持股比例最高可达 51%，内地股东不限于证券公司。

CEPA 协议框架下的合资券商，突破了外资不能控股的限制，允许内资非金融机构与外资组建证券公司，还突破了单一牌照的限制。 申港证券于 2016 年 10 月 18 日在中国（上海）自由贸易试验区正式开业，是首家根据 CEPA 补充协议设立的合资证券公司。 同年，华菁证券开始营业，是合资券商中少有的全国性的全牌照证券公司。 2017 年，证监会核准汇丰银行和东亚银行的申请，同意其在内地设立多牌照证券公司——汇丰前海证券和东亚前海证券。 其中，汇丰前海证券的港资股东——香港上海汇丰银行持股 51%，成为首家外资控股的合资券商。

3. 保险业

将外资金融机构"引进来"方面，2002 年，中国邮政与法国国家人寿保险公司签订协议，合资成立中法人寿保险，该公司于 2005 年 12 月正式成立。 2003 年，批准法国第一大农业保险公司——法国安盟保险在中国组建财险分公司，标志着我国农业保险市场首次实行对外开放。 2004 年后，随着国内保险市场的扩大，外资保险机构或金融集团进入中国保险业的数量持续增加。 2011 年 8 月，澳洲最大的汽车和住宅保险商——澳保集团与渤海财产保险公司签订协议，将购入渤海保险 20% 的股权。

中国保险业在"引进来"的同时，也在稳步开展"走出去"战略，积极推进双向开放，在提高国际化水平的同时增强自身竞争力。 截至 2011 年底，即我国入世 10 周年之际，共有 8 家中资保险公司在中国大陆以外地区设立了 27 家保险营业机构，6 家中资保险公司设立了 8 家海外代表处。[①]

2012 年 10 月，保监会出台《保险资金境外投资管理暂行办法实施细则》，进一步拓展保险资金境外投资的范围，正式放开险资境外投资渠道。2014 年，国务院发布《国务院关于加快发展现代保险服务业的若干意见》，鼓励保险公司多形式、多渠道走出国门，拓展保险资金境外投资范围，深化行业对外开放。

（二）金融市场的对外开放

1. QFII、QDII 及 RQFII

2002 年 11 月，中国证监会与中国人民银行联合颁布了《合格境外机构投资者境内证券投资管理暂行办法》，合格境外机构投资者（QFII）被引入中国证券市场，允许外国机构投资者进入交易所市场，投资债券、股票以及其他金融资产，并实行额度配给制，上限暂时定为 7.75 亿美元。2003 年 5 月 27 日，瑞士银行、村野证券成为首批 QFII；7 月 9 日瑞士银行率先下单，标志着 QFII 正式入市。这成为国内资本市场对外开放的起点，对我国证券市场的规模、结构与投资观念等都产生了深远的影响。随后几年，QFII 发展迅速。QFII 持有股票占流通市值的比例从 0.63% 快速上升至 2005 年的 2.10%，投资额度上限也提高到 57 亿美元。2005 年汇改之后，QFII 更是不断扩容，2007 年 12 月，QFII 总额度从 100 亿美元扩大至 300 亿美元，实现重大飞跃。

在"引进来"的同时，中国也积极引导国内金融机构稳步推进"走出去"战略。2006 年 4 月，中国人民银行发布当年的第五号公告，允许符合条件的银行、基金管理公司等证券经营机构和保险机构在一定额度内集合境内机构和个人自由外汇，用于投资境外金融市场，开始推行合格境内机构投资者（QDII）制度，借鉴了 QFII 限制额度并有序放开。2006 年底，15 家商业银行获得了 134 亿美元的 QDII 额度，平安保险、中国人寿和中国人民财产保险公司也获得了相应的额度。2007 年 6 月，证监会公

---

① 摘自保监会《保险业入世十周年：全面开放 互利共赢》。

布《合格境内机构投资者境外证券投资管理试行办法》，于 7 月 5 日起允许包括基金管理公司、证券公司在内的 QDII 投资境外证券业务，为境内金融资产分散风险提供了渠道。

2011 年 12 月，为进一步加快金融市场对外开放与人民币国际化进程，人民币合格境外机构投资者（RQFII）制度开始试点运行，允许境外机构投资人将额度内的外汇结汇投资于境内市场，首批额度为总计 200 亿元人民币境内证券投资额度。人民币合格境外机构投资者同样需要证监会批准资格，国家外汇管理局批准额度。根据 RQFII《试点办法》，首批 RQFII 适用的对象明确为境内基金管理公司、证券公司的香港子公司，运用在我国香港地区募集的人民币资金投资境内证券市场。2013 年 3 月，中国证监会、中国人民银行、国家外汇管理局联合公布《人民币合格境外机构投资者境内证券投资试点办法》，形成正式的 RQFII 管理制度。2014 年在 QDII 的基础上推出人民币合格境内机构投资者（RQDII），境内人民币可用于投资境外人民币计价资本市场。

截至 2012 年底，累计有 179 家境内公司通过境外上市募集资金超过 1900 亿美元，境内银行和企业在港发行人民币债超过 800 亿元，107 家 QDII 获得 855.8 亿美元对外投资额度；累计 169 家 QFII 经批准获得 374.4 亿美元额度和 24 家 RQFII 经批准获得 670 亿元人民币额度。[①] 2013 年开始，QFII 和 RQFII 进入中国银行间债券市场。

2018 年 6 月 12 日，央行、国家外汇管理局发布文件，针对 QFII 和 RQFII 做出重大改革：取消 QFII 资金汇出 20% 的比例要求和 QFII、RQFII 本金锁定期要求，允许其开展外汇套期保值，对冲境内投资的汇率风险。这次改革通过取消相关限制，简化管理、便利操作，预期会激发境外机构来华投资热情，有效推动我国金融市场进一步对外开放。截至 2018 年 6 月 28 日，QFII 获批机构 287 家，累计获批投资额

---

① 马相东：《扩大金融业对内对外开放——访中国人民银行副行长易纲教授》，《新视野》2014 年第 3 期，第 4~7 页。

度 1004.59 亿美元；RQFII 获批机构 197 家，累计获批投资额度 6220.72 亿人民币；QDII 获批机构 153 家，累计获批投资额度 1033.33 亿美元。

2. "沪港通"、"深港通"及"债券通"

"沪港通"、"深港通"和"债券通"等机制是加深我国与香港资本市场互联互通的重要工具。与 QFII 等类似，也是在我国资本账户尚未完全开放的背景下，为进一步丰富跨境投资方式，加强资本市场对外开放而做出的特殊安排。

2014 年 11 月 17 日，"沪港通"开通，内地和香港市场开始双向开放，两地投资者通过当地证券公司或经纪商可以买卖在对方交易所上市的监管机构批准范围内的股票，分为沪股通和"沪港通"下的港股通两部分。其中，沪股通是指投资者委托香港经纪商，通过联交所设立的证券交易服务公司（SPV）向上交所进行申报，买卖规定范围内的上交所上市股票，"沪港通"下的港股通则相反，是内地投资者购买联交所上市股票的途径。试点初期，实行额度控制。"沪港通"推出以来，业务运作模式日趋成熟，基于"与沪港通保持基本框架和模式不变"的原则，2016 年 12 月 5 日，"深港通"开通，丰富了证券市场交易品种，内地和香港资本市场得以互惠共赢，同时推动了人民币的国际化进程。

2017 年 7 月，保险资金投资香港股票规模为 3157.03 亿元。其中，通过 QDII 额度投资 1413.45 亿元人民币，通过"沪港通"投资 1743.58 亿元人民币，"沪港通"规模已经超过 QDII。目前，沪股通共有 563 只股票，"沪港通"下的港股通有 317 只股票；深股通共有 797 只股票，"深港通"下的港股通共有 463 只股票。内地和香港资本市场的双向开放和互联互通使两地资本市场均受益颇深。

股票市场完成境内外联通与开放后，债券与外汇市场也紧随其后。2017 年 5 月 16 日，中国人民银行和香港金融管理局发布联合公告，宣布开展香港与内地债券市场互联互通合作，简称"债券通"。"债券通"推出后，境外投资者可以通过"北向通"投资内地银行间债券市场，债券市场迎来了进一步的开放。"债券通"是中国扩大金融市场特别是银行间债券市场开放的新举措，是 QFII 和 RQFII 以外境外机构投资者进入中国银行间债券市场的又一方式，为"以资产配置需求为主的央行类机构和中长期投资者"投资中国债券市场提供了一个便捷的"一点接入"模式。作为中国债券市场开放的快车道，"债券通"加快了中国债券市场与国际接轨，也将成为中国资本出海的重要渠道。

3. CDR

过去，由于我国资本市场制度限制以及宏观改革措施的滞后，因此一些境内龙头创新企业前往境外上市，同时还有许多快速成长的创新企业在筹划上市。支持这类企业在境内发行上市，是增强境内市场国际化水平、提高我国金融行业全球影响力的重要方式。中概股回归的方法有发行 CDR、借壳上市和 IPO 等。

CDR 即中国存托凭证，起源于美国存托凭证 ADR。存托凭证是指由存托人签发，以境外证券为基础在中国境内发行，代表境外基础证券权益的证券。CDR 以人民币交易结算，面向国内投资者，从而实现股票的异地买卖，在基本不改变现有法律框架的基础上，可以实现境外上市的优秀企业回归 A 股，是我国对外开放过程中一种与市场现状相适应的、灵活的工具。

相比而言，采用 IPO 或借壳上市对公司盈利和股权结构明晰存在硬性要求。盈利方面，借壳上市要求两年持续盈利且累计利润超过 2000 万元，IPO 主板要求连续三年盈利且累计利润超过 3000 万元。而首批回归的京东暂时达不到这个要求。股权结构明晰方面，许多中概股如阿里、百度均为 VIE 模式（即"协议控制"，境外注册的上市实体与境内的业务运营实体相分离），而且中概股还普遍具有同股不同权的机制设计。采用发行 CDR 的方式，耗时更短、费用更低，还保留了境外的融资渠道，是中概股回归的良好选择。

2018 年 3 月 22 日，证监会《关于开展创新企业境内发行股票或存托凭证试点的若干意见》经国务院转发，引发热切关注。6 月 6 日晚，证监会发布《存托凭证发行与交易管理办法（试行）》等 9 份文件，明确了 CDR 发行、上市、交易、信息披露制度等一系列规则，鼓励创新型企业回归。 CDR 以试点方式开展，设定了较高的准入门槛，主要面向符合国家战略、具有核心竞争力、市场认可度高，属于互联网、大数据、云计算、人工智能、软件和集成电路、高端装备制造、生物医药等高新技术产业和战略性新兴产业，达到相当规模的创新企业。 CDR 回归对我国股票市场的发展意义重大，同时加快了资本市场的国际化进程。

4. 其他

中国金融市场的对外开放远不限于上述措施，且"走出去"战略得到良好贯彻，双向开放均取得令人瞩目的进展。

2003 年，中国人民财产保险股份有限公司于 11 月在香港联合交易所成功上市，成为中国内地国有金融机构海外上市"第一股"；中国人寿保险股份有限公司于 12 月在纽约、香港两地同步上市，公开募股筹集 30.1 亿美元，为 2003 年规模最大的首次公开募股。 随后，中国平安和太平洋保险也在境外成功上市。 此外，中国人民保险集团股份有限公司于 2013 年 7 月实现了在香港联合交易所整体上市，是国内首家海外整体上市的中管保险集团。 2005 年 6 月 23 日，交通银行在香港联合交易所挂牌上市，是中国境内第一家在境外发行上市的商业银行。 10 月 27 日，中国建设银行赴港上市，成为中国国有商业银行走向国际资本市场的开始。 中国银行、中国工商银行等多家银行也陆续在香港挂牌，为银行境外融资提供了良好渠道。 除银行和保险机构赴境外上市外，证券行业对外开放也稳步推进。 到 2016 年底，证券市场境外上市公司数达到 241 家，股票市场境内上市外资股达到 100 家。

除 QFII、RQFII 和"债券通"等银行间债券市场交易方面的制度，我国也稳步推行其发行方面的对外开放。 2005 年，中国人民银行与财政部等相关部门共同发布《国际开发机构人民币债券发行管理暂行办法》，允许国际开发机构在境内发行人民币债券，国际金融公司和亚洲开发银行率先在银行间债券市场发行 40 亿元人民币债券。 2013 年，中国建立起境外非金融机构在银行间债券市场人民币债券融资的渠道，德国戴姆勒股份公司在银行间债券市场发行 150 亿元人民币债券。 此后，加拿大不列颠哥伦比亚省、韩国和波兰等外国政府也获准在我国银行间债券市场发行人民币债券。

值得一提的是，2018 年 6 月 1 日，A 股 234 只股票被正式纳入 MSCI 新兴市场指数，标志着中国资本市场的开放进一步得到深化。 A 股被纳入 MSCI 指数将采用两步走的安排：第一步是 6 月 1 日 A 股正式纳入 MSCI 新兴市场指数，权重为 2.5%；第二步是 9 月 3 日将权重提升至 5%。 这一里程碑事件标志着中国金融市场与国际金融市场的互动、互联、互通不断深化，资本市场开放将开启新篇章。

第四节　从全球化的接受者到全球化的倡导者

一　对外开放是中国的一贯立场

长期以来，中国在多个重要场合表明并阐述了坚持全方位对外开放、继续推动贸易和投资便利的重要思想。 经济全球化是不可逆转的时代潮流。 以坚持对外开放作为基本国策，我国会积极参与并倡导全球化，具有继续扩大开放的坚定信念。

2018 年 4 月 10 日，习近平总书记在博鳌亚洲论坛发表重要讲话时明确指出，中国开放的大门不会关闭，只会越开越大！ 实践证明，过去 40 年中国经济发展是在开放条件下取得的，未来中国经济实现高质量发展也必须在更加开放的条件下进行。 这是中国基于发展需要做出的战略抉择，同时也是在以实际行动推动经济全球化造福世界各国人民。 翌日，央行行长易纲宣布了进一步扩大金融业对外开放的具体措施和时间表。

到 2018 年 6 月 30 日，我国基本落实六项金融领域的开放措施，大大放宽了金融业对外开放的政策限制（见表 10 -3）。

表 10 - 3　博鳌论坛宣布 2018 年上半年对外开放措施

1. 取消银行和金融资产管理公司的外资持股比例限制，内外资一视同仁；允许外国银行在我国境内同时设立分行和子行
2. 将证券公司、基金管理公司、期货公司、人身险公司的外资持股比例上限放宽至 51%，三年后不再设限
3. 不再要求合资证券公司境内股东至少有一家是证券公司
4. 为进一步完善内地和香港两地股市互联互通机制，从 5 月 1 日起把互联互通每日的额度扩大为 4 倍。将沪股通及深股通每日额度分别调整为 520 亿元人民币，沪港通下的港股通及深港通下的港股通每日额度分别调整为 420 亿元
5. 允许符合条件的外国投资者来华经营保险代理业务和保险公估业务
6. 放开外资保险经纪公司经营范围，与中资机构一致

2018 年年底之前，还将进一步落实以下措施：鼓励在信托、金融租赁、汽车金融、货币经纪、消费金融等银行业金融领域引入外资；对商业银行新发起设立的金融资产投资公司和理财公司的外资持股比例不设上限；大幅度扩大外资银行业务范围；不再对合资证券公司业务范围单独设限，内外资一致；全面取消外资保险公司设立前需开设 2 年代表处要求。

这次中国金融业对外开放的加速恰逢中美贸易摩擦之际。美国时间 2018 年 3 月 22 日，白宫发布了关于美国针对 301 调查行动的总统备忘录，阐述了美国 301 调查结果和针对该结果的总统指示。美国将对特定的中国商品征收 25% 的关税，呼吁 WTO 成员联合抵制并限制中国企业对美投资并购。北京时间 3 月 23 日凌晨，中国政府第一时间做出回应，针对美国以"国家安全"为由的贸易保护行为，商务部发布了"针对美国进口钢铁和铝产品 232 措施的中止减让产品清单并征求公众意见"，拟对自美进口部分产品加征关税，并明确表态：中方不希望打贸易战，但绝不害怕贸易战，我们有信心、有能力应对任何挑战。

中美之间的冲突，核心问题在于中国对外开放的程度，可以说中美贸易战在一定程度上促进并加速了我国对外开放的进程，我国金融业的对外开放也因此迎来新契机。金融业对外开放本就是中国经济发展的内在需要，我国金融开放的脚步从未停歇，即便是加入 WTO 时中国就金融业开放做出了一系列承诺，也并不是因为加入 WTO 而被迫为之，更多的是出于中国金融业自身发展的需要。 在经济全球化和金融全球化的时代，只有不断提高金融业对外开放的水平，才能更好地发挥金融在现代经济中的核心作用。

我国对外开放之所以还存在一定限制，是因为在国内金融业与金融市场形成足够强的抵御风险能力前，过早过急过深地对外开放是不合适的。 1997 年，泰国、韩国等已经实现跨境资本流动的亚洲国家，受到海外游资与对冲基金的攻击，国内股票、外汇等市场波动剧烈，金融体系与经济受到重大冲击，出现了严重的金融危机。 而在 2008 年的全球性金融危机中，我国成为少数未遭受重大影响的国家之一。 之所以能多次避免金融危机的冲击，正是因为中国在开放过程中趋利避害，有效防范和化解了外部冲击风险，较为充分地享受了对外开放带来的好处。

基于对现实情况的判断，我国金融业的对外开放采取循序渐进、由点到面的顺序和策略展开，以与宏观政策和市场发展相适应，稳步前行。遵循先资本流入后资本流出，先长期资本后短期资本，先直接投资后间接投资，先机构投资后个人投资等原则，可以有效防范危机的发生。 虽然在对外开放的节奏和时间上会有所选择，但是中国扩大开放的趋势不会改变，对外开放是我国的一贯立场。

二　中国已成为全球治理的主力军

我国作为最大的发展中国家，对世界格局的影响力不断提高。 目前，我国是世界银行第三大股东国、IMF 第三大份额国，国际金融地位稳步提升。 金融业的对外开放提升了我国在国际金融事务中的话语权，而主动承担起应负的责任，是国际社会对我国的期待与要求，也是我国倡导全球化的行动体现。 为此，中国在积极参与全球经济治理、努力营造良好的国际环境方面已然发挥了建设性作用。

我国全方位、多层次、立体化地开展金融对外交流与合作，利用二十国集团、IMF、国际清算银行、金融稳定理事会和巴塞尔银行监管委员会等平台积极参与国际金融治理和国际规则制定，推动国际货币体系改革，加强跨境监管合作。 此外，我国还不断深化区域金融合作，如加强与东盟、拉美、非洲等地区以及金砖国家的交流，推进亚洲金融合作，提出"一带一路"倡议等。不可否认，中国已成为全球治理的主力军。

(一)亚洲金融合作

亚洲金融危机后，亚洲国家开始意识到加强区域合作的重要性。2000 年 5 月，东盟的 10 个成员国和中日韩(即"10 + 3")在泰国清迈签署了清迈协议，扩大东盟原有的货币互换规模，鼓励"10 + 3"建立双边货币互换网络，推动区域货币合作，以便在短期流动性不足时及时进行有效援助，防范金融危机的发生。

为解决清迈倡议资金规模不足的问题，2003 年 10 月，中国在"10 + 3"领导人会议上提出"逐步实现双边货币互换网络的多边化"倡议，得到积极响应。 经过讨论协商，2010 年 3 月，清迈倡议多边化协议(CMIM)正式落地生效，CMIM 资金规模扩大到 2400 亿美元，可以有效加强对抗潜在危机的能力，是保证相关国家金融稳定的重要措施。

2001 年，亚太经合组织(APEC)会议在中国上海举办，会议在多边贸易体制发展等多个领域取得进展。 APEC 是亚太地区最具影响的经济合作组织，而此次 APEC 会议首次在中国举办，是对我国国际地位的积极肯定。 2014 年 11 月，APEC 领导人非正式会议在北京举行，讨论了推动区域经济一体化，促进经济创新发展、改革与增长，加强全方位基础设施与互联互通建设三项重点议题。

2015 年 12 月 25 日，亚洲基础设施投资银行(以下简称亚投行)正式成立，这是首个由中国倡议设立的多边金融机构。 亚投行作为政府间性质的亚洲区域多边开发机构，重点支持基础设施建设，旨在促进亚洲区域的建设互联互通化和经济一体化进程。 2017 年 6 ~ 7 月，亚投行先后获得了全球三大评级机构穆迪、标准普尔及惠誉的 AAA 信用评级，10 月还获得了巴塞尔银行监管委员会零风险权重的认定。 目前，亚投行的成员已由成立时的 57 个扩展到 87 个，参与项目 28 个，总金额达到 53.4 亿美元，对亚洲振兴发挥了重要作用，推动全球经济治理体系朝着更加公正合理有效的方向发展。

（二）金砖合作机制

"金砖四国"一词最早由高盛公司的吉姆·奥尼尔于 2001 年提出，包括中国、巴西、俄罗斯和印度四个全球最大的新兴市场国家。 2006 年第 61 届联合国大会期间，四国举行首次金砖国家外长会晤，揭开了金砖国家合作的序幕。 2008 年 11 月，首次金砖国家财长和央行行长会议在圣保罗举行。 2010 年 12 月，我国作为合作机制轮值主席国，邀请南非加入合作机制，金砖四国扩大为五国，成为金砖国家（BRICS）。金砖国家作为新兴市场经济体和发展中国家的代表，已成为世界经济发展的新引擎。

2011 年 4 月，金砖国家领导人第三次会晤在中国三亚举行，会议通过了《三亚宣言》，首次推行本币贸易结算。 加强金融合作成为此次金砖国家领导人会晤的一个重要成果。 在五国领导人的见证下，正式签署《金砖国家银行合作机制金融合作框架协议》。

2017 年中国接任金砖国家主席国后，金砖国家领导人第九次会晤（厦门会晤）召开，这是中国开展的又一次重要主场多边外交行动，对于引领金砖国家合作方向、运筹大国关系和服务国家改革开放具有重要意义。 为避免在金融危机中受到货币不稳定的影响，中国在 2012 年就提出建立金砖国家新开发银行。 该银行于 2015 年 7 月 21 日开业，对金砖国家及其他发展中国家的基础设施建设予以资助。 应急储备基金这一倡议由中国提出并推动，2017 年 9 月 4 日，中国在厦门签订了向金砖国家新开发银行项目准备基金捐赠 400 万美元的协议。

此外，中国人民银行围绕"深化金砖伙伴关系，开辟更加光明未来"的厦门会晤主题，推动金砖国家各方继续就宏观经济金融政策、G20 重要议题以及财金合作等内容加强沟通协调。 在推进财金领域务实合作方面，中国人民银行提出了发展和完善金砖国家应急储备安排机制（CRA）、建立金砖国家本币债券基金（BBF）和推动金融机构和金融服务网络化布局等五项合作倡议，旨在进一步深化金砖国家财金合作、增强金砖国家经济金融韧性，得到了金砖国家的一致响应和支持。

金砖合作机制符合新兴市场经济体和发展中国家在国际事务中发挥越来越大作用的趋势，也顺应了世界格局演变的内在要求。中国在金砖合作机制中发挥了重大的作用。与金砖国家的合作不断深化，是我国对外开放和参与全球治理的重要途径。

(三)"一带一路"倡议

2013 年 9 月，习近平总书记提出了"一带一路"倡议，希望充分依靠中国与有关国家既有的双多边机制，借助区域合作平台，通过推动包容开放、合作共赢的"一带一路"建设，积极发展与沿线国家的经济合作伙伴关系。当前我国正经历从"引进来"转向"引进来"与"走出去"并重的阶段。"一带一路"倡议的提出，为金融业走出国门提供了广阔的空间。这一重大倡议不仅有助于中国的"走出去"战略，也致力于服务发展相对落后的国家，使其尽快融入全球价值链当中实现更快更好的发展。

作为近年来中国发起的最重要的国际合作倡议之一，建设"一带一路"的号召被中国提出以来，引起各方积极响应。这一倡议推动了大量的金融合作，带来了进一步开放的需求，也为我国金融开放和国际合作提供了新的机遇。

2014 年，中国出资 400 亿美元成立丝路基金，这是利用中国资金实力直接支持"一带一路"建设的具体表现，也是中国对国际投融资模式进行的有益探索。自成立以来，丝路基金按照"开放包容、互利共赢"的理念，遵循市场化、专业化、国际化的原则，不断推进与"一带一路"相关国家在基础设施、资源开发等项目上的合作。截至 2017 年 12 月，丝路基金已经签约 17 个项目，承诺投资金额累计约 70 亿美元，支持的项目所涉及的总投资额达 800 多亿美元，投资覆盖"一带一路"沿线的俄罗斯、蒙古国以及中亚、南亚、东南亚、西亚、北非、欧洲等地区。此外，丝路基金还先后设立了中哈产能合作基金、中欧共同投资基金等子基金。

值得一提的是，2017 年中国召开了"一带一路"国际合作高峰论坛，这是"一带一路"倡议下的一次高规格全球性盛会，在总结"一带一路"建设的过往成就的基础上，共商下一阶段重要合作举措，对推动国际和地区合作具有深远影响。 会上，中国还宣布向丝路基金增资 1000 亿元人民币，帮助丝路基金更加充分地发挥其作用。 5 年来，已有 80 多个国家和国际组织同中国签署了合作协议，我国致力于把"一带一路"打造成为顺应经济全球化潮流的最广泛的国际合作平台，并以此为契机，在全球治理中发挥更加重要和积极的作用。

（四）上海合作组织

上海合作组织（以下简称上合组织）于 2001 年 6 月 15 日在中国上海成立，成员包括中华人民共和国、哈萨克斯坦共和国、吉尔吉斯共和国、俄罗斯联邦、塔吉克斯坦共和国和乌兹别克斯坦共和国。 到 2017 年，这 6 个成员 GDP 总额约为 12.63 万亿美元，比 2001 年的 1.67 万亿美元增长了 7.56 倍。 2017 年，印度和巴基斯坦成为上合新成员，是上合组织的首次扩大。

上合组织是中国提出的一个方案，也是国际政治规则的一次创新。其宗旨为：加强成员国之间的互相信任与睦邻友好；鼓励成员国在政治、经济、科技、文化、教育、能源、交通、环保和其他领域的有效合作；联合致力于维护和保障地区的和平、安全与稳定；建立民主、公正、合理的国际政治经济新秩序。 作为第一个以中国城市命名的国际组织，上合组织的成立加强了我国与周边国家的关系，体现了我国不断提升的国际地位和影响力。

2010 年，中国在参加上合组织总理会议时，综合考虑国际经济金融状况，建议上合组织深化财金合作，研究成立上海合作组织开发银行（以下简称上合银行），探讨共同出资、共同受益的新方式，扩大本币结算合作，促进区域经贸往来。

2018 年 6 月，上合组织峰会在青岛召开。 会上，中国宣布将在上海合作组织银行联合体框架内设立 300 亿元人民币等值专项贷款，扩大与各成员行的合作，共同支持合作国重点领域的重大项目和经贸合作。 截至 6 月 6 日，国开行已累计向上合组织成员发放贷款超过 1000 亿美元，中国在上合组织经济金融合作方面发挥了举足轻重的作用。

（五）其他

G20 作为全球最重要的经济体成员，是全球经济治理与政策协调的主要平台。 作为 G20 中的一员，中国的角色从被动跟随逐渐变为主动引领。 基于对完善国际金融架构的需求，2016 年中国接任 G20 主席国后，随即顺势而为，重启国际金融架构工作组。 正因如此，G20 在扩大 SDR 的使用、增强全球金融安全网、推进 IMF 份额和治理改革、完善主权债重组机制、改善资本流动监测和风险防范方面取得了积极进展。 此外，2016 年 G20 峰会在杭州召开，中国政府积极开展筹备工作，牵头设计 G20 峰会的主题和议题。 峰会以"构建创新、活力、联动、包容的世界经济"为主题，重点关注创新增长方式、全球经济金融治理、国际贸易和投资放缓以及包容、联动性发展等领域。 峰会上，中国为 G20 完善国际金融架构贡献出"中国方案"，积极筹谋、务实推进，起到了至关重要的作用。

中国积极支持 IMF 改革，在每年与 IMF 的双边磋商中针对许多重要的经济金融问题发表看法，积极参与 IMF 对部分国家的双边危机救助等，推动全球治理体制向更加公正合理的方向发展，提升有活力的新兴国家和发展中国家的发言权和代表性。

中国与国际清算银行（BIS）也展开了紧密合作，积极推动其在亚太地区业务的发展。 1996 年 11 月，中国人民银行便加入了 BIS，积极参与其各类研讨，学习先进经验，并以此为窗口向世界宣传中国金融市场。2006 年中国人民银行行长周小川当选 BIS 董事，这是 BIS 自 1994 年以来首次扩充董事会成员，也是其有史以来第一次从发展中国家中央银行中选举董事。 2010 年 1 月，其经济顾问委员会（ECC）进行了仅有的一次扩员，中国、印度、巴西和墨西哥央行行长加入，使得中国在全球金融治理中的话语权得到进一步提升。

第五节　小结

从中国金融业的发展沿革来看，我国受益于对外开放良多。 自 1978

年改革开放以来，对外开放成为我国不变的态度和立场。　通过逐步引进和吸收公司治理、市场建设、管理模式、产品设计等诸多方面的先进经验，在竞争与合作中不断改革，法制建设逐步完善，金融体系更加稳健，同时也为国内政策和制度带来了不断优化和与国际接轨的动力。　"引进来"与"走出去"战略相结合，不断扩大对外开放，提高全球影响力，中国在国际经济金融舞台上扮演着越来越重要的角色。　回溯历史，中国金融业的对外开放，从来不是盲目的、无计划的，而是渐进且有序的。　作为全球化的积极倡导者，未来我国对外开放程度定会逐步加深，只有提升自身综合竞争力，才能更好地享受对外开放带来的红利。

第四篇

金融调控与监管

我国经济的快速、稳定发展离不开政策顶层设计的指引和调控，40年来，我国经济发展在波动中不断前行，金融行业在竞争中不断创新，对我国金融宏观调控和金融监管不断提出新的课题。改革开放以后，随着我国经济市场化程度的加深，宏观经济市场创新活力得到释放，但同时对宏观经济调控的要求也进一步提高，在中央政策的指引下，金融宏观调控不断完善，政策传导更加明确化、精准化，维护了我国宏观经济的稳定、健康发展。我国金融业在40年的持续发展中也取得了累累硕果，但同时也在不同时期，聚集、累积了一定的风险，甚至形成了系统性风险的隐患，为此，我国金融监管体制也不断与时俱进，根据金融市场的发展与创新，不断自我更新，维护着我国金融体系的稳定，特别是2008年金融危机后，宏观审慎政策的提出与实践，确保了我国金融体系的稳健发展。"货币政策＋宏观审慎政策"的双支柱政策框架的构建与完善，也使得我国宏观经济与金融体系的稳定、健康发展达到了前所未有的程度，金融调控与监管的合作达到了新的高度。

第十一章 中国金融宏观调控体系的
形成与演进

第一节 四十年金融宏观调控实践回顾

金融宏观调控的核心是通过货币政策的实施实现稳定宏观经济的目标。我国金融宏观调控体系是随着社会主义市场经济体制的建立及日益完善和金融体制改革的逐步深化而不断变化的。40年来，尤其是自1984年中国人民银行正式行使中央银行职能以来，经过不懈的努力与探索，顺应我国宏观经济调控的现实需要，我国货币政策调控框架实现了从直接调控向间接调控、从数量型为主向价格型为主的转变，宏观调控市场化程度不断提高，市场在金融资源配置中的作用不断提升，形成了相对完备的货币政策调控框架：在货币政策目标方面，明确了价格稳定、经济发展的目标，随经济发展实际情况进行相机抉择，并在实践中兼顾了其他目标；在货币政策工具方面，按照间接调控改革要求，建立、完善了一系列货币政策工具，并基于宏观调控的实际需求进行了货币政策工具创新；在调控模式方面，根据发展阶段和国情实际，实施了数量型、价格型货币政策与宏观审慎政策相结合的调控模式，注重短期宏观调控与中长期金融改革相互结合，稳步推进利率、汇率市场化改革，不断完善货币政策传导机制。

经过多年的改革与实践，我国货币政策调控框架日臻成熟，宏观经济发展愈发稳定，不仅经历了20世纪末亚洲金融危机和2008年全球金融危机的考验，而且在我国经济进入新常态、中央深入推进供给侧结构性改革的各个阶段都发挥了积极作用，取得了良好的调控效果。

一　以行政手段为主的金融宏观调控阶段

改革开放后，我国宏观经济发展的市场化活力得到激发，经济增长显示出巨大活力。但同时，对宏观经济的管理还存在十分浓重的计划经济特征，对宏观经济的调控还处于初步的探索阶段，宏观经济频繁出现发展过热的现象，经济增长缺乏稳定性，经济增速和 CPI 的波动频繁且剧烈（见图 11 −1）。

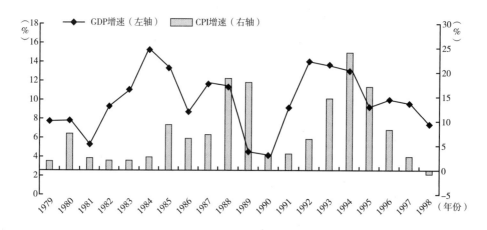

图 11 −1　1979 ~ 1998 年我国宏观经济运行情况

资料来源：国家统计局。

1984 年中国人民银行行使中央银行职责，标志着我国货币政策调控框架探索的开始，但在这一阶段，直接调控还是宏观调控的主要手段。虽然从效果来看，直接调控在治理经济过热现象方面成效显著，但由于缺乏预调、微调，直接调控下我国经济波动剧烈，造成经济发展预期的不稳定。

（一）1979 ~ 1981 年通货膨胀的治理

十一届三中全会后，我国经济建设进入了蓬勃发展的新阶段，经济体制改革开始推行。1979 年 4 月，中央提出了"调整、改革、整顿、提高”的八字方针。 在这一时期，我国经济保持了稳定的增长，特别是农业和轻工业增速较快，银行存款也出现快速增长。 但 1979 年，全国在建的大中型项目超过了 1000 个，1980 年又新增加了 1100 多个，这样的基建规模远远超过了国民经济的承受能力，1979 年、1980 年连续两年财政出现巨大赤字。 同时，收入分配关系得到调整，居民消费能力得到提升，全社会购买力猛增，使社会总需求大大超过总供给，推动物价快速上涨，引发了改革开放后的第一次通货膨胀。

面对国民经济严重失调的比例关系及由此引发的严重混乱局面，1981年，中央进一步提出了"调整、巩固、整顿、提高"八字方针调控宏观经济。 贯彻八字方针也成为这一时期货币政策的基本任务，总体上看，八字方针是一个紧缩的方针，但与改革开放以前紧缩需求的货币政策相比，此次货币政策调控重点放在增加供给上，主要表现为在总量控制的前提下，增加对农业和消费品生产企业的信贷投入，以增加有效供给来抑制通货膨胀。 这一思路逐步形成了中央银行"总量控制、结构调整"的金融调控模式。 1980 年 12 月，中共中央再次召开工作会议，决定对国民经济进行进一步的大调整。 随后，国务院发出了《关于严格控制物价、整顿议价的通知》，强调对通货膨胀的治理。 至此，改革开放以来第一次宏观调控取得了显著的成果。

（二）1984 ~ 1986 年通货膨胀的治理

1984 年，随着农村改革的深入以及改革开始向城市推进，基建投资、社会消费需求、信贷投放的急剧扩张使宏观经济出现了过热现象。 1984年，中央决定把预算内基本建设投资由财政拨款改为银行贷款，并把部分投资项目的审批权下放，此后便发生了银行竞发贷款、基建规模迅速扩大、货币发行失控等情况。 固定资产投资大量增加，全年全民所有制单位固定资产投资增速大大超过了同期工农业总产值增速。 而且，社会贷款总量快速增加，1984 年贷款增长 1355 亿元，比上年增长 205.2%，货币发行量 262 亿元，接近 1949 ~ 1979 年发行量的总和，是当年计划的 3倍多。 总体来说，这一时期经济发展对银行贷款依赖程度加大，投资过热、消费膨胀对贷款和现金的需求旺盛，而银行尚未建立严格的风险防范机制，经济过热对贷款的过量需求导致了物价的上涨，进而导致 1984 年和 1985 年出现了通货膨胀。

为了抑制因经济过热而出现的通货膨胀，1984 年末，国务院发出《关于严格控制财政支出和大力组织货币回笼的紧急通知》，明确要求严格控制财政支出，控制信贷投放。 1985 年，《政府工作报告》提出，"加强和完善宏观经济的有效控制和管理，坚决防止盲目追求和攀比增长速度的现象"。 这一时期，中国人民银行开始行使中央银行职能，针对通货膨胀，采取了严格的贷款规模限额管理、提高银行存贷款利率等紧缩性政策：一是控制信贷规模，实行硬性的贷款规模限额控制；二是加强信贷管理，在银行体系实行以"实贷实存"为主要内容的新信贷资金管理办法，同时，将中国人民建设银行的信贷资金也纳入了中央银行信贷资金管理的范围；三是调整了存贷款利率，两次上调储蓄存款利率，同时大幅度提高固定资产贷款利率；四是建立了统一的存款准备金制度。 此外，中国人民银行还进行了信贷大检查。 这些调控手段在转轨时期的体制下有效地抑制了经济过热的局面。

(三)1988 ~ 1990 年通货膨胀的治理

改革开放后，潜在的社会生产力得到释放，宏观经济实现了持续快速增长，但这一过程中积累的不协调、不平衡因素也在增多。 1988 年初，在社会消费品供给短缺、通货膨胀率处于高位的情况下，全面的价格改革"闯关"使物价轮番上涨，引发市场抢购风险。 1988 年 6 月、7 月我国出现抢购，8 月份抢购达到高峰。 并且，由于银行一年期储蓄存款利率仅为7.2%，商品价格指数与银行利率出现倒挂，全国性商品抢购进一步加剧，严重影响了银行储蓄，出现了新中国成立以来第一次储蓄存款的下降。 与此同时，货币供应量大量增长，现金流通量猛增，通货膨胀现象愈加严重，1988 年全国零售物价指数达到 18.5%。

面对这样紧急的局面，中央做出了"治理经济环境、整顿经济秩序"的决定，进行全面宏观调控，压缩社会总需求以控制物价。 国务院发出《关于做好当前物价工作和稳定市场的紧急通知》，明确表示 1988 年下半年不出台新的涨价措施，随后又对加强物价管理提出了具体要求。 这一时期，中国人民银行提出控制信贷、稳定和增加储蓄的紧急措施，从1988 年第四季度起实施紧缩的货币政策，严格控制货币信贷增长，将法定存款准备金率由 12% 提高至 13%，继续提高中央银行贷款利率，采取强制管理措施调整贷款结构，稳定和增加储蓄存款等。 为稳定储蓄存款，1988 年 9 月推出了一个重要的宏观调控措施——保值补贴，即在现行利率基础上，按照储户所得利益不低于物价上涨幅度的原则，由中国人民银行参照国家统计局公布的零售物价指数，公布全国统一的保值补贴率。存款利率加上保值补贴率即储户总共得到的利率。

1989 年，中国人民银行制定并实施了"控制总量、调整结构、保证重点、压缩一般、适时调节"的货币信贷方针，继续采取一系列有效的具体措施，在控制贷款规模和货币发行的同时，注意调整信贷结构，增加资金的有效供给，具体措施包括：建立社会信贷总量监控制度，控制全社会信用总量；对贷款实行"限额管理、以存定贷"；贯彻国家产业政策，强化贷款结构调整；加强适时调整，增加资金有效供给；等等。

1989 年 11 月，中共十三届五中全会通过《中共中央关于进一步治理整顿和深化改革的决定》，进一步提出用 3 年或者更长时间基本完成治理整顿任务。 至此，改革开放以来的第三次宏观调控得以有效实施。

（四）1993～1997 年通货膨胀的治理

1992 年邓小平南方谈话之后，我国开始了新一轮的经济增长。 1993～1994 年，我国出现了"四热""四高""四紧""一乱"的现象。[①] 经济过热重新抬头，1993 年通货膨胀率达到 13.2%，1994 年通货膨胀率更是达到了 21.7%。 而且，随着经济过热，货币供应量快速增长，金融秩序出现一定混乱。 1994 年，货币供应量增速进一步加快，不仅仅是银行信用特别是国家银行信用的过快增长造成的，也是随着外汇管理体制的改革，外汇占款迅速增长导致的。

面对复杂严峻的形势，1993 年 6 月，国务院发布《关于当前经济情况

---

① "四热"即房地产热、开发区热、集资热、股票热；"四高"即高投资膨胀、高工业增长、高货币发行和信贷投放、高物价上涨；"四紧"即交通运输紧张、能源紧张、重要原材料紧张、资金紧张；"一乱"即经济秩序混乱，特别是金融秩序混乱。

和加强宏观调控的意见》，开始了以整顿金融秩序为重点、治理通货膨胀为首要任务的宏观调控。　同年 7 月，全国金融工作会议召开，提出了"整顿金融秩序，严肃金融纪律，推进金融改革，强化宏观调控"，并指出下半年工作任务是"整顿"和"改革"两大主题。　配合国家宏观经济政策，中国人民银行制定并实施了适度从紧的货币政策，采取了收缩专业银行信贷能力、调高对金融机构贷款利率等措施，同时着力减轻外汇储备增长对货币供应的影响，加强金融监管，整顿金融秩序和银行结算秩序，从而抑制了通货膨胀加剧的势头。

在具体的治理过程中，1993 年年中至 1994 年年底，中国人民银行首先主要运用行政和法律手段整顿一度混乱的金融秩序，有效地抑制房地产和股票的过度投机，从而迅速扭转了经济金融局面，随后以实现人民币经常项目可兑换为突破口，通过转化中央银行职能，强化货币发行权、基础货币管理权、信用总量控制权、基准利率和法定利率调节权，有效地控制了现金和贷款的过度投放，实现了经济金融局势的基本稳定。　自 1994 年起，中国人民银行不再直接发放对企业的专项贷款和由专业银行转贷的指定投向的贷款，不再对财政部透支和借款，调控重心从以前侧重于资金、贷款规模转移至制定和实施货币政策上。　随后，中国人民银行更多地运用经济手段、经济政策和经济立法，在巩固第一阶段成果的基础上，继续治理通货膨胀，加强金融监管，防范、化解金融风险。　1996 年，中国人民银行对国有独资商业银行实行了以资产负债比例管理为基础的贷款规模管理，采取了"核定存、贷、还，多存可多用，按全行统算，分季度考核"的管理办法，对其他银行和城市信用社全面实行了资产负债比例管理。　1996 年 4 月，中国人民银行开启了国债公开市场业务，根据经济形势的客观需要，更多地运用利率等多种间接的货币政策工具，货币政策日常调控操作机制初步建立。　1997 年，中国人民银行又将过去按季度下达贷款规模的做法改为上半年和第三、四季度下达贷款规模，为 1998 年取消贷款规模管理做了准备，为在信贷资金管理中引入和扩大市场机制提供了一定的政策空间。

经过近 4 年的努力，我国实现了经济的"软着陆"，经济基本恢复平稳，经济增速保持了高水平，形成了"高增长、低通胀"的局面。

二　由直接调控向间接调控转变阶段

经国务院批准，中国人民银行决定从 1998 年 1 月 1 日起取消国有商业银行贷款规模限额控制，不再对国有商业银行下达贷款增量的指令性计划，改为按年（季度）下达指导性计划，稳步推进商业银行资产负债比例管理，并实行"计划指导、自求平衡、比例管理、间接调控"的信贷资金管理体制。 1998 年取消信贷限额管理，改以指导性计划作为中央银行宏观调控的检测目标，是我国中央银行从直接宏观调控向间接宏观调控转变的重要标志。 改革后，中国人民银行加强了以市场为基础的调控体系建设，宏观调控由以信贷规模为中介目标和操作目标转变为调控货币供应量和基础货币，从依靠贷款规模指令性计划转变为根据经济增长情况、物价控制目标及相关因素，综合运用多种货币政策工具，间接调控货币供应量，以保持币值稳定，促进经济发展，基本建立了以市场化手段为主的间接宏观调控体系。

经过前期的宏观调控治理，我国经济增速保持稳中有升，在 2003 年后保持了 10% 以上的增速，但 CPI 的波动仍然较大，这也与我国货币政策由直接调控向间接调控转变过程中的探索有关，在这一时期，我国货币政策对宏观经济的调控主要是通过调整存贷款利率、法定存款准备金率等货币政策工具实施，其中法定存款准备金率的调整对宏观经济的冲击较大，在连续多次调整的情况下，容易导致市场价格预期的扭曲。 但值得注意的是，经济过热现象的频率和幅度较之前得到了很大程度的改善，宏观经济的稳定性有所提升。

（一）1998～2002 年通货紧缩的治理

1994 年人民币汇率并轨以后，我国出口快速增长，1995～1997 年出口已经成为拉动我国经济快速增长的重要因素。 1998 年，受东南亚金融危机的冲击，出口增速严重下滑，叠加国内供求关系逐步由卖方市场转向买方市场的情况，通货紧缩凸显，CPI 首次出现负增长（见图 11-2）。

为了扩大内需，宏观调控政策由"适度从紧""稳中求进"转向了"扩大内需"，同时为了防范和化解金融风险，中国人民银行采取了稳健

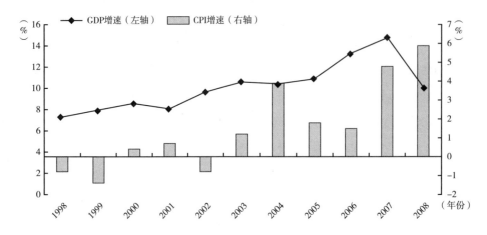

图 11 - 2　1998~2008 年我国宏观经济运行情况

资料来源：国家统计局。

的货币政策。 1998 年 1 月 1 日起，中国人民银行取消了国有商业银行贷款规模的限额控制，给予了商业银行贷款自主权。 1998 年 3 月，法定存款准备金率由 13% 下调至 8%，1999 年再次下调至 6%。 同时，1998~1999 年连续 3 次扩大了贷款利率浮动幅度，1998~2002 年又连续 5 次下调存贷款基准利率。 同时，中国人民银行积极推进货币市场发展，扩大公开市场操作，调整信贷政策，加强对商业银行的"窗口指导"，引导商业银行扩大住房等消费信贷业务。

经过一系列调控措施，物价持续下跌的趋势得以控制，有效需求开始增加，我国经济运行逐步恢复平稳。 随着 2003 年世界经济全面复苏，我国经济也进入了新一轮增长周期。

（二）2003 年至 2008 年上半年通货膨胀的治理

2003 年起，固定资产投资高速增长、各类物价指数快速上涨、信贷规模增长加快等经济过热现象再次出现，我国经济再次陷入通货膨胀。 而且，人民币升值预期不断加强导致国际热钱大量流入，我国通货膨胀压力进一步加大。

2004 年初，国务院提出通过加强和改善宏观调控、实行"有保有压"政策抑制过热行业的过度扩张，管住土地和信贷"两个闸门"，抑制经济过热。 这一时期，中国人民银行继续执行稳健的货币政策，通过货币政策工具的灵活运用实现"预调""微调"，为宏观经济持续快速发展提供了稳定的金融环境。 自 2003 年 8 月起，中国人民银行连续五次上调了人民币存款准备金率，两次上调了外汇存款准备金率，并实行差别存款准备金率制度。 2004 年 3 月，中国人民银行提高了再贷款利率，并实行再贷款浮息制度。 2005 年 3 月，中国人民银行宣布取消住房贷款优惠利率，提高按揭贷款首付比例。 同时，扩大金融机构贷款利率浮动区间，下调超额存款准备金率，适时调整美元、港币小额外汇存款利率，并实施再贷款浮息制度，修改和完善了人民币存贷款计结息规则，允许金融机构自主确定除活期和定期整存整取存款外的其他存款种类的计结息规则。 中国人民银行综合运用汇率、利率、存款准备金率、公开市场业务等多种手段，加强银行体系流动性管理，在稳健中略显紧缩，其中公开市场操作在政策实践中发挥了越来越重要的作用。

2007 年，经济高速增长，物价水平不断上升，居民消费价格全年平均上涨 4.8%，经济运行表现出过热的迹象。 针对物价涨幅过高的现象，2007 年底，中央经济工作会议中明确 2008 年要实施稳健的财政政策和从紧的货币政策，提出把"防止经济增长由偏快转为过热、防止价格由结构性上涨演变为明显通货膨胀"作为宏观调控首要任务。 为贯彻"双防"，在 2007 年连续 10 次上调存款准备金率的基础上，中国人民银行于 2008 年上半年又连续 6 次上调存款准备金率。 此外，还出台了上调证券交易印花税率、实施严格的土地政策、调整部分商品出口退税等政策措施，加之经济周期的运行惯性，经济增速与物价水平实现了平稳回落。

三　由传统货币政策工具调控向传统＋创新货币政策工具调控转变阶段

2008 年金融危机爆发，由此导致的外溢效应不可避免地对我国经济发展造成了冲击，我国宏观调控压力增大。 中央审时度势，及时调转宏观调控方向，连续多次降准、降息，化解外部冲击造成的影响，取得了理想的效果。 随着我国经济进入新常态，我国经济发展面临更为复杂的多方面压力，传统宏观调控手段政策效果过于剧烈，因此，创新型金融调控政策开始不断出现，对转型中的我国经济进行精准预调、微调，配合传统金融调控政策对我国经济的总量性问题和结构性问题进行调节，维护了我国经济转型时期的稳定环境。在这一时期，我国宏观经济增速在现实压力和战略转型需求的双重影响下不断趋缓，但在全球范围内仍保持相对高位；CPI波动得到了有效控制，尤其是在2013年创新型货币政策工具开始运用后，CPI基本处于相对稳定区间（见图11-3），通货膨胀现象的频率和幅度都明显下降，为我国经济转型发展提供了一个稳定的环境。

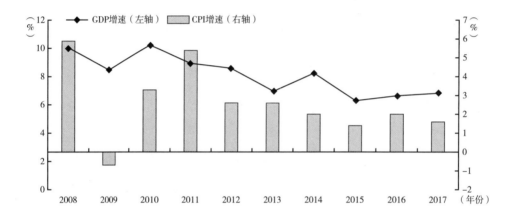

图11-3　2008~2017年我国宏观经济运行情况

资料来源：国家统计局。

总体而言，2008~2018年，中国人民银行蹄疾步稳地重塑了货币政策框架，推动货币政策调控从以数量型为主转向以价格型为主，且更加倚重市场化的货币政策工具和传导渠道，进而实现了多重政策目标的精确平衡。

（一）2008~2013年应对金融危机的宏观调控

2007年年中开始，因房地产泡沫破裂引发的美国"次贷危机"开始波及世界主要发达经济体。同时，在前期宏观经济政策效果逐步显现、经济周期惯性下滑的共同作用下，国内经济增速和物价涨幅逐步回落。面对国内外形势变化，中央 2008 年 7 月决定调整宏观调控方向、力度，由"双防"调整为"一保一控"，即"保持经济平稳较快发展，控制物价过快上涨"。 中国人民银行上调了全国商业银行信贷规模，并于 9 月中旬分别下调了中小金融机构人民币存款准备金率和人民币贷款基准利率，以解决中小企业流动资金短缺问题，维护经济平稳增长。

2008 年下半年，次贷危机转变为全球性的金融危机，对我国经济特别是对外贸易的冲击逐步显现，我国进出口面临巨大困境。 为有效应对金融危机，中央及时调整了宏观调控方向。 2008 年 10 月，中央又明确提出，要把宏观调控的着力点转到"防止经济增速过快下滑"上来，把"稳健的财政政策和从紧的货币政策"调整为"积极的财政政策和适度宽松的货币政策"。 2008 年第四季度，中国人民银行连续 4 次下调了存贷款利率，3 次下调存款准备金率，并配合扩大内需政策，加大了对国家支持行业的信贷倾斜力度。 截至 2009 年末，金融机构人民币各项贷款较年初增加 9.6 万亿元，比年初计划多出 4.6 万亿元，创造了历史新纪录。 对经济形势的准确判断和宏观调控政策的实施取得了立竿见影的效果，中国经济在 2009 年一季度触底后，实现了 V 形反转，经济增速逐季加快，规模以上工业增加值增速不断加快；出口增速降幅持续收窄，并于 2009 年四季度由降转升；居民消费价格水平随着经济增速的加快而回升，我国经济在世界主要经济体中率先实现回升向好。

尽管 2010 年一季度经济增速较高，达到 12.1%，但前期刺激经济增长导致的流动性过度宽松、国际市场输入性通货膨胀等因素导致国内通胀预期不断加强，居民消费价格不断攀升，房地产等资产价格居高不下，宏观调控难度不断加大。 保持物价总水平基本稳定成为经济调控工作的首要任务。 2010 年底，我国宏观调控由"适度宽松的货币政策"转向"稳健的货币政策"，在保持宏观经济政策连续性和稳定性的同时，正确处理好保持经济平稳较快发展、调整经济结构和管理好通胀预期的关系。 针对流动性过度宽松导致的物价不断攀升现象，2010 年，中国人民银行连续 6 次上调存款准备金率，2 次上调基准利率。

2011 年，我国经济增速平稳回落，但通货膨胀水平较高，CPI 增速一度达到 6.5% 的年度高点，PPI 高位运行。 企业生产经营面临较大困难，部分地区出现"倒闭潮""跑路潮"等。 与此同时，世界经济仍承受着金融危机的余震，并且引发了欧债危机，这些外部因素也对我国经济运行产生了影响。 为有效应对宏观经济调控的新挑战，党中央、国务院提出了把稳定物价总水平作为宏观调控的首要任务，加强调控政策的针对性、灵活性和前瞻性，根据形势变化适时预调、微调，保持经济平稳较快增长。 2011 年，中国人民银行连续 6 次上调存款准备金率，3 次上调基准利率，法定存款准备金率达到 21.5% 的历史高位，及时、高效的宏观调控政策操作取得显著的效果。 物价水平实现回落，经济增速开始放缓，中国人民银行采取措施适当增加了市场流动性，于 12 月下调了存款准备金率，保持了信贷规模的总体适度。 2011 年下半年，中国人民银行提升了对中小企业的金融扶持力度，针对性地解决了部分企业的"融资难"问题。

2012 年，GDP 增长继续放缓，通货膨胀问题得到很大缓解，CPI 回落到合理区间，"稳增长、控物价、调结构"是宏观调控的三大核心任务。为了进一步提高政策的针对性、灵活性和前瞻性，党中央提出了要对调控政策进行预调、微调，时机要适时，方式要适度。 与此同时，欧债危机进一步加剧导致中国出口外需压力进一步显现，在内需尚无法支持经济发展的局面下，以投资拉动经济再次成为宏观调控政策的选择，货币政策由稳健转变为"全面＋结构"性宽松。 2012 年，中国人民银行连续两次下调存款准备金率，两次下调人民币存贷款基准利率，进一步刺激国内需求的增长，增强经济发展动力。 同时，针对我国经济社会发展的重点领域，特别是"三农"问题，中国人民银行也采取了结构性宽松政策，予以支持。 2 月中旬，中国人民银行印发通知，规定"在原有中国农业银行 8 省 563 家县支行的基础上，将黑龙江、河南、河北、安徽 4 个省 379 家县支行纳入执行差别化存款准备金率政策覆盖范围，对涉农贷款投放较多的县支行执行比中国农业银行低 2 个百分点的优惠存款准备金率"。 3 月末，中国人民银行印发通知，要求"自 2012 年 4 月 1 日至 2013 年 3 月 31 日，对经考核达到新增存款一定比例用于当地贷款政策考核标准的县域法人金融机构，执行低于同类金融机构正常标准 1 个百分点的存款准备金率；对同时达到新增存款一定比例用于当地贷款政策和专项票据兑付后续监测考核政策标准的 536 个县（市）农村信用社和 78 个村镇银行，安排增加支农再贷款额度 300 亿元"。

此外，针对房地产价格增长过快，2010 年起，为促进房地产市场平稳健康发展，遏制部分城市房价过快上涨，国家先后出台多项房地产调控措施，包括强化差别化住房信贷政策、逐渐扩大限购城市范围等，抑制投资性购房，加大房地产贷款监管力度。

（二）2013 年至今经济新常态下的宏观经济调控

2013 年，全球经济开始摆脱金融危机的影响，美国和日本经济复苏缓慢且不平衡；欧洲主权债务危机接近尾声，经济开始平稳起步；新兴经济体虽然经济增长放缓，但总体上保持平稳。全球经济总体上进入复苏阶段，但与之相伴随的是，仍然存在诸多不稳定和不确定性因素及风险，各国和地区的复苏进程不一且纷繁复杂，整体复苏脆弱且乏力。而且，复苏阶段，全球产业格局也发生了较大变化，各国纷纷进行经济结构和发展模式调整，培育新的经济增长点，抢占全球产业格局的制高点。因此，传统产业格局下的外部需求萎缩，发达国家将"再工业化"作为重塑竞争优势的重要战略，发出向实体经济回归的信号，围绕信息、生物、环保等领域的新一轮科技和产业竞争愈演愈烈，我国的外部需求萎缩可能会成为常态。

受这样的外部环境影响，我国经济增长速度从 2012 年开始结束近 20 年 10% 的高速增长，转而进入增速换挡期，2012 年我国的经济增长率为 7.8%，宏观经济显出增长速度换挡期、结构调整阵痛期、前期刺激政策消化期"三期叠加"的特点。随着经济发展表现出新特点，中国人民银行的货币政策也做出了调整，2008～2012 年四年间存款准备金率 24 次变动、基准利率 12 次调整，货币政策调整过于频繁且幅度较大，在一定程度上导致市场对资源配置的决定性作用受阻。因此，经济发展进入新阶段，货币政策操作也表现出新的特点，2013 年全年，中国人民银行没有调整法定存款准备金率和基准利率，调控模式从大量增加货币供应量，拉动投资需求和消费需求，向稳定货币总量，采取微刺激，注重定向调控和精准调控转变。 1月，中国人民银行宣布启用公开市场短期流动性调节工具（SLO），作为公开市场常规操作的必要补充，在银行体系流动性出现临时性波动时相机使用，随后创设常备借贷便利（SLF），对金融机构开展操作，提供流动性支持，对市场流动性进行精准、短期的调控。 为深入贯彻落实中央一号文件关于加快发展现代农业的总体部署，3月，中国人民银行出台了《中国人民银行关于加大金融创新力度 支持现代农业加快发展的指导意见》，要求各银行业金融机构加大金融创新力度，有效满足现代农业发展尤其是专业大户、家庭农场、农民合作社等新型生产经营主体的合理金融需求，改进和提升"三农"金融服务水平。 6月，为贯彻落实国务院关于金融支持经济结构调整和转型升级政策措施的工作部署，中国人民银行增加再贴现额度120亿元对符合宏观审慎要求的金融机构提供流动性，支持金融机构扩大对小微企业和"三农"的信贷投放。 同时，为了进一步提高金融市场化活力，中国人民银行7月20日决定全面放开金融机构贷款利率管制，加强市场化活力。 在一系列调控措施的作用下，2013年，我国经济增速虽然进一步下降至7.7%，但宏观经济环境整体保持稳定，CPI全年上涨2.6%，完成了全年控制目标，产业结构也发生了历史性变化，第三产业增加值占国内生产总值比重达到46.1%，首次超过第二产业。 2013年12月，中央经济工作会议首次提出"新常态"，强调"我们注重处理好经济社会发展各类问题，既防范增长速度滑出底线，又理性对待高速增长转向中高速增长的新常态"。

　　2014年，我国经济下行压力依然较大，经济结构调整和经济增长稳定的两大重任仍然是我国宏观经济的重要问题。 宏观经济调控延续了2013年的基本思路，中国人民银行继续实施稳健的货币政策，在控制总量的基础上进行定向、精准调控。 1月初，为了支持实体经济转型，中国人民银行联合科技部、银监会、证监会、保监会和国家知识产权局等六部门发布《关于大力推进体制机制创新 扎实做好科技金融服务的意见》，"从鼓励和引导金融机构大力培育和发展服务科技创新的金融组织体系、加快推进科技信贷产品和服务模式创新、拓宽适合科技创新发展规律的多元化融资渠道等方面进行工作部署，要求金融机构推进体制机制创新，做好科技金融服务各项具体工作"。 为了扶持"三农"和小微企业，4 月，中国人民银行决定从 4 月 25 日起下调县域农村商业银行人民币存款准备金率 2 个百分点，下调县域农村合作银行人民币存款准备金率 0.5 个百分点。 6 月，中国人民银行决定从 6 月 16 日起对符合审慎经营要求且"三农"和小微企业贷款达到一定比例的商业银行（不含 4 月 25 日已下调过存款准备金率的机构）下调人民币存款准备金率 0.5 个百分点，对财务公司、金融租赁公司和汽车金融公司下调人民币存款准备金率 0.5 个百分点。 为了降低社会融资成本，缓解"融资难""融资贵"问题，9 月，中国人民银行创设中期借贷便利（MLF），对符合宏观审慎管理要求的金融机构提供中期基础货币，中期借贷便利利率发挥中期政策利率的作用，促进降低社会融资成本。 11 月，中国人民银行采取非对称方式下调金融机构人民币贷款和存款基准利率。 其中，金融机构一年期贷款基准利率下调 0.4 个百分点至 5.6%，一年期存款基准利率下调 0.25 个百分点至 2.75%。 同时结合推进利率市场化改革，将金融机构存款利率浮动区间的上限由存款基准利率的 1.1 倍调整为 1.2 倍；其他各档次贷款和存款基准利率相应调整，并对基准利率期限档次做适当简并。 面对经济持续下行的压力，继续创新调控思路和方式，在加强区间管理的基础上，推出了定向调控措施，宏观经济运行总体平稳增长，全年 GDP 规模超过 10 万亿美元，超过日本成为世界第二大经济体。 物价水平总体平稳，全年 CPI 上涨 2%，创下 2009 年来的最低水平，完成了年度调控目标。 产业结构更趋优化，全年第三产业增加值占国内生产总值的比重为 48.2%，高于第二产业 5.6 个百分点。 需求结构继续改善，全年最终消费支出对国内生产总值增长的贡献率为 51.2%，消费对经济的拉动能力进一步增强。

2015 年是全面深化改革的关键之年，也是全面完成"十二五"规划的收官之年，经济战略转型也进入了深水区，新旧产业动能转换处于关键时期。 而且，在进入中高速增长阶段后，经济增速持续下滑尚未企稳。 同时，随着金融改革的不断深入，金融风险也不断积聚，系统性金融风险的隐患也得到了重视。 2015 年，中国人民银行继续坚持稳健的货币政策，为支持实体经济，降低实体经济融资成本，于 2 月和 3 月，先后下调了法定存款准备金率和基准利率，并且，为进一步增强金融机构支持结构调整的能力，加大对小微企业、"三农"以及重大水利工程建设的支持力度，对小微企业贷款占比达到定向降准标准的城市商业银行、非县域农村商业银行额外降低人民币存款准备金率0.5个百分点，对中国农业发展银行额外降低人民币存款准备金率4个百分点。4月20日，中国人民银行再次下调存款准备金率，并且有针对性地实施定向降准，对农信社、村镇银行等农村金融机构额外降低人民币存款准备金率1个百分点，统一下调农村合作银行存款准备金率至农信社水平，对中国农业发展银行额外降低人民币存款准备金率2个百分点。5月11日，中国人民银行再次下调基准利率。5月19日，国务院印发《中国制造2025》，部署全面推进实施制造强国战略，指明了我国实体经济发展的全新战略。为进一步改善社会融资环境，降低融资成本，6月末和8月末，中国人民银行又先后两次下调了基准利率。同时，6月28日，中国人民银行再次有针对性地对金融机构实施定向降准，对"三农"贷款占比达到定向降准标准的城市商业银行、非县域农村商业银行降低存款准备金率0.5个百分点，对"三农"或小微企业贷款达到定向降准标准的国有大型商业银行、股份制商业银行、外资银行降低存款准备金率0.5个百分点，降低财务公司存款准备金率3个百分点。9月6日，中国人民银行再次下调金融机构人民币存款准备金率0.5个百分点。同时，有针对性地实施定向降准，额外降低县域农村商业银行、农村合作银行、农村信用社和村镇银行等农村金融机构存款准备金率0.5个百分点，额外下调金融租赁公司和汽车金融公司存款准备金率3个百分点。10月24日，中国人民银行再次下调基准利率和法定准备金率，同时，为加大对金融支持"三农"和小微企业的正向激励，对符合标准的金融机构额外降低存款准备金率0.5个百分点。经过这一系列政策的调控，全社会融资难、融资贵问题得到很大改善，为"三农"、中小微企业和新兴实体经济转型提供了有利环境。同时，中国人民银行更加注重短期利率稳定，探索构建利率走廊机制，疏通利率传导，建立公开市场每日操作常态化机制，加强对货币市场利率的引导和调节。在全国推广分支机构SLF，探索发挥利率走廊上限的作用，并根据流动性形势变化和货币政策调控需要，适时调整 SLF 利率。 通过 MLF 投放中期基础货币，发挥 MLF 利率作为中期政策利率的作用。 2015 年 GDP 增速进一步下降，25 年来首次跌破 7%，三大需求增速均出现不同程度的萎缩，这也在一定程度上反映了处于换挡期、转型期的宏观经济的阶段性特征。 社会物价水平进一步回落，CPI 全年上涨 1.4%，出现通货紧缩的迹象。 而且，转型趋势下，前期累积的金融风险也开始显现，商业银行不良贷款率显著提高。 针对经济运行中表现出的新问题，2015 年 11 月，中央财经领导小组第十一次会议研究了经济结构性改革，强调"在适度扩大总需求的同时，着力加强供给侧结构性改革，着力提高供给体系质量和效率，增强经济持续增长动力，推动我国社会生产力水平实现整体跃升"。 12 月，中央经济工作会议提出，"2016 年经济社会发展主要是抓好去产能、去库存、去杠杆、降成本、补短板五大任务"，明确了我国经济改革发展下一阶段的重要任务。

2016 年是"十三五"规划的开局之年，1 月的中央财经领导小组第十二次会议再次强调了供给侧结构性改革，"要在适度扩大总需求的同时，去产能、去库存、去杠杆、降成本、补短板，从生产领域加强优质供给，减少无效供给，扩大有效供给，提高供给结构适应性和灵活性，提高全要素生产率，使供给体系更好适应需求结构变化"。 2016 年，中国人民银行继续坚持稳健的货币政策，但不同于 2015 年的逆周期操作思路，中国人民银行全年仅降准一次，未进行降息，而是通过公开市场操作和中期借贷便利（MLF）等工具提供流动性。 2 月 18 日，中国人民银行发布公告，决定从即日起正式建立公开市场每日操作常态化机制，根据货币政策调控需要，原则上每个工作日均开展公开市场操作，标志着我国货币政策调控方式进一步精细化。 2 月末，中国人民银行按照定向降准相关制度，对参与定向降准金融机构 2015 年度支持"三农"和小微企业领域情况进行考核，并根据考核结果动态调整了其存款准备金率。 3 月，中国人民银行下调了法定存款准备金率，以保持金融体系流动性合理充裕。 为了配合供给侧结构性改革的推进，4 月，中国人民银行要求"围绕去产能、去库存、去杠杆、降成本、补短板五大任务，指导中国人民银行各分支机构和银行业金融机构充分发挥信贷政策在供给侧结构性改革中的能动作用，做好 2016 年信贷政策工作"。 针对新消费、过剩产能等经济转型发展过程中的重点领域，3 月 25 日，经国务院同意，中国人民银行和银监会联合印发《关于加大对新消费领域金融支持的指导意见》，明确提出创新金融支持和服务方式，大力发展消费金融，更好地满足新消费重点领域的金融需求，发挥新消费引领作用。 4 月 18 日，中国人民银行联合银监会、证监会、保监会印发了《关于支持钢铁煤炭行业化解过剩产能实现脱困发展的意见》，要求"引导金融机构坚持区别对待、有扶有控原则，满足钢铁、煤炭企业合理资金需求，严格控制对违规新增产能的信贷投入"。2016 年，国民经济运行缓中趋稳、稳中向好，实现了"十三五"良好开局。 虽然经济增速继续下滑，GDP 增速为 6.7%，但在全球经济结构深度调整的时期，6.7% 的增速仍旧冠绝全球。 物价水平恢复稳定，CPI 全年上涨 2%，实现调控目标，有助于经济发展的稳定。 从结构看，投资增速小幅下降，消费增速稳中有升，进出口贸易形势依然严峻，结构性改革仍然任重道远。 2016 年末，中央经济工作会议指出，"稳是主基调，稳是大局，在稳的前提下要在关键领域有所进取，在把握好度的前提下奋发有为"。

2017 年，发达经济体经济全面回暖，复苏加快，带动出口需求复苏，新兴经济体复苏放缓，甚至出现较大的衰退，全球格局再次调整。 我国经济的外部环境出现新变化。 同时，随着供给侧结构性改革的政策成效日益显现，经济内生增长动力进一步增强，推动工业生产加快，我国经济发展也表现出了企稳回升的势头。 中国人民银行保持货币政策稳健中性，综合运用了多种货币政策工具，调节好流动性闸门，保持流动性基本稳定，同时，发挥货币政策优化信贷结构作用，支持和引导金融机构加大对重点领域和薄弱环节的支持力度，为经济金融平稳较快发展、价格水平基本稳定和经济结构转型升级营造了适宜的货币环境。 2017 年，中国人民银行没有动用全面降准工具，而是综合运用多种政策工具调节社会流动性，着力提高信贷政策定向结构性调整功能，着力推动供给侧结构性改革取得实质性进展，着力振兴实体经济和促进经济结构转型升级。 2 月末，中国人民银行按照定向降准相关制度，根据相关金融机构 2016 年度支持"三农"和小微企业考核结果，动态调整了金融机构存款准备金率。 3 月初，中国人民银行联合工业和信息化部、银监会、证监会、保监会印发《关于金融支持制造强国建设的指导意见》，提出"进一步建立健全多元化金融服务体系，大力推动金融产品和服务创新，加强和改进对制造强国建设的金融支持和服务"。 2017 年，我国经济实现稳中向好发展，经济增速触底反弹，GDP 增长达到 6.9%，实现了 2010 年以来的首次加速，产业结构中工业发展总体平稳、服务业占比持续提高，需求结构中进出口总值增长 14.2%，扭转了此前连续两年下降的局面，消费对经济增长贡献率持续上升。 创新产业的经济动能显著提高，创新驱动成果显著。 同时，物价水平维持稳定，CPI 全年上涨 2.0%，完成了全年 3% 左右的物价调控目标。

2018 年是决胜全面建成小康社会、实施"十三五"规划承上启下的关键一年。 2018 年中央经济工作会议上明确指出，"中国特色社会主义进入了新时代，我国经济发展也进入了新时代，基本特征就是我国经济已由高速增长阶段转向高质量发展阶段"。 中国人民银行继续保持货币政策稳健中性，稳妥推进重要领域和关键环节金融改革。 1 月末，中国人民银行普惠金融定向降准全面实施。 4 月 18 日，中国人民银行印发了《关于加强宏观信贷政策指导 推动金融更好服务实体经济的意见》，着力加强宏观信贷政策指导，充分发挥宏观信贷政策的结构性调控功能，引导银行业金融机构回归本源、防范风险，增强服务实体经济的能力和水平。 为改善市场流动性、支持中小微企业融资，4 月 25 日，中国人民银行下调大型商业银行、股份制商业银行、城市商业银行、非县域农村商业银行和外资银行人民币存款准备金率 1 个百分点，以置换中期借贷便利。

经过近 5 年的调整，在内外部压力错综复杂的背景下，我国经济顺利步入转型轨道，国民经济延续总体平稳、稳中向好的发展态势，结构调整深入推进，新旧动能接续转换，质量效益稳步提升，经济迈向高质量发展起步良好。

第二节　货币政策工具的创新与丰富

在改革开放初始阶段，我国货币政策框架尚未形成。在宏观调控实践中，信贷规模兼具货币政策的操作工具、操作目标及中介目标等多重角色。1984 年以前，由中国政府通过制定国家经济发展计划来调控国民经济，货币信贷计划作为国家经济发展计划的一个组成部分，促进了生产和流通计划的实现。货币信贷计划由国务院下达，在"统一计划、分级管理、存贷挂钩、差额包干"的信贷资金管理体制下，银行总行及其分支机构的经营目标仅是完成国家下达的贷款任务，与所吸收的存款数量并不直接相关，货币总量的增加完全由国家信贷计划决定。

1984 年中国人民银行开始实行中央银行职能，并于 1985 年开始实行"统一计划、划分资金、实贷实存、相互融通"的信贷资金管理体制，同时还要求专业银行向中央银行上缴存款准备金。在这一体制下，中国人民银行与专业银行之间的资金往来采用存、贷款形式运行，准备金制度实际上是"实贷实存"的核心内容，这使中国人民银行与专业银行之间的无偿资金调拨关系转变为有偿资金借贷关系，此举为中央银行通过对金融机构贷款来调控基础货币创造了条件。专业银行在缴足存款准备金后，就可以根据自己吸收的存款数量来安排贷款，货币派生创造过程所赖以运行的机制也开始形成，这也意味着国家信贷计划所规定的信贷规模只具有贷款增量上限的意义，客观上成为中央银行控制货币供应量的政策工具。由于中国人民银行在 80 年代并未制定货币供应量的控制目标，因此这一时期的信贷规模不仅是货币政策的操作工具，也是操作目标。直到 1989 年，国有专业银行贷款余额占全部金融机构贷款的比重仍高达 88%，由于当时国家外汇储备非常有限，银行系统的国外净资产对货币供应量影响不大，银行贷款成为货币供应的主要渠道。因此，只要管住信贷规模，就可以基本上达到控制货币供应量的目的。

1998 年以前，中国人民银行货币政策调控方式以直接调控为主，其间货币政策工具也主要为行政性工具，其中以信贷规模管理作为核心政策工具，同时还尝试使用了现金计划、再贷款、再贴现、法定存款准备金、特种存款及存贷款基准利率调整等工具。随着 1998 年取消贷款规模管理，货币政策逐步过渡到市场经济条件下以间接调控为主的调控方式，主要运用公开市场操作、存贷款基准利率调整、再贷款、再贴现、法定存款准备金、窗口指导等工具，在充分运用市场化工具实施货币调控的同时，也根据我国实际情况保留并改善了一些具有行政性特征的政策工具，并注重发挥多种工具组合的作用，形成了具有中国特色的货币政策工具框架。

金融危机爆发后，全球经济、产业格局受到较大冲击，虽然我国金融市场并未受到太大冲击，但外部环境的巨大改变还是对我国经济提出了新的挑战。我国货币政策综合运用法定存款准备金、存贷款基准利率等多种工具调控我国宏观经济，维护我国经济高速、稳定发展的趋势。随着金融危机影响的深化，国际经济环境的深刻变革，特别 2013 年以后，我国经济进入了新常态，"三期叠加"效应明显，宏观经济中结构性问题的影响增大，法定存款准备金、存贷款基准利率等传统货币政策工具难以有针对性地、及时地应对金融危机，因此，随着宏观经济进入新常态，我国货币政策工具不断创新，在已有的政策工具基础上，期限层次更丰富、效率更高的 SLF、MLF、SLO、PSL 和结构性、针对性的货币政策工具——定向降准开始发挥主要作用，对宏观经济进行预调、微调，维护宏观经济的稳定。

经过 40 年的不断发展、改革，我国目前已经形成了市场化、多层次、期限结构完善的"总量性 + 结构性"货币政策工具体系，在我国经济不断转型发展的过程中，对实现国家经济战略的目标起到了重要作用。

一　直接调控的货币政策工具

主要包括信贷收支计划管理和现金收支计划管理。信贷收支计划管理是指国家批准中国人民银行负责编制综合信贷计划，直接控制信贷规模。中国人民银行基层行的存款层层上划总行，贷款指标层层分解、下达，存款指标必须完成，贷款指标不得随意突破。而现金收支计划管理是指中国人民银行控制全国现金供给和流向的调节计划。

1998 年以前，信贷规模管理一直是我国最为重要的货币政策工具。早在新中国成立之初，我国就建立了"统收统支"的高度集权的信贷资金管理体制。改革开放后，信贷资金的宏观管理体制由改革开放前的"统收统支"转变为"差额包干""实存实贷""比例管理"。1979～1984年，随着经济体制改革的不断推进，我国实行"差额包干"的信贷资金管理体制。在这种体制下，中国人民银行通过核定专业银行和中国人民银行分行的存差计划和借差计划，实现对全社会货币供应总量的控制。存差计划和借差计划均为指令性计划，要求存差必须完成，借差不能突破。尽管这一体制更有利于调动地方积极性，并开始注重运用计划和市场两个手段来分配贷款，但对资金的调拨仍然建立在无偿调拨的基础上。1985～1993 年，伴随着中国人民银行开始行使中国人民银行职能，中国人民银行开始实行"实贷实存"的信贷资金管理体制。在这一体制下，中国人民银行仍对商业银行的贷款投向、结构与规模进行控制，但商业银行需要通过吸收存款来筹集所需资金，中国人民银行不再保证银行资金的供给，从而促进专业银行成为独立的经济单位，中国人民银行则从存贷业务中分离出来成为真正意义上的中央银行。这一时期，国有专业银行贷款余额占全部金融机构贷款的比重基本上在 80% 以上，成为货币供应的主要渠道，加之在经济体制改革过程中货币供应量与经济活动水平之间的关系日趋紧密，这种行政指令性调控的货币政策模式在一定程度上取得了成功，成为改革开放初期为探索适合我国国情的货币政策框架进行的有益尝试。从 1994 年起，中国人民银行对商业银行全面实行"贷款限额控制下的资产负债比例管理"的信贷资金管理体制。贷款限额控制是指中央银行通过下达指令性计划指标直接控制商业银行贷款增加量上限和安排商业银行贷款结构的一种方法。中国人民银行根据国民经济发展计划和财政、信贷、物资、外汇综合平衡的要求，编制综合信贷计划，按年分季确定贷款增加的总规模，分门别类地确定各项贷款增加量，作为指令性计划下达给各商业银行执行。但随着商业银行逐步成为自主经营、自负盈亏的经营实体，信贷计划与市场机制配置资源的矛盾越来越突出。特别是在 1994 年外汇体制改革实施后，外汇占款逐步成为基础货币投放的主要渠道，同时随着 1994 年政策性银行的设立，政策性金融和商业性金融分离，金融机构自主权不断增强，单纯依靠信贷规模管理已难以实现中国人民银行对基础货币及货币供应量的调控目标，信贷计划的执行与监督难度越来越大。为此，中国人民银行于 1998 年 1 月 1 日正式取消了对商业银行的信贷规模管理，改为指导性计划，实行"计划指导、自求平衡、比例管理、间接调控"的信贷资金管理体制。

二　间接调控的货币政策工具

自 1984 年中国人民银行专门行使中央银行职能开始，中国人民银行积极改变原有的直接调控工具，逐步引入间接调控工具。

(一)备付金制度

备付金是商业银行为保证存款支付和资金清算在中央银行保留的一般性存款。从 1985 年起，各商业银行和其他金融机构为了适应资金运营的需要，按规定在中央银行设立了一般性存款账户，即备付金账户，一切资金收付与清算均通过此账户进行。1989 年，针对当时各商业银行普遍存在的备付金率过低、支付出现困难、某些金融机构在中国人民银行出现透支的情况，中国人民银行对金融机构的备付金率做了具体规定，即备付金与存款总额的比例保持在 5%~7%。1995 年，中国人民银行根据各家商业银行的经营特点重新确定了备付金率，要求中国工商银行、中国银行不得低于 6%，中国人民建设银行、交通银行不得低于 5%，中国农业银行不得低于 7%。1998 年，中国人民银行取消了对商业银行备付金率的要求，将原来的存款准备金账户和备付金账户合二为一，称为"准备金存款账户"。至此，备付金制度作为一项独立的宏观调控工具完成了其历史使命。

(二)存款准备金制度

1983 年，国务院在《关于中国人民银行专门行使中央银行职能的决定》中明确提出，"专业银行吸收的存款要按一定比例存入中国人民银行"。从 1984 年起，我国开始实施法定存款准备金制度，这也是中国人民银行正式发挥中央银行职能的开始。 最初根据不同类型的存款执行差别存款准备金率，企业存款、储蓄存款和农村存款的准备金率分别为20%、40%和25%。 1985年，中国人民银行第一次调整法定存款准备金率，改结构性存款准备金率为总量性存款准备金率，把中国工商银行、中国农业银行、中国银行各种存款的准备金缴存比例一律调整为10%，中国人民建设银行也于1985年在中国人民银行开立账户并缴纳法定存款准备金，当时确定的存款准备金率为30%，1986年也调降至10%，这样统一的法定存款准备金制度在我国基本形成。 1987年，中国人民银行将各专业银行和其他金融机构的一般存款法定准备金率由10%上调为12%，1988年进一步上调至13%。 存款准备金率上调有利于集中资金支持国家重点产业和项目，同时，对于抑制当时经济过热、物价上涨过快和货币投放过多的状况也起到了积极作用。 1988年，对某些地区性银行按照改革试点的需要实行有区别的存款准备金率，上海地区的银行按照存款增加额的10%缴存存款准备金，深圳地区的银行按照存款增加额的3%缴存存款准备金。

1998年3月，为了化解东南亚金融危机的负面影响，经国务院批准，中国人民银行改革了存款准备金制度，合并了各金融机构在中国人民银行的存款准备金账户和备付金账户，规定法定存款准备金由法人统一缴存，并将法定存款准备金率从13%下调到8%，超额准备金的总量及分布由各金融机构自行确定。 而且，中国人民银行对各金融机构的法定存款准备金按法人、按旬进行考核，中国人民银行对准备金不足部分按每日万分之六处以罚息。 这一系列改革恢复了存款准备金的支付、清算功能，健全、完善了存款准备金的功能，标志着存款准备金制度成为一种货币政策工具，而不仅仅是中央银行集中资金的手段，理顺了中央银行与商业银行等金融机构之间的资金关系，使中央银行与商业银行之间的资金关系变得更为科学合理，加强了金融系统内资金调度管理水平，促进了金融机构按统一法人自主经营、自负盈亏，为进一步完善金融间接调控创造了条件。

随着存款准备金制度作为货币政策工具的地位得到确立，中国人民银行根据不同时期货币调控取向逐步加大了对存款准备金制度的运用力度，

并在一定程度上丰富了存款准备金制度作为货币政策工具的功能。 继
1998 年大幅下调存款准备金率后，中国人民银行又于 1999 年再次将存款
准备金率下调至 6% 。 同年，中国人民银行又改进了城市信用社动用存
款准备金管理办法，将动用存款准备金批准权限下放至各分行，有利于就
近及时解决城市信用社的支付困难问题。

2003 年后，受国际收支不平衡影响，我国面临流动性过剩、通货膨胀
压力加大等问题，存款准备金制度逐步成为我国调剂银行体系流动性的手
段，中国人民银行连续多次上调存款准备金率，控制货币信贷总量过快增
长。 同时，中国人民银行还发挥超额存款准备金利率作为货币市场利率
下限的作用。 2004 年 4 月，中国人民银行宣布实行差别存款准备金率制
度，明确了金融机构适用的存款准备金率与其资本充足率、资产质量状况
等指标挂钩，对资本充足率低于一定水平的金融机构实行相对较高的存款
准备金率，差别存款准备金率制度与资本充足率制度相互配合，有利于完
善货币政策传导机制，建立起正向激励与约束机制。 此次改革使得存款
准备金制度有了监管的功能，因此之后的存款准备金率调整由过去的低频
率、大幅度调整变为高频率、小幅度调整。 并且，因为实行差别存款准
备金率制度，可以对局部地区的经济发展进行调控，调控方式变得更加多
样化。 从 2006 年开始，大型金融机构与中小型金融机构的存款准备金率
有了 1% ~2% 的差别，体现了国家对中小型金融机构的扶持和对金融市
场多元化发展的支持。 2007 年，为了应对通货膨胀，连续 10 次提高了存
款准备金率，然而 2008 年的物价水平依然保持上涨，因此央行逐渐加大
货币政策调整力度，存款准备金率一度上涨到17.5% ，对物价水平上涨和
通货膨胀起到了一定的抑制作用。 2008 年，受到全球经济危机的影响，
中国国内的经济也产生了衰退现象。 中国人民银行于 2008 年下半年连续
4 次下调存款准备金率，使存款准备金率下降到了 15.5% 的水平，表明了
进一步放宽货币及投资增速的政策导向，对经济的复苏和发展起到了有利
的影响。 但同时，为了刺激经济复苏而投放的四万亿元投资导致货币供
应量大大增加，造成了通货膨胀，为此，中国人民银行开始转变政策调整
方向，从 2010 年 1 月至 2011 年 6 月连续上调存款准备金率 12 次。 到

2012 年，通货膨胀基本得到了有效的治理，国内经济趋于稳定。 但在这个过程中，法定存款准备金率市场影响巨大、易造成市场价格预期的扭曲、对市场变化反应效率不高等问题尤为明显。

从 2013 年起，随着我国经济进入新常态，宏观经济面临的问题复杂化、多样化，总量性问题和结构性问题并存，法定存款准备金率的使用频率明显减少，并且为了配合经济转型战略的推进，定向降准工具开始发挥作用。 2013 年全年，中国人民银行没有调整法定存款准备金率，调控模式从大量增加货币供应量，拉动投资需求和消费需求，向稳定货币总量，采取微刺激，注重定向调控和精准调控转变，多种货币政策创新工具开始发挥作用。 2015 年以来，为了支持实体经济发展转型，缓解"融资难""融资贵"问题，营造流动性适度宽松的货币环境，法定存款准备金率连续 5 次下调，使用频率明显下降，在其他货币政策工具的配合下，对市场的影响力度也趋于缓和。

(三)公开市场操作(公开市场业务)

我国的公开市场操作包括人民币操作和外汇操作两部分。

外汇公开市场操作始于 1994 年 3 月，中国人民银行通过在全国银行间外汇市场上买卖外汇来促进人民币汇率的平稳运行，规定持有或需要外汇的企业，须按外汇指定银行挂牌价将外汇卖给银行或是从银行购买外汇，外汇指定银行再根据自己的头寸情况在银行间外汇市场调剂外汇头寸。 中国人民银行为调控外汇市场运行，维护市场稳定，在上海设立公开市场操作室买卖外汇，调剂外汇指定银行的外汇头寸。

1996 年 4 月，中国人民银行开始开展人民币公开市场操作。 但受制于当时我国仍采用以直接调控为主的货币政策，加之受到债券市场尚未发展、金融机构及中央银行持有债券相对有限等条件约束，中国人民银行于 1997 年初暂停了人民币公开市场操作。 1997 年 4 月，中国人民银行发布《公开市场业务暨一级交易商管理暂行规定》，对公开市场操作有关问题做出了明确规定和说明，为恢复公开市场操作做好了准备。 1998 年 5 月，中国人民银行恢复公开市场操作，在银行间市场快速发展的基础上，公开市场操作迅速扩大，成为中国人民银行实施货币政策日常调控的主要货币政策工具之一。

从 1998 年起，我国开始建立公开市场业务一级交易商制度，中央银行选择了一批能够承担大额债券交易的商业银行作为公开市场业务的交易对象，以短期国债为工具，通过回购协议的方式调节商业银行和其他金融机构的存款准备金。1998 年，中国人民银行制定了《公开市场业务债券交易操作规程》，通过公开市场操作，提高中央银行货币政策操作的弹性，初步形成了通过公开市场业务进行货币政策传导的机制。1985 年 5 月至 1999 年，中国人民银行以增加基础货币为主要任务，采用逆回购方式，投放基础货币，为增加基础货币供应量发挥了重要作用。根据不同时期货币调控的总体需要，中国人民银行充分发挥公开市场预调和微调的作用，有效运用货币政策工具，经过 10 多年的操作实践，初步形成了具有中国特色的公开市场业务框架。

1999 年后，公开市场操作已经成为中国人民银行货币政策日常操作的重要工具，起到调控货币供应量、调节商业银行流动性水平、引导货币市场利率走势的重要作用。2000 年以后，针对基础货币量和金融市场的流动性状况，公开市场操作的灵活性大大提高。中国人民银行通过公开市场操作加强了对外汇占款或金融改革等导致的基础货币增长过快的"对冲"力度，而且通过公开市场操作，加大了对商业银行流动性的调节。从 2001 年开始，现券交易和回购交易成为中国人民银行公开市场操作的主要工具，公开市场操作工具进一步完善。

2004 年以后，中国人民银行进一步建立健全了流动性管理体系。2004 年，为适应货币政策调控需要和金融市场发展状况，中国人民银行建立了公开市场业务一级交易商年度考评和调整机制，考评范围主要包括参与公开市场业务情况、债券一级市场承销情况、债券二级市场交易情况及执行和传导货币政策情况等方面内容。按照"先确定各类金融机构比例，再取各类机构排名居前者"的原则确定公开市场业务一级交易商。在公开市场业务开展的初始阶段，中国人民银行的交易对手只有 14 家商业银行。此后，中国人民银行不断扩大公开市场业务一级交易商机构范围，增加了证券公司、保险公司、基金公司等非银行金融机构加入公开市场业务一级交易商，不仅促进了公开市场业务的顺利进行，而且扩大和提高了货币政策传导范围和传导效率。这些交易商可以运用国债、政策性金融债券等交易工具与中国人民银行开展公开市场业务。为适应市场发展和形势变化，进一步增强公开市场业务一级交易商筛选的有效性和针对性，2018 年 3 月末，中国人民银行调整了公开市场业务一级交易商考评指标，将考评指标体系调整为"传导货币政策""发挥市场稳定器作用""市场活跃度及影响力""依法合规稳健经营""流动性管理能力""操作实务""配合操作室有关工作"等七个方面。截至 2018 年，我国央行公开市场操作共有 48 家一级交易商，其中 46 家为商业银行。

从交易品种来看，中国人民银行公开市场业务债券交易主要包括回购交易、现券交易和发行中央银行票据。回购交易是中国人民银行公开市场操作工具中最常见的一种形式，一般于每周二、每周四通过正、逆回购对市场中的流动性进行调节。从操作期限来看，7 天和 14 天的回购最为常见。2015 年 3 月以来，央行使用 7 天的逆回购频率最高，但在 2014 年以后央行便再未进行正回购操作。与回购交易类似，现券交易作为央行管理货币市场流动性的重要工具，通过在二级市场买卖债券实现基础货币的投放与回笼。此外，中国人民银行还通过中央银行票据这一工具来调节市场流动性。中央银行票据是中国人民银行调节货币供应量和短期利率的重要工具。但由于中央银行票据发行的成本偏高，且一、二级市场严重的利差倒挂导致市场机构缺乏参与兴趣，自 2013 年 6 月 20 日发行 2013 年第 11 期中央银行票据后，中国人民银行至今再没有发行中央银行票据。

（四）利率

利率作为货币政策理论上三大货币政策之一，是我国货币政策的重要组成部分，也是货币政策实施的主要手段之一。在改革开放初期，由于中国人民银行并未行使中央银行职能，我国货币供给量和信贷主要由行政手段管理，利率的政策调整作用基本上没有显现。1979 年 4 月，国务院首次通过调高储蓄存款利率对我国各类利率进行全面调整，此后，1979 ~ 1984 年，国务院又先后 3 次调高了存款利率，并增加了 3 年期、5 年期、8 年期等利率档次。虽然 1979 年、1980 年两次上调存款利率后贷款利率维持在低位导致存贷款利率出现倒挂现象，但国务院又于 1982 年和 1983 年两次提高了贷款利率，对存贷款利率倒挂现象进行了纠正，存贷款利率结构趋于合理。

1984 年，中国人民银行开始行使中央银行职能。 1985 年，面对我国经济出现全面过热的情况，中国人民银行于年初制定了紧缩银根的货币政策，年内两次调高了存款利率。 1986 年年初，中国人民银行提出继续紧缩银根的货币政策，但由于工业生产滑坡，生产增长速度下降，货币政策开始松动，中国人民银行于 8 月份对专业银行在中央银行的存贷款利率进行了调整。1987 年年初，中国人民银行提出了紧中有活的货币政策，于 1987 年年末提高了中央银行贷款利率，提高了年度贷款和短期贷款的利率，经济发展恢复了平稳。 但 1988 年前三季度，信贷增长过快，经济再度升温，通货膨胀现象严重，为此，中国人民银行于 1988 年 9 月起全面提高了银行存贷款利率，并对 3 年期及 3 年期以上的储蓄存款实行保值，同时继续提高了中央银行的贷款利率。 1989 年 2 月再次提高了存贷款利率，使 1 年期存款利率高达 11.34%。

在国务院"从紧方针不变，适当调整力度"的方针指导下，中国人民银行于 1990 年 4 月全面下调了存贷款利率，又于 8 月 21 日再次下调了存贷款利率。 为了支持经济增长，特别是支持大中型企业和农业发展，中国人民银行于 1991 年 4 月再一次下调了存贷款利率。 1992 年开始，改革开放全面加快，固定资产投资增速过快，通货膨胀现象再次出现。 由于改革处在一个并不成熟的阶段，经济增长和物价水平都有比较大的波动。面对这种形势，中国人民银行再次调整了货币政策方向，分别于 1993 年 5 月和 7 月上调了存贷款利率，并对 3 年期以上的定期存款恢复保值，利率水平又达到了新一轮的高峰。 1993 年的十四届三中全会上，国家正式确立了利率市场化的改革目标，为利率的改革建立了良好的环境。 1995 年，随着经济形势好转，中国人民银行执行了适度从紧的货币政策，于 1 月和 7 月两次调高了金融机构贷款利率。 1996 年，适度从紧的货币政策显示了效果，物价从年初开始逐步回落。 在这种背景下，为了防止出现经济滑坡，中国人民银行于 1996 年 5 月和 8 月两次降低了存贷款利率，并停办了保值储蓄。 1997 年，发生了东南亚危机，受危机影响，我国进出口下降，投资增长率急剧下降，为保持国民经济在低通胀的条件下持续发展，中国人民银行继续下调利率，10 月，将金融机构的存款利率平均下调 1.1 个百分点，贷款利率下调 1.5 个百分点。 1998 年，随着危机的加深，我国通货紧缩迹象越来越明显，实际利率水平越来越高，为消除通货紧缩的危害，中国人民银行又分别于 3 月、7 月和 12 月三次降低了存贷款利率。 1999 年 6 月，在商品零售物价连续 20 个月下降、实际利率超过6% 的情况下，中国人民银行又一次大幅度全面降息，这一水平不仅是新中国成立以来的最低点，而且在世界主要国家中，也仅高于日本。

进入 21 世纪后，我国利率市场化进程开始推向深入，利率工具也日渐丰富，包括调整金融机构法定存贷款利率，制定金融机构存贷款利率的浮动范围，制定相关政策对各类利率结构和档次进行调整。 在政策实践中，调节存贷款利率仍然是宏观经济调控的重要手段。 2004 年，出口创汇增加导致外汇储备高企、通货膨胀过快、国际收支"双顺差"、经济增长矛盾突出。 为防止固定资产投资过热，经济硬着陆，中国人民银行在2004 ~ 2007 年连续 6 次上调存贷款基准利率，1 年期存款利率调整幅度达1.89 个百分点。 2008 年金融危机爆发，外部经济环境急转直下，我国经济受到冲击，经济下行压力愈加明显，因此，中国人民银行及时调转了政策方向，仅 2008 年就连续 4 次下调存贷款基准利率，刺激了经济复苏。此后，随着中国经济进入新常态，中国人民银行加强了对利率工具的运用，利率调控方式更为灵活，调控机制日趋完善，虽然 2012 ~ 2015 年中国人民银行对存贷款基准利率进行了 7 次调整，但"微调"成为这一时期中国人民银行利率调控的特征。 而且随着利率市场化改革的逐步推进，作为货币政策主要手段之一的利率政策也逐步从对利率的直接调控转变为间接调控。

（五）再贷款

1984 年，再贷款成为一项重要的货币政策工具登上历史舞台，最初这一工具的运用是与我国改革开放初期以信贷规模管理为主的直接调控方式相辅相成的。 随着金融体制改革的不断推进，再贷款也在改革的不同时期不断发展。 1984 年 10 月，中国人民银行下发《信贷资金管理试行办法》，明确中国人民银行对专业银行贷款实行"计划管理、上贷下存"的管理办法，专业银行信贷计划实行"条""块"结合、以"条"为主的管理办法。 中国人民银行根据国务院批准的国家综合信贷计划，核定各专业银行总行的年度资金收支计划和分期信贷资金收支计划，并在此基础上核定专业银行向中国人民银行的贷款计划。 1986 年，中国人民银行出台了《中国人民银行对专业银行贷款管理暂行办法》，明确提出再贷款是宏观调控的重要手段，中国人民银行要根据货币政策目标和银根松紧决定贷款的总量和结构，再贷款的原则是"合理供给、确定期限、有借有还、周转使用"。 中国人民银行对再贷款实行"统一调度、分级管理"的管理体制，由中国人民银行总行核定并下达年度信贷计划和贷款额度，中国人民银行分行按照上级行核批的对专业银行贷款额度掌握贷款的发放。 但在实践中，有关再贷款的期限管理很难执行。 为此，1990 年，中国人民银行出台《关于实行中央银行贷款全额管理的通知》，提出对年度短期贷款实行全额管理，上半年按照"收支两条线"管理，下半年按照贷款最高限额管理，从而控制全年贷款最高限额。 1993 年，中国人民银行又出台了《中国人民银行对金融机构贷款管理暂行办法》，进一步拓展了再贷款管理范围，由专业银行扩大到专业银行和其他金融机构。 这一时期，再贷款被作为向金融机构注入流动性的货币政策工具，中国人民银行在向金融机构提供再贷款的同时，不仅规定再贷款的规模，而且还管理金融机构的贷款结构。 因此，这就赋予了再贷款结构调整的职能。

1994 年外汇体制改革后，外汇占款的大幅度增加导致基础货币供应渠道发生了变化，外汇占款成为基础货币投放的最主要渠道。 为了缓解因外汇占款大幅度增加而被动投放基础货币的压力，中国人民银行积极收回对商业银行的再贷款，使过高的货币供应量增长幅度恢复到正常水平，再贷款成为控制基础货币投放的主要对冲手段。 随着直接调控向间接调控方式不断转变，再贷款业务所承担的职责也发生了一些变化。 1998 年初，中国人民银行取消了对商业银行的贷款规模管理，客观上对中央银行综合运用间接调控工具提出了更高要求。 随着公开市场操作等市场化政策工具的运用，再贷款的职能进一步向维护金融稳定及发挥最后贷款人作用转变，并承担了部分结构性调整的职能。 1999 年，相继成立了四家资产管理公司，为了对资产管理公司予以资金支持，中国人民银行以资产置换方式向四家资产管理公司发放 6000 多亿元再贷款，促进了国有商业银行改革，维护了金融体系稳定。 同年，中国人民银行制定并颁布了《中国人民银行分行短期再贷款管理暂行办法》和《关于完善分行再贷款业务考核和金融机构准备金报告制度的通知》等规范性文件，对分行再贷款权限、程序、期限、利率等问题进行规定，以适应中国人民银行管理体制改革后对分行再贷款管理的加强。 此外，中国人民银行还制定并颁发了《紧急再贷款管理办法》《对农村信用合作社贷款管理办法》等文件，使再贷款的操作更加规范。

　　21 世纪以来，由于再贷款投放直接影响到基础货币量，给货币政策目标的实现带来了不稳定因素，再贷款在央行货币政策操作中日渐式微。尽管 2005 年前后，中国人民银行为维护金融稳定对包括一些证券公司在内的金融机构发放了再贷款，但这并非常规货币政策操作的范畴，已经转变为短期调整经济结构的工具和实现中国人民银行最后贷款人职能的主要手段。 一方面，2003 年，为推动农村信用社改革，根据国务院有关精神，中国人民银行根据 2002 年底农村信用社实际资不抵债数额的 50%，发放了专项再贷款或专项中央银行票据，帮助八个试点省市地区的农村信用社化解历史包袱。 为此，中国人民银行制定了《农村信用社改革试点专项票据操作办法》和《农村信用社改革试点专项借款管理办法》，明确规定凡达到改革要求的农村信用社，在专项再贷款或专项中央银行票据到期后，中国人民银行将收回有关专项再贷款，或对到期专项中央银行票据进行兑付，有关资金可作为农村信用社存放在中央银行的准备金存款，以此促进改革到位并真正达到"花钱买机制"的效果。 另一方面，为完善中央银行利率形成机制，理顺中央银行和借款人之间的资金利率关系，中国人民银行从 2004 年 3 月 25 日起对再贷款利率实行浮息制度，即中国人民银行在国务院授权的范围内，根据宏观经济金融形势，在再贷款（再贴现）基准利率基础上，适时确定并公布中央银行对金融机构贷款（贴现）利率加点幅度。 再贷款利率浮息制度的出台，为理顺中央银行利率体系，建立将再贷款利率作为市场利率上限的利率机制奠定了基础，这一利率机制也与再贷款作为最后贷款人的职能相互匹配。

2008 年金融危机爆发后，全球经济再平衡对全球宏观经济和金融体系稳定至关重要，需要建立新的贸易与金融秩序。在这种背景下，尽管我国仍有大量贸易顺差和资本流入，但由于中国实施了"走出去"的战略，中国对外直接投资大幅增加，同时在美国大规模经济刺激下，美国经济企稳、美元升值，也吸引了一些短期资本流入美国。这为中国人民银行资产结构的调整创造了非常积极的条件，2001 年后一直被"闲置"的再贷款开始有了发挥作用的空间。尤其是随着中国经济进入新常态，货币政策操作环境也发生了巨大变化。新的货币政策环境需要货币政策操作手段、方式、方法也发生相应的变化，再贷款在货币调控体系中的功能得以不断扩充。2014 年以来，再贷款在央行货币政策操作方面的作用更加凸显，这反映了央行资产负债表中，央行对金融机构债权大幅增加。

中国人民银行于 2014 年 1 月调整了再贷款分类，将原流动性再贷款进一步细分为流动性再贷款和信贷政策支持再贷款，金融稳定再贷款和专项政策性再贷款分类不变。流动性再贷款和 2013 年创新的常备借贷便利工具一起，用于向符合宏观审慎要求的金融机构按需提供流动性支持。信贷政策支持再贷款则包括支农再贷款，即中国人民银行向一些符合条件的中小金融机构发放并由后者用于"三农"的再贷款，还包括新创设的支小再贷款，即中国人民银行向金融机构发放的专门用于发放小微信贷的再贷款，这是为缓解小微企业融资难而发放的定向再贷款。为解决地方法人金融机构合格抵押品相对不足的问题，2014 年中国人民银行在山东、广东开展信贷资产质押再贷款和央行内部评级试点，中国人民银行对地方法人金融机构的部分贷款企业进行央行内部评级，将评级符合标准的信贷资产纳入央行可接受合格抵押品范围，2015 年进一步在 11 个省（市）推广试点。在保障央行债权安全的同时，引导地方法人金融机构扩大"三农"、小微信贷投放，支持实体经济。2016 年，中国人民银行又创新了扶贫再贷款，即中国人民银行实行比支农再贷款更优惠的利率，重点支持贫困地区发展特色产业，这在一定程度上弥补了市场缺陷，有助于进一步改善宏观调控，规范再贷款的功能定位，充分发挥中央银行流动性管理和引导金融机构优化信贷结构的功能，满足了我国经济社会发展的需要。

随着中国人民银行不断创新再贷款工具，再贷款在中国货币政策操作中发挥着管理市场流动性、引导信贷结构调整、引导和管理市场利率的重要作用。

（六）再贴现

我国再贴现业务从 1981 年开始试办，业务规模不断扩大，调控机制逐渐健全，在宏观经济调控中发挥了重要作用。 1984 年，中国人民银行发布了《商业汇票承兑、贴现暂行办法》，规定各金融机构资金不足时，可以向中国人民银行办理再贴现业务，并开始在部分城市试点开展商业汇票承兑和贴现业务。 1986 年，中国人民银行制定了《再贴现试行办法》，规定再贴现是指专业银行持未到期的贴现票据向中国人民银行办理贴现，凡在中国人民银行开立账户的专业银行机构均为再贴现对象，再贴现率略低于中央银行对专业银行的再贷款利率，再贴现暂用于支持专业银行对承兑商业汇票贴现的资金需要。 为促进票据承兑贴现业务的改革，1987 年，中国人民银行将再贴现率按同档次再贷款利率降低 5%～10% 计收利息。 1992 年，《中国人民银行对金融机构贷款管理暂行办法》颁布，鼓励扩大贴现和再贴现业务，规定中国人民银行对金融机构贷款供应中，再贴现业务优先，利率优惠。 1994 年，中国人民银行曾专门安排100 亿元再贴现资金，专项用于"五行业、四品种"（即煤炭、电力、冶金、化工、铁路五个行业和棉花、生猪、食糖、烟叶四个品种）的再贴现。 但由于当时我国商业信用和商业票据市场都处于发展初期，再贴现业务发展相对较慢，在此阶段，再贴现政策操作的重点是推动商业银行汇票业务发展，利用票据的结算和信用双重功能帮助企业解决资金拖欠问题。 因此，再贴现实际上被作为促进经济结构调整的一种信贷政策手段，通过再贴现业务体现中央银行对某些行业、部门或商品的政策倾斜。

1995 年年末，中国人民银行下发了《进一步规范和发展再贴现业务的通知》，标志着再贴现成为货币政策工具体系的组成部分，中国人民银行更为注重通过再贴现传导货币政策信号，促进总量控制目标的实现。其后又颁布了《再贴现试行办法》《中国人民银行对国有独资商业银行总行开办再贴现业务暂行办法》《商业汇票承兑、贴现与再贴现管理暂行办法》，并下发了《关于加强商业汇票管理，促进商业汇票发展的通知》，这一系列政策法规的陆续出台，表明我国的再贴现政策框架在这一阶段已基本形成。首先，初步建立起了较为完整的再贴现操作体系。中国人民银行总行设立再贴现窗口，对各商业银行总行办理再贴现；中国人民银行分行设立再贴现授权窗口，并依据总行授权进行业务操作。中国人民银行总行对各分行的再贴现实行总量控制，并根据金融宏观调控的需要适时调增或调减各分行的再贴现限额。其次，再贴现对象进一步明确。凡在中国人民银行设立存款账户的商业银行、政策性银行及其分支机构，均可参加再贴现业务，中国人民银行分行对非银行金融机构再贴现则须报中国人民银行总行批准。再次，规定了再贴现的范围和条件。中国人民银行根据金融宏观调控和结构调整的需要，不定期公布再贴现优先支持的行业和产品目录，各分行须据此选择再贴现票据，安排再贴现资金投向，并对有商业汇票业务基础、业务操作规范的金融机构优先办理再贴现。最后，规定再贴现票据的种类。明确再贴现票据必须是以真实商品交易为依据开立的商业汇票。

为了促进商业票据市场的发展，进一步发挥再贴现作为货币政策工具的职能，中国人民银行于1998年3月改革了再贴现率确定方式，改变了长期以来再贴现率与同档次再贷款利率挂钩，并按一定幅度下浮的确定方式。改革后，再贴现率不再与再贷款利率挂钩，而是成为一种独立的利率体系，标志着中国人民银行已更多地赋予再贴现这一传统政策工具执行并传导货币政策的职能。同时，中国人民银行还改革了贴现利率生成机制——贴现利率在再贴现率基础上加点生成，并于1998年底将加点幅度上限扩大为不超过同期限贷款利率，初步建立了通过再贴现率传导货币政策的机制。贴现利率的浮动幅度扩大后，商业银行可以根据票据风险程度和企业资信情况，确定票据贴现的利率水平，有利于促进票据市场的发展。中国人民银行于1998年3次下调再贴现率近4个百分点。1999年6月，中国人民银行将再贴现率进一步下调到2.16%。同年，中国人民银行起草并颁布了《关于改进和完善再贴现业务管理的通知》，调整了再贴现政策和机制，明确了中国人民银行总行对分行办理的再贴现不再实行总量比例和投向比例控制，对商业银行省级分行持有的贴现和转贴现票据还可办理回购。

为加强对再贴现业务的管理，中国人民银行于 2001 年 9 月将再贴现率由 2.16% 提高到 2.97%；在 2002 年 2 月下调存贷款基准利率时，再贷款利率相应下调了 0.54 个百分点，而再贴现率却未做调整；2002 年，中国人民银行还出台了规范票据业务发展的措施，加强了对融资性票据的监管，尤其是加大了对通过无指定用途票据融资的资金违规进入股市的打击力度；2004 年 3 月，再贴现率进一步提高到 3.24%。在管理流动性压力较高的 2007 年末至 2008 年初，中国人民银行配合利率、存款准备金率以及公开市场操作等方式，大幅上调了再贷款利率和再贴现率。但 2008 年金融危机爆发后，为了刺激经济复苏，中国人民银行一路下调再贴现率至 1.80%，此后一直处于低位，一直到 2010 年 12 月，我国经济已经企稳反弹，中国人民银行才再度上调再贴现率至 2.25%，对全社会的流动性进行调节。此后，随着国内外经济金融形势和宏观调控任务的变化，我国再贴现政策工具的功能日渐式微，宏观调控和结构调整的功能趋于弱化，但所起的货币政策"告示效应"明显增强，央行通过维持相对较高的再贴现率，对社会公众和商业银行的预期产生影响。随着 2013 年我国经济进入新常态，由再贴现衍生的创新型货币政策工具逐渐替代了再贴现政策的宏观调控功能。

三　创新型货币政策工具

金融危机爆发后，金融市场流动性形势日益复杂，从外部环境来看，受国际经济疲软影响，外需不振导致我国外汇占款呈现下降趋势，直接影响流动性供给；从内部环境来看，市场短期流动性常常受到监管考核、缴准、缴税、春节提现等因素的影响而出现波动，当多个因素同时出现时，会导致市场利率飙升的流动性紧张，市场恐慌情绪更会加剧流动性波动。因此，金融市场流动性波动呈现更加频繁与剧烈的特点。中国人民银行着眼于完善流动性供给机制、建立政策利率体系，对货币政策工具中的法定存款准备金率、公开市场操作、中央银行借贷便利和预期管理等都分别进行了创新。 各类创新相互配合，促进形成更加市场化的货币政策工具体系，有利于实现多重目标。 各类期限的流动性供给工具，如公开市场操作、常备借贷便利（SLF）、中期借贷便利（MLF）等促进了央行政策利率体系的形成；定向降准政策在提供流动性供给的同时，还发挥了对金融机构信贷投放的宏观审慎逆周期调节功能。

（一）短期流动性调节工具

为防范金融风险，有效调节市场流动性，央行在传统公开市场操作工具基础上对短期流动性调节工具进一步创新，于 2013 年 1 月创设了短期流动性调节工具（SLO）。 与回购这种常规性操作工具不同，SLO 是中国人民银行在市场出现短期、临时性的流动性紧张时可相机使用的调节工具。 作为公开市场常规操作的必要补充，SLO 通常在非公开市场例行交易日操作，以 7 日以内回购为主要操作期限，通过在周一、周三、周五进行市场化利率招标操作。 中国人民银行可在总货币政策基调不变的情况下，根据短期流动性临时波动特点和调控需要，综合考虑银行体系流动性供求状况、货币市场利率水平等因素，将 SLO 作为回购交易以外对流动性进行的灵活补充，满足市场短期流动性需要，稳定市场情绪，避免因恐慌蔓延而导致的流动性风险。

SLO 的推出淡化了数量型调控工具，向以价格型调控为主的货币政策路径转变。 其作为公开市场常规操作的必要补充，能在控制货币增速的前提下，保证货币供应，使得央行执行回购操作的期限更加灵活，在短期流动性管理上更加精准，能够调节超短期利率。 而且，SLO 的出现不仅有助于平衡市场力量，保持市场资金价格平稳，同时也为培育新的政策指标利率奠定了制度基础，是深化利率市场化过程中的重要一步，对丰富操作箱、引导利率走势有重要作用。 仅 2014 年 12 月，中国人民银行就 8 次采用短期流动性调节工具投放流动性，累计投放资金达 8550 亿元。2015 年 9 月，中国人民银行再次以利率招标方式开展了短期流动性调节工具操作 1400 亿元，期限为 6 天期，中标利率为 2.35%。 2016 年 1 月，中国人民银行宣布，从 1 月 29 日起，将政府支持机构债券和商业银行债券纳入公开市场操作和短期流动性调节工具质押品范围。 同时，增加邮储银行、平安银行、广发银行、北京银行、上海银行、江苏银行和恒丰银行为 SLO 交易商。 2016 年 1 月 20 日，中国人民银行再次以利率招标方式开展了短期流动性调节工具操作 1500 亿元，期限为 6 天，中标利率为 2.25%。

（二）常备借贷便利

2013 年初，美联储推迟退出 QE 的政策预期增强及国内经济形势下行压力增大，同时作为国内投放流动性的外汇占款受跨境资金流动影响增长较慢，国内市场流动性减弱，利率上升。 在银行间流动性紧张的同时，货币供应量依然保持较高的同比增速，可见我国货币供应并非总量问题，而是结构流动性分布不均。 为增强对市场利率的调控能力，提高对短期流动性波动的管理，2013 年伊始，中国人民银行创设了常备借贷便利（SLF）。 SLF 的创设是为了满足市场中较长期限（通常为 1~3 个月）的流动性需要，以高信用评级的债券资产和优质信贷资产作为抵押释放流动性。 当金融机构出现流动性紧张时，可根据自身情形自主向中国人民银行申请 SLF 操作，这是 SLF 区别于其他公开市场操作工具的重要特征，正是因为 SLF 主要通过中国人民银行与政策性银行、全国性商业银行开展一对一交易，SLF 才能够实现高效精准调节。

SLF 的推出有利于构建利率走廊上限，通过常备借贷便利可以熨平流动性波动，稳定短期利率水平，实现货币政策由数量型向价格型转变，加快利率市场化进程。 SLF 还弥补了公开市场回购业务只针对一级交易商中存款类金融机构、评审机制严格等导致中小金融机构不能被纳入的不足，通过完善结构性货币政策手段，支持小微企业发展，深化市场改革。 此外，SLF 的申请条件为符合国家产业政策和宏观审慎条件、有利于支持实体经济，因此，SLF 还能够起到加强对金融机构流动性监管的作用。

2014 年，中国人民银行在 10 省（市）试点分支行常备借贷便利操作，2015 年，在全国范围推广分支行常备借贷便利操作。 分支行常备借贷便利操作试点以来，货币市场利率波动明显减小。 2018 年 6 月 28 日，

《中国人民银行办公厅关于加大再贷款再贴现支持力度 引导金融机构增加小微企业信贷投放的通知》印发，进一步完善了信贷政策支持再贷款、再贴现管理，将不低于 AA 级的小微、绿色和"三农"金融债，AA＋、AA 级公司信用类债券纳入信贷政策支持再贷款和常备借贷便利担保品范围。

（三）中期借贷便利

经济进入新常态以来，我国宏观经济下行压力增大，在增速换挡、动能转换、结构调整的背景下，实体经济融资难、成本高的问题日益突出。 虽然 2013 年以来中国人民银行不断创新公开市场操作工具满足市场流动性需求，但 SLO、SLF 的创设意在缓解短期流动性紧张，金融机构将资金用于中长期信贷的动力仍然不足。 为引导资金流向实体经济，满足中长期资金需求，央行于 2014 年 9 月创设中期借贷便利（MLF）。 MLF 是提供中期基础货币的中央银行借贷便利类工具。MLF 的推出是中国人民银行对公开市场操作工具组合的进一步补充。MLF 采用质押的方式发放，因此，金融机构需要提供如中央银行票据、国债、政策性金融债等优质债券来作为合格抵押品以获得央行中期借贷便利的流动性支持。

MLF 的推出意在引导金融机构建立中期利率预期，发挥中期利率引导作用，通过调节金融机构中期融资成本来影响金融机构资产负债表和市场预期。 MLF 可以引导金融自愿向符合国家政策导向的实体经济部门提供资金支持，为特定行业（如"三农"、小微企业）提供低成本资金，降低社会融资成本。 MLF 在稳定利率要求的同时不直接向市场投放基础货币，体现了央行定向调控及调整结构的微调、预调思路。

MLF 推出后，就成为中国人民银行公开市场操作的重要工具。2018 年 6 月 1 日，中国人民银行决定适当扩大中期借贷便利担保品范围，将不低于 AA 级的小微、绿色和"三农"金融债，AA＋、AA 级公司信用类债券、优质的小微企业贷款和绿色贷款纳入 MLF 担保品范围。

（四）临时流动性便利

春节取现、缴税、缴纳法定存款准备金、外汇占款下降、银行信贷投放力度加大等因素叠加，会导致银行出现较大流动性缺口。逆回购和MLF的持续操作，导致银行需要消耗较多质押券，使得银行流动性覆盖率LCR考核的分子下降，银行不愿融出长期资金，只有降准可以解决这些结构性问题。在不适合降准的情况下，央行为平衡短期与长期、经济与金融目标，创设了无须抵押的信用融资工具——临时流动性便利。

为缓解春节引起的流动性紧张，满足提现需求，央行于2017年1月20日创设临时流动性便利（TLF），在前期推出SLO、SLF、MLF等公开市场操作工具的基础上，进一步完善了短期、中长期政策利率框架，为利率市场化的深入推进增加了可利用手段。目前TLF仅实施过一次，向大型商业银行提供28天的临时流动性支持，利率水平和同期市场资金成本基本相同。

临时流动性便利不需要质押债券，这是与MLF和公开市场操作等流动性投放手段最明显的区别之一，由于不需要质押券，所以对银行的LCR考核影响较小。而且，与降准不同，TLF操作投放期限短、成本高（与公开市场操作利率大致相同），向市场释放的信号作用明显弱于降准。因此，就流动性管理而言，无论是对中国人民银行，还是对商业银行，临时流动性便利都有其优势。

（五）抵押补充贷款

在人民币基础货币投放逻辑改变、外汇占款逐渐淡出的背景下，中国人民银行需要重启再贷款作为投放基础货币的渠道。然而，中国人民银行向商业银行提供的再贷款是信用贷款，即央行面临商业银行不需要向其提供抵押品而导致的潜在信用风险。而且，再贷款的资金流向不可控，难以使资金进入政策鼓励的行业中去。为贯彻落实国务院第43次常务会议精神，支持国家开发银行加大对"棚户区改造"重点项目的信贷支持力度，2014年4月，中国人民银行创设抵押补充贷款（PSL），为开发性金融支持棚改提供长期稳定、成本适当的资金来源，这是中国人民银行推出的一种新型基础货币投放工具。

商业银行将其合格的贷款资产作为抵押，并按照一定的折价率向央行申请借款，并支付一定的利息。 期限一般为 3 年以上，可以有效实现央行调控市场中长期利率的目的。 而且，与再贷款这种无抵押的信用贷款方式不同，抵押补充贷款需要合格抵押品作为抵押才能发放，合格抵押品包括高等级债券资产和优质信贷资产，避免了潜在的信用风险。 此外，通过调整抵押品标准及贴现率，抵押补充贷款可以使中国人民银行在调节流动性规模与方向上更具有精准性。

基于此，抵押补充贷款可以为棚户区改造等政策扶持领域提供低成本、大额稳定资金供给。 而且，在外汇占款逐渐下滑的情况下，贷款作为资金供给的重要渠道，也是商业银行的重要资产，中国人民银行以此为抵押加大投放力度，使其成为银行获取基础货币的主要途径，进而可以影响中长期政策利率。 此外，常备借贷便利实现了短期流动性的调节，抵押补充贷款为连接短期与长期利率趋势提供了重要渠道，为深入推进利率市场化进一步铺平了道路。

为适时发挥价格杠杆的作用，进一步适应存贷款基准利率的调整，中国人民银行多次降低 PSL 利率，以引导国家开发银行降低棚改贷款利率，加大对棚户区改造的支持力度，降低社会融资成本。 2016 年将 PSL 的机构范围扩展至中国进出口银行和中国农业发展银行，将支持领域扩展至重大水利工程贷款、人民币"走出去"项目贷款等。

(六) 定向降准

定向降准是在中国经济进入新常态、经济发展现实压力增大的背景下，中国人民银行于 2014 年推出的精准调控流动性的货币政策操作创新工具。 自 2014 年 4 月以来，中国人民银行实施了多轮定向降准。 定向降准政策通过建立促进信贷结构优化的正向激励机制，引导商业银行把增量中的更高比例和收回再贷中的更高比例投向"三农"和小微企业领域。 2014 年 4 月 16 日，中国人民银行对符合要求的县域农村商业银行和合作银行分别降低存款准备金率 2 个和 0.5 个百分点。 2014 年 6 月 16 日，中国人民银行对符合审慎经营要求且"三农"和小微企业贷款达到一定比例的商业银行下调人民币存款准备金率 0.5 个百分点。 此后中国人民银行为了支持"三农"、小微企业又实施了多轮定向降准，通过精准释放流动性，支持商业银行加大向"三农"与小微企业的贷款，在不大幅增加贷款总量的同时，使"三农"和小微企业获得了更多信贷资源。实践结果表明，虽然定向降准起到了一定的作用，但单单依靠定向降准引导银行信贷的效果并不稳定，并且难以持续。2017年9月30日，中国人民银行宣布自2018年起，将当前对小微企业和"三农"领域实施的定向降准政策拓展和优化为统一对符合宏观审慎经营要求且普惠金融领域贷款达到一定比例的商业银行实施。2018年4月，中国人民银行决定从4月25日起下调大型商业银行、股份制商业银行、城市商业银行、非县域农村商业银行、外资银行人民币存款准备金率1个百分点；25日，上述银行各自按照"先借先还"的顺序，使用降准释放的资金偿还其所借央行的MLF。这次降准增加了长期资金供应，银行资金成本有所降低，增加了小微企业贷款的低成本资金来源。随着经济政策重点的转变，定向降准也开始承担金融调控职能，2018年6月24日，中国人民银行决定，从2018年7月5日起，下调国有大型商业银行、股份制商业银行、邮政储蓄银行、城市商业银行、非县域农村商业银行、外资银行人民币存款准备金率0.5个百分点。鼓励5家国有大型商业银行和12家股份制商业银行运用定向降准和从市场上募集的资金，按照市场化定价原则实施"债转股"项目。支持"债转股"实施主体真正行使股东权利，参与公司治理，并推动混合所有制改革。定向降准资金不支持"名股实债"和"僵尸企业"的项目。同时，邮政储蓄银行和城市商业银行、非县域农商行等中小银行应将降准资金主要用于小微企业贷款，着力缓解小微企业融资难、融资贵问题。

（七）临时准备金动用安排

2017年12月29日，中国人民银行决定建立临时准备金动用安排（CRA）。2018年春节前后，凡符合宏观审慎经营要求，在现金投放中占比较高的全国性商业银行若存在临时流动性缺口，可使用不超过两个百分点的法定存款准备金，使用期限为30天。2018年1月中旬到2月，金融机构有序动用CRA，累计释放流动性近2万亿元，从规模和节奏两方面平稳对冲春节前现金投放的影响。

第三节　货币政策目标的选择与演进

一　货币政策目标的演变

从理论上讲，西方国家宏观经济管理的目标包括稳定币值、经济增长、充分就业和国际收支平衡。货币政策作为实现国家宏观经济管理目标的重要政策，其目标要与国家宏观经济管理的目标保持一致。实践中，从国别横向比较来说，不同国家由于国情不同，货币政策的目标也各不相同；从时间维度来说，在不同时期，同一国家的货币政策目标也可能出现变化。

在1984年之前，我国实行的是计划经济，调控经济主要是靠计划的方式。中央银行既实施货币政策又履行商业银行投放信贷的职能，所以在1984年之前，中央银行的政策目标不区分中介目标与最终目标，所有的货币政策都是由经济计划决定的。1983年，国务院在《关于中国人民银行专门行使中央银行职能的决定》中明确规定，中国人民银行"集中力量研究和做好全国金融的宏观决策，加强信贷资金管理，保持币值稳定"。1984年中国人民银行专门行使中央银行职能以来，我国货币政策目标的选择与演变走过了一条探索之路。当时，在理论上，关于我国货币政策的目标，存在单一目标论、双重目标论和多重目标论的争论。其中，单一目标论认为，我国货币政策的最终目标只能有一个，有人主张这一目标是稳定币值，有人则主张这一目标是经济增长；双重目标论则主张我国货币政策目标应该是"发展经济、稳定币值"；多重目标论认为我国货币政策目标应该是"稳定货币、经济增长、充分就业和国际收支平衡"。

从实践来看，我国货币政策目标从聚焦双重目标转向兼顾多重目标。1984年处于改革开放初期，中国人民银行货币政策的最主要目标就是促进经济快速发展，因此，1984~1993年，我国中央银行将经济增长作为货币政策的首要目标，将维护币值稳定、控制物价作为次要目标。1986

年，国务院发布的《中华人民共和国银行管理暂行条例》中明确规定：
"中央银行、专业银行和其他金融机构，都应当认真贯彻执行国家的金融
方针政策，其金融业务活动，都应当以发展经济、稳定货币、提高社会经
济效益为目标。"在关于中央银行职责的规定中，把"掌管货币发行，调
节货币流通，保持货币稳定"作为中国人民银行的重要职责。但在实践
中，为了追求首要目标——经济增长，我国短期信贷规模增长过快，多次
出现经济过热的情况，造成物价指数的快速上涨。产生这种急剧的通货
膨胀之后，为了保持经济平稳运行、稳定物价，中央银行不得不实施紧缩
性的货币政策。在这一阶段，我国货币政策的实施是根据首要目标与次
要目标的相对情况进行相机抉择的，而且货币政策的时滞效应造成了我国
在这一阶段扩张性的货币政策与紧缩性的货币政策交替出现，会对实体经
济造成一定的冲击，中央银行的货币政策不得不在经济增长与稳定物价之
间来回摇摆，难以实现兼顾。

1994～2007 年，我国通过货币政策进行宏观调控得到了规范性发展，
货币政策目标也不断明确。1993 年，党的十四届三中全会通过的《中共
中央关于建立社会主义市场经济体制的若干问题的决定》中，首次明确提
出"中央银行以稳定货币为首要目标，调节货币供应量，并保持国际收支
平衡"。1993 年 12 月，《国务院关于金融体制改革的决定》提出"为促
进国民经济持续、快速、健康发展，需要更好地发挥金融在国民经济中宏
观调控和优化资源配置的作用"，并再次明确规定："中国人民银行货币
政策的最终目标是保持货币币值的稳定，并以此促进经济增长。"1995 年
3 月，第八届全国人民代表大会第三次会议通过的《中华人民共和国中国
人民银行法》第三条明确规定："货币政策目标是保持货币币值的稳定，
并以此促进经济增长。"这是首次以法律形式规定货币政策目标，也首次
对货币政策目标中稳定币值与经济增长的关系给予了法律界定，明确地把
"稳定币值"放在了首位。值得注意的是，《中华人民共和国中国人民
银行法》中对货币政策目标的规定一直到 2018 年都未进行修订和改变，
在法律层面上，我国的货币政策目标体系没有发生变化。但受经济环境
和经济改革问题的影响，我国货币政策在实践中进行了不断的尝试和探

索，货币政策目标也不断丰富。2003 年 12 月 27 日，第十届全国人民代表大会常务委员会第六次会议通过的《关于修改〈中华人民共和国中国人民银行法〉的决定》中对货币政策目标的表述维持了一致。但同时，《中华人民共和国中国人民银行法》还规定，"中国人民银行在国务院领导下，制定和执行货币政策"，可见货币政策目标的确定关键决策权在国务院，这就决定了在我国经济发展的不同阶段，根据我国经济发展的客观现实，货币政策目标还将兼顾多重目标。中国人民银行在官方网站将货币政策最终目标解读为"货币政策制定者期望货币政策运行的结果，对宏观经济总体目标所能发挥的实际效应，一般包括充分就业、稳定物价、经济增长和国际收支平衡四项内容"，即明确了中国人民银行实行多目标制货币政策。

2008 年，受全球性金融危机爆发的影响，国际经济环境快速恶化并开始对我国的实体经济造成冲击。世界主要经济体经济增长放缓，贸易额大幅缩水。我国的外贸依存度非常高，不可避免地受到了外部需求减少的影响。因此，我国的货币政策更多地承担着促进经济增长的职能，保持币值稳定等政策目标成为次要目标，连续多次的降准、降息使市场流动性得到补充，但同时也导致了通货膨胀的出现，我国很快又进入加息周期，货币政策趋于收紧。2012 年，《金融业发展和改革"十二五"规划》明确提出"优化货币政策目标体系，更加突出和重视保持物价总水平基本稳定的目标"。随着 2013 年我国经济进入新常态，"三期叠加"效应明显，经济增长和经济结构转型的双重压力对我国货币政策提出了新的要求，经济转轨中的国情决定了中国人民银行货币政策采取多目标制：既包含价格稳定、促进经济增长、促进就业、保持国际收支大体平衡等四大年度目标，也包含金融改革和开放、发展金融市场这两个动态目标。2016 年 6 月 24 日，在华盛顿国际货币基金组织有关中央银行政策研讨会上，时任中国人民银行行长的周小川对我国货币政策进行了总结，认为维持价格稳定的单一目标制对现阶段的中国来说尚不太现实。长期以来，中国政府赋予央行的年度目标是维护价格稳定、促进经济增长、促进就业、保持国际收支大体平衡。从中长期动态角度来看，转轨经济体的特点决定了中国央行还必须推动改革开放和金融市场发展，这么做的目的是实现动态的金融稳定和经济转轨，转轨最终是为了支持更有效、更稳定的经济。虽然中国社会经济金融的现实情况决定了中央银行的多目标制，尤其是在中国经济转型时期，社会经济结构处于调整期，中国人民银行面临的约束条件更为复杂，但在不同时期，货币政策各个目标的重要性也会有所不同，与复杂货币政策规则一样，货币政策目标也面临相机抉择。按照《中华人民共和国中国人民银行法》以及货币政策实践，我国货币政策目标可以概括为四个基本目标——经济增长、物价稳定、充分就业、国际收支平衡，一个监管目标——金融稳定，两个转轨时期特殊目标——发展金融市场和金融改革开放。

二　货币政策中介目标的改进与完善

1979 年，随着我国进行以市场为导向的渐进式经济改革，国有企业的"投资饥渴症"和"软预算约束"，使企业对资金需求的贷款效率缺乏弹性，对贷款额度的控制在一定程度上起到了中介目标的功能。1980 年，中国人民银行又引入了差额控制的货币调控中介目标。但总体而言，1984 年之前，我国的货币政策仍然延续了计划经济时期的特点，中央银行的职责是按照计划提供货币，按照计划完成指标即货币政策的目标。所以，在这一阶段，我国货币政策没有专门的中介目标。随着货币政策工具类型和功能的不断演进，我国货币政策中介目标也经历了四个阶段的演进。

（一）1984～1993 年，以银行贷款规模和现金发行量为中介目标

1985 年中国人民银行对信贷管理制度进行改革后，由于当时我国实体经济对货币的需求仍然主要依靠中央银行的货币发行和五大国有银行信贷规模，信贷规模和现金投放中介目标开始在货币政策调控中发挥客观而规律性的作用。这一阶段，银行的存贷款在全社会的间接融资中占绝对主导地位，直接融资在全社会的融资结构中占比较小，信贷规模和广义货币的比重比较高，控制银行贷款规模和现金发行量就可以控制总需求。因此，货币政策选择以银行贷款规模和现金发行量为中介目标。

(二)1994~1998 年,中介目标向货币供应量过渡

随着我国经济市场化程度不断提高,金融市场不断发展,融资结构不断改善,贷款规模这个指标不再符合实体经济发展的特点,处于计划管控的贷款规模,无法实现市场化的资金资源配置的功能,国有银行贷款占全部融资机构贷款总量的比例不断下降,直接融资的比重不断上升,信贷规模的可控性逐渐下降。 因此,调整货币政策中介目标的现实要求愈加迫切。 1993 年末,国务院颁布的《关于金融体制改革的决定》中明确提出"货币政策的中介目标和操作目标是货币供应量、信用总量、同业拆借利率和银行备付金率",第一次把货币供应量和社会信用总量一同确定为货币政策中介目标。 从 1993 年开始,中国人民银行开始向社会公布货币供应量。 1994 年 9 月,中国人民银行宣布我国货币供应量的划分标准,并将其作为监测指标,按季向社会公布不同层次货币供应量的情况,以此来分析金融货币形势。 1995 年起,中国人民银行尝试把货币供应量纳入货币政策中介目标体系。 1996 年,中国人民银行正式明确地将 M1 与 M2 纳入货币政策体系,并暂定 M1 为货币政策的中介目标。 在过渡时期,贷款规模仍然设置为中介目标,最终以货币供应量作为货币政策的中介目标。

(三)1998~2010 年,以货币供应量为主要货币政策中介目标

1998 年,中国人民银行取消了对信贷规模的直接控制,对国有商业银行不再下达指令性计划,转而实行资产负债比例管理。 2000 年以后,四大国有银行纷纷转制成为商业银行,不再承担管理和控制信贷规模的职能,M1 作为中介目标与经济活动的相关性已经大幅减弱,货币供应量作为我国货币政策中介目标的地位更加明确。 我国建立起以广义货币供应量为中介目标的间接调控的货币政策调控框架,使货币政策中介目标更直接地影响社会总需求,也便于中央银行日常控制操作,这也标志着我国货币政策调控由直接调控向间接调控转变,由行政手段向经济手段转变。 同时,信贷规模也在一定程度上起到中介目标的作用,调控实体经济的运行。

(四)2011 年至今,以货币供应量和社会融资规模为货币政策中介目标

金融危机后,随着金融创新的深化及金融体系的发展,各种融资工具蓬勃兴起，我国金融市场综合化经营趋势愈加明显，直接融资在全社会融资规模中的比例进一步提高，股票、债券等直接融资市场有了较大发展，商业银行表外业务及其他非传统融资行为较为活跃，这导致货币供给量统计范围的界定变得困难，货币当局控制货币数量的能力被削弱，传统的货币信贷指标难以全面反映金融对实体经济的支持，信贷规模指标已无法对实体经济的融资总量进行准确反映。要对社会的融资状况进行完整体现，必须将商业银行的表外业务、非银行金融机构提供的资金、直接融资情况都纳入统计范畴。社会融资规模概念应运而生，现已逐渐代替信贷规模，日益受到更多关注和重视。

"保持合理的社会融资规模"是在2010年底中央经济工作会议上首次提出来的。2010年11月，中国人民银行开始研究并着手编制社会融资规模指标，将实体经济在一段时期内从金融体系获得的资金总规模称为社会融资规模。这里的金融体系为整体金融的概念，从市场看，包括债券市场、股票市场、信贷市场、保险市场以及中间业务市场等；从机构看，包括商业银行、保险公司、证券公司等金融机构。2011年，中国人民银行正式建立社会融资规模增量统计制度，同时开始按照季度发布社会融资规模的增量数据；2012年起，该数据改为按照月度发布，2012年9月，中国人民银行公布了2002年以来的历史月度数据，地区社会融资规模增量的统计制度也被建立起来；2014年起，中国人民银行开始按照季度公布各省（市）社会融资规模的增量数据，同年着手建立社会融资规模存量统计数据；2015年2月，中国人民银行正式发布了2002~2014年的社会融资规模存量历史数据，并开始按季度公布存量数据；2016年，中国人民银行开始按月公布社会融资规模存量数据。2016年，《政府工作报告》提出"广义货币M2预期增长13%左右，社会融资规模余额增长13%左右"，这是中国第一次在国家层面提出社会融资规模的增长目标，意味着社会融资规模与M2一起，已正式成为中国货币政策中介目标。

社会融资规模的提出，与我国近年来金融市场和金融产品不断创新、非银行金融机构作用显著增强、直接融资业务快速发展、社会融资结构发

生显著变化、商业银行表外业务大量增加的经济金融环境相适应。 社会
融资规模作为中介目标可较好地反映金融与经济的关系。

第四节　利率市场化改革进程

在市场经济中，利率是经济调节的重要杠杆，政府通过利率这个"枢
纽"对国民经济实现间接宏观调控，利率成为反映经济的重要指标和调节
经济的重要手段。 利率在市场经济中尤其是金融市场中占据核心位置，
这就更加需要利率进行有效的市场化改革。

1996 年之前，为了稳定金融市场，加强国家宏观调控，我国对利率进
行了比较严格的管制，并在实践中取得了理想的成绩。 但随着改革开放
的不断深入推进，市场经济的快速成长，尤其是金融业的蓬勃发展，利率
管制越来越难以满足金融市场功能实现的需要。 1996 年，我国以开放同
业拆借市场利率为出发点，逐步深入金融各领域，踏上了利率市场化改革
的道路。 从 1996 年开始，遵循"先外币、后本币，先长期、后短期，先
贷款、后存款"的改革思路，我国利率市场化改革逐步从简单到复杂，从
同业拆借市场到银行间债券市场，再到票据市场，最后到存贷款利率市
场，从小幅度调整到大调整，一步步向前推进。 2015 年 10 月 23 日，中
国人民银行宣布不再对商业银行和农村合作金融机构等设置存款利率浮动
上限，存款利率正式放开，标志着中国利率市场化进程基本完成。 我国
利率市场化改革在此基础上持续深化。

(一)利率市场化改革前的利率结构与改革(1983~1995 年)

1983 年，我国经济正处于从计划经济向市场经济转型的过程，市场
化仍处于探索阶段。 这一时期，我国对利率的管制在小范围内进行了调
整，但只是对利率管制稍加放松。 1983 年，中国人民银行正式确立了中
央银行的职能，建立健全了中国人民银行制度，终结了一级银行体制，迎
来了二级银行体制的新局面，同时建立了存款准备金制度，制度规定：
"为了加强信贷资金的集中管理，人民银行必须掌握百分之四十至五十的
信贷资金，用于调节平衡国家信贷收支。 财政金库存款和机关、团体等

财政性存款，划为人民银行的信贷资金。 专业银行吸收的存款，也要按一定比例存入人民银行，归人民银行支配使用。 各专业银行存入的比例，由人民银行定期核定。"1986 年中国人民银行"对专业银行开展再贴现业务"，为利率市场化改革的展开做好了准备工作。 存款准备金制度和再贴现的实施为下一阶段中国人民银行间接调控提供了政策工具。

1983 年，国务院就曾授予中国人民银行在基准贷款利率基础上上下各 20%的利率浮动权。 这是中国利率管制多年之后第一次发生浮动，因而可以将这一事件作为中国利率市场化改革的敲门砖。 截至 1989 年，中国的利率市场化改革只针对个别金融产品进行利率浮动，并不是真正意义上的利率市场化改革，只是对放松利率管制的尝试。 1990 年上海证券交易所的成立标志着国债利率在二级市场上的交易实现了市场化，在中国金融市场的历史上第一次出现市场化的利率。 当时中国正处于经济体制改革的开始阶段，计划经济体制还处于主体地位，利率多数还处于管制状态，由国务院统一制定，由各个金融机构按要求执行。 1993 年，国务院发布的《关于金融体制改革的决定》提出，中国利率改革的长远目标是：建立以市场资金供求为基础，以中央银行基准利率为调控核心，由市场资金供求决定各种利率水平的市场利率管理体系。 1995 年，《中国人民银行关于"九五"时期深化利率改革的方案》初步提出利率市场化改革的基本思路，我国利率市场化改革正式提上日程。

(二)利率市场化改革的起步阶段(1996~2000 年)

1996 年 6 月 1 日起，我国允许同业拆借利率由拆借双方自行商讨决定，对同业拆借利率上限的管制予以撤销，在同业拆借市场中，我国利率市场化率先完成，标志着我国利率市场化改革正式启动。 1997 年 3 月和 5 月，中国人民银行先后颁布了《中国人民银行对国有独资商业银行总行开办再贴现业务暂行办法》和《商业汇票承兑、贴现与再贴现管理暂行办法》，设立了总行再贴现窗口，规范和完善了商业汇票的承兑、贴现和再贴现的操作，对再贴现操作效果实行量化控制，以发挥定量再贴现政策的作用。 同时还明确指出，中国人民银行要通过再贴现的手段，充分发挥国家对资金流向的引导管理作用，调整金融结构。 为了进一步推进票据利率市场化，完善利率形成机制，央行先后放开了对商业银行的贴现利率和再贴现率的管理。1997年，国务院下发文件，对全国商业银行进行统一部署，要求商业银行不得和证券交易所进行混业经营。同年6月，中国人民银行决定在银行间建立债券市场，在债券市场上，全国各商业银行可在一定程度上持有相当规模的央行融资证券以及政策性金融机构发放的债券，在我国商业银行和政策性金融机构间进行控制货币存量的正回购和逆回购交易，标志着我国银行间债券市场的启动。这一措施一方面提高了金融机构的资金使用效率，使金融机构能够更加积极自由地调整自身资产负债结构；另一方面使市场的价格发现能力得到进一步发挥，为后续的利率改革奠定了基础，同时放开了债券市场债券回购和现券交易利率，利率市场化范围进一步扩大，金融机构间的利率市场化程度增强。

　　1998年3月25日，为了适应取消国有商业银行贷款规模管理、加强间接调控力度的需要，中国人民银行改革了贴现利率、再贴现率的生成机制，贴现利率不再与贷款利率挂钩，而是通过在再贴现率基础上加点方式生成，再贴现率不再直接与同期中央银行再贷款利率挂钩，而是在不超过同期贷款利率（含浮动）的前提下由商业银行自定，作为一种独立的利率体系存在，标志着贴现利率和再贴现率正式放开。1998年9月，在商业性和政策性银行间债券市场，国家开发银行首先开展了投放债券的试点工作，在国开行的积极带动下，中国进出口银行和财政部也有条不紊地将债券投放市场。由此，政策性银行金融债券市场化发行利率正式放开。1999年9月，国债开始采用市场招标形式在银行间债券市场发行，就此全面实现了银行间债券利率市场化。此外，1998～1999年中国人民银行连续3次扩大金融机构贷款利率浮动区间，并要求各金融机构建立贷款内部定价和授权制度，逐步扩大金融机构贷款利率浮动权，简化贷款利率种类，探索贷款利率改革的途径。1999年10月，中国人民银行批准中资商业银行法人对中资保险公司法人试办由双方协商确定利率的大额定期存款［起存金额3000万元，期限在5年以上（不含5年）］，进行了存款利率改革的初步尝试。

　　在这一阶段，我国利率市场化开启了稳健的探索，金融机构间的利率市场化程度得到放开，为利率市场化的推进奠定了坚实的基础。

（三）利率市场化改革的过渡阶段（2000～2003 年）

　　此阶段主要是改革外币存贷款利率，这也是利率市场化改革的一个过渡适应期。 2000 年 9 月，国务院批准正式开始对外币利率管理体制进行改革。 同月，中国人民银行放开外币贷款利率和 300 万美元（含）以上的大额外币存款利率，300 万美元以下小额外币存款利率仍由中国人民银行统一管理。 2002 年 3 月，中国人民银行统一了中、外资金融机构外币利率管理政策，实现了中、外资金融机构在外币利率政策上的公平待遇。 2003 年 7 月，中央银行决定不再对境内英镑、法郎、加拿大元这 3 种外币的小额存款利率实行管制，仅对境内美元、欧元、港币和日元这 4 种货币限定小额外币存款利率。 2003 年 11 月，央行决定全面放开小额外币存款利率下限，商业银行可在不超过央行规定的利率上限的前提下，自行确定各种外币的小额存款利率，这一举措是推进存款利率市场化改革的有益探索，对人民币存款利率市场化起到了示范作用。2004 年 11 月，中国人民银行决定放开 1 年期以上小额外币存款利率的上限，外币利率的定价权已基本掌握在商业银行手中，自此外币利率市场化已基本完成。

　　在放开外币利率的同时，对人民币利率的市场化改革也在不断推进。2002 年初，在 1998 年和 1999 年两次扩大贷款利率浮动幅度的基础上，我国在八个县对农村信用社进行了利率市场化改革试点，贷款利率浮动幅度由 50% 扩大到 100%，存款利率最高可上浮 50%。 2002 年 9 月，农村信用社利率浮动试点范围进一步扩大。 2002 年，中国人民银行还逐步扩大了金融机构贷款利率浮动权，简化贷款利率种类，取消了大部分优惠贷款利率，完善了个人住房贷款的利率体系。 2003 年 4 月，中国人民银行放开人民币各项贷款的计息、结息方式，由借贷双方自行商定。

　　在这一阶段，我国外汇存贷款利率市场化成绩显著，也为人民币利率市场化积累了很多经验。 同时，利率市场化改革试点的扩大也为全面的利率市场化改革提供了基础。

(四)利率市场化改革的完善阶段(2004~2015年)

这一阶段,针对人民币存贷款利率开始了漫长的改革之路。 2004年1月1日,中国人民银行宣布商业银行、城信社贷款利率浮动区间上限扩大到贷款基准利率的1.7倍,农信社贷款利率浮动区间上限扩大到贷款基准利率的2倍,而金融机构贷款利率浮动区间下限保持为贷款基准利率的90%不变。 2004年10月29日,中国人民银行不再设定金融机构人民币贷款利率上限及贷款利率下限。 2005年9月20日,中国人民银行允许商业银行决定除定期和活期存款外的6种存款的定价权,商业银行对利率的决定权进一步扩大。 2006年8月,中国人民银行进一步扩大了商业性个人住房贷款的利率浮动范围,浮动范围下限扩大至基准利率的85%。 2008年5月汶川特大地震发生后,为支持灾后重建,中国人民银行于当年10月进一步提升了金融机构住房抵押贷款的自主定价权,将商业性个人住房贷款利率下限扩大至基准利率的70%。

从2012年6月开始,我国也受到了全球金融危机的极大影响,央行决定下调金融机构人民币存贷款基准利率,充分向市场释放流动性。 2013年7月19日,央行全面放开金融机构贷款利率管制,取消金融机构贷款利率70%的下限,由金融机构根据商业原则自主确定贷款利率水平,贷款基准利率仅作为金融机构定价的参考。 自此贷款利率市场化已取得突破性进展,而作为改革核心的存款利率市场化也在慢慢深入。 同时,取消了票据贴现利率管制,改变贴现利率在再贴现率基础上加点确定的方式,由金融机构自主确定。 2014年11月,结合推进利率市场化改革,存款利率浮动区间的上限调整至基准利率的1.2倍,1年期贷款基准利率下调0.4个百分点至5.6%;1年期存款基准利率下调0.25个百分点至2.75%,并对基准利率期限档次做适当简并。

进入2015年以来,我国经济下行压力不断增大,国内出现通货紧缩现象,各项经济指标都不尽如人意,中国人民银行进行了5次降息降准的操作,以释放流动性,保持经济中高速增长。 2015年3月1日,中国人民银行将金融机构存款利率浮动区间的上限调整为基准利率的1.3倍。 2015年5月11日,中国人民银行再次将金融机构存款利率浮动区间的上限调整为基准利率的 1.5 倍。 2015 年 10 月 24 日，中国人民银行宣布对商业银行和农村合作金融机构等不再设置存款利率浮动上限，并抓紧完善利率的市场化形成和调控机制，加强央行对利率体系的调控和监督指导，提高货币政策传导效率，至此存款利率的管制也基本放开，标志着我国利率市场化改革基本完成。

我国利率的市场化，一方面给予金融机构自主定价的权利，让更多的金融主体在激烈的市场竞争中发挥自主权，另一方面由于金融产品之间存在复杂性、多样性和差异性的特点，也给自主定价的金融机构增添了难度。

（五）利率市场化改革的深化阶段（2016 年至今）

放开存款利率上限是利率市场化的重要里程碑，但并不是利率市场化进程的终点，而是宏观意义上中央银行调控方式、工具和参照系改革的新起点。

目前来看，中国金融市场的利率与成熟市场相比仍然有很大差距。 这不仅在于国内银行体系仍然是国有银行占主导地位，还存在政府对利率的隐性干预，还在于存款利率仍然受窗口指导和市场利率定价自律机制约束，商业银行不能自行以高于自律机制的利率吸收存款等。 2018 年 4 月，中国人民银行行长易纲在海南博鳌亚洲论坛上表示，因为目前中国仍然存在一些利率"双轨制"，一是在存贷款方面仍有基准利率，二是货币市场利率完全由市场决定，因此，中国会继续推进利率市场化改革。 目前，中国已经放开了存贷款利率的限制，商业银行可以按照基准利率浮动，并逐渐地让两个轨道的利率统一。可见，利率市场化改革仍是当前中国金融市场的焦点。

当前中国利率市场化改革，不仅要建立起公平公正、信息公开透明、保证充分竞争的交易市场，放开存贷款利率，以此来提高金融机构的自主定价能力，加强金融市场基础利率体系建设，而且要建立起中央银行政策利率体系，重新确立新的基准利率体系，这样才能引导和调控各类市场利率，形成新的市场价格机制。 可以预见，央行将参照国际经验，结合我国金融机构和市场特点，在基准利率形成机制、货币市场向存贷款市场的利率传导机制、中央银行政策利率体系、本外币政策协调等层面进行一系列制度改革和工具创新。

第五节 小结

改革开放以来，我国的经济增长跌宕起伏，货币政策逐渐成为中国宏观调控的重要手段，货币政策目标也逐渐取代了原来的经济发展计划。从 1994 年开始，货币政策从紧缩、适度宽松到稳健中性，作为宏观调控手段，使中国经济在经历了通货膨胀、通货紧缩、流动性过剩、全球金融危机之后，步入新常态。

1979 年中国开始了金融改革的历史进程，指导性计划和市场调节逐步取代指令性计划。在社会资金的集中与分配中，银行替代财政居支配地位，银行贷款范围逐步扩大。同时，金融体制和货币信贷管理体制进行了一系列改革，货币政策成为金融调控的重要方式，并发挥愈来愈重要的宏观调控手段作用。从 1984 年中国人民银行开始独立行使中央银行职能起，多次实施重要的货币紧缩和金融宏观调控政策，特别是 1998 年以来，货币政策调控机制改革取得了突破性进展。以 1998 年 1 月取消对商业银行贷款规模的限制、改革存款准备金制度和扩大公开市场业务为标志，中央银行货币政策调控逐步由直接调控向间接调控转变。从 2013 年开始，我国经济进入新常态，创新型货币政策成为宏观调控的主要工具。

在我国货币政策实践中，最终目标和中介目标的选择不仅取决于理论，更是出于现实的选择，随着中国经济体制的改革以及货币政策的实施而逐步变换。当前，我国结构调整和改革的任务更加紧迫和艰巨，必须在提升生产效率和经济活力上下功夫，从要素驱动、投资驱动转向创新驱动，通过深化改革解决经济运行中存在的深层次问题，我国货币政策不得不兼顾多项政策目标。对金融领域来说，需要通过深化金融改革为经济发展和结构调整注入新的动力，为此要继续推进利率市场化改革。伴随金融改革的逐步推进，中央银行将主要通过市场化的利率调控机制来实现货币政策目标，为此需要创新货币政策工具，使中央银行有能力调节市场利率并使之有效传导到实体经济。

第十二章　金融监管体系的改革与完善

第一节　四十年金融监管体系实践回顾

1978 年改革开放前，金融监管被视为一般性的金融管理，金融管理政策的制定由国务院负责，中国人民银行负责具体执行各项管理政策，中央银行的体制属于复合型的中央银行体制。 1950 年 11 月，当时的政务院批准了《中央人民政府中国人民银行试行条例》和《监管当局试行组织条例》，规定中国人民银行总行作为金融监管当局，专门行使国家对金融业的监督管理职能。 中国人民银行受当时的政务院领导，与财政部保持密切联系，主管全国货币金融事宜，其任务之一是"掌握金融行政，监管私营、公私合营及外商金融业，管理金融市场"。 1954 年，《中国人民银行监察条例》颁布，规定在中国人民银行体系内监察各级管理人员，正确履行职责，执行国家政策法规和业务制度。 自 1958 年，中国人民银行没有设立专门的金融监督管理机构，中国实行的是单一的监管当局制度。 这一时期的监管当局既行使监管职能，又从事商业银行业务。

改革开放前，我国实行高度集中的计划经济体制，在这种体制下，金融是从属于计划和财政部门的，因此，金融机构数量少、金融市场层次单一、金融活动不复杂，对金融的监督管理相对简单，但这并不意味着金融监管的缺失。 我国金融监管主要以上级银行对下级银行执行统一的信贷计划、现金计划进行管理为主要方式。 中国人民银行属于复合式的中央银行，既行使中央银行职能，又负责商业银行业务。 从本质上讲，中国只有一般性的金融管理而没有现代意义上的金融监管。

自1978年党的十一届三中全会拉开改革开放的帷幕之后，中国金融体制改革也随之展开，其中作为其重要组成部分的金融监管体系也成为金融体制改革的重点。随着改革开放的发展，金融监管体系改革不断深化，金融监管格局也经历了多次改革。

金融监管体系改革的首要任务就是将金融监管职能与商业银行业务职能剥离、明确。随着改革开放的展开，商业性的金融机构得以恢复和建立。1979年2月，中国农业银行恢复建立，以配合农村经济体制改革；同年3月，中国银行从中国人民银行独立出来，专门从事外汇经营与管理；同年8月，中国人民建设银行从财政部脱离出来，专门从事基础建设投资。1984年1月，中国工商银行正式成立，专门负责工商业的信贷业务。至此，商业银行业务基本上从中国人民银行剥离出来。此外，1980年年初，中国人民保险公司恢复了停办20余年的国内保险业务。一系列的金融机构的恢复、建立使金融市场开始发展、丰富。随着中国经济体制改革和金融体制改革的深入，我国金融监管体系的改革也顺理成章地提上了议程。1983年，国务院颁发了《关于中国人民银行专门行使中央银行职能的决定》，明确指出中国人民银行是国务院领导和管理全国金融事业的国家机关，确立了中国人民银行行使制定货币政策和金融监督管理的职责。从20世纪80年代中期到90年代初期，中国人民银行作为中央银行全权负责金融业各个方面的监管。

1984年，随着我国经济体制改革的重心由农村转向城市，金融体制改革全面展开并加速深化，金融机构数量持续增加，金融市场进一步活跃，至20世纪80年代末，我国金融市场已经成立了近10家集团公司控股的股份制商业银行和两家住房储蓄银行，各地城市信用社相继成立，其他非银行金融机构也不断建立。金融市场层次和结构的复杂化对金融监管提出了新的要求，建立起与我国金融发展相适应的金融监管体系成为金融体系发展的重点。

从1983年中央银行地位确立到1992年提出建立和完善社会主义市场经济体制，我国金融监管处于向分业监管过渡中的金融监管时期。这一时期，无论是金融监管法规的建立、金融监管业务的开展，还是金融监管的组织体系建设，都有了进一步的发展。 1992 年 10 月，国务院决定成立国务院证券委员会和中国证券监督管理委员会，标志着中国证券市场统一监管体制开始形成，国务院证券委员会是国家对证券市场进行统一宏观管理的主管机构，证监会是国务院证券委员会的监管执行机构，依照法律法规对证券市场进行监管。 国务院证券委员会和证监会成立以后，其职权范围随着市场的发展逐步扩展。 同年 12 月 17 日，国务院发布了《关于进一步加强证券市场宏观管理的通知》，明确界定了国务院证券委员会和证监会的主要职责，国务院对证监会和中国人民银行在证券经营机构监管方面的职责进行了明确的分工，形成了由中国人民银行和中国证券监督管理委员会共同对证券市场实施监管的体制，分业监管的金融监管改革由此开启。 1995 年 3 月，国务院正式批准《中国证券监督管理委员会机构编制方案》，确定证监会为国务院直属副部级事业单位，是国务院证券委员会的监管执行机构，依照法律、法规的规定，对证券、期货市场进行监管。

1993 年，随着社会主义市场经济体制的建立与不断完善，中国金融业发展继续深化，多种所有制结构的金融机构相继出现，金融业务品种多元化，出现交叉与竞争，金融创新开始涌现，与此同时，监管真空现象也出现了，对部分金融市场的监管明显不足。 中国金融监管体制改革进一步深化，分业监管的改革方向也得以进一步明确。 为了加快分业监管改革进程，中国人民银行按照金融行业发展的实际情况，设立了银行司、非银行金融机构司、保险司、外资金融机构司、农村合作金融管理司和稽核监督司等具体的监管职能部门，对金融细分行业进行有针对性的监管。 1997 年亚洲金融危机爆发，中央银行出台了一系列金融监管规章，有效地抵御了国际资本对我国金融市场的冲击，并将 1997 年确定为金融监管年。 同年 11 月，全国金融工作会议决定对全国证券管理体制进行改革，建立和健全集中统一的证券市场监管体制，对地方证券监管部门实行垂直领导，并将中国人民银行机构改革作为金融体制改革的重要任务，将原由中国人民银行监管的证券经营机构划归证监会统一监管。

　　1998 年 6 月，中国人民银行将其证券市场的监管职责移交给了中国证券监督管理委员会，标志着银行业与证券业的分业监管格局正式形成。同年 11 月，中国保险监督管理委员会正式成立，对保险业的监管从中国人民银行监管体系中独立出来，由国务院直接领导，由此，银行业、证券业与保险业的分业监管格局初步确定。我国彼时方兴未艾的金融市场初步形成了相对完善、分工明确的金融监管体系。为了顺应分业监管改革，1998 年底，中国人民银行撤销了 32 家省级分行，组建了 9 家跨省区分行和两个营业管理部，在 9 家分行以外的省区成立金融监督管理办事处，有效地增强了金融监管的独立性和有效性。1999 年，中国人民银行制定了《中国人民银行金融监管责任制（试行）》，明确了总行、分行、中心支行和支行四级监管组织体系，并明确划分了各级行、监管部门和监管人员的金融监管职责。2001 年，为了进一步完善金融监管体系，中国人民银行按照"坚持改革、合理分工、监管分离、集中监管"的原则，对内设机构的职责再次进行调整，成立了银行管理司、银行监管一司、银行监管二司、非银行金融机构监管司、合作金融机构监管司等金融监管部门。在管理方式方面，中国人民银行总行直接部署各项监管任务，实现了监管的垂直管理，同时，对分行、营业管理部、金融监督管理办事处的机构和监管职责进行了调整，使金融监管职能分工更加明晰。此外，中国人民银行划分了监管司局的监管职能，提高了金融监管的专业化水平，适应了经济、金融发展的需要。

　　2003 年 3 月，十届全国人大一次会议审议批准了国务院机构改革方案，该方案决定成立中国银行业监督管理委员会，行使原由中国人民银行行使的对银行、资产管理公司、信托投资公司和其他存款类金融机构的监督管理职能及相关职权。银监会在全国共设立了 36 个银监局、296 个银监分局作为派出机构，并根据银监会的授权具体履行监管职责。银监会的成立，既是完善社会主义市场经济体制、深化金融体制改革、加强银行监管、维护金融稳定的要求，又是进一步完善金融宏观调控体系、健全金融监管体系的重大决策，标志着我国金融监管向规范化、专业化和现代化迈进。

　　而经过该方案调整后，中国人民银行在金融监管中的职责更为集中和明确，其金融监管职能主要体现为：与货币政策等有关的合规性监管，以及防范和化解金融风险、对金融市场和反洗钱等方面的监管。至此，由中国人民银行、银监会、证监会和保监会组成的"一行三会"金融分业监管格局正式形成，意味着新中国成立后中国人民银行集货币政策与金融监管于一身的"大一统"时代结束，银行业、证券业、保险业三大金融行业"分业经营，分业监管"的监管框架形成。2003年12月27日，第十届全国人民代表大会常务委员会第六次会议通过了《中华人民共和国银行业监督管理法》（以下简称《管理法》），规定国务院银行业监督管理机构依照法律、行政法规制定并发布对银行业金融机构及其业务活动监督管理的规章、规则。2006年10月31日，第十届全国人大第二十四次会议通过了《全国人民代表大会常务委员会关于修改〈中华人民共和国银行业监督管理法〉的决定》，并于2007年1月1日起实施。修改后的《管理法》更进一步地完善了对银行业监督管理的法律、法规。

　　2007年1月，中央召开全国金融工作会议，对持续推进国有商业银行股份制改革等关键问题做出周密部署，并对保险、证券、信托等行业的发展提出明确要求。这一时期召开的全国金融工作会议坚持推进银行体系改革不动摇，提升信贷市场运行效率不放松，着力完善金融市场体系和金融组织体系，为构建适应社会主义市场经济要求的金融体系提供了有力指导。2008年金融危机爆发，全球金融市场经营环境出现巨大变化，金融机构经营压力增大，已经开始全球布局的中国金融业也面临同样的冲击。在这种压力下，我国金融创新步伐不断加快，混业经营、综合化经营的趋势愈加明显，金融风险的类型和传导渠道复杂化、多样化，对我国金融分业监管格局提出了新的要求。为了消除2008年国际金融危机给我国经济发展带来的负面影响、总结应对此次危机的经验，2013年党的十八届三中全会提出建立健全宏观审慎管理框架下的外债和资本流动管理体系。同年，设立了金融监管协调部际联席会议，加强和统筹金融监管与协调，防范金融系统性风险的发生。虽然我国金融混业经营和金融创新的快速发展使我国形成了多样化的金融机构体系、复杂的产品结构体系和更加开放的金融市场，但股市、债市、汇市的异常波动暴露了金融监管框架存在与金融业发展不相适应的体制机制性矛盾，而且，分业监管下的金融监管协调机制效率偏低、权限和职责分工不明也导致了金融监管竞争、监管真空、监管重叠现象的发生。这就对金融监管体制改革提出了新要求。2017年，第五次全国金融工作会议提出要加强金融监管协调、补齐监管短板，强化了中国人民银行宏观审慎管理和系统性风险防范职责，并要求"健全风险监测预警和早期干预机制，加强金融基础设施的统筹监管和互联互通，推进金融业综合统计和监管信息共享"。同时，还设立了国务院金融稳定发展委员会，明确了落实党中央、国务院关于金融工作的决策部署，审议金融业改革发展重大规划，统筹金融改革发展与监管，协调货币政策与金融监管相关事项，统筹协调金融监管重大事项，协调金融政策与相关财政政策、产业政策等，分析研判国际国内金融形势，做好国际金融风险应对，研究系统性金融风险防范处置和维护金融稳定重大政策，指导地方金融改革发展与监管，对金融管理部门和地方政府进行业务监督和履职问责等主要职责。金融监管机构在机制安排、职责分工上进一步明确，金融监管协调效率进一步提高。

2018年2月召开的党的十九届三中全会做出了深化党和国家机构改革的决定。十三届全国人大一次会议批准了国务院机构改革方案，决定将银监会和保监会的职责整合，组建中国银行保险监督管理委员会（以下简称银保监会），由此形成了国务院金融稳定发展委员会、中国人民银行、银保监会和证监会为主体的金融监管新框架，使金融监管机制更加协调、覆盖更加全面、监管更加有力，能够更有效地防范金融风险，维护金融秩序。

40年来，随着金融监管体系的建立和完善，中国金融监管制度建设不断得到重视，金融监管方式不断完善，金融监管力度不断加强，一个不断健全的现代金融监管体系已经完全建立起来。未来，随着金融创新的不断涌现，金融机构的联系日益紧密，一旦发生问题，不仅会牵动整个金融体系，而且也会给经济活动带来震动，因此，这就要求金融监管工作的专业化水平和监管力度不断加强，中国的金融监管体系改革任重道远。

第二节　中央银行集中监管阶段

从 1978 年改革开放到 1992 年，在由计划经济体制向市场经济体制转型的初始阶段，中国的金融监管职能统一由中国人民银行行使，同时，中国人民银行还要兼顾中央银行的职能。这一时期的中国金融监管模式是单一的金融机构监管模式，中央银行对金融进行集中监管，即由一个统一的监管机构——中央银行负责对各种金融行业、金融机构和金融业务进行监管。在高度集中的计划经济体制占据主导地位、市场经济发展尚在起步阶段的背景下，中央银行集中监管体制是特定经济历史条件下的必然选择。在这一时期，中央银行的首要职能是分配资金，金融监管的重点是检查专业银行是否按照国家的要求发放贷款，风险监管的功能强不强。然而，在这一时期，无论是金融监管法律、法规的建立，金融监管业务的展开，还是金融监管的组织体系建设，都有了进一步的发展。

改革开放后，中国金融监管与经济开放程度同步发展。随着利用外资战略的实施，国家对外汇的监管先行一步。1980 年 12 月 18 日，国务院发布了《中华人民共和国外汇管理暂行条例》，规定"一切外汇的收入和支出，各种外汇票证发行和流通，以及外汇、贵金属和外汇票证等进出中华人民共和国国境"都属于该《条例》的监管内容。1981 年 8 月 10 日，国家外汇管理局公布了《对外汇、贵金属和外汇票证等进出国境的管理施行细则》，将之前发布的《暂行条例》的监管内容和措施进行了进一步细化，使其更具可操作性。

1983 年 9 月，国务院下发了《关于中国人民银行专门行使中央银行职能的决定》，在确立中国人民银行专门行使中央银行职能、初步形成二元化银行体制的同时，还明确了中国人民银行行使金融监督管理的职责，指出中国人民银行是唯一的金融监管机构。1984 年初，中国工商银行成立，标志着中国人民银行的商业银行职能的剥离，开始独立履行中央银行的职能。 1984 年 2 月 1 日，中国人民银行、海关总署联合发布了《对金银进出国境的管理办法》，初步掌握了外汇、金银和外汇票证进出国境的控制权，并以法规形式予以公布。

在金融监管方面，中国人民银行的主要职责体现在两个方面：按规定审批金融机构的设立、变更、终止及业务范围；对金融机构的存款、贷款、结算、呆账等情况随时进行稽核、检查监督以及要求金融机构按规定报送资产负债表、损益表及其他财务会计报表和资料。 通过中央银行的金融监督管理，存款人、投资者和公众的利益得到了保护，金融业得以稳健、有效地运行。 1985 年，中国人民银行将稽核部门从行政监察机构中分离出来，从总行到分支行都单独设立了稽核部门，金融监管从组织体系上得到了有力保证。

随后，在中国人民银行与专业银行分离的过程中，具有现代意义的金融监管法规不断得到制定和完善。 1984 年 10 月 17 日，中国人民银行发布了《中国人民银行关于金融机构设置或撤并管理的暂行规定》，初步规定了金融机构的市场准入和市场退出的法律规则。 1986 年 1 月 7 日，国务院发布了《中华人民共和国银行管理暂行条例》，这是第一部涉及金融监管的行政法规，规定"中国人民银行是国务院领导和管理全国金融事业的国家机关，是国家的中央银行"，突出了中国人民银行作为中央银行和金融监管当局的职责，将中国人民银行独立行使中央银行职能对各类金融机构实施监管等方面以法律的形式固定下来。 但受金融发展条件所限，当时并未提出审慎监管的有关原则和措施，只是采取了类似统一监管的模式。 这一时期，由于金融机构数量和种类增多，中央银行集中监管得到了强化。

1986 年后，为了进一步强化中央银行的集中监管，中国人民银行颁布了对非银行金融机构的一系列金融监管法规，以全力防范金融领域可能出现的风险，如 1986 年 4 月 26 日中国人民银行发布了《金融信托投资机构管理暂行规定》，1990 年 11 月 27 日中国人民银行发布了《关于证券交易营业部管理暂行办法》，1992 年 6 月 11 日中国人民银行发布了《非银行金融机构法定代表人业务资格审查办法》，1988 年 9 月 27 日国务院发布了《基金会管理办法》等。 中国人民银行对非银行金融机构的集中监管，有力地保障了金融业的健康发展。

由于金融业分业经营的发展和中央银行集中监管的不足，1992 年后，集中监管开始向分业监管转变。 中国金融分业监管体系的改革从证券市场监管体系的建立开始。 1981～1985 年，证券业由财政部独立管理，1986～1992 年，证券业由中国人民银行主管。 1990 年，中国人民银行建立了八个部委共同参加的国务院股票审批办公室，即股票市场办公会议制度，由中国人民银行、国家经济体制改革委员会、国家计划委员会、国家经济贸易委员会和财政部等部门参加，负责对股票市场进行监管。 1992 年 6 月，国家又建立了国务院证券管理办公室，初步形成了对证券市场的统一监督管理体制。 同年 10 月，中国证券监督管理委员会正式成立，使证券监管的职能部分地独立，标志着中国金融监管体制由集中监管向分业监管方向转变。 全国 46 个省、市政府的证券市场管理机构全部划归中国证券监督管理委员会实行垂直管理。 随着证券业的快速发展，中国证券协会和中国国债协会也相继成立。 同时，国家制定了"法制、监管、自律、规范"的监管方针，由此，我国确立了中国证券监督管理委员会依法对全国证券市场实行监督管理的体制，证券业监管开始步入政府和行业自律性管理相结合的新阶段。

在保险业监管方面，监管职责一直由中国人民银行负责履行。 尽管中国人民保险公司早在 1949 年 10 月便已经成立，但在计划经济体制下，只开展了国际方面的保险业务，国内保险业务却一片空白，商业保险和社会保障难以形成市场。 直到 1980 年初，中国才开始恢复停办 20 年之久的国内保险业务。 1985 年，国务院颁布了《保险企业管理暂行条例》，明确规定了中国人民银行是中国保险业的监管机关。

这一时期的中央银行集中监管格局是：中央银行对银行、证券和保险进行全面监管。 中央银行主要负责制定有关金融法规和政策，管理银行金融机构、非银行金融机构和金融市场，全面管理股票和债券；同时作为国家证券主管机关又负责证券发行和上市的审批，另外中国保险监管职能也由中央银行承担。 可以说,这一时期的中国金融监管是由中国人民银行这一唯一的监管机构来行使金融监管职能,主要依靠行政手段管理全国的金融活动。

这一监管格局在中国金融市场方兴未艾之际有利于金融管理的集中、金融法规的统一,为金融机构提供良好的服务。 但是,中央银行集中监管体制容易导致金融管理机构缺乏监管竞争,并由此导致一系列次生问题,其弊端是显而易见的。 尤其是随着中国经济和金融快速发展,中国金融市场出现了分业经营的复杂格局,由此,中国金融监管体制开启了从集中监管向分业监管的转变。

第三节　"一行三会"分业监管体制的形成与发展

随着金融活动的复杂化、金融市场规模的快速增长,金融监管体制在具体监管实践中迎来了越来越多的挑战,金融监管经验不足、监管力度不够的问题尤为突出,对金融监管体制改革提出了新的课题。 从 1992 年开始,中国金融进入了分业经营阶段,金融监管体制也开始向分业监管过渡。 这一金融监管体制的基本特征是由中国银行业监督管理委员会、中国证券监督管理委员会、中国保险监督管理委员会在国务院的领导下分别对银行业和信托业、证券业、保险业实行分业监管,而中国人民银行作为中央银行负责货币政策的制定与执行。

我国的金融分业监管体制是在金融分业经营的基础上逐步形成的。改革开放以来,中国人民银行作为金融监管的主体,全面负责金融行业的监管。 1992 年 10 月,国务院成立了国务院证券委员会和中国证券监督管理委员会,负责股票发行上市的监管,而中国人民银行仍然对债券和基金实施监管。 这标志着我国的金融分业监管开始起步。 1993 年年底,国务院发布了《关于金融体制改革的决定》,为我国的金融分业监管奠定了现实基础。 1995 年以来,全国人大及其常委会通过了"四法一决定"(《中国人民银行法》《商业银行法》《保险法》《中华人民共和国票据法》《全国人大常委会关于惩治金融犯罪的决定》)等金融法律，构成了我国金融体制分业经营的法律基础。 与金融监管立法工作加快相一致，这段时间的金融监管机构设立和改革也不断加快。 1998 年 11 月 18 日，中国保险监督管理委员会成立，标志着中国金融分业监管体制的进一步发展，这一时期金融监管从中央银行分离出了保险业监管职能，这对于培育、完善中国保险市场，加强对保险业的监管，防范和化解保险风险，确保中国保险业的健康发展具有重要意义。 2003 年 4 月 28 日，中国银行业监督管理委员会正式成立，标志着中国金融分业监管体制正式形成，银监会整合了中国人民银行对银行、资产管理公司、信托投资公司和其他存款类金融机构的监管职能和中央金融工委的相关职能。 由此，银行业监管职能从中国人民银行分离出去，确立了金融监管"三分天下"的格局。

一　中国金融分业经营体制的确立与完善

随着经济、金融的快速发展，从 1992 年开始，中国金融开始向分业经营的方向发展，中国的金融监管体制也随之向分业监管的方向发展。 分业经营在中国经济和金融转型时期是现实、有效的制度安排。 分业经营体制有助于各类金融机构集中提高本业经营管理水平，为未来金融业综合经营创造条件。 中国金融业分业经营体制的形成经历了一个逐步完善的历程。

1993 年中国金融分业经营体制开始起步。 1993 年 12 月 25 日，国务院发布的《关于金融体制改革的决定》，奠定了分业监管体制形成的政策基础。 此《决定》明确了中国金融体制改革的总体目标，即建立在国务院领导下，独立执行货币政策的中央银行宏观调控体系；建立政策性金融与商业性金融分离，以国有商业银行为主体，多种金融机构并存的金融组织体系；建立统一开放、有序竞争、严格管理的金融市场体系。 它明确了对银行业、信托业、证券业和保险业实行"分业经营、分业管理"的原则。 《决定》提出："国有商业银行不得对非金融企业投资。 要明确规定各类非银行金融机构的资本金数额、管理人员素质标准及业务范围，并严格审批，加强管理。 对保险业、证券业、信托业和银行业实行分业经营。 ……国有商业银行在人、财、物等方面要与保险业、信托业和证券业脱钩，实行分业经营。"该《决定》提出要转换中国人民银行的职能，强化金融监管，并对保险业、证券业、信托业和银行业实行分业管理，为中国金融业的分业经营提供了政策依据。

1994 年，中国人民银行健全监管体系，重新划分了总行各监管部门的职责，明确了总行与分行、支行的不同职责。 中国人民银行总行增加了金融监管部门，细分了银行、非银行金融机构、保险和稽核等部门职能。 银行开始与所属证券、信托、保险等非银行金融机构脱钩。 同年 8 月 5 日，中国人民银行发布了《金融机构管理规定》，该《规定》就金融机构设立的原则与条件，审批的权限与程序，许可证管理，资本金或运营资金管理，法定代表人及主要负责人任职资格的审查，金融机构的变更、终止，年检与日常检查等都做出了较详细的规定，第一次从市场准入、市场运行和市场退出全程对金融监管做出了法律规定。 1994 年 9 月末，国务院批准发布了《中国人民银行关于加强金融机构监管工作的意见》，该《意见》首次运用"金融监管"这一术语。 直到 1995 年 3 月公布施行《中华人民共和国中国人民银行法》时，中央银行的金融监管职能才在金融法律中得到正式确立，《中国人民银行法》的颁布实施，推动了中央银行金融监管的规范化、国际化。 1996 年，中国人民银行正式提出金融监管要以风险监管为核心，反映了中央银行金融监管的指导思想由合规性监管转向风险监管。

同一时期，对外资银行的金融监管也得到了完善与加强。 1994 年 2 月 25 日，国务院发布了《中华人民共和国外资金融机构管理条例》。 1994 年 3 月 29 日，中国人民银行发布了《中华人民共和国外资金融机构管理条例实施细则》，并附有《外资金融机构存款准备金缴存办法》等实施细则。 这些办法和实施细则有力地加强了对外资银行的金融监管。 1996 年 4 月 29 日，中国人民银行又发布了《关于印发〈外国金融机构驻华代表机构管理办法〉的通知》等。 随着金融对外开放程度的加深，这些对外资金融机构不断强化的监管政策，丰富了金融监管的内容，进一步完善了中央银行金融监管体系。

随着中国金融体制改革的深入，分业经营的趋势已经愈加明显，特别是要求银行借贷业务与证券投资业务分开经营已是大势所趋。鉴于此，1995年6月，国务院原则上同意了中国人民银行《关于中国工商银行等四家银行与所属信托投资公司脱钩的意见》，此《意见》要求中国工商银行、中国农业银行、中国银行、中国人民建设银行在机构、资金、财务、业务、人事和行政等各方面与所属信托投资公司以及信托部、证券部分离，不再保持隶属关系或挂靠关系，银行不再经营信托投资业务，除了承销国债和代理发行债券外，不再办理证券业务。中国金融分业经营体制的最终确立为中国金融分业监管体制的建立提供了监管基础。

1995年，中国相继颁布了《中国人民银行法》《商业银行法》《保险法》三部金融方面的法律，确立了中国金融体制分业经营的基本格局。其中，3月通过的《中华人民共和国中国人民银行法》中规定：中国人民银行不得向地方政府、各级政府部门提供贷款，不得向非银行金融机构以及其他单位和个人提供贷款，但国务院决定中国人民银行可以向特定的非银行金融机构提供贷款；中国人民银行不得向任何单位和个人提供担保。《中国人民银行法》首次以国家法律的形式赋予中国人民银行金融监管的职权和金融职责。5月颁布的《中华人民共和国商业银行法》中第43条明确规定：商业银行在中华人民共和国境内不得从事信托投资和股票业务，不得投资非自用不动产；商业银行在中华人民共和国境内不得从事向非银行金融机构和企业投资。关于商业银行的法律规定确定了它的经营范围。6月通过的《中华人民共和国保险法》中第104条规定：经营商业保险业，必须是依照本法设立的保险公司；其他单位和个人不得经营商业保险业务……保险公司只能在被核定的业务范围内从事保险经营活动。《保险法》还规定了保险公司的资金运用范围，即其资金不得用于设立证券经营机构和向企业投资，而仅限于在银行存款、买卖政府债券、金融债券和国务院规定的其他资金运用形式。关于保险公司的法律规定确定了它的经营范围。三大法律规定的实施标志着分业经营在中国正式开始。

1997 年后中国金融分业经营体制进一步明确。 1997 年底，第一次全国金融工作会议部署了金融体制改革的任务，即用两年时间基本建立起现代金融体系。 1998 年 11 月 15 日，国家对中国人民银行管理体制实行重大改革，撤销省级分行，跨省（自治区、直辖市）设置九家分行。 1999 年，四家资产管理公司成立，分别对四大国有商业银行的不良资产进行处置，有力地支持了四大国有商业银行的改革与发展，中国的分业经营体制得到了进一步完善。

这一时期，中国人民银行出台了一系列金融监管规章，把防范和化解金融风险作为金融体制改革的中心任务。 1998 年颁布了《证券法》，并于 1999 年 7 月 1 日起正式施行，其内容进一步明确了中国金融业分业经营、分业管理的原则。 其中第 6 条明确规定：“证券业和银行业、信托业、保险业分业经营、分业管理。 证券公司与银行、信托、保险业务机构分别设立。”这标志着分业经营体制在中国进一步完善。

总之，金融业分业经营体制的确定，对解决 20 世纪 90 年代初金融秩序混乱的局面、治理通货膨胀、消除经济泡沫、更好地利用金融促进经济的快速发展，都起到了非常重要的作用，为金融分业监管体制的形成打下了基础。

二　中国金融分业监管体制的建立与完善

中国金融分业监管体制是随着中国金融分业经营体制的形成和发展而逐步建立和完善的。 这一过程又可以细分为两个阶段：第一个阶段是 1992～1998 年，中国金融分业监管体制的初步形成，不同金融监管部门的职能得以确定；第二阶段是 1998～2003 年，中国银监会的成立标志着中国金融分业监管体制的最终确立。

在证券业监管方面，1992～1998 年，证券业由国务院证券委员会主管。 1992 年 10 月，国务院决定成立国务院证券委员会和中国证券监督管理委员会，其中证券委作为证券业的主管机构，负责证券市场宏观政策的制定和实施，而证监会是证券委的执行机构，对证券业、证券市场实施全过程、全方位的监管。 1992 年后，虽然中国人民银行已不再是证券市场的主管机关，但仍负责审批金融机构，其中包括证券交易中心和证券商，同时还负责管理债券交易投资基金。　在这样的证券监管体制下，中国开始在全国范围内进行股票发行和上市试点，证券市场逐步成为全国性市场，证券业的监管也由分散监管走向集中监管。　1993 年 11 月，国务院决定将期货市场的试点工作交由国务院证券委负责，中国证监会具体执行。　1997 年 8 月，国务院决定将上海、深圳证券交易所统一划归中国证监会监管。　1998 年 4 月，国务院决定撤销国务院证券委员会，其职责改由中国证券监督管理委员会承担，并明确指出其对地方证券管理部门具有垂直领导权。　同时，中国人民银行对证券机构的审批监管权也划归中国证券监督管理委员会，由此，形成了以中国证券监督管理委员会为主的集中统一的证券监管体系。　中国证监会是全国证券、期货市场的主管机关，按照国务院授权履行行政管理职能，依照法律、法规对全国证券、期货业进行集中统一监管。　经过这些改革，中国证监会职能得到加强，集中统一的全国证券监管体制得以完善。　由此，中国证券业监管框架基本形成。

在保险业监管方面，随着保险业从银行中独立出来，分业监管逐步走向成熟。　尽管在计划经济体制时期就有中国人民保险公司经营国际业务，但国内市场发展基本停滞。　为保证保险业健康发展，1985 年，国务院颁布了《保险企业管理暂行条例》，此《条例》明确规定中国人民银行是中国保险业的监管机关。　1995 年 6 月，《中华人民共和国保险法》正式颁布，结束了我国保险业长期无法可依的状况，国家也对保险业进行了一系列重大改革，保险业市场由此蓬勃发展，进入了竞争和开放的新时期。　对保险业的监管此前一直由中国人民银行承担，中国人民银行设立了保险司、外资金融机构管理司和稽核司。　其中保险司具体负责保险监管职责，并设有财产险管理处、寿险管理处、再保险管理处、中介机构管理处、业务检查处和混业处等六大处室。　关于外资保险公司和外资保险中介公司的审查批准，以及有关对外资保险和中介机构的政策方针和相关规则办法的制定则都由外资金融机构管理司负责。　对保险公司和保险业的现场检查则由稽核司负责。

1998 年 11 月 18 日，中国保险监督管理委员会成立，使保险监管从中国人民银行金融监管体系中独立出来。中国保险监督管理委员会成立后，相继出台了《保险公司内部控制制度建设指导原则》《保险机构高级管理人员任职资格管理暂行规定》《保险监管报表管理暂行办法》《保险公司投资证券投资基金管理暂行办法》《外资保险机构驻华代表机构管理办法》等一系列法规，为中国保险业的健康有序发展提供了相应的法制保障，从而初步建立了一套较为完备的对保险业实施全面监管的法律、法规和规章体系。中国保监会的成立有利于统一保险监管职能，理顺保险监管体制，建立与市场经济发展相适应的保险监管体系，有利于加强保险业的监管工作，防范和化解金融风险，确保中国保险业持续、健康发展，有利于不断完善保险业的监管。由此，中国保险业监管框架基本形成。

在银行业监管方面，1998 年底，中国人民银行建立了金融监管责任制，明确了总行、分行、中心支行和支行在金融监管方面的权利和责任，并将金融监管的任务落实到相关部门和各监管人员。长期以来，中国人民银行作为银行业的主管部门，同时肩负着制定、执行货币政策的职能。根据 2003 年十届全国人大一次会议通过的《关于国务院机构改革方案的决定》，国务院决定设立中国银行业监督管理委员会。2003 年 4 月 26 日，中国银行业监督管理委员会根据第十届全国人大常委会第二次会议通过的《关于中国银行业监督管理委员会履行原由中国人民银行履行的监督管理职责的决定》，统一监督管理银行、金融资产管理公司、信托投资公司及其他存款类金融机构，维护银行业的合法、稳健运行。中国银监会的设立，使得中国金融分业监管体制得以最终建立，有利于提高监管的专业化水平和权威性，有利于实行适应现代金融监管形势的激励机制。由此，中国建立起在分业经营基础上、与分业经营体制相对应的金融分业监管体制。中国银监会的成立，进一步加强了对银行的监管，改变了中国人民银行宏观调控和银行监管合一的管理模式，同时，增强了中央银行的独立性，使其更能专注于履行制定和执行货币政策的职能，从而更好地发挥中央银行在金融宏观调控方面的作用。

中国银监会的成立明晰了银行、保险、证券分业监管的框架，大大加强了银行业的监管力度，从而不断提升中国银行业的监管水平，进一步增强中国银行业的国际竞争力。 在监管方式上，中国银监会的成立使过去的合规监管向以防范和化解金融风险的审慎监管转变。 银行监管的加强，有助于为整个银行业提供一个公平、有序和规范的竞争秩序，引导银行开展积极的竞争，促进金融制度和业务创新，使银行监管方式有了新的突破。

2003 年 12 月 27 日，十届全国人大常委会六次会议经过表决，通过了《中华人民共和国银行业监督管理法》《全国人民代表大会常务委员会关于修改〈中华人民共和国中国人民银行法〉的决定》《全国人民代表大会常务委员会关于修改〈中华人民共和国商业银行法〉的决定》等法律法规，从法律上确立了中国的金融分业监管体制。

由此，中国已建立起了中国银行业监督管理委员会、中国证券监督管理委员会和中国保险监督管理委员会三家金融监管机构，使中国的金融监管体系初步形成了三大机构共同监管的金融监管格局。 中国人民银行作为中央银行也履行一定的金融监管职责，并且在协调三家金融监管机构、充当最后贷款人、防范金融系统性风险方面发挥着重要作用。 在此格局下，央行专注于货币政策的调控，银行、证券、保险则分别由银监会、证监会、保监会监管，基本实现了对各类金融机构的全覆盖。 分业监管体系符合当时中国金融业发展的现实需求，对维护金融业稳健运行发挥了重要作用。

不断改革和完善金融监管体系，使之适应金融业发展变化的新形势，符合监管体系演变的一般规律。 虽然分业监管在很大程度上能防范金融风险在银行业、证券业和保险业之间的相互传递，但在经济、金融全球化和国际金融市场发展趋势的影响下，中国金融市场混业经营趋势愈加明显，对金融分业监管提出了新的挑战。 在金融创新不断加快的背景下，金融分业监管体制的问题也逐渐显露，对金融分业监管进行改革也是大势所趋。

三　中国金融分业监管内容的演变

(一)中国人民银行监管职能的演变

1983 年 9 月,国务院决定由中国人民银行专门行使中央银行职能,承担金融管理职责,所有的金融监管内容都由中国人民银行履行,中国人民银行运用各种监管手段,对金融机构、金融活动和金融市场进行监督管理。 1986 年 1 月,国务院发布《中华人民共和国银行管理暂行条例》,规定凡经营存款、贷款、居民储蓄、票据贴现、外汇、结算、信托投资、各种有价证券发行与转让等业务的金融机构均由中国人民银行管理。 中国人民银行通过经营报告制度和经营活动检查制度对各金融机构经营活动进行监督检查。 此外,中国人民银行还通过各种业务账表、报告的查对、稽核,分析了解情况,发现问题,以此规范银行、非银行金融机构的业务活动。 1994 年 9 月末,国务院批准发布了《中国人民银行关于加强金融机构监管工作的意见》,法规行文中首次出现"金融监管"的术语。由此,中国人民银行的监管内容不断丰富,1995 年 3 月,八届人大三次会议通过了《中华人民共和国中国人民银行法》,规定"中国人民银行在国务院领导下,制定和实施货币政策,对金融业实施监督管理",也就是说,中国人民银行是我国金融业的主管机关。 根据《中华人民共和国中国人民银行法》,中国人民银行的金融监管内容是负责审批金融机构的设立、变更、终止及其业务范围,行使对金融市场的监管职能。 可以看出,此时金融监管的内容十分有限。 此后,我国的金融监管体制进一步改革,金融监管内容和职责分工不断演化。 随着金融监管体制的不断改革,中国人民银行的监管职能也在不断更新和丰富。

2003 年,按照党的十六届二中全会审议通过的《关于深化行政管理体制和机构改革的意见》和十届人大一次会议批准的国务院机构改革方案,将中国人民银行对银行、金融资产管理公司、信托投资公司及其他存款类金融机构的监管职能分离出来,并和中央金融工委的相关职能进行整合,成立中国银行业监督管理委员会。 同年 9 月,中央机构编制委员会正式批准中国人民银行的"三定"调整意见。 12 月 27 日,第十届全国人民代表大会常务委员会第六次会议审议通过了《中华人民共和国中国人民银行法（修正案）》。有关金融监管职责调整后，中国人民银行新的职能正式表述为："制定和执行货币政策、维护金融稳定、提供金融服务。"同时，明确界定："中国人民银行为国务院组成部门，是中华人民共和国的中央银行，是在国务院领导下制定和执行货币政策、维护金融稳定、提供金融服务的宏观调控部门。"这种职能的变化集中表现为"一个强化、一个转换和两个增加"。"一个强化"，即强化与制定和执行货币政策有关的职能。中国人民银行要大力提高制定和执行货币政策的水平，灵活运用利率、汇率等各种货币政策工具实施宏观调控；加强对货币市场规则的研究和制定，加强对货币市场、外汇市场、黄金市场等金融市场的监督与监测，密切关注货币市场与房地产市场、证券市场、保险市场之间的关联渠道、有关政策和风险控制措施，疏通货币政策传导机制。"一个转换"，即转换实施对金融业宏观调控和防范与化解系统性金融风险的方式。由过去主要是通过对金融机构的设立审批、业务审批、高级管理人员任职资格审查进行监管指导的直接调控方式，转变为对金融业的整体风险、金融控股公司以及交叉性金融工具的风险进行监测和评估，防范和化解系统性金融风险，维护国家经济金融安全；转变为综合研究制定金融业的有关改革发展规划和对外开放战略，按照中国加入世界贸易组织的承诺，促进银行、证券、保险三大行业的协调发展和开放，提高中国金融业的国际竞争力，维护国家利益；转变为加强与外汇管理相配套的政策的研究与制定工作，防范国际资本流动的冲击。"两个增加"，即增加反洗钱和管理信贷征信业两项职能。由中国人民银行组织协调全国的反洗钱工作，指导、部署金融业反洗钱工作，承担反洗钱的资金监测职责，并参与有关的国际反洗钱合作。由中国人民银行管理信贷征信业，推动社会信用体系建设。新的变化进一步强化了中国人民银行作为中国的中央银行在实施金融宏观调控、保持币值稳定、促进经济可持续增长和防范化解系统性金融风险中的重要作用。随着社会主义市场经济体制的不断完善，中国人民银行作为中央银行在宏观调控体系中的作用将更加突出。

调整后，依照相关法律、法规，中国人民银行的主要职责如下。

①拟订金融业改革和发展战略规划，承担综合研究并协调解决金融运行中的重大问题、促进金融业协调健康发展的责任，参与评估重大金融并购活动对国家金融安全的影响并提出政策建议，促进金融业有序开放。

②起草有关法律和行政法规草案，完善有关金融机构运行规则，发布与履行职责有关的命令和规章。

③依法制定和执行货币政策；制定和实施宏观信贷指导政策。

④完善金融宏观调控体系，负责防范、化解系统性金融风险，维护国家金融稳定与安全。

⑤负责制定和实施人民币汇率政策，不断完善汇率形成机制，维护国际收支平衡，实施外汇管理，负责对国际金融市场的跟踪监测和风险预警，监测和管理跨境资本流动，持有、管理和经营国家外汇储备和黄金储备。

⑥监督管理银行间同业拆借市场、银行间债券市场、银行间票据市场、银行间外汇市场和黄金市场及上述市场的有关衍生产品交易。

⑦负责会同金融监管部门制定金融控股公司的监管规则和交叉性金融业务的标准、规范，负责金融控股公司和交叉性金融工具的监测。

⑧承担最后贷款人的责任，负责对因化解金融风险而使用中央银行资金机构的行为进行检查监督。

⑨制定和组织实施金融业综合统计制度，负责数据汇总和宏观经济分析与预测，统一编制全国金融统计数据、报表，并按国家有关规定予以公布。

⑩组织制定金融业信息化发展规划，负责金融标准化的组织管理协调工作，指导金融业信息安全工作。

⑪发行人民币，管理人民币流通。

⑫制定全国支付体系发展规划，统筹协调全国支付体系建设，会同有关部门制定支付结算规则，负责全国支付、清算系统的正常运行。

⑬经理国库。

⑭承担全国反洗钱工作的组织协调和监督管理责任，负责涉嫌洗钱及恐怖活动的资金监测。

⑮管理征信业，推动建立社会信用体系。

⑯从事与中国人民银行业务有关的国际金融活动。

⑰按照有关规定从事金融业务活动。

（二）中国银监会监管职能的演变

2003 年 4 月，第十届全国人大常委会第二次会议根据第十届全国人民代表大会第一次会议批准的国务院机构改革方案和《国务院关于机构设置的通知》，通过了《关于中国银行业监督管理委员会履行原由中国人民银行履行的监督管理职责的决定》，决定设立中国银行业监督管理委员会，为国务院直属正部级事业单位。 2003 年 4 月 25 日，中国银行业监督管理委员会成立，2003 年 4 月 28 日起正式履行职责。 中国人民银行原来的银行监管一司、监管二司、非银司、合作司和银行管理司进行了重新整合。 整合后的中国银行业监督管理委员会新部门分别是：监管一部负责国有商业银行，监管二部负责股份制商业银行，监管三部负责外资和政策性银行，而非银行金融机构监管部和合作金融机构监管部负责信托公司、租赁公司、资产管理公司等金融机构。 2003 年 12 月 27 日，第十届全国人大常委会第六次会议通过了《中华人民共和国银行业监督管理法》，对中国银监会的职责做出了进一步明确。

中国银监会的监管内容主要包括金融机构市场准入监管、金融市场运营监管和金融市场退出监管。 根据中国银行业监督管理委员会公告 2003 年第 1 号，中国银监会的主要监管内容有以下几点。

①制定有关银行业金融机构监管的规章制度和办法。

②对银行业金融机构实施监管，维护银行业的合法、稳健运行。

③审批银行业金融机构及分支机构的设立、变更、终止及其业务范围。

④对银行业金融机构实行现场和非现场监管，依法对违法违规行为进行查处。

⑤审查银行业金融机构高级管理人员任职资格。

⑥负责银行业经营信息搜集与发布，统一编制全国银行数据、报表，并按照国家有关规定予以公布。

⑦会同有关部门提出存款类金融机构紧急风险处置的意见和建议。

⑧负责国有重点银行业金融机构监事会的日常管理工作。

⑨承办国务院交办的其他事项。

（三）中国证监会监管职能的演变

1992 年 12 月，国务院颁布了《关于进一步加强证券市场宏观管理的通知》，确定国务院证券委员会和中国证监会作为主管机构的地位，同时，还明确规定了国务院有关部门和地方人民政府对于证券工作的职责分工。1998 年 5 月，原由国务院证券委员会承担的职责改由中国证券监督管理委员会承担。中国证监会是国务院直属副部级事业单位，设置有发行监管部、市场监管部、机构监管部、上市公司监管部、基金监管部、期货监管部和稽查局等监管部门，依照法律法规的规定，对证券期货市场进行监管。经过这一改革，国务院证券委员会的职能并入中国证监会，中国人民银行有关证券监管的职能移交中国证监会，地方证券监管部门也改为以中国证监会领导为主，这一改革丰富了证券监管内容，强化了证券监管的职能。

1998 年 9 月，国务院批准了《中国证券监督管理委员会职能配置、内设机构和人员编制规定》，进一步明确了中国证监会是全国证券期货市场的主管部门。证券业监管的主要内容包括发行市场的监管，交易市场、证券经营机构和从业人员的监管，对交易所的监管和对市场的监管。中国证监会的主要监管内容有以下方面。

①研究和拟订证券期货市场的方针政策、发展规划，起草证券期货市场的有关规章和法律、法规。

②垂直领导全国证券期货监管机构，对证券期货市场实行集中统一监管；管理有关证券公司的领导班子和领导成员。

③监管股票、可转换债券、证券公司债券和国务院确定由证监会负责的债券及其他证券的发行、上市、交易、托管和结算，批准企业债券的上市，监管上市国债和企业债券的交易活动。

④监管境内期货合约的上市、交易和结算，按规定监管境内机构从事境外期货业务。

⑤监管上市公司及其有信息披露义务的股东的证券市场行为，监管境

内企业直接、间接到境外发行股票、上市。

⑥监管境内机构到境外设立证券机构，从事证券业务，监管境外机构到境内设立证券机构。

⑦管理证券、期货交易所，归口管理证券业、期货业协会；监管证券期货经营机构、证券投资基金管理公司、证券登记结算公司、期货结算机构、证券期货投资咨询机构、证券资信评级机构；审批基金托管机构的资格并监管其基金托管业务；制定有关机构高级管理人员任职资格的管理办法并组织实施；指导中国证券业、期货业协会开展证券期货从业人员资格管理工作。

⑧会同有关部门审批会计师事务所、资产评估机构及其成员从事证券期货中介业务的资格，并监管律师事务所、律师及有资格的会计师事务所、资产评估机构及其成员从事证券期货相关业务的活动。

⑨依法对证券期货违法违规行为进行调查、处罚。

⑩归口管理证券期货行业的对外交往和国际合作事务。

⑪承办国务院交办的其他事项。

（四）中国保监会监管职能的演变

为适应中国保险业改革与发展的要求，1998 年 11 月，中国保险监督管理委员会正式成立。 2002 年 10 月，第九届全国人大常委会第三十次会议通过了《关于修改〈中华人民共和国保险法〉的决定》，并于 2003 年 1 月 1 日起实施。 修改后的《保险法》强调加强对保险业的监管，进一步强化了保监会的监管职责。 中国保监会明确为全国商业保险的主管部门，为国务院直属正部级事业单位，设置了财产保险监管部、人身保险监管部、保险中介监管部等监管部门，依照法律、法规统一监督管理保险市场，进行保险组织机构监管、保险业务经营监管和保险财务监管等。

中国保监会的主要监管内容有以下事项。

①拟定保险业发展的方针政策，制定行业发展战略和规划，起草保险业监管的法律、法规，制定业内规章。

②依法对保险企业的经营活动进行监督管理和业务指导，维护保险市场秩序，依法查处保险企业违法违规行为，保护被保险人利益。

③培育和发展保险市场，推进保险业改革，完善保险市场体系，促进保险企业公平竞争。

④依法对全国保险市场实行集中统一的监督管理，对中国保险监督管理委员会的派出机构实行垂直领导。

⑤审批保险公司及其分支机构以及其他保险机构的设立，审查、认定各类保险机构高级管理人员的任职资格和保险从业人员的资格。

⑥建立保险业风险评价与预警系统，防范和化解保险业风险，促进保险业健康发展。

⑦会同有关部门审核有关机构从事保险业务的资格并监督其有关业务。

⑧依法监管再保险业务。

⑨集中统一管理保险行业的对外交往和国际合作事物。

⑩受理有关保险业的信访和投诉。

⑪承办国务院交办的其他事项。

可以看出，基于金融业的发展和国外金融监管的经验，我国金融监管对金融业分业经营的政策和分业监管的体系进行了适当的改革，中国人民银行、中国银监会、中国证监会和中国保监会的监管职能都得到不断的完善和更新，监管内容不断丰富。但金融创新的不断涌现、金融产品更新迭代速度的加快使银行业、证券业、保险业出现了相互渗透、共同发展的趋势，而金融监管职能的更新难以跟上金融创新的步伐，因此，要求金融监管进行进一步改革。

第四节　"一委一行两会"监管体系的形成与发展

2003 年中国银监会从中国人民银行分立之后，"一行三会"的金融监管格局正式形成，并且不断得到加强，中国人民银行负责制定货币政策和履行最后贷款人职能，三个监管机构负责金融机构具体的审慎监管工作，而且在实践中还负责所监管行业的发展规划。这一分工明确的监管格局助推了我国银行业、证券业、保险业的健康发展，取得了瞩目的成绩。

但随着金融市场竞争的加剧，不同业界的金融机构也不断通过单向参股、相互持股等方式部分地实现了混业经营的目的，如银行系的保险公司、证券、信托、基金等如雨后春笋般出现了，金融混业经营跨行业、跨市场的特点也越发突出。但是泾渭分明的金融监管格局实质上将金融市场分割开了，在金融市场混业经营、综合化经营的环境下，这种金融监管格局难以适应金融业发展与监管的需要。

早在分业监管体制建立初期，我国就已经开始重视金融监管协调机制的建立。1995年，在新修订的《中国人民银行法》中，对建立金融监管协调机制做出了明确的规定，从法律上明确了建立金融监管协调机制的重要性，但并未对协调机制进行安排。进入21世纪以后，海外金融混业经营大潮风生水起，国内金融混业经营、金融深化、金融创新趋势也日趋明朗。金融行业不同行业间的业务界限逐渐变得模糊，金融机构纷纷开启了综合化、多元化的发展战略，跨市场、跨行业的业务链条延长。在分业监管的体制下，监管手段、监管体系及信息沟通等诸多方面都存在不完善、不健全的地方，为了提高金融监管效率、形成金融监管合力，金融监管机构之间及金融监管机构与国家综合经济管理部门之间的协调与合作机制就显得十分重要。

为了推动监管部门之间的合作和防范风险跨市场传染，金融监管部门间对协调机制进行了实践和尝试。2000年，金融监管协调部际联席会议制度就得以确立，中国人民银行、中国证监会和中国保监会以三方监管联席会议的方式，每季度碰头讨论。2003年4月底，中国银监会成立之后，三方监管联席会议的中国人民银行换成了中国银监会。2003年6月，中国银监会、中国证监会和中国保监会三方签署了《中国银行业监督管理委员会、中国证券监督管理委员会、中国保险监督管理委员会在金融监管方面分工合作的备忘录》，明确了分工合作框架和协调机制，但不包括中国人民银行。2003年9月，中国银监会、中国证监会和中国保监会联合召开了监管联席会议第一次会议，就指导原则、职责分工、信息搜集和工作机制等内容进行了沟通。同年10月，党的十六届三中全会通过了《中共中央关于完善社会主义市场经济体制若干问题的决定》，提出"要进一步深化金融企业改革，健全金融调控机制，完善金融监管体制"，"建立健全银行、证券、保险机构之间以及同中央银行、财政部门的协调机制，提高金融监管水平"，标志着金融监管协调机制改革受到了中央的关注和重视。 同年 12 月末，修订后的《中国人民银行法》中也明确要求"国务院建立金融监督管理协调机制，具体办法由国务院规定"。 2004 年 3 月 18 日，中国银监会、中国证监会和中国保监会第二次召开监管联席会议，就如何贯彻《国务院关于推进资本市场改革开放和稳定发展的若干意见》等问题进行了沟通、讨论和协商。 不过，由于协调机制并没有决策权，在具体问题上的协调效率不高，因此，三方联席会议只召开了两次随即终止。 2005 年 2 月，中央银行、银监会和证监会共同制定的《商业银行设立基金管理公司试点管理办法》出台，该法规再次开启了我国各金融监管部门合作监管的大门。 2006 年新修订的《证券法》全面修改了金融混业经营的限制条款，为混业经营预留了制度接口。 随后，诸多法律的颁布均为我国跨市场、跨行业的金融交叉性产品、交叉性业务和交叉性工具的监管提供了法律依据。 但由于协调机制在决策机制和职权安排方面存在的问题始终没有得到解决，因此，第一次金融监管协调的尝试并没有取得持续的效果。

　　2008 年金融危机后，随着金融全球化、自由化和金融创新的迅猛发展，金融机构业务创新与交叉融合不断深化，金融行业混业经营趋势日渐明朗，各种新业态、新产品不断涌现，监管环境发生重大变化，但监管机制与监管方式依然相对滞后，明显不适应金融发展形势的要求。 出于防范和化解金融风险的考虑，2008 年 8 月，国务院下发通知，要求中国人民银行会同银监会、证监会和保监会共同建立金融监管协调机制，金融监管协调部际联席会议制度重新启动。 但由于中国人民银行只是"会同"银监会、证监会和保监会建立金融监管协调机制，并没有明确中国人民银行的"话语权"，金融业分业监管的格局带来的协调不力问题并没有得到有效解决。 因此，尽管是由国务院提出的要求，但"一行三会"间的金融监管协调机制并未取得实质性成果与进展。 从根本上看，金融监管联席会议制度由于缺少牵头责任部门、对各监管主体缺乏有效约束力、缺少有效争端解决方案以及外部监督机制等问题，在运作中难以解决金融监管与发展中的实际问题，甚至还会出现利益冲突外部化的现象。

2013 年 8 月，国务院批复中国人民银行提交的《关于金融监管协调机制工作方案的请示》，同意建立金融监管协调部际联席会议制度。 此次批复突出了央行的牵头地位，成员单位包括银监会、证监会、保监会、国家外汇管理局，必要时可邀请国家发改委、财政部等有关部门参加。 中国人民银行行长担任联席会议召集人。 联席会议办公室设在中国人民银行，承担金融监管协调日常工作。 但收效并不明显，局部风险仍然时有发生。 此后，在党和政府的各次有关会议上，金融监管协调问题被屡屡提及。 2015 年 11 月，党的十八届五中全会通过了"十三五"规划建议，提出："加强金融宏观审慎管理制度建设，加强统筹协调，改革并完善适应现代金融市场发展的金融监管框架，健全符合我国国情和国际标准的监管规则，实现金融风险监管全覆盖。"总体上看，建立监管协调部际联席会议制度的目的是在既未打破原有监管体制又未新增机构的情况下，加强系统性风险的分析和防范。 联席会议重点围绕金融监管开展工作，不改变金融监管体制，不替代、不削弱有关部门现行职责分工，不替代国务院决策，重大事项按程序报国务院。 虽然金融监管协调部际联席会议制度有助于系统性风险管理的信息共享，但正是其"不刻制印章，不正式行文""不改变金融监管体制，不替代、不削弱有关部门现行职责分工，不替代国务院决策"的特点，决定其更多的是一个沟通平台，而非决策机制。 从根本上讲，金融监管协调部际联席会议制度仍然是由于缺少牵头责任部门、对各监管主体缺乏有效约束力、缺少有效争端解决方案以及外部监督机制等问题，在运作中难以解决金融监管与发展中的实际问题。

随着我国经济进入新常态，经济结构发生了变化，我国金融市场混业模式继续发展。 在金融发展过程中，混业经营面对的仍然是分业监管。尤其是随着金融创新的不断涌现，金融子行业之间的壁垒逐渐消融，金融机构混业经营发展迅猛，金融产品日益多样化、复杂化，金融乱象和金融风险也由此滋长。各监管部门无法监测真实资金的流向，易导致危机跨市场、跨行业传染，导致监管套利日趋频繁，给金融体系埋下风险隐患。2016 年以来，针对金融机构行为的监管政策频出，包括将表外理财业务纳入"广义信贷"、修改商业银行流动性风险管理指标、打破银行理财产品刚兑、禁止资管产品多层嵌套、加强银行业同业交易监管等，都是对金融行业无序扩张后出现问题的修补。

究其根本，金融乱象发生的原因在于监管模式与金融业现状不相匹配，金融监管体系改革才是维护金融稳定的长久之计。2017 年，第五次全国金融工作会议召开，强调金融制度是经济社会发展中重要的基础性制度，要健全现代金融企业制度，完善金融市场体系，推进构建现代金融监管框架，加快转变金融发展方式，健全金融法治，保障国家金融安全，促进经济和金融良性循环、健康发展。2017 年 11 月，国务院金融稳定发展委员会成立，旨在加强金融监管协调、补齐监管短板，其主要职责是：落实党中央、国务院关于金融工作的决策部署；审议金融业改革发展重大规划；统筹金融改革发展与监管，协调货币政策与金融监管相关事项，统筹协调金融监管重大事项，协调金融政策与相关财政政策、产业政策等；分析研判国际国内金融形势，做好国际金融风险应对，研究系统性金融风险防范处置和维护金融稳定重大政策；指导地方金融改革发展与监管，对金融管理部门和地方政府进行业务监督和履职问责等。

作为国务院统筹协调金融稳定和改革发展重大问题的议事协调机构，金稳委的作用重在统筹和协调。无论在机构定位还是在职责定位上，金稳委都高于"一行三会"，发挥统筹协调金融改革发展与监管的金融业"大总管"作用，"一行三会"也从分业监管逐步进入协调监管阶段，有助于金融监管统筹协调，避免出现监管空白区域，防止交叉监管、监管过度，进一步增强监管效力。至此，新的金融政策与监管框架——"一委一行三会"正式确立。

2018 年 3 月，十三届全国人大一次会议表决通过了《国务院机构改革方案》，其中对金融监管体制改革做出了重大部署，根据该方案，将银监会和保监会的职责整合，组建中国银行保险监督管理委员会，作为国务院直属事业单位。 同时，将银监会和保监会拟订银行业、保险业重要法律法规草案和审慎监管基本制度的职责划入中国人民银行，中国银保监会、中国证监会专职于微观监管职能，包括金融机构的微观审慎监管，以及消费者保护等行为监管的内容。 而宏观与微观之间，以及"一行两会"与其他有关部门间的协调则由金稳委负责，共同构成"一委一行两会"的金融监管体系。在金融集团混业经营趋势加强的背景下，银行和保险业交易往来频繁，部分产品的功能和属性相似，有合并监管的基础，合并后能够事半功倍。 而合并之后银行业、保险业的发展规划、法律法规制定职能划拨给中国人民银行，则体现了法规制定和执行职能相分离的理念。 由原先的"一行三会"调整为"一委一行两会"，不仅仅是金融监管机构设置的改变，更是金融监管思路和监管理念的更新与升级，是金融监管改革的又一步重要推进，这标志着我国金融监管体制机制进入了新的阶段。

从金融监管改革方向上看，中央提出的金融监管的"三个统筹"是重要的指引。 国务院金融稳定发展委员会是定位于统筹协调金融稳定和改革发展重大问题的议事协调机构，意味着协调机制的形成，有助于减少监管空白，杜绝监管套利。 而且，从金融监管角色上看，中国人民银行未来将承担更重要的监管职责，这也符合危机后各国金融监管改革的经验。金稳委办公室设在央行，以及此次机构改革将银行业、保险业发展规划、法律法规制定的职能划拨给央行，正体现了这样的趋势。 最后，银监会、保监会的合并意味着我国未来的金融监管将更多地结合功能和行为监管，金融监管的综合化、混业化、创新化将成为新的改革方向。

第五节　小结

改革开放 40 年来，我国金融监管随着金融业的发展、创新而不断改革、发展，助推了我国金融行业的快速、稳定发展。

改革开放初期，我国金融监管实行的是混业监管，唯一的金融监管机构就是中国人民银行。 最开始，中国人民银行既是"裁判员"又是"运动员",同时承担行政管理与业务经营职能,后来,商业银行、证券公司、保险公司等多种金融企业出现,中国人民银行一直全面负责中国各个金融行业的监管。 1984 年初,中国人民银行的职能分离,专门行使中央银行职能之后,金融监管职责开始专门化,标志着中央银行金融监管模式的确立。 但是在这一时期,中国仍处于计划经济体制向市场经济体制转变的初期,我国金融市场发展处于起步阶段,金融行业市场化程度低、规模小、种类单一,中国人民银行的监管手段主要依托于行政体制和权力,依据行政性规章制度,专业性的监管手段相对弱化。 这种监管体制仍然带有行政管制特征,而不是由明确的法律授权确立的。 因此,中国人民银行当时虽然全面负责金融行业的监管,但履行金融监管职能的程度相对较低。

1993 年,国务院公布的《关于金融体制改革的决定》为分业监管体制的形成奠定了基础,提出要转换央行的职能,强化金融监管,根据业务不同对金融机构进行分别管理,也即分业监管。 1997 年 11 月,第一次全国金融工作会议召开,将金融监管权力回收至中央层面,正式确立了其后中央集中、分业监管的金融监管体制。 1992 年和 1998 年,中国证券监督管理委员会和中国保险监督管理委员会相继从中国人民银行分离,分别负责证券、期货市场和保险业的监管,2003 年,中国银行业监督管理委员会挂牌成立,负责对银行业金融机构的独立监管,不过中国人民银行仍然保持对货币市场、反洗钱、征信体系等方面的金融监管,与之前成立的中国证券监督管理委员会、中国保险监督管理委员会一起,标志着中国现行分业监管体制的正式形成,实际上金融监管由"大一统"转化为"四分天下"的局面。 在这一安排下,中国人民银行作为中央银行,是国务院具体职能部门之一,其监管职能主要包括:制定和执行货币政策;对金融业的整体风险、金融控股公司以及交叉性金融工具的风险进行监测与评估,防范和化解系统性金融风险;指导、部署金融业反洗钱工作;管理信贷征信业。 "三会"作为国务院直属金融行业监管机构,其监管职能主要有:制定监管法律法规和行业规章,并通过机构审批、业务审批、高级管理人员任职资格审查和监督指导等对相应监管行业进行直接调控,防范金融行业风险。　在这种监管模式下，三家机构的监管职能有明确的分工，从而形成了中国人民银行、中国银监会、中国证监会、中国保监会分别对银行业、证券业和保险业进行监管的"多头"监管模式。

2008 年全球金融危机以后，影子银行的兴起使得银行业、保险业和证券业之间的边界变得模糊不清。　而"各自为政"的监管架构很难对混业金融机构进行有效监管，存在监管真空问题。　在"一行三会"框架下，虽然中国人民银行是"平等的第一位"，但它无权协调"三会"的监管工作，无法适应当前不断变化、日趋复杂的金融业环境。　2017 年11 月，国务院金融稳定发展委员会成立，受国务院直接领导，委员会主席由行政级别更高的国务院副总理担任。　金稳委的主要职责是协调金融业发展的总体战略，并在更高层面制定监管政策。　2018 年 3 月，十三届全国人大一次会议表决通过了《国务院机构改革方案》，决定设立中国银行保险监督管理委员会。　2018 年 4 月 8 日上午，中国银行保险监督管理委员会正式挂牌，中国银行业监督管理委员会和中国保险监督管理委员会成为历史。　原有的银监会和保监会合并，共同监督政策制定及日常实施情况。　中国人民银行则接管原保监会和原银监会的立法和规则制定职责。　"一行三会"的金融监管格局转变为"一委一行两会"的监管格局，协调层次更加分明、职责分工更加明确、监管效率更加高效，减少了重叠和不明确的监管范围，更有利于金融业去杠杆和降风险目标的实现。

进入新时代，金融监管机构需要继续走符合中国国情的金融监管改革路径，在国务院金融稳定发展委员会领导、协调下，全方位地对经济和金融活动进行必要的干预和监管，处置重点风险，整治金融乱象，补齐制度短板，提前防范局部风险朝系统性风险转变，坚决守住不发生系统性金融风险的底线。　同时监管层自身要充分发展组织优势和制度优势，加强监管机构之间的协调，处理好监管与创新之间的关系，以平衡风险与效率，从而积极适应金融创新不断深化的内外部环境，审慎对待金融监管行为及其实践，确保不发生系统性金融风险，维护国家金融安全，同时更好地发挥社会主义金融监管的特点和优势。

第十三章　宏观审慎政策框架的建立与完善

第一节　我国宏观审慎政策监管实践

全球金融危机爆发以来，国际社会普遍认为金融体系的顺周期波动和对系统性风险防控的不足是导致危机的重要原因，需要通过加强宏观审慎管理予以应对。基于这种认识，在 G20 的框架内，宏观审慎管理的概念与内容得到了正式的强化和实施。国际货币基金组织（IMF）、金融稳定理事会（FSB）、国际清算银行（BIS）、巴塞尔银行监管委员会（BCBS）以及其他标准制定机构都在积极研究探索强化宏观审慎管理的政策和工具，加强宏观审慎管理业已成为危机后国际金融管理制度改革的核心。

宏观审慎政策的目标为，缓解和减弱风险传递和顺周期性对宏观经济和金融稳定的冲击。在 2010 年 G20 领导人峰会上，宏观审慎的定义得到了确定，即指利用审慎性工具防范系统性金融风险，从而避免实体经济遭受冲击的政策。在 2016 年美联储、金融稳定理事会和国际清算银行公开发布的《有效宏观审慎政策要素：国际经验与教训》中，对宏观审慎政策做出了进一步的定义，并修改了政策目标：宏观审慎政策采用审慎政策工具防范系统性风险，目标是降低金融危机发生的频率和影响程度。

我国金融监管一直践行着加强和完善宏观审慎管理，维护金融稳定的职能。在 2008 年国际金融危机爆发前，虽然宏观审慎监管概念没有得到足够的关注和重视，但并不意味着我国金融监管没有关注金融稳定，在金融监管部门及相关部门的监管实践中，防范系统性风险、维护金融稳定的职能一直都是存在的，在金融监管实践中就已经包含了宏观审慎监管的理念。 1995 年，我国颁布《中国人民银行法》，赋予中国人民银行对金融业实施监督管理的职责，其中第三十条规定，"中国人民银行依法对金融机构及其业务实施监督管理，维护金融业的合法、稳健运行"，体现了中国人民银行对金融稳定的高度重视。 2003 年，中国人民银行设立了金融稳定局，专门维护金融稳定。 同年，中国银监会成立，银行业的监督管理职责授予中国银监会，随后，我国颁布《银行业监督管理法》，其中第三条明确指出，"银行业监督管理的目标是促进银行业合法、稳健运行"，暗含了宏观审慎监管的职能。 2004 年，部分金融机构出现了银行资本扩张速度过快和资产质量下降的情况，为抑制这类金融机构过度扩张，我国开始实行差别存款准备金率制度，在该制度下，由于金融机构的存款准备金率与其资本和资产状况紧密联系，与其成正比，因此资本与资产状况不佳的金融机构所允许投放的信贷量受到限制，实质上起到了逆周期调节的作用。 同年，中国银监会开发上线了大客户风险预警系统，汇集了所有银行业金融机构对同一客户（特别是集团客户）的贷款风险信息，并不断扩展至对某一行业和区域的风险信息分析，成为我国金融监管当局监测区域性风险的重要工具，这一探索在全球范围内也是领先的。 从 2006 年起，中国银监会建立了经济金融形势季度分析通报制度，定期向银行业金融机构通报国家宏观调控政策导向，提示房地产、地方政府融资平台、影子银行体系等重点领域和区域的金融风险，在引导金融机构更有效地服务实体经济的同时，督促其提早防范和化解重点领域的金融风险，控制系统性风险的积累。 此外，中国银监会还借鉴国际经验，于 2007 年发布了《商业银行压力测试指引》，针对宏观经济下行、房地产价格下跌等假定情形进行宏观审慎压力测试，对整个银行体系抵御外部冲击的能力进行摸底，测试我国抵御系统性风险的能力。 金融危机前，虽然宏观审慎政策概念尚未普及，但我国金融监管层基于我国经济、金融发展的特点及时地构建了具有宏观审慎政策功能的监管规则和工具，确保了我国金融体系的整体稳定，防范了金融系统性风险的爆发。

在金融危机爆发之后，随着宏观审慎政策概念逐步得到各国政府和监管部门的重视与应用，我国也基于我国金融市场的特点，开始了有关宏观审慎政策方面的深入探索与实践。2009 年 7 月，我国开始着手研究并推动建立宏观审慎政策框架。《2009 年第三季度中国货币政策执行报告》首次提出将宏观审慎管理制度纳入宏观调控政策框架。中国人民银行货币政策委员会 2009 年第四季度例会明确提出，要研究建立宏观审慎管理制度，有效防范和化解各类潜在金融风险。2009 年末，在我国经济受刺激计划影响开始出现快速扩张的背景下，中国银监会要求大型商业银行和中小商业银行的最低资本充足率从 8% 分别提高到 11% 和 10%，拨备覆盖率从 100% 提高到 150%，以抑制信贷的过快增长，有效防范了系统性风险。

2010 年末，中央经济工作会议正式引入了"宏观审慎政策框架"的用词。2011 年，《中共中央关于制定国民经济和社会发展第十二个五年规划的建议》中明确提出，要构建逆周期的金融宏观审慎管理制度框架。这是在深刻分析国际金融危机教训、深入总结国内实践经验、准确把握金融改革方向的基础上做出的重大安排。2011 年国务院《政府工作报告》指出，"健全宏观审慎政策框架，综合运用价格和数量工具，提高货币政策的有效性"。2011 年，中国人民银行进一步规范、完善了差别准备金动态调整机制。2014 年，中国人民银行又引入了定向降准考核机制，引导商业银行优化信贷结构，鼓励银行承担更多社会责任，完成支持"三农"和小微企业信贷的任务。差别准备金动态调整机制与资本充足率管理制度相辅相成，是央行采取的一项兼具货币政策调控功能和宏观审慎政策功能的工具，调动了金融机构的内在积极性，引导金融机构规范公司治理和投资决策，并在规范经营的过程中逐步达到所要求的资本充足率水平，起到了"一箭双雕"的作用。与此同时，2015 年 12 月，中国人民银行开始建立宏观审慎政策框架，2016 年起将差别准备金动态调整和合意贷款管理机制进行升级，宏观审慎评估体系（MPA）诞生，MPA 涵盖七个主要方面，多维度引导银行业金融机构加强自我约束和自律管理，其中宏观审慎资本充足率是评估体系的核心。根据资本流动的新特点，2015

年将外汇流动性和跨境资金流动纳入宏观审慎管理范畴，进一步完善了宏观审慎政策框架，对金融机构各项指标的衡量更加系统和全面，对信贷的视角从狭义调整为广义，监测机制和频率更加完善，对利率的非理性定价行为约束力加强，对防范系统性风险起到了不容忽视的作用。 2017 年 8 月，央行在《中国区域金融运行报告（2017）》中表示，部分互联网金融产品具系统重要性，将探索纳入 MPA。 MPA 兼具了货币政策工具和宏观审慎政策工具的属性。

在宏观审慎政策不断推向深入的同时，我国也注重货币政策同宏观审慎政策在政策工具和现实功能上的结合。 2011 年 10 月，中国人民银行调整了 M2 的统计范畴，在测量口径中新增非存款类金融机构在存款类金融机构的存款和住房公积金存款，使货币政策调控的参照发生改变，金融机构受到一定程度的影响。 同时，金融监管上强调资本充足的自我约束，在测算资本时引入逆周期因子，并根据经济增长需要进行逆周期的合意贷款管理。此外，监管部门约束了银行月末和季末冲存款的行为，希望尽量避免冲存款对金融体系和金融数据造成冲击，有效遏制了存款季（月）末冲时点的现象。 2015 年初，央行进一步扩大了存贷款口径的统计，将非存款类金融机构存放在存款类金融机构的款项纳入"各项存款"统计口径，将存款类金融机构拆放给非存款类金融机构的款项纳入"各项贷款"统计口径。 经过这次调整，"各项存款"口径与 M2 中存款口径基本一致。 但商业银行理财等焦点指标仍未纳入货币供应量统计。 2018 年 1 月，中国人民银行进一步完善了货币供应量中货币市场基金部分的统计方法，用非存款机构部门持有的货币市场基金取代货币市场基金存款（含存单），首次纳入银行存款以外的项目，体现了在金融去杠杆的要求下，中国人民银行对表外信用派生的重视，反映了央行在金融去杠杆、货币基金规模持续扩大的背景下，尽可能地将可能扰动货币稳定环境的变量纳入统计，以降低货币冲击的可能性，便于宏观审慎政策更有针对性地进行调控。

在部分对金融稳定具有系统性影响的行业（如房地产）调控方面，具有宏观审慎职能的政策也先后出台。 房地产具有较强的投资品属性，相较于行政强制色彩浓厚的限购政策，住房信贷政策对调节房地产市场短期的投资性需求、投机性需求都有更明显的作用。 中央政府先后出台了"限购""限贷"等一系列调控政策,对房地产价格的快速上涨加以遏制。 2016 年,中国人民银行继续综合运用贷款价值比(LTV)、债务收入比(DTI)等宏观审慎工具对房地产信贷市场进行逆周期调节。 中国人民银行、银监会等金融监管机构坚持"房子是用来住的,不是用来炒的"的定位,强化住房金融宏观审慎管理,因地制宜,因城施策,实行差别化住房信贷政策的住房金融宏观审慎管理:调整贷款总量,合理调节确定银行个人住房贷款总量;调整贷款利率水平,根据房地产市场供求调节个人住房贷款利率水平;调整贷款发放条件,根据地区房地产供求目标政策收紧或放松贷款资格和贷款期限等购房主体贷款资格条件;调整贷款首付比率,有效控制购房主体购房杠杆率。 在合理积极引导住房信贷增长,抑制投机性购房需求的同时,配合"去库存"政策,实现总量调控与结构调整的有机结合,实现房地产市场的稳定有序发展。 在调节经济结构、促进经济平稳转型方面,宏观审慎政策也积极同货币政策相配合,助力宏观调控目标的实现。 针对产能过剩的问题,2016 年 2 月中国人民银行等八部委印发《关于金融支持工业稳增长调结构增效益的若干意见》,引领金融机构进行项目整改,支持重大技改、产业升级、结构调整项目,加强完善信贷准入标准,加大对战略性新兴产业、传统产业技术改造和转型升级等的支持力度。 2017 年 3 月,中国人民银行等五部门印发《关于金融支持制造强国建设的指导意见》,针对创新的制造业调整了授信体系和金融产品品种。 大力发展产业链金融产品和服务。 鼓励金融机构依托制造业产业链核心企业,积极开展仓单质押贷款、应收账款质押贷款、票据贴现、保理、国际国内信用证等各种形式的产业链金融业务,有效满足了产业链上下游企业的融资需求。 推动投贷联动金融服务模式创新。 稳妥有序推进投贷联动业务试点,鼓励和指导试点银行业金融机构以投贷联动方式,为科创型制造企业提供持续资金支持,促进企业融资结构合理化,有效降低融资成本。 2017 年中央经济工作会议为实体经济适用的宏观审慎政策指明了方向,会议提出"着力振兴实体经济,要把防控金融风险放到更加重要的位置,下决心处置一批风险点,着力防控资产泡沫,提高和改进监管能力，确保不发生系统性金融风险"。　在经济转型的关键时期，资金"脱实向虚"引发了社会各界高度关注。　金融业追逐短期利益、信贷资金"脱实向虚"，助长了短期投机行为，在一定程度上使资金在金融体系内自我循环、自我膨胀。　面对金融市场高杠杆横行、脱实向虚严重倾斜的情况，要在理清券商、信托、保险、银行等金融机构、金融工具相互关系和风险特性的基础上，从严监管，排查风险、杠杆，正本清源。

　　在宏观审慎政策组织机构改革方面，我国也一直在进行探索。　金融综合化经营的快速发展使得金融机构间的关联性加强，为了防范混业经营导致的系统性金融风险，2013 年 8 月建立金融监管协调部际联席会议制度，负责"一行三会"间的监管政策的协调，其主要功能就是通过政策协调维护金融体系的稳定。　2016 年，《中共中央关于制定国民经济和社会发展第十三个五年规划的建议》进一步提出，"加强金融宏观审慎管理制度建设，加强统筹协调，改革并完善适应现代金融市场发展的金融监管框架，健全符合我国国情和国际标准的监管规则，实现金融风险监管全覆盖"。　完善宏观审慎政策框架成为我国新一轮金融监管改革的主要方向和重要内容，在整个金融监管框架中也将占据越来越重要的地位。　2016 年初，国务院办公厅在其经济局六处的基础上设立金融事务局，专门负责"一行三会"间的行政事务协调。　但由于缺乏具体的职责安排、行政级别不高，这些金融稳定主管部门或部门协调机构并没有有效地发挥出应有的作用。　2017 年 7 月中旬召开的全国金融工作会议上正式宣布设立国务院金融稳定发展委员会，突出了中国人民银行宏观审慎管理和系统性风险防范职责，落实金融监管部门监管职责，并强化监管问责，这说明金融安全作为国家安全的重要组成部分，党中央、国务院也给予了高度重视与关注。　国务院金融稳定发展委员会兼顾了协调"稳定"与"发展"的双重职责，其成立达到了加快金融改革与推进金融监管的目的，有利于扭转金融监管体制各自为政、各自为战的局面，有利于消除各种监管纷争，形成高度一致的金融监管力量，并能够确保党中央、国务院各项金融政策正确贯彻落实到位，遏制各种金融乱象，有助于推动金融业不断走向规范、健康发展之道，为我国供给侧结构性改革提供更加有力、有效的金融支持。

国务院金融稳定发展委员会的成立是我国宏观审慎政策框架建设进程中具有里程碑意义的重大事件。

在经历了多年的实践积累之后，中国已经形成了宏观审慎管理方面丰富的理论成果和实践经验。基于我国现实国情，结合国际金融危机的教训，我国已经初步形成了"货币政策＋宏观审慎政策"的金融稳定调控治理结构，两种手段相互作用，互为补充，在预防系统性风险、创造合适的金融环境、共同维护金融稳定方面发挥了重要的作用，有效地降低了"三期叠加"效应的影响，维护了金融系统的稳定。但比起发达国家，我国的宏观审慎框架仍有待完善，具体的政策措施还存在诸如统计不严谨、法律法规制度不完善、政策覆盖面不足、监管真空和监管竞争等问题。因此，我国在探索和研究中所建立的宏观政策工具箱会更加庞大，需要涵盖更多的内容，承担更重的任务。

第二节　宏观审慎政策工具的创新与演进

金融危机后，宏观审慎政策逐渐开始发挥作用，宏观审慎政策工具的种类也迅速得以丰富，目前的宏观审慎政策主要包括对银行的资本要求、流动性要求、杠杆率要求、拨备规则、对系统重要性机构的特别要求、会计标准以及衍生产品交易的集中清算等几个方面。在作用机理上，宏观审慎政策工具与货币政策工具、微观审慎监管工具之间存在密切联系，但又有差异。宏观审慎政策会运用一些类似微观审慎监管的工具，如对资本、拨备等提出要求，但其本质上采取的是宏观的、逆周期的视角，以防范系统性风险为主要目标，不同于仅盯单一机构稳健与合规性的微观审慎监管。同样，货币政策和宏观审慎政策虽都有逆周期调节的特征，但货币政策主要针对实体经济状况和总量问题，而宏观审慎政策则直接作用于金融体系的顺周期波动和风险传播，主要目标是维护金融体系的安全和稳定。货币政策和宏观审慎政策都是逆周期的宏观管理工具，但在作用范围和着力点上又有一定差异，恰好能够相互补充、互相强化。因此，在形式上和作用渠道上，宏观审慎政策工具与货币政策工具、微观审慎监管工具具有一定的交叉，是兼具两种职能，甚至同时兼具三种职能的政策工具。

目前，在全世界范围内，宏观审慎工具体系以及治理架构已经初步形成，且具有较强的可操作性。总体上，宏观审慎框架的有效性主要包含时间维度和跨市场维度这两个维度的工具，其核心为逆周期杠杆调节。2008 年金融危机的爆发使得巴塞尔协议 II 存在的顺周期效应、对非正态分布复杂风险缺乏有效测量和监管、风险度量模型有内在局限性以及支持性数据可得性存在困难等固有问题暴露出来。为此，2010 年 9 月，巴塞尔协议 III 针对逆周期问题新增了逆周期资本缓冲和系统重要性附加资本的要求。在应对顺周期性方面，巴塞尔协议 III 在最低资本要求的基础上，提出资本留存缓冲的要求，导致当缓冲接近最低资本要求时，将限制银行的收益分配，促使银行通过内部积累提高资本实力；还提出了逆周期资本缓冲的国际统一标准，要求银行在信贷扩张时期建立更具前瞻性的资本缓冲，并在危机时使用，降低整个银行体系的顺周期性。在加强系统重要性银行监管方面，国际货币基金组织（IMF）、国际清算银行（BIS）、金融稳定理事会（FSB）均提出要从规模性、可替代性与关联性方面评估系统重要性金融机构。巴塞尔银行监管委员会（BCBS）要求系统重要性银行应在最低资本要求的基础上具备更强的吸收损失能力。BCBS 和 FSB 正在制订针对系统重要性银行的相关政策，包括额外资本要求、应急资本和自救债券（Bail-in debt）等。此外，有关风险处置的措施也在加紧研究，BCBS 发布了《跨境银行处置工作组最终报告及建议》，提出综合利用各种工具和技术改善跨境危机管理，并加强国际合作。世界各国也陆续加强了宏观审慎政策工具的创新与实践。各国央行管理逆周期和杠杆的思路主要在于两个方面：针对非银机构，通过控制证券持有主体的加杠杆行为来达成债务风险控制；针对银行，通过限制杠杆资金来源的方式对银行的信用创造水平进行控制。欧美发达国家在金融危机之后，在不同具体操作方面皆尝试构建了宏观审慎管理架构，以防范金融风险作为政策目标，强化中央银行的核心地位。在借鉴发达国家对跨境资本流动和逆周期管理经验的基础上，新兴经济体也开始陆续引入宏观审慎政策。

我国在宏观审慎政策工具的研究、探索与创新方面也积累了许多先进的经验。早在 2008 年金融危机爆发前，我国金融监管部门就已经采取了具有宏观审慎监管功能的政策工具，对我国金融业能够产生系统性影响的行业和领域进行有针对性的监管。在 2003 年分离银行监管职能后，中国人民银行就着手探索建立金融稳定机制，负责跨市场监测协调、风险处置和建立存款保护制度。2004 年 4 月，中国人民银行开始对金融机构实行差别存款准备金率制度，以抑制资本充足率较低且资产质量较差的金融机构盲目扩张贷款，运用结构性特征的货币政策工具防止金融宏观调控中出现"一刀切"，起到了宏观审慎政策工具的功能。另外，房地产市场中的信贷政策、中央银行采取的"窗口指导"货币政策等条款政策，也带有早期的宏观审慎属性。2003 年起我国就适时对房地产信贷风险进行防范并通过调节按揭成数和利率杠杆防范房地产泡沫，降低了银行体系房地产信贷的风险水平。此外，数量型和价格型相配合的货币政策工具框架也借鉴了宏观审慎的理念。以数量为主的间接货币调控模式使我国货币调控不仅重视价格指标，更关注流动性、信贷数量和窗口指导的作用，在实践宏观审慎政策方面具有一定的基础。

国际金融危机之后，参考 G20 与美国金融稳定理事会对国际金融危机教训的总结，中国开启了全面的宏观审慎政策框架探索。为应对国内外复杂多变的经济金融形势，满足宏观调控的实际需要，中国人民银行于 2010 年 11 月开始研究、编制社会融资规模指标。2010 年 12 月召开的中央经济工作会议首次提出"保持合理的社会融资规模"这一概念。2011 年初，中国人民银行正式建立社会融资规模指标，并开始按季向社会公布社会融资规模增量季度数据。这一指标工具是全面反映金融与经济关系，以及金融对实体经济资金支持的总量指标，既能从总量上反映系统性金融风险，又能反映风险在不同金融机构、不同市场之间的传递，有利于提高监测、分析和评估金融体系稳健性的能力。2011 年 2 月，中国人民银行在货币信贷调控中使用差别准备金动态调整工具，即结合 GDP、CPI 等经济指标和金融机构的风险状况及信贷增速，按季调整对单家法人金融机构的准备金要求，同时将其作为金融危机期间刺激政策的退出措施。

差别准备金动态调整工具在 2011～2015 年实施期间，作为兼具货币政策工具功能和宏观审慎政策功能的重要政策工具发挥了显著作用，货币的信贷总量增长状况稳健，金融体系的稳定性也逐步提高。 根据经济与金融形势发生的新变化，央行对宏观审慎政策框架进行了逐步的改进和完善，全面管理金融活动中的跨境融资逆周期风险、杠杆率风险以及货币错配风险。 2011 年 5 月，中国银监会发布《关于中国银行业实施新监管标准的指导意见》，根据国内大型银行经营模式以及监管实践，通过考虑规模、关联性、复杂性和可替代性等四个方面因素，建立系统重要性银行的评估方法和持续评估框架，对系统重要性银行的附加资本要求暂定为 1%，并从市场准入、审慎监管标准等方面加强系统重要性银行监管。 除附加资本要求之外，监管部门将视情况对系统重要性银行提出更高的审慎监管要求，以提升其应对外部冲击的能力：一是要求系统重要性银行发行自救债券，以提高吸收损失的能力；二是提高流动性监管要求；三是进一步严格大额风险暴露限制，适度降低系统重要性银行对单一借款人和集团客户贷款占资本净额的比例；四是提高集团层面并表风险治理监管标准，包括集团层面风险偏好设定、统一的风险管理政策、信息管理系统建设、集团内部交易等。 2011 年 7 月，中国银监会正式出台《商业银行贷款损失准备管理办法》，建立了具有中国特色的动态拨备监管制度。 中国银监会动态拨备监管制度，以贷款拨备率和拨备覆盖率监管指标为核心，采用相机抉择方式，具有更大灵活性，在抑制信贷款增长方面效果明显。 2012年，中国银监会又颁布实施了《商业银行资本管理办法（试行）》，提出将实施系统重要性资本附加和逆周期资本附加，宏观审慎政策工具框架进一步丰富。

中国人民银行于 2016 年建立了宏观审慎评估体系（MPA），对差别准备金动态调整和合意贷款管理机制进行了升级。 MPA 综合评估资本和杠杆情况、资产负债情况、流动性、定价行为、资产质量、外债风险、信贷政策执行等七大方面，多角度地引导和规范金融机构的行为。 同年 5 月，全口径宏观审慎管理的范围扩大至全国，管理的覆盖面大大增加。 2016 年，中国人民银行又将表外理财纳入宏观审慎评估，并根据资本流动的新特点，在 2015 年将外汇流动性和跨境资金流动纳入宏观审慎管理范畴，进一步完善了宏观审慎政策框架。 2017 年 8 月，央行发布的《中国区域金融运行报告（2017）》提出"探索将规模较大、具有系统重要性特征的互联网金融业务纳入宏观审慎管理框架（MPA）"，这意味着宏观审慎政策框架将进一步涵盖互联网金融领域。 此外，根据房价和资产价格变化，在 2016 年继续综合运用贷款价值比（LTV）、债务收入比（DTI）等宏观审慎工具对房地产信贷市场进行逆周期调节，确保了房地产信贷市场的持续稳定发展。

近年来，我国金融监管部门已经形成了内容丰富、功能健全的宏观审慎政策工具箱，有效地防范和化解了我国的系统性金融风险，提高了金融体系整体的稳健性。 随着"货币政策 + 宏观审慎政策"双支柱政策框架的重要性愈加突出，宏观审慎政策工具的创新还将进一步推向深入，在不断丰富各类宏观审慎政策工具的同时，还要积极探索货币政策与宏观审慎政策的协调配合机制。 今后，我国还需要在借鉴国际经验的基础上，改革并完善适应现代金融市场发展的宏观审慎政策框架，丰富符合国情的信贷类、资本类和流动类宏观审慎政策工具，尤其是要创新针对房地产市场、互联网金融行业和影子银行等重点领域的宏观审慎政策工具。

第三节　宏观审慎政策职能的明确

我国的金融监管的早期规定中虽然没有明确的微观审慎监管和宏观审慎监管的职能分工，但在具体监管实践中，在法律规定上和具体监管机制上都对宏观审慎监管目标做出了实质性的规定和要求。 1995 年，我国颁布《中国人民银行法》，赋予中国人民银行对金融业实施监督管理的职责，其中第三十条规定，中国人民银行依法对金融机构及其业务实施监督管理，维护金融业的合法、稳健运行。 这句话实质上强调了中国人民银行系统性的宏观审慎监管。 当时，审慎监管概念也尚未提出，更没有微观审慎和宏观审慎的区分，作为我国金融监管的唯一主体的中国人民银行对金融监管的真正内涵、监管与管制的区别等问题的认识也处于较为初期的阶段，但可以看出，我国金融监管在早期阶段就已经将微观审慎监管与宏观审慎监管并重，注重防范系统性金融风险对金融稳定的冲击。

2008 年国际金融危机爆发前，宏观审慎监管的概念一直没有得到金融监管者的关注和重视，但我国金融监管一直十分注重系统性金融风险的防范，在金融监管实践中，把防范单体机构风险和系统性风险放在并重的位置上。但由于对金融监管理解的历史局限性，我国宏观审慎政策监管职能也处于较为分散的状态。随着我国证监会、保监会和银监会三大专业金融监管机构相继成立，中国人民银行的大部分金融监管职能已经分离出去。2003 年，银监会成立伊始，《银行业监督管理法》正式颁布，这部法律将银行业的监督管理职责正式授予新成立的银监会，明确银监会负责对全国银行业金融机构及其业务活动实施监督管理，其中第三条指出，"银行业监督管理的目标是促进银行业合法、稳健运行，维护公众对银行业的信心。银行业监督管理应当保护银行业公平竞争，提高银行业竞争能力"，这显然具有宏观审慎监管的要求。而同年修订的《中国人民银行法》中中国人民银行的职责是"在国务院领导下，制定和执行货币政策，防范和化解金融风险，维护金融稳定"，同样对中国人民银行维护金融稳定提出了明确要求。在当时，对金融监管的理解还不够深入，宏观审慎监管的思想也并未得到重视，宏观审慎监管并未被当作一种与微观审慎监管相对独立的监管职能。因此，无论是修订后的《中国人民银行法》，还是《银行业监督管理法》，都没有明确确定宏观审慎监管职能的主体。

根据规定，中国人民银行结合实施货币政策和维护金融稳定的需要，可以建议银监会对银行业金融机构进行检查监督，对保险业和证券业的金融监管，则完全由证监会和保监会负责。但这种监管传导机制的环节多、效率低，在混业经营不断加强、金融创新层出不穷的背景下，宏观审慎监管主体的不明确仍然是维护金融稳定的最大问题。虽然从 2003 年开始，中国人民银行牵头组织国家发改委、财政部、国家统计局、国务院政策研究室、银监会、证监会、保监会、国家外汇管理局等单位组成跨部门小组，探讨金融稳定相关议题，对我国的金融体系进行金融稳定评估，并从 2005 年开始每年定期发布《金融稳定报告》，但是，由于我国未建立宏观审慎监管框架，中央银行履行宏观审慎监管的职能尚不明确，缺乏要求其他金融监管机构配合落实宏观审慎监管的权力，这个跨部门小组在维护金融稳定方面未能取得持续的效果。

可以看出，金融危机前，我国金融监管部门就已经开始重视防范金融业系统性风险，维护金融系统稳定，但由于认识的局限性，在政策文件中并未明确提出"宏观审慎政策"。 在实践中，中国人民银行、中国银监会、中国证监会、中国保监会基于各自的监管职责都先后颁布了防控金融风险的政策法规，在实际效果上起到了宏观审慎政策的功能，在很大程度上防范了金融风险的爆发与蔓延，但宏观审慎监管权分散在多个部门，这些部门之间又没有建立高效、通畅的协调机制，而宏观审慎监管要求是全时间、全市场维度的审慎监管，在银行业、证券业、保险业的宏观审慎政策制定权分置的情况下，真正意义上的宏观审慎政策框架也很难真正、全面地实现。

全球金融危机爆发后，宏观审慎监管概念逐渐得到认可和重视，欧、美、英等国家和地区开始积极推动金融监管改革，赋予或加强中央银行宏观审慎监管职能，国际传统的金融监管理念正在转变，需要深入思考宏观审慎监管体系的构建问题，其中明确宏观审慎监管职能的主体则是宏观审慎监管规范化、高效化的关键问题。 基于我国国情和金融监管的状况，我国在宏观审慎监管职能主体的明确方面不断进行探索和尝试。 为应对全球金融危机产生的系统性风险隐患，我国基于当时的金融监管框架，于 2008 年 6 月，正式建立金融旬会制度，由国务院负责金融事务的副总理主持，旨在加强中国人民银行、中国银监会、中国证监会、中国保监会的协调配合，推进金融发展、改革、开放、创新、监管和服务。 7 月，国务院办公厅下发中国人民银行"三定"方案，明确中国人民银行在国务院领导下会同中国银监会、中国证监会、中国保监会建立金融监管协调机制，以部际联席会议制度形式，加强货币政策与监管政策之间以及监管政策法规之间的协调。 但由于部际联席会议制度在执行上面临诸多问题，最后也未能发挥实质性的作用，由国务院领导直接牵头的金融句会制度，作为金融监管协调部际联席会议的替代制度得以保留下来。 2008 年 9 月，宏观审慎监管决策机制得以设立，国务院主持成立了金融危机应对小组，由国务院负责金融事务的副总理主持，成员来自中国人民银行、国家外汇管理局、国家发改委、财政部、银监会、证监会和保监会。 金融危机应对小组会定期或不定期地讨论相关议题，密切监测国际金融危机发展态势和国内可能发生的金融风险，积极制定应对预案及时处置突发风险，积极着手推进金融监管协调机制的建设，加强信息共享，防范跨行业、跨地区、跨市场金融风险。 为加强金融监管工作的统筹协调，中国人民银行牵头制定了"一行三会"的信息共享暂行办法，加强"一行三会"的金融信息交流与共享，协调金融监管部门开展风险监测。

中国人民银行在《2009 年第三季度中国货币政策执行报告》中首次提出要"逐步建立起宏观审慎管理制度并纳入宏观调控政策框架"，但中国银监会和中国保监会也在不同场合表示要担负起银行业和保险业宏观审慎监管职能，表明我国监管部门对宏观审慎监管者的角色定位和职责权限还存在分歧，宏观审慎监管职能难以统一和明确，也正因为中国人民银行、中国银监会、中国保监会都将宏观审慎监管归为自己职责范围，不同监管机构的宏观审慎监管政策更加难以协调。 因此，需要从更高层次上明确宏观审慎监管职能的主体，制定宏观审慎监管制度，组织宏观审慎监管政策的实施。 2011 年 3 月，我国在"十二五"规划纲要中明确提出，"要深化金融体制改革，构建逆周期的金融宏观审慎管理制度框架"，宏观审慎监管框架的建立与完善已经成为我国金融改革发展的核心议题。

金融监管协调部际联席会议制度的建立是中国宏观审慎监管的又一次重要尝试。 2013 年 8 月，国务院对中国人民银行报送的《关于金融监管协调机制工作方案的请示》做出批复，同意建立由中国人民银行牵头、中国银监会、中国证监会、中国保监会和国家外汇管理局参加的金融监管协调部际联席会议制度，必要时可邀请国家发改委、财政部等有关部门参加。 从国务院赋予联席会议的职责和任务看，部际联席会议实际上是为满足宏观审慎决策及监管的需要，在货币当局以及金融监管机构之间构建的协调组织。　其主要职责包括货币政策与金融监管政策之间的协调、金融监管政策和法律法规之间的协调、维护金融稳定和防范化解区域性系统性金融风险的协调、交叉性金融产品和跨市场金融创新的协调、金融信息共享和金融业综合统计体系的协调等。　部际联席会议办公室设在中国人民银行，通过季度例会或临时性会议等方式履行工作职责。　这是首次明确金融监管协调部际联席会议制度由中国人民银行牵头，中国人民银行行长担任联席会议召集人。　中国人民银行在宏观审慎的专业角度、全局视野等方面比其他监管机构更具优势，可以看出，中国人民银行在宏观审慎监管政策中的主导地位已经开始显现。　除上述机制，有关金融稳定和宏观审慎监管政策的讨论，国家还设立了多种机制和渠道。　例如，国务院总理可以临时主持召开高级别会议，就某些重要的金融问题进行讨论和决策；国务院常务会议也会就金融安全、金融稳定问题进行决策。　此外，中国人民银行设立了货币政策委员会，成员包括财政部、国家发改委以及银行、证券和保险等监管机构。　在例会中，系统性金融风险、宏观审慎监管政策走向也会成为其议题。

　　我国金融体系属于典型的银行主导型模式。　在经济发展实践中，系统性风险主要来自银行或与银行业务相关的领域，所以银行业监管不可能像非银行业监管那样完全独立于中国人民银行，而中央银行履行金融稳定的职能也需要银行业监管部门相协调。　而且，中国人民银行是市场流动性的最后提供者，必须对信贷市场和信用总量进行管理和控制，这就决定了中国人民银行具有对系统重要性的监督管理权。　此外，与专业监管机构不同，中央银行的监管着眼于整个金融领域，负责监管整个金融体系的系统性风险，特别是跨市场、跨行业的风险，这也需要赋予中国人民银行监管所有系统重要性金融机构的权力。　2017年7月7日，中国人民银行在《中国金融稳定报告（2017）》中再次强调了其在宏观审慎政策制定中的重要性，并提出了三种宏观审慎政策框架组织结构模式：一是将宏观审慎管理职责赋予中央银行，由央行董事会或行长做出决策，如果监管机构独立于央行之外，则需要建立跨部门的协调机制（加上财政部）；二是将宏观审慎管理职责赋予央行内设的专门委员会，这一做法有利于防范央行的双重职能（货币政策和宏观审慎政策）间的潜在冲突，同时也可以允许微观审慎监管部门的代表及外部专家参与政策制定；三是将宏观审慎管理职责赋予一个独立于央行之外的跨部门委员会，通过政策协调、信息共享、共同研究系统性风险的方式来制定和实施宏观审慎政策。

2017 年 7 月，第五次全国金融工作会议宣布设立国务院金融稳定发展委员会，旨在加强金融监管协调、补齐监管短板。 第五次全国金融工作会议闭幕后，中国人民银行召开会议，提出中国人民银行要"履行好国务院金融稳定发展委员会办公室职责，加强金融监管协调"。 2017 年 11 月，经党中央、国务院批准，国务院金融稳定发展委员会成立，强化了中国人民银行宏观审慎管理和系统性风险防范职责，强化了金融监管部门监管职责，确保了金融安全与稳定发展。 作为国务院统筹协调金融稳定和改革发展重大问题的议事协调机构，国务院金融稳定发展委员会主要职责是：落实党中央、国务院关于金融工作的决策部署；审议金融业改革发展重大规划；统筹金融改革发展与监管，协调货币政策与金融监管相关事项，统筹协调金融监管重大事项，协调金融政策与相关财政政策、产业政策等；分析研判国际国内金融形势，做好国际金融风险应对，研究系统性金融风险防范处置和维护金融稳定重大政策；指导地方金融改革发展与监管，对金融管理部门和地方政府进行业务监督和履职问责等。 国务院金融稳定发展委员会上述功能定位与职责分工对宏观审慎监管职能的确定具有重大现实意义：扭转了金融监管体制各自为政、各自为战的局面，消除了各种监管纷争，形成了高度一致的金融监管力量，确保了党中央、国务院各项金融政策正确贯彻落实到位，遏制各种金融乱象，推动金融业不断走向规范发展之道。 而且，通过国务院金融稳定发展委员会进行协调，实质上进一步强化了中国人民银行宏观审慎监管政策职能，可以使中国人民银行主导研究、构建的宏观审慎监管政策通过国务院金融稳定发展委员会得以贯彻、落实，提升了宏观审慎政策的现实效果。

2018 年 3 月，《国务院机构改革方案》公布，根据该方案，中国银监会与中国保监会正式合并为中国银行保险监督管理委员会，同时原中国银监会、原中国保监会拟定重要法律法规草案和审慎监管基本制度的职责划入中国人民银行,体现了中国人民银行在金融监管体系地位的进一步提升,中国人民银行的宏观审慎监管职能得到进一步强化。 金融监管的新格局也在逐渐形成,新成立的中国银行保险监督管理委员会的职能更侧重于行为监管领域,中国人民银行则在国务院金融稳定发展委员会的统领下履行宏观审慎监管职能。 至此,中国人民银行的宏观审慎监管职能得以进一步明确和集中。

第四节　宏观审慎政策与货币政策的协调

2008 年的国际金融危机后,宏观审慎政策成为全球范围内金融监管和宏观调控框架改革的重心。 全球主要经济体都认识到货币政策配合传统的微观审慎监管框架并不必然能维持金融稳定,而且具有宏观调控功能的货币政策本身具有顺周期性,微观审慎监管很难起到平抑系统性风险的功能,个体金融机构的稳定性并不意味着系统稳定,需要从宏观的、逆周期的视角运用审慎政策工具有效防范和化解系统性金融风险,从整体上维护金融稳定。 货币政策与宏观审慎政策的配合与协调问题成为全球金融监管实践和专家学者研究与思考的焦点问题。

货币政策与宏观审慎监管的具体目标虽然不同,但根本目的是一致的,即保持一国经济、金融的稳定并促进两者协调健康发展。 货币政策与宏观审慎监管紧密相连,二者相互补充、相互促进。 银行系统是货币政策传导的主要渠道,银行体系的稳健程度关系到货币政策的实施效果。因此,货币政策有必要考虑更长期的币值稳定、资产价格稳定和金融市场稳定之间的关系问题,将币值稳定和系统性风险的防范结合起来。 中央银行通过履行宏观审慎监管职能,可以更好地了解金融体系和金融市场的运行情况,提高中央银行的货币决策能力,同时,通过逆周期的宏观审慎政策对货币政策的传导进行调节,在保持经济平稳运行的基础上,为金融体系稳定运行提供保证。 可见,宏观审慎政策与货币政策的目标具有一致性,都是关注宏观经济领域的问题,防止金融危机对宏观经济造成冲击，以及经济波动过大对金融体系造成威胁。

长期以来，我国宏观调控主要依靠货币政策操作来完成既定管理目标，货币政策在促进经济增长的同时也积极兼顾控通胀等多重目标，但近年来，在货币政策的实施过程中，也客观上产生了一些问题，如影子银行扩张、资金空转等，这些问题影响了货币政策支持实体经济发展的政策效果，并给金融体系的运行带来一定潜在风险。近些年来，由于金融创新加快和金融混业经营加速，各类金融衍生品层出不穷，金融市场的发展和产品叠加，客观上加大了金融市场风险，也使得系统性风险在增加。本轮金融危机后，我国开始注重发挥宏观审慎政策对金融稳定的作用。

我国较早就开始构建具有宏观审慎政策功能的监管框架，在宏观审慎政策实践的同时，也积累了货币政策与宏观审慎政策协调的经验。金融危机后，随着宏观审慎概念得到重视，货币政策与宏观审慎政策的协调问题就成为金融监管改革的关键问题。中国人民银行早在 2009 年年中即开始研究丰富宏观审慎政策工具，并开始研究、探索货币政策与宏观审慎政策的协调问题。2011 年，中国人民银行开始实施差别准备金动态调整机制，对信贷投放实施宏观审慎管理，差别准备金动态调整机制实质上就是兼具货币政策与宏观审慎政策双重功能的政策工具，具有货币政策与宏观审慎政策协调的因素。2016 年起，中国人民银行又将差别准备金动态调整和合意贷款管理机制"升级"为宏观审慎评估体系（MPA）。自此将更多金融活动和资产扩张行为纳入宏观审慎管理，从资本和杠杆、资产负债、流动性、定价行为、资产质量、跨境业务风险、信贷政策执行七大方面对金融机构的行为进行多维度引导。货币政策与宏观审慎政策协调的内容更加丰富、层次更加深入。

理论上，货币政策作为总需求管理工具，致力于物价稳定和经济增长，但在维护金融稳定方面有明显的局限性；宏观审慎政策能够直接作用于金融体系本身，抑制盲目扩张和顺周期行为，防范系统性风险，维护金融稳定。货币政策与宏观审慎政策相互配合，有助于最大限度地激发政策协同效应，覆盖货币政策与微观审慎监管之间的空白区域。在实践中，宏观审慎政策的优势在于"结构性调控"，即针对局部领域的失衡进行有针对性的调控，而货币政策的优势则在于"总量调控"，即维持一个总体稳定的货币金融环境。在特定的经济阶段，面对日益严重的金融失衡，必须考虑使用货币政策进行总量调节。如果当经济过热迹象已经出现时，货币政策仍然放任信贷闸门开得很大，那么，任何后续的宏观审慎工具都难以奏效。换言之，宏观审慎政策的结构性调节优势必须以适当的货币总量调节为基础。事实上，只有在运用货币政策来防止整体金融过剩的基础上，宏观审慎政策工具才能更加从容地发挥结构性调控功能。因此，成功而有效的货币政策和宏观审慎政策能够互相增强和彼此促进。货币政策和宏观审慎政策的协调配合，有助于抑制资产价格过度波动对金融稳定带来的不确定性。货币政策可以通过影响经济主体关于杠杆率、资产负债总量和结构的决策对资产价格乃至金融稳定产生一定影响。稳健的货币政策有助于保持流动性合理适度，为维护价格和产出稳定、金融稳定营造适宜的货币金融环境。实施宏观审慎政策，可与货币政策形成补充，两者发生协同效应，有利于防止资产价格泡沫化趋势。

2016年，中国人民银行发布的《2016年第四季度中国货币政策执行报告》明确提出，防止资产价格泡沫离不开宏观审慎政策和货币政策的配合，需更好地发挥"货币政策＋宏观审慎政策"双支柱政策框架的作用。《报告》在阐述货币政策操作、资产价格与货币政策关系、防控金融风险等问题时，多次提到"双支柱政策框架"。这是我国金融监管层第一次提出"双支柱政策框架"。构建"货币政策＋宏观审慎政策"双支柱的宏观政策框架，可以更好地维护币值稳定和金融稳定。此后，"货币政策＋宏观审慎政策"双支柱政策框架的理论与实践不断推向深入，宏观审慎政策已成为货币政策调控的重要支持，货币政策也有利于宏观审慎政策更好地防范系统性金融风险，以实现互补和促动。

从实践看，"货币政策＋宏观审慎政策"双支柱政策框架已经发挥出重要作用。实施稳健的货币政策，为供给侧结构性改革营造了适宜的货币金融环境。而不断完善和实施宏观审慎政策，既为稳健货币政策的实施和有效传导提供了有力支持，又在防范化解金融风险方面发挥了重要作用。 近年来，我国特别重视加强对房地产金融市场的宏观审慎管理，综合运用贷款价值比（LTV）、债务收入比（DTI）等工具对房地产信贷市场进行逆周期调节。 在总结经验的基础上，进一步改进房地产调控，强调因城施策原则，在国家统一政策的基础上，由各省级市场利率定价自律机制结合所在城市实际自主确定辖内商业性个人住房贷款的最低首付比例。 货币政策在保持流动性合理适度的同时，也更加注重抑制资产泡沫和防范经济金融风险。 针对当前我国房地产市场实际，需要继续完善宏观审慎政策，更加充分地发挥"双支柱政策框架"的作用，加强和改善房地产金融市场的调控管理，促进房地产市场平稳健康发展。 事实上，"货币政策＋宏观审慎政策"双支柱政策框架增强了金融宏观调控的前瞻性和有效性，维护了金融稳定，为稳增长、促改革、调结构、惠民生、防风险等各项工作提供了良好的货币金融环境。

2016 年末召开的中央经济工作会议提出要把防控金融风险放到更加重要的位置，着力防控资产泡沫，确保不发生系统性金融风险；同时，强调货币政策要保持稳健中性，适应货币供应方式新变化，调节好货币闸门，努力畅通货币政策传导渠道和机制，维护流动性基本稳定。 会议对货币政策与宏观审慎政策均提出了要求，而两者目标的同时实现也必然要求货币政策与宏观审慎政策能够有效地协调，所以其本质上是对"货币政策＋宏观审慎政策"双支柱政策框架提出了明确的要求。 2017 年 10 月，党的十九大报告明确要求，健全货币政策与宏观审慎政策双支柱调控框架。 这是第一次将"货币政策＋宏观审慎政策"双支柱调控框架写入中央文件之中，实际上确立了中国人民银行集维护币值稳定和金融稳定职责于一身的定位，这是 2008 年全球金融危机以来，中国金融监管结合国内外经验教训逐步改革、创新形成的成果。 2017 年 11 月，中国人民银行在《2017 年第三季度中国货币政策执行报告》中专门开辟了专栏剖析双支柱调控框架。 报告称，健全宏观审慎政策框架，并与货币政策相互配合，能够更好地将币值稳定和金融稳定结合起来，并表示要健全货币政策和宏观审慎政策双支柱调控框架，深化利率和汇率市场化改革，进一步完善调控模式。 2017 年，第五次全国金融工作会议特别强调了"货币政策

＋宏观审慎政策"双支柱政策框架，并宣布设立国务院金融稳定发展委员会，做出了统一货币政策和宏观审慎政策、加强顶层政策协调的重要制度安排，标志着"货币政策＋宏观审慎政策"双支柱政策框架正式在组织机构设置安排上得到确定，作为"货币政策＋宏观审慎政策"双支柱政策框架的决策主体，国务院金融稳定发展委员会级别更高、职能更全面、决策程序更高效。 我国"货币政策＋宏观审慎政策"双支柱政策框架逐步完善，并发挥出越来越重要的作用。

随着国内外经济和金融形势的复杂变化、供给侧结构性改革的不断深化，"货币政策＋宏观审慎政策"双支柱政策框架的内涵和外延将不断探索和完善，可以更好地融入国家宏观经济调控体系中去，更充分地发挥好金融宏观调控框架的积极作用，以此维护金融安全稳定，着力防控资产泡沫，牢牢守住不发生系统性金融风险的底线，促进国民经济持续健康发展。 可以预见，在不久的将来，特别是在监管职能的资源进一步整合之后，在实施重要的宏观金融调控时，我国将形成货币政策、宏观审慎政策和其他金融政策统一决策、密切配合的宏观调控新格局，而这必将极大地提高决策效率和政策实施的效果。

第五节　小结

当前国内的经济金融运行态势决定我们要突出强调双支柱调控框架。目前，我国的经济金融运行总体平稳，但是在金融业迅速发展的过程中，随着金融创新的加快，尤其是互联网技术在金融业务中的广泛应用，金融风险的表现形式、传播速度、对社会经济的影响程度与以往大不相同。各种金融风险事件时常出现，虽然没有出现系统性金融风险，但这些金融风险事件不仅破坏了金融秩序，也损害了社会公众的利益。 在这种情况下，仅依靠维护币值稳定以促进经济发展的货币政策框架，并不能完全实现社会经济金融的平稳健康发展，系统性金融风险仍有爆发的可能，这就需要依靠货币政策来调控金融运行，在保持物价稳定之外，还需从宏观层面增加对金融业的整体运行态势乃至金融业的风险偏好的关注和监管。

逆周期监管的宏观审慎管理政策能够对货币政策运行造成的资产价格波动有所修正，为货币政策更有效地发挥作用创造环境，同时也可避免仅依靠货币政策直接调控资产价格可能带来的过度调整。因此，制定和完善宏观审慎管理政策有利于调控金融运行的顺周期现象，有利于控制好跨市场、跨产品、跨机构风险的传染和扩散，有利于弥合监管部门之间因分工不同而形成的缝隙。

在宏观审慎政策工具方面，由 MPA、跨境资本流动宏观审慎政策工具、贷款价值比（LTV）等宏观审慎政策工具构成的政策框架能够有效地应对金融市场在时间维度和跨市场维度的风险冲击，对房地产等局部市场的调控效果也十分显著，可以防范金融系统性风险的爆发，维护金融体系的稳定。可以预见，随着金融创新的不断加快、风险传导复杂性的增加，可能出现规避监管的金融创新，对宏观审慎政策工具也提出了更高要求，我国宏观审慎政策工具创新改革的步伐也将加快。因此，我国应加快探索针对高杠杆、资产期限错配等的政策工具。此外，针对国外央行量化宽松、负利率、加息、资产负债表调整等可能带来的负面溢出效应的冲击，我国也要做好政策工具的研究和储备。例如 MPA，目前我国的 MPA 还主要针对商业银行等领域的金融机构，未来宏观审慎政策工具将着重于跨行业、跨市场、跨国界的金融风险，将更多的金融产品纳入监管范围，实现监管对象的全覆盖。

从监管职能主体来看，虽然经过改革，目前我国金融监管体系已经形成了"一委一行两会"的金融监管格局，中国人民银行在国务院金融稳定发展委员会的统领下履行宏观审慎政策职能，中国银保监会、中国证监会主要执行微观审慎监管职能，并配合宏观审慎政策职能的执行。但具体协调机制仍在建立和完善中，交叉监管、监管不足和监管越位等问题依然存在，监管职能的分工和协调尚不明确。我国的宏观审慎政策框架仍需要尽快实现功能监管，对具有相同功能和业务属性的金融产品和金融服务，逐步建立统一的监管标准，打造"穿透式"监管体系，压缩套利空间，同时强化金融监管协调，加快金融监管体制改革，在跨行业、跨市场交叉性金融监管方面尽快取得突破。更重要的是，在此基础上，加快相关法律的制定与修订，尽快以法律形式明确中国人民银行对宏观审慎政策的职权范围，明确各监管机构的职责分配、监管效力及信息采集、共享等问题，加快对创新型金融市场的监管响应，牢牢守住不发生系统性风险的底线。

从双支柱政策框架角度来看，目前我国的双支柱政策框架仍处于起步探索阶段，在具体协调中逐渐积累了一定的经验，但随着宏观审慎政策工具的创新，对双支柱政策框架的更新与完善提出了新的挑战。因此，在中国人民银行发挥金融管理主体职能的框架下，需要进一步细化货币政策与宏观审慎政策的作用范围，明确中央银行内部具体实施部门之间的权限以及完善配合的协同机制。在制定货币政策时，兼顾宏观审慎政策考量，明确两者的联系及相互影响，实现政策的前后衔接和相互补充。同时，厘清政策边界，增强靶向调控能力。当货币政策的实施受汇率制度、资本流动以及不完善的政策传导机制等因素影响时，也可以使用宏观审慎政策作为补充。

结语——中国金融改革开放发展展望

改革开放的四十年里，中国人民凭借一股逢山开路、遇水架桥的闯劲，凭着一股滴水穿石的韧劲，成功走出一条中国特色社会主义道路，创造了中国奇迹。 2018 年是改革开放四十周年，也是决胜全面建成小康社会、实施"十三五"规划承上启下的关键之年。 站在划时代的历史节点上，我们回首和思考过去，总结和汲取改革开放的宝贵经验；我们展望未来，改革开放的巨轮将继续扬帆致远航，再创新的辉煌。

40 年来，我国在探索中国特色社会主义的道路上逐梦而行、砥砺奋进，经济发展取得举世瞩目的成就，堪称世界的奇迹。 对比 1978 年和 2017 年的经济数据，可以直观感受到 40 年来的发展硕果：我国 GDP 从 1978 年的 0.3645 万亿元增长到 2017 年的 82.7 万亿元；人均国内生产总值从 1978 年的 385 元增长到 2017 年的 59660 元，年均增长约 9.5%，已经达到中等偏上收入国家水平；城镇居民人均可支配收入和农村居民人均可支配收入分别从 1978 年的 343.4 元、133.6 元提高到 2017 年的 36396 元、13432 元；农村贫困发生率从 1978 年的 97.5% 大幅度下降到 2017 年的 3.1%，远低于世界平均水平；对世界经济增长贡献率超过 30%，成为世界经济稳定复苏的重要引擎。 一个 13 亿多人口的超大规模经济体，40 年改革开放劈波斩浪，实现了起飞、转型到跨越的"惊人一跃"，在人类社会发展史上被世人称作"中国奇迹"，中国成为世界经济的发动机和稳定器。

金融是国之重器，是现代经济的核心，是实体经济的血脉，是推动经济平稳健康发展的重要力量。 金融要发展，改革是动力，中国金融业在改革开放 40 年来取得了辉煌的成就。 特别是党的十八大以来，金融重要领域和关键环节改革取得重大进展：宏观调控政策框架逐步完善，金融机构健康性明显提升，金融双向开放不断扩大，为实体经济健康发展提供了有力支撑。 随着我国经济进入新常态，金融业发展与创新步伐加快，金融体系复杂度、开放度越来越高，不少风险挑战也随之而来，迫切需要深化金融改革。 党中央、国务院始终遵循经济和金融发展规律，不断增强金融服务实体经济能力，持续深化金融改革创新，推动我国金融业改革发展沿着正确方向顺利前行。

一 金融改革开放四十年取得的成就

(一)现代金融体系层次不断丰富

改革开放以来我国经济快速发展，融资需求日趋多样化，金融机构和金融市场的服务范围也需要相应丰富拓展。 2003 年党的十六届三中全会明确提出要"建立多层次资本市场体系，完善资本市场结构，丰富资本市场产品"，党中央和国务院更加意识到金融体系多元化的重要意义，十九大报告也强调要提高直接融资比重，促进多层次资本市场健康发展。 近年来，党中央和国务院针对促进金融机构多元化、金融产品多样化和建设多层次金融市场，采取了一系列相应的改革举措。 全面推动由债券市场、股票市场、货币市场、外汇市场、黄金市场为主的，分层有序、互为补充的金融市场体系，并积极进行政策性金融、开发性金融、互联网金融等多样化探索和尝试，金融体系迈向多元化阶段。 与此同时，金融机构类型也在逐步丰富，在继续推动银行、证券、信托、保险等机构发展的同时，积极引导互联网金融、风险投资基金、产业投资基金、私募股权投资基金、财富管理、资产管理等机构规范发展，构建传统金融和新型金融相互补充、相互促进的发展格局。 我国当前的金融改革发展呈现多元化的特点，随着金融市场体系的复杂化、多元化，金融监管也将逐步迈向专业化。

(二)利率、汇率市场化改革成效显著

我国的利率市场化改革始于 20 世纪 90 年代中期，并在随后的十余年

间不断完善。 近年来，我国利率市场化改革深入推进，经历了一系列改革之后，中国人民银行在 2015 年 10 月宣布存款利率上限放开，利率市场化改革迈出了具有里程碑意义的关键一步。 但目前的存贷款基准利率仍然由央行制定，意味着利率市场化尚未彻底完成。 未来可逐步简化和归并央行公布的商业银行存贷款基准利率体系，并最终取消货币当局公布商业银行存贷款基准利率的做法，赋予商业银行自行确定存贷款利率的权力。 利率作为货币政策的工具，未来的利率市场化改革，要围绕如何提高央行调控市场利率的效果开展。

人民币汇率市场化改革也取得了阶段性成果。 1994 年实现官方汇率和外汇调剂市场汇率并轨，开始实行以市场供求为基础的、单一的、有管理的浮动汇率制度，奠定了人民币汇率市场化制度基础；2005 年 7 月 21 日，对人民币汇率中间价形成机制进行完善，引入了"一篮子货币"调节因素，不再盯住单一美元，实行以市场供求为基础的、参考一篮子货币进行调节的、有管理的浮动汇率制度；2015 年 "8·11" 汇改对汇率中间价报价机制进行了进一步调整，构建起 "收盘价 + 一篮子货币调整" 的中间价形成机制，使得人民币汇率中间价更加真实地反映当期的市场外汇供求，汇率形成机制更趋于市场化。 经过十余年的改革探索，央行基本退出常态外汇干预，人民币汇率弹性显著增强，金融机构自主定价和风险管理能力不断提高，汇率市场化稳步推进。 未来人民币汇率形成机制改革应继续按照 "主动性、可控性和渐进性" 原则，在保持人民币在合理均衡水平上基本稳定的同时，增强其汇率弹性，扩大波动幅度；引入多元主体，发展外汇市场，不断创新外汇产品；深化外汇管理改革，有效合理地调节市场供求关系，为汇率机制改革提供良好的市场环境。

（三）人民币国际化和资本项目可兑换实现新突破

国际金融危机之后，全球经济动荡、货币不稳、市场对美元信心不足，国际社会对人民币的欢迎程度超出预期。 因此中国人民银行按照党中央、国务院的部署，沿着 "逐步使人民币成为可兑换货币" 的长期目标，进一步减少行政和政策管制。 2009 年 7 月上海和广东四市跨境贸易人民币结算试点启动之后，人民币国际化取得了一系列积极成效，2017

年成为第五大国际支付货币。 2015 年 11 月 30 日 IMF 执董会认定人民币为可自由使用货币，决定将人民币加入 SDR 货币篮子，并于 2016 年 10 月 1 日正式生效，是人民币国际化的重要里程碑事件。

我国于 1996 年实现经常项目可兑换，资本项目可兑换由于亚洲金融风暴的爆发导致 2003 年才被再次提上日程，而且进程比较缓慢。 2008 年国际金融危机之后，党中央、国务院对资本账户可兑换的提法开始出现积极变化，我国资本项目可兑换取得了重大进展。

2012 年底以来，我国不断简化和改进贸易投资外汇管理，优化业务流程，促进贸易投资便利化。 2012 年底，在北京、上海开展跨国公司外汇资金集中运营管理试点，并于 2014 年推广至全国范围内。 2013 年资本项目信息系统在全国范围内顺利推广上线，为逐步实现从事前审批向事后监测转型和进一步简政放权提供了手段。 2015 年外商投资企业外汇资本金意愿结汇政策推广至全国。 上海、天津等自贸区资本项目可兑换深入推进。 银行间债券市场和银行间外汇市场对外开放度不断提高，境外投资者进入债券市场和外汇市场更加便利。 跨境资金流动宏微观审慎管理不断完善，为资本和金融账户开放奠定了制度基础。 在 IMF 资本和金融项目交易分类标准下的 40 个子项中，我国已经拥有 37 项达到可兑换和部分可兑换。 在资本和金融账户稳步开放下，不仅经常账户"失真"得以部分缓解，而且有助于增加资本流动的透明度，方便对资本流动进行规范管理。 资本和金融账户开放的稳步推进，有助于推动人民币投资交易货币和储备货币职能的发展，有利于提高中国金融领域双向开放水平，为人民币国际化的稳步发展奠定基础。

鉴于我国经济增速已趋势性的放缓，经济主体境外投资和资产配置需求持续增强，以及成本和资产价格仍在升高，未来资本和金融账户需要审慎推进，有序实施。 未来可先基本开放直接投资，有必要限制非理性的对外直接投资；先基本放开外来资金对境内资本和金融市场的投资，逐步放开境内对外资本和金融市场的投资；先加快法人兑换外汇的开放，逐步提高自然人的可兑换水平；先基本放开长期借贷的货币兑换，逐步放开短期借贷的货币兑换。

(四)宏观金融监管调控体系不断完善

在"一行三会"金融监管调控框架下，央行主要通过货币政策进行宏观调控，而"三会"负责更为具体的对应行业内监管，起到广义的微观审慎监管作用。 而2008年金融危机的爆发暴露了传统微观审慎监管的内在漏洞，即缺乏对未来宏观经济走向的前瞻性判断、无法在经济过热期主动进行逆周期调控、忽视金融机构的业务关联带来的系统性风险传染。

实践充分表明，面对日新月异的金融市场发展和金融创新，仅仅依靠传统的宏观调控和监管工具，已经很难确保金融体系的长期稳定，必须根据金融体系发展的新形势和新特点构建新的金融宏观调控体系框架。 为了进一步健全金融监管调控体系，2017年十九大报告中提出"健全货币政策和宏观审慎政策双支柱调控框架……健全金融监管体系，守住不发生系统性金融风险的底线"，央行在《2017年第三季度中国货币政策执行报告》中再次强调了未来货币政策与宏观审慎政策双支柱调控框架，预示着我国宏观调控和金融监管将逐步进入"货币政策+宏观审慎政策"的双支柱时代。 在保持货币政策稳健中性的背景下，宏观审慎监管框架的不断强化表明了政府对金融系统性风险的重视，守住不发生系统性风险是宏观调控的底线。 在双支柱框架下，货币政策和宏观审慎政策将协调配合助力去杠杆平稳推进，同时避免货币政策和监管政策的叠加对市场造成的冲击，标志着我国宏观金融调控进入一个更加统筹协调的新时代。

中国目前正处在经济和社会大转型、大变革的时代，深刻理解金融宏观调控的当前改革和未来发展，必须将其置于经济社会转型发展的大背景下展开。 基于此远大背景，可以预见，双支柱调控框架只是更为恢宏的金融宏观调控体系改革的一个开端。 中国正在试图构建一个国际领先的金融宏观调控体系框架，这一框架的基本特征是：目标上，金融和实体经济共同稳定、协调发展；结构上，国务院金融稳定发展委员会统筹，中国人民银行和监管部门发挥重要作用；工具上，以目前的双支柱为基础，继续丰富完善政策工具箱——最终形成一个理念领先、制度完善、实践有效的整体调控框架。

二 未来金融改革方向展望

1978～2018 年，中国经历了非凡的 40 年，中国金融改革也栉风沐雨 40 载，取得了辉煌的成绩。 经过一系列改革，中国金融体系的对外开放程度、市场化运作水平和国际金融体系参与度明显跨上一个台阶，金融业国际竞争力、宏观调控能力和风险防控能力显著提升，中国金融体系的适应性、协调性和稳健性稳步加强，为中国金融在下一个五年取得更大的进步提供了良好的条件和坚实的基础。 面向未来，金融市场创新机制的完善、金融市场体系的健全、金融机构国际竞争力的培育、金融业规划和统筹监管能力的提升，以及系统性金融风险防范能力的增强，是中国金融改革进程中面临的重要任务。

(一)扎根于服务实体经济

金融改革要把为实体经济服务作为出发点和落脚点。

第一，要完善金融机构绩效考核体系，从机制上引导金融机构向实体经济倾斜。 鼓励大型银行将资金投往实体经济，鼓励它们开展中小金融机构转贷业务，提高服务实体经济和中小企业的能力。 加强对金融机构落实服务实体经济政策情况的监督，利用非现场监管、现场检查等形式，研究制定出金融机构服务实体经济的相关统计和考核体系，对绩效情况进行量化评价。 在考评体系设置上既重总量又看结构、质量，将制造业、新经济、中小微企业、涉农等分类统计，加大考核权重。

第二，要完善金融生态，加快民营银行、中小银行的发展，促进金融普惠化、便利化。 在深化金融改革过程中，重点发展面向实体经济、面向中小微企业的中小型金融机构，利用科技手段，加快评估、征信、担保、信用体系建设，努力降低资源匹配和交易的成本。 在政策支持层面，对致力于服务实体经济和中小微企业的金融机构，可以通过减税、定向降准等手段鼓励其发展，同时鼓励大型银行设立普惠金融事业部。 发挥政策性金融对实体经济的支持作用，对实体经济中的重点领域和薄弱环节进行重点支持。 应利用政策制定、考核监督等手段加以鼓励和引导，对服务于"三农"、中小微等普惠金融、绿色金融和科技金融，要通过政策性金融手段加以扶持,利用产业基金等将支持和引导的效用不断放大,在政府主导或引导下重新配置金融资源,撬动更多社会资本投入实体经济,提高资源配置效率。

第三,要全面推动资本市场改革,完善多层次直接融资通道。 努力建设直接融资和间接融资相协调的现代金融市场体系。 通过建立再融资制度、发展新三板市场、开放区域性股权市场、发展公司债市场、扩大期货市场以及加强衍生品市场国际化等措施深化资本市场改革,使实体经济在资本市场的融资更为便捷。

(二)始终坚持市场化导向

习近平总书记在2017年第五次全国金融工作会议上强调,金融是现代经济的血液。 金融在现代经济体系的核心地位,源于金融在市场经济中的重要作用,从根本上讲,市场经济就是比较发达的货币信用经济。根据市场经济的一般规律,提高金融资源的配置效率需要市场发挥其决定作用。 当前的市场经济条件下由政府、市场进行资源配置,其中政府配置具有审批、排斥、选择等问题,容易造成资源闲置、浪费等。 经济结构简单、人们需求单一时,政府配置具有简便、高效等优势,但当今社会经济结构以及人们的需求都逐渐复杂化和多样化,政府配置已经无法促进资源配置效率的提高,应该实行市场资源配置的方式。 自1992年党的十四大正式提出"建立社会主义市场经济体制"目标以来,中国金融改革始终坚持市场化导向。 党的十八大以来,中国经济进入新常态,中国特色社会主义进入新时代,市场在资源配置中发挥的作用不断提升,从"对资源配置起基础性作用"向"在资源配置中起决定性作用"转变。 作为现代经济的血脉,金融和各经济部门的资金配置的联系更加紧密,对后续其他资源分配的作用更大、更明显,在转变发展方式、优化经济结构和生产要素组合、提升全要素生产率、转换增长动力方面发挥的作用也越来越大、越来越突出。

目前,我国利率市场化改革、人民币汇率形成机制改革、银行业市场化改革等已初见成效,人民币国际化和金融业双向开放取得积极进展,多层次资本市场体系建设稳步推进,资本项目可兑换、民营银行试点等改革工作也在扎实开展。 这些成绩的取得充分表明,坚持金融业改革创新的市场化方向符合金融业发展一般规律,是推动金融业发展适应社会主义市场经济的重要实践经验,也是做好下一阶段金融工作的必然选择。

(三)持续发挥创新驱动力

创新是引领经济社会转型发展的第一驱动力,是"十三五"期间确保经济结构战略性调整的根本支撑,也是提高综合国力与国际影响力的关键因素,因此,必须依靠金融体制与金融服务的改革创新,加快形成有利于实体经济发展的投融资环境,提高金融服务效率。 而加快金融创新发展必须进一步落实金融体制与金融产品两个层面的创新发展战略。

金融科技与互联网金融是我国金融改革创新的重要成果,从2005年发展至今,已超过了13年的发展历程。 相对于传统金融机构发展的历史长河,金融科技的发展周期尚短,但同时也得到了政策支持,如"互联网+"、普惠金融等一系列国家发展战略。 目前,我国已形成较为完整的互联网金融生态,但在发展初期,一度处于监管缺位的状态。 直到2016年,我国正式成立中国互联网金融协会开始,金融监管层持续加强对网贷行业的监管力度,严防金融乱象发生。 2016年是我国正式出台网络借贷监管法律实施细则的第一年,此后,2017年我国密集出台互联网金融相关业务的管理政策文件,因此2017年也被称为互联网金融史上的"合规之年"。 总体来看,在过去的十余年时间中,我国互联网金融行业经历了由"无序扩张"到"合规管制"的发展历程,涌现出宜人贷、拍拍贷、乐信等上市公司,是对我国传统金融业的有效补充与完善,金融业态加快变革进程。 以大数据、云计算、区块链、人工智能为代表的新一代信息技术不断实践着"技术+金融"的开拓,继而使金融业态的效率和服务得以质变式的提升。

(四)有序扩大金融对外开放

过去40年中国经济发展是在开放条件下取得的,未来中国经济实现高质量发展也必须在更加开放的条件下进行。 扩大金融业对外开放是我国对外开放的重要方面，党中央、国务院高度重视金融业对外开放相关工作。 党的十九大报告明确指出，要推动形成全面开放新格局，大幅度放宽市场准入，扩大服务业对外开放。 2018 年《政府工作报告》指出，要促进外商投资稳定增长。 其中针对金融领域的开放，包括有序开放银行卡清算等市场，放开外资保险经纪公司经营范围限制，放宽或取消银行、证券、期货、金融资产管理公司等外资股比限制，统一中外资银行市场准入标准等。

事实上，这些年中国金融开放的脚步从未停歇：从金融机构"引进来"与"走出去"，到人民币国际化程度与日俱增，从合格境外机构投资者、合格境内机构投资者等渠道的建立，到"沪港通""深港通"的推出，金融业与世界经济的交融不断加深。 同时，由于采用渐进式的开放次序，中国在开放过程中趋利避害，有效防范和化解了外部冲击风险，避免了 1998 年亚洲金融危机、2008 年全球金融危机的冲击，较为充分地享受了对外开放带来的好处，是少数几个没有发生过严重国际支付危机的主要新兴市场和发展中国家之一。 2013 年，习近平总书记提出"一带一路"倡议，以互联互通为着力点，促进生产要素自由便利流动，打造多元合作平台，实现共赢和共享发展。 此举在促进沿线国家经济大融合、发展大联动、成果大共享的同时，也使中国内陆地区突破了地理困局，从开放的"末梢"一跃转为开放的"前沿"，推动我国形成陆海内外联动、东西双向互济的开放新格局。

（五）健全货币政策和宏观审慎政策双支柱调控框架

党的十九大报告中提出，"健全货币政策和宏观审慎政策双支柱调控框架"，这是对宏观调控框架的一次重大理论创新。 健全双支柱调控框架符合我国当前经济金融运行的态势要求。 尽管我国目前金融运行情况总体平稳健康，但各类直接、间接从事金融业务的机构越来越多元化，加之金融创新加快，尤其是随着互联网技术在金融业务中的广泛应用，金融风险的表现形式、传播速度、影响程度出现新的变化，仅仅依靠以"在保持币值稳定的基础上促进经济发展"为目标的货币政策进行调控，难以完全实现经济与金融的平稳健康发展。 我国最近几年物价基本稳定，但各种形式的金融风险事件依旧层出不穷。 因此，除了保持物价稳定，在微观上对各个金融机构的经营行为、运作方式实施监管之外，还需要从宏观层面上增加对金融业整体运行态势乃至风险偏好的关注和监管，调控金融运行的顺周期现象，控制跨市场、跨产品、跨机构的风险传染和扩散，作为货币政策的有益补充。

当前，我国正处于全面建成小康社会进而开启全面建设社会主义现代化国家新征程的历史交汇期。 面对新形势新任务，我们必须坚持以习近平新时代中国特色社会主义思想为指导，全面贯彻落实党的十九大精神，深刻总结 40 年来金融业改革发展的经验，紧紧围绕服务实体经济、防控金融风险、深化金融改革三项任务，不断推动我国金融业改革创新与平稳健康发展，有效化解各类金融风险，以优质高效的金融体系推动我国经济高质量发展，为满足人民日益增长的美好生活需要做出更大贡献。

参考文献

巴曙松、杨春波、陈金鑫：《中国不良资产管理行业的发展新趋势》，《当代金融研究》2018 年第 3 期。

贝恩公司、招商银行：《2017 中国私人财富报告》，北京，2017。

曹宇：《在 2016 年城市商业银行年会上的总结讲话》，2016 年 9 月。

戴国强：《论我国货币市场发展的目标和路径》，《经济研究》2001 年第 5 期，第 38 ~ 44 页。

第一财经：《万亿规模村镇银行将迎大变局》，2018 年 1 月。

第一财经研究院、国家金融与发展实验室、东航金融：《中国金融风险与稳定报告(2016)》，中国金融出版社,2016。

董希淼、吴琦、王丽娟：《资管新规细则对银行的影响》，《中国金融》2018 年第 15 期，第 49 ~ 50 页。

郭田勇：《供给侧改革实践需要货币政策保驾护航》，《金融时报》2017 年 4 月 24 日，第 2 版。

郭田勇：《关于中国金融监管框架构建的思考》，《清华金融评论》2016 年第 1 期，第 50 ~ 53 页。

郭田勇：《金融宏观调控转变的方向与重点》，《行政管理改革》2015 年第 11 期，第 65 ~ 68 页。

郭田勇：《金融监管改革影响深远兼顾提升效率与防范风险》，《金融时报》2018 年 4 月 17 日，第 2 版。

郭田勇：《金融监管框架改革需找准着力点》，《上海证券报》2016

年1月13日，第A01版。

郭田勇：《新形势下我国货币政策进退有据之道》，《中国金融家》2017年第8期，第86页。

郭田勇、杨帆：《金融助力供给侧改革》，《中国金融》2018年第8期，第95～96页。

贾瑛瑛：《金融资产管理公司二十年——访中国长城资产管理股份有限公司总裁周礼耀》，《中国金融》2018年第12期。

蒋定之：《我国银行业改革发展三十年》，《中国金融家》2008年第10期。

李德：《我国转型期宏观调控和金融改革与发展》，《西南金融》2013年第7期，第3～7页。

李扬：《中国金融改革开放30年：历程、成就和进一步发展》，《财贸经济》2008年第11期，第38～52页。

零壹财经·零壹智库：《2017年中国互联网众筹行业报告》，2018。

零壹财经·零壹智库：《互联网消费金融报告》，2016。

零壹财经·零壹智库：《金融科技发展报告2017》，电子工业出版社，2018。

零壹财经·零壹智库：《一站式互联网理财研究报告》，2016。

陆磊主编《金融机构改革的道路抉择》，中国金融出版社，2018。

陆磊、杨骏：《流动性、一般均衡与金融稳定的"不可能三角"》，《金融研究》2016年第1期，第1～13页。

苗永旺、王亮亮：《金融系统性风险与宏观审慎监管研究》，《国际金融研究》2010年第8期，第59～68页。

民生财富、国家金融与发展实验室、东方国信：《2017中国高净值人群数据分析报告》，北京，2017。

牛慕鸿：《金融周期、经济周期与金融宏观调控》，《金融纵横》2018年第5期，第13～18页。

钱小安：《货币市场与资本市场之间的联结机制及其疏导》，《金融研究》2001 年第 9 期，第 67 ~ 73 页。

宋汉光：《中国票据市场：历史回顾与未来展望》，中国金融出版社，2018。

孙祁祥、周新发：《中国保险业四十年嬗变》，《中国金融》2018 年第 10 期。

田书华：《中国证券公司的发展历程及未来发展趋势》，新浪博客，http：//blog. sina. com. cn/s/blog＿51bfd7ca0102x54s. html，最后访问日期：2018 年 10 月 15 日。

田天、张铁彬、宋晓琳：《中国邮政储蓄金融的发展沿革与现状分析》，《高校社科动态》2013 年第 10 期。

汪戎、熊俊：《中国信托业发展 30 年评述》，《云南财经大学学报》2010 年第 1 期，第 86 ~ 92 页。

王光剑、方鹏、杨庆祥：《中国保险业发展的经验：改革开放三十年的总结》，《金融发展研究》2008 年第 11 期，第 71 ~ 74 页。

王广谦、郭田勇：《中国金融改革历程：1978 ~ 2007》，《改革》2007 年第 3 期，第 5 ~ 21 页。

王广谦、郭田勇：《中国经济改革 30 年——金融改革卷》，重庆大学出版社,2008。

王国刚：《供给侧改革中的货币政策》，《中国金融》2016 年第 4 期，第 46 ~ 48 页。

王国刚：《新时代金融监管框架点论》，《中国金融》2018 年第 7 期，第 20 ~ 22 页。

王国静、田国强：《金融冲击和中国经济波动》，《经济研究》2014 年第 3 期，第 20 ~ 34 页。

王国松：《中国的利率管制与利率市场化》，《经济研究》2001 年第 6 期，第 13 ~ 95 页。

王力等编著《国有商业银行股份制改革》，社会科学文献出版社，2008。

王元涛、郭树华：《宏观审慎管理与货币政策协调配合研究》，《技术经济与管理研究》2015 年第 6 期，第 91～95 页。

王兆星：《全面推动银行业高质量发展》，《中国银行业》2018 年第 4 期。

王自力：《金融稳定与货币稳定关系论》，《金融研究》2005 年第 5 期，第 1～11 页。

吴念鲁、郧会梅：《对我国金融稳定性的再认识》，《金融研究》2005 年第 2 期，第 152～158 页。

吴婷婷：《十年风雨兼程证券业涅槃重生》，新浪财经，http://finance. sina. com. cn/stock/stockaritcle/20121108/040113609689. shtml # J_Comment_Wrap，最后访问日期：2018 年 10 月 15 日。

吴晓求：《中国金融监管改革:逻辑与选择》，《财贸经济》2017 年第 7 期，第 33～48 页。

伍劲松：《我国邮政储蓄业务发展策略研究》，硕士学位论文，重庆大学，2006。

武飞：《中国信托业发展的历史演进》，《浙江金融》2013 年第 8 期，第 49～51 页。

肖远企：《系统重要性银行监管框架国际比较与启示》，《中国银行业》2015 年第 6 期。

谢平、邹传伟：《金融危机后有关金融监管改革的理论综述》，《金融研究》2010 年第 2 期，第 1～17 页。

麦肯锡咨询公司：《新规下中国银行业资管业务转型之路》，《新金融》2018 年第 8 期，第 10～14 页。

许华伟：《影子银行体系最新发展趋势及监管启示》，《金融研究》2012 年第 4 期，第 112 页。

杨帆：《货币政策与宏观审慎政策协调模式研究》，硕士学位论文，中央财经大学，2018，第 136～153 页。

佚名：《2002～2012：资本市场十年》，《中国总会计师》2012 年第 11 期，第 150～151 页。

易纲：《货币政策要避免过度宽松》，《财经界》2016 年第 3 期，第

51～52 页。

易纲：《中国改革开放三十年的利率市场化进程》，《金融研究》2009 年第 1 期，第 1～14 页。

易纲、王召：《货币政策与金融资产价格》，《经济研究》2002 年第 3 期，第 13～20 页。

银行业理财登记托管中心：《中国银行业理财市场年度报告》，北京，2008～2017。

尹中立：《我国证券投资基金的发展历程回顾》，《银行家》2008 年第 10 期，第 24～27 页。

余丽霞：《中国证券市场发展的回顾和展望》，《西南金融》2009 年第 9 期，第 19～22 页。

袁吉伟：《信托业监管：十年演进与未来发展》，《金融博览》2017 年第 16 期，第 61～63 页。

曾刚、贾晓雯：《完善公司治理强化股权管理》，《中国银行业》2018 年第 3 期。

张承惠：《中国金融机构改革的成就与未来趋势展望》，《中国发展观察》2008 年第 11 期。

张晓慧：《关于资产价格与货币政策问题的一些思考》，《金融研究》2009 年第 7 期，第 1～6 页。

张晓慧：《宏观审慎政策在中国的探索》，《中国金融》2017 年第 11 期，第 23～25 页。

张在晖：《充分发挥金融资产管理公司的独特功能》，《中国金融家》2017 年第 6 期，第 98～100 页。

赵国君：《中国金融机构改革反思与展望》，《经济论坛》2010 年第 12 期。

赵海宽、郭田勇：《中国金融体制改革 20 年》，中州古籍出版社，1998。

赵娜：《中国四大金融资产管理公司转型思考》，《经济生活文摘月刊》2012 年第 7 期。

郑智：《中国资产管理行业发展报告（2017）》，社会科学文献出版社，2017。

中国保监会：《保险业入世十周年：全面开放互利共赢》，2011。

中国财务公司协会：《中国企业集团财务公司行业发展报告（2017）》，社会科学文献出版社，2017。

中国货币市场的发展和创新课题组：《中国货币市场的发展和创新》，西南财经大学出版社，2015。

中国人民大学信托与基金研究所：《中国信托业发展报告（1979～2003）：中国信托业的过去、现在和未来》，中国经济出版社，2004。

中国人民银行：《中国货币政策执行报告》，北京，2007～2018。

中国人民银行金融稳定小组：《中国金融稳定报告（2017）》，北京，2017。

中国人民银行农村金融服务研究小组：《中国农村金融服务报告（2016）》，中国金融出版社，2017。

中国银监会：《中国银行业对外开放报告》，2007。

中国银行业协会：《中国票据市场发展报告（2015～2016）》，中国财政经济出版社，2017。

中国银行业协会城商行工作委员会：《变革与发展——城市商业银行20年发展报告》，中国金融出版社，2015。

中国证券业年鉴编委会：《2007中国证券业年鉴》（总第十五期）（中册），中国经济出版社，2008。

周小川：《大型商业银行改革的回顾与展望》，《中国金融》2012年第6期。

周小川：《合适的货币政策可为供给侧改革提供更大空间》，《上海证券报》2016年3月7日。

周小川：《新世纪来中国货币政策的主要特点》，《中国金融》2013年第1期，第68～72页。

周小川：《央行行长周小川：政策性金融再定位》（专访），《财经》2015 年第 16 期。

周小川：《中国金融业的历史性变革》，《中国金融》2010 年第
1 期。

周小川：《宏观审慎政策是针对系统性风险的良药》，《金融时报》
2010 年 10 月 22 日。

附录　中国金融改革大事记

1978 年

12 月　中国共产党召开了十一届三中全会，决定全党工作的重点从 1979 年起转移到以经济建设为中心上来。之后，我国以农村为起点，在全国范围内，开始了具有伟大历史意义的经济体制改革。

1979 年

2 月 23 日　国务院发出《关于恢复中国农业银行的通知》。3 月 13 日，中国农业银行正式恢复成立，成为从事农村金融工作的专业银行。

3 月 13 日　中国银行从中国人民银行中分立出来，作为外汇管理专业银行，承办国际结算和外汇信贷业务，同时成立国家外汇管理总局，行使管理全国外汇的职能。

4 月　国务院批转《中国人民银行分行行长会议纪要》，明确提出开展保险业务；11 月，中国人民银行召开全国保险工作会议，决定从 1980 年恢复国内保险业务。

8 月　国务院批准中国人民建设银行从财政部独立出来。

8 月　国务院改革外汇分配制度，决定实行贸易和非贸易外汇留成办法。

10 月 4 日　中国国际信托投资公司经国务院批准成立，是中国第一家信托投资公司。

11 月 19 日　中国人民银行在北京召开了全国保险工作会议，停办 20 多年的国内保险业务开始复业。同年，中国保险学会成立。

1979 年　河南漯河成立了第一家城市信用合作社，揭开了我国城市信用合作社发展的新篇章。

1979 年　日本输出入银行在北京设立第一家外资银行代表处。

1980 年

3 月 11 日　国务院批准从 4 月 1 日和 7 月 1 日起，调整储蓄存款利率和对逾期贷款加收利息。

4 月 7 日　国际货币基金组织通过会议，恢复我国在该组织的合法席位。

5 月　中共中央决定在深圳、珠海、汕头、厦门设立经济特区，将其建设成为我国走向世界的试点窗口，拓展对外的经济交流。

8 月　中国人民银行抚顺支行代理企业发行了股票，意味着股份制的萌芽。

10 月　国家开始办理外汇调剂业务，外汇调剂市场在各地逐步建立。

12 月 5 日　为加强对外汇的管理，国务院常务会议通过《中华人民共和国外汇管理暂行条例》，18 日由国务院发布。

1980 年　我国开始试点票据业务。

1981 年

1 月 1 日　实行两种汇价制度，制定贸易外汇内部结算价，并继续保留官方牌价用作非贸易外汇结算价，即所谓的"双重汇率制"或"汇率双轨制"。

2 月 29 日　国务院颁布《关于切实加强信贷管理、严格控制货币发行的决定》。

3 月 27 日　中国人民银行决定按季在《中国金融》杂志上公布重要的金融统计数据。

4 月 13 日　中国人民银行发出《关于保险公司管理体制的通知》，将保险公司行政建制改为专业公司，实行独立核算。

7 月　财政部从改革开放以来首次发行国库券，揭开了中国证券市场发展的新序幕。

7 月　《中华人民共和国境内机构接受侨资、外资贷款和发行外币债券的暂行管理办法》颁布实施。

7 月　中国国际信托投资公司与国家物资总局共同组建的全国性综合类融资租赁企业——中国租赁有限公司，在国家工商行政管理总局登记注册，是一家全国性非银行金融机构，也是首家全国性金融租赁公司。

8 月 10 日　国家外汇管理总局公布《对外国驻华机构及其人员的外汇管理实施细则》，同时公布《对外汇、贵金属和外汇票证等进出国境的实施管理细则》。

12 月 23 日　国务院批转《中国人民银行关于调整银行存款、贷款利率的报告的通知》。

12 月 31 日　国务院批准《对个人的外汇管理实施细则》，以加强对个人持汇和用汇的管理。

1981 年　南洋商业银行在深圳设立改革开放以来第一家外资银行营业性机构。

1982 年

1 月　中国国际信托投资公司作为第一家境内机构首次在日本成功发行 100 亿日元的武士债券，这标志着国际资本以证券为媒介首次进入中国。

2 月 11 日　国务院批转《中国人民银行关于国内保险业务恢复情况和今后发展意见的报告的通知》，中国保险业逐步发展。

2 月 12 日　中国国际信托投资公司开始施行改革，其引进外资的投资方向将放在对国内现有企业进行改造和适当扩建等提供必要的技术设备。

2月　中国人民银行发出《国务院批转人民银行关于调整银行存款、贷款利率的报告的通知》。

5月　中国人民银行总行对上海市分行提出的《关于恢复票据承兑、贴现业务的请示报告》做了批复，肯定了试点的做法和经验，并在重庆、河北、沈阳等地试办这项业务。

7月14日　国务院批转中国人民银行《关于人民银行的中央银行职能及其与专业银行的关系问题请示》，对中国人民银行行使中央银行职能和任务做了规定。中国农业银行、中国银行和中国人民建设银行为总局级经济单位，各专业银行总行业务上受中国人民银行总行的领导。

8月9日　中国人民银行总行发出通知，决定在国内恢复销售黄金制品。

8月　国家外汇管理总局改称国家外汇管理局，划归中国人民银行领导。

10月26日　中国人民银行与国家计委、财政部、外经贸部联合发出《关于颁布〈关于加强留成外汇额度管理的暂行办法〉的通知》。

1982年　首家外资银行——香港南洋商业银行在我国设立营业性分支机构。

1983 年

1月14日　国务院办公厅发出《关于中国人民建设银行、中国农业银行组织机构问题的通知》。

4月20日　国务院批转财政部《关于建设银行机构改革问题的报告的通知》。

6月15日　为加强对金银生产及销售的管理，国务院发布《中华人民共和国金银管理条例》。

6月25日　国务院批转《中国人民银行关于国营企业流动资金改由人民银行统一管理的报告的通知》；29日，中国人民银行统一管理流动资金会议在北京召开。

7月19日 国务院批准国家外汇管理局《对侨资企业、外资企业、中外合资经营企业外汇管理实施细则》，自8月1日起执行。

9月1日 国务院颁布实施《中华人民共和国财产保险合同条例》，这是新中国成立之后第一部财产保险合同方面的法规。

9月17日 国务院颁布《关于中国人民银行专门行使中央银行职能的决定》，规定"中国人民银行是领导和管理全国金融事业的国家机关"，"成立中国工商银行，承办原来由中国人民银行办理的工商信贷和储蓄业务"。

1983年 中央颁布并实施《关于侨资、外资金融机构在中国设立常驻代表机构的管理办法》。

1984 年

1月1日 中国工商银行成立，原由中国人民银行办理的储蓄、工商信贷等商业银行业务划归中国工商银行办理，中国人民银行专门行使中央银行职能。

1月18日 中国人民银行理事会在北京成立，并举行第一次会议，确定中国人民银行专门行使中央银行职能，用经济办法管理全国金融业。

5月30日 国务院批转中国人民银行《关于各专业银行发放固定资产贷款分工问题的报告的通知》。

7月20日 北京天桥百货股份有限公司成立，是第一家股份有限公司。

8月6日 国务院下发《批转中国农业银行关于改革信用合作社管理体制的报告的通知》，全国各地开始组建县联社，由农业银行继续管理，要求对信用合作社管理体制抓紧进行改革，恢复和加强信用合作社组织上的群众性、管理上的民主性和经营上的灵活性。

8月10日 中国人民银行上海分行颁布《关于发行股票的暂行管理办法》，这是新中国有关证券方面的第一个地方政府规章。

9月 第一家股份有限公司——北京天桥百货股份有限公司成立并首

次发行定期股票。

10 月 17 日　国家发布了《中国人民银行关于金融机构设置或撤并管理的暂行规定》，初步规定了金融机构的市场准入和市场退出的法律准则。

11 月 14 日　经中国人民银行上海市分行批准，上海飞乐音响股份有限公司公开向社会发行了不偿还的股票。这是中国改革开放后第一只真正意义上的股票。

12 月 4 日　中国人民银行颁布了《中国人民银行商业汇票承兑、贴现暂行办法》，加强了对商业汇票的管理。

1984 年　中国第一家财务公司在深圳经济特区诞生。

1984 年　我国开始出现企业债券，当时主要是一些企业自发地向社会和企业内部职工筹资。

1985 年

1 月 1 日　根据国家计委、财政部、中国人民建设银行 1984 年 12 月 14 日文件规定，从 1985 年 1 月 1 日起，凡是由国家预算安排的基本建设投资全部由财政拨款改为向中国人民建设银行贷款。中国人民建设银行实行利润留成的财务体制。

1 月 1 日　国家外汇管理局宣布取消人民币贸易结算汇率，实行单一汇率。

1 月　上海延中实业有限公司成立，并全部以股票形式向社会筹资，成为第一家公开向社会发行股票的集体所有制企业。

2 月 18 日　财政部、中国人民建设银行联合发出通知，将国营施工企业的国拨流动资金转为中国人民建设银行流动资金贷款。

3 月 3 日　国务院颁布实施《保险企业管理暂行条例》，这是新中国成立之后第一部对保险企业进行管理的法律文件。

3 月 14 日　国务院发出批转中国人民银行《关于调整部分存款、贷款利率的报告的通知》，从 4 月 1 日起执行。

4 月 2 日　国务院颁布《中华人民共和国经济特区外资银行、中外合资银行管理条例》，允许海外金融机构在我国深圳、珠海、厦门、汕头、海南 5 个经济特区设立营业性分支机构。

7 月 20 日　国务院发出批转中国人民银行《关于调整储蓄存款利率和固定资产贷款利率的报告的通知》，决定从 8 月 1 日起提高储蓄存款和固定资产贷款利率。

9 月　深圳经济特区证券公司经中国人民银行总行批准开始试办，它是新中国第一家新开设的证券公司。

9 月　银行对个人所购买的 1985 年国库券开始贴现业务。

11 月　中国人民建设银行的信贷收支纳入国家信贷计划，接受中国人民银行的领导。

11 月　全国首家外汇调剂中心——深圳经济特区外汇调剂中心正式成立。

12 月 14 日　国家计委、财政部、中国人民建设银行颁布《关于调整国家预算内基本建设投资拨款改贷款范围等问题的若干规定》，规定从 1986 年起，豁免本息的建设项目不再采用"拨改贷"方式进行管理，恢复拨款办法。

1985 年　中国工商银行、中国农业银行开始在国内发行人民币金融债券。

1986 年

1 月 6～10 日　国家体改委和中国人民银行在广州市召开 5 城市金融体制改革试点座谈会，决定在广州、沈阳等 5 城市进行金融体制改革试点，把银行间同业拆借列为重要的金融体制改革试点内容。

1 月 7 日　国务院发布《中华人民共和国银行管理暂行条例》，对建立以中央银行为领导的社会主义金融体系的一系列问题做了明确的规定。

3 月 7 日　中国人民银行、中国工商银行在天津召开会议，决定在北京等 10 个省市实行商业汇票承兑、贴现办法。

4 月 1 日　经邮电部和中国人民银行商定，邮政储蓄在全国正式开办。

4 月 26 日　中国人民银行发布《金融信托投资机构管理暂行规定》，对信托业的资金来源做出限定。

7 月 17 日　中国人民银行发布《城市信用合作社管理暂行规定》，规定城市信用合作社为群众性合作金融组织，必须办成自主经营、独立核算、自负盈亏、民主管理的经济实体，不得办成银行或其他任何部门的附属机构。

7 月 24 日　国务院批准恢复交通银行方案，确定交通银行是和其他专业银行平行的全国性综合银行。

7 月 30 日　中国人民银行发出通知，决定上海市和深圳经济特区各银行实行以"块块"为主的信贷资金差额包干管理办法。

8 月 5 日　沈阳市信托投资公司率先办理有价证券的柜台转让业务。

8 月 18 日　中国人民银行、国家体改委在北京联合召开金融体制改革试点城市座谈会，确定了第二批金融改革试点城市。

9 月 26 日　"飞乐音响"与"延中实业"两只股票在中国工商银行上海信托投资公司静安证券部挂牌上市，这是改革开放后中国首次开办股票买卖业务。

10 月 25 日　交通银行上海分行在全国率先发行第一张大额可转让存款证。

11 月 26 日　上海万国证券公司成立，这是上海首家证券公司。

1986 年　我国首张大额可转让定期存单由交通银行上海分行发行。

1986 年　中国外贸金融租赁公司首先经过中国人民银行批准成为全国性非银行金融机构。

1987 年

1 月 5 日　中国人民银行上海市分行印发《证券柜台交易暂行规定》。这是新中国有关证券柜台交易业务方面的第一个业务规章。

2 月 6 日　中国人民银行颁布《关于审批金融机构若干问题的通

知》，对设立银行等金融机构的基本原则、条件及审批权限做了规定。

2 月 20 日 中国人民银行公布《境内机构提供外汇担保的暂行管理办法》，规定金融机构提供的外汇担保总额和对外债务总额，累计不得超过自由外汇基金的 20 倍。

3 月 11 日 中国人民银行批准中国人寿保险股份有限公司在国内恢复业务。

3 月 28 日 国务院发布了《关于加强股票、债券管理的通知》，这是我国政府发布的第一个有关股票的专门通知。

4 月 25 日 中国人民银行下达《关于储蓄存款利率规定的通知》，规定各专业银行和金融机构均须执行中国人民银行总行拟定的统一利率政策，不得擅自提高存款利率。 农村信用社的储蓄利率浮动在 20% 以内，报中国人民银行当地分支行批准，超过 20% 以上的，报中国人民银行当地省分行批准。

4 月 招商银行、中信实业银行成立。

5 月 8 日 中国人民银行颁布《全国银行统一会计基本制度（试行本）》。 该制度适用于中国人民银行和专业银行各级机构，其他金融机构可比照此制度规定制定本系统的会计制度。

5 月 深圳市发展银行首次向社会公开发行股票，成为深圳第一股。

7 月 9 日 中国人民银行召开证券市场座谈会，由人行牵头组成证券交易所研究设计小组。

7 月 27 日 经国务院批准，国家外汇管理局发布《外债统计监测暂行规定》。 规定国家外汇管理局负责建立和健全全国外债统计监测系统，对外公布外债数字。

9 月 27 日 中国第一家专业性证券公司——深圳经济特区证券公司正式成立。

10 月 1 日 中国人民银行公布《非银行金融机构外汇管理办法》。

11 月 2 日 以该日为基期上海工商银行信托投资公司编制了上海静安股价指数，这是第一次编制股票指数。

12 月 28 日 经中国人民银行批准，深圳发展银行正式开始营业。

1988 年

2 月　国务院正式批准成立广东发展银行。

3 月 5 日　国家外汇管理局发布经国务院批准的《金融机构代客户办理即期和远期外汇买卖管理规定》。

3 月 21 日　招商局蛇口工业区和中国工商银行深圳市分行合资成立平安保险公司，资本金为 4500 万元。这是我国第一家股份制、地方性的保险企业。

4 月　深圳发展银行股票在深圳经济特区证券公司挂牌交易，它是深圳股市第一只上市股票。

5 月 17 日　中国人民银行决定，允许在华外资银行试办人民币业务。

6 月 3 日　经国家外汇管理局批准，中国工商银行开始办理外汇业务。

7 月 21 日　中国人民银行发出《关于进一步加强宏观调控、严格信贷资金管理的通知》。决定从 9 月 1 日起提高金融机构的存款准备金的比例，由 12% 提高到 13%。

8 月　福建兴业银行在原国内第一家地方国营金融——福兴财务公司的基础上改组成立。

9 月 8 日　国务院发布《现金管理暂行条例》，从 10 月 1 日起施行。

9 月 10 日　中国人民银行发布关于开办人民币长期保值储蓄存款的公告，决定对 3 年期、5 年期的储蓄存款实行保值贴补。

9 月 27 日　国务院通过并发布实施《基金会管理办法》。

10 月 4 日　全国外汇调剂中心在北京成立。

12 月 26 日　中国人民银行发出《关于公布 1989 年第一季度人民币长期保值储蓄贴补率的通知》，规定 1989 年第一季度 3 年以上储蓄存款的贴补率为年利率 16.13%。

1989 年

1 月 1 日　中国人民银行、国家物价局联合发出《关于调整黄金收售价格的通知》，对黄金收售价格进行调整。

1月12日　中国人民银行全国分行行长会议在北京召开，大会做了《加强宏观控制、整顿金融秩序、深化金融改革》的报告。会议对利率改革、清理整顿公司、外汇管理、会计结算改革等问题进行了讨论。

2月24日　中国人民银行发出《关于调整银行存款利率的通知》。对各档次存贷款利率分别提高 2~3 个百分点，并相应提高了中国人民银行对专业银行和其他金融机构的存贷款利率。

3月6日　中国人民银行下发《关于撤销融资公司的通知》，决定撤销中国人民银行系统的融资公司。

3月11日　中国人民银行、中国工商银行联合发出《关于下达部分国家重点企业启动贷款的紧急通知》，决定对部分大中型企业所在地工商银行安排部分资金，用于启动生产和流通。

3月15日　证券交易所研究设计联合办公室（即联办，现名为中国证券市场研究设计中心）在北京成立。

5月7日　中国人民银行发出《关于农村信用社存贷款利率浮动的通知》，规定农村信用社存贷款利率可以分别最高上浮 70% 与 100%。

9月　针对当时通货膨胀率过高的情况，中国人民银行对 3 年期以上的定期储蓄存款进行保值补贴。

11月15日　深圳证券交易所开始筹建。

1990 年

1月3日　中国人民银行发出《关于由总行外事局统一负责外资银行管理工作的通知》。从 1990 年 1 月 1 日起，对外资银行的管理、机构审批和日常监管由中国人民银行外事局统一负责。

1月　国务院决定将国家外汇管理局改为国务院领导的直属局，由中国人民银行归口管理。

3月8日　为了加强对同业拆借市场的管理，中国人民银行制定了《同业拆借管理试行办法》。

3 月　国务院确定上海、深圳两市作为我国股份制改革、公开发行股票的试点城市。

4 月 15 日　经国务院批准，中国人民银行适当降低存款利率。

4 月　国务院决定建立上海证券交易所。

8 月 21 日　经国务院批准，中国人民银行下调了存贷款利率。

8 月　中国人民银行发布《上海外资金融机构、中外合资金融机构管理办法》，上海浦东成为除经济特区外率先获准引进营业性外资金融机构的沿海开放城市。

9 月 28 日　经中国人民银行批准，全国证券交易自动报价系统（STAQ 系统）正式成立，2 月 5 日正式开通。

9 月　中国人民银行颁布《证券公司管理办法》。

10 月 12 日　中国人民银行发出《农村信用社管理暂行规定》，规定农村信用社信贷资金管理的基本原则是：以存定贷，自主运用，比例管理。

11 月 16 日　中国人民银行授权国家外汇管理局宣布从 1990 年 11 月 17 日起人民币汇率下调 9.57%。

11 月 26 日　国务院授权中国人民银行批准上海证券交易所正式成立。 12 月 19 日，上海证券交易所正式开业，这是新中国建立的第一家证券交易所。

12 月 1 日　深圳证券交易所开始集中交易。

12 月 19 日　上海证券交易所正式开业，上市交易的仅有 30 种国库券、债券和被称为"老八股"（延中，电真空，大、小飞乐，爱使，申华，豫园，兴业）的股票。

12 月 19 日　申银证券公司开设了上海第一个大户室，出现了中国第一代个人证券投资大户/股票大户。

12 月 11 日　中国人民银行印发《利率管理暂行规定》，自 1991 年 1 月 1 日起实行。

1991 年

1 月 1 日　国家将股份制改革、公开发行股票的试点城市扩大到广东、海南、福建三省。

1月26日　财政部颁发《企业集团财务公司财务管理试行办法》。

4月3日　深圳全部股票进入交易所集中交易。同日，深圳股价指数发布。

4月5日　中国人民银行下发《中国人民银行关于实施〈利率管理暂行规定〉有关问题的通知》。《通知》规定了治理整顿期间流动资金贷款利率的上下浮动及浮动范围的确定，按中国人民银行原规定的原则进行审批，权力归中国人民银行分行。4月21日，中国人民银行决定从即日起下调人民币存贷款利率。

4月11日　经国务院授权，中国人民银行批准正式成立深圳证券交易所；7月3日，深圳证券交易所正式开业。

4月20日　我国首次采用承购包销方式发行国债。

4月26日　太平洋保险公司在上海成立。

7月11日　上海证券交易所推出股票账户，逐渐取代股东名卡。

7月19日　1991年国债第一笔非实物券分销在STAQ系统国债转账结算中心完成交割结算，开始了我国国债发行的无纸化进程。

7月　STAQ系统宣布试办国债回购交易。

8月1日　第一只可转换企业债券琼能源发行。

8月28日　中国证券业协会在北京成立。该协会是全国性证券业自律组织。

9月4日　STAQ开办第一笔国债回购业务。

9月23日　中国人民银行发出《贯彻落实国务院关于继续严格控制固定资产投资新开工项目精神的通知》。

10月31日　中国南方玻璃股份有限公司与深圳市物业发展（集团）股份有限公司向社会公众招股，这是中国股份制企业首次发行B股。

11月　上海申银证券公司、上海电真空股份有限公司与瑞士银行、香港新鸿基投资服务公司、美国所罗门兄弟公司共同签署发行和分销电真空人民币特种股票的协议，标志着大陆第一只人民币特种股票的诞生。

12 月 14 日　国务院批转《关于选择一批大型企业集团进行试点的请示》，指出"试点企业集团要逐步建立财务公司"，"财务公司的主要任务是在企业集团内部融通资金，包括建设资金。要适当扩大融资手段，经批准可以发行债券和股票。成立财务公司要具备一定的条件，按中国人民银行规定报批，要积极创造条件，成熟一个审批一个"。

12 月　国家允许国内居民通过外汇调剂市场买卖外汇，保值储蓄停办。

1991 年　成立第一只专项物业投资基金——"珠基金"（原名"一号珠信物托"），是中国最早的投资基金。

1992 年

1 月 13 日　兴业房产股票在上海证券交易所上市交易，是上证所开业后第一只新上市的股票，也是当时全国唯一上市交易的不动产股票。

2 月　中国第一只人民币特种股票——上海真空股在上海证券交易所挂牌上市，正式宣告在国内建立一个对外开放的股票市场，标志着中国证券市场国际化获得突破性发展。

3 月 18 日　为筹集建设资金，国务院颁布了《中华人民共和国国库券条例》。

5 月 21 日　沪市全面放开股价管制，大盘直接跳空高开在 1260.32 点，较前一天猛涨 104.27%，上证综指当天从 616 点蹿升至 1265 点，首度跨越千点。股价随后一飞冲天，仅隔 3 天，又登顶 1420 点。

6 月 11 日　中国人民银行发布《非银行金融机构法定代表人业务资格审查办法》。

7 月 7 日　深圳原野股票停牌。

7 月 13 日　中国人民银行下发《关于农村信用社实行资产负债比例管理试点的通知》，开始在部分省市的农村信用社实行资产负债比例管理试点工作。

8 月 8 日　全国调剂外汇公开市场开业。

8 月 10 日　深圳数千人因为排队数日没买到认股抽签表而爆发震惊全国的"8·10"事件。"8·10"之后第三天，沪指猛跌22.2%。此时点位与5月25日的1420点相比，净跌640点，两个半月内跌幅达到45%。

8 月 18 日　中国光大银行在北京宣告成立。中国光大银行是中国光大总公司全资附属银行，是全国性的商业银行。

9 月　华夏、国泰、南方证券公司陆续成立。

9 月　美国友邦保险公司作为第一家外资保险公司在上海设立分公司。

10 月 19 日　深圳宝安企业（集团）股份有限公司发行1992年认股权证，这是中国首家发行权证的上市企业。

10 月 25 日　国务院证券委员会在北京正式成立，同时成立其监管执行机构——中国证券监督管理委员会。

10 月　华夏银行成立，成为第一家由工业企业负责兴办的银行。

11 月 11 日　中国农村发展信托投资公司发起并组建的中国首家乡镇企业投资基金——淄博乡镇企业投资基金设立。

11 月 13 日　中国人民银行等《关于印发〈国家试点企业集团建立财务公司的实施办法〉的通知》下发，对财务公司的机构性质、业务范围、设立条件、申报程序和管理进行了明确的规定。

11 月　友邦保险培训的第一代寿险代理人上街展业，寿险代理人制度迅速为国内寿险业采用。

12 月 11 日　为发展储蓄事业，保护储户的利益，加强储蓄管理，国务院发布了《储蓄管理条例》。

12 月 28 日　上海证券交易所首次推出证券期货交易——12种国债期货交易。

1992 年　我国开办了国债期货交易，但国债期货投机现象严重，且风险控制滞后，监管力度不足。

1993 年

1 月 1 日　国家决定将股份制改革和股票公开发行试点扩大到全国，

在国家下达的规模内，允许各省市选择股份制企业公开发行股票。

1 月 1 日　国家外汇管理局公布《银行外汇业务管理规定》和《非银行金融机构外汇业务管理规定》。

1 月 20 日　国务院发布《中华人民共和国国家货币出入境管理办法》，自 3 月 1 日起实施。

1 月　上海浦东发展银行正式开业。

2 月 16 日　深、沪股市正式联网。

4 月 7 日　国务院办公厅转发国家体改委、国家经贸委、国务院证券委《关于立即制止发行内部职工股不规范做法的意见》。

4 月 15 日　国务院发出《关于坚决制止乱集资和加强债务发行管理的通知》。

4 月 22 日　《股票发行与交易管理暂行条例》正式颁布实施。

4 月 28 日　全国电子交易系统（NET 系统）由中国证券交易系统有限公司在北京投入运行。

5 月 4 日　我国证券市场首部法规性文件《股票发行与交易管理暂行条例》发布并实施。

6 月 1 日　上海、深圳证券交易所联合编制"中华股价指数"。

7 月 9 日　中国人民银行发出通知，要求包括信托投资公司在内的金融机构的筹备和设立，均需由中国人民银行批准和核发经营金融业务许可证。

7 月 11 日　中国人民银行决定自即日起，提高人民币存贷款利率。

8 月 6 日　上海证券交易所所有上市 A 股均采用集合竞价。

8 月 20 日　淄博基金在沪上市，从而使基金这种金融工具进入资本市场。

9 月 30 日　第一家股权收购——中国宝安集团股份有限公司宣布持有上海延中实业股份有限公司发行在外的普通股超过 5%，由此揭开中国上市公司收购兼并第一页。

10 月 14 日　中国人民银行发布《关于进一步加强外币利率管理的几项规定》。《规定》明确允许各金融机构在法定利率的基础上对各种外币存款利率具有 5% 的最高上浮权，贷款利率具有 10% 的最高上浮权。

10 月 25 日　上海证券交易所向社会公众开放国债期货交易。

11 月 14 日　国务院公布《中共中央关于建设社会主义市场经济体制若干问题的决定》，决定从 1994 年 1 月 1 日起，对财税、金融、投资计划和外贸外汇体制进行改革。

12 月 28 日　中国人民银行发布《关于进一步改革外汇管理体制的公告》。

12 月 29 日　八届人大常委会五次会议通过《公司法》，旨在适应建立现代企业制度的需要，规范公司的组织和行为，保护公司、股东和债权人的合法权益，维护社会经济秩序，促进社会主义市场经济的发展。

1994 年

1 月 1 日　人民币官方汇率与外汇调剂市场汇率并轨，建立起以市场供求为基础的、单一的、有管理的浮动汇率制度。取消外汇留成与上缴，中资企业开始向银行结汇；外汇券停止发行，禁止境内外币计价结算和流通。

1 月 3 日　中国农业发展银行筹备小组办公室召开成立会议。

1 月 8 日　我国首家外汇交易中心——深圳外汇交易中心成立。

1 月 12 日　《中华人民共和国国债一级自营商管理办法》《国债一级自营商资格审查与确认实施办法》颁布施行。

1 月 24 日　非实物券在上海证券交易所挂牌。

2 月 18 日　中国人民银行发出《关于下发〈信贷资金管理办法〉的通知》和《关于对商业银行实行资产负债比例管理的通知》。

2 月 25 日　国务院颁布全面规范外资银行的第一部法规——《中华人民共和国外资金融机构管理条例》及其《实施细则》。

3 月 1 日　中国人民银行发出《关于设立中国外汇交易中心的通知》，决定在上海设立中国外汇交易中心。4 月 1 日，全国统一的银行间外汇市场——中国外汇交易中心在上海成立，4 月 4 日正式开业。

3 月 26 日　中国人民银行颁布《结汇、售汇及付汇管理暂行规定》。4 月 1 日，银行结售汇制度正式实施。

3 月　国家开发银行成立。4 月成立中国农业发展银行，7 月成立中国进出口银行。三家政策性银行的成立，在体制上实现了政策性金融与商业性金融的分离，国家专业银行开始了商业化进程。

4 月 14 日　国家开发银行向国内外各界发布《国家开发银行通告》，宣布开业。

5 月 1 日　中国银行在香港首次发行港币钞票。

5 月 10 日　国务院证券委员会决定建立上市公司辅导制，同时从 1995 年 1 月 1 日起实行 T＋1 交易制度。

5 月 30 日　中国人民银行印发《城市信用合作社资产负债比例管理暂行办法》。

7 月 28 日　《人民日报》发表《证监会与国务院有关部门共商稳定和发展股票市场的措施》，引发"7·29 股灾"，上证综指最低 325 点，较 1993 年的高点 1558 点下跌 80%。

9 月 17 日　经中国人民银行批准，由全国 53 家企业集团财务公司联合组成的中国财务公司协会在北京成立。

10 月 25 日　我国第一家投资银行公司——中国国际金融有限公司在北京成立。

10 月 30 日　陆家嘴临时股东大会通过回购 2 亿股国家股方案。减持后的陆家嘴成功发行了 2 亿股 B 股，使社会公众股所占比例达到了 35.88%。陆家嘴是第一家回购本公司国有股并注销股份的上市公司。

10 月 31 日　中国人民银行正式推出货币供应量统计监测指标。

11 月 21 日　中国人民银行发布《关于外汇兑换券停止流通和限期兑换的公告》，规定外汇券从 1994 年 12 月 31 日起停止流通，在 1995 年 6 月 30 日以前兑换。

12 月 26 日　中国人民银行下发《关于调整人民银行再贷款和固定资

产贷款利率的通知》。

1994 年　随着各政策性银行成立，政府性金融债券诞生。

1994 年　重新开始发展票据业务，通过对票据行为进行规范，票据贴现利率及转贴现利率逐步实现市场化。

1994 年　国务院制定并发布《关于股份有限公司到境外募集股份及上市的特别规定》。

1994 年　中国平安保险吸纳了摩根士丹利和高盛两大世界财团参股，成为第一家引进外资入股的保险公司。

1994 年　东京海上火灾保险公司在上海开业。

1995 年

1 月 1 日　开始实行 T + 1 交易制度。

2 月 23 日　上海国债期货市场出现异常震荡，引发"327 国债期货事件"。

2 月 28 日　中国人民银行印发《关于对交通银行、中信实业银行、中国光大银行、华夏银行全面实行资产负债比例管理有关问题的通知》。

3 月 11 日　上海证券交易所决定开办金融债券、建设债券、企业债券等各类债券回购交易。

3 月 20 日　八届人大三次会议通过《中国人民银行法》。

5 月 10 日　八届全国人大常委会十三次会议审议通过《中华人民共和国商业银行法》和《中华人民共和国票据法》，分别于 1995 年 7 月 1 日和 1996 年 1 月 1 日起实施。

5 月 17 日　国家下令暂停国债期货交易。

6 月 30 日　第八届全国人民代表大会常务委员会第十四次会议通过《中华人民共和国保险法》，同年 10 月 1 日起施行。《中华人民共和国保险法》的公布实施，标志着我国保险业迈进了法制建设的新时期。

7 月 3 日　《全国人民代表大会常务委员会关于惩治破坏金融秩序犯

罪的决定》正式实施。

8月8日　中国人民银行、财政部、中国证监会联合下发《关于重申对进一步规范证券回购业务有关问题的通知》，开始对武汉、天津证券交易中心和联办 STAQ 系统的国债回购市场进行整顿，并就进一步规范证券回购业务提出要求。

8月　我国开始对债券回购市场进行规范管理，实现集中交易和集中托管。

9月6日　经中国人民银行批准，我国第一家股份制保险公司——中国太平洋保险公司完成股份制改造。

9月7日　中国人民银行下发《国务院关于组建城市合作银行的通知》，城市合作银行组建工作有序开展。

9月21日　证监会等部门公布"327国债期货事件"查处结果。

9月　国务院正式批复了中国人民银行《关于中国人民银行保险公司机构体制改革的报告》，对原有机构进行全面改革，成立中国人民保险（集团）公司，下设中保财产保险有限公司、中保人寿保险有限公司、中保再保险有限公司。

10月1日　为规范保险活动，保护保险活动当事人的合法权益，加强对保险业的监督管理，促进保险事业的健康发展，《中华人民共和国保险法》开始实施。

10月7日　中国人民银行向社会发出接管公告，接管中银信托投资公司。这是我国中央银行根据《中国人民银行法》进行的首例接管金融机构。

10月12日　经中国人民银行批准，全国首家城市合作银行在深圳开业。该行是在对原有城市信用合作社进行根本性改制的基础上成立的。

10月　中国证监会专门就股票发行方式问题发出《关于股票发行与认购办法的意见》。

1995年　中国人民银行颁布《中外合资投资银行类机构管理暂行办法》。

1995年　中国证监会加入证监会国际组织（IOSCO）。

1996 年

1 月 1 日　为完善国际收支统计，《国际收支统计申报办法》正式实施。

1 月 1 日　为规范票据行为，保障票据活动中当事人的合法权益，维护社会经济秩序，促进社会主义市场经济的发展，《中华人民共和国票据法》正式实施。

1 月 3 日　全国银行间同业拆借交易系统正式联网试运行。

1 月 12 日　中国民生银行正式成立，成为我国第一家以非国有企业为主出资设立的股份制商业银行。

1 月 29 日　中国人民银行颁布《中华人民共和国外汇管理条例》，并于 4 月 1 日起正式实施。

3 月 1 日　经国务院批准，中国人民银行授权国家外汇管理局组织在上海、江苏、大连、深圳四地对外商投资企业实行银行结售汇试点工作。

3 月　中国人民建设银行正式更名为中国建设银行。

4 月 1 日　中国人民银行决定自当日起停办新的保值储蓄。

4 月 1 日　中国人民银行发布《贷款证管理办法》，在全国实行统一的贷款证制度，并从 4 月 1 日起在全国 200 个大中城市率先实施。

4 月 9 日　由中国人民银行开办的以国债回购为主的公开市场正式启动。

4 月 13 日　中国人民银行下发了《中华人民共和国外资金融机构管理条例实施细则》，对外资金融机构的设立、业务经营、管理等做了较为具体的规定。

4 月　央行在全国推行企业贷款证制度。

5 月 1 日　为减轻企业负担，促进国民经济持续、健康、快速发展，经国务院批准，中国人民银行决定自即日起调整银行存款利率。居民储蓄存款利率平均下调 0.98 个百分点，贷款利率平均下调 0.75 个百分点。

5 月 25 日　国家外汇管理局发布《境内居民因私兑换外汇办法》，从

7 月 1 日起正式实施。

6 月 1 日　中国人民银行开放了对同业拆借资金利率的上限管制，拆借利率根据市场资金供求情况由拆借双方决定，中央银行不做任何干预。单个交易品种的日加权平均利率形成"全国银行间拆借市场利率"——CHIBOR。

7 月 1 日　经国务院批准，中国人民银行开始对外商投资企业实行银行结售汇，正式实施新修订的《结汇、售汇及付汇管理规定》。

8 月 22 日　国务院出台《关于农村金融体制改革的决定》，提出把信用社逐步改为由农民入股、由社员民主管理、主要为入股社员服务的合作性金融组织。信用社与农业银行脱离行政隶属关系，对其业务管理和金融监管分别由信用社县联社和中国人民银行承担。

9 月 10 日　国务院发出《关于固定资产投资项目试行资本金制度的通知》，决定从 1996 年开始，对各种经营性固定资产投资项目试行资本金制度，投资项目必须首先落实资本金才能进行建设。

9 月 24 日　上交所决定，从 10 月 3 日起分别下调股票、基金交易佣金和经手费标准；同时对证券交易方式做出重大调整，即由原来的有形席位交易方式改为有形无形相结合，并以无形为主的交易方式。自 10 月起全面推广场外无形席位报盘交易方式。

9 月 27 日　中国人民银行下发《企业集团财务公司管理暂行办法》，以规范企业集团财务公司的行为，加强监督管理。

11 月 1 日　中国人民银行正式加入国际清算银行。

11 月 27 日　中国人民银行行长致函国际货币基金组织，宣布人民币实现了经常项目下的可兑换。

11 月 29 日　中国人民银行印发《银行间外汇市场管理暂行规定》。

12 月 16 日　沪、深证券交易所上市的股票交易，实行涨跌幅不超过前日收市价 10% 的限制。

12 月 16 日　《人民日报》发表特约评论员文章《正确认识当前股票市场》，称"最近一个时期的暴涨则是不正常和非理性的"，从而引发市场暴跌。

12 月 17 日 中国人民银行印发《"九五"时期金融工作规划》。

12 月 中国人民银行发布《上海浦东外资金融机构经营人民币业务试点暂行管理办法》，允许外资银行在上海浦东试点经营人民币业务，服务对象限于外资企业和境外居民。国务院正式批准 8 家外资金融机构在上海浦东经营人民币的试点工作。

12 月 中国证监会颁布《关于股票发行与认购方式的暂行规定》。

1996 年 为筹集资金专门用于偿还不规范证券回购债务，部分金融机构开始发行特种金融债券。

1996 年 B 股市场的首部全国性法规《国务院关于股份有限公司境内上市外资股的规定》发布并实施。

1996 年 加拿大宏利人寿保险与外经贸信托合资设立了中宏人寿保险公司，成为中国第一家中外合资公司。

1997 年

1 月 上海开展企业信贷资信评级，经中国人民银行批准上海市进行个人征信试点。

4 月 16 日 国家纪委、国家外汇管理局联合印发《境外进行项目融资管理暂行办法》，以规范项目融资行为，加强对我国外债的管理，有效地利用国外资金。

6 月 5 日 中国人民银行下发《关于各商业银行停止在证券交易所证券回购及现券交易的通知》《关于银行间债券回购业务有关问题的通知》《银行间债券回购业务暂行规定》，决定从 6 月 6 日起，停止在证券交易所的证券回购和现券交易，商业银行的债券回购业务在我国统一的同业拆借市场进行。

6 月 6 日 禁止银行资金违规流入股票市场。

6 月 16 日 全国银行间同业拆借市场的债券回购交易开始进行。

6 月 20 日 中国人民银行印发《城市合作银行管理规定》，以加强对城市合作银行的管理，规范城市合作银行的经营作为。

8 月 21 日 为了加强票据管理，维护金融秩序，中国人民银行颁布《票据管理实施办法》。

8 月 国务院宣布深沪证券交易所由中国证监会直接管理。

9 月 30 日 为促进国有企业改革，减少银行不良资产，规范和简化呆、坏账核销程序，中国人民银行、财政部、国家经贸委联合发布《实施〈全国企业兼并破产和职工再就业工作计划〉银行呆、坏账准备金核销办法》。

10 月 10 日 中国人民银行发布《关于允许中资企业保留定额外汇收入的公告》，决定从 15 日起，允许中资企业开设外汇账户，保留一定限额的外汇收入。

10 月 14 日 为了落实国务院关于大力发展农业以及把农村信用社真正办成金融组织的要求，更好地发挥其支农的作用，加强合作金融组织的基础地位，中国人民银行印发了《农村信用社改进和加强支农服务十条意见》。

10 月 23 日 中国人民银行下调了存贷款利率。 存款利率平均下调 1.1 个百分点，贷款利率平均下调 1.5 个百分点。

11 月 14 日 经国务院批准，国务院证券委员会颁布了《证券投资基金管理暂行办法》，以期加强对证券投资基金的管理，保护基金当事人的合法权益。

11 月 我国第一家保险网站——中国信息保险网成立。

11 月 经国务院批准，国务院证券委员会颁布实施《证券投资基金管理暂行办法》。

1997 年 我国依托交易中心平台组建了银行间债券回购交易市场，开展商业银行间的回购交易业务。

1998 年

1 月 1 日 中国人民银行取消对国有独资商业银行的贷款规模控制，在逐步推行资产负债比例管理和风险管理的基础上，实行"计划指导，自求平衡，比例管理，间接调控"的新的管理体制。

2月28日　经全国人大常务委员会批准，财政部决定定向发行特别国债2700亿元，所筹资金用于拨补国有商业银行资本金。

3月21日　中国人民银行改革存款准备金制度，将商业银行的法定存款准备金和备付金两个账户合二为一，并降低了商业银行的存款准备金率，由原来的13%降为10%，同时降低了准备金利率。

3月　按新的证券投资基金管理办法设立和组建的开元、金泰两家基金上网发行，并上市交易，拉开了我国新的证券投资基金运营的序幕。

3月　经国务院同意，中国人民银行与国家工商行政管理局颁布《关于城市合作银行变更名称有关问题的通知》，进一步明确城市合作银行股份制性质，并将城市合作银行整体更名为城市商业银行。

3月　发布《关于批准外资银行加入全国同业拆借有关问题的通知》，允许外资银行加入全国同业拆借市场，从事人民币同业拆借和现券交易。

4月8日　为规范企业债券市场，防范企业债券风险，中国人民银行发布《企业债券发行与转让管理办法》。

5月5日　中国人民银行批准8家在上海浦东经营人民币业务的外资银行进入全国同业拆借市场，进行人民币的同业拆借、债券买卖和债权回收。

5月12日　财政部决定向除国有独资商业银行以外的其他商业银行和城市合作银行发行450亿元的专项国债，期限为7年，年息是6.8%。

5月29日　为增加透明度、提高效率、改善服务，中国证监会公布了股票发行审核程序。

6月9日　财政部再次增发凭证式国债450亿元。同日，三家企业债券（高新技术产业开发区债券、1997年国家电力公司债券和1997年中国铁路建设债券）获准向社会公开发行。

6月12日　经国务院批准，国家税务局决定将股票交易印花税由0.5%调低至0.4%。

6月22日　中国新技术创业投资公司被中国人民银行关闭。

6 月 23 日　中共中央金融工作委员会正式成立。

6 月　中国人民银行对海南发展银行实施行政关闭。

7 月 24 日　国泰证券有限公司与君安证券有限公司发出联合公告，宣布两公司依法进行合并。

7 月 30 日　南宁化工有限公司获准发行可转换公司债券，这是国内首只可转换公司债券。

7 月　海南发展银行清盘，被中国工商银行接管，这是国内首家商业银行因经营不善而倒闭。

8 月 19 日　中国证监会发出《关于证券投资基金配售新股有关问题的通知》。

8 月　财政部决定发行 2700 亿元特别国债，以拨补四家国有商业银行资本金。

8 月　批准深圳为第二个允许外资银行经营人民币业务的试点城市。

9 月 3 日　经全国人大常委会审议通过，财政部宣布发行 1000 亿元的 10 年期附息债，年息为 5.5%，此次发行为向四家国有独资商业银行定向发行。同日，国家开发银行首次采取市场化融资方式，竞标发行 50 亿元金融债券。

9 月 30 日　地方证券监管机构开始移交中国证监会垂直领导，这是我国证券监督管理体制的重要变革。

10 月 16 日　中国人民银行下发《汽车消费贷款管理办法》，该业务将在经济比较发达、金融服务较好、汽车需求较大的地区开展。

10 月 16 日　中国人民银行批准保险公司加入全国同业拆借市场，从事债券买卖业务。

10 月 29 日　中国人民银行和国家外汇管理局联合下发《关于停办外汇调剂业务的通知》，决定取消外商投资企业的外汇调剂业务，统一纳入银行结售汇体系。

12 月 29 日　从初审到通过，历时 5 年，《证券法》获得通过，自 1999 年 7 月 1 日起实行。

12 月　中国投资银行并入国家开发银行。

1999 年

1 月 3 日　中国人民银行颁布《通知存款管理办法》。

1 月 20 日　中国人民银行颁布《商业银行实施统一授信制度指引》，以加强对信用风险的控制与管理。

1 月 20 日　中国保监会在北京召开首次全国保险工作会议。 会议确定了"大力整顿保险市场秩序，防范寿险风险，健全保险法规体系，完善保险监管机构体系，深化保险体制改革，转换企业经营机制，提高保险企业市场竞争能力"的监管工作思路和工作重点。

1 月 26 日　中国人民银行颁布《银行卡业务管理办法》，以维护商业银行、持卡人、特约单位以及其他当事人的合法权益，促进银行卡业务的规范化发展。

2 月 26 日　1999 年记账式（一期）国债开始发行，本期国债发行对象为全国银行间债券市场国内法人机构成员，发行总额 180 亿元，期限 7 年，年利率 4.88%，利息按年支付。

3 月 2 日　中国人民银行颁布《人民币利率管理规定》。

3 月 10 日　1999 年凭证式（一期）国债 500 亿元发行，分 3 年期和 5 年期两种，年利率分别为 4.72% 和 5.13%。

3 月 16 日　证监会颁布《关于证券营业部审批工作有关问题的通知》，规范证券营业部的设立、转让与变更，促进证券市场的健康与稳定发展。

4 月 1 日　中国人民银行颁布实施新修订的《人民币利率管理规定》，增补保证金存款、住房金融等方面的计息规定，允许短期贷款借贷双方协商灵活结息。 同日，中国银行开始独家试办远期结售汇业务。

4 月 20 日　中国首家经营商业银行不良资产的公司——中国信达资产管理公司成立。 10 月 15 日，中国东方资产管理公司挂牌；18 日，中国长城资产管理公司举行揭牌仪式；19 日，中国华融资产管理公司正式成立。

4月30日　国家开发银行通过中央国债登记结算有限责任公司招标发行系统，再次成功发行100亿元10年期浮动利率金融债券。确定基本利差为0.821%，加上一年期定期存款利率为3.78%，第一年的执行利率为4.601%。

5月4日　经国务院批准，由上海金属交易所、上海商品交易所和上海粮油交易所合并组建的我国第三家期货交易所——上海期货交易所开始合并试营业。

5月8日　北约导弹袭击中国驻南斯拉夫联盟大使馆。10日，沪深股市跳空而下，"导弹缺口"炸在每个股民心中。

5月16日　国务院批准包括改革股票发行体制、逐步解决证券公司合法融资渠道、允许部分具备条件的证券公司发行融资债券、扩大证券投资基金试点规模、搞活B股市场、允许部分B股H股公司进行回购股票的试点等6条主要政策建议的文件，也就是通常说的搞活市场六项政策。

5月24日　中国证监会制定并发布《外国评判机构驻华代表机构管理办法》。该《办法》对国外证券机构的申请与设立、监督管理、撤销、处罚等都做了详细的规定。

5月　中国人民银行下发通知，在农村经济比较发达、县（市、区）联社较多并已完成规范工作任务的地方进行组建市（地）联社试点。

6月1日　国务院决定B股交易印花税由4‰调至3‰。

6月3日　中国证监会发出《关于企业发行B股有关问题的通知》。其中规定申请B股企业不限制所有制。

6月9日　国务院正式颁布《期货交易管理暂行条例》，自1999年9月1日起施行。

7月1日　中国人民银行发布公告，根据中华人民共和国第268号国务院令，中国人民银行将分次发行第5套人民币。10月1日起在全国陆续发行第5套人民币100元券。

7月1日　《中华人民共和国证券法》正式实施。

7月7日　经国务院批准，中国人民保险（集团）公司当日正式宣告撤销。下设的3家中保财产保险有限公司、中保人寿保险有限公司和中保再保险有限公司分别更名为中国人民保险公司、中国人寿保险公司和中国再保险公司。中国人民保险（集团）公司将其海外资产转给中国保险股份有限公司，有关事宜由香港中国保险（集团）有限公司代办。

7月20日　中国证监会发出《关于企业申请境外上市有关问题的通知》。

7月　《关于扩大上海、深圳外资银行人民币业务范围的通知》发布，放宽对外资银行人民币业务客户的地域限制和人民币业务的规模限制，允许外资银行向同业借入一年期以上的人民币资金。

8月2日　中国人民银行、国家经贸委、国家计委、财政部、国家税务总局联合发布《封闭贷款管理暂行办法》。

8月4日　中国人民银行制定并下发《农村信用社农户小额信用贷款管理暂行办法》。

8月25日　为了加强商业银行的风险管理，规范中资外汇指定银行外汇担保项下人民币贷款业务，中国人民银行下发《关于改进外汇担保项下人民币贷款管理的通知》。

8月31日　证监会颁布《期货交易所管理办法》与《期货经纪公司管理办法》。

9月22日　中国人民银行下发通知，允许国泰、南方、华夏等10家证券投资基金管理公司和国通、国信、湘财等7家证券公司参与银行间同业市场债券交易。

9月30日　国务院发布《对储蓄存款利息所得税的实施办法》。

9月　上海浦东发展银行正式在A股挂牌上市。

9月　社会信用体系概念在我国首次提出。

10月12日　中国人民银行制定并下发《证券公司进入银行间同业市场管理规定》和《基金管理公司进入银行间同业市场管理规定》。

10月26日　中国证监会和保监会允许批准的保险公司以不超过上半年总资产的5%投资证券投资基金，在二级市场买卖已上市的证券投资基金和在一级市场上配售新发行的证券投资基金。

11 月 4 日　中国人民银行批复同意招商银行开办网上个人银行业务。

11 月 22 日　中国证监会发布《关于进一步做好证券基金配售新股工作的补充通知》，基金配售政策放宽。

11 月　经国务院及中国保监会批准，中国人寿保险公司开办投资证券基金业务。

12 月 21 日　中国证监会发布《公开发行股票公司信息披露的内容与格式准则第二号年度报告的内容与格式》（1999 年修订稿），并下发《关于做好上市公司 1999 年度报告工作的通知》，对年报披露内容与格式做了重要调整。

12 月 29 日　国务院第二十四次常务会议审议通过了《中华人民共和国人民币管理条例（草案）》，对加强人民币管理、维护人民币的信誉、稳定金融秩序具有积极的作用。

2000 年

1 月 12 日　中国保监会颁布《保险公司管理规定》，这是继《中华人民共和国保险法》颁布实施后，我国保险业的第二个重要法规。

1 月 13 日　经中国人民银行批准，第 2 批 5 家证券公司即华泰证券公司、长城证券公司、北京证券公司、福建兴业证券公司、中国国际金融有限公司进入全国银行间同业市场，从事拆借、购买债券、债券回购和现券交易业务。

2 月 3 日　中华人民共和国国务院令第 280 号发布《中华人民共和国人民币管理条例》，该条例自 2000 年 5 月 1 日起施行。

2 月 13 日　中国人民银行与证监会联合发布《证券公司股票质押贷款管理办法》，允许符合条件的证券公司以自营的股票和证券投资基金券作为抵押，向商业银行借款。

2 月 23 日　中国人民银行发布《银行信贷登记咨询管理办法（试行）》，决定在全国统一实行银行信贷登记咨询管理制度。

3 月　中国保监会发布新修订的《机动车辆保险费率规章》和《机动车辆保险条款》，并分别于 4 月 1 日和 7 月 1 日开始执行。

4 月 26 日　上证所编制基金指数，5 月 9 日试发，基数为 1000 点。

4 月 30 日　中国人民银行发布施行《全国银行间债券市场债券交易管理办法》。

5 月 22 日　中国证监会正式发布《关于调整证券投资基金认购新股事项的通知》与《上市公司向社会公开募集股份暂行办法》。

6 月 16 日　为加强银行汇票业务管理，防范支付风险，中国人民银行下发《支付结算业务代理办法》和《银行汇票准入、退出管理规定》。

6 月 16 日　经中国保监会批准，国内首家保险经纪公司——江泰保险经纪有限公司在北京揭牌开业，此举标志着中国保险经纪市场正式启动。

6 月 20 日　深沪证交所取消 PT 股跌幅限制，涨幅限制仍为 5%。

6 月 30 日　中国人民银行发布施行《企业集团财务公司管理办法》与《金融租赁公司管理办法》。

7 月 1 日　中国保监会最新制定的《机动车辆保险条款》在全国执行。《条款》在最大限度保护保险人和被保险人利益的前提下，对原有条款中容易引起保户和保险公司纠纷的内容进行了重新界定。

7 月 1 日　新修订的《中华人民共和国会计法》正式施行。它的实施为规范经济和会计秩序提供了重要法律保证，对促进社会经济秩序的健康运行起到了重要作用。

7 月 17 日　中国证监会发布《关于涉及境内权益的境外公司在境外发行股票和上市有关问题的通知》，旨在对涉及我国境内企业权益的境外公司在境外发行股票和上市活动实施相应的监督管理。

8 月底　四家金融资产管理公司已经先后全部完成国有商业银行不良资产的剥离与收购工作。

9 月 18 日　中国保监会发布《保险公估管理规定（试行）》，这是继《保险代理人管理规定》和《保险经纪人管理规定》之后出台的又一项相关法规，标志着我国保险中介法规体系框架基本完成。

10 月 10 日　中国证监会颁布新的净资本计算规则，并将实施对证券公司风险动态的监控。　中国农业银行与中国人寿保险公司在北京签订《业务合作协议》。

10 月 11 日　中国证监会对外公布《开放式证券投资基金试点办法》，商业银行可以开始买卖开放式基金，开放式基金管理公司也可以向商业银行申请短期贷款。

10 月 20 日　中国人民银行发布《关于开办债券结算代理业务有关问题的通知》，明确金融机构经批准可办理债券结算代理业务。

10 月　中国保监会加入国际保险监督官协会，进一步加强我国与国际保险界的联系与合作。

11 月 11 日　经国务院同意，国家开发银行与瑞士联邦政府经济部共同投资组建独立的产业投资基金管理公司。　这是经国务院批准设立的我国第一家从事产业投资基金管理业务的公司，标志着国家开发银行已正式进入产业投资基金管理业。

11 月 16 日　中国保险行业协会在京宣告成立，成立大会上通过了《中国保险行业公约》。

11 月 23 日　中国证监会发布《关于禁止非法公开发行或变相公开发行股票的公告》。

11 月 28 日　中国证监会发出《关于境内上市外资股（B 股）公司非上市外资股上市流通问题的通知》。

11 月　中国工商银行在上海成立了我国首家票据专营机构——中国工商银行票据营业部。

12 月 29 日　中国人民银行决定撤销中国华融信托投资公司，收缴该公司金融机构法人许可证和金融机构营业许可证，自公告之日起停止其一切金融业务活动。

12 月　民生银行正式在 A 股挂牌上市。

2001 年

1 月 22 日　国家外汇管理局、海关总署联合发布《关于进行"口岸电子执法系统"出口收汇核销联网核查试点的通知》，决定在北京、上海、天津、广州地区试点运行出口收汇系统。

2月5日 国际货币基金组织理事会投票通过决议，提高中国在基金组织里的份额，我国在国际货币基金组织份额位次升至第8位，由原来的46.872亿特别提款权（约合61亿美元）提高到63.692亿特别提款权（约合83亿美元）。

2月20日 B股市场宣布对内开放，境内自然人可以通过合法持有的外汇开户交易B股。

2月21日 中国证券监督管理委员会、国家外汇管理局联合发布《关于境内居民个人投资境内上市外资股若干问题的通知》，自2001年2月26日起，境内居民个人可以办理资金划转和开立B股资金账户。

2月24日 中国证监会发布《亏损上市公司暂停上市和终止上市实施办法》，连续亏损的上市公司将依法退市。

3月29日 证监会发布《上市公司新股发行管理办法》。

4月24日 中国证监会依法终止连续亏损的PT水仙上市，我国证券市场退出机制正式建立。12月5日，中国证监会发布《亏损上市公司暂停上市和终止上市实施办法（修订）》，取消了PT制度和宽限期申请的有关程序。

5月 国务院正式批准组建中国出口信用保险公司，10月，中国出口信用保险公司正式成立。

6月14日 国务院发布《减持国有股筹集社会保障资金管理暂行办法》，社保基金入市步伐加快。

6月15日 上海合作组织宣布成立。

6月15日 中国证监会发布《关于申请设立基金管理公司若干问题的通知》，首次引入"好人举手"（自律承诺）制度，将基金管理公司申请设立发起人的范围扩大。

6月 中国人民银行先后发布《商业银行中间业务暂行规定》和《网上银行业务管理暂行办法》。

7月12日　中国化工A股发行28亿股，首次进入资本市场的全国社会保障基金作为战略投资者获得3亿股中石化新股。

7月24日　中国人民银行发布《关于切实加强商业汇票承兑贴现和再贴现业务管理的通知》，对加强票据市场监督检查，进一步规范发展票据市场提出了明确要求。

8月8日　国家外汇管理局发布《关于对外商投资项下外汇资本金结汇管理方式进行改革试点的通知》，将原由外汇管理部门直接审批的外商投资项下外汇资本金结汇授权给符合条件的外汇指定银行直接办理。

9月10日　银广夏（000557）开始连续跌停，其股价连续15个跌停，从停牌前的30.79元至第15个跌停价6.35元，跌幅79%，作为深成指的成份股，严重拖累深成指。

9月11日　首只开放式基金"华安创新"正式在北京等13个城市同时发售。9月21日，"华安创新"基金募满50亿基金单位并正式宣告成立，标志着我国证券投资基金业发展由封闭式证券投资基金进入开放式证券投资基金试点新阶段。

9月19日　中国人民银行、国家外汇管理局联合发布《关于调整资本项下部分购汇管理措施的通知》，取消对购汇偿还逾期国内外汇贷款的限制，放宽对购汇提前偿还国内外汇贷款、外汇转贷款及偿还外债的限制，放宽对购汇进行境外投资的限制。

10月1日起　广东地区放开车辆保险费率。实施此办法后，该地区车险费率由各保险公司自主制定，并报保监会备案。

10月22日晚9时　中央电视台报道，国有股减持办法暂停，证监会宣布首发增发停止国有股出售。

10月24日　中国证监会宣布首发增发中停止国有股出售。证监会重申，国有股减持的目的是为广大人民筹集社保资金，同时也有利于改善上市公司的股权结构。

10月　标准普尔公司完成了对中国内地银行业重整费用的估算。据估算，中国内地的不良贷款至少占整个银行体系总贷款11.3万亿元人民币的一半。

10 月　国务院正式批准成立上海黄金交易所，11 月 28 日上海黄金交易所模拟运行。 2002 年 10 月 30 日，上海黄金交易所正式成立投入运营。

11 月 5 日　国家外汇管理局发布《关于调整出口收汇核销和外汇账户管理政策的通知》，简化出口收汇核销手续，降低中资企业经常项目外汇账户开立标准，调整账户限额核定方法，自 2001 年 12 月 1 日起施行。

11 月 15 日　中国信达资产管理公司与高盛（亚洲）有限责任公司就建立中外合资公司处置不良资产在北京签署合作协议。

11 月 21 日　中国人民银行发布《关于外币现钞管理有关问题的通知》，调整银行美元挂牌汇价的定价方式，适当放宽境内居民个人外币账户资金划转的限制，增加个人外币结汇网点，自 2001 年 12 月 1 日起施行。

11 月　中国保监会发布主席令，颁布实施《保险公估机构管理规定》《保险代理机构管理规定》《保险经纪公司管理规定》。 至此，我国保险中介市场法律框架基本形成。

12 月 5 日　中国证监会出台新退市办法。

12 月 10 日　中国人民银行颁布《农村信用合作社农户小额信用贷款管理指导意见》，全面推广农村信用社发放农户小额信用贷款和信用村镇建设，标志着我国农村信贷管理体制发生了重大改革。

12 月 11 日　中国成为 WTO 正式成员。

12 月 18 日　全国社会保障基金理事会第一次会议召开，基金管理运营将正式启动。 同时，财政部、民政部公布实施《全国社会保障基金投资管理暂行规定》。

12 月 24 日　中国人民银行发出《关于全面推行贷款质量五级分类管理的通知》，决定从 2002 年 1 月 1 日起，在我国各类银行全面推行贷款风险分类管理。

12 月　我国首家国有政策性保险公司——中国出口信用保险公司在

北京宣布成立。 这对提高我国出口产品竞争力、引导出口行业产品结构调整将产生积极作用。

12 月　中国取消外资银行办理外汇业务的地域和客户限制，允许外资银行经营对中国企业和中国居民的外汇业务；在上海、深圳、天津和大连四个城市向外资银行开放人民币业务。

12 月　国务院颁布《中华人民共和国外资金融机构管理条例》（修订版）。

2001 年　国务院公布《中华人民共和国外资保险公司管理条例》。

2002 年

1 月　银行信贷登记咨询系统建成地、省、总行三级数据库，实现全国联网查询。

3 月　招商银行正式在 A 股挂牌上市。

4 月 1 日　银行间外汇市场开设欧元对人民币交易。 这是继美元、港币和日元之后开设的第四种外币对人民币交易。

4 月 1 日　上市公司例行停牌时间由半天改为一个交易小时。

4 月 3 日　中国人民银行发布《商业银行柜台记账式国债交易管理办法》，进一步规范商业银行柜台记账式国债交易行为。

4 月 4 日　中国证监会、国家计委、国家税务总局联合发布《关于调整证券交易佣金收取标准的通知》，其核心是实行佣金浮动制。

4 月 9 日　中国人民银行发布 2002 年第 2 号公告，调整银行间债券市场的准入制度，将银行间债券市场的准入由审批制改为备案制。

5 月 21 日　中国证监会发出《关于向二级市场投资者配售新股有关问题的补充通知》，决定恢复向二级市场投资者配售新股。

6 月 7 日　央行发布公告，宣布撤销中国经济开发信托投资公司，并收缴其金融机构法人许可证与金融机构营业许可证。

6 月 24 日　国务院做出决定，除企业海外发行上市外，对国内上市公司停止执行《减持国有股筹集社会保障资金管理暂行办法》。

6 月 北京首家外资保险公司——美国国际集团旗下的友邦保险公司成立。

6 月 中国证监会颁布《外资参股证券公司设立规则》，提前履行证券业对外开放的承诺。

7 月 1 日 "180" 取代 "30"，上证 180 指数正式对外发布。

7 月 《外资参股证券公司设立规则》明确了外资参股证券公司的设立条件及程序，明确规定了外资参股证券公司的业务范围。

9 月 9 日 中国人民银行发布《关于调整外币现钞管理政策有关问题的通知》，提高外币现钞的银行买入价，允许各银行在边贸地区加挂人民币对边贸国货币的汇价，自 2002 年 10 月 1 日起施行。

9 月 23 日 根据上海证券交易所的最新规定，新股上市当天就以发行价作为 "前收盘价" 纳入综合指数计算。

9 月 中国保险监督管理委员会与韩国金融监管委员会在北京共同签署了中韩保险监管合作谅解备忘录。

10 月 《中华人民共和国保险法》经第九届全国人民代表大会常务委员会第三十次会议修正通过。

10 月 汇丰集团与中国平安保险公司在上海签署协议，汇丰集团以 6 亿美元认购中国平安保险股份有限公司股份，持股比例为 10%。 在此之前，美国著名投资银行摩根士丹利和高盛已于 1993 年参股平安。 此次增资后，平安的净资产达到人民币 120 亿元。

10 月 证监会颁布《上市公司收购管理办法》和《上市公司股东持股变动信息披露管理办法》，外资并购参股上市公司全面启动。

11 月 5 日 《合格境外机构投资者境内证券投资管理暂行办法》正式出台。

11 月 8 日 中国证监会和中国人民银行联合制定的《合格境外机构投资者境内证券投资管理暂行办法》正式对外发布，并自 12 月 1 日起施行。

11 月 16 日 中国人民银行发布《外汇指定银行办理结汇、售汇业务管理暂行办法》，对外汇指定银行结售汇业务的市场准入和退出、结售汇周转头寸管理、会计核算等内容进行了明确，并自2002年12月1日起施行。

12月1日　经国家外汇管理局批准，上海、福建、山东、广东和江苏5省（市）开始进行境外投资外汇管理改革试点。至此，包括浙江省从10月1日起试点在内，全国共有6个省市开展了境外投资外汇管理改革试点。

12月　中国人民保险公司自主制定的机动车辆保险改革方案，获得中国保险监督管理委员会批准，该公司将从2003年1月1日起正式实施新的车险条款费率，这是自全国车险条款费率改革以来，首家获得中国保监会批准实施的车险条款费率。

12月　在广州、青岛、珠海、南京、武汉五个城市向外资银行开放人民币业务。

2002年　中国邮政与法国国家人寿保险公司签订协议，合资成立中法人寿保险，该公司于2005年12月正式成立。

2003 年

1月12日　中国第一家中外合资基金管理公司——招商基金在深圳正式开业。

2月18日　湘财合丰基金公司三只行业类别基金获准一次性同时发行，伞型基金开始登陆中国。

2月　经中国人民银行批准，成立于1987年的烟台住房储蓄银行正式改制为恒丰银行股份有限公司。

3月1日　中国人民银行颁发的《金融机构反洗钱规定》《人民币大额和可疑支付交易报告管理办法》《金融机构大额和可疑外汇资金交易报告管理办法》同时开始施行。

4月4日　沪深证交所发布通知，警示退市风险将启用＊ST标记。

4月25日　首家中外合资证券公司——华欧国际在北京宣布成立。

4月27日　中国银行业监督管理委员会正式挂牌履行职责，标志着我国金融业分业监管体系已经基本成立。

5 月 27 日 我国证券市场首批 QFII 诞生,瑞银,野村获批。

6 月 2 日 全国社保基金理事会与南方、博时、华夏、鹏华、长盛、嘉实 6 家基金管理公司签订相关授权委托协议,全国社保基金正式进入证券市场。

6 月 30 日 中国人民银行指导同业拆借中心推出中国票据网。

6 月 国务院印发《深化农村信用社改革试点方案的通知》,确立了新的改革方向:农村信用社定位为为农民、农业和农村经济发展服务的社区性地方金融机构;积极探索和分类实施股份制、股份合作制、合作制等各种产权制度,使信用社真正成为"自主经营、自我约束、自我发展、自担风险"的市场主体;把信用社的管理交给省政府负责,通过省级联社对信用社实施管理、指导、协调、服务,并决定在浙江等 8 个省(市)实施农村信用社体系改革试点。

6 月 中国外汇交易中心建成"中国票据报价系统",即中国票据网。

7 月 9 日 QFII 第一单的指令发出,首批获得 QFII 资格的瑞银证券亚洲有限公司下单买进 4 只 A 股,标志着外资迈开了进入中国 A 股市场的第一步。

7 月 30 日 国家外汇管理局发布《关于跨国公司非贸易售付汇管理的通知(试行)》,允许北京、上海、深圳三地符合规定条件的跨国公司及其境内关联公司,直接对外支付境外代垫或分摊的非贸易费用。自发布之日起施行。

7 月 华夏银行正式在 A 股挂牌上市。

7 月 中国人保控股公司在纽约、香港成功上市。

8 月 24 日 招商银行董事会审议通过了公司《关于发行可转换公司债券的议案》。

8 月 28 日 国家外汇管理局、海关总署联合发布《携带外币现钞出入境管理暂行办法》,调整并统一了居民和非居民个人携带外币现钞出入境标准,以满足个人的合理日常需求,自 2003 年 9 月 1 日起施行。

8 月 云南国际信托有限公司发行了"中国龙资本市场集合资金信托

计划"，成为首只投资于证券二级市场的证券类信托产品。

9月1日　国家外汇管理局发布《关于调整境内居民个人经常项目下购汇政策的通知》，提高了居民个人经常项目下的购汇限额，并扩大了供汇范围，自2003年10月1日起施行。

9月9日　国家外汇管理局发布《关于银行间外汇市场开展双向交易的通知》，允许中国外汇交易中心自2003年10月1日起在银行间外汇市场实行双向交易。

9月18日　银监会、证监会和保监会召开金融监管第一次联席会议。

9月30日　中国人民银行的新职能确定。调整后的中国人民银行是制定和执行货币政策、维护金融稳定、提供金融服务的宏观调控部门，主要职责有14项，增加两项职能——反洗钱和信贷征信业管理。

9月　党中央、国务院决定对国有商业银行实施股份制改革，并选择中国银行、中国建设银行进行试点。

11月6日　中国人民财产保险股份有限公司在香港联交所主板市场挂牌上市。

11月15日　中国人民银行发布《征信机构管理办法》。

11月18日　中国人民银行发布16号公告称，经国务院批准，中国人民银行将为在香港办理个人人民币存款、兑换、银行卡和汇款业务的有关银行提供清算安排。

11月19日　除了签订合作备忘录以外，粤港双方就粤港两地建立常设性联络机构达成一致，未来的港元支票和人民币支票将可以分别在对方当地使用。

12月24日　中国人民银行发布公告称，经对申办清算行业务的香港银行全面评审，决定授权中银（香港）为香港银行个人人民币业务清算行。

12月27日　第十届全国人民代表大会常务委员会第六次会议通过《中华人民共和国银行业监督管理法》，并自2004年2月1日起施行。

12月27日　第十届全国人民代表大会常务委员会第六次会议通过关于修改《中华人民共和国中国人民银行法》的决定。

12 月　获得 QFII 批文的境外投资者已有 12 家，总投资额度达到 17 亿美元，其中瑞士银行以 6 亿美元的投资额度名列第一。

12 月　中央汇金投资有限责任公司注册成立。

12 月　国家运用外汇储备、黄金储备通过中央汇金公司向中国银行、中国建设银行各注资 225 亿美元。

12 月　在济南、福州、成都和重庆四个城市向外资银行开放人民币业务；允许外资银行在已开放人民币业务的地域经营对中资企业的人民币业务。

12 月　中国银监会颁布《境外金融机构投资入股中资金融机构管理办法》，规定入股中资银行的资格条件和持股比例。

12 月　中国人寿保险股份有限公司在纽约和香港上市，公开募股筹集 30.1 亿美元，为 2003 年规模最大的首次公开募股。

2004 年

1 月 2 日　南方证券被行政接管。之后，汉唐证券、恒信证券、德恒证券、中富证券、闽发证券、辽宁证券等先后被托管。

1 月 6 日　国务院正式宣布已将 450 亿美元的外汇储备注资中国银行和中国建设银行，这项注资已于 2003 年 12 月 31 前全部划到这两家银行的账上，各获得 225 亿美元。

1 月 31 日　国务院发布《关于推进资本市场改革开放和稳定发展的若干意见》，"国九条"提出重视资本市场的投资回报，为投资者提供分享经济发展成果、增加财富的机会；鼓励合规资金入市；拓宽证券公司融资渠道；积极稳妥解决股权分置问题；等等。

2 月 20 日　私募投资人赵丹阳与深国投信托合作，成立"深国投·赤子之心（中国）集合资金信托计划"，被业内视为国内首只阳光私募产品，以"投资顾问"的形式开启了私募基金阳光化的模式。

2 月 23 日　经国务院批准，中国银监会发布了《商业银行资本充足率管理办法》。《办法》的出台标志着我国已形成了以贷款分类制度、损失准备金制度和资本充足率约束机制为主要内容的相对完整的银行审慎监管规章体系。

3 月 30 日　国家外汇管理局发布《关于调整经常项目外汇账户限额核定标准有关问题的通知》，提高了企业经常项目外汇账户限额，并取消经常项目外汇账户地区总限额，全国按统一的标准核定。自 2004 年 5 月 1 日起施行。

4 月 12 日　中国人民银行颁布《全国银行债券市场债券买断式回购业务管理规定》。

4 月 14 日　德隆系"三驾马车"——新疆屯河、湘火炬和合金投资股价开始跳水，短时间内市值缩水近百亿元。德隆系的崩盘结束了庄股的最后神话。

5 月 18 日　深交所获准设立中小企业板块，恢复停止 3 年多的新股发行。6 月 25 日，中小企业板块正式鸣锣交易，新和成、江苏琼花和大族激光等 8 家企业成为首批在中小企业板块上市交易的公司。

5 月 18 日　中国人民银行印发《全国银行间债券市场债券买断式回购主协议》。

5 月 20 日　财政部、中国人民银行和证监会发布了《关于买断式回购交易的通知》。

6 月 1 日　《保险资产管理公司管理暂行规定》开始实施，确定了保险资产管理公司与保险公司之间的权利义务关系以及受托管理保险资金应遵循的一些基本规则。

6 月 23 日　中国人民银行发布《商业银行次级债券发行管理办法》，规范商业银行发行次级债券行为，维护投资者合法权益，并促进商业银行资产负债结构的改善和自我发展能力的提高。

6 月　经中国银监会批准，成立于 1993 年的浙江商业银行经过重组、更名、迁址，最终改制为浙商银行；2016 年 3 月，浙商银行在香港 IPO 上市。

7 月 8 日　上证所获准推出 ETF（交易型开放式指数基金）。

8 月 17 日　国务院下发《国务院办公厅关于进一步深化农村信用社

改革试点的意见》，农村信用社改革进入新阶段。

8 月 18 日　深交所获准推出 LOF（上市型开放式基金）。

8 月 25 日　中国银行整体改制为中国银行股份有限公司。

8 月 30 日　证监会就新股发行询价制公开征求意见，同时暂停新股 IPO。

8 月　中国人民银行与中国银监会颁布《汽车贷款管理办法》，对汽车贷款的贷款人、借款人、信贷风险管理、贷款期限及利率等做了规定，该办法于 2004 年 10 月 1 日起施行。

9 月 13 日　上证指数和深圳综指分别为 1259 点、314 点，创下 5 年多来的新低。至年末，沪深股指在全球股市指数创出了 5 年来新高的背景下，仍运行在 5 年多的低位上。

9 月 21 日　中国建设银行股份有限公司挂牌成立。

10 月 13 日　国家外汇管理局发布《关于扩大远期结售汇业务试点的通知》，满足条件的外汇指定银行均可申请开办远期结售汇业务，并明确了远期结售汇业务市场的准入条件和程序，自 2004 年 11 月 1 日起施行。

10 月 19 日　央行、证监会联手落实"国九条"，央行发布《证券公司短期融资券管理办法》，券商可发短期融资券。

10 月 24 日　保监会和证监会联合发布《保险机构投资者股票投资管理暂行办法》，允许保险机构投资者在严格监管的前提下直接投资股票市场。

10 月 28 日　中国人民银行发布《关于内地银行与香港、澳门银行办理个人人民币业务有关问题的通知》，统一了内地银行办理香港、澳门银行个人人民币业务的各项管理政策。

11 月 3 日　经中国证监会核准，上海证券交易所和中央证券登记结算有限责任公司同时发布《上海证券交易所国债买断式回购交易实施细则》，并率先在第十期国债上实施买断式回购。该产品的推出，对整个资本市场的风险控制具有积极的作用和意义。

11 月 5 日　股票质押贷款办法出台。

11 月 9 日　国家外汇管理局发布《关于调整境内居民个人自费出国

（境）留学购汇指导性限制的通知》，进一步调整了境内居民个人自费留学购汇政策，自2005年1月1日起施行。

11月16日 中国人民银行发布《个人财产对外转移售付汇管理暂行办法》，允许个人所有的合法财产对外转移，包括移民财产转移和继承财产转移两类，自2004年12月1日起施行。

12月1日起 我国允许外资金融机构将经营人民币业务的地域扩大到昆明、北京、厦门、西安、沈阳，使开放人民币业务的城市增加到18个。

12月7日 证监会发布《关于加强社会公众股股东权益保护的若干规定》。

12月7日 中国人民银行发布《全国银行间债券市场债券交易流通审核规则》，建立了较为全面的信息披露制度，对信用评级和担保要求做出了相应规定，以促进企业债券市场化定价机制的形成和发行管理方式的转变，对提高直接融资比例，改善我国融资结构具有重要意义。

12月11日 中国保险业结束入市过渡期，率先在金融领域实现了全面对外开放。截至2006年11月底，共有15个国家和地区的47家外资保险机构在华设立了121个营业性机构，135家外资保险机构设立了近200家代表处。

12月13日 中国证监会发布《关于首次公开发行股票试行询价制度若干问题的通知》，标志着询价制正式推出。

12月22日 首旅股份召开2004年第一次临时股东大会，并成为引入分类表决机制的第一家上市公司。

12月30日 中国人民银行发布〔2004〕第22号公告，就在银行间债券市场发行债券信用评级的有关具体事项进行要求。

12月 央行建成全国集中统一的个人信用信息基础数据库。同月，支付宝正式从淘宝网分拆独立，发展成为中国最大的第三方支付平台。

12月 允许外资寿险公司提供健康险、团体险和养老金/年金险业务，取消对设立外资保险机构的地域限制，设立合资保险经纪公司的外资股权比例可达51%；寿险除外资持股不超过50%及设立条件限制外，对外资没有其他限制；外资寿险公司可根据有关规定办理保险机构法人许可证和经营保险业务许可证变更等相关手续。

2005 年

1 月 17 日 中国保监会联合中国银监会下发《保险公司股票资产托管指引（试行）》和《关于保险资金股票投资有关问题的通知》，明确了保险资金直接投资股票市场涉及的资产托管、投资比例、风险监控等有关问题。 2 月 16 日，中国保监会、中国银监会、中国证监会联合发文，宣布这一天成为保险资金直接投资股票市场的起始日。

1 月 17 日 证监会宣布恢复新股发行，首只询价发行股票——华电国际招股说明书亮相。

1 月 21 日 中国人民银行印发《银行业金融机构进入全国银行间同业拆借市场审核规则》，规范银行业金融机构进入全国银行间同业拆借市场的审批程序。

2 月 4 日 国家外汇管理局发布《关于调整经常项目外汇账户限额管理办法的通知》，延长境内机构超限额结汇期限，扩大按实际外汇收入100% 核定经常项目外汇账户限额的企业范围。

2 月 18 日 中国人民银行会同财政部、国家发改委、证监会等部门联合发布《国际开发机构人民币债券发行管理暂行办法》，允许国际开发机构在境内发行人民币债券。

2 月 20 日 中国人民银行、中国银监会和中国证监会联合发布《商业银行设立基金管理公司试点管理办法》。

4 月 5 日 由上证所和深交所联合编制的沪深 300 指数 4 月 8 日正式发布，该指数以 12 月 31 日为基日，基点 1000 点。

4 月 8 日 中国人民健康保险股份有限公司正式开业，结束了我国保险市场没有健康保险专业经营主体的历史，开启了我国健康保险步入专业化经营的新时代。

4 月 27 日 中国人民银行印发《全国银行间债券市场金融债券发行

管理办法》，以促进债券市场发展，规范金融债券发行，维护投资者合法权益。 该办法自 2005 年 6 月 1 日起施行。

4 月 29 日　中国证监会发布通知，正式启动上市公司股权分置改革试点工作。

4 月　国家运用外汇储备通过中央汇金公司向中国工商银行注资 150 亿美元，中国工商银行股份制改革正式启动。

4 月　国务院发布《中华人民共和国电子签名法》，确定电子签名与手写签名或印章具有同等法律效力。

5 月 9 日　股权分置改革试点正式启动。 首批股改试点公司确定：清华同方、金牛能源、紫江企业、三一重工。

5 月 11 日　中国人民银行印发《全国银行间债券市场远期交易管理规定》，以促进我国债券市场的发展，规范债券远期交易业务，防范市场风险，维护市场参与者合法权益。

5 月 19 日　国家外汇管理局发布《关于扩大境外投资外汇管理改革试点有关问题的通知》，将试点地区扩大到全国，提高年度境外投资购汇总额度，进一步下放审批权限。

5 月 21 日　中国工商银行成立工银瑞信基金管理公司。

5 月 23 日　中国人民银行印发《短期融资券管理办法》，以规范短期融资券的发行和交易，保护短期融资券当事人的合法权益。 5 月，中国经人民银行批准，泛亚债券指数基金进入银行间债券市场开展债券交易业务，成为我国债券市场引入的第一家境外机构投资者。 10 月 20 日，周小川在中国债券市场发展高峰会上发表讲话《吸取教训以利再战》。

5 月 31 日　由中国再保险（集团）公司任主席管理公司的中国核保险共同体，在上海首次承办了 2005 年度第 21 届世界核共体经理年会，共有来自 25 个国家和地区核保险共同体的代表参会。

6 月 14 日　国务院批准中央汇金公司注资银河证券。

6 月　交通银行在香港成功上市；10 月，中国建设银行在香港成功上市。

7 月 4 日　央行确定由中央汇金公司和建银投资对银河证券、华夏证券、北京证券、湘财证券、天同证券、华安证券、申银万国、科技证券和中富证券等 9 家证券公司注资。 对券商的市场化重组开始。

7 月 5 日 由平安保险集团和汇丰银行两大金融机构持股的平安银行总部正式落户上海，平安持股比例达到 73%，汇丰持股 27%。

7 月 12 日 国家外汇管理局发布《关于境内外资银行集中管理结售汇周转头寸的通知》，进一步规范境内外资银行结售汇头寸管理，允许符合条件的境内外资银行总行或授权分行对境内所有分支行实施结售汇头寸集中平盘，统一管理。

7 月 13 日 中国人保、中国人寿、中国平安、太平洋保险等总计 45 家保险公司，共同签署了《机动车辆保险服务承诺》《个人意外伤害保险、健康保险服务承诺》。

7 月 18 日 经中国人民银行批准，中国工商银行上海分行和上海黄金交易所共同合作开发的个人黄金交易系统开通，国内首个个人实物黄金投资品种——"金行家"试运行。

7 月 21 日 中国实施人民币汇率形成机制改革，实行以市场供求为基础、参考一篮子货币进行调节、有管理的浮动汇率制度。

8 月 9 日 中国银行业监督管理委员会颁布《货币经纪公司试点管理办法》，并称在货币经纪公司引入初期，可采取中外合资的形式，由国内适合条件的机构与国际知名货币经纪公司成立中外合资经纪公司，以利充分借鉴国际良好做法。

8 月 10 日 中国人民银行上海总部揭牌，主要承担部分央行业务的具体操作职责，同时履行一定的管理职能。

8 月 15 日 银行间远期外汇交易正式上线。

8 月 23 日 中国证监会、国务院国资委、财政部、中国人民银行和商务部发布《关于上市公司股权分置改革的指导意见》，就下一步上市公司股权分置改革提出了指导思想和总体要求。

8 月 第一家省级农商行——上海农村商业银行成立。

9 月 5 日 全面股改步入操作阶段，《上市公司股权分置改革管理办法》正式出台。

9 月 22 日　国家外汇管理局发布《关于调整银行结售汇头寸管理办法的通知》，实行结售汇综合头寸管理，统一中外资银行的头寸管理政策和限额核定标准。

9 月 24 日　中国银监会发布《商业银行个人理财业务管理暂行办法》。

9 月　腾讯上线财付通。

10 月 27 日　作为第一家成功上市的国有商业银行，建行股份在香港联交所挂牌上市。

10 月　亚洲开发银行（ADB）和国际金融公司（IFC）首次获准在我国银行间债券市场发行人民币债券，发行量分别为 10 亿元和 11.3 亿元，限定筹集的资金主要用于我国国内企业的贷款。

11 月 2 日　中国银监会发布商业银行引进海外战略投资者的原则与标准。

11 月 24 日　国家外汇管理局发出通知，决定在银行间外汇市场引入做市商制度，并于 2006 年初在银行间外汇市场推出即期询价交易方式。

12 月 9 日　中国银监会正式批准全国首家合资货币经纪公司——上海国利货币经纪有限公司的开业申请，标志着货币经纪服务正式进入中国金融市场。

12 月 15 日　在中国人民银行牵头、多部委共同努力下，首期开元信贷资产支持证券和建元个人住房抵押贷款支持证券公开发行，中国的资产证券化终于从理论走向实践。

12 月 22 日　被业内及社会广泛关注的中国人寿保险业新生命表正式发布。

12 月　渤海银行正式成立，总部设在天津。

12 月　在汕头、宁波、哈尔滨、长春、兰州、银川、南宁七个城市向外资银行开放人民币业务。

2005 年　瑞士友邦银行在中国开业，这是中国出现的第一家私人银行。

2006 年

1 月 1 日 新修订的《公司法》和《证券法》正式实施。

1 月 4 日 我国银行间外汇市场正式引入做市商制度，推出双边授信、双边清算的询价交易方式，延长询价交易时间。

2 月 6 日 在证监会的推动下，中国证券业协会、上海证券交易所和中证登分别发布了针对交易所债券质押式回购的改革措施。此后上证所于 5 月 8 日推出新质押式国债回购制度。

2 月底 中国证监会召开上市公司监管工作会议，拉开"清欠攻坚战"序幕。

2 月 中国外汇储备余额达 8536.72 亿美元，超过日本，居世界第一。

2 月 中国颁布实施《外国投资者对上市公司战略投资管理办法》，允许外国投资者对已完成股权分置改革的上市公司进行战略性投资。

3 月 28 日 《机动车交通事故责任强制保险条例》颁布。

4 月 14 日 央行发文分别放宽了银行、基金、保险这三大主要金融行业资金投资海外市场的限制，同时放宽的还有部分经常项目，其中包括个人用汇额度。

4 月 24 日 国家外汇管理局批准银行间外汇市场正式推出人民币与外币掉期交易，银行可以在该市场上开展以套期保值和头寸结构调整为目的的人民币外汇掉期交易。

5 月 1 日 境内居民个人购汇管理信息系统升级上线，正式实行个人购汇 2 万美元年度总额管理。

5 月 15 日 沪深证交所发布新交易规则，为 T +0 融资融券留下空间。

5 月 25 日 全流通 IPO 第一单亮相，中工国际发行 6000 万 A 股。

6 月 26 日 《国务院关于保险业改革发展的若干意见》正式颁布。

6 月 中国银行在香港成功上市；7 月，在 A 股成功上市。

7 月 1 日 国家外汇管理局调整银行结汇、售汇综合头寸管理，将权责发生制管理原则推行至全部外汇指定银行。

7 月 14 日　华夏基金旗下的基金兴业召开份额持有人大会，表决基金兴业转型事项，标志着首例基金"封转开"正式启动。

8 月 1 日　银行间即期外汇市场正式开设英镑/人民币交易，银行间即期外汇市场的外币交易币种扩大到 5 个。

8 月 24 日　中国人民银行、中国证监会、国家外汇管理局联合发布《合格境外机构投资者境内证券投资管理办法》，自 2006 年 9 月 1 日起施行。

9 月 8 日　中国金融期货交易所在上海挂牌成立，股指期货仿真交易开始操练。

9 月　招商银行登陆 H 股市场。

10 月 27 日　中国工商银行以 A＋H 股同步发行、同步上市的方式成功实现首次公开发行。

10 月 31 日　《中华人民共和国反洗钱法》经第十届全国人大常委会第二十四次会议审议通过，于 2007 年 1 月 1 日开始施行。

11 月 24 日　中国银监会发布《中华人民共和国外资银行管理条例实施细则》，自 2006 年 12 月 11 日起施行。

12 月 11 日　国务院颁布《中华人民共和国外资银行管理条例》，允许外资行以独立法人的形式存在，向外资银行全面开放中国境内公民的人民币业务，取消开展人民币业务的地域限制和其他非审慎性限制，并对外资银行实行国民待遇。

12 月 22 日　银监会下发《关于调整放宽农村地区银行业金融机构准入政策　更好支持社会主义新农村建设的若干意见》，按照商业可持续原则，适度调整和放宽农村地区银行业金融机构准入政策。

12 月 25 日　中国人民银行发布《个人外汇管理办法》，决定自 2007 年 2 月 1 日起对个人结汇和境内个人购汇实行年度总额管理。

12 月　中国工商银行收购印度尼西亚哈利姆银行 90% 股权。

2006 年末　中国国家外汇储备余额突破万亿美元，达到 10663 亿美元；合格境外机构投资者（QFII）投资额度达到 90.45 亿美元。

2007 年

1 月 4 日　上海银行间同业拆放利率（SHIBOR）开始运行。

1 月 5 日　发布《个人外汇管理办法实施细则》，对《个人外汇管理办法》进行细化，规定个人结汇和境内个人购汇年度总额分别为每人每年等值 5 万美元。

1 月 11 日　中国人民银行发布《全国银行间债券市场做市商管理规定》。

1 月 19 日　第三次全国金融工作会议召开，确定农行改革"面向三农、整体改制、商业运作、择机上市"16 字方针。

1 月 23 日　中国证监会颁布《金融租赁公司管理办法》和《信托公司管理办法》，均自 2007 年 3 月 1 日起施行。

1 月　上海银行间同业拆借利率（SHIBOR）机制正式运行，中国人民银行积极推进以 SHIBOR 为基准的票据贴现利率定价模式。

2 月　兴业银行正式在上海证券交易所挂牌上市。

3 月 20 日　中国邮政储蓄银行正式揭牌成立。截至当日，全国邮政储蓄存款余额达 1.7 万亿元，规模居全国第 5 位。

3 月　首批 3 家村镇银行——四川仪陇惠民村镇银行、吉林磐石融丰村镇银行、吉林东丰诚信村镇银行正式成立。

4 月 9 日　中国证监会发布《期货交易所管理办法》和《期货公司管理办法》，自 2007 年 4 月 15 日起施行。

4 月 30 日　中国证监会宣布首发增发中停止国有股出售。

4 月　中信银行实现在上海证券交易所和香港联合交易所 A＋H 股同步上市。

5 月 10 日　银监会出台 QDII（合格境内机构投资者）赴海外投资资格认定制度政策。

5 月　交通银行在 A 股成功上市；9 月中国建设银行在 A 股成功上市。

6月8日　中国人民银行、国家发展和改革委员会共同制定并发布《境内金融机构赴香港特别行政区发行人民币债券管理暂行办法》。

6月20日　中国证监会发布《合格境内机构投资者境外证券投资管理试行办法》和相关通知，QDII制度开始实施。

6月22日　人民币债券开始在中国香港发行。

6月　允许具有经营人民币零售业务资格的外资法人银行发行符合中国银行卡业务、技术标准的银行卡，享受与中资银行同等待遇。

7月3日　中国人民银行发布《同业拆借管理办法》，自2007年8月6日起施行。

7月6日　中国人民银行、中国保监会和国家外汇管理局联合发布《保险资金境外投资管理暂行办法》，自公布之日起施行。

7月19日　南京银行、宁波银行两家城市商业银行在A股成功上市。

8月10日　中国外汇交易中心发布《全国银行间外汇市场人民币外汇衍生产品主协议（2007版）》，该协议涵盖了目前市场上已有的人民币对外币远期、掉期等业务，为将来其他衍生产品的推出预留了空间。

8月15日　将储蓄存款利息个人所得税的适用税率由原来的20%调减为5%。

8月20日　批准我国境内个人直接对外证券投资业务试点，允许居民个人在试点地区通过专门通道，以自有外汇或人民币购汇直接对外证券投资。

8月　随着海南省联社揭牌仪式启动，全国建立省级联社任务全部完成。它的诞生标志着农村信用社新的管理体制框架全面建立。

9月18日　批准南方基金管理有限公司境外证券投资额度40亿美元。这是《合格境内机构投资者管理办法》发布后，获得境外证券投资额度的首家基金QDII。

9月19日　北京银行在A股成功上市。

9月27日　中国人民银行、中国银监会联合发布《关于加强商业性房地产信贷管理的通知》，防控房地产金融风险。

9月29日　中国投资有限责任公司（CIC）成立。作为专门从事外汇资金投资业务的国有投资公司,中投公司的成立被视为中国外汇管理体制改革的标志性事件。中央汇金投资有限责任公司作为全资子公司整体并入中投公司。

10 月 中国工商银行宣布收购南非最大银行——南非标准银行 20% 的股权。

11 月 8 日 招商银行获批在美国纽约设立分行,成为 1991 年美国《加强外国银行监管法》颁布以来首家获准进入美国金融市场的中资银行。

11 月 30 日 中央汇金公司向光大银行注资 200 亿元人民币等值美元。

12 月 11 日 QFII 投资总额度由 100 亿美元增至 300 亿美元。

12 月 31 日 中央汇金公司向国家开发银行注资 200 亿美元。

2007 年 中国银行股份有限公司在北京和上海创立了私人银行业务服务部,这是国内真正意义上的本土私人银行服务。

2008 年

1 月 央行 ECDS 电票系统,票据电子化不断加深。

3 月 21 日 中国证监会正式发布创业板规则征求意见稿和征求意见稿起草说明,筹划近十年之久的创业板将很快登陆深圳证券交易所。

4 月 20 日 在大小非减持成为众矢之的之际,《上市公司解除限售存量股份转让指导意见》出台,中国证监会规定大小非减持超过总股本 1% 的,须通过大宗交易系统转让,大小非减持情况在中登公司网站定期披露。

6 月 3 日 批准中国外汇交易中心推出银行间外汇市场询价交易净额清算业务,进一步提高银行间外汇市场会员银行的清算效率,促进外汇市场长远发展。

6 月 20 日 最后一只股改权证——南航认沽权证存续期满,自此,股改权证彻底退出资本市场。

8月1日 国务院第二十次常务会议修订通过《中华人民共和国外汇管理条例》，自公布之日起施行。

8月1日 中国人民银行发布并实施《关于银行间债券市场债券交易券款对付结算有关事项的公告》，以进一步提高市场效率，降低债券交易结算风险，推动债券市场健康发展。

8月27日 中国证监会正式发布修改后的《上市公司收购管理办法》，为大股东增持打开方便之门。

9月1日 《保险公司偿付能力监管规定》正式施行，首次引入资本充足率指标，出现"分类后的统一监管"。

9月11日 中国人民银行、中国保监会、财政部联合发布《保险保障基金管理办法》，自公布之日起施行。

9月18日 国资委宣布支持中央企业增持或回购上市公司股份。

10月5日 中国证监会宣布将正式启动证券公司融资融券业务试点工作。

10月23日 国家外汇管理局决定在银行间外汇市场引入货币经纪公司开展外汇经纪业务，并制定《货币经纪公司外汇经纪业务管理暂行办法》，进一步发展外汇市场，提高外汇衍生产品市场流动性。

10月 中央汇金公司向中国农业银行注资1300亿元人民币等值美元，开启国有商业银行股份制改革的收官之战。

12月 国家开发银行股份有限公司正式挂牌成立，国开行开始了由政策性银行向商业银行的转变。

12月 允许外资独资银行与中外合资银行在银行间债券市场交易及承销金融债券和非金融企业债务融资工具，但事后需向所在地银监局报告。

2009 年

1月7日 中国人民银行发布2009年第1号公告，取消债券发行规模须超过5亿元才能交易流动的限制条件，为中小企业通过发行债券进行小额融资创造了较好的政策条件。

1 月 20 日　中国人民银行与香港金融管理局签署了规模为 2000 亿人民币/2270 亿港币的双边本币互换协议。

1 月 23 日　银监会印发《信托公司证券投资信托业务操作指引》，成为第一个规范证券类信托产品的文件，意味着存在多年的阳光私募模式得到监管认可。

1 月　中国农业银行股份有限公司设立。

3 月 18 日　中国人民银行发布 2009 年第 5 号公告，允许基金管理公司以特定资产管理组合的名义在全国银行间债券市场开立债券账户，并对其业务运作进行了规范。

3 月 31 日　中国证监会发布《首次公开发行股票并在创业板上市管理暂行办法》，明确创业板的上市发行门槛不变，仍采用两套上市财务标准。创业板管理暂行办法 5 月 1 日起实施。

4 月　奇瑞徽银汽车金融公司成立，开启了我国自主品牌汽车集团汽车金融业务的发展之路。

5 月 12 日　中国证监会颁布《关于基金管理公司开展特定多个客户资产管理业务有关问题的规定》，对"一对多"专户理财业务的投资者参与门槛、资产管理计划的设立条件、资产管理计划的销售方式以及开放参与和退出频率等做出明确规定。《规定》于 6 月 1 日施行。

6 月 6 日　深交所正式发布《创业板股票上市规则》，并于 7 月 1 日起施行。

6 月 9 日　国家外汇管理局发布《关于境内企业境外放款外汇管理有关问题的通知》，改进境外放款外汇管理，扩大境外放款主体和放款资金来源，简化核准和汇兑手续，支持境内企业"走出去"发展壮大。

6 月 10 日　中国证监会正式公布《关于进一步改革和完善新股发行体制的指导意见》，完善询价和申购的报价约束机制，杜绝高报不买和低报高买，同时网下网上渠道分开、网上申购设置上限，以提高中小投资者的中签率。

6 月 19 日　财政部、国务院国资委、中国证监会、全国社保基金理事会宣布，股权分置改革新老划断后，凡在境内证券市场首次公开发行股票并上市的含国有股的股份有限公司，除国务院另有规定的，均须按首次公开发行时实际发行股份数量的 10%，将股份有限公司部分国有股转由社保基金会持有，社保基金会对转持股份承继原国有股东的禁售期义务，并延长三年禁售期。

6 月 29 日　桂林三金开始接受网上申购，这是继 2008 年 9 月 16 日以来的第一只新股申购，也标志着中国 A 股市场的 IPO 在停批近一年后首次重新开启。

7 月 1 日　中国人民银行、财政部、商务部、海关总署、国家税务总局和中国银行业监督管理委员会联合发布《跨境贸易人民币结算试点管理办法》。

7 月 3 日　中国人民银行与中国银行（香港）有限公司签署修订后的《香港人民币业务清算协议》，配合跨境贸易人民币结算试点工作的开展。

7 月 6 日　上海市办理第一笔跨境贸易人民币结算业务；人民币跨境收付信息管理系统（RCPMIS）正式上线运行。

7 月 7 日　广东省 4 城市启动跨境贸易人民币结算试点工作。

7 月 7 日　华夏基金吸收合并中信基金获得中国证监会批准，国内首例基金公司并购案完成。

7 月 8 日　银行理财资金禁入股票二级市场。

7 月 13 日　发布《境内机构境外直接投资外汇管理规定》，改进境外直接投资外汇管理方式，简化程序，促进投资便利化。

7 月 14 日　中国人民银行、财政部、商务部、海关总署、国家税务总局、中国银行业监督管理委员会联合向上海市和广东省政府发布了《关于同意跨境贸易人民币结算试点企业名单的函》（银办函〔2009〕472号），第一批试点企业正式获批开展出口货物贸易人民币结算业务，共计365 家。

7 月 23 日　中国人民银行发布 2009 年第 11 号公告。公告要求证券公司在全国银行间债券市场从事证券资产管理业务时，应为其设立的各资产管理计划（包括集合资产管理计划、专项资产管理计划和定向资产管理计划）分别开立单独的专用债券账户。 证券公司资产管理计划进入银行间债券市场，不仅有助于提高市场流动性，同时也有利于切实保护投资者的利益，落实相关的监管要求。

8 月 13 日　证监会公布《证券投资基金评价业务管理暂行办法（征求意见稿）》，对基金评价机构的评价方法、信息采集、发布方式及行为进行规范，明确了从事基金评价业务的八种禁止行为。

9 月 15 日　财政部首次在香港发行人民币国债，债券金额共计 60 亿元人民币。

9 月 25 日　中国保监会发布《保险公估机构监管规定》。

10 月 30 日　创业板正式揭开帷幕，首批 28 只股票同日挂牌，刷新了中国股市多股齐发的历史纪录。

11 月 5 日　中国银监会发布《商业银行投资保险公司股权试点管理办法》。

11 月 6 日　中国人民银行批复国家开发银行开展境外项目人民币融资试点业务，这是我国金融机构首次开展此类业务。

11 月 25 日　国家外汇管理局发布《关于进一步完善个人结售汇业务管理的通知》，对个人分拆结售汇行为实行针对性管理，并进一步规范和明确相关业务办理要求，防范异常资金通过个人渠道流出流入。

11 月　民生银行登陆 H 股市场。

12 月 14 日　平安利顺成功撮合法国巴黎银行与汇丰银行，在中国银行间市场完成了首笔基于一年期贷款利率的人民币利率互换交易。

2010 年

1 月 15 日　股指期货投资者准入门槛确定。

2 月 11 日　香港金融管理局发布《香港人民币业务的监管原则及操作安排的诠释》。

3 月 8 日　中国人民银行发布《人民币跨境收付信息管理系统管理暂

行办法》（银发〔2010〕79 号）。

3 月 11 日　银监会发布《关于金融租赁公司在境内保税地区设立项目公司开展融资租赁业务有关问题的通知》，其目的是实现税收优惠和风险隔离。这是探索保税区租赁业务模式的开始，是一个非常重要的里程碑。

3 月 19 日　中国人民银行和海关总署签署《关于跨境贸易以人民币结算协调工作合作备忘录》。

3 月 31 日　融资融券试点获准正式启动。

4 月 8 日　股指期货启动仪式在上海举行。

4 月 16 日　筹备多年的股指期货合约正式上市交易，挂牌基准价定为 3399 点。

4 月 22 日　股指期货首批套保额度获批。

4 月 23 日　国家外汇管理局批准中国银行、招商银行和中国工商银行试点开办电子银行个人结售汇业务。境内个人持本人有效中华人民共和国居民身份证在试点银行开立账户后，即可通过网上银行或自助终端办理本人年度总额以内经常项下非经营性的购汇和结汇业务。

5 月 1 日　为便利企业贸易对外支付，在天津、江苏、山东、湖北、内蒙古、福建、青岛 7 个地区开展进口付汇核销制度改革试点，合规企业的正常进口付汇业务无须再办理现场核销手续。

6 月 1 日　创业板指数挂牌。

6 月 17 日　中国人民银行、财政部、商务部、海关总署、国家税务总局和中国银行业监督管理委员会联合发布《关于扩大跨境贸易人民币结算试点有关问题的通知》（银发〔2010〕186 号），扩大跨境贸易人民币结算试点范围。

6 月　中国银监会颁发《关于外资银行在所在城市辖内外向型企业密集市县设立支行有关事项的通知》，允许外资银行在总行或其分行所在城市辖内外向型企业密集市县设立支行。

6 月　中国信达资产管理公司整体改制为中国信达资产管理股份有限公司。

7 月 15 日　中国农业银行正式登陆 A 股。在 A 股和 H 股启动"绿鞋机制"后，农行以 221 亿美元募资规模，成为全球最大的 IPO，大型商业银行股份制改革圆满收官。

8 月 16 日　中国人民银行发布《关于境外人民币清算行等三类机构运用人民币投资银行间债券市场试点有关事宜的通知》，允许境外中央银行或货币当局、港澳人民币业务清算行和跨境贸易人民币结算境外参加银行使用依法获得的人民币资金投资银行间债券市场。

8 月 20 日　证监会启动新股发行第二阶段改革。

8 月　中国光大银行成功实现 A 股上市交易。

10 月 1 日　启动在北京、广东（含深圳）、山东（含青岛）、江苏四个地区开展的出口收汇存放境外政策试点，允许境内企业将具有真实、合法交易背景的出口收汇留存境外，提高境内企业资金使用效率。

10 月 29 日　为丰富银行间市场信用风险管理工具，完善市场风险分担机制，提高市场效率和流动性，促进市场健康发展，中国银行间交易商协会发布《银行间市场信用风险缓释工具试点业务指引》。

11 月 1 日　首批创业板限售股解禁"开闸"。

12 月 1 日　在全国范围内推广实施进口付汇核销制度改革，95% 以上进口企业的正常付汇业务无须再办理核销手续，全面取消银行为企业办理进口付汇业务的联网核查手续，便利了企业贸易项下对外支付。

2011 年

1 月 6 日　中国人民银行发布《境外直接投资人民币结算试点管理办法》（中国人民银行公告〔2011〕第 1 号），允许跨境贸易人民币结算试点地区的银行和企业开展境外直接投资人民币结算试点，银行可以按照有关规定向境内机构在境外投资的企业或项目发放人民币贷款。

1 月 19 日　《国家外汇管理局关于印发〈电子银行个人结售汇业务管理暂行办法〉的通知》（汇发〔2011〕10 号）发布，符合条件的银行均可申请接入个人结售汇管理信息系统，通过电子银行系统为个人办理结售汇业务。

1月30日　《国家外汇管理局关于外汇指定银行对客户人民币外汇货币掉期业务有关外汇管理问题的通知》（汇发〔2011〕3号）发布，自3月1日起在银行对客户市场推出人民币外汇货币掉期业务，完善货币掉期市场结构。

1月　腾讯上线微信App，定位是智能终端即时通信服务的免费应用程序，提供语音短信、视频、图片、文字和移动支付等功能。

4月9日　中国人民银行发布2011年第3号公告，对全国银行间债券市场交易管理提出了具体要求，引入了重大异常交易披露制度、异常交易事前报备制度等，有利于进一步规范全国银行间债券市场债券交易行为。

4月15日　中国人民银行、财政部联合发布公告，就新发关键期限国债做市有关事宜提出具体要求，以进一步改善市场价格发现机制，有利于完善国债收益率曲线。

4月　《国家外汇管理局综合司关于规范跨境人民币资本项目业务操作有关问题的通知》（汇综发〔2011〕38号）发布，对境外直接投资、外商直接投资、境外放款、外债、对外担保、A股外资股东汇出减持股份及分红所得、H股上市公司汇出外方股东股息等资本项下人民币业务操作以及相关统计内容予以规范。

6月30日　第十一届全国人民代表大会常委会第二十一次会议表决通过全国人大常委会关于修改个人所得税法的决定。根据决定，工薪所得减除费用标准由每月2000元提高至3500元。

7月27日　中国人民银行、财政部、商务部、海关总署、国家税务总局、中国银行业监督管理委员会发布《关于扩大跨境贸易人民币结算地区的通知》（银发〔2011〕203号），明确将跨境贸易人民币结算境内地域范围扩大至全国。

7月　《国家外汇管理局关于进一步推进外国政府和国际金融组织转贷款外汇管理方式改革的通知》（汇发〔2011〕26号）发布，按照"统一登记、统一结汇、统一购汇"的管理模式，进一步推动银行转贷款的外汇管理方式改革。

10 月　《国家外汇管理局关于银行开办电子渠道个人结售汇业务试行个人分拆结售汇"关注名单"管理的通知》发布，要求开办电子银行个人结售汇业务的银行同时实施本行个人分拆结售汇"关注名单"管理，实现对分拆结售汇违规交易个人的分类管理。

11 月 4 日　根据中国人民银行公告〔2003〕第 16 号确定的选择香港人民币业务清算行的原则和标准，中国人民银行授权中国银行（香港）有限公司继续担任香港人民币业务清算行（中国人民银行公告〔2011〕第 25 号）。

11 月 22 日　中国人民银行与香港金融管理局续签双边本币互换协议，互换规模由原来的 2000 亿元人民币/2270 亿港币扩大至 4000 亿元人民币/4900 亿港币。

11 月 25 日　沪深交易所分别发布《融资融券交易实施细则》，融资融券业务由试点转为常规。同时，沪深交易所还分别调整融资融券标的证券范围。

12 月 16 日　中国证券监督管理委员会、中国人民银行、国家外汇管理局联合发布《基金管理公司、证券公司人民币合格境外机构投资者境内证券投资试点办法》（证监会令第 76 号）。

12 月 19 日　银行间市场清算所股份有限公司正式向银行间市场提供现券交易净额清算服务，标志着银行间债券市场集中清算机制的正式建立。

12 月 30 日　国家外汇管理局证实，已批准 10 家人民币合格境外机构投资者投资额度，共计 107 亿元人民币。

12 月 31 日　中国人民银行发布《关于实施〈基金管理公司、证券公司人民币合格境外机构投资者境内证券投资试点办法〉有关事项的通知》（银发〔2011〕321 号）。

12 月　《国家外汇管理局关于基金管理公司、证券公司人民币合格境外机构投资者境内证券投资试点有关问题的通知》（汇发〔2011〕50 号）发布，推动人民币合格境外机构投资者境内证券投资试点业务的开展。

2012 年

1 月 17 日　中国人民银行与阿联酋中央银行签署了规模为 350 亿元人民币/200 亿迪拉姆的双边本币互换协议。

1 月 20 日　中国银监会发布《关于整治银行业金融机构不规范经营的通知》。

1 月　经国务院同意并经中国银行业监督管理委员会批准，中国邮政储蓄银行有限责任公司依法整体变更为中国邮政储蓄银行股份有限公司。

2 月 6 日　中国人民银行、财政部、商务部、海关总署、国家税务总局和中国银行业监督管理委员会联合发布《关于出口货物贸易人民币结算企业管理有关问题的通知》（银发〔2012〕23 号）。

2 月 29 日　港交所宣布于 3 月 5 日起实施第二阶段延长交易时间计划，港股下午开市时间将由 13：30 提早至 13：00，与 A 股开市时间同步，全天交易时间延长半小时至 5.5 小时。

4 月 3 日　经国务院批准，香港地区人民币合格境外机构投资者（RQFII）试点额度扩大 500 亿元人民币。

4 月 4 日　中国证监会等相关监管机构决定增加 500 亿美元的 QFII（合格境外机构投资者）和 500 亿元人民币的 RQFII（人民币合格境外机构投资者）额度（合计 3650 亿元人民币）。

4 月 16 日　《国家外汇管理局关于完善银行结售汇综合头寸管理有关问题的通知》（汇发〔2012〕26 号）发布，自 2012 年 4 月 16 日起对银行结售汇综合头寸实行正负区间管理，并取消对银行收付实现制头寸余额的下限管理。

5 月 21 日　证监会公布《关于修改〈证券发行与承销管理办法〉的决定》。《办法》提出，首次公开发行股票，除可以询价方式定价外，发行人与主承销商可自主协商直接定价。

6 月 1 日　经中国人民银行授权，中国外汇交易中心在银行间外汇市场完善人民币对日元的交易方式，发展人民币对日元直接交易。

6 月 7 日　基金行业的自律组织——中国证券投资基金业协会在北京挂牌成立，行业自律组织的成立，意味着我国基金业发展迈出了重要一步。

8 月 31 日　中国人民银行与台湾方面货币管理机构签署《海峡两岸货币清算合作备忘录》。

8 月　原平安银行与深圳发展银行完成吸收合并，正式合并为平安银行。

9 月 24 日　中国人民银行与中国银行澳门分行续签《关于人民币业务的清算协议》。

9 月　央行发布《预付卡业务管理办法》，明确了预付卡发行、受理、使用、充值、赎回和监管等方面的内容。

10 月 16 日　证监会公布修订后的《外资参股证券公司设立规则》和《证券公司设立子公司试行规定》，将合资券商外资持股比例上限由此前的 1/3 升至 49%。同时，证券公司子公司申请扩大业务范围的经营年限从 5 年缩短至 2 年。

10 月 31 日　中国证监会发布修订后的《证券投资基金管理公司子公司管理暂行规定》。

10 月　保监会出台《保险资金境外投资管理暂行办法实施细则》，进一步拓展了保险资金境外投资的范围，正式放开险资境外投资渠道。

11 月 13 日　经国务院批准，香港地区人民币合格境外机构投资者（RQFII）试点额度扩大 2000 亿元人民币。

11 月 19 日　《国家外汇管理局关于外商投资合伙企业外汇管理有关问题的通知》（汇发〔2012〕58 号）发布，大幅简化管理流程，简化和规范外汇登记和外汇账户管理，规范外国合伙人出资确认登记等。

11 月 19 日　《国家外汇管理局关于进一步改进和调整直接投资外汇管理政策的通知》（汇发〔2012〕59 号）发布，取消部分直接投资项下管理环节，进一步简化现有管理程序及放松直接投资项下资金运用限制，大幅简化事前审批事项，强化事后管理与统计监测工作。

11 月　我国第一部专门针对农业保险的法规《农业保险条例》正式

颁布，于 2013 年 3 月正式实施。

12 月 3 日　为了维护市场参与者合法权益，促进我国债券回购市场的规范、健康发展，中国人民银行发布 2012 年第 17 号公告，同意中国银行间市场交易商协会发布《中国银行间市场债券回购交易主协议》。

12 月 7 日　《合格境外机构投资者境内证券投资外汇管理规定》（国家外汇管理局公告 2012 年第 2 号）发布，提高特殊类型 QFII 投资额度上限，允许主权基金、央行及货币当局等机构投资额度上限超过 10 亿美元，简化并便利 QFII 有关操作和资金汇出管理，放宽 QFII 资金开立多个账户的限制，进一步支持我国资本市场改革开放与发展。

12 月 11 日　中国人民银行授权中国银行台北分行担任台湾人民币业务清算行。

12 月 21 日　中国证券业协会发布《证券公司柜台交易业务规范》，正式启动柜台交易业务试点。首批 7 家券商参与试点，包括海通证券、国泰君安、国信证券、申银万国、中信建投、广发证券、兴业证券。

12 月 26 日　国务院第 228 次常务会议通过《征信业管理条例》，并宣布自 2013 年 3 月 15 日起施行。

2012 年　证监会修改了《外资参股证券公司设立规则》。

2013 年

1 月 25 日　中国人民银行与中国银行台北分行签订《关于人民币业务的清算协议》。

1 月 18 日　中国人民银行宣布启用公开市场短期流动性调节工具（Short-term Liquidity Operations，SLO），作为公开市场常规操作的必要补充，在银行体系流动性出现临时性波动时相机使用。1 月，中国人民银行创设常备借贷便利（Standing Lending Facility，SLF），对金融机构开展操作，提供流动性支持。

1 月 28 日　《国家外汇管理局关于境外上市外汇管理有关问题的通知》（汇发〔2013〕5 号）发布，以登记为核心，大幅简化业务手续和审核材料，并规范境外上市企业境内股东增持（或减持）其境外股份的资金汇兑等业务，进一步完善境内企业境外上市外汇管理。

1月　国务院发布《征信业管理条例》，同年央行发布《征信机构管理办法》。

2月8日　中国人民银行授权中国工商银行新加坡分行担任新加坡人民币业务清算行，并于4月与其签订《关于人民币业务的清算协议》。

2月　银监会发布《中国银监会办公厅关于做好2013年农村金融服务工作的通知》（银监办发〔2013〕51号），明确提出："按照商业可持续和'贴近基层、贴近社区、贴近居民'原则，允许城商行在辖内和周边经济紧密区申设分支机构，但不跨省区，抑制盲目扩张冲动。"

3月1日　中国证券监督管理委员会、中国人民银行、国家外汇管理局联合发布《人民币合格境外机构投资者境内证券投资试点办法》（证监会令第90号）。

3月11日　《国家外汇管理局关于人民币合格境外机构投资者境内证券投资试点有关问题的通知》（汇发〔2013〕9号）发布，配合人民币合格境外机构投资者试点扩大，进一步规范人民币合格境外机构投资者外汇管理，放宽机构类型、投资范围，完善资金流出流入监管。

3月13日　中国人民银行发布《关于合格境外投资者投资银行间债券市场有关事项的通知》（银发〔2013〕69号）。

3月13日　中国人民银行印发《关于合格境外机构投资者投资银行间债券市场有关事项的通知》，允许符合条件的合格境外机构投资者向中国人民银行申请投资银行间债券市场。

3月25日　上海黄金交易所试运行银行间黄金询价远期交易业务。

4月25日　中国人民银行发布《关于实施〈人民币合格境外机构投资者境内证券投资试点办法〉有关事项的通知》（银发〔2013〕105号）。

5月10日　《国家外汇管理局关于印发〈外国投资者境内直核投资外汇管理规定〉及配套文件的通知》（汇发〔2013〕21号）发布，进一步规范和明确外国投资者境内直接投资外汇管理，促进直接投资便利化。

5月30日　深圳前海股权交易中心正式开业。当天共有1200家企业实现挂牌展示。

6月13日　阿里巴巴与天弘基金合作的余额宝上线，2013年被视为互联网金融元年。

6月21日　海峡两岸签署《海峡两岸服务贸易协议》，允许台资金融机构以人民币合格境外机构投资者（RQFII）方式投资大陆资本市场，投资额度考虑按1000亿元掌握。

7月9日　中国人民银行发布《关于简化跨境人民币业务流程和完善有关政策的通知》（银发〔2013〕168号）。

7月18日　《国家外汇管理局关于印发服务贸易外汇管理法规的通知》（汇发〔2013〕30号）发布，取消服务贸易购付汇核准，简化单证审核，放宽境外存放，强化均衡管理和事后管理，进一步推进贸易投资便利化。

7月19日　经国务院批准，中国人民银行决定，自2013年7月20日起全面放开金融机构贷款利率管制，并取消票据贴现利率管制，改变贴现利率在再贴现率基础上加点确定的方式，由金融机构自主确定。

7月29日　华安易富黄金ETF和国泰黄金ETF在上海证券交易所上市并开放日常申购、赎回业务。

8月23日　中国人民银行办公厅发布《关于优化人民币跨境收付信息管理系统信息报送流程的通知》（银办发〔2013〕188号）。

8月　CEPA《补充协议十》发布。

9月23日　中国人民银行发布《关于境外投资者投资境内金融机构人民币结算有关事项的通知》（银发〔2013〕225号）。

9月24日　市场利率定价自律机制成立，是由金融机构组成的市场定价自律和协调机制。

9月29日　中国（上海）自由贸易试验区挂牌成立。

9月　国务院办公厅发布《关于金融支持经济结构调整和转型升级的指导意见》，明确提出尝试由民间资本发起设立自担风险的民营银行、金融租赁公司和消费金融公司等金融机构。

9月　习近平总书记提出了"一带一路"合作倡议，希望充分依靠中国与"一带一路"沿线国家既有的双多边机制，借助区域合作平台，通过推动包容开放、合作共赢的"一带一路"建设，积极发展与沿线国家的经济合作伙伴关系。

10月8日　中国人民银行与欧洲中央银行签署了规模为3500亿元人民币/450亿欧元的双边本币互换协议。

10月18日　全球首个实行实物交割的铁矿石期货合约在大连商品交易所挂牌交易，标志着"中国版"铁矿石期货正式启航。

11月9日　国务院总理李克强签署国务院第642号令，公布了修改后的《国际收支统计申报办法》，明确将国际收支统计范围扩大至对外金融资产、负债，增加中介服务机构、在境内发生经济交易的非中国居民和境内个人等申报主体，并修订保密条款和罚则等。

11月14日　中国证监会做出《行政处罚决定书》，其相关责任人徐浩明、杨赤忠、沈诗光、杨剑波被处以终身证券市场禁入；对时任董事会秘书梅键的信息误导行为，责令改正，并处以20万元罚款；对光大证券处以共计约5.23亿元罚没款。

11月30日　证监会发布《关于进一步推进新股发行体制改革的意见》，并宣布将在1月重启IPO，进一步推进股票发行注册制改革。

12月12日　信达资产在香港联合交易所主板挂牌上市，成为首家登陆国际资本市场的中国资产管理公司。

12月14日　国务院发布《关于全国中小企业股份转让系统有关问题的决定》，新三板全国扩容，多层次资本市场建设取得实质性进展。

12月21日　中国人民银行、中国银监会、国家发改委、工业和信息化部、财政部、商务部、工商总局、国务院法制办等八部门联合发布了《关于清理规范非融资性担保公司的通知》，对非融资性担保公司清理规范时限、强化监管措施、严守风险底线等提出了明确要求。

12月31日　中国人民银行发布《关于调整人民币购售业务管理的通知》（银发〔2013〕321号）。

12月　央行颁布《同业存单管理暂行办法》，存单业务率先在银行同业市场重新启动。

2013 年　中国家族信托元年。 北京银行、北京信托等国内首批商业银行、信托公司推出家族信托业务以来，财产传承和保障的关注度正创新高。

2013 年　诺亚财富进入我国，独立财富管理机构开始进军我国的财富管理市场。

2014 年

1 月 8 日　IPO 在时隔一年多后正式重启，优先股试点办法出台。

1 月 28 日　中国人民银行发布《关于建立场外金融衍生产品集中清算机制及开展人民币利率互换集中清算业务有关事宜的通知》（银发〔2014〕29 号），建立场外金融衍生产品集中清算机制，促进场外金融衍生品市场安全高效运行和健康规范发展。

2 月 19 日　南方东英中国 5 年期国债 ETF（交易所买卖基金）在香港交易所挂牌上市，该基金是境外首只追踪内地在岸债券市场的 ETF。

2 月　易智付科技（北京）有限公司、北京银联商务有限公司、网银在线（北京）科技有限公司、拉卡拉支付有限公司、资和信电子支付有限公司 5 家支付机构通过验收，成为第二批开展跨境电子商务外汇支付业务试点机构。

3 月 5 日　中国人民银行公告〔2014〕第 3 号发布，将商业银行柜台债券业务品种由记账式国债扩大至国家开发银行债券、政策性金融债券和中国铁路总公司等政府支持机构债券，进一步丰富居民投资选择，推动多层次债券市场建设。

3 月 14 日　中国人民银行、财政部、商务部、海关总署、国家税务总局和中国银行业监督管理委员会联合发布《关于简化出口货物贸易人民币结算企业管理有关事项的通知》（银发〔2014〕80 号）。

3 月 19 日　上海证券交易所发布施行《上海证券交易所合格境外机构投资者和人民币合格境外机构投资者证券交易实施细则》。 根据《实施细则》，所有境外投资者的持股限制由 20% 提高到 30%，单个境外投资者的持股限制不变。

3月 国务院批准深圳前海微众银行、温州民商银行、天津金城银行、浙江网商银行、上海华瑞银行5家民营银行试点方案。

3月 银监会修订《金融租赁公司管理办法》，首次提出允许经营状况良好、符合条件的金融租赁公司经批准后开展资产证券化业务。

3月 ＊ST长油成为2012年退市制度改革以来上交所第一家"被动"退市的上市公司，同时也是第一家因财务指标不满足条件而退市的大型央企上市公司，此外，还是两市第一家"尝试"退市整理期交易的上市公司。

4月9日 "东航金融种子一号资产管理计划"进行第一笔交易，标志着中国首只期货型私募基金正式启航。

4月 中国人民银行、银监会、证监会、保监会、国家外汇管理局联合发布《关于规范金融机构同业业务的通知》。

5月9日 国务院印发《关于进一步促进资本市场健康发展的若干意见》（"新国九条"），明确提出到2020年，基本形成结构合理、功能完善、规范透明、稳健高效、开放包容的多层次资本市场体系；对跨境投融资、提高证券期货行业对外开放水平、加强跨境监管协作等方面做了统筹规划和总体部署。

7月2日 《中国人民银行关于银行间外汇市场交易汇价和银行挂牌汇价管理有关事项的通知》（银发〔2014〕188号）发布，取消银行对客户美元挂牌买卖价差限制，由银行根据市场供求自主定价，实现人民币对所有外币挂牌汇价管理的完全市场化。

8月6日 《国家外汇管理局关于在部分地区开展外商投资企业外汇资本金结汇管理方式改革试点有关问题的通知》（汇发〔2014〕36号）发布，将外商投资企业外汇资本金意愿结汇改革试点扩大到天津滨海新区等其他16个国家级经济、金融改革发展试验区，便利外商投资企业经营与资金运作需要。

8月14日 中国人民银行、财政部、中国证监会、中国银监会、中国保监会联合发布《金融资产管理公司监管办法》。

9 月 28 日　中国人民银行办公厅发布《关于境外机构在境内发行人民币债务融资工具跨境人民币结算有关事宜的通知》（银办发〔2014〕221 号）。

9 月 30 日　经中国人民银行授权，中国外汇交易中心在银行间外汇市场完善人民币对欧元的交易方式，发展人民币对欧元直接交易。

9 月　中国人民银行创设中期借贷便利（MLF），进一步丰富了中国人民银行宏观调控的手段。

9 月　中国银监会颁布《外资银行行政许可事项实施办法》，统一中外资银行市场准入标准，取消外资银行在一个城市一次只能申请设立 1 家支行的规定，取消支行营运资金的最低限额要求。

10 月 11 日　中国人民银行与韩国银行续签了规模为 3600 亿元人民币/64 万亿韩元的双边本币互换协议。

10 月 17 日　《中国人民银行金融市场司关于非金融机构合格投资人进入银行间债券市场有关事项的通知》（银市场〔2014〕35 号）印发，允许符合条件的非金融机构合格投资人通过非金融机构合格投资人交易平台进行债券投资交易。

10 月 29 日　国务院第 67 次常务会议通过《存款保险条例》，并宣布自 2015 年 5 月 1 日起施行。

11 月 4 日　中国人民银行、中国证券监督管理委员会联合发布《关于沪港股票市场交易互联互通机制试点有关问题的通知》（银发〔2014〕336 号）。

11 月 5 日　为拓宽境内外人民币资金双向流动渠道，便利人民币合格境内机构投资者境外证券投资活动，中国人民银行印发《关于人民币合格境内机构投资者境外证券投资有关事项的通知》（银发〔2014〕331 号）。

11 月 10 日　中国证监会、香港证监会发布联合公告，批准沪港通试点正式启动，沪港通于 2014 年 11 月 17 日正式开通。

11 月 22 日　中国人民银行与香港金融管理局续签了规模为 4000 亿元人民币/5050 亿港元的货币互换协议。

11 月 27 日 《国务院关于修改〈中华人民共和国外资银行管理条例〉的决定》正式公布，允许外资银行、中外合资银行和外国银行分行按照银监会批准的业务范围，在银行间市场从事债券买卖业务。

11 月 28 日 《中国人民银行金融市场司关于做好部分合格机构投资者进入银行间债券市场有关工作的通知》（银市场〔2014〕43 号）印发，推动农村金融机构和信托产品、证券公司资产管理计划、基金管理公司及其子公司特定客户资产管理计划、保险资产管理公司资产管理产品等四类非法人投资者及其产品规范进入银行间债券市场。

12 月 5 日 《国家外汇管理局关于调整金融机构进入银行间外汇市场有关管理政策的通知》（汇发〔2014〕48 号）发布，自 2015 年 1 月 1 日起取消对金融机构进入银行间外汇市场的事前许可，进一步发挥市场机制的调节作用。

12 月 10 日 中国银监会、财政部联合发布《信托业保障基金管理办法》。

12 月 16 日 中国人民银行印发《全国银行间债券市场债券预发行业务管理办法》（中国人民银行公告〔2014〕第 29 号），在银行债券市场推出债券预发行交易，对预发行券种范围、交易和结算方式等做出要求，并提出了相应的风险控制措施。预发行交易的推出有利于提高债券发行定价的透明度和竞争性，完善债券收益率曲线，活跃二级市场交易。

12 月 中国证券业协会发布《私募股权众筹融资管理办法（试行）（征求意见稿）》。同月，我国第一家民营银行——微众银行正式开业。

2014 年 中国出资 400 亿美元成立丝路基金。

2015 年

1 月 6 日 中国证券业协会发布《证券市场资信评级机构评级业务实施细则（试行）》，旨在规范证券市场资信评级机构从事证券评级业务活动，提高证券评级业务水平。

1 月 9 日 上交所和深交所分别发布通知，称经证监会批准，跨境

ETF 和跨境 LOF 将可以实行 T +0 交易。

1 月 30 日　上交所和深交所公布，为进一步落实上市公司退市制度，完善退市制度改革，根据证监会《关于改革完善并严格实施上市公司退市制度的若干意见》和沪深交易所相关文件，对退市配套规则进行修订。

2 月 16 日　《上海证券交易所债券质押式协议回购交易暂行办法》以及相关指引发布，标志着债券质押式协议回购的正式推出。

3 月 12 日　启动外债宏观审慎管理试点，在北京中关村国家自主创新示范区核心区、深圳前海深港现代服务业合作区及江苏省张家港保税区（金港镇）等部分特殊经济区域，实施以外债比例自律为主要方式的宏观审慎管理试点。

3 月 17 日　中国证券业协会发布《证券公司股票质押式回购交易业务风险管理指引（试行）》，规定单一融入方累计融资余额不得超过证券公司净资本的10%。

3 月 20 日　上海证券交易所（上证所）称，关于注册制相关规则的起草，需要对现行 IPO 规则进行全面的"立改废"。

3 月 30 日　《国家外汇管理局关于改革外商投资企业外汇资本金结汇管理方式的通知》（汇发〔2015〕19 号）发布，在全国范围内实行外商投资企业外汇资本金意愿结汇制度。

3 月　中国证券业协会发布《账户管理业务规划（征求意见稿）》。同月，中国工商银行正式发布互联网金融平台"e-ICBC"品牌。

4 月　中国政府网公布国务院关于国家开发银行、中国进出口银行、中国农业发展银行三家银行改革的批复，国家开发银行明确定位于开发性金融机构，中国农业发展银行与中国进出口银行继续强化政策性职能定位。

4 月　经国务院批准，中国人民银行印发《关于全面推开中国农业银行三农金融事业部改革的通知》，将中国农业银行全部县域支行纳入三农金融事业部改革范围。

4 月　国务院分别印发通知，批准《中国（广东）自由贸易试验区总体方案》《中国（天津）自由贸易试验区总体方案》《中国（福建）自由贸易试验区总体方案》《进一步深化中国（上海）自由贸易试验区改革开放方案》。

5月9日　中国人民银行发布2015年第9号公告，取消银行间债券市场交易流通审批，明确依法发行的各类债券发行完成后即可直接在银行间债券市场交易流通。

5月　五家试点民营银行全部获准开业，民间资本进入银行业取得历史性突破。

6月1日　中国人民银行发布《关于境外人民币业务清算行、境外参加银行开展银行间债券市场债券回购交易的通知》（银发〔2015〕170号）。

6月27日　中国人民银行与匈牙利中央银行签署了在匈牙利建立人民币清算安排的合作备忘录和《中国人民银行代理匈牙利中央银行投资中国银行间债券市场的代理投资协议》。给予匈牙利500亿元人民币合格境外机构投资者（RQFII）额度。28日，授权中国银行匈牙利分行担任匈牙利人民币业务清算行。

6月　交通银行深化改革方案获国务院批准同意，混合所有制改革正式启动。

7月1日　中国证监会发布《证券公司融资融券业务管理办法》，自公布之日起施行。

7月5日　证监会发布公告，为维护股票市场稳定，证监会决定，充分发挥中国证券金融股份有限公司的作用，多渠道筹集资金，扩大业务规模，增强维护市场稳定的能力。中国人民银行将协助通过多种形式给予中国证券金融股份有限公司流动性支持。

7月7日　中国人民银行与南非储备银行签署了在南非建立人民币清算安排的合作备忘录。

7月8日　授权中国银行约翰内斯堡分行担任南非人民币业务清算行。

7月8日　中国人民银行等10个部门发布了《关于促进互联网金融健康发展的指导意见》，正式确立了互联网金融行业监管的基本法律框架。

7 月 14 日 中国人民银行印发《关于境外央行、国际金融组织、主权财富基金运用人民币投资银行间市场有关事宜的通知》（银发〔2015〕220 号），对境外央行类机构简化了入市流程，取消了额度限制，允许其自主选择中国人民银行或银行间市场结算代理人为其代理交易结算，并拓宽其可投资品种。

7 月 17 日 证监会发布《2015 年证券公司分类结果》，将证券公司分为 A、B、C、D、E 等五大类 11 个级别。

7 月 18 日 首次按照国际货币基金组织（IMF）数据公布特殊标准（SDDS）公布我国全口径外债数据。

7 月 24 日 中国人民银行公告〔2015〕第 19 号发布，明确境内原油期货以人民币为计价货币，引入境外交易者和境外经纪机构参与交易等。

7 月 24 日 中国证券业协会发布《证券公司开展场外股权质押式回购交易业务试点办法》。《办法》明确，证券公司应当以自有资金参与场外股权质押式回购交易业务，证监会及协会另有规定的除外。

7 月 31 日 《国家外汇管理局关于境外交易者和境外经纪机构从事境内特定品种期货交易外汇管理有关问题的通知》（汇发〔2015〕35 号）发布，明确境外投资者参与境内原油等期货交易外汇管理政策。

8 月 11 日 中国人民银行发布关于完善人民币兑美元汇率中间价报价的声明。自 2015 年 8 月 11 日起，做市商在每日银行间外汇市场开盘前，参考上日银行间外汇市场的收盘汇率，综合考虑外汇供求情况以及国际主要货币汇率变化向中国外汇交易中心提供中间价报价。

8 月 证监会发布《关于对通过互联网开展股权融资活动的机构进行专项检查的通知》。

9 月 7 日 中国人民银行印发《关于进一步便利跨国企业集团开展跨境双向人民币资金池业务的通知》（银发〔2015〕279 号）。

9 月 7 日 财政部、国家税务总局和证监会发布《关于上市公司股息红利差别化个人所得税政策有关问题的通知》，自 8 日起施行。个人从公开发行和转让市场取得的上市公司股票，持股期限超过 1 年的，股息红利所得暂免征收个人所得税。

9月17日　中国人民银行与阿根廷中央银行签署在阿根廷建立人民币清算安排的合作备忘录。18日，授权中国工商银行（阿根廷）股份有限公司担任阿根廷人民币业务清算行。

9月21日　中国人民银行批复同意香港上海汇丰银行有限公司和中国银行（香港）有限公司在银行间债券市场发行金融债券，这是国际性商业银行首次获准在银行间债券市场发行人民币债券。

9月30日　中国人民银行公告〔2015〕第31号发布，开放境外央行（货币当局）和其他官方储备管理机构、国际金融组织、主权财富基金依法合规参与中国银行间外汇市场。

9月　全球银行巨头组建R3区块链联盟。

10月8日　人民币跨境支付系统（一期）成功上线运行。

10月20日　中国人民银行在伦敦采用簿记建档方式成功发行了50亿元人民币央行票据，期限1年，票面利率3.1%。这是中国人民银行首次在中国以外地区发行以人民币计价的央行票据。

10月24日　中国人民银行宣布放开存款利率浮动上限，是中国金融改革乃至经济体制改革新的重大进展，标志着利率市场化基本完成。

10月　中国东方资产管理公司完成改制，于2016年9月23日，正式更名为中国东方资产管理股份有限公司，由财政部和全国社会保障基金理事会共同发起设立。

11月2日　为满足境外中央银行、货币当局、其他官方储备管理机构、国际金融组织以及主权财富基金在境内开展相关业务的实际需要，中国人民银行办公厅发布《关于境外中央银行类机构在境内银行业金融机构开立人民币银行结算账户有关事项的通知》（银办发〔2015〕227号）。

11月30日　国际货币基金组织执董会决定将人民币纳入特别提款权（SDR）货币篮子，SDR货币篮子相应扩大至美元、欧元、人民币、日元、英镑5种货币，人民币在SDR货币篮子中的权重为10.92%，新的SDR货币篮子于2016年10月1日生效。

11 月　证监会提出了进一步改革完善新股发行制度的政策措施。其中包括取消现行的新股申购预先缴款制度，申购时预先缴款改为确定配售数量后再进行缴款；公开发行 2000 万股以下的小盘股发行一律取消询价环节，由发行人和主承销商协商定价，直接向网上投资者定价发行；建立摊薄即期回报补偿机制，要求首发企业制定切实可行的填补回报措施。

12 月 4 日　经中国证监会同意，上交所、深交所、中金所发布指数熔断相关规定，并于 2016 年 1 月 1 日起实施。

12 月 15 日　中国人民银行就在银行间债券市场发行绿色金融债券有关事宜发布第 39 号公告，银行间债券市场正式推出绿色金融债券。

12 月 17 日　中国人民银行、中国证监会联合发布《货币市场基金监督管理办法》，自 2016 年 2 月 1 日起施行。

12 月 21 日　中国人民银行、国家外汇管理局公告〔2015〕第 40 号发布，延长外汇交易时间，进一步引入合格境外主体，推动外汇市场对外开放，促进形成境内外一致的人民币汇率。

12 月 27 日　中国银监会发布《商业银行流动性覆盖率信息披露办法》。

12 月 29 日　中国人民银行宣布从 2016 年起将现有的差别准备金动态调整和合意贷款管理机制升级为宏观审慎评估体系（MPA）。

12 月 31 日　《国家外汇管理局关于进一步完善个人外汇管理有关问题的通知》（汇发〔2015〕49 号）发布，进一步完善个人外汇业务"关注名单"管理。

12 月　中国区块链应用研究中心成立。同月，银监会等四部委发布《网络借贷信息中介机构业务活动管理暂行办法（征求意见稿）》，明确网贷机构有关备案登记、信息披露和限期整改等要求。

2015 年　全年票据贴现量首次突破 100 万亿元，创历史纪录。

2015 年　上海证券交易所（上交所）、德意志交易所（德交所）和中国金融期货交易所（中金所）成立合资公司——中欧国际交易所股份有限公司（中欧所）。

2016 年

1 月 1 日　个人外汇业务监测系统正式上线运行，为 300 余家银行和特许机构提供实时服务。

1 月 4 日　中国股市熔断机制生效，1 月 8 日被证监会叫停。

1 月 22 日　中国人民银行印发《关于扩大全口径跨境融资宏观审慎管理试点的通知》（银发〔2016〕18 号）。

1 月 25 日　配合中国人民银行发布的《关于扩大全口径跨境融资宏观审慎管理试点的通知》（银发〔2016〕18 号），面向 27 家金融机构和注册在上海、天津、广东、福建四个自由贸易试验区的企业，扩大本外币一体化的全口径跨境融资宏观审慎管理试点。

1 月　京东金融在重庆申请设立互联网小贷公司。

2 月 1 日　中国人民银行、中国银监会联合发布《关于调整个人住房贷款政策有关问题的通知》，加强住房金融的宏观调控。

2 月 14 日　中国人民银行发布施行《全国银行间债券市场柜台业务管理办法》。

2 月 24 日　中国人民银行发布 2016 年第 3 号公告，便利符合条件的境外机构投资者投资银行间债券市场。

2 月　北京中关村区块链产业联盟成立。

3 月　央行、银监会联合印发《关于加大对新消费领域金融支持的指导意见》。

4 月 12 日　国务院办公厅发布《国务院办公厅关于印发互联网金融风险专项整治工作实施方案的通知》。

4 月 19 日　上海黄金交易所发布"上海金"，是全球首个以人民币计价的黄金基准价格。

4 月 27 日　中国人民银行发布 2016 年第 8 号公告及配套实施细则，明确机构投资者的合格性标准，拓宽投资者范围，优化备案、开户、联网流程，明确依法对相关业务开展进行检查，强调中介机构与自律组织监测与自律管理职责。

4 月 29 日　配合中国人民银行发布的《关于在全国范围内实施全口径跨境融资宏观审慎管理的通知》（银发〔2016〕132 号），将本外币一体化的全口径跨境融资宏观审慎管理试点扩大至全国范围内的金融机构和企业。

4 月　《非银行支付机构风险专项整治工作实施方案》印发。

5 月 5 日　鹏扬基金管理有限公司发布了转为公募基金之后的首只基金招募公告，这也是我国私募转公募历史上发布的首只基金。

5 月 27 日　《国家外汇管理局关于境外机构投资者投资银行间债券市场有关外汇管理问题的通知》（汇发〔2016〕12 号）发布，规范境外机构投资者投资银行间债券市场外汇管理。

5 月　为了完善保险要素市场，扩大保险覆盖面和承保能力，提升中国保险业的国际竞争力，上海保险交易所成立。

6 月 7 日　中国人民银行与美国联邦储备委员会签署了在美国建立人民币清算安排的合作备忘录，并给予美国 2500 亿元人民币合格境外机构投资者（RQFII）额度。

6 月 7 日　央行、银监会发布《银行卡清算机构管理办法》，明确了境外银行卡清算机构参与我国银行卡清算市场的三种方式。

6 月 9 日　《国家外汇管理局关于改革和规范资本项目结汇管理政策的通知》（汇发〔2016〕16 号）发布，全面实施外债资金意愿结汇管理，并统一境内机构资本项目外汇收入意愿结汇政策。

6 月 15 日　明晟公司宣布推迟将 A 股纳入 MSCI 新兴市场指数，MSCI 表示中国 A 股将继续留在 2017 评估列表中。在过去几个月，中国为满足国际投资者需求，对中国 A 股市场的准入制度进行了一系列显著的改善。

7 月 11 日　中国银行（香港）有限公司以直接参与者身份接入人民币跨境支付系统（CIPS），这是 CIPS 的首家境外直接参与者；同日，中信银行、上海银行、广东发展银行、江苏银行、三菱东京日联银行（中国）有限公司、瑞穗银行（中国）有限公司、恒生银行（中国）有限公司等以直接参与者身份接入 CIPS，CIPS 直接参与者数量增加至 27 家。

7 月　《非银行支付机构网络支付业务管理办法》实施，央行牵头的网联（线上支付统一清算平台）方案成型。

7 月　银监会发布《商业银行理财业务监督管理办法（征求意见稿）》，11 月发布《商业银行表外业务风险管理指引（修订征求意见稿）》。

8 月 30 日　国家外汇管理局与中国人民银行联合发布《关于人民币合格境外机构投资者境内证券投资管理有关问题的通知》（银发〔2016〕227 号），进行人民币合格境外机构投资者（RQFII）便利化改革。

8 月　央行支付清算协会下发《条码支付业务规范》，正式承认二维码支付的地位；同月，银监会等四部委联合发布《网络借贷信息中介机构业务活动管理暂行办法》。

9 月 11 日　证监会公布《公开募集证券投资基金运作指引第 2 号——基金中基金指引》，公募 FOF 大幕正式拉开。

9 月 20 日　中国人民银行发布 2016 年第 23 号公告，授权中国银行纽约分行担任美国人民币业务清算行（中国人民银行公告〔2016〕第 23 号）。

9 月 27 日　中国人民银行与欧洲中央银行签署补充协议，决定将双边本币互换协议有效期延长三年至 2019 年。

9 月 30 日　中国证监会新闻发言人邓舸指出，今后证监会原则上不再对合格境外机构投资者（QFII）、人民币合格境外机构投资者（RQFII）资产配置比例做出限制。

9 月 30 日　证监会发布《内地与香港股票市场交易互联互通机制若干规定》，深交所发布《深圳证券交易所深港通业务实施办法》。

9 月　中国邮政储蓄银行在香港成功上市。

10 月 18 日　申港证券在中国（上海）自由贸易试验区正式开业，是首家根据 CEPA 补充协议设立的合资证券公司。

10 月　央行发布《关于加强支付结算管理 防范电信网络新型违法犯罪有关事项的通知》；同月，国务院正式发布《互联网金融风险专项整治工作实施方案》，证监会发布《股权众筹风险专项整治工作实施方案》。

11 月 4 日　中国人民银行、中国证券监督管理委员会联合发布《关于内地与香港股票市场交易互联互通机制有关问题的通知》（银发〔2016〕282 号）。

11 月 15 日　深交所、中国结算深圳分公司联合发出通知称，为确保"深港通"业务顺利推出，深交所联合中国结算深圳分公司、香港联交所、香港结算定于 2016 年 11 月 19 日组织全网测试，模拟"深港通"业务开通首日（交易业务启动）运行场景。

11 月 25 日　中国证监会、香港证监会发布联合公告，深港通下的股票交易于 2016 年 12 月 5 日开始。

11 月　蚂蚁金服和泰国支付企业 Ascend Money 签订战略合作协议，复制支付宝模式。　同月，银监会发布《网络借贷信息中介机构备案登记管理指引》，要求地方金融监管部门依申请对管辖内网络借贷信息中介机构的基本信息，进行登记、公示并建立相关机构档案。

12 月 5 日　深港通正式启动。

12 月 11 日　中国长城资产管理股份有限公司成立，注册资本 431.5 亿元，由中华人民共和国财政部、全国社会保障基金理事会和中国人寿保险（集团）公司共同发起设立。　至此，我国四大资产管理公司股份制改革完美收官。

12 月 12 日　中国证监会发布《证券期货投资者适当性管理办法》，自 2017 年 7 月 1 日起施行。

12 月 15 日　《基金管理公司子公司管理规定》《基金管理公司特定客户资产管理子公司风险控制指标管理暂行规定》正式落地。

2017 年

1 月 13 日　中国人民银行发布《关于全口径跨境融资宏观审慎管理有关事宜的通知》（银发〔2017〕9 号）。

1月17日 国务院发布《关于扩大对外开放积极利用外资若干措施的通知》，要求"服务业重点放宽银行类金融机构、证券公司、证券投资基金管理公司、期货公司、保险机构、保险中介机构外资准入限制，放开会计审计、建筑设计、评级服务等领域外资准入限制"。

2月20日 外汇市场自律机制将中间价对一篮子货币的参考时段由报价前24小时调整为前一日收盘后到报价前的15小时，避免了美元汇率日间变化在次日中间价中重复反映。

2月 针对现行再融资制度暴露的一些问题，中国证监会修订了《上市公司非公开发行股票实施细则》，并于17日发布《发行监管问答——关于引导规范上市公司融资行为的监管要求》。

2月 央行推动的基于区块链的数字票据交易平台测试成功。同月，银监会发布《网络借贷资金存管业务指引》，明确网贷资金存管业务应遵循的基本规则和实施标准。

3月15日 中国证券投资基金业协会收到首只PPP项目资产证券化产品的备案申请，即中信建投证券股份有限公司发起设立的"中信建投—网新建投庆春路隧道PPP项目资产支持专项计划"，发行规模为11.58亿元。

3月23日～4月10日 银监会接连发布8个监管文件，针对银行业"三违反""三套利""四不当"等进行专项整治，弥补监管短板，强化风险管控，加快金融去杠杆，督促回归服务实体经济本源。

3月 银监会发布《关于外资银行开展部分业务有关事项的通知》，外商独资银行、中外合资银行在风险可控前提下，可以依法投资境内银行业金融机构，并允许外资银行与境外母行或联行开展跨境协作。

4月 银监会下发《信托业务监管分类试点工作实施方案》和《信托业务监管分类说明（试行）》，监管机构首次明确了信托主动、被动管理业务划分标准。

4月 证监会批准投资者服务中心报送的《扩大持股行权试点方案》，将持股行权试点区域从上海、广东（不含深圳）、湖南三个地区扩展至全国。

5月5日 富达国际旗下外商独资机构——富达利泰（上海）投资管理有限公司推出了首只私募基金产品——富达中国债券1号私募基金，成为首只外商独资私募产品。

5月19日 证监会首提全面禁止通道业务，强调不得让渡管理责任。

5月23日 中国人民银行发布《关于印发〈人民币跨境收付信息管理系统管理办法〉的通知》（银发〔2017〕126号）。

5月23日 保监会下发《中国保监会关于规范人身保险公司产品开发设计行为的通知》，列出7大要求、3项禁止，引发市场震动。

5月26日 央行正式宣布在人民币汇率中间价报价模型中引入"逆周期因子"，适度对冲市场情绪的顺周期波动，使中间价报价更充分地反映我国经济运行等基本面因素。

5月27日 中国人民银行发布《关于完善人民币跨境收付信息管理系统银行间业务数据报送流程的通知》（银办发〔2017〕118号）。

5月 央行成立金融科技委员会。

6月20日 配合财政部开展国债做市支持操作，正式启动国债做市支持机制，推动完善国债收益率曲线。

6月29日 中国人民银行与中国银行（香港）有限公司续签《关于人民币业务的清算协议》。

6月30日 中国人民银行和香港金融管理局签署《"债券通"项目下中国人民银行与香港金融管理局加强监管合作谅解备忘录》，根据两地的法律和各自法定权限，双方建立有效的信息交换与协助执行机制，加强监管合作，共同打击跨境违法违规行为，确保项目有效运作。

6月 证监会明确关于首发企业中创业投资基金股东的锁定期安排及适用该政策的创业投资基金的具体认定标准。

6月 证监会发布《证券公司分类监管规定（征求意见稿）》。据了解，现行《规定》为证监会2009年5月发布，后于2010年5月进行了修订。为更好服务实体经济，实现长期稳定健康发展，证监会在广泛征求行业意见基础上修订了《规定》。

6月 摩根士丹利资本国际公司（MSCI）20日宣布，从2018年6月开始将中国 A 股纳入 MSCI 新兴市场指数和全球基准指数。

7 月 2 日　中国人民银行与香港金融管理局发布公告，决定批准香港与内地"债券通"上线。其中，"北向通"于 2017 年 7 月 3 日上线试运行。

7 月 3 日　中国人民银行公告〔2017〕第 7 号发布，推动符合条件的境内外信用评级机构在银行间债券市场开展信用评级业务，促进信用评级行业健康发展。

7 月 14 日　第五次全国金融工作会议在北京召开，会议明确提出"紧紧围绕服务实体经济、防控金融风险、深化金融改革三项任务，创新和完善金融调控，健全现代金融企业制度，完善金融市场体系，推进构建现代金融监管框架，加快转变金融发展方式，健全金融法治，保障国家金融安全，促进经济和金融良性循环、健康发展"。

7 月中旬　合晟资产（833732.OC）正式摘牌，成为新三板企业中第一家出走的私募。

7 月　银监会修订《中资商业银行行政许可事项实施办法》，进一步放宽了外资银行投资中资银行的门槛。

8 月　银监会发布《网络借贷信息中介机构业务活动信息披露指引》及《信息披露内容说明》，规定网贷机构定期向社会公众公示基本信息、运营信息、项目信息、重大风险信息、消费者咨询投诉渠道信息等相关信息。

9 月 6 日　全国中小企业股份转让系统有限责任公司发布关于修订《全国中小企业股份转让系统股票挂牌条件适用基本标准指引（试行）》的公告，进一步明确挂牌条件的适用标准。

9 月 8 日　沪深交易所联合中国证券登记结算有限责任公司发布了《股票质押式回购交易及登记结算业务办法（2017 年征求意见稿）》。

9 月 8 日　首批公募 6 只 FOF 产品正式获批，南方、华夏、嘉实、建信、泰达宏利、海富通等 6 家公司旗下产品顺利发行并投入运作。

9 月　央行联合六部委下发《关于防范代币发行融资风险的公告》。

10 月 23 日　国内首单央企租赁住房 REITs、首单储架发行

REITs——中联前海开源—保利地产租赁住房一号资产支持专项计划获得上海证券交易所审议通过，对于加快推进租赁住房市场建设具有积极的示范效应。

11 月 17 日　中国人民银行、银监会、证监会、保监会、国家外汇管理局出台《关于规范金融机构资产管理业务的指导意见（征求意见稿）》。

11 月　经党中央、国务院批准，国务院金融稳定发展委员会成立，并召开了第一次全体会议，旨在强化中国人民银行宏观审慎管理和系统性风险防范职责，强化金融监管部门监管职责，确保金融安全与稳定发展。

12 月 7 日　证监会发行监管部发布《关于首次公开发行股票预先披露等问题（2017 年 12 月 6 日修订）》和《首次公开发行股票申请审核过程中有关中止审查等事项的要求》两则发行监管问答，对首次公开发行股票申请的反馈回复时间、中止审查、恢复审查、终止审查及预先披露等有关规定进行了修订。

12 月 13 日　中国人民银行与证监会联合印发《绿色债券评估认证行为指引（暂行）》，完善绿色债券评估认证制度，推动绿色债券市场持续健康发展。

12 月 22 日　全国股转公司发布了新制定的《全国中小企业股份转让系统挂牌公司分层管理办法》和《全国中小企业股份转让系统股票转让细则》。

12 月 29 日　中国人民银行、银监会、证监会和保监会联合印发《关于规范债券市场参与者债券交易业务的通知》（银发〔2017302〕号），督促各类市场参与者加强内部控制与风险管理，规范债券交易行为。

2017 年　MPA 正式将表外理财纳入广义信贷的范畴，"穿透式"监管政策的逐步落地本意还在于金融杠杆的去化。

2017 年　证监会核准汇丰银行和东亚银行的申请，在内地设立多牌照证券公司——汇丰前海证券和东亚前海证券。其中，汇丰前海证券的

港资股东——香港上海汇丰银行持股 51%，成为首家外资控股的合资
券商。

2018 年

1 月 13 日　中国银监会发布《中国银监会关于进一步深化整治银行业市场乱象的通知》，明确整治银行业市场乱象工作要点。

2 月 27 日　中国人民银行发布公告〔2018〕3 号，自公布之日起执行。公告表示，为规范银行业金融机构发行资本补充债券的行为，切实提高银行业金融机构资本的损失吸收能力，加强宏观审慎管理，保护投资者利益，根据《中华人民共和国中国人民银行法》及金融债券发行管理相关规定，对银行业金融机构发行资本补充债券有关事宜发布公告。

3 月 22 日　证监会《关于开展创新企业境内发行股票或存托凭证试点的若干意见》经国务院批准转发，支持创新企业在境内发行股票或者存托凭证。

3 月 23 日　彭博宣布将人民币计价的中国国债和政策性银行债券纳入彭博巴克莱全球综合指数。

3 月　《政府工作报告》提出要坚决打好"推动重大风险防范化解取得明显进展""加大精准脱贫力度""推进污染防治取得更大成效"三大攻坚战。

3 月　互联网金融风险专项整治工作领导小组办公室下发《关于加大通过互联网开展资产管理业务整治力度及开展验收工作的通知（整治办函〔2018〕29 号）》。

3 月　十三届全国人大一次会议表决通过了《国务院机构改革方案》，决定设立中国银行保险监督管理委员会。4 月 8 日，中国银行保险监督管理委员会正式挂牌，中国银行业监督管理委员会和中国保险监督管理委员会成为历史。至此，"一委一行两会"金融监管新格局正式形成。

4 月 10 日　由万联证券承销，广东四会农村商业银行在中央国债登记结算公司深圳中心，通过簿记建档系统成功发行 1 亿元商业银行绿色金融债券。这是国内商业银行首次在深圳发行绿色金融债券。

4 月 12 日　中国银行境外发行 32 亿美元"一带一路"主题债券。

4 月 27 日　中国人民银行、中国银行保险监督管理委员会、中国证券监督管理委员会、国家外汇管理局联合发布《关于规范金融机构资产管理业务的指导意见》，《意见》按照产品类型统一监管标准，从募集和投资两个维度对资管产品进行分类，分别统一投资范围、杠杆约束、信息披露等要求，过渡期延至 2020 年底，给予金融机构更为充足的整改和转型时间。

4 月 28 日　中国银保监会发布《保险公司信息披露管理办法》。

4 月 28 日　中国证监会发布《外商投资证券公司管理办法》，自公布之日起施行。

4 月　中国银联发布《关于防范辖内机构业务违规可能引发衍生风险事宜的通知》，提醒银联各地区分公司防范辖区内机构业务违规风险。

5 月 14 日　商务部办公厅发布通知，已将制定融资租赁公司、商业保理公司、典当行业务经营和监管规则职责划给中国银行保险监督管理委员会，自 4 月 20 日起，有关职责由银保监会履行。

5 月 15 日　明晟公司公布了一系列 MSCI 指标的半年度审查结果，其中包括 MSCI 中国 A 股指数和 MSCI 中国股票指数，2018 年 5 月半年度指数新增和删除名单也随之出炉，A 股纳入标的获确认。

6 月 1 日　A 股 234 只股票被正式纳入 MSCI 新兴市场指数，标志着中国资本市场的开放进一步得到深化。

6 月 12 日　央行、国家外汇管理局发布文件，针对 QFII 和 RQFII 做出重大改革：取消 QFII 资金汇出 20% 的比例要求和 QFII、RQFII 本金锁定期要求，允许开展外汇套期保值，对冲境内投资的汇率风险。

6 月　银保监会办公厅发布《关于 2017 年度保险业偿付能力监管工作情况的通报》。同月，央行发布《关于支付机构客户备付金全部集中交存有关事宜的通知》。

7 月 20 日 央行发布《关于进一步明确规范金融机构资产管理业务指导意见有关事项的通知》。

7 月 央行发布《关于非银支付机构开展大额交易报告工作有关要求的通知》，规定非银行支付机构应当以客户为单位，按资金收入或者支出单边累计计算并报告大额交易。

后　记

　　1978 年党的十一届三中全会，是中国浩浩荡荡的历史长河中的一颗耀眼明珠，改革开放的号角被吹响，标志着我国开启了经济市场化进程。40 年来，伴随着中国经济的不断发展，中国金融改革稳扎稳打、砥砺前行，在重要环节和关键领域取得了举世瞩目的成就，中国金融业发生了翻天覆地的变化。

　　本书系统回顾与总结了中国金融改革开放的历史进程。在简要介绍改革开放前中国金融业的情况并对中国改革开放的必要性、路径与成就进行梳理的基础上，本书摘取了金融改革开放的四大方面，对其历史沿革进行了阐述。第一篇为金融机构改革篇，介绍了各类银行机构与非银行金融机构的改革与发展，并叙述了金融科技和互联网金融在十余年里的迅猛成长。第二篇为金融市场改革篇，从货币市场、股票市场、债券市场、资产管理与财富管理市场的角度较为详尽地描述了整个金融市场的发展与变革进程。第三篇为金融对外开放篇，介绍了中国外汇管理体制的改革过程，在此基础上对人民币国际化的进程展开说明。同时，也概括了中国金融业"引进来"和"走出去"在不同阶段取得的成就。第四篇为金融调控与监管篇，主要归纳了中国金融宏观调控体系与金融监管体系的演进历程，并对金融危机后颇受重视的宏观审慎政策进行了介绍。虽然金融改革开放的内涵和范围远远不止以上这些内容，但我们认为这四个方面可以基本概括我国金融改革开放的主要方面。

　　本书由郭田勇教授主持编写，各章编写的具体分工如下：导言由王姝雅、王乐仪负责编写，第一章由褚蓬瑜负责编写，第二章由王姝雅负责编写,第三章由李薇负责编写,第四章和第七章由刘凯顿负责编写,第五章和第六章由刘洋负责编写,第八章和第九章由兰盈负责编写,第十章由王乐仪负责编写,第十一章、第十二章和第十三章由杨帆负责编写,结语由郭田勇教授执笔。

国家金融与发展实验室理事长、中国社会科学院学部委员李扬,中国社科院金融所财富管理研究中心副主任、中国社会科学院金融研究所结构金融研究室副主任王增武,国家金融与发展实验室副秘书长范丽君,零壹财经 CEO 柏亮等业界同人对本书的完成给予了极大的帮助,在此一并致以深深的谢意。

由于知识和能力有限,本书难免存在错误和纰漏之处,恳请同行专家与广大读者批评指正!

图书在版编目（CIP）数据

再回首　再思考　再出发：中国金融改革开放四十年／郭田勇主编 . -- 北京：社会科学文献出版社，2018.11

ISBN 978 - 7 - 5201 - 3896 - 3

Ⅰ. ①再…　Ⅱ. ①郭…　Ⅲ. ①金融改革 - 研究 - 中国
Ⅳ. ①F832. 1

中国版本图书馆 CIP 数据核字（2018）第 252547 号

再回首　再思考　再出发

——中国金融改革开放四十年

主　　编／郭田勇

出 版 人／谢寿光
项目统筹／恽　薇　陈　欣
责任编辑／陈　欣　程丽霞

出　　版／社会科学文献出版社·经济与管理分社（010）59367226
　　　　　地址：北京市北三环中路甲 29 号院华龙大厦　邮编：100029
　　　　　网址：www. ssap. com. cn
发　　行／市场营销中心（010）59367081　59367083
印　　装／三河市东方印刷有限公司

规　　格／开本：787mm×1092mm　1/16
　　　　　印张：40.5　字数：620 千字
版　　次／2018 年 11 月第 1 版　2018 年 11 月第 1 次印刷
书　　号／ISBN 978 - 7 - 5201 - 3896 - 3
定　　价／198.00 元

本书如有印装质量问题，请与读者服务中心（010 - 59367028）联系

▲▲ 版权所有 翻印必究